21 世纪全国高职高专土建立体化系列规划教材

物业管理理论与实务

主　编　裴艳慧
副主编　褚菁晶　李静飞
参　编　徐东生　吴俊臣　黄　菊
　　　　钟　兰　李红宇
主　审　樊文广

北京大学出版社
PEKING UNIVERSITY PRESS

内 容 简 介

本书依据国家相关职业标准和物业管理行业的相关法律法规，参照高职高专物业管理专业的教育标准、培养方案和教学大纲组织编写。本书既是物业管理理论的基础教材，也是物业管理实际操作的指导教材，主要内容包括 4 个模块 16 个单元。模块 1 为物业管理基础，内容包括物业管理的基本概念、物业管理的参与方、物业管理的基本工作环节和物业管理法律法规；模块 2 为物业管理的内容，内容包括房屋及附属设备设施的维修养护管理、物业安全管理、物业环境管理、物业项目内开展的综合经营服务、客户关系管理和不同类型物业管理服务的重点；模块 3 为物业服务企业管理，内容包括物业服务企业资金管理、物业服务企业人力资源管理、公共礼仪、企业文化与企业形象塑造和常用文书的拟写与档案管理；模块 4 为物业服务市场开拓，内容包括物业服务合同与服务方案和物业管理招投标。

本书可作为高职高专院校物业管理专业和相关专业的教材，也可作为物业服务企业和相关企业的培训教材，还可作为物业管理行业和相关行业从业人员的参考用书。

图书在版编目(CIP)数据

物业管理理论与实务/裴艳慧主编. —北京：北京大学出版社，2011.9
(21 世纪全国高职高专土建立体化系列规划教材)
ISBN 978-7-301-19354-9

Ⅰ. ①物… Ⅱ. ①裴… Ⅲ. ①物业管理—高等职业教育—教材 Ⅳ. ①F293.33

中国版本图书馆 CIP 数据核字(2011)第 160412 号

书　　　名：	物业管理理论与实务
著作责任者：	裴艳慧　主编
策 划 编 辑：	赖　青　杨星璐
责 任 编 辑：	杨星璐
标 准 书 号：	ISBN 978-7-301-19354-9/TU • 0174
出　版　者：	北京大学出版社
地　　　址：	北京市海淀区成府路 205 号　100871
网　　　址：	http://www.pup.cn　http://www.pup6.com
电　　　话：	邮购部 62752015　发行部 62750672　编辑部 62750667　出版部 62754962
电 子 邮 箱：	pup_6@sohu.com　pup_6@163.com
印　刷　者：	三河市博文印刷厂
发　行　者：	北京大学出版社
经　销　者：	新华书店
	787 毫米×1092 毫米　16 开本　27 印张　633 千字
	2011 年 9 月第 1 版　2014 年 1 月第 2 次印刷
定　　　价：	52.00 元

未经许可，不得以任何方式复制或抄袭本书之部分或全部内容。
版权所有，侵权必究　　举报电话：010-62752024
　　　　　　　　　　　电子邮箱：fd@pup.pku.edu.cn

北大版·高职高专土建系列规划教材
专家编审指导委员会

主　　任：于世玮（山西建筑职业技术学院）

副 主 任：范文昭（山西建筑职业技术学院）

委　　员：（按姓名拼音排序）

　　　　　　丁　胜（湖南城建职业技术学院）

　　　　　　郝　俊（内蒙古建筑职业技术学院）

　　　　　　胡六星（湖南城建职业技术学院）

　　　　　　李永光（内蒙古建筑职业技术学院）

　　　　　　马景善（浙江同济科技职业学院）

　　　　　　王秀花（内蒙古建筑职业技术学院）

　　　　　　王云江（浙江建设职业技术学院）

　　　　　　危道军（湖北城建职业技术学院）

　　　　　　吴承霞（河南建筑职业技术学院）

　　　　　　吴明军（四川建筑职业技术学院）

　　　　　　夏万爽（邢台职业技术学院）

　　　　　　徐锡权（日照职业技术学院）

　　　　　　战启芳（石家庄铁路职业技术学院）

　　　　　　杨甲奇（四川交通职业技术学院）

　　　　　　朱吉顶（河南工业职业技术学院）

特邀顾问：何　辉（浙江建设职业技术学院）

　　　　　　姚谨英（四川绵阳水电学校）

北大版·高职高专土建系列规划教材
专家编审指导委员会专业分委会

建筑工程技术专业分委会

主　任：吴承霞　　吴明军
副主任：郝　俊　　徐锡权　　马景善　　战启芳
委　员：（按姓名拼音排序）

　　　　白丽红　　陈东佐　　邓庆阳　　范优铭　　李　伟
　　　　刘晓平　　鲁有柱　　孟胜国　　石立安　　王美芬
　　　　王渊辉　　肖明和　　叶海青　　叶　腾　　叶　雯
　　　　于全发　　曾庆军　　张　敏　　张　勇　　赵华玮
　　　　郑仁贵　　钟汉华　　朱永祥

工程管理专业分委会

主　任：危道军
副主任：胡六星　　李永光　　杨甲奇
委　员：（按姓名拼音排序）

　　　　冯　钢　　冯松山　　姜新春　　赖先志　　李柏林
　　　　李洪军　　刘志麟　　林滨滨　　时　思　　斯　庆
　　　　宋　健　　孙　刚　　唐茂华　　韦盛泉　　吴孟红
　　　　辛艳红　　鄢维峰　　杨庆丰　　余景良　　赵建军
　　　　钟振宇　　周业梅

建筑设计专业分委会

主　任：丁　胜
副主任：夏万爽　　朱吉顶
委　员：（按姓名拼音排序）

　　　　戴碧锋　　宋劲军　　脱忠伟　　王　蕾
　　　　肖伦斌　　余　辉　　张　峰　　赵志文

市政工程专业分委会

主　任：王秀花
副主任：王云江
委　员：（按姓名拼音排序）

　　　　俞金贵　　胡红英　　来丽芳　　刘　江　　刘水林
　　　　刘　雨　　刘宗波　　杨仲元　　张晓战

前 言

随着社会主义市场经济的发展，人们的消费水平逐渐提高，购买房产不只是为了居住或办公，能否在获得居住或办公等空间的同时享受完善的服务成为人们购买房产时关心的焦点问题。计划经济时期的房屋管理模式顺势被淘汰，"以服务为宗旨，以经营为手段，以效益为目的"的现代化物业服务企业应运而生，给广大消费者提供一个整洁、舒适、安全、宁静、优雅的工作与生活环境成为一种可能。物业管理发展的好坏直接影响着社会、经济、环境等各方面的效益，建立良好的物业管理发展模式，规范物业管理市场，不仅会产生实实在在的社会和经济效益，而且对于管理现代化城市、改善人民生活质量和构建和谐社会同样具有现实意义。产生于1981年的中国物业管理行业，在经过了30年风风雨雨的发展后，已走出了一条辉煌之路。虽然物业管理行业在我国发展历程不长，但从现在物业管理的发展速度和社会各界对物业管理的认识来看，物业管理行业正在并将继续发挥其不可取替的作用，造福人类，造福社会，其发展空间无法估量。

本书是《21世纪全国高职高专土建立体化系列规划教材》之一，全书立足于物业管理市场现状，着眼于物业管理行业发展的未来，紧扣我国物业管理行业的特点，吸取了许多物业管理类专业书籍的经验，将物业管理理论与实践有机结合，同时内容分区标志明显，规划合理，便于读者既可以选择全书阅读，也可以有针对性地学习。在内容的安排上，本书先阐述了从事物业管理行业的最基本要求，然后在此基础上阐述实务操作、企业管理和市场开拓，内容循序渐进。同时，书中对需要读者重点注意的问题采用特别提示的方式进行强调，对有助于文中内容理解的知识采用知识链接的方式供读者选择性学习，并通过大量实例和习题来加深读者对内容的理解和学习，企业人员参与编写实际操作部分更使本书对物业管理类和相关专业的学生具有较强的现实指导作用，同时也对行业从业人员有一定的帮助。

本书开创性地将物业管理理论与实务融合在一起，避免了以往理论与实务分别授课时的内容重复问题。本书建议物业管理专业开设120学时（可以分两个学期来完成），房地产类专业开设80学时，其他相关专业（如建筑工程技术、建筑工程管理、建筑设备、企业管理、经济管理等）开设50学时，具体学时分配建议见下表。

内容板块	建议学时数与学时分配		
	物业管理专业	房地产类专业	其他相关专业
单元1 物业管理的基本概念	4	2	2
单元2 物业管理的参与方	6	4	2
单元3 物业管理的基本工作环节	8	6	4
单元4 物业管理法律法规	6	6	4
单元5 房屋及附属设备设施的维修养护管理	12	8	4

续表

内容板块		建议学时数与学时分配		
		物业管理专业	房地产类专业	其他相关专业
单元6	物业安全管理	8	6	4
单元7	物业环境管理	8	6	4
单元8	物业项目内开展的综合经营服务	6	4	2
单元9	客户关系管理	8	4	4
单元10	不同类型物业管理服务的重点	8	6	4
单元11	物业服务企业资金管理	8	4	2
单元12	物业服务企业人力资源管理	6	4	2
单元13	公共礼仪、企业文化与企业形象塑造	8	6	2
单元14	常用文书的拟写与档案管理	8	4	2
单元15	物业服务合同与服务方案	8	4	4
单元16	物业管理招投标	8	6	4
合　　计		120	80	50

　　本书由裴艳慧任主编，褚菁晶和李静飞任副主编，具体编写分工如下：单元1～单元4由内蒙古建筑职业技术学院裴艳慧编写，单元9和单元16由内蒙古建筑职业技术学院徐东生编写，单元5～单元8、单元10由内蒙古星元物业服务有限公司李静飞、黄菊、钟兰、李红宇共同编写，单元11～单元13由内蒙古建筑职业技术学院褚菁晶编写，单元14和单元15由吴俊臣编写。全书由裴艳慧统稿，内蒙古建筑职业技术学院樊文广对本书进行了审读并提出许多的宝贵意见。

　　本书在编写过程中参阅了大量国内外学者的有关论著，吸收了许多精华，在此表示衷心的感谢。书中存在许多不足之处，欢迎同行、专家和广大读者批评指正。

编者

2011年7月

目　　录

模块 1　物业管理基础

单元 1　物业管理的基本概念 ……………2
　　课题 1.1　物业与物业管理 ……………3
　　课题 1.2　物业管理的产生与发展 ……7
　　课题 1.3　物业管理的基本原则及
　　　　　　　重要性 …………………………8
　　单元小结 …………………………………11
　　习题 ………………………………………11
　　综合实训 …………………………………13

单元 2　物业管理的参与方 ………………14
　　课题 2.1　物业服务企业 ………………15
　　课题 2.2　业主大会与业主委员会 ……24
　　课题 2.3　其他物业管理相关机构 ……31
　　单元小结 …………………………………35
　　习题 ………………………………………35
　　综合实训 …………………………………37

单元 3　物业管理的基本工作环节 ………38
　　课题 3.1　物业管理的早期介入 ………39
　　课题 3.2　前期物业管理 ………………44
　　课题 3.3　成熟期物业管理 ……………57
　　单元小结 …………………………………61
　　习题 ………………………………………61
　　综合实训 …………………………………63

单元 4　物业管理法律法规 ………………64
　　课题 4.1　物业管理法律 ………………65
　　课题 4.2　物业管理政策法规 …………81
　　单元小结 …………………………………90
　　习题 ………………………………………90
　　综合实训 …………………………………91

模块 2　物业管理的内容

单元 5　房屋及附属设备设施
　　　　　的维修养护管理 ………………94
　　课题 5.1　房屋维修养护管理 …………95
　　课题 5.2　附属设备设施维修养护
　　　　　　　管理 ……………………………106
　　单元小结 …………………………………118
　　习题 ………………………………………118
　　综合实训 …………………………………120

单元 6　物业安全管理 ……………………121
　　课题 6.1　物业安全管理概述 …………122
　　课题 6.2　公共安全防范管理 …………127
　　课题 6.3　消防管理 ……………………135
　　课题 6.4　车辆管理 ……………………143
　　单元小结 …………………………………148
　　习题 ………………………………………149
　　综合实训 …………………………………151

单元 7　物业环境管理 ……………………152
　　课题 7.1　物业环境管理概述 …………153
　　课题 7.2　物业环境保洁服务 …………155
　　课题 7.3　物业环境绿化服务 …………160
　　课题 7.4　物业环境污染防治 …………169
　　单元小结 …………………………………176
　　习题 ………………………………………176
　　综合实训 …………………………………179

单元 8　物业项目内开展的
　　　　　综合经营服务 …………………180
　　课题 8.1　综合经营服务概述 …………181
　　课题 8.2　综合经营服务项目的选择 …184

课题 8.3　综合经营服务项目的运作……188
单元小结……192
习题……192
综合实训……194

单元 9　客户关系管理……195

课题 9.1　客户服务管理……196
课题 9.2　客户投诉的处理……206
课题 9.3　物业服务区域的文化建设……212
单元小结……224
习题……225
综合实训……227

单元 10　不同类型物业管理服务的重点……228

课题 10.1　住宅小区物业管理……229
课题 10.2　写字楼物业管理……236
课题 10.3　商业场所物业管理……246
课题 10.4　工业区物业管理……253
课题 10.5　其他类型物业的物业管理……259
单元小结……268
习题……268
综合实训……270

模块 3　物业服务企业管理

单元 11　物业服务企业资金管理……272

课题 11.1　物业服务费用管理……273
课题 11.2　住宅专项维修资金的管理……284
课题 11.3　物业服务企业财务管理……289
单元小结……294
习题……294
综合实训……296

单元 12　物业服务企业人力资源管理……297

课题 12.1　物业管理人员的素质要求……298
课题 12.2　物业管理人员的选聘……303
课题 12.3　物业管理人员的业务培训……307

课题 12.4　物业管理人员的绩效考核……312
单元小结……319
习题……319
综合实训……321

单元 13　公共礼仪、企业文化与企业形象塑造……322

课题 13.1　物业管理中的公共礼仪……323
课题 13.2　物业服务企业的企业文化塑造……330
课题 13.3　物业服务企业形象塑造……333
单元小结……343
习题……344
综合实训……345

单元 14　常用文书的拟写与档案管理……347

课题 14.1　物业管理常用文书的拟写……348
课题 14.2　物业档案管理……355
单元小结……363
习题……363
综合实训……365

模块 4　物业服务市场开拓

单元 15　物业服务合同与服务方案……368

课题 15.1　物业服务合同……369
课题 15.2　物业服务方案……379
单元小结……385
习题……385
综合实训……387

单元 16　物业管理招投标……388

课题 16.1　物业管理招投标概述……389
课题 16.2　物业管理招标……394
课题 16.3　物业管理投标……406
单元小结……416
习题……416
综合实训……418

参考文献……419

模块 1

物业管理基础

单元 1
物业管理的基本概念

教学目标

本单元主要介绍物业管理所涉及的基本概念,包括:物业和物业管理的概念,物业管理的产生和发展历程,物业管理实施的基本原则和必要性,并通过实例加强学生对基本概念的理解。教学目的是使学生对物业管理有一个从无到有的认识,产生学习物业管理的热情,能够有目的的完成今后的学习任务。

教学要求

能力目标	知识要点	权重
掌握物业和物业管理的概念,了解物业和物业管理的特征	物业和物业管理	70%
了解物业管理的产生与发展过程	物业管理的产生与发展	10%
熟悉物业管理的基本原则,了解物业管理存在的重要性	物业管理的基本原则及存在的重要性	20%

物业管理的基本概念 单元1

引例

某市部分物业服务企业工作步履维艰，究其原因主要有这样几个方面：一是从业者不能很好的界定应对所管辖物业的哪些部分从事物业管理服务，致使工作缺少主动性；二是从业者没有搞清楚物业管理的性质，不能够很好的摆正自己作为服务者的工作心态；三是无论是从业者还是开发商或业主，对物业管理的效用认识不清，没有真正体会其存在的必要性，也就没有很好地支持物业管理工作的进行，从而使一个正规的行业成为很多人嗤之以鼻的对象。

物业管理是顺应社会的发展、满足人们消费需求的一个不可替代的行业，为何会出现这样一些不合理的现象，究其原因，各责任方或多或少都对物业管理缺乏最基本的了解，没能够从根本上认识这个行业。那么，究竟物业应包括那些组成部分？物业管理的真正内涵是什么？物业管理的存在究竟有什么重要性？

课题1.1 物业与物业管理

1.1.1 物业

1．物业的概念

由于物业管理这个行业在我国起步较晚，所以针对物业这个名词，还有一些人会将其与不动产或房地产的名词相混淆，为加深对物业这个名词的理解，我们在这里做简单的区分。

不动产(immovable propery)：指依自然性质或法律规定不可移动的土地、地上定着物、与土地尚未脱离的土地生成物、因自然或者人力添附于土地并且不能分离的他物，包括物质实体和依附于物质实体上的权益。主要强调它的不便于移动性。

房地产(real propery)：指可开发的土地及其地上定着物、建筑物，包括物质实体和依附于物质实体上的权益。主要强调开发、营销到使用、管理的全过程。

物业(propery)：特指正在使用中和已经可以投入使用的各类建筑物及附属设备、配套设施、相关场地等组成的单宗房地产。主要侧重于使用、服务和管理角度。

物业的使用状态可分为以下两种。

(1) 正在使用中：例如已经成立了业主大会的住宅小区、开始营业的商场、企事业单位正常办公的写字楼、开始上课的学校等。

(2) 已经可以投入使用：进行了接管验收但业主正在办理入住手续的住宅小区、正在进行全面出租工作的写字楼和商场、已经可以投入使用但还没有投产的工厂等。

物业的组成共分为以下四部分。

(1) 各类建筑物。

居住类物业：经济适用住房、别墅等。

商业类物业：商场、超市、购物中心等。

办公类物业：写字楼、办公楼等。

餐饮类物业：酒楼、餐馆、快餐店等。

旅馆类物业：酒店、旅店等。

娱乐类物业：游乐场、俱乐部等。

工业和仓储类物业：厂房、仓库等。

特殊类物业：车站、学校、医院等。

综合类物业：至少有以上两种用途。

(2) 附属设备：给排水设备、供电设备、燃气设备、供暖设备、电梯设备、空调设备等。

(3) 配套设施：便民设施、市政公用设施在物业内部的延伸等。

(4) 相关场地：庭院、绿地、道路等。

2．物业的特征

1) 固定性

所有的建筑物及构筑物及配套设施必然依附于一定的地块，建成以后，在一般情况下是搬不走、挪不动的。这就是说物业具有不可移动的固定性特点。所以，在建造物业之前，一定要有长远观念，在各级政府规划部门的规划范围内，进行精心策划，在施工中严格管理，保证质量，新建的物业，要和周围的协调一致，创造良好的自然环境。

2) 耐久性

物业的建造，一般都需要较长时间，物业的使用时间就更长了。我们经常看到在建筑业中提到"精心设计，百年大计"这样的口号，说明建筑物一般是要使用数十年甚至更久的时间，特别是具有纪念价值和文物保护价值的建筑物，更应当长久地保留下去。

3) 多样性

物业范围非常广泛，规模各不相同，高矮各不相同，形状各有差异，颜色五花八门。居住用房、商业大厦、写字楼、工业厂房、仓库、寺庙、文化娱乐场所、体育竞赛场馆及其配套设施、水、电、气、暖、庭院、道路、树木、花草等，物业类型多样，而且每一个单体物业都有独到之处，物业的多样性构成了城市乡村的不同风格，显示出物业区域别样的风采。

4) 高值性

物业不仅应当具有使用价值，更应当具有较高的观赏价值。各种建筑物及其配套设施、设备以及场地的综合价值是很高的，特别在人口密集、可用土地较少和人口逐渐增多的大中城市，物业的价值就更高了。因此，如何为业主的物业保值、增值，自然成了物业服务企业的服务宗旨。

5) 权益性

《房地产业基本术语标准》特别强调不动产、房地产、物业都不仅包括相关物质实体，而且包括依托于物质实体上的权益。物业的法律属性集中反映在物权的关系上，我国房地产物权是指物权人在法律规定的范围内享有的房屋所有权及其占有土地的使用权。同时，不同的购买方式也决定了产权人对物业不同的占有方式。

> **特别提示**
>
> - 房地产物权比其他商品财产权的结构更为复杂。购入物业就意味着购入一宗不动产之所有权(物权)。而且物业的所有权不只是一项单项权利，而是一个权利束，拥有多项权能，如租售、抵押等，形成一个完整的、抽象的权利体系。在这一权利体系中，各种权利可以以不同形式组合，

也可以单独行使、享有。
- 专有所有：例如买下一幢楼宇中的某一具体单元，业主完全享有的物业只限于该单元外墙内侧围合起来的内侧空间，这部分就是业主的专有所有部分，业主对其享有绝对支配权。
- 部分所有：整幢楼宇中的公共部分、该幢物业法定用地的使用权、该幢楼宇的基础等，为该幢楼宇全体业主共同所有和使用，每位业主只是其中之一的所有权人，所以也称为部分所有人。
- 两方共有：每个单元居住的业主与其上下左右毗邻的业主共享其房屋相连部分的房屋构建，如左右两户之间的隔墙、上下两户之间的楼板层等。
- 全体所有：在建筑群或住宅小区中，排除以上三种之外的建筑群或住宅小区的公共部分或区域，即为该建筑群或小区的全体业主所有。

1.1.2 物业管理

1．物业管理的概念

物业管理(propery management)是指业主通过选聘物业服务企业，由业主和物业服务企业按照物业服务合同约定，对房屋及配套的设施设备和相关场地进行维修、养护、管理，维护相关区域内的环境卫生和秩序的活动。

物业管理的内涵具体如下。

(1) 实施物业管理，必须是具有法人资格的、具有一定资质等级的、并经政府有关部门注册认可的专业的管理组织。

(2) 物业管理是一种经营型的管理方式。物业管理的对象是物业，其服务的对象是人。物业管理所提供的服务是有偿的服务，要合理收费(即收费和服务水平相适应)，实现以业养业。

(3) 物业管理所提供的劳务和服务能起到完善物业的使用效能，并使物业具有保值增值的作用。物业管理是综合性的管理，内容多种多样，业务涉及的范围相当广泛，属于多功能全方位的管理。

(4) 就法律属性而言，物业管理是具有中介性质的管理，通过一定的契约，规定各方权利和义务。

(5) 物业管理是一项有始有终的管理活动，其目标是用有限的资源，通过管理工作的协调、平衡来达到一个较高的质量要求，在发挥其使用功能的前提下尽可能的保值增值。

2．物业管理的特征

物业管理是城市管理体制、房地产管理体制的重大改革，是一种与房地产综合开发，以及现代化生产方式相配套的综合性管理；是与随着住房制度改革的推进而出现的产权多元化格局相互衔接的统一管理；是与建立社会主义市场经济体制相适应的社会化、专业化、市场化的管理。按照社会产业部门划分的标准，物业管理属于第三产业。社会化、专业化、市场化是物业管理的三个基本特征。

1) 社会化

物业管理的社会化，指的是它摆脱了过去那种自建自管的分散管理体制，由多个产权单位、产权人通过业主大会选聘一家物业服务企业来实施的活动。

物业管理社会化有两个基本含义：一是物业的所有权人要到社会上去选聘物业服务企业；二是物业服务企业要到社会上去寻找可以代管的物业。

物业的所有权、使用权与物业的经营管理权相互分离，是物业管理社会化的必要前提，现代化大生产的社会专业分工，则是实现物业管理社会化的必要条件。

2) 专业化

物业管理的专业化，指的是由物业服务企业通过合同或契约的签订，按照产权人和使用人的意志和要求去实施专业化管理。这就要求：有专业的人员配备；有专门的组织机构；有专门的管理工具设备；有科学、规范的管理措施与工作程序；运用现代管理科学和先进的维修养护技术实施专业化的管理。物业管理专业化是现代化大生产专业分工的必然结果。因此，要求物业服务企业必须具备一定的资质等级、要求物业管理从业人员必须具备一定的职业资格。

3) 市场化

市场化是物业管理最主要的特点。在市场经济条件下，物业管理的属性是经营，所提供的商品是劳务，方式是等价有偿，业主通过招投标选聘物业服务企业，由物业服务企业来具体实施。物业服务企业向业主和使用人提供劳务和服务，业主和使用人购买并消费这种服务。在这样一种新的机制下逐步形成有活力的物业管理竞争市场，业主有权选择物业管理单位，物业管理单位必须靠自己良好的经营和服务才能进入和占领这个市场。这种通过市场竞争机制和商品经营的方式所实现的商业行为就是市场化。双向选择和等价有偿是物业管理市场化的集中体现。

 应用案例 1-1

最近，国家推行后勤管理社会化，不少高等学校纷纷建立自己的后勤服务集团，为学生服务。请问，后勤服务集团的服务是不是就是物业管理？

【解析】这个问题涉及后勤服务与物业管理的关系问题。一般说来，后勤类似于物业管理，但与物业管理又有一些不同。

(1) 相同点：两者都具有企业性质，都靠提供服务收取费用来维持生存、谋求发展。

(2) 不同点：两者的不同点见表1-1。

表1-1 后勤服务与物业管理的不同

项　　目	后勤服务	物业管理
单位性质	学校等单位下属的企业单位	一般是社会化的单位
专业特长	主要是清洁、医疗、饮食、交通等	主要是安全、环境、维修等
费用收取	通常比社会上的服务费低	通常是市场化的收费
业务来源	主要是系统或单位的内部要求	主要到社会上去寻找
服务对象	主要是面向单位的员工	社会各单位、各种物业
服务内容	针对性强、相对单一、层次相同	针对性弱、内容多样、层次不一

从长远来看，后勤服务应该走向专业化的物业管理，也就是说，后勤服务集团是我国目前体制改革的一个暂时的现象或步骤，是一个缓解社会矛盾、解决单位人员流动的重要措施。

课题 1.2 物业管理的产生与发展

1.2.1 物业管理的起源

物业管理雏形源于 19 世纪 60 年代的英国。英国当时正值工业发展时期，农村人口纷纷涌入工业城市，形成了城市人口大量集中、对房屋的需求急剧膨胀、住房严重供不应求等局面。这时，房地产开发商见有利可图便纷纷营建简陋的住房出租，但是，由于住房质量低劣，附属设备、配套设施又严重不足，因而出现了普遍拖欠租金及住户人为破坏房屋和设备设施的现象，租赁关系混乱，业主的租金收入也得不到保障。当时一位名叫奥克维娅·希尔的女业主决定整顿其名下出租的物业，理顺租赁关系。她首先修缮、改良了房屋的配套设备设施，改善了居住环境，然后制定了一系列行之有效的管理制度，要求用户严格遵守，否则收回房屋。结果事如所愿，租金得到了保证，用户住得满意。奥克维娅·希尔的举措令其他业主和政府的有关部门刮目相看，从此，出租物业的业主纷纷仿效奥克维娅·希尔的管理方法，这一套管理方法在英国迅速推广开来，以至后来一些物业业主干脆请专人代为管理其物业，于是，物业管理逐渐发展成一种社会化、专业化、企业化、经营型的行业。同时，英国物业管理的成功经验也迅速在世界各地传播开来。

1.2.2 物业管理在我国的产生与发展

我国内地物业管理是从香港传入，香港的物业管理则源于英国。20 世纪 60 年代，香港经济开始起飞，大陆大量人口纷纷涌入香港。一时间，经济的高速发展以及人口的激增使香港的房屋出现严重房荒。面对困境，香港政府和"香港房屋协会"等团体开始兴建"公共屋村"(简称"公屋"，又称"廉租屋")和"居者有其屋"(简称"居屋")。"公屋"和"居屋"逐渐解决了香港中下层市民居住问题，缓解了香港紧张的住房需求。为了管理好"公共屋村"，香港从英国引进了物业管理方法和物业管理人才，大力发展香港的物业管理业。此后，香港根据当地的实际情况不断完善、充实和发展香港的物业管理，积累了不少成功的经验，受到了国际上不少国家和地区的赞赏。

1981 年，深圳市第一家涉外商品房管理的专业公司——深圳市物业管理公司成立，这是我国内地物业管理的起步阶段。此后，从深圳到广州，从南方到北方，物业服务公司在众多城市大量出现。

1994 年，原建设部颁发了《城市新建住宅小区管理办法》，明确指出住宅小区应当推行社会化、专业化的管理模式。从而正式确立了我国物业管理的新体制，为房屋管理体制的改革指明了方向，并提供了法规依据。

1996 年 2 月，原国家计委、原建设部联合颁布了《城市住宅小区物业管理服务收费暂行办法》，为规范物业管理服务的收费行为，维护国家利益和物业管理单位及物业产权人、使用人的合法权益提供了保证。

1996 年 9 月，原建设部人事教育劳动司和房地产业司又联合发布《关于实行物业服务企业经理、部门经理、管理员岗位培训持证上岗制度的通知》，为全面提高物业管理人员的素质，规范物业管理行业提供了保证。

1998 年 8 月，原建设部、国家工商行政管理总局制订了《物业管理委托合同文本》，原建设部制定了《业主公约示范文本》，1999 年 10 月制订了《前期物业管理服务协议》。这些示范文本现在已经成为物业管理中规范物业管理行为、保护当事人合法权益的规范性文件。1999 年 10 月，为提高物业管理水平，推动物业管理市场竞争，原建设部制定了《物业服务企业资质管理试行办法》。

2003 年是我国物业管理行业发展的一个重要的转折点。《物业管理条例》、《物业服务收费管理办法》、《前期物业管理招投标管理暂行办法》、《业主大会规程》等相关法制条文的出台，逐步引导我国的物业管理行业朝着法制、国际惯例的方向发展。

2007 年 10 月 1 日，随着《物权法》的出台、新《物业管理条例》的实施，进一步强调了物业服务企业的服务理念，同时也对相关条款进行了合理的修正，使其更能够适应我国物业管理的发展。

课题 1.3 物业管理的基本原则及重要性

1.3.1 物业管理的基本原则

1．权责分明

在物业管理区域内，业主、业主大会、业主委员会、物业服务企业的权利与责任应当非常明确，物业服务企业各部门的权利与职责要分明。只有权、责分清了，才能做到人人有事做，事事有人管，才能避免瞎指挥，有利于物业管理水平和服务质量的提高，更有利于物业管理目标的实现。

2．业主主导

业主主导，是指在物业管理活动中，以业主的需要为核心，将业主置于首要地位。强调业主主导，是现代物业管理与传统体制下房屋管理的根本区别。

3．服务第一

物业管理所做的每一项工作都是服务，必须坚持服务第一的原则。

4．统一管理

一个物业管理区域只能成立一个业主大会，一个物业管理区域由一家物业服务企业实施物业管理。

5．专业高效

物业服务企业开展统一管理，并不等于所有的工作都必须要由物业服务企业自己来承担，物业服务企业可以将物业管理区域内的专项服务委托给专业性服务企业，但不得将该区域内的全部物业管理一并委托给他人。

6. 收费合理

物业管理收取的费用是搞好物业管理的物质基础。物业服务收费应当遵循合理、公平以及费用与服务水平相适应的原则。区别不同物业的性质和特点，由业主和物业服务企业按有关规定进行约定。收缴的费用要让业主和使用人能够接受并感到质价相符，物有所值。

7. 公平竞争

物业管理是社会主义市场经济的产物，在市场经济中应当实施公开、公平、公正的竞争机制，在选聘物业服务企业时，应该坚持招标、投标制度。委托方发标，一般要有3个以上的物业服务企业投标，招标要公开，揭标要公正。

8. 依法行事

物业管理遇到的问题十分复杂，所涉及法律非常广泛，整个物业管理过程中时时刻刻离不开法律、法规。依法签订的《物业服务协议》，是具有法律效力的规范文书，是物业管理的基本依据。

 应用案例 1-2

如今部分与开发商互为"父子关系"的物业服务公司，很容易出现对于房屋质量等问题不重视，以及开发商和物业服务公司之间互相"踢皮球"的现象。尤其是在涉及开发商利益时，物业服务企业常对开发商予以袒护，造成业主与物业服务企业矛盾加重，业主往往以拒付物业管理费来抗拒，加之小区业主大会、业主委员会迟迟无法成立，前期物业管理时间很长，有的长达七八年，矛盾越积越深。请对上述现象进行解析。

【解读】《物业管理条例》第二十四条规定了房地产开发与物业管理相分离的原则，应通过招投标的方式选出物业服务企业。但到目前为止，大多数小区物业服务企业均是由开发商派生出来的，即便实行招投标，由于难以真正建立公平竞争的招投标机制，开发商派生出来的物业服务企业仍处于优势地位，往往是其中标，这种建设与管理的"父子关系"依然普遍存在。当物业出现质量或销售时不切实际的承诺等涉及开发商问题引发纠纷后，物业服务企业常以其与开发商是两独立法人，无任何关系拒绝处理。而开发商往往是项目公司，一个小区成立一个项目公司，建设完成结算完毕后就不存在了，售后服务、保修等矛盾无法解决。

【解决方法】入住小区的业主们在符合条件后，也就是说小区内房屋出售并交付使用的建筑面积达到50%以上，或者首套房屋出售并且交付使用已经满2年的，一定要及时成立业主大会，来维护自身权益。

1.3.2 物业管理的重要性

物业管理无论是管理理念，还是管理的形式和内容，都是传统房屋管理所无法比拟的。物业管理是房地产开发、经营、管理中的新领域，是随着经济的增长和人民生活水平的日益提高，社会发展的新要求，是房地产业售后服务社会化的必然趋势，是城市管理的重要基础内容。它直接经营管理的物业资产比其他任何部门的固定资产都要多，所以一个城市物业管理社会化、现代化的水平，在一定程度上反映了城市居民的生活水平和城市的现代化管理水平。

知识链接

现代物业管理与传统房屋管理的比较见表1-2。

表1-2 现代物业管理与传统房屋管理的比较

管理方式 比较项目	现代物业管理	传统房屋管理
物业权属	多元产权(私有、公有)	单一产权(国有、集体所有)
管理主体	物业服务公司	政府、单位房管部门
主体性质	企业	事业或企业性事业单位
管理手段	经济和法律手段	行政手段
管理行为	企业经营服务行为	非企业行为
管理性质	经营性的有偿管理服务	福利性的无偿、低成本服务
管理观念	为业主、住户服务，以人为本	管理住户，以物为中心
管理费用	自筹、管理费、服务费等	低租金和大量补贴
管理形式	社会化、专业化统一管理	部门、系统管理与多头分散管理
管理内容	全方位、多层次的管理服务	管房和养房
管理关系	服务与被服务的关系	管理与被管理的关系
管理模式	市场经济管理模式	计划经济管理模式
管理机制	契约、合同形式，竞争上岗	行政指令，终身制，无竞争

(1) 从房改的角度看：物业管理发展成为独立的社会经济部门，是和房地产综合开发这种大生产的生产方式相适应的，促进了房地产开发、经营、服务的有机结合，有利于房地产业运行体系的确立与完善。

(2) 从财富积累的角度看：良好的物业管理延长物业的使用寿命，立足发挥物业的使用价值，缺乏良好的物业管理常导致物业内部设备运行不良，加速了物业的物理损耗，使物业使用价值超前消耗，造成社会财富的巨大浪费。

(3) 从经营效果的角度看：首先，良好的物业管理能增强社会信任感和投资者的信心，建立开发商在公众中的良好形象，加强其在房地产市场中的竞争力，加快再开发速度，形成良性循环。其次，完善的物业管理能使物业始终保持良好的运行状态，不断地适应社会、经济发展的潮流对建筑物使用功能的要求，使物业易于出租或出售，并保持一个较高的价格水平。

(4) 从社会影响角度看：良好的物业管理能充分发挥物业设施的整体功能，促进人居环境的改善，从而有助于人际关系融洽。良好的工作生活环境，不仅能够减少人们的烦恼、摩擦及某些有害社会的不良行为，而且还会形成互助、互谅的社会风气，促进社区文明的建设。由此可见，物业管理产生明显的社会效益和经济效益，对完善房地产市场、管理现代化城市及提高人们的生活质量具有深远意义。

【案情介绍】

某业主陈某的邻居在安装防盗门时，将防盗门向外扩张了1.3米，楼层的管道维修站和有线电视电缆都被该防盗门尽"包"其中，由于与自家大门相差仅4厘米，导致该业主的防盗门一直无法安装。

陈某找到物业服务公司，要求给予解决，但物业服务公司却表示该业主的邻居在安装防盗门时，物业服务公司曾上门干预，当时该房主的邻居写了保证书，承诺如邻居对所安防盗门有异议，双方协商无效，将自行拆换该防盗门，费用及责任由自己承担。物业服务公司要求该业主的邻居履行保证书的内容，把防盗门拆装到适当的位置，但对方不予理睬，物业服务公司左右为难。

【案例分析】

本案例中，占用楼道的业主向物业服务公司书写了保证书。那么这份保证书的效力如何？能否因这份保证书就此免除物业服务公司的责任呢？

通常，法律意义上的保证书，多见于债务保证中，即第三人保证在债务人不履行还债义务时，由自己替债务人向债权人履行债务。但这里的保证书，类似于业主与物业服务公司就防盗门安装事宜签订的附解除条件的合同。根据该合同，业主有权按照自己的意思安装防盗门：向外扩展1.3米，楼层的管道维修站和有线电视电缆尽"包"其中，与邻居大门相差仅4厘米；而物业服务公司不得对安装行为进行干预；该合同解除的条件为：邻居即陈某对所安防盗门有异议，且双方协商无效。

这样一份协议，我们认为是无效的，原因是：该业主与物业服务公司无权对楼道的使用权进行处分。楼道、管道维修站和有线电视电缆均属共用部位、共用设施设备，使用权属于该楼全体业主，该业主向外扩展1.3米安装防盗门的行为是对广大业主权利的侵犯，物业服务公司无权与个别业主签订协议，处分该使用权，更没有权利要求陈某必须与该业主就防盗门的安装进行协商。

其次，在该案例中，物业服务公司对楼道使用权的归属有严重错误认识。楼道作为可分摊的共用建筑面积，所有权及使用权属于该栋楼全体业主所有，而不是仅仅由该楼层内的住户享有使用权，因此，物业服务公司之"只要陈某没有异议，其邻居就可以扩展安装防盗门"的认识是错误的。

再次，物业服务公司对自己的管理职责也存在错误认识。物业服务公司对小区进行管理是由小区全体业主赋予的，并受相关法律法规的约束，物业服务公司应对小区内的全体业主负责，其管理并不能因个别业主的行为受到影响，在该案例中，即便业主安装防盗门的行为没有遭到陈某的反对，但由于对共用部位的私自占用对小区其他业主的权益构成侵害，即使这种损害没有具体到每位业主身上，物业服务公司也应主动加以制止。

单元小结

本单元介绍了物业与物业管理的基本概念、特征、起源与在我国的发展历程、原则与存在的重要性。本单元内容不但是本教材的基础，也是学习物业管理知识的基础。通过对物业及物业管理内涵的理解，能够使从业者明晰服务的对象，摆正服务的心态。通过对物业管理重要性的认识，能够使各利益主体重新认识本行业，进而为本行业的发展给予支持。

习 题

一、单项选择题

1. (　　)指正在使用和已经可以投入使用的各类建筑物及附属设备、配套设施、相关场地等组成的单宗房地产。
   A．物业　　　　B．房地产　　　　C．不动产　　　　D．固定资产
2. 我国第一家物业服务企业出现在(　　)。
   A．北京　　　　B．上海　　　　C．广州　　　　D．深圳

3. （   ）颁布的《物业管理条例》于2003年9月1日开始实施，这标志着我国物业管理工作进入了新的发展阶段。
   A．全国人民代表大会   B．国务院
   C．国家发展改革委员会   D．建设部

4. 《物权法》是在（   ）正式实施的。
   A．1981年3月10日   B．2003年9月10日
   C．2007年10月1日   D．2007年9月10日

5. 在选聘物业服务企业时坚持招标、投标制度，体现了物业管理的（   ）原则。
   A．专业高效   B．统一管理   C．公平竞争   D．服务第一

6. 一个物业管理区域只能成立一个业主大会，一个物业管理区域只能有一家物业服务企业实施物业管理，这主要体现了物业管理的（   ）原则。
   A．专业高效   B．统一管理   C．公平竞争   D．服务第一

7. 以下关于各项物业管理原则的理解中不正确的是（   ）。
   A．权责分明是指物业管理相关各方即业主、业主大会、业主委员会、物业服务企业等的权利与责任应当非常明确
   B．依法行事是指在物业管理活动中要以相关的法律、法规和签订的《物业服务合同》或《前期物业服务合同》为依据
   C．业主主导是指在物业管理活动中，业主永远是对的
   D．服务第一是指物业管理的根本任务是服务，应寓管理于服务中

二、多项选择题

1. 下列属于物业组成的是（   ）。
   A．建筑物   B．附属设备   C．配套设施   D．相关场地
   E．业主

2. 下列属于物业特征的有（   ）。
   A．固定性   B．耐久性   C．单一性   D．增值性
   E．权益性

3. 下列关于物业管理的内涵表述正确的有（   ）。
   A．实施物业管理，不一定要有法人资格，业主或业主委员会也可以自行组织物业管理工作，实施自治管理
   B．物业管理是一种经营型的管理方式。物业管理的对象是物业和人。物业管理所提供的服务是有偿的服务，要合理收费（即收费和服务水平相适应），实现以业养业
   C．物业管理所提供的劳务和服务能起到完善物业的使用效能，并使物业具有保值增值的作用
   D．物业管理是综合性的管理。物业管理的内容多种多样，业务涉及的范围相当广泛，属于多功能全方位的管理
   E．物业管理是一项有始有终的管理活动，其目标是用有限的资源，通过管理工作的协调、平衡来达到一个较高的质量要求，在发挥其使用功能的前提下尽可能的保值增值

4. 下列属于物业管理与传统房地产管理区别的有(   )。
   A. 管理主题不同   B. 管理内容不同
   C. 管理机制不同   D. 管理对象不同
   E. 管理手段不同

三、情景题

刚毕业的大学生小赵被公司委派负责一个小区的物业管理工作,可他连物业的组成都不清楚。请你告诉小赵,就一个住宅小区来说,物业管理中的物业究竟指什么?

四、案例分析题

张某和他的一些朋友在谈到物业管理时,对以下问题不太明白,希望能有人给以答疑。有人认为物业管理就是房产管理,只不过房产管理和物业管理所处的体制不一样,名称换了一下,其根本区别就是收不收费的问题;也有人说物业管理就是在原来的房产管理上增加点儿内容,比如说扫扫地、浇浇花、看看门,这些看法对吗?

综 合 实 训

一、实训内容

对物业组成的认识。

二、实训要求

到不同类型的物业现场,就物业的组成进行现场确认:包括物业的类型、组成部分的辨析、范围的界定等。其中要注意专有部分与公共部分的区别、市政设施与自用设施的界限。

单元 2

物业管理的参与方

教学目标

本单元主要介绍物业管理的主要参与方,包括:物业管理的实施者物业服务企业、物业管理的受用者业主及其组成的机构、行政管理部门以及其他为物业服务企业和业主提供服务的部门和机构。教学目的是使学生了解各方在其中扮演的角色及发挥的作用,进而了解在今后的工作过程中应如何把握自身所扮演的角色和处理好与各方的关系。

教学要求

能 力 目 标	知 识 要 点	权　　重
了解物业服务企业的类型,熟悉其权利和义务以及资质如何管理,掌握其组建条件、经营资质的办理、组织机构的设施	物业服务企业	40%
熟悉业主在物业管理过程中的权利和义务,掌握业主大会与业主委员会的相关知识	业主大会与业主委员会	40%
了解其他物业管理相关机构在物业管理过程中扮演的角色	其他物业管理相关机构	20%

引例

　　物业服务项目在具体实施过程中有很多参与方，各方以不同的身份参与到管理过程中来，就此形成了相对复杂的社会关系。各种关系能否明确直接影响到物业管理的实施效果和行业的发展进程。不少业主在谈到业主与物业服务公司的关系时都说，业主是物业的主人，也就是小区的主人，而物业服务公司是业主请来管理自己物业的，是业主的仆人，这种观点对吗？

　　那么，在物业管理过程中，究竟会有哪些行为主体参与到物业管理过程中来，他们分别扮演什么角色？

课题 2.1　物业服务企业

2.1.1　物业服务企业的类型

　　物业服务企业是指按合法程序成立，具备独立的企业法人资格及相应的资质条件，根据合同接受业主和业主委员会的委托，依照有关法律法规的规定，对物业实行专业化管理的经济实体。

　　目前，我国存在着各种类型的物业服务企业。

1．按投资主体不同

　　物业服务企业可分为全民、集体、私营、联营、三资等企业。

　　(1) 全民物业服务企业即国有物业服务企业，资产属于全民所有，国家依照所有权和经营权分离的原则授予企业经营管理权。

　　(2) 集体所有制物业服务企业资产属于劳动群众集体所有。

　　(3) 私营物业服务企业资产属于私人所有。

　　(4) 联营物业服务企业是指企业之间或企业、事业单位之间联营的企业。或组成新的经营实体，取得法人资格；或共同经营，不具备法人条件，按合同约定各自独立经营，并承担相应的权利和义务。

　　(5) 三资物业服务企业是指依照中国有关法律在中国境内设置的全部资本由外国投资者投资的企业；外国公司、企业和其他经济组织或个人经中国政府批准在中国境内，同中国的公司企业或其他经济组织共同举办合资经营企业，或举办中外合作经营企业。

2．按股东出资形式不同

　　按股东出资形式不同，企业可分为有限责任公司、股份有限公司、股份合作公司等。

　　(1) 物业服务有限责任公司是由 2 个以上 50 个以下股东共同出资，并以其出资额为限对公司承担责任，公司以其全部资产对公司的债务承担责任的企业法人。

　　(2) 物业服务股份有限公司是一般由 5 个以上发起人成立，全部资本为等额股份，每个股东以其所持股份为限对公司承担责任，公司是以其全部资产对公司的债务承担责任的企业法人。股份有限公司，其注册资本必须在 1000 万元人民币以上。目前，商业、贸易、工业、房地产等行业中有一批股份有限公司。随着物业管理市场的发展，集团化的物业服务股份有限公司将会出现。

(3) 股份合作型物业服务企业。其原则是自愿组合、自愿合作、自愿参股、民主管理、自负盈亏、按劳分配、入股分红。这种企业股东一般就为职工，股东订立合作经营章程，按其股份或劳动享有权利和义务，企业以其全部资产对其债务承担责任。

3．按经营服务方式不同

分为代理租赁服务型、委托管理服务型两种。

4．按是否具有法人资格不同

一种是具有企业法人资格的物业管理的专营公司或子公司；另一种是以其他经营项目为主如房地产开发、商业、贸易等而兼营物业管理的不具备企业法人资格的物业管理部。

2.1.2 物业服务企业的组建

1．组建条件

1) 企业名称预先审核

企业的名称一般由四部分组成：企业所在地、具体名称、经营类别、企业种类等。其具体名称可考虑原行业的特点、所管物业名称特点、地理位置、企业发起人名字等，如"西河"、"万科"、"××别墅"等。除称物业服务公司外也有称物业服务有限公司、物业发展公司、物业公司等。根据国家工商行政管理局制定的《企业名称登记管理规定》的有关精神，企业名称中不得含有下列内容和文字。

(1) 有损于国家社会公共利益的。
(2) 可能对公众造成欺骗或误解的。
(3) 外国国家地区名称、国际组织名称。
(4) 党政名称、党政军机关名称、群众组织名称、社会团体名称及部队番号。
(5) 汉语拼音字母(外文名称中使用的除外)、数字。
(6) 其他法律、行政法规规定禁止的。

根据公司登记管理有关规定，设立公司应当预先核准申请名称。法律、行政法规规定必须报经审批后成立的公司，例如三资公司或者公司经营范围中有法律、行政法规规定必须审批的项目的，应当在报送审批前办理公司名称预先核准，然后以核准的名称报送审批。例如设立外商投资的物业服务企业，在报经有关外经贸行政管理机关审批前必须将申请名称报工商行政管理部门预先核准。

2) 公司住所

《民法通则》规定，法人以它的主要办事机构所在地为住所。物业服务公司的主要办事机构所在地为物业服务公司的住所。物业服务公司设立条件中的住所用房可以是自有产权房或租赁用房。把租赁用房作为住所时，必须办理合法的租赁凭证，房屋租赁的期限一般必须在1年以上。有了确定的住所，就可以确定所属工商行政管辖的行政机关。

3) 法定代表人

物业服务公司作为企业法人，经国家授权审批机关或主管部门审批和登记主管机关核准登记注册后，其代表企业法人行使职权的主要负责人是企业法人的法定代表人。全民和集体企业的主要负责人是经有关主管机关审查同意，当企业申请登记经核准后，主要负责人取得了法定代表人资格。法定代表人必须符合下列条件。

(1) 有完全民事行为能力。
(2) 有所在地正式户口或临时户口。
(3) 具有管理企业的能力和有关的专业知识。
(4) 具有从事企业的生产经营管理能力。
(5) 产生的程序符合国家法律和企业章程的规定。
(6) 符合其他有关规定的条件。

物业服务公司法定代表人应在合法前提下，在企业章程规定的职责内行使职权履行义务，代表企业法人参加民事活动，对物业管理全面负责，并接受本公司全体成员监督，接受政府部门、主管物业管理的行政机关的监督。

4) 注册资本

公司法定的人员、住所和注册资本是公司设立的三要素，其中注册资本是公司从事经营活动，享受和承担债权债务的物质基础。一般来说，注册资本的大小直接决定公司的债务能力和经营能力。世界各国对公司最低的注册资本额都有严格的规定。

在我国，企业法人登记管理有关规章对申请企业法人登记规定了各类公司的注册资本额：生产性公司注册资本不得少于 30 万元人民币，咨询服务性公司的注册资本不得少于 10 万元人民币。物业服务公司，作为服务性企业，其注册资本不得少于 10 万元人民币。

5) 公司章程

公司章程是明确企业宗旨、性质、资金状况、业务范围、经营规模、经营方向和组织形式、组织机构、利益分配原则、债权债务处理方式、内部管理制度等内容的书面文件。其主要内容包括：

(1) 公司的宗旨。
(2) 名称和住所。
(3) 经济性质。
(4) 注册资本数额以及来源。
(5) 经营范围和经营方式。
(6) 公司组织机构及职权范围。
(7) 法定代表人产生程序及职权范围。
(8) 财务管理制度和利润分配方式。
(9) 其他劳动用工制度。
(10) 其他事项。

6) 公司人员

企业法人登记管理有关规章规定，申请成立全民、集体、联营、私营、三资等企业，必须有与生产经营规模和业务相适应的从业人员，其中专职人员不得少于 8 人。物业服务公司一般应具有 8 名以上的专业技术管理人员，其中中级职称以上的须达 3 人以上。

2．组建程序

在具备组建条件后，物业服务公司的组建程序一般按如下步骤进行。

(1) 企业经营资质的办理。

在具备组建条件以后，申请物业服务企业的发起人或发起单位，写出设立物业服务公司经营资质申请报告，连同相关申请资料送交当地县级以上人民政府物业管理行政主管部门审批。房地产行政主管部门对符合资质条件的申请单位核发批准文件。

申请单位收到房地产行政主管部门资质审核批准文件后，再按有关规定向工商行政管理机关办理企业注册登记手续，领取企业法人营业执照。

> **知识链接**
>
> 物业服务公司首次申请资质，只能是临时资质，申请《临时资质证书》须提交的文件包括：营业执照、企业章程、验资证明、企业法定代表人的身份证明、物业管理专业人员的职业资格证书和劳动合同、管理和技术人员的职称证书和劳动合同。

(2) 公司名称预先核准申请。

在工商登记前，首先要向工商行政登记主管机关提出预先核准公司名称的申请，填写《企业名称预先核准申请书》，该名称保留期为 6 个月，在此期间不得用于从事经营活动、不得转让。该名称获得许可后，工商行政登记主管机关将会为其发放《公司名称预先核准通知书》。

(3) 工商注册登记。

到工商行政管理机关注册登记是成立公司的必备程序，同时领取营业执照。对于物业服务公司来说，申办人或其代理人须持该公司董事长签署的设立登记申请书、公司章程、验资证明、企业名称预先核准通知书、公司住所证明、公司董事名单等到所在地工商行政管理机关申请办理注册登记手续，领取企业法人营业执照。

(4) 领取资质证书。

企业法人营业执照取得后的 30 日内，应按规定到当地县级以上人民政府房地产行政主管部门领取物业服务企业《临时资质证书》。

(5) 税务登记和公章刻制。

在取得上述相关证件以后，物业服务公司还要持这些证件到税务部门办理税务登记手续，购买营业发票，到公安机关办理公章的登记和刻制。

2.1.3 物业服务企业的组织机构

1. 物业服务公司组织机构设置的要求

物业服务公司组织机构的设置必须为实现公司的经营管理目标服务，它的设置应满足以下 4 个基本要求。

(1) 具备服务性的功能。

物业服务公司是专门从事物业管理与服务的服务性企业，它的组织机构的设置必须保证具备这些功能，并有助于实现企业的服务宗旨。

(2) 充分发挥公司员工潜能。

物业服务公司的管理、经营和服务活动都是依靠每一个人来实现的。因此，组织机构的设置要求每一位职员都能人尽其才，充分发挥个人智慧。

(3) 关系协调。

公司是一个有机整体，是由人、财、物、技术、信息等要素和子系统组成的开放系统，这种系统能否最大的发挥出整体功能，有赖于系统内各要素的协调配合。因此，组织机构的设置必须保证公司内部各种关系的相互协调。

(4) 效率与效益。

物业服务公司组织机构的设置要求从实际出发，以低成本的投入达到最好的工作效率、经济效益、社会效益以及环境效益。

2. 物业服务公司组织机构设置的原则

为了发挥物业服务公司组织机构的整体功能，实现公司的总目标，根据上述4个基本要求，组织机构的设置应遵循以下原则。

(1) 目标原则。

公司有自己的经营发展目标，组织机构的设置必须以公司的总体目标为依据。从某种意义上讲，组织机构的设置是实现公司总目标的一种管理手段。依据目标设置机构，依据机构设职设人，这是组织机构设置的目标原则。

(2) 统一领导与层次管理原则。

物业服务公司的经营战略和重人决策权应集中在高层领导手中，而日常工作的管理与经营权力则逐级授权，实行层次化管理。统一领导是各项工作协调进行和实现总目标的决策保证，分级层次管理则是充分发挥各级管理人员积极性的机制保障。如果公司的高层领导整日忙于事务性工作而很少花精力去考虑重大决策问题，则不仅会影响各层次管理人员的积极性，而且会使企业逐渐失去长远的战略目标，甚至迷失发展方向。这是企业逐渐步入正轨的情况下，高层领导尤应注意的层次化管理问题。

(3) 分工协作原则。

分工协作是社会发展进步的标志，它不仅能提高劳动生产率，而且能提高整体效益。物业服务公司能否最大限度地发挥出整体效益，取决于组织机构的专业分工与相互协调。公司总的目标如能分层次落实到各个部门，使之各司其职，相互协作，目标不难实现。

(4) 责权对应原则。

整个公司的责任和权力是对等的，委以责任的同时也必须赋予自主完成任务所必需的权力。有责无权，不仅不能调动管理人员的积极性，而且使责任形同虚设，最终无法保证公司任务的完成；有权无责，必然助长官僚主义，导致权力滥用。

(5) 有效管理幅度原则。

在处理管理幅度与管理层级的关系时，一般情况下应尽量减少管理层级，尽可能地扩大管理幅度；否则，管理层级多了，人员和费用也多了，会影响公司的经营效率。但是，有效的管理幅度必须考虑到机构特性、管理内容、人员能力以及组织机构的健全程度等因素，管理幅度过大同样也会影响公司的经营效率。

> **知识链接**
>
> 管理层次也称组织层次，它是描述组织纵向结构特征的一个概念。如果以构成组织纵向结构的各级管理组织来定义，管理层次就是指从组织最高一层管理组织到最低一级管理组织的各个组织等级。每个组织等级就是一个管理层次。一个企业的管理层次的多少表明其组织结构的纵向复杂程度。
>
> 管理幅度也称为管理跨度，它是指一名领导者直接领导的下级人员的数量。例如，总经理直接领导多少名部门经理，某部门经理直接领导多少名业务主管，等等。上级直接领导的下级人员数量多，

称之为管理幅度大或跨度宽，反之，则称之为管理幅度小或跨度窄。由于被领导的下级人员都承担着某个部门或某方面业务的管理工作，所以管理幅度的大小往往反映上级领导人直接控制和协调的业务活动量的多少。

管理层次与管理幅度的关系密切。首先，两者存在反比的数量关系，同样规模的企业，加大管理幅度，管理层次就少；反之，管理层次就多。其次，管理幅度与管理层次是相互制约的，其中管理幅度起主导作用。管理幅度决定管理层次，管理层次的多少取决于管理幅度的大小。同时，管理层次对管理幅度也存在一定的制约作用。

3. 物业服务企业组织机构的设置

物业服务企业机构的设置应立足于公司的总体目标、业务范围，从实际情况出发，本着精干高效的原则组织。直线职能制是大型物业服务企业常采用的一种组织结构形式，以其为例，其内部组织机构设置如下。

① 总经理室。总经理室是公司的决策机构，负责重大问题的决策，布置和协调各部门的关系。

② 办公室。办公室又称行政部，负责公司内部日常行政事务，包括接待、文秘、档案、后勤等。

③ 人力资源部。人力资源部负责人员招聘、培训、考核、薪酬等人力资源管理工作。

④ 财务部。财务部在总经理领导下负责总公司和各项目物业管理处的财务预算与核算、费用的交纳、收费服务等。

⑤ 品质管理部。综合经营部负责各项目物业管理处物业管理服务的指导、监督、协调和援助工作，定期到各项目物业管理处检查和指导工作。

⑥ 市场开发部。市场开发部又称经营服务部，负责策划和从事各种项目经营和市场开拓。

⑦ 物业管理处。大型的物业服务企业一般服务于多个物业项目，每个物业项目都需设一个物业管理处。物业管理处设有客户服务部(主要负责日常客户接待、客户投诉处理、日常物业管理档案管理和开展综合经营服务等)、环境管理部(主要负责环境保洁与绿化美化工作)、安全管理部(主要负责物业服务区内秩序维护、消防和车辆管理)、工程保障部(主要负责房屋及配套设备设施的维修养护管理)。

> **知识链接**
>
> 直线职能制是在直线制的基础上吸收了职能制的长处。各级组织单位除主管负责人外，还相应地设置了职能机构。这些职能机构有权在自己的业务范围内从事各项专业管理活动。
>
> 物业服务企业的组织结构形式除了直线职能制外，还有直线制、事业部制等。

2.1.4 物业服务企业的权利和义务

1994年3月3日建设部以第33号令发布，1994年4月1日起施行的《城市新建住宅小区管理办法》对物业服务企业的权利义务作出了明确的规定，《物业管理条例》中又有所补充。

1. 物业服务企业的权利

(1) 物业服务企业有权根据有关法律法规、物业服务合同和物业管理区域内物业共用部位和共用设施设备的使用、公共秩序和环境卫生的维护等方面的规章制度，结合实际情况，制定管理办法。

(2) 按照物业服务合同和管理办法实施管理。

(3) 按照物业服务合同和有关规定收取物业服务费用。

(4) 有权制止和向有关行政主管部门汇报违反治安、环保、物业装饰装修和使用等方面法律、法规和规章制度的行为。

(5) 有权要求业主委员会协助履行物业服务合同。

(6) 可以根据业主的委托提供物业服务合同约定以外的服务项目。

(7) 可以接受供水、供电、供热、通讯、有线电视等单位的委托代收相关费用。

(8) 有权将物业管理区域内的专项服务业务委托给专业性服务企业。

(9) 经业主大会的允许，可实行多种经营。

2．物业服务企业的义务

(1) 按照物业服务合同的约定，提供相应服务。

(2) 接受业主、业主大会和业主委员会对履行物业服务合同情况的监督。

(3) 重大的管理措施应当提交业主大会审议决定。

(4) 接受房地产行政主管部门、有关行政主管部门及物业所在地人民政府的监督指导。

应用案例2-1

【案情介绍】

上海某小区内有两棵桂树，深受业主们的喜爱。然而一年的秋天，住宅小区绿地上的两棵桂树突然不见了。经业主们核实，桂树已经被物业服务公司私自移走了，此举引起了公愤，小区业主们纷纷指责物业服务公司的行为。面对业主们的指责，物业服务公司以重新设计小区园林、调整绿化结构为由，拒不迁回桂树。于是纠纷产生了，有些情绪激动的业主拒不接受物业服务公司的解释，要求其恢复原状，否则将付诸法律；有的业主则公开表示，物业服务公司不把桂树迁回，就拒交物业服务费。物业服务公司则认为，公司连移棵树的权利都没有，还怎么开展工作？

两棵桂树的问题引起小区业主们的关注。那么：

(1) 物业服务公司有权私自移走小区内的树木吗？

(2) 物业服务公司不把桂树移回，业主拒缴物业服务费合理吗？

【解析】

(1) 物业服务公司受小区全体业主的委托开展工作，它的权限不能超过被授权的范围，树木属于全体业主所有，物业服务公司在服务过程中重大的管理措施应当提交业主大会审议决定，未经允许不能随便移走。况且，我国有相关的城市绿化条例，物业服务公司应当遵守当地的法律条例。所以物业服务公司私自移走桂树的行为是不妥的。

(2) 物业服务公司私自移走桂树固然行为不妥，但是如果物业服务公司其他方面的工作做得好，提供了委托合同规定的一定数量和质量的物业服务，在没有解除委托合同之前，物业服务公司有权按照物业服务合同和有关规定收取物业服务费用。因为迁移桂树引发的纠纷和物业公司的其他服务没有必然的联系，所以业主因此拒交服务费是不妥的。

2.1.5 物业服务企业资质管理

国家对从事物业管理活动的企业实行资质管理制度。物业服务企业的资质是企业实力、规模、业绩和诚信的综合反映，是为界定、查验、衡量这类公司具备或拥有的资金数量、专业人员、受托管理物业的规模等方面的状况，是企业的实力、规模的标志。由于各地区物业管理的发展程度不同，具体的资质条件也各不相同。

1. **物业服务企业资质条件**

(1) 物业服务企业拥有或受托管理一定建筑面积的物业，如上海市规定的建筑面积须在1万平方米以上。

(2) 一定数量的注册资金。

(3) 有符合规定的公司名称和公司章程。

(4) 有固定的办公场地和设施。

(5) 有必要的管理机构和人员。

(6) 有符合国家法规政策的经营范围。

(7) 能够独立承担民事责任。

2. **物业服务企业资质等级标准**

根据《物业服务企业资质管理办法》第5条的规定，物业服务企业资质等级分为一、二、三级。

1) 一级资质

(1) 注册资本人民币500万元以上；

(2) 物业管理专业人员以及工程、管理、经济等相关专业类的专职管理和技术人员不少于30人。其中，具有中级以上职称的人员不少于20人，工程、财务等业务负责人具有相应专业中级以上职称；

(3) 物业管理专业人员按照国家有关规定取得职业资格证书；

(4) 管理两种类型以上物业，并且管理各类物业的房屋建筑面积分别占下列相应计算基数的百分比之和不低于100%：

① 多层住宅200万平方米；

② 高层住宅100万平方米；

③ 独立式住宅(别墅)15万平方米；

④ 办公楼、工业厂房及其他物业50万平方米。

(5) 建立并严格执行服务质量、服务收费等企业管理制度和标准，建立企业信用档案系统，有优良的经营管理业绩。

2) 二级资质

(1) 注册资本人民币300万元以上；

(2) 物业管理专业人员以及工程、管理、经济等相关专业类的专职管理和技术人员不少于20人。其中，具有中级以上职称的人员不少于10人，工程、财务等业务负责人具有相应专业中级以上职称；

(3) 物业管理专业人员按照国家有关规定取得职业资格证书；

(4) 管理两种类型以上物业，并且管理各类物业的房屋建筑面积分别占下列相应计算基数的百分比之和不低于100%：

① 多层住宅100万平方米；

② 高层住宅 50 万平方米；

③ 独立式住宅(别墅)8 万平方米；

④ 办公楼、工业厂房及其他物业 20 万平方米。

(5) 建立并严格执行服务质量、服务收费等企业管理制度和标准，建立企业信用档案系统，有良好的经营管理业绩。

3) 三级资质

(1) 注册资本人民币 50 万元以上；

(2) 物业管理专业人员以及工程、管理、经济等相关专业类的专职管理和技术人员不少于 10 人。其中，具有中级以上职称的人员不少于 5 人，工程、财务等业务负责人具有相应专业中级以上职称；

(3) 物业管理专业人员按照国家有关规定取得职业资格证书；

(4) 有委托的物业管理项目；

(5) 建立并严格执行服务质量、服务收费等企业管理制度和标准，建立企业信用档案系统。

4) 临时资质

新设立的物业服务企业应按有关规定到当地县级以上人民政府房地产行政主管部门申请领取《临时资质证书》，有效期一年。有效期满后，物业服务企业向房地产行政主管部门申请资质的评定。评定未通过的，房地产行政主管部门应当取消其从事物业服务业务的资格。

3．资质等级的管理

(1) 申请评定资质等级的物业服务企业应提交下列材料。

① 物业服务企业资质等级申报表。

② 营业执照。

③ 企业资质证书正、副本。

④ 物业管理专业人员的职业资格证书和劳动合同，管理和技术人员的职称证书和劳动合同，工程、财务负责人的职称证书和劳动合同。

⑤ 物业服务合同复印件。

⑥ 物业管理业绩材料。

(2) 物业服务企业的资质管理实行分级审批制度。一级由省、自治区建委(建设厅)、直辖市房地产行政主管部门初审，初审合格后报住建部审批；二、三级由省、自治区建委(住建厅)、直辖市房地产行政主管部门审批；三级经省、自治区建委(住建厅)同意，可由地级以上城市的房地产行政主管部门审批，报省、自治区建委(住建厅)备案。经资质审查合格的企业，由资质审批部门发给相应等级的《资质证书》。

(3) 一级企业可参加全国范围内物业管理项目的投标、议标；二级企业只限参加全国范围内 30 万平方米以下住宅项目和 8 万平方米以下非住宅项目的投标、议标；三级企业可以参加 20 万平方米以下住宅项目和 5 万平方米以下的非住宅项目的投标、议标。

(4) 物业服务企业资质等级实行动态管理。

(5)《资质证书》格式由住建部统一制定，分为正本和副本，正本和副本具有同样法律效力。

> **特别提示**
>
> 《物业管理条例》对违反有关资质管理制度的物业服务企业作出了明确的处罚规定：
> - 未取得资质证书从事物业管理的，由县级以上地方人民政府房地产行政主管部门没收违法所得，并处5万元以上20万元以下的罚款；给业主造成损失的，依法承担赔偿责任。以欺骗手段取得资质证书的，还应由颁发资质证书的部门吊销资质证书。
> - 物业服务企业聘用未取得物业管理职业资格证书的人员从事物业管理活动的，由县级以上地方人民政府房地产行政主管部门责令停止违法行为，处5万元以上20万元以下的罚款；给业主造成损失的，依法承担赔偿责任。

课题 2.2 业主大会与业主委员会

2.2.1 业主

根据《物业管理条例》，业主即房屋的所有权人。具体的讲，业主是指在城市房屋土地管理机构登记注册，且现有记录表明其拥有某大厦或某房屋建筑所占房地中一份不可分割的土地房产业权的单位或个人。《物业管理条例》中规定了业主在物业管理活动中享有的权利和应履行的义务。

1. 业主在物业管理活动中享有的权利

(1) 按照物业服务合同的约定，接受物业服务企业提供的服务。
(2) 提议召开业主大会会议，并就物业管理的有关事项提出建议。
(3) 提出制定和修改管理规约、业主大会议事规则的建议。
(4) 参加业主大会会议，行使投票权。
(5) 选举业主委员会委员，并享有被选举权。
(6) 监督业主委员会的工作。
(7) 监督物业服务企业履行物业服务合同。
(8) 对物业共用部位、共用设施设备和相关场地使用情况享有知情权和监督权。
(9) 监督物业共用部位、共用设施设备专项维修资金的管理和使用。
(10) 法律、法规规定的其他权利。

2. 业主在物业管理活动中应当履行下列义务

(1) 遵守管理规约、业主大会议事规则。
(2) 遵守物业管理区域内物业共用部位和共用设备的使用、公共秩序和环境卫生的维护等方面的规章制度。
(3) 执行业主大会的决定和业主大会授权业主委员会作出的决定。
(4) 按照国家有关规定交纳专项维修资金。
(5) 按时交纳物业服务费用。
(6) 法律法规规定的其他义务。

应用案例 2-2

【案情介绍】

业主王某与李某是邻居关系,2008 年 9 月中旬,王某未将其空调室外机安装在物业公司指定位置,而是安装在正对李某窗户的位置,空调机启动后,热风从窗户吹进邻居房内,加之噪音影响,扰乱了李某的休息。于是李某一纸诉状将邻居王某告上了法庭,要求王某拆除空调室外机并赔偿其精神损失。

【解析】

王某作为小区业主对自有房屋依法享有所有权,但必须接受相应的限制。王某将空调的室外机移至李某窗户的对立面,违反了《民法通则》的关于相邻关系的有关规定,李某得到法院的支持也在情理之中。

【点评】

目前,业主与业主之间因相邻关系而引发的纠纷正呈逐步增多的趋势,其现象不外乎业主违章搭建或擅自改变房屋结构和使用功能以及侵占公共区域等方面。以前,有的业主不了解,有的业主出于私心或碍于邻居的情面一般不愿直接与邻居对簿公堂,而是选择由物业公司出面处理,如物业公司不肯协调,则大多以拒付物业服务费相要挟,无形中物业公司做了他们的"替罪羊"。

特别提示

- 根据《中华人民共和国物权法》的有关规定,将"物业服务企业"修改为"物业服务企业",将"业主公约"修改为"管理规约",将"业主临时公约"修改为"临时管理规约",并对个别条文的文字作了修改。本决定自 2007 年 10 月 1 日起施行。

知识链接

管理规约是指由业主承诺的,对全体业主具有约束力的有关物业使用、维护及其管理等方面行为准则。业主公约的法律依据主要是《民法通则》及建设部 1989 年第 5 号令《城市异产毗连房屋暂行规定》。

2.2.2 业主大会

1. 相关规定

物业管理区域内全体业主组成业主大会。业主大会应当代表和维护物业管理区域内全体业主在物业管理活动中的合法权益。

《物业管理条例》规定,一个物业管理区域成立一个业主大会。物业管理区域的划分应当考虑物业的共用设施设备、建筑物规模、社区建设等因素。具体办法由省、自治区、直辖市制定。同一个物业管理区域内的业主,应当在物业所在地的区、县人民政府房地产行政主管部门或者街道办事处、乡镇人民政府的指导下成立业主大会,并选举产生业主委员会。只有一个业主的,或者业主人数较少且经全体业主一致同意,决定不成立业主大会的,由业主共同履行业主大会、业主委员会职责。

同时,《物业管理条例》第 11 条规定,下列事项由业主共同决定。

(1) 制定和修改业主大会议事规则。

(2) 制定和修改管理规约。

(3) 选举业主委员会或者更换业主委员会成员。

(4) 选聘和解聘物业服务企业。

(5) 筹集和使用专项维修资金。

(6) 改建、重建建筑物及其附属设施。

(7) 有关共有和共同管理权利的其他重大事项。

2. 业主大会会议

(1) 业主大会会议召开的形式。

业主大会会议可以采用集体讨论的形式，也可以采用书面征求意见的形式。

(2) 召开业主大会的法定人数。

无论采用何种形式召开业主大会会议，都应当有物业管理区域内专有部分占建筑物总面积过半的业主，且占总人数过半的业主参加。

(3) 业主可以委托代理人参加业主大会会议。

业主不能出席时，可以委托代理人出席业主大会会议，但必须办理合法的委托手续。委托代理人出席业主大会会议在委托范围内行使投票权，但不具有被选举的资格。不满18周岁的业主由其法定代理人出席。物业使用人可列席业主大会，但没有投票权。

(4) 业主人数较多时可以推选业主代表参加业主大会会议。

物业管理区域内业主人数较多时，可以以栋、单元、楼层等为单位，推选一名业主代表参加业主大会会议。

推选业主代表参加业主大会会议的，业主代表应当于参加业主大会会议3日前，就业主大会会议拟讨论的事项书面征求其所代表的业主意见，凡需投票表决的，业主的赞同、反对及弃权的具体票数经本人签字后，由业主代表在业主大会投票时如实反映。业主代表因故不能参加业主大会会议的，其所代表的业主可以另外推选一名代表参加。

(5) 业主大会做出决定的法定人数。

业主大会决定实施《物业管理条例》第11条第5项和第6项规定的事项，应当经专有部分占建筑物总面积2/3以上的业主且占总人数2/3以上的业主同意；决定实施《物业管理条例》第11条规定的其他事项，应当经专有部分占建筑物总面积过半的业主且占总人数过半的业主同意。

(6) 业主大会会议分为定期会议和临时会议。

经20%以上业主提议，或发生重大事故，或时间紧急需要及时处理，或业主大会议事规则或者管理规约规定的其他情况出现时，业主委员会应当及时组织召开业主大会临时会议。

(7) 召开业主大会会议应当于会前通知业主。

业主大会会议召开15日以前，要通知全体业主，业主委员会应当将会议通知及有关材料以书面形式在物业管理区域内公告。应当同时告知相关的居民委员会。

(8) 业主大会会议记录应当存档。

业主大会会议应当由业主委员会做书面记录并存档。

(9) 业主大会的决定应予以公告。

业主大会的决定应当以书面形式在物业管理区域内及时公告。

业主大会的决定，对业主具有约束力。

业主大会作出的决定侵害业主合法权益的，受侵害的业主可以请求人民法院予以撤销。

业主大会、业主委员会作出的决定违反法律、法规的，物业所在地的区、县人民政府房地产行政主管部门或者街道办事处、乡镇人民政府，应当责令限期改正或者撤销其决定，并通告全体业主。

3. 第一次业主大会召开的条件和程序

1) 第一业主大会会议召开的条件

同一个物业管理区域内的业主，应当在物业所在地的区、县人民政府房地产行政主管部门的指导下成立业主大会，并选举产生业主委员会。第一次业主大会召开的条件各地区有所不同，如有的地方规定"住宅区入住率达到50%以上或者从第一个业主入住之日起满两年的"，可以召开业主大会。还有的地方规定"一个物业管理区域内，有下列情况之一的，即可以召开第一次业主大会或者业主代表大会，选举产生业主委员会：公有住宅出售建筑面积达到30%以上的；新建商品住宅出售建筑面积达到50%以上的；住宅出售已满两年的"可以召开业主大会。

2) 第一次业主大会会议的筹备工作

(1) 组织大会筹备组。业主大会筹备组应当在物业所在地的区、县房地产行政主管部门和街道办事处的指导下成立，由业主代表、建设单位(包括公有住房出售单位)组成，负责业主大会筹备工作。已有居民委员会的，还可以邀请居民委员会委员参加。

(2) 确定首次业主大会会议召开的时间、地点、形式和内容。

(3) 听取业主和相关人员的建议，结合本物业管理区域的实际情况，参照政府主管部门定的示范文本，拟订《业主大会议事规则》草案和《管理规约》草案等有关文件。

(4) 确认业主身份，确定业主在首次业主大会会议上的投票权数。

(5) 通过协商，确定业主委员会委员候选人产生办法及名单。业主既包括商品房购买者，也包括公有住房购买者和仍拥有物业的房地产开发企业。业主委员会委员，一般应当根据其实际拥有房屋的建筑面积，按照一定比例推荐。

(6) 做好召开首次业主大会会议的其他准备工作。

会议筹备期间，筹备组成立的过程、每次会议的各项决定的意见，都应当做好认真的记录。

3) 第一次业主大会召开的程序

筹备组应当自成立之日起30日内，在物业所在地的区、县人民政府房地产主管部门的指导下组织业主召开首次业主大会会议。

(1) 由大会筹备组成员代表筹备组介绍大会筹备情况。

(2) 由大会筹备组成员代表筹备组介绍业主委员候选人情况，候选人本人也可以自我介绍。

(3) 审议、通过《业主大会议事规则》和《管理规约》。

(4) 选举产生业主委员会委员。

(5) 审议、通过与物业管理相关的特别重大事项。

在第一次业主大会上，物业的建设单位还应当做出前期物业管理工作报告，物业服务企业还应当做出物业接管验收情况的报告。

《业主大会议事规则》应当就业主大会的议事方式、表决程序、业主投票权确定办法、业主委员会的组成和委员任期等事项依法做出约定。其中，业主投票权要根据业主拥有物业的建筑面积、住宅套数等因素确定，具体应按照省、自治区、直辖市制定的办法而定。《管理规约》应当对有关物业的使用、维护、管理，业主的共同利益，业主应当履行的义务以及违反公约应当承担的责任等事项依法做出约定。

应用案例 2-3

【案情介绍】

某住宅小区业主张某在住宅装修过程中与物业服务公司员工发生争吵，以致对物业服务公司不满，于是就向业主委员会主任提出书面申请，请求立即召开业主大会，讨论物业服务公司服务水平及解聘问题，对于业主张某的这一做法，新上任的业主委员会主任有些为难。请问，个别业主有要求，就可以召开业主大会吗？

【解析】

本案例反映的这类事情目前发生的不多，但却在很大程度上反映了一部分业主的心理，即认为自己是业主，只要自己提出来，业主委员会就应该召开业主大会，这实际上是不对的，至少是不全面的。

首次业主大会召开的条件如下：

(1) 物业必须已竣工并交付使用。
(2) 新建商品房物业交付使用后，已出售的建筑面积合计达到总建筑面积的50%，或超过50%以上。
(3) 公有住宅出售建筑面积达到或超过30%。
(4) 本物业管理区域内第一套房屋实际交付业主使用之日起已满两年。

上述4个条件中第1个条件是必须的，其余3个只要满足1个就可以了。

业主大会临时召开会议的条件如下：

经20%以上业主提议，或发生重大事故，或时间紧急需要及时处理，或业主大会议事规则或者管理规约规定的其他情况出现时，业主委员会应当及时组织召开业主大会临时会议。

所以业主张某的要求不符合召开业主大会的条件，应采取其他解决办法。

2.2.3 业主委员会

业主委员会是按照法定的程序由业主大会从全体业主中选举产生的，业主委员会执行业主大会的决定事项。业主委员会代表和维护物业管理区域内全体业主的合法权益，其合法权益受国家法律保护，一切活动都应当遵守国家法律、法规和物业管理制度。

应用案例 2-4

【案情介绍】

某市某小区业主委员会2009年共打了5起官司，四输一赢。赢的是夺得了一间业主委员会办公用房，业主委员会委员们再也不用到小区隔壁的棋牌室碰头开会了。输的官司里有一个是侵害了物业公司的声誉，须赔偿几万元，业主委员会希望每家每户分摊几百元钱，但遭到绝大多数业主的反对，理由是这5起官司中没有一起征得过业主大会的表决通过。因此，业主表示该由业主委员会成员本人承担诉讼风险，业主委员会准备将拒付诉讼费的业主告上法庭，由法院替业主委员会做主，讨回公道。

【解析】

国务院《物业管理条例》规定，谁拥有房地产权证谁就是业主，业主大会是广大业主的权利机构，而业主委员会则是一个执行机构，它既不是企业法人，也不是群众自治组织，它无权作出任何重大决议，包括物业公司的选聘以及诉讼等有关广大业主切身利益的决定，必须按照法律法规的规定，得到管理区域有投票权的三分之二以上通过并明确授权才能生效。

【点评】

目前，有一些小区，业主委员会自作主张的现象比较严重。有的业主委员会动不动就提起诉讼，有一个小区业主委员会1年里共打了8起官司，输了官司业主委员会就辞职不干了。有的业主委员会虽然形式上通过了书面投票表决，而大多在征询意见时往往写上这么一句话：如果你未在规定的时间里将征询意见表寄回业主委员会，则视为业主同意诉讼等等。这种做法其实是法律本身所禁止的，法律明确规定：投票表决意见有3种，即同意、反对、弃权。既不能将弃权票加在反对票身上，更不能将弃权票强加到同意票的头上。

1. 业主委员会的产生

业主委员会由业主大会选举产生，《业主大会规程》规定，业主委员会委员应当符合下列条件。

(1) 本物业管理区域内具有完全民事行为能力的业主。
(2) 遵守国家有关法律、法规。
(3) 遵守业主大会议事规则、管理规约，模范履行业主义务。
(4) 热心公益事业，责任心强，公正廉洁，具有社会公信力。
(5) 具有一定组织能力。
(6) 具备必要的工作时间。

《业主大会规程》还规定，业主委员会委员有下列情形之一的，经业主大会会议通过，其业主委员会委员资格终止。

(1) 因物业转让、灭失等原因不再是业主的。
(2) 无故缺席业主委员会会议连续3次以上的。
(3) 因疾病等原因丧失履行职责能力的。
(4) 有犯罪行为的。
(5) 以书面形式向业主大会提出辞呈的。
(6) 拒不履行业主义务的。
(7) 其他原因不宜担任业主委员会委员的。

根据物业管理区域内物业规模的大小，一般业主委员会设委员5~15名，经业主大会决定可以适当增减，但最低不得少于5名，业主委员会设主任1名，副主任1~2名，主任、副主任在业主委员会委员中推选产生。在选举产生业主委员会时，应当注意发挥街道办事处居民委员会、公安派出所以及有关部门和单位的作用。业主委员会应当选聘执行秘书1名，负责处理业主委员会的日常事务。业主委员会主任、副主任、执行秘书一般为兼职，也可以是专职。业主委员会应当自选举产生之日起30日内，将业主大会的成立情况、业主大会议事规则、管理规约及业主委员会名单等材料向物业所在地的区、县人民政府房地产行政主管部门备案。业主委员会备案的有关事项发生变更的，应按上述规定重新备案。

2. 业主委员会应履行的职责

(1) 召集业主大会会议，报告物业管理的实施情况。

除第1次业主大会会议外，以后每年召开的年度业主大会会议均由业主委员会筹备、召集和主持。

(2) 代表业主与业主大会选聘的物业服务企业签订物业服务合同。

(3) 及时了解业主、物业使用人的意见和建议,监督和协助物业服务企业履行物业服务合同。

(4) 监督管理规约的实施。

(5) 业主大会赋予的其他职责。

① 组织修订管理规约,业主委员会章程。

② 审核专项维修资金的筹集、使用和管理,以及物业服务费用、标准及使用办法。

③ 接受政府有关行政主管部门的监督指导,执行政府行政部门对本物业管理区域的管理事项提出的指令和要求。

④ 调节物业管理活动中的纠纷。

3. 业主委员会的日常工作

(1) 了解和掌握物业管理区域内业主和物业使用人的基本情况。

(2) 组织实施选聘物业服务企业的招标活动。

(3) 提出是否续聘物业服务企业的建议。

(4) 代表业主大会管理物业专项维修资金。

(5) 宣传、教育、督促业主和物业使用人自觉遵守管理规约以及物业管理区域内的各项管理制度,协调业主之间,业主与物业使用人之间,业主、物业使用人和物业服务企业之间的关系。

(6) 协助物业服务企业对物业管理区域内的物业进行管理。

(7) 做好业主委员会的内部管理工作。

(8) 开展有利于业主和物业使用人身心健康的各项有益活动,努力创建文明小区。

4. 业主委员会会议

《业主大会规程》规定,业主委员应当自选举产生之日起 3 日内召开首次业主委员会会议,推选产生业主委员会主任 1 人,副主任 1～2 人。经 1/3 以上业主委员会委员提议或者业主委员会主任认为有必要的,应当及时召开业主委员会会议。

应用案例 2-5

2008 年 7 月,××市某小区因业主委员会任期即将终止,部分业主在当地居委会的主持下成立了选举新一届业主委员会的筹备组,前任业主委员会业主认为自己应当是下一届业主委员会筹备组的成员,于是不去报名登记参加业主委员会委员的选举,又不满新一届业主委员会的选举结果,于是将给予他们登记备案的房地办告上了法院,指责房地办人员违法行政。

【解析】由于新的《××市物业管理规定》对业主委员会到期后如何选举下一届业主委员会没有作出相关的明确规定,它不是换届选举,因此根本不需要上一届业主委员会成员以业主委员会委员的身份参与新一届业主委员会的选举工作,而应是以一个业主的身份重新到筹备组登记参加选举。

【点评】目前,在××市某些小区业主委员会的选举过程中,由于该类问题而引发的诉讼正在逐步增多。业主委员会委员或主任的逐步"吃香",与我国物业管理的发展与进步是分不开的。相反,有关业主委员会的选举程序、标准等规定几乎是空白,给纠纷的产生埋下了伏笔。

课题2.3 其他物业管理相关机构

2.3.1 政府行政主管部门

1．房地产行政主管部门

房地产行政主管部门负责物业管理的行业政策制定和对物业管理活动的指导、监督、管理。主要体现在以下几个方面：

(1) 审批物业服务企业的经营资质。

(2) 对物业管理招标投标活动实施监督管理。

(3) 对日常物业管理活动实施监督管理。

《物业管理条例》规定，国务院建设行政主管部门负责全国物业管理活动的监督管理工作，县级以上地方人民政府房地产行政主管部门负责本行政区域内物业管理活动的监督管理工作，对违反《物业管理条例》规定的各种行为进行行政处罚或行政处分。

(4) 组织物业服务企业参加考评和评比。

根据住建部《全国优秀管理住宅小区标准》以及《全国城市物业管理优秀住宅小区达标评分细则》和《全国城市物业管理优秀大厦标准及评分细则》，各省、自治区、直辖市的房地产行政主管部门负责组织辖区内的物业服务企业参加考评和评比，并通过实地查看、听取汇报、查阅资料、综合评定等方法，对申报达标的物业管理区域进行考评。经住建部考评验收，成绩达到一定水平的小区(大厦、工业区)由住建部授予"全国城市物业管理优秀住宅小区(大厦、工业区)"或"全国城市物业管理优秀示范住宅小区(大厦、工业区)"称号。同样，根据各省、自治区、直辖市级城市物业管理优秀小区(大厦、工业区)标准，评定出省、自治区、直辖市级城市物业管理优秀小区(大厦、工业区)。

2．工商行政主管部门

物业服务企业必须接受工商行政主管部门的监督与指导。

物业服务企业在开业之前，须向工商行政主管部门申请注册登记，经工商行政主管部门审核批准后，依法发给物业服务企业企业法人营业执照，然后物业服务企业方可正式开业。

工商行政主管部门，每年度对物业服务企业依法进行年检、年审，对违法经营者有权依法进行批评、教育、处罚，直至吊销企业营业执照，对合法经营者给予保护和支持。

3．税务行政主管部门

物业服务企业要依法向国家纳税。

(1) 物业服务企业要依法将应交税金按时交到税务行政主管部门。

(2) 税务主管部门有权依法对物业服务企业进行定期与不定期的税务检查与指导，有权处罚违反税务规定的行为。

4．物价行政主管部门

物业服务企业应接受物价行政主管部门的物价管理。

(1) 物业服务企业制定的物业管理服务收费标准，须上报物价行政主管部门备案。

(2) 物价主管部门对物业服务企业的价格工作实行监督、指导。

5．公安机关和派出所

物业安全管理工作要接受当地公安局或派出所的监督和指导。

安全管理是物业管理的主要工作之一，物业服务企业应认真贯彻"预防为主，人防、物防、技防三者互相结合"的原则，自觉接受当地公安机关或派出所的监督和指导。

(1) 物业服务企业要根据物业管理区域的特点，合理布岗，加强巡逻检查，发现有犯罪嫌疑人和易燃、剧毒、放射性等危险物品，或发现刑事案件、治安案件以及各种灾害事故，应当立即向当地公安机关的有关部门、派出所汇报，并协助做好调查、救助和疏散工作。

(2) 居住小区规划红线内的机动车停车场(库)、非机动车存车处等交通设施，均由物业服务企业负责维护、管理；发生交通事故，报请公安交通管理部门处理；设立收费停车场，由公安交通管理部门审核批准。

(3) 供水管网及管网上设置的地下式消防井、消火栓等消防设施，由供水部门负责维护、管理，公安消防部门负责监督检查；高、低压消防供水系统，包括泵房、管道、室内消火栓以及防火门、消防电梯、轻便灭火器材、消防通道等，由物业服务企业负责维护、管理，并接受公安消防部门的监督检查。

6．环卫部门和园林部门

物业服务企业的环境管理要接受环卫部门和园林部门的监督和指导。

(1) 物业服务企业对违反规定进行固体、水体和噪声污染等行为应该予以制止和揭发，情节严重的，应报环卫部门处理。对毁坏绿地、树木的行为应该予以制止和揭发，情节严重的，应报园林绿化部门处理。

(2) 清扫保洁、垃圾清运、公共厕所的清扫和维护与环卫部门的责任分工应明确。

(3) 绿化美化管理与园林绿化部门的责任分工应明确。

2.3.2 能源供应部门

能源供应部门主要是指与物业相关的服务部门，即供水、供电、供气、供热、通信、有线电视等单位。

(1) 物业服务企业与供水、供电、供气、供热、通信、有线电视等单位是分工明确、密切配合的平等关系。

《物业管理条例》第 52 条规定，"供水、供电、供气、供热、通信、有线电视等单位，应当依法承担物业管理区域内相关管线和设施设备维修、养护的责任。在物业管理区域内，应明确划分供水、供电、供气、供热、通信、有线电视等单位与物业服务企业维修养护的管理界限，具体办法由各省市自定。"

第 45 条规定，"物业管理区域内，供水、供电、供气、供热、通信、有线电视等单位应当向最终用户收取有关费用。物业服务企业接受委托代收钱款费用的，不得向业主收取手续费等额外费用。"

(2) 物业服务企业应与供水、供电、供气、供热、通信、有线电视等单位密切配合。

凡属于供水、供电、供气、供热、通信、有线电视等单位维修养护责任范围内的问题，物业服务企业要及时向有关单位通报，督促其及时解决问题，保证业主和物业使用人的正常生活和工作。

当供水、供电、供气、供热、通信、有线电视等单位因维修、养护等需要临时占用、挖掘道路、场地的，应当事先通报物业服务企业，以便物业服务企业通知业主和物业使用人做好自己的生活和工作安排，有关单位应在合理的时间内尽快完成维修、养护任务，并将道路、场地等恢复原状。

2.3.3 物业建设单位

物业建设单位负责物业的开发建设工作，1993年12月1日实施的《中华人民共和国建设部城市住宅小区竣工综合验收管理办法》规定，"住宅小区开发建设单位对所开发的住宅小区质量负最终责任，不得将工程质量不合格或配套不完善的房屋交付使用"。

1994年3月23日实施的《城市新建住宅小区管理办法》中强调，"房地产开发公司在出售住宅小区房屋前，应当选聘物业管理公司承担住宅小区的管理，并与其签订物业管理合同。住宅小区在物业管理公司负责管理前，由房地产开发企业负责管理"。

1998年7月20日实施的《城市房地产开发经营管理条例》第16条规定，"房地产开发企业开发建设的房地产项目，应当符合有关法律、法规的规定和建筑工程质量、安全标准、建筑工程勘察、设计、施工的技术规范以及合同的约定。房地产开发企业应当对其开发建设的房地产开发项目的质量承担责任。勘察、设计、施工、监理等单位应当依照有关法律、法规的规定或者合同的约定，承担相应的责任"。

2000年6月30日实施的《房屋建筑工程质量保修办法》对于在中华人民共和国境内新建、扩建、改建各类房屋建筑工程(包括装修工程)的质量保修做了统一的规定，"房屋建筑工程质量保修，是指对房屋建筑工程竣工验收后在保修期限内出现的质量缺陷，予以修复"。"建设单位和施工单位应当在工程质量保修书中约定保修范围、保修期限和保修责任等，双方约定的保修范围、保修期限必须符合国家有关规定"。

2004年1月30日实施的《建设部关于加强住宅工程质量管理的若干意见》中进一步强调，建设单位(含开发企业，下同)是住宅工程质量的第一责任者，对建设的住宅工程的质量全面负责。

《物业管理条例》中指明，"国家提倡建设单位按照房地产开发与物业管理相分离的原则，通过招投标的方式选聘具有相应资质的物业服务企业。

建设单位应当在销售物业之前，制定临时管理规约，对有关物业的使用、维护、管理，业主的共同利益、业主应当履行的义务，违反临时管理规约应当承担的责任等事项依法作出约定。建设单位制定的临时管理规约，不得侵害物业买受人的合法权益"。

可见，建设单位对于物业能否发挥使用价值起着至关重要的作用，物业服务企业应该重视这种作用的合理发挥。

2.3.4 专业性服务企业

《物业管理条例》第40条规定，"物业服务企业可以将物业管理区域内的专项服务业务委托给专业性服务企业，但不得将该区域内的全部物业管理一并委托给他人"。物业服务企业选聘专业服务公司，首先，要选聘具有相应资质的专业性服务公司来承担专业服务项目；其次，物业服务企业要与专业性服务公司签订委托协议，在协议中约定，专业性服务公司提供的专业性服务质量和水平不得低于物业服务合同中对相关专业性服务质量和要求的约定；同时还要约定专业性服务公司达不到服务质量和要求时的违约责任。

2.3.5 街道办事处和居委会

《物业管理条例》第20条规定，"业主大会、业主委员会应当配合公安机关，与居民委员会相互协作，共同做好维护物业管理区域内的社会治安等相关工作。

在物业管理区域内，业主大会、业主委员会应当积极配合相关居民委员会依法履行自治管理职责，支持居民委员会开展工作，并接受其指导和监督。

住宅小区的业主大会、业主委员会作出的决定，应当告知相关的居民委员会，并认真听取居民委员会的建议。"

可见，在物业管理过程中，物业服务企业应该与街道办和居委会密切配合，克服各种困难，解决各种矛盾，全面推进物业管理工作的进行。

2.3.6 物业管理行业协会

中国物业管理协会是经国家民政部批准并注册登记，具有社团法人资格的全国性社会团体，其主管部门为中华人民共和国住房和城乡建设部。

中国物业管理协会成立于2000年10月，是以物业服务企业为主体，相关企业参加，按照有关法律、法规自愿组成的全国行业性的自律组织，具有国家一级社团法人资格，现有会员1 200余个。

中国物业管理协会的主要职能包括以下内容。

(1) 协助政府贯彻执行国家的有关法律、法规和政策。

(2) 协助政府开展行业调研和行业统计工作，为政府制定行业改革方案、发展规划、产业政策等提供预案和建议。

(3) 协助政府组织、指导物业管理科研成果的转化和新技术、新产品的推广应用工作，促进行业科技进步。

(4) 代表和维护企业合法权益，向政府反映企业的合理要求和建议。

(5) 组织制定并监督本行业的行规行约，建立行业自律机制，规范行业自我管理行为，树立行业的良好形象。

(6) 进行行业内部协调，维护行业内部公平竞争。

(7) 为会员单位的企业管理和发展提供信息与咨询服务。

(8) 组织开展对物业服务企业的资质评定与管理、物业管理优秀示范项目的达标考评和从业人员执业资格培训工作。

(9) 促进国内、国际行业交流和合作。

综合应用案例

业主房款未还清，物业公司有权停水停电吗？

【案情介绍】

某小区物业服务公司由该小区开发商组建成立。某日，开发商给该物业服务公司发来一份通知，称该小区某住户是分期付款购房，但其入住后迟迟未将剩余房款付清。开发商为此要求对该住户采取停水、停电、停气的措施,以迫使该住户及早交款。该物业服务公司遂照此办理,使得该住户无法正常生活。

【案例分析】

在房屋买卖法律关系中,买家承担支付房款的义务,享有取得房屋所有的权利。在物业管理法律关系中,业主承担支付物业管理费的义务,享有接受物业服务企业服务的权利。在任何一个法律关系中,责、权、利应一致。

上述案例中的住户,同时是房屋买卖关系以及物业管理关系的主体。他未按期交纳房款,说明他没有履行房屋买卖关系中按时付款的义务,那么他就应该承担相应的民事责任。开发商可以按照购房合同的规定,要求该业主承担违约金、利息等责任甚至可以要求解除合同等。

但如果该住户已按照物业服务合同规定交纳了物业管理费,就意味着他在物业管理法律关系中已经履行了自己的义务,就应该得到完善的物业管理服务,其他人(包括开发商)不能对这种权益进行侵害。

开发商要求物业服务公司用停水、停电的方式使住户按时交款,是对住户合法行使权利的阻挠,是不对的。而物业服务公司按照其要求对住户停水、停电,则违背了其法定职责与义务,更是不对的。

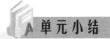

单元小结

本单元主要介绍了物业管理活动的各参与方,其中包括服务的主要施动主体物业服务企业;服务的主要受动主体业主及其机构;服务的管理协调主体行政管理部门和行业协会以及其他为物业管理提供服务的主体和相关组织。本单元中所提到的各行为主体的行为,直接影响到物业管理的效果。所以明晰各方的责、权、利,摆正各自的位置,同时各方行为主体分工协作,紧密配合,是实现物业管理行业良性发展的必备条件。

习　题

一、单项选择题

1. 物业服务企业是指按合法程序成立,具备独立的企业法人资格及相应的资质条件,根据合同接受业主和业主委员会的委托,依照有关法律法规的规定,对物业实行专业化管理的(　　)。

　　A. 居民自治组织　　B. 社会团体法人　　C. 经济实体　　D. 事业单位

2. 下列不属于物业服务公司组织机构设置原则的是(　　)。

　　A. 效率与效益原则　　　　　　B. 分工协作原则

　　C. 统一领导与层次管理原则　　D. 目标原则

3.《业主大会议事规则》应当就业主大会的(　　)、表决程序、业主投票权确定办法、业主委员会的组成和委员任期等事项依法做出约定。

　　A. 组成　　　　B. 任期　　　　C. 开会时间　　　　D. 议事方式

4. 下列不属于《业主大会规程》规定的业主委员会委员应当符合的条件是(　　)。

　　A. 遵守国家有关法律、法规

　　B. 有比较充裕的时间和经济实力

　　C. 热心公益事业,责任心强,公正廉洁,具有社会公信力

　　D. 具有一定组织能力

二、多项选择题

1. 物业服务企业可分为(　　)等企业。
   A．全民　　　　　　B．集体　　　　　C．居民自治　　　D．联营
   E．三资

2. 物业服务公司组织机构设置的要求(　　)。
   A．具备服务性的功能　　　　　　B．展示领导才能和艺术
   C．充分发挥公司员工潜能　　　　D．关系协调
   E．效率与效益

3. 下列属于业主在物业管理活动中享有权利的有(　　)。
   A．参加业主大会会议，行使投票权
   B．选举业主委员会委员，并享有被选举权
   C．监督业主委员会的工作
   D．监督物业服务企业履行物业服务合同
   E．选聘和解聘物业服务企业

4. 《物业管理条例》规定，下列事项由业主共同决定(　　)。
   A．制定和修改业主大会议事规则　　B．制定和修改管理规约
   C．选聘和解聘物业服务企业　　　　D．利用专项维修资金
   E．改建、重建建筑物及其附属设施

5. 下列属于房地产行政主管部门职责的是(　　)。
   A．审批物业服务企业的经营资质
   B．对物业管理招标投标活动实施监督管理
   C．选聘和解聘物业服务企业
   D．对日常物业管理活动实施监督管理
   E．组织物业服务企业参加考评和评比

三、情景题

最近公司安排小张着手下属物业服务公司的成立，小张是建筑专业毕业，这方面毫无经验，请你告诉小张应如何成立物业服务公司？其条件与程序有哪些？

四、案例分析题

案例1：物业交由物业服务公司管理后，业主除房屋产权外，就没有其他权利了吗？

某小区已经开始物业管理了，在讨论物业管理问题时，一些业主坚持认为，住宅小区(大厦)交由物业公司管理后，除了房屋产权归自己以外再没有其他权利了。请问这种观点对吗？

案例2(讨论题)：业主委员会委员该不该拿酬金？

不管是各大城市的物业管理项目，还是大众媒体，都在热议一个关于业主委员会委员该不该拿酬金的问题，大家众说纷纭，也都有自己的道理，就此请你就以下问题发表自己的看法。

(1) 业主委员会成员可否专职，以便他们能有更多的时间与精力专心工作？

(2) 业主委员会主任及其成员是否应该有合理的薪酬？或是否应该拿工资？

(3) 业主委员会的主任的津贴及日常活动经费暂由物业企业从其收入中支付是否合理？

(4) 如果给予业主委员会主任及其成员薪酬的话，其资金来源于哪里比较合适？

综 合 实 训

一、实训内容

对物业管理各参与方的了解。

二、实训要求

1. 到正规的物业服务公司参观学习，参与物业公司的工作，了解物业公司的组成，熟悉内部的分工和日常工作程序。

2. 到大型的物业现场，走访普通业主和业主委员会委员，了解他们对物业管理的看法以及业主委员会的工作程序和内容。

单元 3

物业管理的基本工作环节

教学目标

本单元主要介绍物业管理的 3 个基本工作环节和各工作环节中主要的工作内容。3 个工作环节包括物业管理的早期介入、前期物业管理和成熟期物业管理,每个阶段都有不同的工作重点,学生通过本单元的学习,能够了解物业管理的整个运作过程及在各个环节中应重点做好的工作。

教学要求

能力目标	知识要点	权重
深刻认识物业管理早期介入的必要性,掌握如何进行物业管理的早期介入	物业管理的早期介入	30%
理解前期物业管理的含义,能够做好前期物业管理阶段的主要工作	前期物业管理	40%
熟悉成熟期物业管理的工作内容,能够有效的组织物业的撤管	成熟期物业管理	30%

引例

物业管理从规划设计阶段介入物业开始,到终止《物业服务合同》撤出物业为止是一个完整的生命周期。由于物业服务企业介入物业的时间不同,所以不同的管理项目具有不同的生命周期,有的可能只有几个月就结束了,有的甚至于长达十几年或几十年,总之是一个有始有终的过程。

图3.1是物业管理阶段划分图,在图中我们可以很清楚地看到物业管理的阶段划分情况及划分标志,那么,各管理阶段究竟有哪些工作重点,如何做好各阶段的工作,使一个管理项目能够善始善终,真正实现物业服务公司和业主双赢的结果呢?

图3.1 物业管理阶段划分图

课题 3.1 物业管理的早期介入

3.1.1 早期介入的含义与必要性

物业管理的早期介入,是指物业服务公司在接管物业之前,就参与物业的规划、设计和建设,从物业管理的角度出发提出意见和建议,以使建成后的物业更能满足业主和物业使用人的要求。

由于物业还没有正式投入使用,早期介入阶段的工作并不是物业管理实际工作的开展,而主要是利用物业管理工作人员在其工作中长期积累的经验和自身的专业知识,对从规划设计阶段开始到业主入住前的有关方面提出意见或建议,使物业在符合国家有关建筑标准的同时,能更好地适应日后物业管理工作的开展,更好地满足业主和使用人的需求。所以,物业管理的早期介入,有着十分重要的现实意义。

1. 促使物业竣工后返工无望的工程质量难题提前得到妥善解决

在物业管理的实践中,一些物业的先天缺陷一直困扰着物业服务企业,诸如物业质量、设备性能、设施配套以及综合布局等,这些均不取决于物业服务企业,而往往取决于物业的开发商和建筑商。要改变这一状况,把一些以往长期难以得到解决的问题尽可能在物业管理过程中将之限制在最小范围之内,就必须开展物业管理的早期介入,使物业管理早期介入同规划设计、施工建设同步或交叉进行,这样既可以反映以后专业化管理得以顺利实施的各种需求,又可以从业主或使用人的角度,凭专业人士的经验和以往管理实践中发现的规划设计上的种种问题和缺陷,对物业的规划、设计进行审视,对不适之处提出修改方案,优化、完善设计中的细节,从而把那些后期管理中力不从心的或返工无望的先天缺陷争取在物业竣工之前,逐项加以妥善解决,减少后遗症,保持房地产开发项目的市场竞争力。

2. 物业管理早期介入是对所管物业的全面了解

物业管理行为的实质是服务。然而要服务得好，使业主满意，就必须对物业进行全面的了解。如果物业服务企业在物业交付使用时才介入管理，就无法对诸如土建结构、管线定向、设施建设、设备安装等物业的情况了如指掌。因此，必须在物业的形成过程中就介入管理，才能对今后不便于养护和维修之处提出改进意见，并做好日后养护维修的重点记录。唯有如此，物业服务企业方能更好地为业主服务。

3. 物业管理早期介入是为后期管理做好准备

物业管理也是一项综合管理工程，通过物业管理把分散的社会分工集合为一体，并理顺关系，建立通畅的服务渠道，以充分发挥物业管理的综合作用。此外，在对物业实体实施管理之前，还应设计物业管理模式，制定相应的规章制度，并协同开发商草拟有关文件制度，印制各种证件，以及进行机构设置、人员聘用、培训等工作。物业管理早期介入就可以在此阶段把上述工作安排就绪，这样物业一旦正式交付验收，物业服务企业便能有序地对物业实体进行管理。

4. 物业管理的早期介入有利于物业的销售

物业管理对提升物业价值的作用日益明显，物业服务企业可以配合开发商制定出更符合业主和使用人需要的物业开发建设方案，并在物业销售前拟定能够满足潜在购房者需要的可行物业管理方案，开发商可以大力宣传该物业的管理水准和合理的收费，以吸引更多业主前来购买，这无疑会促进物业的销售。

3.1.2 早期介入的准备工作

1. 了解物业管理对物业的基本要求

概括起来说，物业管理对物业的基本要求如下：
(1) 物业的规划设计要科学合理、适用美观，并要方便维修和养护。
(2) 建筑施工质量和建筑材料质量要好，以减少使用成本。
(3) 配套设施齐全，能为业主和使用人提供多种服务。
(4) 环境安全、方便、优美、舒适。
(5) 能为物业管理提供必要的设施。

2. 组织技术力量

物业服务企业应选派经验丰富、知识全面的物业管理专家和技术全面的工程技术人员组成精干的工作班子，特别是需要配备结构工程师和设备工程师。此外，最好由物业服务企业经理牵头，组织几名骨干人员，定期或不定期参与早期介入，听取主要介入人员的工作汇报，检查、帮助、指导他们的工作，与房地产开发企业、施工企业进行工作协调，把早期介入时发现的问题解决好。

3. 收集相关资料

主要应收集拟介入物业项目的开发建设单位、工程设计单位、施工单位和监理单位的背景材料，如技术力量、资金条件、企业信誉、以往业绩、社会影响、负责人情况、有关人员的职责分工等；拟介入项目的立项情况、设计方案、施工图纸、工程进度表、主要建筑材料清单等；另外还需收集相关的法律法规、政策文件、参考书等。

4．确定工作方法

物业管理早期介入的工作方法一般有阅读文本和图纸、跟踪现场、沟通联系、提供咨询报告等。早期介入的物业管理人员需要每周用工作联系函和建议书的形式与开发建设单位保持沟通和联系，做到每周有本周工作的实施情况，有下一周的工作计划，有改进建议书，并定期对工作计划和改进建议的落实情况进行回顾和小结。早期介入的物业管理人员需要同建设单位、监理单位和施工单位都保持密切合作，以确保早期介入达到预期效果。

5．准备设备器材和资金

物业服务企业需要准备计算机、电话、安全装备等相关专业工具与设备。物业管理早期介入的费用一般由房地产开发商承担。物业服务企业一般也需要准备一定的资金，以备不时之需，如临时垫付等。

3.1.3 早期介入的实施

1．立项决策阶段的实施

在进行房地产开发项目市场调研和项目可行性研究时，物业管理人员应对项目的市场定位、潜在业主的构成以及消费水平、周边物业管理概况以及日后的物业管理服务内容、标准及成本、利润测算等方面提出意见和建议，必要时可对该项目今后的物业管理构想提出书面咨询报告，以利于开发建设企业在决策时综合考虑物业管理方面的意见，减少立项决策的盲目性和主观随意性。

2．规划设计阶段的实施

在房地产开发项目的规划设计阶段，物业服务企业主要应从物业的实用、美观、耐用、安全、方便使用、方便管理、节能、节省维修养护费用等角度出发，当好顾问，阅读图纸，提出改进意见，提交咨询报告，与开发商共同把好规划设计关。在这一阶段，物业服务企业主要应做好以下工作。

(1) 考虑物业管理区域规划布局与配套设施的完善。

综合考虑物业总体布局与配套设施规划、绿化设计配置、公共活动场所、道路循环系统、垃圾收集处理方式、户型功能与匹配比例、建筑内外装修标准、物业管理用房等要求，并提出改进意见，以提升物业的内在价值和环境效果。

对于住宅小区，幼儿园和学校，各类商业服务网点，如商店、饮食店、邮电所、银行等，小区内外道路交通的布置，环境的和谐与美化，尤其是人们休息交往娱乐的场所与场地的布置在规划设计中应给予充分的考虑。对于写字楼、商贸中心等，商务中心和停车场的大小与位置就显得很重要。

(2) 考虑建筑及设备设施使用和维修养护的需要。

主要应考虑建筑材料的选用，设备设施的合理选择配置、性能特点、使用效果、维修养护乃至更换的成本费用，水、电、气、通信等容量的核定、分配及预留，管线布局、配置走向等，主要材料、设备的防渗漏、抗腐蚀、耐磨损等物理化特性和经久耐用、便于维修且费用合理等经济因素。

(3) 考虑安全保卫系统的设置和环境保洁的需要。

主要应考虑中央监控室、设备间、管理用房、大门、总台(门卫)等的设置和标准，人员通道、车辆进出和停放、安全防范、消防等设施的配套设置，垃圾容器及堆放、清运点的设置，建筑外立面上空调位、排烟道等的预留位置以及阳台窗户的外形设计。

3．施工安装阶段的实施

此阶段物业服务企业应当派人到工地现场做好以下工作，就发现的缺陷问题或遗漏项目与建设单位、施工单位共同磋商，及时提出整改方案，以确保工程施工的高质量。

(1) 监督工程质量。

物业服务企业应督促施工单位把好质量关，监督施工单位是否按照规划设计要求进行施工建设，所有建筑材料尤其是关键性材料的规格质量和物业附属设备设施是否符合设计要求，参与设备安装验收，使某些影响物业使用功能的问题能及时发现、及时解决，对工程质量增加一份保证。

(2) 掌握物业的全部情况。

主要是熟悉物业的房屋结构、房间大小，隐蔽工程，附属设备设施的装配情况以及各类设备设施的品牌、产地、构造、性能、使用时的注意事项，水、电、气、热管道线路的铺设路径及阀门位置等，参与设备的安装调试，了解设备运行情况，收集设备生产厂家资料等，并在施工现场做好日后需要特别注意维修、养护的要点记录，同时在图纸上进行要点记录，为以后的管理和维修养护打下基础。

(3) 督促物业管理所需设施的落实。

主要是督促物业管理用房、安全保卫和环境保洁设备设施、综合经营服务硬件条件建设的落实。

4．接管准备阶段的实施

接管准备阶段的实施是指如果早期介入的物业服务企业将成为物业的前期管理者，则还应做好物业管理的接管验收准备工作。

(1) 组织验收小组。

由物业服务企业经理或部门经理组织工程部和管理部的有关人员组成验收小组，提前进驻现场，做好接管验收准备工作。物业服务企业应选派素质好、业务精、对工作认真负责的管理人员及技术人员参加验收工作。

(2) 明确验收标准。

物业的接管验收应依照自1991年7月1日起实施的《房屋接管验收标准》，结合物业的规划设计方案进行。

(3) 确定验收方案。

物业服务企业应与建设单位协商制定物业接管验收方案，商定物业交接的具体事项，如交接验收内容、交接日期、交接注意事项、保修责任等。

(4) 拟订日后物业管理方案和制度。

在物业正式接管验收以前，物业服务企业应初步拟订前期物业管理的方案和相关制度。

(5) 准备验收资料。

物业服务企业应准备好接管验收所需的各种文件和表格。同时，还应熟悉物业的规划图、竣工图，地下管网竣工图、各类房屋清单、单体建筑结构图、设备竣工图、使用说明书和质量保证书、公用设施设备及公共场地清单、有关业主或使用人的相关资料等，做好物业管理档案资料移交的准备工作。

(6) 参与竣工验收。

物业服务企业作为竣工验收的参加者，应从日后物业维修、保养、管理和业主使用需要的角度出发，协助开发建设企业把好工程质量验收关，对物业进行严格的验收，以维护业主的权益。

应用案例 3-1

【案情介绍】

某房产开发公司于 2007 年末立项开发某市某地区的一个中高档商品住宅小区，选聘了一家物业服务公司早期介入该项目的设计、施工与安装工程。物业服务公司非常重视早期介入，本着做发展商"好参谋、好帮手、好朋友"的服务理念，专门成立了由公司物业管理部和工程设备部负责人组成的项目组，深入项目工地，查阅设计方案和其他设计资料，与房产开发公司的项目领导、工程技术人员达成一致，很快拿出了早期介入工作计划和工作方案，经开发商认可后迅速开展了工作。项目组在早期介入的 1 年中，立下"两会一单"制度，坚持参加开发商的项目专题会议和工程例会，从保障业户的未来利益、有利于物业销售和售后物业管理出发，先后发出工作联系单 25 张，对工程建设中的各种问题提出了 71 条意见和建议，其中大部分意见或建议被发展商采纳，既提高了工程质量，又降低了工程成本，还避免了事后大量难以弥补的遗憾。另外，项目组还配合"开发商"拟制了《住宅使用说明书》、《住宅质量保证书》、《住宅使用公约》、《业户手册》、《前期物业服务合同》等大量的文件，组织策划了《前期物业管理总体方案》、《业户入伙实施方案》、《物业管理处筹建方案》、《物业管理各项费用预算》等前期物业管理的准备工作。由于"开发商"站得高、看得远，物业服务公司服务理念正确、关系处理得当，充分发挥了自身的优势，使得该项目如期完成了建设过程和竣工、接管验收；实现了一边小区施工，一边业户入伙，物业管理服务从高起点出发，向着高标准方向努力。两年后很快成为上海市物业管理的一个样板楼盘，各地前来参观学习的房产开发公司和物业服务公司络绎不绝。切身的体验使房产开发公司和物业服务公司都一致认为：物业管理的早期介入是非常重要的和非常必要的，而且介入越早越好，这对物业的产权人、开发销售者和管理服务者都极为有利。

【解析】

物业管理的早期介入对开发商的好处很多。首先，作为开发商在开发建设中需要一个好参谋，特别是需要听取熟知其产品、能反映产品使用人需求的物业服务公司的意见，从而最大限度地完善自己的产品、最大限度地降低开发建设成本、最大限度地促进产品销售。其次，开发商在开发建设中需要一个好帮手，特别需要有专业经验的物业服务公司，协助其解决建房过程中发生的各种各样的问题，如工程监理问题、设备选型与安装问题、业户入伙问题、售后服务问题、工程遗留问题等等。另外，开发商需要一个事业上的好朋友，即好的合作伙伴，使其集中精力做大事业，开发销售更多更好的楼盘。物业管理的早期介入对物业服务公司非常重要。通过早期介入，物业管理公司可以从未来潜在业户的立场，尽早地了解工程项目的客观情况，促使开发商纠正设计施工中不当之处，避免潜在业户使用物业、房产公司销售物业、物业管理公司管理物业中发生不尽的烦恼与遗憾。同时，物业管理公司可以及时做好业户入伙与前期物业管理的准备，实现物业管理服务的高起点、高标准，使广大业户受益。

物业管理的早期介入对房产开发与物业管理的行政主管部门来说也是值得重视的管理环节。行政主管部门需要培育与规范市场，希望房产开发公司开发建设越来越多的优质楼盘，希望物业服务公司为业户提供越来越好的优质服务，希望房产开发公司与物业管理公司优势互补，而物业管理的早期介入正好是一个理想的结合点,因此,推广和倡导物业管理的早期介入无疑对这两个相关行业的健康发展起到积极的作用。

课题 3.2 前期物业管理

3.2.1 前期物业管理的含义

物业从进行接管验收开始,就进入前期物业管理阶段。前期物业管理是指在业主、业主大会选聘物业服务企业之前,物业建设单位选聘物业服务企业签订前期物业服务合同所实施的物业管理。

> **特别提示**
> - 《物业管理条例》第 21 条 在业主、业主大会选聘物业服务企业之前,建设单位选聘物业服务企业的,应当签订书面的前期物业服务合同。
> - 第 22 条 建设单位应当在销售物业之前,制定临时管理规约,对有关物业的使用、维护、管理,业主的共同利益,业主应当履行的义务,违反临时管理规约应当承担的责任等事项依法作出约定。建设单位制定的临时管理规约,不得侵害物业买受人的合法权益。
> - 第 23 条 建设单位应当在物业销售前将临时管理规约向物业买受人明示,并予以说明。物业买受人在与建设单位签订物业买卖合同时,应当对遵守临时管理规约予以书面承诺。

前期物业管理具有下列特点。

(1) 前期物业管理的许多工作,尤其是前期管理的特定内容是以后物业管理服务的基础,对物业管理服务有着直接和重要的影响。这是前期物业管理最明显的特点。

(2) 前期物业管理职责是在新建物业投入使用初期建立物业管理服务体系并提供服务,介于早期介入与成熟期物业管理服务之间。因此,前期物业管理在时间上和管理上是一个过渡时期。

(3) 新建物业及其设施设备往往会因其施工质量隐患、安装调试缺陷、设计配套不完善等问题在投入使用的初期集中反映出来,造成物业使用功能的不正常,甚至可能会出现临时停水停电、电梯运行不平稳、空调时冷时热等现象。由于物业及设施设备需要经过一个自然磨合期和对遗留问题的处理过程,才能逐步进入平稳的正常运行状态。因此,此阶段的物业管理也明显呈现管理服务在初期的波动状态。

(4) 经营风险较大。在前期物业管理阶段,往往需要投入较大的人、财、物等资源,管理成本相对较高,而前期物业管理结束后能否进入下一个阶段的工作则存在较大的不确定性。

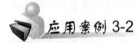应用案例 3-2

【案情介绍】

李某在与某房地产开发商签订房屋买卖协议时,开发商要求其签订前期物业服务合同,李某认为自己只买房屋,并没有委托建设单位选定物业服务企业,遂向房地产行政主管部门投诉,要求认定物业服务企业的选聘行为无效,李某的这种做法对吗?说明理论依据。

【解析】李某的这种做法是不合适的。《物业管理条例》第 21 条规定:"在业主、业主大会选聘物业服务企业之前,建设单位选聘物业服务企业的,应当签订书面的前期物业服务合同"。为了防止小区出现无人管理的现象,使住宅小区的居民生活、环境卫生等秩序得到有效维护,法律规定建设单位有选聘前期物业服务企业的权利。

3.2.2 物业的接管验收

物业的接管验收是指物业所有人将物业管理权委托给物业管理单位时,双方就物业的现状进行清点、检验、验收、记录和交接工作。通常情况下,在业主大会成立之前,由开发商选聘物业服务企业进行前期物业管理,这时物业管理接管验收是在开发商和其选聘的物业服务企业之间进行的。在业主大会成立以后,如业主大会选聘了其他物业服务企业,则接管验收工作就要在两个物业服务企业之间或业主委员会与物业服务企业之间进行。

1.物业接管验收的准备

1) 人员准备

(1) 组建接管验收小组。由物业服务企业管理部牵头,组织办公室、工程部、市场开发部有关人员参加。各部门应选派既精通业务,又责任心强的技术人员参加,并且一般要有不同专业特长的工程技术人员参加。规模一般为 5~8 人。

(2) 指定负责人,最好是由本项目的负责人担任。

2) 接管验收的资料准备

(1) 验收国家有关技术标准及规范。

(2) 图纸。该物业的设计图和施工图纸,特别是显隐蔽工程的图纸及施工现场记录。

(3) 针对该物业验收的内容事先设计一些验收记录的表格,诸如房屋接管验收表、公共配套设施接管验收表、机电设备接管验收表、室内接管验收遗留问题统计表、机电设备接管验收遗留问题统计表、接管验收问题整改表等。

3) 进行现场初步勘察

根据设计图和施工图纸,派接管验收小组的工程技术人员到物业现场进行初步勘察,为接管验收工作的开展打下基础。

2.物业接管验收的程序

1) 新建物业接管验收的程序

(1) 建设单位书面提请接管单位接管验收,并提交相应的资料。

(2) 接管单位按照接管验收标准,对建设单位提交的申请和相关资料进行审核,对具备条件的,应在 15 日内签发验收通知并约定验收时间。

(3) 接管单位会同建设方按照接管验收的主要内容及标准进行验收。

(4) 验收过程中发现的问题,按质量问题的处理办法处理。

(5) 经检验符合要求时,接管单位应在 7 日内签发验收合格凭证,并应及时签发接管文件。

2) 原有物业的接管验收程序

(1) 移交人书面提请接管单位接管验收,并提交相应的资料。

(2) 接管单位按照接管验收标准,对申请单位提交的申请和相关资料进行审核,对具备条件的，应在 15 日内签发验收通知并约定验收时间。

(3) 接管单位合同移交人按照接管验收的主要内容及标准进行验收。

(4) 查验房屋的情况，包括建筑年代、用途变迁、拆改添建等；评估房屋的完好与损坏程度及现有价值；对在验收过程中发现的问题，按危险和损坏问题处理办法处理。

(5) 交接双方共同清点房屋、装修、设备和定、附着物，核实房屋的使用状况。

(6) 经检验符合要求时，接管单位应在 7 日内签发验收合格凭证，签发接管文件，并办理房屋所有权的转移登记(若无产权转移，则无需办理)。

3．物业接管验收的主要内容和技术标准

新建物业与原有物业在接管验收时的侧重点有所不同，这里首先介绍新建物业接管验收的主要内容和标准(质量与使用功能)。

1) 主体结构

(1) 地基基础的沉降不得超过地基基础设计规范的允许变形值；不得引起上部结构的开裂或相邻房屋的损坏。

(2) 钢筋混凝土构件产生变形、裂缝，不得超过钢筋混凝土结构设计规范的规定值。

(3) 砖石结构必须有足够的强度和刚度，不允许有明显裂缝。

(4) 木结构应给点牢固，支撑系统可靠，无蚁害，其构件的选材必须符合《木结构工程施工及验收规范》中的有关规定。

(5) 凡应抗震设防的房屋，必须符合《建筑抗震设计规范》中的有关规定。

2) 外墙

外墙不得渗水。

3) 屋面

(1) 各类屋面必须符合屋面工程施工及验收规范中的有关规定，排水畅通，无积水，不渗水。

(2) 平屋面应有隔热保温措施，三层以上房屋在公用部位应设置屋面检修孔。

(3) 阳台和三层以上房屋的屋面应有组织排水，出水口、檐沟、落水管应安装牢固、接口严密、不渗漏。

4) 楼地面

(1) 面层与基层必须粘接牢固，不空鼓。整体面层平整，不允许有裂缝、脱皮和起砂等缺陷；块料面层应表面平整、接缝均匀顺直、无缺角掉角。

(2) 卫生间、阳台、盥洗间地面与相邻地面的相对标高应符合设计要求，不应有积水，不允许倒泛水和渗漏。

(3) 木楼地面应平整牢固、接缝密合。

5) 装修

(1) 钢木门窗应安装平整牢固，无翘曲变形，开关灵活，零配件装配齐全，位置准确，钢门窗缝隙严密，木门窗缝隙适度。

(2) 进户门不得使用胶合板制作，门锁应安装牢固。

(3) 木装修工程应表面光洁、线条顺直、对缝严密，不露钉帽，与基层必须打牢。

(4) 门窗玻璃应安装平整，油灰饱满，粘贴牢固。

(5) 抹灰应表面平整，不应有空鼓、裂缝和起泡等缺陷。

(6) 饰面砖应表面洁净，粘贴牢固，阴阳角与线角顺直，无缺角掉角。

(7) 油漆、刷浆应色泽一致，表面不应有脱皮、漏刷现象。

6) 电气

(1) 电气线路安装应平整、牢固、顺直，过墙应有导管。导线连接必须紧密，铝导线连接不得采用铰接或绑接。采用管子配线时，连接点必须紧密、可靠，使管路在结构和电气上均连成整体并有可靠的接地。每回路导线间和对地绝缘电阻不得小于 $1M\Omega/KV$。

(2) 应按套安装电表或预留表位，并有电器接地装置。

(3) 照明器具等低压电器安装支架必须牢固，部件齐全，接触良好，位置正确。

(4) 各种避雷装置的所有连接点必须牢固可靠，接地电阻值必须符合《电气装置工程施工及验收规范》的要求。

(5) 电梯应能准确地启动运行、选层、平层、停层，曳引机的噪声和震动声不得超过《电气装置工程施工及验收规范》的规定值。制动器、限速器及其他安全设备应动作灵敏可靠。安装的隐蔽工程、试运转记录、性能检测记录及完整的图纸资料均应符合要求。

(6) 对电视信号有屏蔽影响的住宅，电视信号场强微弱或被高层建筑遮挡及反射波复杂地区的住宅，应设置电视共用天线。

(7) 除上述要求外，同时应符合地区性《低压电器装置规程》的有关要求。

7) 水、卫生、消防

(1) 管道安装牢固、控制部件启闭灵活、无滴漏。水压试验及保温、防腐措施必须符合《采暖与卫生工程施工及验收规范》的要求。应按套安装水表或预留表位。

(2) 高位水箱进水管与水箱检查口的设置应便于检修。

(3) 卫生间、厨房内的排污管应分设，不应使用陶瓷管、塑料管。地涌、排污管接口、检查口不得渗漏，管道排水必须流畅。

(4) 卫生器具质量良好，接口不得渗漏，安装应平正、牢固、部件齐全、制动灵活。

(5) 水泵安装应平稳，运行时无较大震动。

(6) 消防设施必须符合《建筑设计防火规范》、《高层民用建筑设计防火规范》的要求，并且有消防部门的检验合格签证。

8) 采暖

(1) 采暖工程的验收时间，必须在采暖期以前两个月进行。

(2) 锅炉、箱罐等压力容器应安装平正、配件齐全，不得有变形、裂纹、磨损、腐蚀等缺陷。安装完毕后，必须有专业部门的检验合格签证。

(3) 炉排必须进行 12 小时以上试运转，炉排之间、炉排与炉铁之间不得相互摩擦且无杂音、不跑偏、不凸起、不受卡、返转应自如。

(4) 各种仪器、仪表应齐全精确，安全装置必须灵敏、可靠，控制阀门应开关灵活。

(5) 炉门、灰门、煤斗闸板、烟、风挡板应安装平正、启闭灵活、闭合严密，风室隔墙不得透风漏气。

(6) 管道的管径、坡度及检查井必须符合《采暖与卫生工程施工及验收规范》的要求，管沟大小及管道排列应便于维修，管架、支架、吊架应牢固。

(7) 设备、管道不应有跑、冒、滴、漏现象。保温、防腐措施必须符合《采暖与卫生工程施工及验收规范》的规定。

(8) 锅炉辅机应运转正常、无杂音。消烟除尘、消音减震设备应齐全，水质、烟尘排放浓度应符合环保要求。

(9) 经过48小时连续试运行，锅炉和附属设备的热工、机械性能及采暖区室温必须符合设计要求。

9) 附属工程及其他

(1) 室外排水系统的标高、窨井(检查井)设置、管道坡度、管径均必须符合《室外排水设计规范》的要求。管道应顺直且排水通畅，井盖应搁置稳妥并设置井圈。

(2) 化粪池应按排污量合理设置，池内无垃圾杂物，进出水口高差不得小于5cm。立管与化粪池间的连接管道应有足够坡度，一般不应超过两个弯。

(3) 明沟、散水、落水沟头不得有断裂、积水现象。

(4) 房屋入口处必须做室外道路，并与主干道相通。路面不应有积水、空鼓或断裂现象。

(5) 房屋应按单元设置信报箱，其规格、位置须符合有关规定。

(6) 挂物钩、晒衣架应安装牢固。烟道、通风道、垃圾道应畅通，无阻塞物。

(7) 单体工程必须做到工完料净地清，临时设施及过渡用房拆除清理完毕，室外地面平整，室内外高差符合设计要求。

(8) 群体建筑应检验相应的市政、公建配套工程和服务设施，达到应有的质量和使用功能要求。

原有物业在接管验收的时候，主要注意以下两个方面的问题。

1) 质量与使用功能的检验

(1) 以《危险房屋鉴定标准》和国家有关规定做检验依据。

(2) 从外观检查建筑物整体的变异状态。

(3) 检查房屋结构、装修和设备的完好与损坏程度。

(4) 查检房屋使用情况(包括建筑年代、用途变迁、拆改添建、装修和设备等情况)，评估房屋现有价值、建立资料档案。

2) 危险和损坏问题的处理

(1) 属有危险的房屋，应由移交人负责排险解危，才得接管。

(2) 属有损坏的房屋，由移交人和接管单位协商解决，既可约定期限由移交人负责维修，也可采用其他补偿形式。

(3) 属法院判决没收并通知接管的房屋，按法院判决办理。

4．物业接管验收中质量问题的处理方法

(1) 发现影响房屋结构安全和设备使用安全的质量问题，必须约定期限由建设单位负责进行加固补强返修，直至合格，并按双方商定的时间组织复验。

(2) 发现影响相邻房屋的安全问题，由建设单位负责处理。因施工原因造成的质量问题，应由施工单位负责，按照约定期限进行加固补强返修，直至合格，并按双方商定的时间组织复验。

(3) 对于不影响房屋结构安全和设备使用安全的质量问题，可约定期限由建设单位负责修缮，或可采取费用补偿的办法，由物业服务企业处理。

(4) 房屋接管交付使用后，如发生隐蔽性重大质量事故，应由接管单位会同建设、设

计、施工等单位，共同分析研究，查明原因。如属设计、施工、材料的原因由建设单位负责处理；如属使用不当，管理不善的原因，则应由接管单位负责处理。

知识链接

物业接管验收与竣工验收的区别见表3-1。

表3-1　物业接管验收与竣工验收的区别

项目	竣 工 验 收	接 管 验 收
目的	是否达到设计文件规定的要求	主体结构安全与满足使用功能的再检验
性质	政府行为	企业行为
条件	全部施工完毕，设备已落位	竣工验收合格，附属设备已完全正常使用，房屋编号已得到认可
对象	施工单位向建设单位移交物业	建设单位向物业服务企业移交物业
阶段	此验收在先，标志着物业可以交付使用	此验收在后，标志着物业正式进入使用阶段

特别提示

- 根据《物业管理条例》第29规定，在办理物业接管验收手续时，建设单位应当向物业服务企业移交下列资料。
  (1) 竣工总平面图，单体建筑、结构、设备竣工图，配套设施、地下管网工程竣工图等竣工验收资料。
  (2) 设施设备的安装、使用和维护保养等技术资料。
  (3) 物业质量保修文件和物业使用说明文件。
  (4) 物业管理所必需的其他资料。

3.2.3　客户入住服务

不管是什么类型的物业，总要有客户入住这样一个工作环节。此环节过程可以说是物业服务企业和客户的首次正面接触，所以，这项工作做的顺利与否，直接影响到客户对物业服务企业的评价，进而影响到今后工作开展的难易程度。

1．物业交付

1) 物业交付的概念

物业交付简单来说就是"交房入住"。所谓"交房"就是指业主领取钥匙。也就是当房地产开发企业会同物业服务企业在完成承接验收之后，按照程序将物业的产权交付给购房者的过程。所谓"入住"就是业主或使用人接房后进入实际使用状态，也称"入伙"。

2) 客户入住的程序与工作内容

交付是物业服务企业与服务对象的首次接触，它标志着物业管理工作将"以人为中心"的逐步展开。这一阶段除了大量的接待工作和繁琐的交房手续外，各种管理与被管理的矛盾也会在短时期内集中地暴露出来，为此，这一阶段通常也是物业管理问题最集中的阶段。为了交房手续及日后管理工作的顺利进行，物业服务企业需要做大量的工作。

首先应及时将《交房通知书》、《收楼须知》等交给业主，方便业主顺利办好交房手续；

其次还应向用户发放《用户须知》和《用户手册》，向用户提供必要帮助；最后要加强对用户装修的管理。所以，物业服务企业应充分利用这一机会，既做好物业管理的宣传、讲解工作，又要切实为业主着想，以便树立起物业服务企业良好的"第一印象"，取得广大业主的信任。

按照先后顺序，物业入住的程序和工作内容分为以下几个方面。

(1) 交房前的准备。

交房前必不可少的一项准备工作就是清洁卫生。也就是物业服务企业在完成了对物业的接管验收之后，对物业内外进行全面、彻底的清洁。具体内容包括：建筑垃圾的清理；玻璃、地面、墙面等处灰尘、污垢的清除；其他各种设备的清洁等。

做好清洁卫生，一方面可以为日后的日常保洁工作打下良好的基础，另一方面可以使物业以崭新的面貌迎接业主的入住，同时也是物业服务企业树立其良好形象和信誉的开始。

(2) 向业主寄发入伙手续文件。

交房前物业服务企业还需要设计及准备好各种入住手续文件。入住手续文件是指业主在办理入住手续时，所要知晓、参照、签订的有关文件，主要内容包括《入住通知书》、《入住手续书》、《收楼须知》、《缴款通知书》等。这些文件都由物业服务企业负责拟订，并以开发商和物业服务企业的名义，在业主办理入住手续前寄发给他们，以便业主按时顺利地办好入住手续。在实际操作中，有些物业服务企业还准备了《验楼情况一览表》、《楼宇交接书》等，供业主在验楼时使用。

(3) 配合用户搬迁。

用户搬迁是指业主和非业主使用人实际使用该物业的开始，因此对于物业服务企业而言此时是十分关键的时刻。既要热情服务，又要让用户自觉地配合物业服务企业的工作，遵守物业管理的有关规定，共同维护舒适的工作环境和生活环境。为了能有一个良好的开端，物业服务企业需要做好下列工作。

① 做好宣传工作。采用多种宣传手段和方法，向用户进行宣传，使用户了解物业管理的有关规定，主动配合物业服务企业日后的管理工作。通常，物业服务企业都向用户发放《用户须知》和《用户手册》。《用户手册》应详尽地反映出用户应遵守的管理规定，同时也告知用户，物业服务企业所能提供的服务项目。

② 指挥交通。设立专人指挥搬迁车辆的出入，维护交通秩序，避免发生交通事故。

③ 加强安全防范。用户搬迁一般时间比较集中，人员进出复杂，此时的人身安全、财产安全应引起特别关注。这一时期物业服务企业应提高警惕，加强安全管理，多配秩序维护人员值班，以杜绝火灾、盗窃和安全事故的发生。

④ 加强用户装修管理。无论是住宅物业还是非住宅物业，迁入新居的住户和单位，一般都要对房屋进行不同程度的装修。对此，物业服务企业除应给予积极的协助外，还要特别加强对房屋装修的管理，包括建立对房屋的装修尤其是房屋结构变动和室内原有设备、管线改动的申报审批制度；也包括对装修施工过程中的垃圾、噪声、用火、用电安全的管理以及对装饰装修材料的管理等。

3) 物业入住手续文件及常用表式

(1) 入住通知书。

《入住通知书》是指物业服务企业在物业验收合格后通知业主可以来办理入住手续的文件。在制作《入住通知书》时应注意以下几个问题：一是楼宇的入住不是一家或几家业主，而是几百家甚至几千家。如果集中在同一时间办理，必然要给入住手续的办理带来许多困难。因此，应在通知书上注明各楼宇或各层办理的时间，分期分批办理；二是若业主因故不能按期前来办理，可在规定办理时间以后，留有机动时间予以补办；三是考虑到有少部分业主仍不能如期在机动时间内前来办理，则应在通知书上注明处理的办法。

知识链接

入住通知书

_____女士/先生：

您好！欢迎您入住××花园！

您所认购的_____区_____栋_____单元_____室楼宇，经市有关部门验收，测量合格，现已交付使用，准予入住。

1. 请您按《入住通知书》、《收楼须通知》办理入住手续，办理地点在_____楼_____室。在规定的日期内，地产部、财务部、物业服务公司等有关部门和单位将到场集中办公。

2. 为了您在办理过程中能顺利而快捷地办理好入住手续，请以下表时间为准前来办理。

各楼各层办理入住手续时间分配表(略)。

阁下如届时不能前来办理入住手续，请您及时与我公司联系，落实补办的办法，联系电话：×××××××

特此通知！

××房地产开发公司
××物业服务公司
_____年_____月_____日

(2) 收楼须知。

《收楼须知》是告知业主在办理收楼过程中应注意的事项及应携带的各种证件、合同和费用，从而避免遗漏、往返，给业主增添不便。

知识链接

收楼须知

_____女士/先生：

欢迎您成为××大厦的新业主！

我公司将为您提供良好的管理服务。兹先介绍有关收楼事项和有关收楼程序，避免您在接收新楼时，产生遗漏而导致不便。望您能认真阅读，切勿遗忘。

1. 您应在接到《入住通知书》之日(以邮戳为准)起 3 个月内前来办理产权登记和入住手续。逾期办理者，每逾期一天应缴纳人民币×元的逾期金。超过半年不来办理的房产，将由本大楼物业服务公司代管，代管期间的管理费用仍由购楼业主承担。超过 3 年不来办理手续，视为无主房产，交由有关部门依法处理。

2. 您来办理入住手续时请带齐以下物件：

(1) 购房合同(协议)；

(2) 业主身份证或护照及图章；

(3) 公司购买的还应带公司法人证件和公章；

(4)《入住通知书》;
(5)《入住手续书》;
(6) 已缴款项的收据(调换正式发票);
(7) 未缴纳的购房款和物业管理应交的款项。

注意: 如您委托他人前来办理,还应带上以下资料和证件:
(1) 您(业主)的委托书,应由律师签证;
(2) 您(业主)的身份证或护照的影印件;
(3) 代理人的身份证或护照。

3. 您在办理手续时请按以下程序进行:
(1) 到房地产开发公司财务部缴付购房余款,并缴上原预付款收据以换取正式发票。购楼余款缴清后,财务部将在您的《入住手续书》上盖章;
(2) 至房地产开发公司地产审核入伙资格,当您缴验各种证件通过后,地产部将在您的《入住手续书》上盖章;
(3) 至物业服务公司财务部缴付物业管理各项费用;费用缴清后物业服务公司财务部将在《入住手续书》上盖章;
(4) 至物业服务公司办公室办理其他手续,主要有验收房屋、签订《管理规约》、领取《住户手册》、领取钥匙等。当以上事项办好后,您(业主)在《入住手续书》上签章,并交由物业服务公司保存。

4. 您收楼时,请认真检查室内设备、土建、装修是否有缺少、损坏等质量问题。如有投诉,请在收楼时书面告知,物业服务公司代表业主利益向承建商协商解决。

5. 根据大厦承建合同,大厦维护保养期为×年,×年内如有工程质量所导致的问题,承建单位将为业主免费修理。但是,因使用不当所导致的问题,由业主自行支付修理费用。

6. 您(业主)可以对所购的房间进行室内装修,但应保证绝对不影响大厦结构和公共设施。装修前,需向物业服务公司提出书面的申请,获准后方可进行。

祝您顺利入住!

××房地产开发公司
××物业服务公司
_____年_____月_____日

(3) 入住手续书。

《入住手续书》是物业服务企业为方便业主,让其知晓办理入住手续的具体程序而制定的文件。一般在入住手续书上都留有各部门的确认证明,业主每办完一项手续,有关职能部门在上面盖章证明。

知识链接

入住手续书

_____女士/先生:

您认购的_____区_____栋_____单元_____室楼宇,现已交付使用,具备入住条件,请您阅读收楼须知,按下列顺序办理入伙手续:
1. 至房地产公司财务部缴付购房余款;
2. 至房地产公司地产部审核入住资格;
3. 至物业服务公司财务部交付管理费用;

4. 至物业服务公司办公室办理收楼事宜。

××房地产开发公司
××物业服务公司
_____年_____月_____日

购房款项已全部付清。 特此证明。	财务部盖章 　年　月　日
入住资格审查合格。 特此证明。	地产部盖章 　年　月　日
各项管理费用已全部付清。 特此证明。	××物业服务公司财务部 　年　月　日
入住收楼审查已办理完毕。 特此证明。	××物业服务公司办公室 　年　月　日

(4) 缴款通知书。

《缴款通知书》是物业服务公司通知业主在办理入住手续时应该缴纳的款项即具体金额的文件。

知识链接

缴款通知书

_____女士/先生：

您好，您所购买的_____区_____栋_____单元_____室房屋已经竣工。按购房合同规定，您来办理入住手续时，请同时缴清以下款项：

1. 购房余款，计人民币_____元。
2. 预收×个月的管理费，计人民币_____元。
3. 专项维修资金，计人民币_____元。
4. 建筑垃圾清运费，用于清理业主入住装修时产生的建筑垃圾所预收的管理费，计人民币_____元。(政府规定应按户一次性计费)
5. 其他费用(具体列出项目及金额供业主选择)。

××房地产开发公司
××物业服务公司
_____年_____月_____日

(5) 验楼情况一览表。

《验楼情况一览表》是物业服务公司为方便业主对房屋进行验收，督促开发商及时整改相关问题，以避免相互扯皮，使问题能得到及时解决而制定的文件。

知识链接

验楼情况表

××大厦×座×室业主于×年×月×在物业服务公司××部×××的陪同下入住验收，检查了所购房屋的建筑质量和初装修情况，认为：

1. 无任何异议：
2. 发现有以下质量问题：

(1)

(2)

(3)

请开发商予以解决！

业主签字：_____

物业服务公司(代表)签字：_____

_____年_____月_____日

(6) 楼宇交接书。

《楼宇交接书》是业主在确认可以接受所购楼宇后，与开发商签订的一份协议。

知识链接

楼宇交接书

甲方：××开发商

乙方：××业主

鉴于甲方所开发的物业"××大厦"已竣工，并且经××市有关部门鉴定合格。业主购买的×楼×层××室已经具备入住条件，可以入住。开发商和业主双方均同意签署本楼宇交接书，以便开发商将业主所购买的该单元房屋通过本楼宇交接书正式移交给业主。

现在业主已检查了该单元的建筑质量和初装修情况，双方一致认为，该单元可以交付给业主，业主可以接受该单元。因此，双方签订本交接书，并确认下列条款：

1. 双方确认，自×年×月×日起，该单元由开发商交付给业主；
2. 业主在此确认，确已收到该单元钥匙；
3. 开发商确认，尽管该单元已交付给业主，但仍负有《楼宇销售(预售)合同》中规定的保修义务；
4. 业主同时确认，该单元的建筑质量和初装修质量符合双方所签的《楼宇销售(预售)合同》的规定，业主并无异议；
5. 双方一致同意，有关业主购买的该单元产权登记事宜，均委托××律师事务所办理，开发商予以协助。有关税费按国家规定分别由双方各自承担；
6. 本交接书自双方签字之日起生效；
7. 本交接书一式两份，双方各持一份。

开发商(代表)签字：_____

业主签字：_____

_____年_____月_____日

2．物业的装饰装修管理

1) 物业装饰装修的概念及分类

业主在验收楼宇后根据自己的审美要求、生活情趣和经济实力对自己所购物业进行的房屋修饰和装扮，就是物业的装饰装修。目前装饰装修的种类、风格各种各样，格调也迥然不同，一般可分为简易装修和豪华装修；也可分为纯自然型、都市现代型、高雅传统型、青春浪漫型等多种格调的装饰装修。

2) 物业装饰装修管理的重要内容

(1) 业主装修申请(住宅)。业主在装修前向物业服务企业申请登记时需如实填写装修施工内容，并注明委托单位及进场人数，业主、施工队及物业服务企业三方应在申请书上签字盖章。

知识链接

装修申请表

业主名称		住址		联系电话	
施工单位		负责人		联系电话	
开工时间		完工时间			
装修内容					
管理处意见	出入证工本费_____元，装修垃圾清运费_____元，合计_____元。 审核人签字：_____ 　　　　　　年　月　日				
说　明	1．凡申请装修的项目要有图纸说明。 2．本申请表超过申请装修完成日期后自动失效，若需要继续装修需要重新申请。 3．本表一式两份，业主和物业服务企业各执一份。				

(2) 装修报批。根据国家有关法规，为加强物业辖区管理，保证物业的完好和安全，保持物业辖区的整洁美观，维护全体业主的合法权益，一般物业服务企业应对装修行为进行装修审批。

(3) 装修管理要求。装修不得损坏房屋承重结构和破坏房屋外貌；不得随意占用、损坏住宅的共用部位、共用设备或者移装共用设备；不得在天井、庭院、平台、屋顶以及道路或其他场地搭建建筑物、构筑物；不得侵占绿地、毁坏绿化；不得乱倒垃圾、杂物；严禁向窗外、阳台外、楼梯、过道、天台等公共场所抛撒堆放垃圾；不得在建筑物、构筑物上乱张贴、乱涂写、乱刻画；不得排放有毒、有害物质或发出超过规定标准的噪声；不得凿穿地面和房顶的水泥层；不得随意增加落地面的静荷载；不得在晚间 18:00 至次日上午 8:00 和节假日期间，从事敲、凿、钻、锯等产生严重噪声的施工活动。

3) 物业装饰装修管理规定

为了进一步加强对物业的装修管理，规范物业管理装修行为，创造和保障安全、舒适、整洁的工作环境和居住环境，维护全体业主的合法权益。根据法律法规的有关规定，对业主(使用人)、物业服务公司分别做出如下规定。

(1) 关于业主(使用人)应当遵守的有关规定。

① 按书面告知物业服务公司的有关装修内容施工,做好房屋装修隐蔽工程记录,若需调整装修项目,应及时通知物业服务公司。

② 严格执行本市住宅装修的有关施工规范和标准,遵守施工作业时限,晚间 18:00 至次日上午 8:00 和节假日,不得从事敲、凿、钻、锯等产生严重噪声的施工活动。

③ 搬运装修建材时不得妨碍其他业主或使用人的正常通行,不得造成公共部位的损坏和污染,住宅装修施工废弃物,应装袋清运到指定的地点堆放,确保沿途清洁。

④ 装修工程时,应做到文明规范施工,现场应配备消防灭火设备,不得造成下水道堵塞和损坏以及墙面、室面等渗漏水。

⑤ 施工人员在从事住宅装修施工期间应接受物业服务部门的检查和监督。

(2) 关于物业服务公司应当遵守的有关规定。

① 配备相关的专业人员加强规范装修行为的宣传和指导;并及时告知业主或使用人《条例》中规定的住宅装修的禁止行为,禁止敲凿的部位及相应的注意事项。

② 及时对业主或使用人提供的住宅装修设计图、施工方案中有违反住宅装修的禁止行为提出整改意见。

③ 配备专人负责装修活动的日常巡视和监督。

④ 发现违规行为,应当及时采取有效措施进行劝阻、制止并督促改正。

⑤ 对于拒不整改的违法装修行为,应当及时告知给业主委员会并报告给相关行政管理部门依法处理。同时,物业服务公司应当责成违规装修的施工人员停止施工。

⑥ 在住宅装修施工完毕后,应当及时收回小区临时出入证;对造成房屋和设施设备损坏的,物业服务公司应当责成责任人及时进行修赔。

(3) 关于装修报批程序。

根据《物业管理条例》的规定:"业主在物业装饰装修之前,应当事先告知物业服务企业。"一般物业服务企业均对装修报批程序制订如下规定。

① 业主应事先向物业辖区管理处申报。

② 详细、如实地填写《装修申请表》,并经管理处审核同意。

③ 装修施工队应到管理处签订《装修工程队治安责任书》及《装修施工保证书》。

④ 在领取装修许可证、办理装修工人临时出入证后,方可进行装修施工。

(4) 关于建筑垃圾清运费规定。

根据规定,小区内建筑垃圾清运费应按物业所在区县物价部门核定的建筑垃圾清运费标准,向准备装修居室的业主或使用人收取。业主或使用人表示不装修并作出书面承诺的,物业或环卫部门不得收取该项费用。

许多物业服务公司为了规范各住户和装修施工队的装修管理行为,杜绝禁止行为的产生,保障第三人的合法权益,要求业主和装修施工队在装修前必须向管理处缴纳相关费用,即押金和保证金。但是,根据有关文件规定,物业服务企业不得向业主、使用人或施工队伍收取装修保证金、押金。因此,在物业管理过程中,物业服务公司只能加强宣传、监督与管理,以此来杜绝装修中的违法违规行为,确保第三人的合法权益。

应用案例 3-3

【案情介绍】

金辉花园某业主正在做室内装修,其他部位装修完后,业主提出安装防盗网包括阳台部分的要求。物业管理员接到通知后立即到达现场,将防盗网挡在小区之外,并向业主说小区不许安装防盗网的情况。但业主态度非常强硬,质问管理员为什么不允许安装阳台防盗网,如果失盗怎么办?

管理员从三个方面向业主作了解释。

(1) 安装防盗网,给人的感觉像在笼子里居住一样,既不美观又给人以心情压抑的感觉。

(2) 按照国家有关消防规定是不允许安装任何防盗网,如果室内万一失火安装防盗网后人员的疏散和消防救火都会带来不利影响。

(3) 本小区是一个智能化小区每家每户都有智能安防系统,并且小区 24 小时不间断巡逻,没有必要安装防盗网。如真想安装防盗网,只能根据小区的规定要求安装在室内。

【解析】

安装防盗网的事情围绕着金辉花园管理处的《业主手册》、《业主公约》和《前期物业服务协议》的要求,大部分业主会遵守小区的规定。

业主如果按照自己的意愿非要做特殊装修,管理处人员应该动之以情、晓之以理,讲明利害关系并给业主提出合适的建议,业主是会接受的,且不会造成业主与管理处之间的矛盾,达到两全其美的效果。

课题 3.3 成熟期物业管理

3.3.1 常规性的公共服务

一般指物业管理中最基本的管理工作,是物业管理区域中所有住用人都享受的,由物业服务企业提供的最基本的服务。是为维护物业的使用环境,在合同中事先规定好了的,业主在享用前不需特别提出申请,也不需要另付费用的服务总称。

3.3.2 针对性的专项服务

特指物业服务企业为改善和提高住用人的工作、生活条件,面向广大住用人,为满足一些住户的需要而提供衣、食、住、行、用、教育、医疗等方面的服务。事先设立项目、服务标准、收费规定等,住用人可根据需要自行选择消费。

3.3.3 委托性的特约服务

特约服务是物业服务企业为满足物业产权人、使用人的个别需求,并受其委托而提供的服务。通常是物业服务合同中没有约定,专项服务中也没有设立,而物业产权人、使用人又提出需求,此时物业服务企业在条件允许的情况下,应尽量满足其需求,签订特约服务合同,提供特约服务。

物业管理各项工作内容具体见表 3-2。

表 3-2　成熟的物业管理的内容

服 务 类 型	服 务 特 点	服 务 内 容
常规性的公共服务	管理区域内所有住用人都享有的最基本的服务，在物业合同中有明确规定，费用通过物业管理费的形式交纳	(1) 房屋建筑主体维修养护管理； (2) 附属设备设施维修养护管理； (3) 保洁服务； (4) 绿化服务； (5) 污染防治； (6) 秩序维护服务； (7) 消防管理； (8) 车辆管理
针对性的专项服务	事先设立服务项目、公布服务内容、质量、收费标准，住用人自行选择，合同中无明确规定，享用时另行付费	(1) 日常生活类； (2) 商业服务类； (3) 文化、教育、卫生、体育类； (4) 金融服务类； (5) 经纪代理中介服务类； (6) 社会福利类(多为无偿形式)
委托性的特约服务	合同中没有约定、专项服务中没有设立、个别住用人的某种要求，须另行付费	(1) 生活类：如家政服务； (2) 工作类：如代办服务

3.3.4　物业的撤管

1. 物业服务企业解聘

1) 解聘的形式

(1) 自然解聘。

自然解聘是物业服务合同期满后物业服务企业不再被续聘。为了确保业主和物业服务企业双方权益，物业服务合同中对委托管理的期限都有明确的规定。

(2) 提前解聘。

提前解聘是指在合同期限内，由于种种原因，合同双方或单方提出终止合同的申请。提前解聘属于提前解除合同，这将给双方的利益和日常的物业管理工作带来较大的影响。因此，双方都要十分谨慎。

2) 解聘的程序

(1) 自然解聘的程序。

① 双方提出书面意见。一般在物业服务合同期满前(如 6 个月)，业主委员会和物业服务企业双方就合同期满后是否续聘问题向对方提出书面意见，表明态度。

② 征求业主意见。业主委员会应广泛听取业主对物业管理工作的意见和评价，如果大多数业主反映良好就可以续聘；如果有 1/2 以上的业主对物业管理工作不满，可以不再续聘，进行自然解聘。

③ 物业服务企业进行选择。是否续聘，既是业主的权利，也是物业服务企业的权利。原有物业服务企业有权按照业主履行义务的情况和对本企业工作支持配合的情况，决定是否续聘。如果同意续聘，可以续签物业服务合同；如果不同意续聘，可以准备撤管。

(2) 提前解聘的程序。

① 正确解决双方的争议。提前解聘一般发生在合同履行中双方发生争议时。首先应进行充分的协商，协商不成时，可提请物业管理行政主管部门调解；调解不成时，还可以提交法院等有关机构进行依法裁决。一旦裁决，将由负有责任的一方赔偿因提前解除合同给对方造成的经济损失。

② 尽快选聘新的物业服务企业。提前解聘属于提前解除合同，为使物业管理工作不受影响，业主大会和业主委员会在原有物业服务企业撤管前应尽快选聘新的物业服务企业，并做好接管的准备。

③ 做好移交的准备。提前解聘一旦发生，原有物业服务企业应遵循职业道德规范的要求，本着对业主负责的精神，做好有关物业移交前的各项工作，整理全部档案资料，清理账目，做好移交准备。

2．物业撤管

(1) 撤管工作的程序。

① 物业服务企业接收业主大会和业主委员会送达的撤管通知。

② 进入撤管准备阶段(物业服务企业在企业内部和外部人、财、物三个方面做好撤管准备)。

③ 正式实施撤管。

(2) 在撤管过程中物业服务应做好的工作。

① 要善始善终做好管理工作。

② 要尽量减少遗留问题。

③ 要做好交接工作。

(3) 物业服务企业撤管时应移交的资料。

根据《物业管理条例》第 39 条规定"物业服务合同终止时，物业服务企业应当将物业管理用房和本条例第 29 条第 1 款规定的资料交还给业主委员会。"这是所提到的"第 29 条第 1 款规定的资料"实际上就是物业在接管验收时，建设单位向物业服务企业移交的全部资料。

应用案例 3-4

【案情介绍】

某小区 2009 年物业服务合同正式到期，业主委员会出钱请了专业物业咨询公司做招投标工作，原物业公司也参加了投标，结果由本市一家知名物业公司夺标。原物业公司不肯退出，僵持了 3 个月，这家中标物业公司一举将原物业公司和业主委员会推上了被告席，要求赔偿不能履行合同的经济损失。

【解析】

根据《物业管理条例》的相关规定，物业服务合同到期，原物业公司应做好物业管理资料的移交工作，并及时撤离管理区域。

【点评】

物业服务合同到期或未到期更换物业公司而引发的老物业不走，新物业进不来的窘境经常上演。有的物业公司一旦落选，就感觉脸上无光，拒绝退场，不遵守游戏规则，给规范物业管理市场运行设置了障碍。

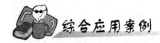 综合应用案例

【案情介绍】

A市某小区物业管理处规定，装修户在每天装修施工期间不得将入户门关闭，以便装修管理人员随时检查。一天，管理处工作人员在例行巡查过程中，见一装修户房门虚掩未锁，内有施工的声音，于是推门而入。发现装修工人在满是易燃物的施工现场吸烟，并且没有按规定配备必要的消防器材。于是装修管理人员勒令工人立即熄灭香烟并暂停施工，同时通知秩序维护人员将装修施工负责人带到管理处接受处理。不久，业主知道了此事，投诉管理处工作人员在未经业主同意的情况下私闯民宅，并且非法滞留施工人员，侵犯业主和装修施工人员的合法权益，同时表示将诉诸公堂。

事后据调查，该户业主未签署《装修管理服务协议》，物业管理处认为施工单位违反了该小区装修安全管理规定，要对其作出相应的处罚。

【解析】

(1) 本案例中物业管理工作人员的行为，似乎是在根据相关法规和合同认真履行自己的职责和义务，制止违规装修行为，消除安全隐患，维护广大业主的共同利益，从表面看是合情、合理、合法的。可是，本案例中物业管理工作人员以装修管理为由，在未经业主(所有权人)同意的情况下对私家住宅堂而皇之地"推门而入"。这一行为显然有违我国宪法关于公民的合法财产以及人身权益不受侵犯的法律规定，侵犯了业主的合法权益，确有侵权之嫌。

(2) 物业管理人员在现场发现装修施工人员的违规事实和安全隐患以后，按照相关法规的规定，将施工负责人带到管理处接受处理(比如向其告知禁止行为和注意事项，发放《违章整改通知书》要求限期整改等)，并没有限制该负责人的人身自由的主观故意和事实情节，不构成所谓的"非法滞留"。当然，如果这时出现施工人员拒绝到管理处处理的情况，物业管理人员也可以采取服务上门的方式履行"告知禁止行为和注意事项"以及其他法定义务。

(3) 《物业管理条例》第47条规定：对物业管理区域内违反有关治安、环保、物业装饰装修和使用等方面法律、法规规定的行为，物业服务企业应当制止，并及时向有关行政管理部门报告。可见物业服务企业没有行政处罚权，不能对施工单位"作出相应的处罚"。

(4) 业主未签署《装修管理服务协议》并不能说明业主没有履行《物业管理条例》第53条规定的"事先告知物业服务企业"的义务，因为"事先告知"不一定以签署协议为载体。也不构成业主对其住宅进行装修的先决条件，这是业主的权利(在不违章的情况下)。

【点评】

(1) 物业管理人员在现场工作中往往容易忽略细节处的法律问题，于不知不觉中"闯红灯"。尤其是在法律法规日趋完善，人们维权意识日益提高的今天，我们的工作人员更要注意时刻保持应有的法律意识。本案例中业主的房门是"虚掩"还是"紧闭"其实并不重要，重要的是现场工作人员是否养成了良好的工作习惯。在这种情况下一定要先表明身份和来意并征得同意后方可进入业主的私家住宅，而不能大大咧咧地"推门而入"。

(2) 物业管理工作人员在面对业主和各种外来施工人员的态度上应一视同仁。在实施服务过程中始终保持有礼有节，不卑不亢，体现出热情服务、依法管理的职业风貌，避免因"厚此薄彼"而引起不必要的工作阻力。

(3) 事实上作为物业管理常规业务的装修管理工作，可以在多种环节加以控制。比如在物业销售环节可以在销售合同中的物业管理内容里加以明确，也可以在《临时管理规约》中加以明确。业主入伙环节可以在业主办理入伙手续时明确。业主大会、业主委员会成立时在《管理规约》加以明确，还可以在外来人员控制、装修手续办理以及日常巡查等环节加以控制和处理。总之，物业服务企业可以通过多种途径履行

自己的告知、制止、报告以及协助处理等法定义务，规避这类风险。

(4) 在处理现场违章装修时，如果出现业主或装修施工单位拒不配合物业管理人员正当的装修管理工作时，物业管理工作人员可以在依法采取制止、劝告、发放《违章通知书》、向政府部门报告等措施的同时注意在每一个步骤收集有利证据，以使自己始终处于主动有利的地位。切忌采取过激行为，授人以柄。

单元小结

本单元主要介绍了物业管理的三个不同的工作阶段，包括物业管理的早期介入阶段、前期物业管理阶段和成熟期物业管理阶段。因为各阶段对应着不同的物业形式，所以各阶段的工作重点也有明显区别。把握好各阶段工作的核心，实现各阶段工作的平稳过渡，处理好各阶段与委托方的关系，是引领一个服务项目向前推进的主线，更是衡量一个物业服务企业是否合格的标准。

习 题

一、单项选择题

1. ( )，是指物业服务公司在接管物业之前，就参与物业的规划、设计和建设，从物业管理服务的角度出发提出意见和建议，以使建成后的物业更能满足业主和物业使用人的要求。

　　A．物业管理的早期介入　　　　B．前期物业管理
　　C．成熟期物业管理　　　　　　D．物业管理

2. 前期物业管理是指在业主、业主大会选聘物业服务企业之前，( )选聘物业服务企业签订前期物业服务合同所实施的物业管理。

　　A．物业施工单位　　　　　　　B．物业建设单位
　　C．行政管理部门　　　　　　　D．物业管理协会

3. ( )是指管理区域内所有住用人都享有的最基本的服务，在物业合同中有明确规定，费用通过物业管理费的形式交纳的服务。

　　A．常规性公共服务　　　　　　B．针对性的专项服务
　　C．委托性的特约服务　　　　　D．专业公司提供的服务

4. 在办理业主入住手续时，下列哪一文书不是业主必须签订的( )。

　　A．《临时管理规约》　　　　　B．《物业服务合同》
　　C．《装修责任书》　　　　　　D．《安全及防火责任书》

5. 下列不属于物业服务企业撤管时应移交的资料是( )。

　　A．设施设备的安装、使用和维护保养等技术资料
　　B．物业质量保修和物业使用说明文件
　　C．物业服务企业账目

D. 物业管理所必需的其他资料

二、多项选择题

1. 下列属于物业管理早期介入必要性的是( )。
   A. 促使物业竣工后返工无望的工程质量难点提前得到妥善解决
   B. 物业管理早期介入是对所管物业的全面了解
   C. 物业管理早期介入是为后期管理做好准备
   D. 物业管理的早期介入有利于物业的销售
   E. 物业管理的早期介入有利于业主入住工作的顺利进行

2. 下列属于物业接管验收准备工作的是( )。
   A. 人员准备   B. 资金准备
   C. 资料准备   D. 技术准备
   E. 现场初步勘察

3. 房屋室内装饰装修管理服务协议，一般包括( )。
   A. 装饰装修工程的实施内容   B. 装饰装修工程的投资计划
   C. 装饰装修工程的实施期限   D. 允许施工的时间
   E. 管理服务费用

4. 下列属于物业管理常规性公共服务的有( )。
   A. 环境卫生服务   B. 绿化服务
   C. 秩序维护服务   D. 代收代管服务
   E. 消防服务

三、情景题

大学生小王在一家物业服务公司工作，公司经理对他非常器重，不久前委派他负责一个新小区的接管验收和入住手续的办理，小王很想把这两项工作办好，但又不知道如何入手。请你告诉小王物业接管验收和办理入住程序。

四、案例分析题

1. 入住前装修住房，是否一定要向物业服务公司申请？

业主刘某新买了一套商品住宅，开发商很快就把房屋交付给他，刘某非常高兴。可是在接收房屋准备入住时，住宅小区的物业服务公司告诉他，需要先办理一系列手续，其中包括装修申请手续，刘某非常不解，住宅是自己买的，为什么自己装修自己的住房，还要先向物业服务公司申报呢？

2. 讨论物业管理早期介入由谁来负担费用。

目前，无论是物业服务公司还是开发商，都已认识到物业管理早期介入的重大意义，但有一个问题却成为早期介入能否顺利实施的关键，那就是费用问题。请同学们根据书中对早期介入的介绍，谈一下自己的观点，究竟物业管理早期介入应由谁来负担费用？

综 合 实 训

一、实训内容

对物业管理各阶段服务内容的确认。

二、实训要求

组织学生到不同的物业管理现场,包括正在建设实施了物业管理早期介入的物业、前期物业管理阶段的物业、成熟期的物业,使学生充分了解处在不同物业管理阶段的管理项目主要的工作重点,并参与实践工作,加深对工作内容的理解。

单元 4

物业管理法律法规

教学目标

本单元主要介绍从事物业管理工作应该具备的相关法律知识,其中包括《民法通则》、《合同法》和《物权法》三部法律和《物业管理条例》、《物业服务企业资质管理办法》、《业主大会规程》、《物业服务收费管理办法》、《前期物业管理招投标管理暂行办法》五部政策法规。教学目的是使学生进一步完善从事物业管理所需的知识体系、进而使从事的物业管理工作不但更加专业,而且有法律基础,使相关参与人员不但能够用法律约束自身的行为,更重要的是能够用法律保护自身的合法权益。

教学要求

能力目标	知识要点	权重
能够恰当的运用《民法》、《合同法》和《物权法》中的相应条款,解决物业管理过程中发生的纠纷	《民法》;《合同法》;《物权法》	30%
能够把握《物业管理条例》中的各条款,能够将其作为日常物业管理学习和工作的指导	《物业管理条例》	40%
熟悉《物业服务企业资质管理办法》、《业主大会规程》、《物业服务收费管理办法》、《前期物业管理招投标管理暂行办法》中的主要条款和对物业管理的突出贡献,能用其解释物业管理过程中的常见问题	《物业服务企业资质管理办法》;《业主大会规程》;《物业服务收费管理办法》;《前期物业管理招投标管理暂行办法》	30%

引例

张先生所住的小区地处闵行区与长宁区交界处，原本是一个宁静的小区。可近年来，小区内民房商用现象日渐增多，小区的居住环境变得嘈杂起来。更让业主们烦恼的是，一段时间来，小区业委会的成员擅自无偿侵占小区的网球场，作为晨练场所。每天一大早，他们在此打开录音机放歌晨练，并大声喧哗。小区里一些上夜班回家的业主，刚入梦境即被惊醒，常常因此无法入睡。

不得已，张先生和邻居要求业委会成员停止这种影响居民休息的行为。没想到业委会主任理直气壮地表示，网球场无偿开放为晨练场所已由业委会讨论通过，不能改变。

面对这样的问题，业主张先生等应该依据何种法律或法规来维护自身的合法权益？

除了上述案例外，物业管理过程中不合理甚至于不合法的事情时有出现，各参与方应该掌握哪些法律常识来使自身的合法权益得以实现？

课题4.1 物业管理法律

4.1.1 《中华人民共和国民法通则》

1. 民法概述

为了保障公民、法人的合法的民事权益，正确调整民事关系，适应社会主义现代化建设事业发展的需要，根据宪法和我国实际情况，总结民事活动的实践经验，制定了《中华人民共和国民法通则》(简称"《民法通则》")，并于1986年4月12日六届人大四次会议通过。《民法通则》共9章156条。它不但是进行民事活动必须遵守的准则，也是物业管理法规必须遵守的准则。

1)《民法通则》的基本原则

《民法通则》的基本原则是指民事立法、民事司法、民事活动的基本准则，包括自愿、公平、等价有偿、诚实信用的原则。

特别提示

- 业主、业主大会与物业服务企业之间是平等的民事关系，要遵守《民法通则》的基本原则。

2)《民法通则》的适用范围

《民法通则》的适用范围又称《民法通则》的效力，是指《民法通则》在何时、何地、对何人发生法律约束力。《民法通则》的适用范围包括《民法通则》对人的适用范围、在空间上的适用范围和时间上的适用范围。

知识链接

《民法通则》的适用范围

民法是调整平等主体的自然人、法人和其他组织之间的财产关系和人身关系的法律规范的总称。

(1)《民法通则》对人的适用范围。

《民法通则》对人的适用范围是指《民法通则》对于哪些人具有法律效力。《民法通则》通则第8条第1款规定：在中华人民共和国领域内的民事活动，适用中华人民共和国法律，法律另有规定的除外。即在我国境内的自然人及法人，除了法律另有规定的以外，均适用我国《民法通则》；我国自然人、法人在国外发生的民事法律关系，一般适用所在地的法律规定，但法律另有规定的除外。

(2)《民法通则》在空间上的适用范围。

《民法通则》在空间上的适用范围，就是《民法通则》在哪些地方发生法律效力。我国立法部门和政府制定的《民法通则》规范，其适用的空间范围及于我国的领土、领空、领海，包括我国驻外使馆、在我国领域外航行的我国船舶。但是，一些区域《民法通则》规范，只能在特定的区域内有效：①全国人大及其常委会、国务院制定的法律法规中明确规定只适用于某一地区的，例如全国人大和国务院制定的适用于经济特区的民事法律规范；②地方性法规、民族自治地方的民事法规、经济特区的民事法规适用于制定者管辖的行政区域之内。

(3)《民法通则》在时间上的适用范围。

《民法通则》在时间上的适用范围，是指《民法通则》生效时间和失效时间，以及民事法律规范对其生效前发生的民事法律关系有无溯及力。

①《民法通则》的生效和失效。

《民法通则》的生效时间分即时生效和之后生效两种情况：一是自《民法通则》公布之日起生效，全国人大制定的《关于修改〈中华人民共和国中外合资经营企业法〉的决定》，就是从发布之日起施行的(2001年3月15日)；二是《民法通则》中指定于公布后经过一段时期生效，《民法通则》第156条规定，本法自1987年1月1日起施行(1986年4月12日公布)。

《民法通则》的失效时间主要有以下几种情况：一是新法直接规定废除旧法，例如合同第428条规定，该法自1999年10月1日起施行，经济合同法、涉外经济合同法、技术合同法则同时废止；二是旧法的规定与新法规定相抵触的，则抵触部分失效；三是国家机关颁布专门的规定宣布某些法律规范失效；四是在法院审判中，在某一个案件可以适用两个以上的法律，而法律之间又相互冲突时，应根据新法优于旧法、后法优于前法的原则，以新法、后法为准。

② 民事法律规范的溯及力问题。

我国民事法律规范贯彻法律不溯及既往的原则，一般没有溯及力。但司法解释中另有规定的除外。

2. 民事法律关系

民事法律关系是指基于民事法律事实，由《民法通则》规范调整而形成的民事权利、义务关系。

1) 民事法律关系的构成

任何一种民事法律关系都包括主体、客体、内容三方面要素。

(1) 民事法律关系的主体。

民事法律关系的主体是指参加民事法律关系享有权利和承担义务的人，即民事法律关系当事人。

(2) 民事法律关系的内容。

民事法律关系的内容是指民事法律关系主体享有的民事权利和承担的民事义务。它是民事法律关系的基本要素之一，决定着民事法律关系的性质。

民事权利是指民事主体依《民法通则》可以享有的权利。民事义务是指民事法律关系中的义务主体依照法律限定或合同的约定，为一定行为或不为一定行为，以满足权利主体某种利益。

> **特别提示**
>
> ● 对民事主体享有的民事权利和承担的民事义务的规定，关系着业主、业主大会和物业服务企业等是否有资格作为民事法律关系的主体，以自己的名义依法享有民事权利和承担民事义务。

(3) 民事法律关系的客体

民事法律关系的客体是指民事权利和民事义务所指向的对象。根据民事法律规定，可以作为民事法律关系客体的有：物、行为、智力成果、人身利益。

2) 民事法律关系的产生、变更和消灭

民事法律关系的产生是指民事权利和民事义务的设立。民事法律关系的变更是指主体、内容或客体的变化。民事法律关系的消灭是指主体之间的民事权利和民事义务不再存在。

3．民事权利主体

1) 自然人

自然人是基于自然规律出生的人。公民是具有一国国籍、依据该国宪法和法律享有权利和承担义务的自然人。公民可以是自然人，但自然人不完全等同于公民。我国《民法通则》使用的公民的概念与自然人概念意义相同。

① 自然人民事权利能力和民事行为能力。

自然人的民事权利能力是指法律赋予公民享有民事权利和承担民事义务的资格。

自然人的民事行为能力是指通过自己的行为来实现民事权利承担民事义务的能力。

② 监护。

监护是指为保护无民事行为能力人和限制民事行为能力人的合法权益而设立的一项法律制度。

③ 宣告失踪。

宣告失踪是指公民离开自己的住所，下落不明达到法定期限，经利害关系人申请，由人民法院宣告其为失踪人的法律制度。

④ 宣告死亡。

宣告死亡是指自然人下落不明达到法定期限，经利害关系人申请，人民法院宣告其死亡的法律制度。

⑤ 特殊的自然人主体。

特殊的自然人主体包括个体工商户、农村承包经营户、个人合伙。

2) 法人

法人是指具有民事权利能力和民事行为能力，依法独立享有民事权利、承担民事义务的社会组织。法人应具备以下条件：依法成立有必要的财产和经费；有自己的名称和组织机构；能够独立承担民事责任。

① 法人的民事权利能力。

法人的民事权利能力是指法律赋予法人享有民事权利和承担民事义务的资格。

② 法人的民事行为能力。

法人的民事行为能力是指法人以自己的行为取得民事权利和承担民事义务的能力。

4．民事法律行为

1) 民事法律行为概念

民事法律行为是公民或者法人设立、变更、终止民事权利和民事义务的合法行为。民事法律行为应当具备下列条件：行为人具有相应的民事行为能力；意思表示真实；不违反法律或者社会公共利益。民事法律行为可以采用书面形式、口头形式或者其他形式。法律规定用特定形式的，应当依照法律规定。民事法律行为从成立时起具有法律约束力。行为人非依法律规定或者取得对方同意，不得擅自变更或者解除。

2) 无效民事行为和可撤销民事行为

无效民事行为又称绝对无效的民事行为，是指不具备民事法律行为有效要件，自始不产生行为人预期法律后果的民事行为。根据民事法律规定，民事行为被确认为无效后要溯及既往，即行为一开始就属无效。

可撤销民事行为是指行为人享有撤销权，可以请求人民法院或仲裁机关予以撤销的民事行为。这种行为一经成立，即具有法律效力。当事人双方仍可享有权利和义务，只有当行为被撤销，其行为才归于无效，以前所经过的行为都认定无效。因此，这种行为是相对无效的民事行为。

民事行为被确认为无效或者被撤销后，当事人因该行为取得的财产，应当返还给受损失的一方。有过错的一方应当赔偿对方因此所受的损失，双方都有过错的，应当各自承担相应的责任。

双方恶意串通，实施民事行为损害国家的、集体的或者第三人的利益的，应当追缴双方取得的财产，收归国家、集体所有或者返还第三人。

5．代理

1) 代理的概念

代理是指代理人在代理权限内以被代理人的名义与第三人进行民事法律行为，由被代理人直接承担所产生权利义务后果的法律制度。

2) 代理的种类

根据代理权产生的依据不同，将代理分为委托代理、法定代理和指定代理。这是代理关系的最基本分类。

3) 代理权的行使

民事法律行为的委托代理，可以用书面形式，也可以用口头形式。法律规定用书面形式的，应当用书面形式。书面委托代理的授权委托书应当载明代理人的姓名或者名称、代理事项、权限和期间，并由委托人签名或盖章。委托书授权不明的，被代理人应当向第三人承担民事责任，代理人负连带责任。

4) 代理权行使的原则

行使代理权应在代理权限范围内；行使代理权应维护被代理人的利益；行使代理权应尽职责否则造成被代理人损害的，由代理人承担民事责任。

> **特别提示**
>
> - 在物业管理领域中，业主、业主大会和物业服务企业等的民事活动要享受到法律的保护，就必须使其符合《民法通则》对民事法律行为的有关规定。

6. 民事权利

1) 所有权

所有权是指所有人依法对自己的财产享有占有、使用、收益和处分的权利。

2) 债权

债权是指按照合同的约定或者法律的规定，在当事人之间产生的特定权利和义务关系。其中享有权利的人是债权人，负有义务的人是债务人。不当得利、无因管理和侵权行为等都能引起债权的发生。

3) 人身权

人身权是指与民事主体(公民、法人)的人身不可分离，并且无直接财产内容的民事权利。

我国《民法通则》所确认和保护的民事权利可分为两大类：财产权利和人身权利。人身权利又包含有人格权和身份权两大类。

① 属于人格权的种类有：生命健康权、肖像权、姓名权、名称权、名誉权。
② 属于身份权的种类有：婚姻家庭关系中的身份权、监护权、荣誉权。

4) 知识产权

知识产权是指公民、法人、非法人单位对自己在科技和文学艺术领域创造的智力成果所享有的各项人身权和财产权的总称。知识产权的概念由法律直接规定。我国民事法律确认公民、法人享有的著作权、专利权及法人和个体户享有的商标权等均属知识产权。除商标权外，均以其含有创造者的智力成果事实而产生。

> **特别提示**
>
> - 对民事权利的规定中，与物业管理关系最大的是财产所有权、物权和债权。如规定"不动产的相邻各方，应当按照有利生产、方便生活、团结互助、公平合理的精神，正确处理截水、排水、通行、通风、采光等方面的相邻关系。给相邻方造成妨碍或者损失的，应当停止侵害，排除妨碍，赔偿损失。"这条规定对解决相邻业主之间的常见纠纷很有实际意义。

应用案例 4-1

【案情介绍】

张某系××市××公司的一名员工，在××多层住宅小区购买了一套住宅，楼层为2楼，他按自己的意思买了一张水床，并请安装公司人员为其进行安装，在未经物业服务公司装修部同意的情况下施工完毕。结果因水床的安装改变了上下水管道的结构，且水床水流量大增，使五层、六层住户供水问题严重不足。

管理处对此事很不满，再三同张某协调处理，张某坚持房子是自己的，产权归自己所有，室内安装属私人权力，至于供水不足问题，他要求管理处作二次加压或管道改造，管理处对此事再三协调，他均不听劝告，于是，物业公司向法院上诉。法院经审理认为：张某擅自改变房屋结构、破坏房屋公用设施设备，危及他人生活用水，违反物业服务公司的有关规定，属于违法民事行为。

法院判决：

1. 张某在裁决生效之日起2天内拆除水床，将室内管道恢复原状。
2. 物业服务公司在调解过程中做出的一切有效行为费用由张某承担。
3. 张某对物业服务公司写出书面检查。

【点评】

这个案例涉及装修中能否改变上、下水管道的问题。

(1) 张某为小区业主，就该遵守国家关于物业管理的法律、法规和规章制度规定的义务，应遵守小区的各项规章，张某装修改造管道未经物业公司批准私自请人安装，违反了物业装修的规定擅自改造上、下水管道，损坏公共设施设备，违反了《物业管理条例》，理应拆除水床。

(2) 张某只顾自己，不兼顾高层住户用水问题，破坏了邻里关系的相互作用，违反《民法通则》中关于"相邻各方要在生产生活、合理公平的原则下，才能处理给水系统"。

(3) 物业公司在协调此事中，张某一拖再拖，使物业公司的工作难度增加，只得为五、六层住户提供二次加压措施，由此产生费用只能作为一项特殊费用，无法列入公摊，法院最后裁决当事人张某承担合情合理。

7. 侵权行为

1) 侵权行为的概念和分类

侵权行为是指行为人由于过错侵害他人的财产权和人身权，依法应当承担民事责任的不法行为，以及依照法律特别规定应当承担民事责任的其他侵害行为。根据构成要件及归责原则可以将侵权行为划分为一般侵权行为和特殊侵权行为。

2) 侵权行为的归责原则

《民法通则》规定的侵权行为归责原则有三种：过错责任原则；过错推定原则；无过错原则。

3) 承担民事责任的方式

包括停止侵害；排除妨碍；消除危险；返还财产；恢复原状；修理、重作、更换；赔偿损失；支付违约金；消除影响、恢复名誉；赔礼道歉。

以上承担民事责任的方式，可以单独适用，也可以合并适用。

人民法院审理民事案件，除适用上述规定外，还可以予以训诫、责令其悔过，收缴进行非法活动的财物和非法所得，并可以依照法律规定处以罚款、拘留。

8. 诉讼时效

1) 诉讼时效的概念

诉讼时效是指权利人在法定期间内不行使权利即丧失请求人民法院依诉讼程序强制义务人履行义务的权利。向人民法院请求保护民事权利的诉讼时效期间为 2 年，法律另有规定的除外。

2) 诉讼时效的开始、中止、中断和延长

诉讼时效期间从知道或者应当知道权利被侵害时起计算。但是，从权利被侵害之日起超过 20 年的，人民法院不予保护。超过诉讼时效期间，当事人自愿履行的，不受诉讼时效限制。

在诉讼时效期间的最后 6 个月内，因不可抗力或者其他障碍不能行使请求权的，诉讼时效中止。从中止时效的原因消除之日起，诉讼时效期间继续计算。

诉讼时效期间因提起诉讼、当事人一方提出要求或者同意履行义务而中断，从中断时起，诉讼时效期间重新计算。

诉讼时效的延长是指人民法院根据特殊情况对已经完成的诉讼时效，依法给予延长的制度。

应用案例 4-2

【案情介绍】

原告李某住在××市××区一个临街巷内，住房是一砖木结构的平房，与李某相邻的赵某因为要开一家川菜饭馆，他便安装了一个大型排油烟机，其排烟口设置在自己的房顶上。李某的住房一侧窗户恰好与赵某安装排油烟机的墙体相邻，两者相距约有1米，中间形成一条窄道，虽不走人，但一直是李某家一层住房主要的通风通道。

赵某的川菜饭馆正式营业后，李某发现二层房间里总有股油烟味，且一旦开户通风，油烟味更大。查找原因，李某发现原来是赵某的川菜饭馆厨房的油烟排放口离自己家二层窗口太近，只要排油烟机一开，就会有油烟窜进李某的房间里。李某找赵某商量解决油烟排放问题，赵某置之不理。不得已，李某只好向法院起诉，要求赵某改建排油烟机的排放口，赔偿精神损失人民币500元。

【审理】

某区人民法院受理此案后先主持双方进行调解但因双方分歧较大，调解无效，人民法院判决如下：

被告赵某的川菜饭馆排放废气的行为以构成对原告李某合法权益的损害。根据《中华人民共和国民法通则》第18条的规定："不动产的相邻各方，应当按照有利生产、方便生活、团结互助公平合理的精神，正确处理通风、通行等方面的相邻关系。给相邻各方造成妨碍或者损失的，应当停止侵害、排除妨碍、赔偿损失"，法院要求被告赵某，停止使用川菜饭馆的排油烟机，直到进行相应处理、不影响原告通风为止。

判决宣告后，双方当事人都表示服从该判决。

【解析】

本案涉及相邻关系中的几个方面的不同问题。相邻关系，从权利的角度可称为相邻权。所谓相邻权，是指两个或两以上的不动产所有人或占有人、使用人、收益人，因一方对自己所有或占有、使用、收益的不动产行使所有权或占有、使用、收益时，享有的要求对方给予必要便利的权利。

正确的处理相邻关系，必须遵守《民法通则》第83条规定的"有利生产、方便生活、省事、团结互助、公平合理"的原则。这些原则，既是相邻各方正确行使相邻权、妥善处理相邻关系的原则，同时也是人民法院正确处理相邻纠纷的原则。

【点评】

物业服务公司在处理相邻关系时有协调、调解的义务和责任，物业管理协调、调解不成的，应该由当事人向政府主管部门请求行政处理或直接按照法律程序诉讼或仲裁。

知识链接

上述案例中主要涉及相邻关系的以下几个方面。

1. 相邻通风

相邻通风权是指房屋的所有人或使用人所享有通过门窗保证其室内与室外空气的流通和正常开关窗户进行室内外空气交换的权利。在实践中，相邻一方的下列行为应视为是对他方通风权的侵犯。

(1) 因相邻一方建造房屋或其他设施时未与相邻他方的窗户保证适当距离、相距太近而使相邻他方室内空气通风不畅；或阻挡了相邻他方之窗户而使其无法通风的。

(2) 因相邻一方的树枝等延伸到相邻他方窗前，阻碍相邻他方室内空气流通的。

(3) 因相邻一方长期存在的原因而迫使相邻他方无法正常开启窗户，如相邻一方在靠近相邻他方窗户处修厕所，设置畜栏或在他方窗下堆放垃圾等；或相邻一方不断制造异味，排放污浊空气、冷气、热气、有害气体，致使他方只好紧闭窗户。此类情况如相邻一方的行为超过国家规定标准，则可按环保问题引起的相邻关系纠纷处理，如不够国家规定标准的相邻一方的不良行为，可按侵犯相邻他方通风权来处理。

2. 相邻关系的相邻环保关系

相邻环保关系中的相邻双方因环境问题发生的权利、义务关系，即相邻一方在自己疆界内经营工业或行使其他权利时，对另一方负有的，可请求其采取必要的防止污染周围环境、危害人身、财产安全的义务和另一方对其疆界外的人享有的，可请求采取必要的防止污染环境措施的权利的关系。通常业主、住户个人因相邻而发生的纠纷，主要是由于噪声、油烟、有毒物、放射物修建厕所、畜栏等散发的臭气引起的，我国对于相邻环保关系没有具体规定，但在《民法通则》中有对于环境保护问题民事责任的规定。

4.1.2 《中华人民共和国合同法》

1. 《中华人民共和国合同法》概述

为了保护合同当事人的合法权益，维护社会经济秩序，促进社会主义现代化建设，制定了《中华人民共和国合同法》(以下简称"《合同法》")，并于1999年3月15日九届全国人大二次会议审议通过，于1999年10月1日开始实施。《合同法》共23章428条，分为总则、分则、附则三部分。

> **特别提示**
>
> - 《合同法》的总则部分规定了《合同法》的基本原则，规范了合同的订立、合同的有效或无效、合同的履行、变更和解除，以及保全、违反合同的责任等问题。分则主要包括各种类型的合同，如买卖合同、供用电、水、气、热力合同、赠与合同、租赁合同、委托合同、居间合同等有名合同的有关规定。其中租赁合同、供用电、水、气、热力合同、委托合同等是物业服务企业和业主常用的合同类型。

1)《合同法》的基本原则

《合同法》的基本原则贯穿于整个《合同法》制度和规范之中，是从事交易活动的当事人必须遵循的行为模式；是合同立法和司法所遵循的宗旨和标准。

《合同法》的基本原则包括：合同自由、诚实信用、合法和鼓励交易原则。

> **特别提示**
>
> - 物业服务企业与建设单位或业主订立《前期物业服务合同》或《物业服务合同》时，双方要遵循《合同法》的基本原则，处于平等的地位，在权利、义务对等的基础上订立合同，一方不得将自己的意志强加给另一方。

2) 合同成立的概念和要件

合同成立是指合同双方达成了一致的意思表示，确定了双方的权利义务。合同成立的要件是指合同的成立必须经过要约和承诺两个阶段。要约与承诺，是合同订立的基本程序，是判断合同是否成立的法律标准。

(1) 要约的概念。

要约是希望和他人订立合同的意思表示，该意思表示应当符合下列规定：内容具体确定；表明经受要约人承诺，要约人即受该意思表示约束。

(2) 要约与要约邀请的区别。

要约邀请又称引诱要约，是指希望他人向自己发出要约的意思表示。而不是像要约那样是由一方向他人发出订立合同的意思表示；要约在发出以后，对要约人和受要约人都产生一定的约束力。如果要约人违反了有效的要约，应承担法律责任。但要约邀请不是一种意思表示，而是一种事实行为，也就是说，要约邀请是当事人订立合同的预备行为，在发出要约邀请时，当事人仍处于订约的准备阶段。要约邀请只是引诱他人发出要约，它既不能因相对人的承诺而成立合同，也不能因自己作出某种承诺而约束要约人。在发出要约邀请以后，要约邀请人撤回其邀请，只要没有给善意相对人造成损失，要约邀请人一般不承担法律责任。寄送的价目表、拍卖公告、招标公告、招股说明书、商业广告等为要约邀请。商业广告的内容符合要约规定的，视为要约。

(3) 承诺的概念。

承诺是受要约人同意要约的意思表示。承诺生效时合同成立。

3) 合同的表现形式

合同的当事人订立合同，有书面形式、口头形式和其他形式。法律、行政法规规定采用书面形式的，应当采用书面形式。当事人约定采用书面形式的，应当采用书面形式。

> **特别提示**
>
> - 《物业管理条例》第 21 条规定："在业主、业主大会选聘物业服务企业之前，建设单位选聘物业服务企业的，应当签订书面的前期物业服务合同。"

2．合同主要条款

1) 合同的内容

由当事人约定，一般包括以下条款：当事人的名称或者姓名和住所、标的、数量、质量、价款或者报酬、履行期限、地点和方式、违约责任、解决争议的方法。

2) 格式条款

(1) 格式条款的概念。

格式条款是当事人为了重复使用而预先拟订，并在订立合同时未与对方协商的条款。

(2) 格式条款的解释。

对格式条款的理解发生争议的，应当按通常理解予以解释。对格式条款有两种以上解释的，应当作出不利于提供格式条款一方的解释。格式条款和非格式条款不一致的，应当采用非格式条款。

> **特别提示**
>
> - 物业服务合同的当事人双方可以参照有关部门公布的物业服务合同示范文本订立合同。

3．合同的生效要件

1) 合同生效的概念

合同的生效是指已经成立的合同在当事人之间产生了一定的法律强制力，也就是通常所说的法律效力。

2) 生效要件

包括行为人具有相应的民事行为能力；意思表示真实；不违反法律和社会公共利益；

合同必须具备法律所要求的形式。

> **特别提示**
>
> - 在物业管理领域，民事主体要想使自己订立的合同生效，就必须使其符合《合同法》对有效合同的规定。

4. 无效合同和可撤销合同

1) 无效合同的概念

(1) 无效合同是指合同虽然已经成立，但因其在内容上违反了法律、行政法规的强制性规定和社会公共利益而导致无效的合同。有下列情形之一的，合同无效：一方以欺诈、胁迫的手段订立合同，损害国家利益；恶意串通，损害国家、集体或者第三人利益；以合法形式掩盖非法目的；损害社会公共利益；违反法律、行政法规的强制性规定。

(2) 合同部分无效。

合同部分无效，不影响其他部分效力的，其他部分仍然有效。

2) 可撤销合同的概念

可撤销合同又称可撤销可变更合同，是指当事人在订立合同时，因意思表示不真实，法律允许撤销权人通过行使撤销权而使已经生效的合同归于无效。

下列合同，当事人一方有权请求人民法院或者仲裁机构变更或者撤销：

① 因重大误解订立的；

② 在订立合同时显失公平的。

一方以欺诈、胁迫的手段或者乘人之危，使对方在违背真实意思的情况下订立的合同，受损害方有权请求人民法院或者仲裁机构变更或者撤销。当事人请求变更的，人民法院或者仲裁机构不得撤销。有下列情形之一的，撤销权消灭：一是具有撤销权的当事人自知道或者应当知道撤销事由之日起一年内没有行使撤销权；二是具有撤销权的当事人知道撤销事由后明确表示或者以自己的行为放弃撤销权。

3) 合同无效或被撤销后的法律后果

(1) 无效的合同或者被撤销的合同自始没有法律约束力。合同部分无效，不影响其他部分效力的，其他部分仍然有效。

(2) 合同无效、被撤销或者终止的，不影响合同中独立存在的有关解决争议方法的条款的效力。

(3) 合同无效或者被撤销后，因该合同取得的财产，应当予以返还；不能返还或者没有必要返还的，应当折价补偿。有过错的一方应当赔偿对方因此所受到的损失，双方都有过错的，应当各自承担相应的责任。

(4) 当事人恶意串通，损害国家、集体或者第三人利益的，因此取得的财产收归国家所有或者返还集体、第三人。

5. 合同的履行

1) 合同履行概述

《合同法》第 60 条规定当事人应当按照约定全面履行自己的义务。可见合同的履行就是债务人按合同的约定或者法律的规定，全面、正确地履行自己所承担的义务。可以从以下四个方面理解：①合同的履行是合同的基本法律效力；②合同的履行是债务人所为的特定行为；③合同的履行是给付行为与给付结果的统一；④合同的履行是合同消灭的一种原因。

2) 合同履行原则

① 实际履行原则。是当事人应当按合同约定的标的物履行，不得任意以其他标的物代替。

② 适当履行原则。是指当事人除按合同的约定履行外还应按合同标的物的数量和质量、履行期限、履行地点、履行方式等履行合同。

③ 协作履行原则。是指双方当事人不仅应当履行自己的义务还应当协助对方履行义务。

④ 经济合理原则。要求合同双方当事人在履行债务中既要考虑自己的利益又要考虑他人的利益和国家、社会的利益。

特别提示

- 目前，在物业管理的众多纠纷中，很大一部分是由于合同的一方或双方不能够履行或不能更能够完全履行合同而产生的，在解决这类问题或追究责任的过程中要适用《合同法》的部分规定。

6．合同的解除

1) 合同解除的概念和特点

合同的解除是指合同依法成立后而尚未全部履行前，当事人基于协商、法律规定或者当事人约定而使合同关系归于消灭的一种法律行为。合同的解除具有如下特点。

① 合同的解除以有效合同的存在为前提。②合同的解除须具备一定条件。解除条件既可以是法律规定也可以是合同约定，当事人也可以通过协商解除合同。③合同解除是一种消灭合同关系的法律行为。没有当事人的解除行为，合同不能自动解除。

2) 合同解除的条件

① 合同解除可以分为约定解除，协商解除，法定解除。当事人协商一致解除合同不受其他条件限制。

② 《合同法》第 94 条规定了法定解除的条件：一是因不可抗力致使不能实现合同目的；二是在履行期限届满之前，当事人一方明确表示或者以自己的行为表明不履行主要债务；三是当事人一方迟延履行主要债务，经催告后在合理期限内仍未履行；四是当事人一方迟延履行债务或者有其他违约行为致使不能实现合同目的；五是法律规定的其他情形。

3) 合同解除的程序

《合同法》根据不同的合同解除种类规定了不同的解除程序。①协议解除合同。指当事人通过重新订立新合同的办法达到解除合同的目的，适用于合同的协商解除。②通知解除。指当事人具备法定或者约定的条件时，将解除合同的意思表示通知对方即可产生解除合同的效力，无需对方作出答复。适用于合同的法定解除和约定解除。

4) 合同解除的效力

合同解除后，尚未履行的，终止履行；已经履行的，根据履行情况和合同性质，当事人可以要求恢复原状、采取其他补救措施，并有权要求赔偿损失。因此是否具有溯及力取决于当事人是否请求以及合同的履行情况和性质。

7．违约责任

1) 违约责任的概念

违约责任也称违反合同的民事责任，是指当事人因违反合同义务而应承担的责任。

2) 违约责任的构成要件

① 违约行为。违约行为是指当事人一方不履行合同义务或者履行合同义务不符合约定。

② 不存在法定和约定的免责事由。我国《合同法》采取的归责原则是严格责任原则，即如果一方能够举证证明另一方构成违约，另一方即应负违约责任，除非另一方能够举证证明其违反合同有法定或约定的免责事由。

3) 承担违约责任的主要形式

①实际履行；②损害赔偿；③支付违约金；④双倍返还定金。

 应用案例4-3

【案情介绍】

王先生近日在办理入住手续时，遇到了一件很不舒心的事：开发商的工作人员要求王先生先一次性交纳一年的物业管理费，否则不给办理入住手续。

王先生对此提出了几点疑问：一是为什么房子还没有验收，就让交物业管理费？二是这家由开发商指定的物业服务公司，是开发商为这个项目专门新设立的，此前没有任何的物业服务经验和业绩，而物业管理不同于商品买卖，是一种延续性的服务，一次性交纳一年的物业管理费，意味着至少在一年内，自己对这家物业服务公司的服务无论满意与否，都没有任何制约力了。

【解析】

王先生面临的情况具有一定的普遍性，其中包含了两个问题。

(1) 应该先接收房屋，还是先交物业管理费？

购房人与开发商签约购房，双方之间是一种买卖关系，而购房人与物业服务公司之间是一种委托服务的关系，这种委托关系成立的前提是：购房人已经取得了所购买的标的物(房产)，已成为业主。如果购房人在房产交接时，因各种原因退房(如工程质量、面积误差等)，那么与物业服务公司之间也就不存在委托服务的必要了。

开发商提出购房人以交纳物业管理费作为房屋交付的前提，实质上是对房屋的交付增加了附设条件，是对双方之间买卖合同的一种变更，根据《合同法》的规定，合同只有在当事人协商一致的条件下，方可变更，开发商单方变更合同的做法明显是不公平的，也是一种违约行为。因此，这两者之间的关系理应是先接收房产，再交纳物业管理费。

(2) 物业服务公司要求预付物业管理费合理吗？

考虑到物业服务公司的正常运转，预收一定的物业管理费还是合理的，现行的有关法规，也是允许物业服务公司预收费用的。但是这种预收应当有一定的限度，从物业管理费的构成来看，有按年、按季，也有按月收取的，如果物业服务公司一次性、长时间预收各项物业费用就不合理了，对此，根据《关于禁止一次性收取多年物业管理费的通知》中的规定，物业服务公司不得一次性预收多年的物业管理费。

【点评】

1．《商品房销售管理办法》中规定，"商品房销售时，房地产开发企业选聘了物业服务企业的，买受人应当在订立商品房买卖的合同时与房地产开发企业选聘的物业服务企业订立有关物业管理的协议"。

2．开发商既然选聘了物业服务公司，就要将物业服务公司的情况和收费标准，在订立商品房买卖合同时告知购房人，以便购房人对选择的物业服务公司和收费标准做出判断。

3. 由于多数项目属于期房预售，开发商在销售时，对于许多物业服务的设施、设备还无法确定，因此有关物业管理的协议的签订，还是要放在交房时，至少是在订立商品房买卖合同后。

对于购房人来说，如果开发商在订立商品房买卖合同时，就提供了有关物业管理的协议文本，那么这些协议就构成了买卖合同的附件，购房人应认真地阅读，一旦签了字，就要履行相应的义务了。

4. 如果像王先生遇到的那样，开发商在签订买卖合同后、甚至在入住时，才提供有关物业管理的协议，并以此作为房产交付的条件，业主则可以按前述的内容，据理力争。不过，最好的办法是，在签订买卖合同时，无论开发商如何做，您都应该将有关物业收费的标准、收费方式以及房屋交付的程序，作为补充内容，要求开发商写进补充协议。

4.1.3 《中华人民共和国物权法》及其司法解释

1. 《中华人民共和国物权法》及其司法解释概述

为了维护国家基本经济制度，维护社会主义市场经济秩序，明确物的归属，发挥物的效用，保护权利人的物权，根据宪法，制定了《中华人民共和国物权法》(以下简称"《物权法》")，并于2007年3月16日通过了十届全国人大五次会议的审议，于2007年10月1日起施行。《物权法》共19章247条，分为五部分，即总则、所有权、用益物权、担保物权和占有。

《物权法》是规定和调整物(大多数情况下可以理解为有形财产)的归属利用而产生的民事关系的法律。人们的生存离不开物质财富；人们最为熟悉的所有权，就是物权的重要和核心权利。在我们所处的个人和社会财富不断积累膨胀的时代，《物权法》的意义和重要性是不言而喻的。《物权法》主要解决三个问题：一是物属于谁，谁是物的主人；二是权利人对物享有哪些权利，他人负有怎样的义务；三是怎样保护物权，侵害物权的要承担哪些民事责任。

《最高人民法院关于审理建筑物区分所有权纠纷案件具体应用法律若干问题的解释》于2009年3月23日由最高人民法院审判委员会第1464次会议通过，自2009年10月1日起施行。该司法解释共分为19条。

《最高人民法院关于审理物业服务纠纷案件具体应用法律若干问题的解释》于2009年4月20日由最高人民法院审判委员会第1466次会议通过，自2009年10月1日起施行。该司法解释共分为13条。

2. 《物权法》中与物业管理直接相关的条款

第70条 业主对建筑物内的住宅、经营性用房等专有部分享有所有权，对专有部分以外的共有部分享有共有和共同管理的权利。

第71条 业主对其建筑物专有部分享有占有、使用、收益和处分的权利。业主行使权利不得危及建筑物的安全，不得损害其他业主的合法权益。

第72条 业主对建筑物专有部分以外的共有部分，享有权利，承担义务；不得以放弃权利不履行义务。

业主转让建筑物内的住宅、经营性用房，其对共有部分享有的共有和共同管理的权利一并转让。

第73条 建筑区划内的道路，属于业主共有，但属于城镇公共道路的除外。建筑区划内的绿地,属于业主共有,但属于城镇公共绿地或者明示属于个人的除外。建筑区划内的其他公共场所、公用设施和物业服务用房,属于业主共有。

应用案例4-4

【案情介绍】

业主张某住在某小区的一层,平时没事喜欢侍弄花草。一天,张某发现楼前有一块草地特别适合养花,于是就擅自作主将这块绿地开辟出来,种上了花。到了夏天,招来好多虫子和蜜蜂,由于离一楼的窗户特别近,给其他业主的生活带来了很多的不方便,于是就有业主通过小区的物业服务公司,要求张某拔掉这些花,张某拒绝,认为自己楼下的绿地应该属于自己所有,自己愿意怎么用就怎么用,别人无权干涉。

那么,张某楼下的绿地的所有权应该归谁呢?

【解析】

依据《物权法》第73条的规定,建筑区划内的绿地,属于业主共有。所以张某楼下的这块绿地应当属于全体业主共有,张某并不独自享有所有权,不能对其随意使用。

第74条 建筑区划内,规划用于停放汽车的车位、车库应当首先满足业主的需要。

建筑区划内,规划用于停放汽车的车位、车库的归属,由当事人通过出售、附赠或者出租等方式约定。

业主共有的道路或者其他场地用于停放汽车的车位,属于业主共有。

第75条 业主可以设立业主大会,选举业主委员会。

地方人民政府有关部门应当对设立业主大会和选举业主委员会给予指导和协助。

第76条 下列事项由业主共同决定:

(1) 制定和修改业主大会议事规则;
(2) 制定和修改建筑物及其附属设施的管理规约;
(3) 选举业主委员会或者更换业主委员会成员;
(4) 选聘和解聘物业服务企业或者其他管理人;
(5) 筹集和使用建筑物及其附属设施的维修资金;
(6) 改建、重建建筑物及其附属设施;
(7) 有关共有和共同管理权利的其他重大事项。

决定前款第五项和第六项规定的事项,应当经专有部分占建筑物总面积三分之二以上的业主且占总人数三分之二以上的业主同意。决定前款其他事项,应当经专有部分占建筑物总面积过半数的业主且占总人数过半数的业主同意。

第77条 业主不得违反法律、法规以及管理规约,将住宅改变为经营性用房。业主将住宅改变为经营性用房的,除遵守法律、法规以及管理规约外,应当经有利害关系的业主同意。

应用案例4-5

【案情介绍】

业主李某新买了一套住宅,空置了一段时间以后,李某认为很浪费,于是就把自己的公司搬到了住宅内。由于公司来往人员较多,给周围的邻居带来了许多不便,于是其周围的邻居纷纷向业主委员会反映李某的这一问题,但是,李某觉得房子是自己的,自己想怎么用就怎么用,别人无权干涉。

那么，李某的做法是否妥当？

【解析】

依据《物权法》的第 77 条规定，业主不得违反法律、法规以及管理规约，将住宅改变为经营性用房。所以王某的做法是错误的，虽然他是房屋所有人，但其权利应当在法律允许的范围内行使方能受法律保护。

第 78 条　业主大会或者业主委员会的决定，对业主具有约束力。

业主大会或者业主委员会作出的决定侵害业主合法权益的，受侵害的业主可以请求人民法院予以撤销。

第 79 条　建筑物及其附属设施的维修资金，属于业主共有。经业主共同决定，可以用于电梯、水箱等共有部分的维修。维修资金的筹集、使用情况应当公布。

第 80 条　建筑物及其附属设施的费用分摊、收益分配等事项，有约定的，按照约定；没有约定或者约定不明确的，按照业主专有部分占建筑物总面积的比例确定。

应用案例 4-6

【案情介绍】

某小区的一片绿地由于经常有人在上面玩耍，所以变的坑坑洼洼，草也被踩踏的不成样子。业主们商量想维护一下，但是在费用问题上存在争议。

那么，维护费用依法应当怎样负担呢？

【解析】

依据《物权法》第 80 条规定，建筑物及其附属设施的费用分摊、收益分配等事项，有约定的，按照约定；没有约定或者约定不明确的，按照业主专有部分占建筑物总面积的比例确定。所以业主们如果无法达成共识，就应当按照专有部分占建筑物总面积的比例确定。

第 81 条　业主可以自行管理建筑物及其附属设施，也可以委托物业服务企业或者其他管理人管理。

对建设单位聘请的物业服务企业或者其他管理人，业主有权依法更换。

第 82 条　物业服务企业或者其他管理人根据业主的委托管理建筑区划内的建筑物及其附属设施，并接受业主的监督。

第 83 条　业主应当遵守法律、法规以及管理规约。

业主大会和业主委员会，对任意弃置垃圾、排放污染物或者噪声、违反规定饲养动物、违章搭建、侵占通道、拒付物业费等损害他人合法权益的行为，有权依照法律、法规以及管理规约，要求行为人停止侵害、消除危险、排除妨害、赔偿损失。业主对侵害自己合法权益的行为，可以依法向人民法院提起诉讼。

3．《物权法》及其司法解释对物业管理的影响

《物权法》的出台，明确了业主的权益，在很大程度上解决了物业管理活动中有关财产归属和管理权限方面的问题，为防止、解决物业管理纠纷提供了新的法律依据和救济途径。在《物权法》实施后，最高人民法院在《物权法》等法律规定框架内，立足审判实践需求的基础上又出台了《关于审理建筑物区分所有权纠纷案件具体应用法律若干问题的解释》和《关于审理物业服务纠纷案件具体应用法律若干问题的解释》两个重要的司法解释，进一步细化了物权法关于建筑物区分所有权和物业服务的规定，增强了《物权法》的可操作

性。《物权法》及出台的司法解释给物业管理行业带来了积极的影响。

(1) 明确了业主的身份及权利。

最高法院出台的《关于审理建筑物区分所有权纠纷案件具体应用法律若干问题的解释》对业主的范围进行了确认。该解释第一条规定："依法登记取得或者根据物权法第二章第三节规定取得建筑物专有部分所有权的人，应当认定为物权法第六章所称的业主。基于与建设单位之间的商品房买卖民事法律行为，已经合法占有建筑物专有部分，但尚未依法办理所有权登记的人，可以认定为物权法第六章所称的业主。"如此，业主身份范围问题得到了解决。解释不以登记为准的确定方式，扩大了业主的范围，符合当前现实，能更好维护业主自治秩序，稳定建筑物区分所有权法律关系。

关于业主的权利，《物权法》第70条、71条、72条、73条和74条作了明确的规定。

(2) 解决了小区车位的归属问题。

最高法院的司法解释规定，建设单位按照配置比例将车位、车库，以出售、附赠或者出租等方式处分给业主的，应当认定其行为符合《物权法》第74条第一款有关"应当首先满足业主的需要"的规定。并进一步规定配置比例是指规划确定的建筑区划内规划用于停放汽车的车位、车库与房屋套数的比例。开发商必须按比例将车位分配给业主的规定，杜绝了开发商钻法律空子，侵害业主权利的行为，使每一个业主都将有机会按照比例取得车位。同时，只要开发商按房屋套数比例分配车位则就应被认为是符合《物权法》对车位"首先满足业主的需要"的规定。那么，一些拥有多部私家车的业主要求开发商多提供车位的要求将被拒绝。这使得有车或者有多辆车的业主和没有车的业主的地位平等，使车位分配更加公平，也防止开发商与业主之间、业主与业主之间因车位问题发生纠纷。最后，对于按比例分配后剩余的车位，开发商仍有独立自主的处置权，可以自由进行处分，这样也不至于影响开发商修建车位的积极性。

(3) 明确了物业费缴纳的原则。

《关于审理物业服务纠纷案件具体应用法律若干问题的解释》第6条规定："经书面催交，业主无正当理由拒绝交纳或者在催告的合理期限内仍未交纳物业费，物业服务企业请求业主支付物业费的，《民法》应予以支持。物业服务企业已经按照合同约定以及相关规定提供服务，业主仅以未享受或者无需接受相关物业服务为抗辩理由的，《民法》不予支持。"那么，在该解释正式实施后业主滥用权利，仅以未享受或者无需接受相关物业服务为由抗辩的将得不到法律的支持。这有利于建立健康的物业服务秩序，利于物业费纠纷的解决与防治。

(4) 打击了不规范的物业服务公司。

司法解释规定："物业服务合同的权利义务终止后，业主委员会请求物业服务企业退出物业服务区域、移交物业服务用房和相关设施，以及物业服务所必需的相关资料和由其代管的专项维修资金的，民法应予支持。物业服务企业拒绝退出、移交，并以存在事实上的物业服务关系为由，请求业主支付物业服务合同权利义务终止后的物业费的，民法不予支持。"司法解释否定了以往一直存在的事实服务这个概念，使得物业公司在遭到解聘后无理由再赖在小区不撤离，有利于《物权法》规定的业主自主治理权的实现。

以上这些问题只是当前物业管理活动比较突出而且普遍存在的现实问题，从中可以看出，《物权法》及其司法解释对物业管理活动起到了很强的规范作用。在此之前，很多物业管理活动无法可依，很多问题似是而非，矛盾双方各执一词，物业管理纠纷不断。而在《物权法》及其司法解释出台之后，对物业管理有了基本的法律原则和具体操作规范，当前的一些物业权益也将得到妥善的解决。

课题 4.2　物业管理政策法规

4.2.1　《物业管理条例》

1.《物业管理条例》概述

为了规范物业管理活动，维护业主和物业服务企业的合法权益，改善人民群众的生活和工作环境，制定了《物业管理条例》(以下简称"《条例》")。该《条例》2003年5月28日国务院第9次常务会议通过，2003年6月8日中华人民共和国国务院令第379号公布，根据2007年8月26日《国务院关于修改＜物业管理条例＞的决定》修订，自2007年10月1日起施行。《物业管理条例》共7章70条。

《物业管理条例》是在坚持《民法》基本原则和《立法法》规定的立法原则的前提下制定的，主要遵循了物业管理权利和财产权利相对应、维护全体业主合法权益、现实性与前瞻性有机结合、从实际出发，实事求是等四项基本原则。

2.《物业管理条例》内容释读

《物业管理条例》的主要内容可以归纳为：建立了10项基本制度；明令业主的4项权益；明令物业服务企业的7项权责；明令4项禁止行为；规范两项书面合同；法规授权4项规定。

1) 十项基本制度

第一，告知制度。

住宅小区的业主大会会议，应当同时告知相关的居民委员会；业主大会、业主委员会作出的决定违反法律、法规的，物业所在地的区、县人民政府房地产行政主管部门或者街道办事处、乡镇人民政府，应当责令限期改正或者撤销其决定，并通告全体业主。住宅小区的业主大会、业主委员会作出的决定，应当告知相关的居民委员会；业主确需改变公共建筑和共用设施用途的，应当告知物业服务企业；业主需要装饰装修房屋的，应当事先告知物业服务企业；物业服务企业应当将房屋装饰装修的禁止行为和注意事项告知业主。

应用案例 4-7

【案情介绍】

在冯小姐居住的小区里，停车争端已持续数年。据冯小姐反映，小区业主买房时规划图纸显示的绿地，几年前被物业公司改成了收费停车场，小区的公共道路也被标上了停车位，业主每车每月向物业公司缴纳150元到300元不等的停车费。可是，小区的物业合同里并未说明停车费收益的归属，物业公司也从来没有公布过有关的收支情况。

"公共绿地变成停车场,小区物业岂能自己说了算!"冯小姐对此很有意见。

【解析】

《物业管理条例》规定,物业管理区域内按照规划建设的公共建筑和共用设施,不得改变用途。业主依法确需改变公共建筑和共用设施用途的,应当在依法办理有关手续后告知物业服务企业;物业服务企业确需改变公共建筑和共用设施用途的,应当提请业主大会讨论决定同意后,由业主依法办理有关手续。

小区公共建筑和共用设施禁止改变用途的规定,体现了"所有权不能滥用"的法律原则,也反映出国家对权利人在财产使用权方面的适当管制。根据《条例》规定,确需改变有关建筑和设施用途的,如小区绿地改为停车场等,物业服务企业可以提出改建建议,但没有决定权。

小区的公共建筑和共用设施,具体包括:物业管理用房;门卫房、电话间、监控室、地面架空层、共用走廊;物业管理区域内按规划配建的非机动车车库;物业管理区域内的公共绿化、道路、场地;建设单位以房屋销售合同或者其他书面形式承诺归全体业主所有的物业;其他依法归全体业主所有的设施设备。

应用案例 4-8

【案情介绍】

徐先生选择现在居住的小区,是看中其环境清幽,好和老伴在此安度晚年。谁知他和家人入住不久,对面就搬来了一家公司,楼道里从此不得安宁。徐先生要求物业公司出面管管这事,物业工作人员却态度生硬地表示,他们没有执法权,管不了这种事。

目前,居民楼里开公司等"居改非"现象屡禁不止,居民为此吃够了苦,而一些小区的物业公司则对此视而不见,袖手旁观。

【解析】

《物业管理条例》规定,对物业管理区域内违反有关治安、环保、物业装饰装修和使用等方面法律、法规规定的行为,物业服务企业应当制止,并及时向有关行政管理部门报告。

居民楼里开公司的做法,改变了房产证上注明的房屋用途,对其他房屋业主的合法权益造成了侵害。对这种违法行为,物业服务企业应当依法予以劝阻或制止。

具体来说,发现业主、房屋使用人在物业使用过程中存在擅自违法改变物业使用性质的情形时,物业服务企业应当予以劝阻、制止;劝阻、制止无效的,物业服务企业应当在二十四小时内报告业主委员会和有关行政管理部门。物业服务企业不履行有关义务的,区、县房地产管理部门有权责令其改正,并处以罚款等处罚。

第二,业主委员会备案制度。业主委员会应当自选举之日起30日内,向物业所在地的区、县人民政府房地产行政主管部门备案。

第三,物业管理招投标制度。国家提倡业主通过公开、公平、公正的市场竞争机制选择物业服务企业,鼓励建设单位按照房地产开发与物业管理相分离的原则,通过招投标的方式选聘物业服务企业。

第四,物业承接验收制度。物业服务企业承接物业时,应当对物业共用部位、共用设施设备进行查验,应当与建设单位或业主委员会办理物业承接验收手续。在办理物业承接验收手续时,建设单位、业主委员会应当向物业服务企业移交有关资料。

第五,保修责任制度。建设单位应当按照国家规定的保修期限和保修范围,承担物业的保修责任;供水、供电、供气、供热、通讯、有线电视等单位,应当依法承担物业管理区域内相关管线和设施设备维修、养护的责任;物业存在安全隐患,危及公共利益及他人合法权益时,责任人应当及时维修养护,有关业主应当给予配合;责任人不履行维修养护义务的，经业主大会同意，可以由物业服务企业维修养护，费用由责任人承担。

第六，交接制度。物业服务合同终止时，物业服务企业应当将物业管理用房和《物业管理条例》第29条第一款规定的资料交还给业主委员会。物业服务合同终止时，业主大会选聘了新的物业服务企业的，物业服务企业之间应当做好交接工作。

第七，资质管理制度。国家对从事物业管理活动的企业实行资质管理制度。

第八，人员资格制度。从事物业管理的人员应当按照国家有关规定，取得职业资格证书。

第九，住房专项维修资金制度。住宅物业、住宅小区内的非住宅物业或者与单幢住宅楼结构相连的非住宅物业的业主，应当按照国家有关规定交纳专项维修资金。专项维修资金属业主所有，专用于物业保修期满后物业共用部位、共用设施设备的维修和更新、改造，不得挪作他用。

第十，报告制度。对物业管理区域内违反有关治安、环保、物业装饰装修和使用等方面法律、法规的行为，物业服务企业应当制止，并及时向有关行政管理部门报告；物业服务企业应当协助做好物业管理区域内的安全防范工作。发生安全事故时，物业服务企业在采取应急措施的同时，应当及时向有关行政管理部门报告，协作做好救助工作。

2) 业主的四项权益

第一，业主大会有权选聘和解聘物业服务企业，应当经专有部分占建筑物总面积过半数的业主且占总人数过半数的业主同意。

应用案例 4-9

【案情介绍】

自2005年以来，李先生居住的小区一直由某物业服务公司提供物业服务。不过，小区业主对这个老"管家"的服务并不满意。据李先生介绍，一方面小区物业的收费太贵，不少业主感到难以接受；另一方面，物业公司的服务质量又差强人意，导致小区业主与物业公司之间冲突频频。

2009年10月，小区成立了业委会。经讨论，业委会决定解聘小区的旧"管家"，另聘物业公司。然而，这事直到今天仍未完成。原来按照法律规定，小区选聘或解聘物业公司，须经专有部分占建筑物总面积过半数的业主且占总人数过半数的业主同意。

【解析】

《物业管理条例》规定，选聘和解聘物业服务企业，由业主共同决定。业主大会会议可以采用集体讨论的形式，也可以采用书面征求意见的形式；但是，应当有物业管理区域内专有部分占建筑物总面积过半数的业主且占总人数过半数的业主参加。

按照《条例》的规定，今后，小区换"管家"只需半数以上业主赞成，且这部分业主购买的房屋面积也超过小区建筑物总面积的半数，选聘和解聘物业服务企业就不再是难事。

除了更换物业，包括制定和修改业主大会议事规则，制定和修改小区管理规约，选举业主委员会或者更换业主委员会成员等其他重大事项，只要有半数以上业主同意就能作出决定了。

第二，业主依法享有的物业共用部位、共用设施设备的所有权或者使用权，建设单位不得擅自处分。

第三，物业管理用房的所有权依法属于业主。未经业主大会同意，物业服务企业不得改变物业管理用房的用途。

第四，专项维修资金属业主所有，专项用于物业保修期满后物业共用部位、共用设施设备的维修和更新、改造、不得挪作他用。

3) 物业服务企业的7项权责

第一，从事物业管理活动的企业应当具有独立的法人资格。

第二，一个物业管理区域由一个物业服务企业实施物业管理。建设单位应当按规定在物业管理区域内配置必要的物业管理用房。

第三，物业服务企业应当按照物业服务合同的约定，提供相应的服务。物业服务企业未能履行物业服务合同的约定，导致业主人身、财产安全受到损害的，应当依法承担相应的法律责任。

第四，物业服务收费应当遵循合理、公开以及费用与服务水平相适应的原则，区别不同物业的性质和特点，由业主和物业服务企业按照国务院价格主管部门会同国务院建设行政主管部门制定的物业管理收费办法，在物业服务合同中约定。业主应当根据物业服务合同的约定交纳物业服务费用。已竣工但尚未出售或者未交给物业买受人的物业，物业服务费用由建设单位交纳。

第五，物业服务企业可以根据业主的委托提供物业服务合同约定以外的服务项目，服务报酬由双方约定。

第六，违反物业服务合同约定，业主逾期不交纳物业服务费用的，业主委员会应当督促其限期交纳；逾期仍不交纳的，物业服务企业可以向法院起诉。

第七，物业服务企业确需改变公共建筑和共用设施用途的，应当提请业主大会讨论决定同意后，由业主依法办理有关手续。

4) 四项禁止行为

第一，业主大会、业主委员会应当依法履行职责，不得作出与物业管理无关的决定，不得从事与物业管理无关的活动；物业使用人在物业管理活动中的权利义务由业主和物业使用人约定，但不得违反法律、法规和管理规约的有关规定。

第二，物业服务企业可以将物业管理区域内的专项服务业务委托给专业性服务企业，但不得将该区域内的全部物业管理一并委托给他人。

第三，物业管理区域内按照规划建设的公共建筑和共用设施，不得改变用途。

第四，业主、物业服务企业不得擅自占用、挖掘物业管理区域内的道路及场地，以损害业主的共同利益。

5) 两项书面合同

(1) 前期物业服务合同。

在业主、业主大会选聘物业服务企业之前，建设单位选聘物业服务企业的，应当签订书面的前期物业服务合同。

(2) 物业服务合同。

业主委员会应当与业主大会选聘的物业服务企业订立书面的物业服务合同。物业服务合同应当对物业管理事项、服务质量、服务费用、双方的权利义务、专项维修资金的管理与使用、物业管理用房、合同期限、违约责任等内容进行约定。

本章引例所提问题中，业主委员会的行为明显超出了他们的权限，而且业主委员会应该是在执行广大业主组成的业主大会的决议，擅自做决定而且影响了部分业主的正常生活，业主委员会的行为是不当的，甚至是违法的，权益受侵害的业主可以通过法律手段来维护自身的合法权益，该案例主要适用《物业管理条例》。

4.2.2 《物业服务企业资质管理办法》

为了加强对物业管理活动的监督管理，规范物业管理市场秩序，提高物业管理服务水平，根据《物业管理条例》，制定了《物业服务企业资质管理办法》(以下简称"《资质管理办法》")，并于 2004 年 2 月 24 日原建设部第 29 次常务会议讨论通过，2004 年 3 月 17 日原建设部令第 125 号发布，自 2004 年 5 月 1 日起施行。原《物业服务企业资质管理暂行办法》同时废止。该《办法》共包括 26 条，主要从如下 7 方面对物业服务企业的经营资质进行管理。

(1) 物业服务企业资质等级的规定。

> **特别提示**
> - 《资质管理办法》规定，物业服务企业资质等级分三级，超越资质等级承接物业管理业务的企业将被罚款 1 万元以上。

(2) 各级行业主管部门对物业服务企业资质证书的颁发和管理权限。
(3) 各级资质等级物业服务企业的条件。
(4) 新设立物业服务企业的资质申请。
(5) 物业服务企业按资质等级可以承接物业管理项目的范围。
(6) 物业服务企业资质年检制度。
(7) 违反《物业服务企业资质管理办法》应承担的责任。

> **特别提示**
> - 《资质管理办法》特别强调，物业服务企业超越资质等级承接物业管理业务的，将由相关主管部门予以警告，责令限期改正，并处 1 万元以上 3 万元以下的罚款。物业服务企业出租、出借、转让资质证书的，由县级以上地方人民政府房地产主管部门予以警告，责令限期改正，并处 1 万元以上 3 万元以下的罚款。

应用案例 4-10

【案情介绍】

某小区业主委员会曾于 2003 年 9 月与某物业服务企业签订了《物业服务合同》，合同有效期为 3 年。但在其后的服务过程中，双方就小区物业管理具体事项时常发生争议，关系不太融洽。

2004 年 3 月原建设部 125 号令《物业服务企业资质管理办法》出台后，有业主扬言：待 5 月 1 日办法生效后，即刻以物业服务企业不具备相应的物业管理资质为由解聘该物业公司……。

那么，业主的想法能否实现？

【解析】

1. 案例中《物业服务合同》是在 2003 年 9 月 1 日国务院颁布的《物业管理条例》生效以后依法签署的，而住房和城乡建设部出台的《物业服务企业资质管理办法》是 2004 年 5 月 1 日才生效的部门规章。根据"法不溯及以往"等相关法律原则，该合同在合同有效期限内仍然是有效的。在此期间即使是业主大会也不能以物业服务企业不具备《资质管理办法》规定的相应资质为由而单方面解除合同；

2.《资质管理办法》生效后,不符合《资质管理办法》规定的相应资质的物业服务企业,将面临丧失部分新项目投标资格和部分老项目续签合同的资格。这对企业的生存和发展将是一个不容回避的问题;

3. 各地方政府主管部门是判断企业经营管理行为是否合法并作出相应行政决定的主体。

【启示与思考】

1. 物业服务企业应就自己面临的实际情况积极与地方政府主管部门进行及时的友好沟通。一方面在可能的情况下争取企业资质升级,以求经营管理行为符合法规要求,保持参与新项目的投标资格和老项目的合同续签资格。另一方面,即使企业因管理面积不足等原因造成资质不能在短时间内得以升级,也可以争取到政府主管部门在合同续存期的理解和支持,争取到宝贵的缓冲时间;

2. 物业服务企业在日常管理服务过程中,应当积极改善客户关系,提升客户满意度。这一点对于物业服务企业争取生存空间和时间至关重要。

4.2.3 《业主大会规程》

为了规范业主大会的活动,保障民主决策,维护业主的合法权益,根据《物业管理条例》,原建设部制定了《业主大会规程》(以下简称"《规程》"),并于2003年6月26日颁布。该《规程》共包括36条,对《物业管理条例》中的规定进行了细化,使其更具有可操作性。《规程》主要包括如下几方面的内容。

(1) 详细规定了业主大会的筹备程序和筹备机构。
(2) 进一步明确了业主大会的职责。
(3) 规定了业主大会的议事规则及管理规约应当具备的主要内容。
(4) 规定了业主大会和业主委员会会议的召集方式、议程及作出有效决定必须具备的条件。
(5) 业主委员会的产生方式、机构设置、职责和业主委员会委员的任职条件。
(6) 明确规定了业主委员会委员的变更和资格终止的情形。
(7) 业主大会和业主委员会的经费来源、履行职责时应注意的问题、印章的使用等。

应用案例 4-11

【案情介绍】

某小区有位业主平时很热心小区事物,在业主中很有人缘,在一次业主代表选举中,该业主获票较多。但物业服务公司以该业主半年来拒交物业服务费为由,认为该业主不具备当选资格。在未交物业服务费用的业主能否当选业主委员会委员的问题上,部分业主和物业服务公司争执不下……

【解析】

看法1: 业主委员会委员是由业主(代表)大会选举的,这是业主(代表)大会的权利,物业服务公司作为物业管理辖区的一员,是受业主委员会委托为该辖区提供管理服务,充当的是"管家"的角色,对业主(代表)大会的任何选举结果无权干涉。从权利和义务的角度看,权利和义务对等是一个整体概念,是并列的关系,业主交费和当选业主委员会委员既不存在对等关系,也不存有因果关系。如不能说一个人偷税,没有尽公民的义务,就可以剥夺他的公民权一样。业主的选举权和被选举权不是开发商和物业服务公司可以剥夺的,也不是某个政府主管部门可以剥夺的。至于该业主拖欠物业管理费,物业公司可以《物业管理条例》、《管理规约》等为依据进行催缴。业主仍不交纳,就要承担违约责任。

看法2: 根据《业主大会规程》第21条,业主委员会委员应当符合下列条件:

(一) 本物业管理区域内具有完全民事行为能力的业主;
(二) 遵守国家有关法律、法规;

（三）遵守业主大会议事规则、业主公约，模范履行业主义务；

（四）热心公益事业，责任心强，公正廉洁，具有社会公信力；

（五）具有一定组织能力；

（六）具备必要的工作时间。

综上，按时如数缴纳物业服务费用是业主在物业管理过程中的主要义务之一，《业主大会规程》要求业主委员会委员应具备模范履行业主义务的条件，同时提出拒不履行业主义务的，应终止业主委员会委员的资格。

【解决方法】

物业服务公司应向该业主及业主委员会为自己的干涉行为道歉，但同时提醒该业主应交纳物业管理费，否则将会给业主委员会带来工作上的阻力，影响该业主及业主委员会的形象。还希望在该业主交纳物业管理费的问题上，能够得到业主委员会的理解和支持，配合物业服务公司做好工作。

4.2.4 《物业服务收费管理办法》

为规范物业管理服务收费行为，保障业主和物业服务企业的合法权益，根据《中华人民共和国价格法》和《物业管理条例》，国家发展和改革委员会和原建设部制定了《物业服务收费管理办法》（以下简称"《收费管理办法》"），并于2003年1月13日颁布，于2004年1月1日起施行，原《城市住宅小区物业管理服务收费暂行办法》同时废止。该办法共包括24条。

《物业服务收费管理办法》具有明显的市场特色，对全国的物业服务收费方式、物业成本计算标准等做出了新的规定，很大程度上指导和规范了我国的物业服务收费行为。

1. 关于物业服务收费定价方式的规定

《收费管理办法》规定，物业服务收费应当区分不同物业的性质和特点分别实行政府指导价和市场调节价。具体定价形式由省、自治区、直辖市人民政府价格主管部门会同房地产行政主管部门确定。

> **知识链接**
>
> 《收费管理办法》所称物业服务收费，是指物业服务企业按照物业服务合同的约定，对房屋及配套的设施设备和相关场地进行维修、养护、管理，维护相关区域内的环境卫生和秩序，向业主所收取的费用。

2. 关于物业服务费收费形式的规定

《收费管理办法》规定，业主与物业服务企业可以采取包干制或者酬金制等形式约定物业服务费用。

3. 关于物业服务成本项目的明确

《收费管理办法》规定：实行物业服务费用包干制的，物业服务费用的构成包括物业服务成本、法定税费和物业服务企业的利润。实行物业服务费用酬金制的，预收的物业服务资金包括物业服务支出和物业服务企业的酬金。

4. 关于物业服务企业收费权利和业主缴费义务的规定

《收费管理办法》规定：业主应当按照物业服务合同的约定按时足额交纳物业服务费用或者物业服务资金。业主违反物业服务合同约定逾期不交纳服务费用或者物业服务资金的，业主委员会应当督促其限期交纳；逾期仍不交纳的，物业服务企业可以依法追缴；业主与物业使用人约定由物业使用人交纳物业服务费用或者物业服务资金的，从其约定，业主负连带交纳责任。物业发生产权转移时，业主或者物业使用人应当结清物业服务费用或者物业服务资金。

应用案例4-12

【案情介绍】

家住老城区的孙女士在西区一新楼盘有套空置房，对于原来空置房要缴纳70%的物业费，她一直都很不情愿。而现在空置房的物业费又变成了不低于70%的标准，孙女士的质疑更加强烈。"小区物业主要负责小区的保安、保洁、绿化几大方面内容，各小区物业费也是根据这几大类服务的等级而定价的。我不住在小区里，家里也还没有装潢，也就没有任何生活垃圾，所以保洁、绿化以及保安我都不享受，而且我也不用物业为我进行维修服务，为何我还要缴纳70%以上的物业费。"

和孙女士有同样想法的空置房主并不在少数。他们普遍认为，如果只是象征性地收取10%到20%的物业费，他们还能接受，但现在不低于70%的定价实在太高。反正现在自己也不住在小区里，不用和物业见面，索性一分钱也不缴。

【解析】

根据《收费管理办法》第15条规定：业主应当按照物业服务合同的约定按时足额交纳物业服务费用或者物业服务资金。这里的业主是指房屋所有权人，是一种法律事实，与房屋是否真正使用无直接的联系，况且本案中的房屋空置是业主的意愿造成的，与他人没有关系。同时，广发业主也应该清楚，使用物业服务的对象是全体业主享有的公共服务，并不是针对某一个业主提供的专门服务。对一个小区而言，不管入住率是多少，只要物业接管了，需要投入的安保、保洁和绿化等各项服务的人力成本基本是相同的。空置户缴纳物业费也是为他们自己的房屋升值买单。小区的环境和公共设施好了，那投资的这套房屋其实也就在无形中升值了。

4.2.5 《前期物业管理招投标管理暂行办法》

为了规范物业管理招标投标活动，保护招标投标当事人的合法权益，促进物业管理市场的公平竞争，原建设部制定了《前期物业管理招标投标管理暂行办法》(以下简称"《招投标办法》")，于2003年6月26日颁布并于同年9月1起施行。《招投标办法》共包括5章44条，分别从招投标总则、招标、投标、开标、评标和定标、招投标附则等方面对前期物业管理招投标工作进行约束和指导说明。

《前期物业管理招投标管理暂行办法》的主要内容可概括为以下几个方面。

(1) 明确了前期物业管理招投标应当遵循的原则和监督管理机构。

(2) 明确了前期物业管理招投标的组织实施方式和应该注意的问题。

(3) 规范了投标的程序和注意事项。

(4) 规范了开标过程、评标委员会的组成方式、评标委员会委员的任职资格、评标结果的产生过程、注意事项和中标结果的通知与签约等事项。

应用案例 4-13

上海市徐汇区房地局于 1999 年 7 月,在全市范围内率先尝试了第一个物业管理公开招投标项目,位于上海徐汇区淮海路上的"鑫城苑"住宅小区,经过公开招标确定了物业服务企业;同年 8 月,浦东新区也推出了物业管理公开招投标项目"爱法新都";2000 年,长宁区的"瑞南新苑"、漕河泾开发区的"科技产业大楼"、浦东陆家嘴金融区的"电信信息大厦"等各类物业项目都相继举行了物业管理招标。

由此,上海市物业管理招投标市场开始迈入了一个高速发展新阶段,新建物业项目都纷纷采用招投标方式选择物业服务企业,购房者不仅仅关心房屋本身的建筑质量,物业管理与服务质量也逐渐成为买房者关注的焦点之一。

综合应用案例

【案情介绍】

小区部分业主以甲物业服务公司(以下简称"××公司")没有与业主或开发商签订物业服务合同为由拒绝支付物业管理费。

甲公司认为自己是经原在该小区进行前期物业管理的乙公司同意,接替乙公司继续物业管理服务的。虽然开发商未与其签订物业服务合同,后小区业主委员会成立,也未聘用甲公司,而是与丙公司签订了物业服务合同,但是在乙公司撤走至丙公司进小区前,甲公司实际进行了物业管理服务,有权收取物业管理费和滞纳金。

业主却认为:开发商和业主委员会均未聘请甲公司,也未与其签订合同,未建立服务与被服务的权利义务关系,因此甲公司的诉讼主体资格不符;根据《××市居住物业管理条例》第 25 条第 2 款规定,可以不支付物业管理费,请求法院驳回其起诉。

【审理】

一审判决结果:

一审法院根据《××市居住物业管理条例》第 24 条第 1 款和第 54 条第 2 款规定,判决业主支付物业管理费和滞纳金。

业主不服上述判决,提起上诉。业主根据《××市居住物业管理条例》第 3 条第 4 款规定"本条例所称物业服务企业,是指接受业主或者业主委员会的委托,根据物业服务合同进行专业管理服务的企业。"第 18 条第 2 款也强调物业服务企业接受委托从事物业管理服务,应当签订物业服务合同。就是说,进行物业管理服务必须签订合同。且《合同法》第 10 条第 2 款也明文规定"法律、行政法规规定采用书面形式的,应当采用书面形式。因此甲公司的行为属无合同管理,或"自行提供服务"。认为由甲、乙两家公司的约定或同意就可以进行物业管理服务于法无据,对业主也不具有约束力。因此业主不付物业管理费和滞纳金也于法有据。

二审判决:

二审法院正是考虑到甲公司实际进行了管理,根据等价有偿的原则,同时《条例》中的"可以不支付"而不是"应当不支付",又使二审法院能在"可以"二字上找到了依据,最终判令业主支付物业管理费,但对甲公司加收滞纳金的请求不予支持。这样的判决,应当说是合理的。

【解析】

本案的特殊性在于看似单纯的物业管理纠纷,其实还包含了《民法通则》中的"无因管理"的法律关系。由于甲公司是无合同管理,按《条例》第 25 条第 2 款,业主"可以不支付"物业管理费也是有法律依据的。因此仅仅按照《条例》的有关规定判令业主支付管理费,依据不足。

但如果同时参照《民法通则》中的"无因管理",本案就较容易解决了。《民法通则》第 92 条"没有法定的或者约定的义务，为避免他人利益受损失进行管理或服务的，有权要求受益人偿付由此而支付的必要费用。这里强调"参照"而不是"适用"，是由于本案与"无因管理"还是有一定的区别。

构成"无因管理"，在法律上应具备三个要件：

一是必须没有法定的或者约定的义务，即管理人既没有法律规定的义务，也没有接受他人的委托；

二是必须有为避免他人利益受损的意思，即管理的行为是出为他人谋利益的目的，由管理行为所取得的利益最终应归受益人所有；

三是必须有管理他人事务或服务于他人的行为。甲公司的行为仅符合了一、三要件，且"无因管理"的管理人除了要求偿还必要的费用外，不得向受益人索取报酬或者变相索取报酬。

单元小结

本单元主要介绍物业管理相关法律和政策法规，其中包括《民法》、《合同法》和《物权法》三部法律和《物业管理条例》、《物业服务企业资质管理办法》、《业主大会规程》、《物业服务收费管理办法》、《前期物业管理招投标管理暂行办法》五部政策法规。重点强调各法律和政策法规对物业管理的影响和对物业管理行业的突出贡献。

习　题

一、单项选择题

1. 为了保障公民、法人的合法民事权益，正确调整民事关系，适应社会主义现代化建设事业发展的需要，根据《宪法》和我国实际情况，总结民事活动的实践经验，制定了(　　)。

    A.《民法》　　　　B.《合同法》　　　C.《物权法》　　　D.《物业管理条例》

2. 为了保护合同当事人的合法权益，维护社会经济秩序，促进社会主义现代化建设，制定了(　　)。

    A.《民法》　　　　B.《合同法》　　　C.《物权法》　　　D.《物业管理条例》

3. 为了维护国家基本经济制度，维护社会主义市场经济秩序，明确物的归属，发挥物的效用，保护权利人的物权，根据宪法，制定了(　　)。

    A.《民法》　　　　B.《合同法》　　　C.《物权法》　　　D.《物业管理条例》

4. 为了规范物业管理活动，维护业主和物业服务企业的合法权益，改善人民群众的生活和工作环境，制定了(　　)。

    A.《民法》　　　　B.《合同法》　　　C.《物权法》　　　D.《物业管理条例》

5. 为了加强对物业管理活动的监督管理，规范物业管理市场秩序，提高物业管理服务水平，根据《物业管理条例》，原建设部制定了(　　)。

    A.《物业服务企业资质管理办法》　　　B.《业主大会规程》
    C.《物业服务收费管理办法》　　　　　D.《前期物业管理招投标管理暂行办法》

6. 为了规范业主大会的活动，保障民主决策，维护业主的合法权益，根据《物业管理条例》，原建设部制定了(　　)。

    A.《物业服务企业资质管理办法》　　　B.《业主大会规程》

C.《物业服务收费管理办法》　　　　D.《前期物业管理招投标管理暂行办法》

7. 为规范物业管理服务收费行为，保障业主和物业服务企业的合法权益，根据《中华人民共和国价格法》和《物业管理条例》，国家发展和改革委员会和原建设部制定了(　　)。

  A.《物业服务企业资质管理办法》　　B.《业主大会规程》
  C.《物业服务收费管理办法》　　　　D.《前期物业管理招投标管理暂行办法》

8. 为了规范物业管理招标投标活动，保护招标投标当事人的合法权益，促进物业管理市场的公平竞争，原建设部制定了(　　)。

  A.《物业服务企业资质管理办法》　　B.《业主大会规程》
  C.《物业服务收费管理办法》　　　　D.《前期物业管理招投标管理暂行办法》

二、多项选择题

1. 下列属于物业管理法律的是(　　)。
  A.《民法》　　　　　　　　　　　　B.《合同法》
  C.《物权法》　　　　　　　　　　　D.《物业管理条例》
  E.《物业服务企业资质管理办法》

2. 下列属于物业管理政策法规的有(　　)。
  A.《物业服务企业资质管理办法》　　B.《合同法》
  C.《物业服务收费管理办法》　　　　D.《前期物业管理招投标管理暂行办法》
  E.《物业管理条例》

三、情景题

刚毕业的大学生小徐是公司客服部的一名成员，在工作过程中接触较多的物业管理纠纷，一时间小徐不知道如何应对，总觉得自己为业主的解释缺乏理论依据，交流的时候有些胆怯，究其原因，主要是小徐的法律法规知识匮乏，那么请你告诉小徐，从事物业管理工作，应该对哪些法律和法规有所了解或熟悉。

四、案例分析题

2009年4月，某物业服务公司正式进驻某高档小区，行使前期物业管理权。根据商品房预售合同附件约定，物业服务公司每月应收取每平方米4.5元的物业管理费，当业主入住该小区后，有的业主以隔壁相近楼盘每平方米只收2.4元为由，拒付物业费并投诉到物价管理部门。物价管理部门接到投诉后，经过调查作出了处罚通知书，物业服务公司不服，提出行政复议。

请你根据相应的物业管理法律法规对上述案例进行解析和点评。

综 合 实 训

一、实训内容

对物业管理法律法规知识的加强。

二、实训要求

本次实训主要是由学生自行收集现行的物业管理法律和政策法规，包括《民法》、《合同法》和《物权法》三部法律和《物业管理条例》、《物业服务企业资质管理办法》、《业主大会规程》、《物业服务收费管理办法》、《前期物业管理招投标管理暂行办法》五部政策法规，以及与此相关的案例。利用相关法律法规解析或点评相关案例，进而加强法律意识。

三、具体要求

将全班学生分成 8 个小组，每个小组负责收集上述一部法律或政策法规，包括关于这部法律或政策法规现行的司法解释，相关经典案例解析，整理后在班级经验交流会上与其他各组进行交流。

模块 2

物业管理的内容

单元 5

房屋及附属设备设施的维修养护管理

教学目标

本单元主要介绍物业管理过程中最重要的基础性工作内容之一,是我们学习掌握了基本概念后的具体运用,更是我们从事物业管理活动中最有形的内容。包括:房屋的维修养护管理及房屋附属设备设施的维修养护管理,并通过大量实例说明该项工作的重要性和操作要点。教学目的是使学生掌握房屋及附属设备设施维修养护管理的方法和操作要点,并能够有效地组织该项管理工作。

教学要求

能力目标	知识要点	权重
熟悉房屋及附属设备设施维修养护管理的基本理论	房屋维修养护管理概述; 附属设备设施维修养护管理概述	15%
能够进行房屋的维修管理、日常养护管理和安全管理工作	房屋维修管理; 房屋日常养护管理; 房屋安全管理	30%
能够有效的组织附属设备设施的使用和养护工作	附属设备使用管理; 附属设备养护管理	30%
熟悉各种设备的操作规程和常见故障的处理方法	附属设备维修管理	25%

引例

2009 年底，某大厦 6 楼一住户洗菜池下水管道堵塞，电话委托管理处维修后，疏通维修人员及时赶到现场。由于下水管堵塞严重，在 6 楼疏通不开，又转到 5 楼，从下水管检查孔反向往上清疏。经过 3 个多小时的努力，管道彻底疏通了。疏通中从下水管里掏出不少沙子、白灰和油漆块，证明堵塞是该住户装修造成的。

谁知当维修人员收取 40 元维修费用时，该住户以维修未使用任何材料为由，拒不交费，并振振有词地说，自己装修完刚入住，别的楼房都有一年保修期，他也应当住满一年后再交费。

上述案例中类似的问题在物业管理过程中非常常见，那么，物业公司的维修责任怎么划分？费用如何承担？物业各组成部分的保修期又分别是多少呢？这些问题将在本单元得到解答。

课题 5.1 房屋维修养护管理

5.1.1 房屋维修养护管理概述

1．房屋维修养护管理的作用

房屋维修养护管理是物业管理中的一项基础性工作，在整个物业管理工作中具有重要的地位和作用。

1) 从物业自身的角度看

房屋维修与养护的根本任务是保证原房屋的住用安全和使用功能，即提高房屋的完好率，延长其使用寿命，减少资金投入，充分发挥房屋的使用价值。

2) 从房地产业的角度看

房屋维修与养护，是房地产开发在消费环节中的延续。搞好房屋维修与养护，有利于房屋价值的追加，可以延缓物业的自然损耗，提高物业的价值和使用价值，从而使物业保值增值，促进房地产业生产、流通、消费各环节的良性循环。

3) 从物业服务企业的角度看

良好的房屋维修与养护，有利于消除用户置业的后顾之忧，会促进房屋销售和租金的提高，既增加了企业的经济效益，又可树立良好的企业形象，提高物业服务企业在社会上的信誉和在激烈的市场竞争中的竞争力。

4) 从使用者和社会的角度看

及时、良好的房屋维修与养护，还有利于逐步改善工作、生活条件，不断满足社会需求和人民居住生活的需要，有利于整个社会的稳定，逐步把城市建成一个环境优美、生活安静、利于生产、方便生活的经济文化中心，促进城市经济的发展和社会主义精神文明的建设。

2．房屋维修养护管理的原则

1) "服务"的原则

房屋维修管理人员要转变从前"我管你从"的思想，牢固树立为业主服务的意识，端正服务态度，提高服务质量。想业主之所想，急业主之所急，认真解决业主及使用人急需解决的房屋维修问题。

2)"质量第一"的原则

房屋维修管理人员必须树立"质量是企业的第一生命"的思想，遵守房屋维修的有关规范，保证维修材料质量，加强回访，尽力降低返修率。

3)"区别对待"的原则

区别对待，是指根据业主，使用人的不同要求和标准，对房屋的自用或共用部位进行维修或改造。同时，对不同类型、不同等级标准、不同建筑风格的房屋，应采取不同的维修标准和维修方案。

4)"经济、合理、安全、实用"的原则

房屋维修要加强维修成本管理，合理使用人力、物力、财力，节约维修成本；制订合理的房屋维修计划和方案；通过房屋维修，使业主使用人使用安全；要从实际出发，因地制宜，因房制宜进行维修，满足业主、使用人在房屋质量和使用功能上的要求。

3. 房屋维修责任的划分

根据我国相关法律法规规定，按照维修责任的不同来划分，业主购房入住后其房屋的维修可分为保修期内的维修和保修期后的维修两个阶段。

(1) 保修范围：共用的建筑主体部分。

(2) 保修期以内：如属设计缺陷或质量原因造成的损坏或功能缺失，由建设单位负责维修(建设单位可责成相关责任方具体解决，对于一些零散的小修项目，可通过留取质量保修金的方式由物业服务企业负责解决)；如属使用不当或管理不善造成的损坏或功能缺失，由责任人负责费用，物业服务企业可负责维修。

(3) 保修期以外：如属非人为原因造成的损坏，由物业服务企业负责维修，如数额较大，则资金来源于专项维修资金，如是零星维修，则资金列支于物业管理费；如属人为原因造成的损坏，由责任人负责费用，可由物业服务企业代为维修。

(4) 物业各组成部分的保修期。

正常使用情况下各部位、部件保修内容与保修期为：

① 屋面防水 5 年。
② 墙面、厨房和卫生间地面、地下室、管道渗漏 5 年。
③ 墙面、顶棚抹灰层脱落 2 年。
④ 地面空鼓开裂、大面积起砂 2 年。
⑤ 门窗翘裂、五金件损坏 1 年。
⑥ 管道堵塞 2 个月。
⑦ 供热、供冷系统和设备 1 个采暖期或供冷期。
⑧ 卫生洁具 1 年。
⑨ 灯具、电器开关 6 个月。
⑩ 其他部位、部件保修期，由房地产开发企业与用户自行约定。

引例中的案例可以据此解决。

特别提示

- 自用部位和自用设备的损坏，由业主自行负责解决。
- 住宅保修期从建设单位将竣工验收的住宅交付用户使用之日起计算。
- 专项维修资金属于业主所有，专项用于物业保修期满后物业共用部位、共用设施设备的维修和更新、改造，不得挪作他用。

应用案例 5-1

【案情介绍】

王小姐购买了某花园小区一套二手房，可搬进去不久发现，家中卫生间墙面上出现裂缝，阳台上窗户变形，关闭不严，王小姐直接找物业服务公司帮助解决问题，物业服务公司明确表示说，业主家中出现问题应由业主自己承担维修费用，不属于公共设施的维修，如果业主需要物业服务公司帮助，物业服务公司愿意帮助，但业主要承担相应的费用。王小姐心存疑问：国家规定的保修期是否落实？保修期内的房屋质量问题该向谁要求赔偿？

【案情结果】

由于该二手房超过了国家规定的保修期期限，且不属于物业服务公司承担维修责任的范围，王小姐只有自己承担房屋维修责任。

【案例点评】

国家规定的住房保修期是指房地产开发建设的新建的商品房，而王小姐购买的是二手房屋，前面已有业主住过。如果该房超过了国家规定的保修期期限，建筑商和开发商是不承担保修责任的。如果不在保修期，且不属于物业服务公司承担维修责任的范围，就应当由业主自己负责维修。

国家明确规定，个人购买商品房之后又实行了物业管理，若房屋超过保修期后，其维修责任如下：凡是购买的产权房屋的自用部位、自用设施、设备，其维修由业主自己承担，房屋的主体承重结构部位、共用设施设备的维修，则由同幢房屋内全体业主共同承担维修责任，由物业服务公司在维修基金或物业管理费中支出。业主房屋出现的问题是在自己家中的自用部位，应由自己承担维修责任。

从本案例的分析来看，王小姐只有自己承担房屋维修责任。如果王小姐想要在入住半年内或按标准规定的时间内享受保修期的优惠服务，只有一个方法，即在与前任业主商谈购房时，将其作为必要条件写入购房条款中。这样在王小姐房屋出现问题时，不是由物业服务公司承担维修责任，而是由前任业主承担维修责任。

5.1.2 房屋维修管理

1. 房屋维修管理的概念

房屋维修是指在房屋的经济寿命期内，在对房屋进行查勘鉴定、评定房屋完损等级的基础上，对房屋进行维护和修理，使其保持或恢复原来状态或使用功能的活动。房屋维修包括对非损坏房屋的维护和对损坏房屋的修理。

知识链接

所谓房屋的经济寿命期，是指房屋自建成并通过竣工验收合格开始，到由于某种原因引起房屋报废并拆除为止的总期限。引起房屋报废并拆除的原因，可能是技术方面的，也可能是经济方面的或社会其他方面的。例如，某房屋设计使用年限为50年，50年期满，房屋各主要构件老化而被拆除，这种拆除是由于技术原因引起的；再如，有些房屋从技术上讲可以不拆除，但由于旧城改造的需要而被拆除，这种拆除则是由于经济原因引起的。

> 在房屋使用过程中,由于一些自然因素、人为因素的作用可能造成房屋的损坏。对房屋的查勘鉴定是掌握所管房屋完损程度的一项经常性的基础工作,通过对房屋的查勘鉴定为房屋维修提供依据。房屋查勘鉴定是指房屋管理单位按照有关法规规定,对房屋的结构、装修和设备进行检查、测试、验算并评定其完损等级的活动。房屋查勘鉴定的结论是拟定房屋维修设计或维修方案、编制房屋维修计划的依据。根据房屋查勘鉴定的结论,对房屋进行维修,其目的是保持或恢复房屋原来的状态或使用功能。

房屋维修管理指物业服务公司为做好房屋维修工作而开展的计划、组织、控制、协调等过程的集合。

2. 房屋维修的特点

(1) 房屋维修是一项经常性的工作。

房屋使用期限长,在使用中由于自然或人为的因素影响,会导致房屋、设备的损坏或使用功能的减弱,而且由于房屋所处的地理位置、环境和用途的差异,同一结构房屋使用功能减弱的速度和损坏的程度也是不均衡的,因此,房屋维修是大量的经常性的工作。

(2) 房屋维修量大面广、零星分散。

量大面广是指房屋维修涉及各个单位、千家万户,项目多而杂;零星分散是指由于房屋的固定性以及房屋损坏程度的不同,决定了维修场地和维修队伍随着修房地段、位置的改变而具有流动性、分散性。

(3) 房屋维修技术要求高。

房屋维修由于要保持原有的建筑风格和设计意图,因此技术要求相对于建造同类新建工程来讲要高。房屋维修有其独特的设计、施工技术和操作技能的要求,而且对不同建筑结构、不同等级标准的房屋,采用的维修标准也不同。

3. 房屋维修管理的内容

为了做好房屋维修工作,物业服务公司要开展不同层次的维修管理工作,具体内容如下。

(1) 做好对所管房屋的查勘鉴定工作。

为了掌握房屋的使用情况和完损状况,根据房屋的用途和完好情况进行管理,在确保用户居住安全的基础上,尽可能地提高房屋的使用价值并合理延长房屋的使用寿命,物业服务公司必须做好房屋的查勘鉴定工作。查勘鉴定是掌握所管房屋完损程度的一项经常性的基础管理工作,为维护和修理房屋提供依据。查勘鉴定一般可分为定期查勘鉴定、季节性查勘鉴定及工程查勘鉴定等。

(2) 房屋维修计划管理。

房屋维修计划管理是物业服务公司计划管理的重要内容,它是指为做好房屋维修工作而进行的计划管理,是整个企业计划管理的重要组成部分。维修计划管理的内容一般包括企业房屋维修计划的编制、检查、调整及总结等一系列环节,其中积极做好计划工作的综合平衡是房屋计划管理的基本工作方法。

(3) 房屋维修质量管理。

房屋维修质量管理是指为保证维修工程质量而进行的管理工作,它是物业服务公司质量管理的重要组成部分。房屋维修质量管理的内容一般包括对房屋维修质量的理解(管理理念)、建立企业维修工程质量保证体系以及开展质量管理基础工作等。

(4) 维修工程预算。

维修工程预算是物业服务公司开展企业管理的一项十分重要的基础工作,它同时也是维修施工项目管理中核算工程成本、确定和控制维修工程造价的主要手段。通过工程预算工作可以在工程开工前事先确定维修工程预算造价,依据预算工程造价可以组织维修工程招投标并签订施工承包合同。

(5) 维修工程招标投标。

招标投标是物业服务公司对内分配维修施工任务、对外选择专业维修施工单位,确保实现维修工程造价、质量及进度目标的有效管理模式。组织招投标是物业服务公司的一项重要管理业务,一方面,通过组织招投标构建企业内部建筑市场,通过市场竞争来实现施工任务在企业内部各施工班组之间的分配;另一方面,通过邀请企业外部专业施工单位参加公平竞争,充分发挥市场竞争的作用,实现生产任务分配的最优化,从而为提高整个企业维修工程的经济效益、社会效益和环境效益打下基础。

(6) 房屋维修成本管理。

房屋维修成本管理是物业服务公司成本管理的重要组成部分。房屋维修成本是指耗用在各个维修工程上的人工、材料、机具等要素的货币表现形式,即构成维修工程的生产费用,把生产费用归集到各个成本项目和核算对象中,就构成维修工程成本。房屋维修成本管理是指为降低维修工程成本而进行的成本决策、成本计划、成本控制、成本核算、成本分析和成本检查等工作的总称。维修成本管理工作的好坏直接影响到物业服务公司的经济效益及业务质量。

(7) 房屋维修要素管理。

房屋维修要素管理是指物业服务公司为确保维修工作的正常开展,而对房屋维修过程中所需技术、材料、机具、人员和资金等所进行的计划、组织、控制和协调工作。所以房屋维修要素管理包括技术管理、材料管理、机具管理、劳动管理和财务管理。

(8) 房屋维修施工项目管理。

房屋维修施工项目管理属于物业服务公司的基层管理工作。它主要是指物业服务公司所属基层维修施工单位(或班组)对维修工程施工的全过程所进行的组织和管理工作。房屋维修施工项目管理主要包括组织管理班子、进行施工的组织与准备、在施工过程中进行有关成本、质量与工期的控制、合同管理及施工现场的协调工作。

(9) 房屋维修施工监理。

房屋维修施工监理是指物业服务公司将所管房屋的维修施工任务委托给有关专业维修单位,为确保实现原定的质量、造价及工期目标,以施工承包合同及有关政策法规为依据,对承包施工单位的施工过程所实施的监督和管理。房屋维修施工监理一般由物业服务公司的工程部门指派项目经理负责,其主要管理任务是在项目的施工中实行全过程的造价、质量及工期三大目标的控制,进行合同管理并协调项目施工各有关方面的关系,帮助并督促施工单位加强管理工作并对施工过程中所产生的信息进行处理。

4. 房屋维修工程的分类

根据房屋的完好或损坏程度,房屋维修工程分为小修工程、中修工程、大修工程、翻修工程和综合维修工程。

1) 小修工程

小修工程是指为确保房屋正常使用,对房屋使用中的正常的小损小坏进行及时修复,以保持房屋原有完损等级为目的预防性养护工程。

小修工程范围主要包括:

(1) 屋面筑漏(补漏)、修补屋面、屋脊等。
(2) 钢、木门窗的整修、拆换五金、配玻璃、换纱窗、油漆等。
(3) 修补楼地面面层,抽换个别楞木等。
(4) 修补内外墙、窗台、腰线和抹灰等。
(5) 拆砌挖补局部墙体、个别拱圈,拆换个别过梁等。
(6) 抽换个别楞条,接换个别木梁、屋架、木柱,修补木楼梯等。
(7) 房屋检查发现的危险构件的临时加固、维修等。

2) 中修工程

中修工程是指房屋少量主体构件已损坏或不符合建筑结构的要求,需要牵动或拆换进行局部维修以保持房屋原来的规模和结构的工程。

中修工程范围主要包括:

(1) 少量结构构件形成危险点的房屋维修。
(2) 一般损坏房屋的维修,如整幢房屋的门窗整修、楼地面、楼梯的维修,抹灰修补,油漆保养,设备管线的维修和零配件的更换等。
(3) 整幢房屋的共用生活设备的局部更换、改善或改装、新装工程以及单项目的维修,如下水道重做,整幢房屋门窗的油漆,整幢房屋围墙的拆砌等。

3) 大修工程

大修工程是指无倒塌或只有局部倒塌危险的房屋,其主体结构和共用生活设备(包括上、下水通风取暖等)的大部分已严重损坏,虽不需全面拆除但必须对它们进行牵动、拆换、改装、新装,以保证其基本完好或完好的工程。

大修工程范围主要包括:

(1) 修复严重损坏的房屋主体结构的维修工程。
(2) 对整幢房屋的共用生活设备进行管线更换、改善或新装的工程。
(3) 对房屋进行局部改建的工程。
(4) 对房屋主体结构进行专项抗震加固的工程。

4) 翻修工程

翻修工程是指原来的房屋需要全部拆除,另行设计,重新建造或利用少数主体构件在原地或移动后进行更新改造的工程。

翻修工程适用范围主要包括:

(1) 房屋主体结构全部或大部分损坏,有倒塌危险。
(2) 因自然灾害破坏不能再使用的房屋。
(3) 地处陡峭易滑坡地区的房屋或地势低洼长期积水无法排出地区的房屋。
(4) 主体结构、围护结构简陋无修缮价值的房屋。
(5) 国家基本建设规划范围内需要拆迁恢复的房屋。

5) 综合维修工程

综合维修工程是指成片多幢或面积较大的单幢楼房,大部分严重损坏而进行有计划的成片维修和为改变成片(幢)房屋面貌而进行的维修工程，也就是大修、中修、小修一次性应修尽修(全项目修理)的工程。

5.1.3 房屋日常养护管理

1．房屋日常养护管理的概念

房屋日常养护管理是物业服务企业确保房屋的完好和正常使用所进行的经常性的日常修理、季节预防保养以及房屋的正确使用维护管理等工作，是物业服务企业房屋修缮管理的重要环节。房屋日常养护的基本原则是因地制宜，合理修缮；对不同类型的房屋要制定不同的维修养护标准；定期检查，确保安全；及时维修，保证正常使用；最有效的合理使用维修费用；最大限度地充分发挥房屋的有效使用功能。

通过对房屋的日常养护，可以维护房屋的功能，使发生的损失及时得到修复；对一些由于天气的突变或隐蔽的物理、化学损坏导致的突发性损失，不必等大修周期到来就可以及时处理。同时，经常检查房屋完好状况，从养护入手，可以防止事故发生，延长大修周期，并为大中修提供查勘、施工的可靠资料，最大限度地延长房屋的使用年限。

2．房屋日常养护管理的内容

房屋日常养护的内容包含了对房屋各个部位进行的日常巡视检查、清扫、涂漆粉刷、例行检修、应急维修。

3．房屋日常养护管理的分类

房屋日常养护管理可分为零星养护和计划养护。

1) 零星养护

房屋的零星养护指结合实际情况确定或因突然损坏引起的小修，具体见小修工程的范围。

日常零星养护项目，主要通过维修管理人员的日常检查和走访、业主或住户的随时报修两个渠道来收集。零星养护的特点是修理范围广，项目零星分散，时间紧，要求及时，具有经常性的服务性质。零星养护应力争做到"水电急修不过夜，小修项目不过三天，一般项目不过五天"。

2) 计划养护

房屋的各种构、部件均有其合理的使用年限，超过这一年限一般就开始不断出现问题。因此要管好房子，就不能等到问题出现后再采取补救措施，而应该订立科学的修缮制度，以保证房屋的正常使用，延长其整体的使用寿命。这就是房屋的计划养护。例如：门窗、壁橱、墙壁上的油漆、油饰层一般5年左右重新油漆一遍；外墙每10年应彻底进行一次检修加固等。这种定期保养是保证房屋使用安全、完好的非常重要的制度。

4．房屋各组成部分的日常养护

1) 地基基础

(1) 日常巡视检查有无超载现象。基础附近的地表面不应堆放大的重物，以免形成较大的堆积荷载，使地基产生附加沉降。

(2) 检查勒角、检查基础附近的用水(如绿化、上下水管、暖气管等)及排水设施是否完好,以防止地基进水。

(3) 季节性养护工作。冬季防止地基受冻,对地基附近的地下室要注意冬季保暖;雨季防止地基附近大量积水。

2) 楼地面的养护

(1) 日常清洁。

(2) 防水。经常用水房间楼地面要保证有效防水(如厨房、卫生间),发现渗漏后立即维修。对上下水管、地漏的检查保养,以防止漏水造成室内外长时间积水。

(3) 防潮。混凝土防潮有限,在紧接土壤的楼层或房间,水分会通过毛细现象透过地板或外墙渗入室内或因湿度持续在较高的水平而产生返潮现象。受潮会对地面材料造成腐蚀、膨胀、强度减弱等损害。经常通风是防潮的有效措施。

(4) 防虫。定期检查楼面相对隐蔽部位,防止虫害。

3) 屋面工程的养护

(1) 定期清扫。上人屋面每日清扫,非上人屋面每季度清扫1次,防止堆积垃圾、杂物。

(2) 季节性的养护。夏季遇有大的降雨水或冬季大的降雪时,应及时检查清除;秋季要防止落叶、枯枝堆积以免堵塞排水设施。大雪天及时清理屋面积雪,以减轻其载荷。

(3) 定期组织相关人员(专业技术人员、物业企业的管理人员)对屋面各种设施的工作状况检查、记录,并对发现的问题及时处理。注意保护重要排水设施(如落水口)以及防水关键部位(如大型或体形较复杂建筑的变形缝)。对非正常损坏要查找原因,防止产生隐患;对正常损坏要详细记录损坏程度。

(4) 在屋面的使用中,要防止产生不合理荷载与破坏性操作。上人屋面在使用中要防止污染、腐蚀等常见的不良现象,在使用期应有专人管理。屋面增设各种设备(如天线、广告牌等),要保证不影响原有功能(如上人屋面的景观要求),其次增设的设备符合整体技术要求,安装施工时不得破坏屋面防水、排水等设施、设备。遇有这样的施工内容时,物业公司要有专人跟进,施工结束要严格检查、验收。

4) 楼梯、走廊、外廊、天棚、屋檐、阳台的养护

(1) 每日清扫,定时擦拭。

(2) 定期巡视检查。楼梯、走廊等在结构设计上一般不会低于楼房主体结构本身。但是,如果不加强维护管理也同样要大大降低这些设施的使用寿命同时增加不必要的维修费用。进行巡视检查时,对楼梯梁、平台梁及其与墙砌体的局部承压结合部位、过道板等更要特别注意,发现各种混凝土构件有剥落、轻微破损都要及时修补。

(3) 及时维修。检查楼梯栏杆是否松动,如有松动应第一时间安排维修。适时涂漆。

(4) 阳台是容易产生安全隐患的部分,要给予格外重视。检查阳台首先要检查阳台的使用状况是否符合要求,有无严重的超载现象;阳台的平台与房屋、墙壁结合的牢固程度,有无裂缝。如发现阳台的状况不良,要及时采取措施,首先禁止使用,同时组织专业技术人员进行鉴定及处理。

(5) 大雪天及时清理天棚、屋檐、阳台上的积雪以减轻其载荷。

5) 门窗的养护

(1) 定期清洁、清理。防止污垢特别是沙尘影响门窗关闭。

(2) 定期上油。对门窗的转轴或摩擦部位定期上油润滑，减少非正常磨损，延长使用寿命。

(3) 及时维修。如有门窗变形或缺失构件，要及时维修，以免引起其他部分的损坏。

(4) 正确使用门窗。随着技术工艺进步，现在有很多新型门窗，要告知客户使用方法。如：带闭门器的门，可内旋外旋甚至上旋的窗户，如使用不当很快就会损坏。

6) 装饰工程的养护

(1) 清洗、擦拭。要根据不同材料的清洗、擦拭要求去做。如：大理石、壁纸、釉面砖等都属此列(釉面砖不能用强酸、碱擦拭)。

(2) 禁止尖锐、硬、重的物品碰撞装饰材料表面。

(3) 注意防火、防水、防潮。

(4) 定期检查装饰的牢固性，对有问题的及时用胶粘、螺丝紧固等方式处理。

(5) 定期检查装饰表面，如有破损、开裂或脱落应及时修补。

(6) 使用时应注意，如需打孔要有专业人员施工；防止有色液体洒落到装饰表面。

7) 通风道的养护

(1) 定期进行检查。要逐层、逐户对每一根通风道使用情况、有无裂缝、破损、堵塞等情况进行检查。在楼顶通风道风帽处测通风道的通风状况并用铅丝悬挂大铅锤放入通风道，检查通风道是否畅通。

(2) 及时维修。通风道发现小的裂缝可用素水泥浆填补，较大的裂缝可用 1:1 水泥砂浆填补。严重损坏的在房屋大修时应彻底更换。

(3) 此外，非常重要的是物业管理员应加强对客户的宣传教育，保证正确使用和爱护房屋的通风道。

5.1.4 房屋安全管理

1. 房屋安全管理的概念

房屋安全管理的基本任务就是在房屋的长期使用过程中，通过定期和不定期的组织房屋的质量鉴定与安全检查，随时掌握房屋的质量状况和分布，及时发现房屋的危损状况及隐患，为房屋的合理使用、维护管理、日常养护和计划修缮提供基本资料依据，做好隐患排险工作，以确保房屋完好和住用安全。房屋安全管理包括三个方面的工作：房屋的质量等级鉴定，房屋使用的安全检查以及危房的鉴定与排险。

2. 房屋的质量等级分类

房屋完好或损坏的程度，也称房屋完损等级。根据各类房屋的结构、装修、设备等组成部分的完好损坏程度，房屋完损状况可分为五类。

(1) 完好房。指房屋的结构、装修和设备各部分完好无损，无需进行修理或经一般小修就能具备正常使用功能的房屋。

(2) 基本完好房。指房屋的主要结构部件及构件基本完好无损，或虽有轻度损伤，但仍能稳定使用、保证安全，装修与设备部分有轻度损伤，但不影响正常使用，经一般维修能修复的房屋。

(3) 一般损坏房。指房屋的结构部分有一般性损坏，并已影响了房屋的安全性，装修与设备部分有损伤、老化或残缺，使其不能正常使用，经中修或局部大修就能修复的房屋。

(4) 严重损坏房。指房屋的主要结构、装修及设备部分明显损坏，房屋已无法使用，需经大修或改造才能修复的房屋。

(5) 危房。指房屋的主要结构、装修及设备全部损坏，房屋不仅不能使用，而且有倒塌的危险，无修复可能的房屋。

正确的房屋质量等级评定，能够使物业管理人员对房屋的情况更加了解，在维修的过程中也能有的放矢，采取相应的维修措施，尽快恢复房屋的使用功能。

3. 房屋使用的安全检查

房屋在长期的使用过程中，由于自然的、人为的各种因素的影响，房屋的各个零部件会受到不同程度的损坏。有的结构损坏到一定程度，就会产生危险点或产生危房，若不及时抢修排险，就可能危及人的生命和财产安全。因此，在房屋的长期使用过程中必须经常组织对房屋的安全检查。

房屋的安全检查是房屋安全与质量管理的一个重要环节，其基本任务就是通过对房屋的经常性检查，了解房屋完损状况，发现房屋存在的隐患，及时采取抢修加固和排除险情措施。房屋安全检查的工作特点，有以下几个方面。

(1) 房屋安全检查是以日常养护检修为基础，是房屋长期使用过程中日常性、随机性、零星性较强的服务性工作。

(2) 房屋安全检查的侧重点在于弄清房屋的隐患与损坏情况，并以房屋隐患的排除、损坏的修复，以及危房的排险为基本任务的一项基础性工作。

(3) 房屋的安全检查工作是房屋的管、用、养、修的一个结合点，是制订房屋维修计划，维护房屋正常使用，进行小修养护工作的一项必不可少的前提性工作。

房屋的安全检查按时间间隔划分，可分为定期检查和不定期检查两类；按任务与内容划分，可分为日常性检查、随时抽查和重点检查及普查等类型。

4. 危房的鉴定与排险

确保房屋住用的安全，是房屋维修的最基本的方针与原则。目前我国各个城市中，每年都有相当数量的旧房转化为危房，这些危房严重威胁着人民群众的住用安全。不仅如此，在一些新建房中，由于设计与施工质量等问题，也有房屋倒塌事故发生。所以，加强城市危房的管理，杜绝房屋倒塌事故的发生，是房屋安全与质量管理中的重点内容。

房地产行政管理部门与物业服务企业，必须切实做好以下几项工作。

(1) 制定危房鉴定标准。

这是一项技术性强、责任重大的工作。危房的划分一定要根据房屋构件损坏范围的大小、程度以及对周围环境、整个房屋的危害程度而定。一般可以考虑三种情况：整幢危房，指屋构件大部分均有不同程度的损毁，已危及整幢房屋并有随时倒塌的可能，且已无维修价值，不能通过修复保证住用安全的房屋；局部危房，指房屋大部分结构尚好，只是局部构件受损，一旦发生事故，对整幢房屋无太大影响，只要排除局部危险，可继续安全使用；危险点，指房屋的某个承重构件或某项设施损坏，但对整体还未构成直接威胁，一般可通过维修排除险情。

(2) 建立健全危房鉴定机构。

除政府有权威性的危险房屋的鉴定机构外，各物业服务企业也应设立房屋安全鉴定部门或指定专业技术人员负责此项工作，依据原建设部颁布的《危险房屋鉴定标准》和当地人民政府颁布的有关规定，按照初始调查、现场查勘、检测验算、论证定性等程序，在掌握测算数据、科学分析论证的基础上，确认房屋的建筑质量及安全可靠程度。

(3) 采取危房处理措施。

根据鉴定情况可按以下 4 类办法处理：第一，观察使用。适用于采取技术措施后尚能短期使用，但需随时观察危险程度的房屋。第二，处理使用。适用于采取适当技术措施后解危的房屋。第三，停止使用。适用于已无修缮价值暂无条件拆除，但不危及相邻建筑和影响他人安全的房屋。第四，整体拆除。适用于整幢危险且无维修价值，随时可能倒塌并危及他人生命财产安全的房屋。

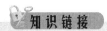

房屋建筑相关知识

1. 建筑物的分类

(1) 房屋按建筑用途可以分为：住宅、商用和商住两用。

(2) 按房屋的建筑楼型可分为：条子楼、墩子楼、点式高层、板式高层、蛇型楼、锯齿楼、U 型、L 型、梅花楼、塔楼和筒子楼等。

(3) 按房屋层数或建筑总高度可分为：低层 1~3 层、多层 4~6 层、中高层 7~9 层、高层 10~30 层、超高层 30 层以上。

公共建筑及综合性建筑总高度超过 24m 的为高层，建筑总高度超过 100m 的，均称为超高层建筑。

(4) 按建筑物使用性质可分为：居住建筑、公共建筑、工业建筑和农业建筑。居住建筑和公共建筑又统称为民用建筑。

(5) 按主要建筑结构可分为：砖木结构、砖混结构、钢筋混凝土结构和钢结构等。

(6) 房屋按户型设计可分为：平层、错层、跃层、复式和别墅等。

2. 民用建筑的构成

一般的民用建筑由基础、墙体、梁、柱、楼板层、地平层、楼梯、门窗、屋顶等主要构件组成。

(1) 地基：地基是基础下面承受力的土层，承受着建筑物的全部荷载，包括基础的自重。

(2) 基础：基础位于建筑物最底部，在地面以下与地基相接，是主要承重构件之一，它将建筑物上部的荷载传给地基。

(3) 墙：在混合结构中，墙既是承重构件，也是围护构件。当它承受由屋顶或楼板层传来的荷载，并将这些荷载传给基础时，它起着承重作用，被称为承重构件。除了承重以外，外墙能抵御自然界中的各种因素对室内的侵袭；内墙可以分隔空间、组成房间、隔声、遮挡视线，起着围护作用。所以，墙也被称为围护构件。

(4) 柱：柱是框架结构或排架结构的主要承重构件，它承受梁或屋架传来的荷载，如屋顶荷载、楼板层荷载、吊车荷载等。

(5) 楼板层：楼板层是水平方向的分隔与承重构件。它既可以分隔竖向空间，又承受着人、家具和设备等荷载，并将这些荷载传给其下的梁或墙。

(6) 地坪层：地坪层是指房屋底层的地坪，它与楼板层一样承受着人、家具和设备等荷载，并将这些荷载直接传给地基。

(7) 楼梯：楼梯是房屋的垂直交通工具，作为人们上下楼和发生紧急事故时疏散人流之用。

(8) 屋顶：屋顶位于房屋的顶部，不仅能承受雨、雪等荷载，而且能抵御风、雨、雪、太阳辐射等自然因素的侵袭。所以，它既是承重构件，也是围护构件。

(9) 门窗：门主要用来交通，窗主要用来采光和通风。门窗位于外墙时，是围护结构的一部分；位于内墙时，起分隔房间之用。

建筑物除了以上主要构配件以外，还有一些附属部分，如阳台、雨篷、台阶、通风道、烟囱等。总之，建筑物的构造组成可归纳为两大类，即承重构件和围护构件。基础、柱、楼梯、楼板等属于承重构件；门窗属于围护构件；墙和屋顶既是承重构件，又是围护构件。

 应用案例5-2

【案情介绍】

业主张先生家住在某小区的六楼，也就是顶楼，一天下班回家，张先生打开房门发现家里到处是水，刚装修的家被水浸的狼狈不堪，这让张先生很是气愤，经过仔细查看，发现是因屋顶排水管堵塞，导致下雨后，因屋顶排水不畅使顶楼进水导致。张先生立刻找到了负责该小区管理的物业服务公司，要求赔偿损失，物业服务公司却对此事一再推脱责任。

【案情分析】

楼顶排水管道是房屋的共用部位，作为物业服务公司应对营区内的住宅共用部位、共用设备设施定期养护，保持其良好的状态。本案中由于物业服务公司疏于管理，致使楼顶落水管被异物堵塞，造成暴雨时排水不畅，对原告家庭造成了损失，对此，物业服务公司应当承担赔偿责任。

课题5.2 附属设备设施维修养护管理

5.2.1 附属设备设施维修养护管理概述

1．附属设备设施维修养护管理的含义

物业的附属设备设施是指附属于建筑物的各类设备设施的总称。它是发挥物业功能、实现物业价值的物质基础和必要条件。因为，没有物业的附属设备设施，不仅物业的构成不完整，而且建筑物也将无法发挥其应有的功能和价值。

物业的附属设备设施维修养护管理是指物业服务企业的工程管理人员通过熟悉和掌握设备设施的原理性能，对其进行保养维修，使之能够保持最佳运行状态，最有效地发挥效用，从而为业主和客户提供一个更高效和更安全、舒适的环境。

2．附属设备设施维修养护管理的作用

(1) 附属设备设施维修养护管理是人们生产、生活、学习正常进行的有力保障。

物业设备设施不仅是人们生产、生活、学习正常进行所必需的物质基础，也是影响工业、商业发展和人们生活水平提高的制约因素。物业设备设施的运行和维修管理的好坏与否，直接影响到房屋住用水平，影响人们生产、生活、学习的正常进行。没有良好的设备设施运行和维修管理，就不可能提供安全、舒适、可靠的生产、生活、学习环境，就不能使人们安居乐业。

(2) 附属设备设施维修养护管理是延长设备设施使用寿命，保障设备设施安全运行的保证。

良好的物业设备设施管理可以保证设备设施在运行中的安全和技术性能的正常发挥，

并能延长其使用寿命。物业设备设施会因长期使用或自然力的作用等原因发生磨损和毁坏，如果加强了设备设施的日常运行管理，就可以避免因设备设施使用不当引起的损坏，并保障其安全运行；加强设备设施的维修管理还可以提高设备性能，排除运行保障，避免事故发生，从而延长设备设施的使用寿命，提高设备设施的使用效益，不仅为企业和业主节约了资金，提高了生产经营效益和居民的生活居住水平，也为实现物业的保障、增值打好了基础。

(3) 附属设备设施维修养护管理是城市文明建设的发展和需要。

现代化的城市要求物业建筑能达到适用、经济、卫生的要求，避免环境污染，达到人的生存与环境生态的协调与和谐。而这一切都离不开装置在物业建筑物内的设备设施管理，这些不同种类、不同功能的物业设备设施经过科学的运行管理和维修管理，不仅体现了城市经济、文化和科学技术发展的水平，而且标志着城市的文明程度。

(4) 附属设备设施维修养护管理能强化物业服务企业的基础建设。

由于物业设备设施管理是一种开放型的管理，因此，它的好与坏直接可以显示出物业管理的行风好坏、服务质量的优劣，以及技术水平的高低，从而反映出物业服务企业形象。因此，搞好物业设备设施管理，可以促使物业服务企业及时抓住和纠正不良的行风苗头，不断提高管理服务质量和技术水平，从而强化物业服务企业和行业的基础建设，促使物业管理更好地发展。

3. 物业附属设备的分类

物业附属设备是房屋建筑内部附属设备的简称，它是构成房屋建筑实体的有机组成部分。按照实用功能的不同，物业附属设备可以分为八类。

第一类，基础设备类。它是指为人们提供基本生活和工作的物质条件，为其他设备提供主要能源的各类设备系统总和。对居住类物业来说，基础设备包括供配电设备和供水设备。

(1) 供配电设备系统。供配电设备是指将电源与用电设备联系在一起的电气设备的总和，包括供电设备和配电设备两个子设备系统。

其中供电设备是指将电能输入建筑物中的配电装置的电气设备组合。

将输入建筑物中的电能经配电装置分配给各个用电设备的电气设备组合称为配电设备系统。

(2) 供水系统。供水系统是指满足住用人及其他设备系统对水量、水压、水质等要求的各类给水设备总和。

第二类，生活设备类。它是指与物业住用人生活舒适关系密切的，并且影响物业住用人生活环境质量的各类设备系统总和。具体包括：

(1) 电梯系统。电梯是指用电力拖动的特殊交通运输工具，包括自动扶梯和自动人行道等。

(2) 排水系统。排水系统是指收集并排放人们生活废水和建筑物自然积水，使其到规定处的排水设备总和。

(3) 停车系统。主要指与停车场所引导、控制、显示、管理有关的设备总和。

(4) 普通照明系统。普通照明系统是指将电能转换成光能进行采光和布景，以满足共用居住环境要求的照明电气设备总和。

(5) 弱电系统。它是指向居住物业内部提供特定用途的弱电设备总和。

(6) 特殊用水系统。特殊用水系统是指提供或排放居住物业中特殊用水的设备总和。按使用功能分通常包括景观用水系统、绿化用水系统、游泳池用水系统、直饮水系统和中水系统等。

(7) 通风系统。通风系统是指为实现排风或送风而采用的风机、风口、管道等通风换气设备总和。

(8) 空调系统。空调系统是指以空气调节为目的，对空气集中进行处理、输送、分配及控制其参数变化的机组、装置、管道等设备总和。

(9) 供暖系统。供暖系统是指能供应热量，使用户室内保持一定温度，并且由热源、管网和散热设备组成的设备总和。

(10) 燃气系统。燃气系统是指接至城市燃气管网而形成居住物业管网，并且由调压器、流量表和用气设备等组成的用户设备系统。

> **特别提示**
>
> - 物业的附属设备中，有部分属于特种设备，关于特种设备的维修养护管理工作，应参考2000年6月27日经国家质量技术监督局局务会议通过，自2000年10月1日起施行的《特种设备质量监督与安全监察规定》。
> - 特种设备是指由国家认定的，因设备本身和外在因素的影响容易发生事故，并且一旦发生事故会造成人身伤亡及重大经济损失的危险性较大的设备。
> - "特种设备"包括电梯、起重机械、厂内机动车辆、客运索道、游艺机、游乐设施和防爆电气设备等。

5.2.2 常用设备系统的维修养护管理

1. 供配电系统

1) 种类划分

物业的供电种类按供电方式的不同分为高压供电和低压供电；按供电回路数目的情况分为单回路供电和多回路供电；按备用电源情况分为无自备电源供电和有自备电源供电；按供电性质分为长期供电和临时供电。

2) 主要管理工作

(1) 配备合格的专业工程技术人员和相应数量的操作和维修电工。

(2) 制订严格的供配电运行制度和电气维修保养制度，同时建立相应的检查监督机制保证各项制度的执行。

(3) 建立供配电系统技术档案。

(4) 配备各种必要的工具、仪器仪表和安全防护用品、常用零配件和易损易耗晶等，并建立零配件供应渠道和供应商名册。

(5) 定期对用电计量仪表进行检查和校验，确保用电计量的准确性。进行用电统计分析，做好用电调度和用电计划工作。

(6) 建立临时用电管理制度，对任何新增加的用电都应进行用电负荷的计算，进行合理的负荷分配，尽可能保证三相平衡，任何情况下都不允许超负荷供电。

(7) 要建立火警、水灾、台风、地震等灾害时的供电预防措施。

(8) 做好节约用电工作，降低损耗。

(9) 限电、停电要提前通知业主、物业使用人。

(10) 供配电运行可建立 24 小时值班制度，发生故障时应能及时组织力量抢修，尽快恢复电力供应。

(11) 定时对备用电源进行检查，对蓄电池进行充电，对备用发电机进行运行试验。

(12) 重视无功功率和补偿工作，提高功率因数，改善用电质量。

(13) 进行公共用电的测算和计量统计工作，为管理服务费的收取和调整提供依据。

2．给排水系统

1) 种类划分

(1) 给水系统可分为生活给水、消防给水、中水和热水系统。

(2) 排水系统可分为：

① 污水系统，用于排放便溺用卫生器具排出的污水和人们日常生活中的洗涤用水。有的建筑物还分为粪便污水管道和生活废水管道，分别排出便溺用卫生器具的污水和洗涤用水。

② 雨水系统，用于排除屋面雨、雪水。

③ 工业废水系统，用于排除工业企业生产过程中排出的生产废水和生产污水。

2) 主要管理工作

(1) 建立给排水管理队伍，负责小区范围内室内外给排水设备、设施的运行管理和维修保养工作。

(2) 建立给排水运行管理和维修保养管理制度。

(3) 建立给排水工程技术档案，特别要收集保存好隐蔽的和地下的工程、管道的图纸资料。

(4) 配备必要的工具和安全防护用品，准备相应数量的零备件和易损易耗品。

(5) 制订供水计划，保证供水的水压、水质。如需限水、停水，则要提前通知用户。

(6) 有应付台风、暴雨、大面积跑水等紧急事件的应急措施，每年雨季来临前要清理疏通排水工程。

(7) 做好节约用水工作，防止跑冒滴漏。积极协助用户安排合理的用水计划。

(8) 对公共清洁用水和绿化用水进行计量和测算，为管理费的收取提供依据。

(9) 定期清洗供水水箱和水池，防止二次污染。

3) 注意事项

(1) 应保证消防用水的基本储备。

(2) 北方地区应注意冬季管道防冻，避免发生水管爆裂、跑水事故。

(3) 餐厅和食堂的厨房排水要建隔油池，防止油污直接排入排水管道，要定清理化粪池和隔油池，防止污水管道堵塞。

(4) 采用分流排水系统的要坚持雨水和污水分流排放，不允许污水通过雨水管道排放。

3．消防系统

1) 系统构成

物业管理所涉及的建筑物的消防设备以高层建筑最为齐全复杂，典型的高层建筑消防系统通常由 8 个部分组成。

(1) 火灾报警系统。

火灾报警系统由烟感探测器、温感探测器、手动报警按钮、闭路电视监视系统、火警警铃、消防广播系统、电话和对讲机等通信联络器材组成。

(2) 消防控制中心。

消防控制中心由集中报警器、联动控制柜、消防电梯控制器、管道煤气紧急切断装置、消防广播话筒扩音机和控制器、通信装置等组成。当火警发生后，控制中心指挥各项灭火、疏散和救护行动，并直接控制消防水泵、送排风机、消防电梯等设施。

(3) 消火栓系统。

消火栓系统由消防水泵、管道、阀门、水龙带、喷水枪、消防水泵接合器等组成，是应用最为普遍的灭火装置。

(4) 自动喷洒灭火系统。

自动喷洒灭火系统由喷洒泵、供水管道、喷头等组成。当火灾使环境温度达到一定临界值时，该系统自动喷洒水流灭火，是一种非常有效的灭火系统，其应用越来越广泛。

(5) 防排烟系统。

防排烟系统由防烟防火门、通风管道、排烟风机、正压送风机组成，通过排烟风机抽走含烟气体，用正压风机强制送入新鲜空气，使保护区域当中的人员免受毒烟伤害。

(6) 安全疏散和防火隔离系统。

安全疏散和防火隔离系统由安全疏散指示灯、防火门、防火卷帘门、水幕等组成，它对疏散人员指示方向，对火和烟进行隔离。

(7) 手提式灭火器。

手提式灭火器是较为常用的灭火器具，携带使用方便，对范围不大的初期火灾灭火效果好，常见的有泡沫灭火器、干粉灭火器等。

(8) 他灭火系统。

其他灭火系统如气体自动灭火系统，主要用于变压器房、配电房，发电机房和油库等不宜用水灭火的特殊场合。

2) 主要管理工作

(1) 配备消防设施主管技术人员，要求这些人员既有机电设备管理的知识和经验，又有必要的消防知识，有较强的工作责任心。

(2) 建立严格的消防设施管理制度，每个消防设备都应指定设备责任人，设有消防控制中心的要安排24小时值班。

(3) 建立消防设备、设施技术档案，包括消防设施分布、结构、性能、技术指标和图纸、使用说明书、测试数据等，还应包括每次实验、测试的结果和数据，更换和改造记录等。

(4) 建立消防设备巡视、检查、测试制度，具体内容可根据消防设备的使用要求和技术说明书制订。

① 每周检查项目：检查各处消火栓是否损坏，水龙带、水枪是否在位；检查各处消防水管是否漏水；检查各类手提式灭火器是否完好；检查防火门、安全出口指示灯、安全通道照明是否完好。

② 每月检查项目：消防加压水泵、正压送风、排烟风机试启动一次；检查各类信号指示灯是否正常；检查各类水压压力表是否正常；检查消防水泵泵体是否漏水，生锈；检查消防备用电源是否正常，能否及时切换。

③ 每半年检查项目：检查手提式灭火器是否有效；检测烟感、温感探测器是否正常工作；消火栓放水检查一次；检查消防报警按钮、警铃及指示灯；检查消防广播系统；消防

控制联动系统进行一次试验测试；检查自动喷洒系统管道和各消防水箱、水池排水；气体灭火装置的检查测压。

每年结合消防演习，对整个消防系统进行一次运行检查，对各消防设备的联动协调运行进行测试。

(5) 对日常巡检和测试发现的问题和安全隐患，一定要在限期内整改完毕，并进行调查分析，采取措施避免错误再次发生。

(6) 对消防设施日常运行、维修、更换的成本进行测算，为管理费的收取提供数据。

3) 注意事项

(1) 同其他机电设备不同，消防设备大多是在火警发生时才投入运行的待机设备，到实际使用时才发现故障并维修调整是不允许和来不及的，因此，日常的巡视、检查、试验和测试是保证设备完好的基本手段。要高度重视这项工作，要针对巡视、检查、试验和测试等工作制订计划，要有专人进行，要有记录，对发现的隐患要有整改方案和时限。

(2) 消防演习是测试消防设备的有效手段，它不仅能全面测试消防设备的运行情况，及时发现错误和隐患，还可以训练操作人员，避免在实际发生火灾时发生由于紧张而产生的判断和操作失当的错误。

4．电梯系统

1) 种类划分

常见电梯按用途分为乘客电梯、载货电梯和客货电梯；按拖动方式分为直流电梯、交流电梯和液压电梯；按控制方式分为单机控制电梯和集选控制电梯等。

2) 主要管理工作

(1) 按照电梯管理需要配备专业电梯管理人员，所有从事电梯管理的人员都要持有国家或地方有关管理部门认可的上岗资格证书。

(2) 根据电梯制造厂家提供的图纸资料、技术性能指标和维修保养说明，制定电梯安全运行和维修保养的规章制度和工作程序。包括值班安排，操作规程和应急处理，日常巡视、周检、月检内容，大、中修计划和工作程序等。

(3) 建立电梯技术档案，将电梯原始技术资料和检测维修资料归类存档，妥善保管。

(4) 备齐电梯维修保养所必需的工具、仪器等，以及电梯日常维修保养所常用的零件和消耗品，了解并登记电梯零件供应渠道和各专业技术服务公司。

(5) 根据物业的性质和人流物流的特点确定电梯的服务时间和清洁保养时间。

(6) 电梯的用电计量和运行成本核算，以此测算出电梯的使用成本。

(7) 电梯维护保养或故障停梯均应通告业主、物业使用人。

(8) 将电梯维修保养工作委托给专业公司承担时，要认真审核承包方的专业技术水准和专业资格，认真监督合同的执行情况，定期对承包方的服务进行评价。

(9) 电梯每年要由政府技术监督部门进行年检，获得年检合格证，才能继续使用。

5．空调系统

1) 种类划分

空调冷源按工作原理分为压缩式制冷机和吸收式制冷机；按冷源设备布置的情况分为中央空调和独立空调。

2) 主要管理工作

(1) 配备足够符合要求的专业技术人员负责空调系统的管理,并进行阶段性的岗位培训。

(2) 建立空调系统技术档案。

(3) 根据空调设备生产厂家和安装单位提供的技术资料和说明书,制定空调系统运行和保养制度,制定大、中、小修计划和测试调整计划。

(4) 备齐空调维修、测试用工具,准备恰当数量的零配件、润滑油和制冷剂等,建立空调专业维修服务公司和零件供应商档案。

(5) 根据物业性质和人流规律等特点,确定每年空调的开停日期和每日的开停时间,以及空调在各个时间的工作状态。

(6) 进行空调用电用水计量和空调运行成本核算,测算空调收费。

(7) 在空调设备新装和改装时要重点考虑用电负荷问题和噪音污染问题。

(8) 对业主和住户自己安装局部空调时提供技术指导。

(9) 在空调系统停机一段时间(如冬季停机)重新投入运行或空调送暖和送冷交替之前,要对空调系统进行严格细致的检查调整工作。

(10) 定期对空调系统进行测试,以便进行相应的调整和改进,使空调系统保持在最佳运行状态。

3) 注意事项

(1) 空调系统运行消耗的水、电和其他能源在物业管理公共用水用电和耗能中占有很大比例,空调管理应该把节能运行作为一项重要的工作。常用的几种节能措施有:

① 使用节能程序改变机器的启动和停止时间,对不同性质的负荷区别对待。是空调节能的重要手段;

② 保证和加强相关管道的保温;

③ 尽可能消除或减少空调房间内各种干扰源的影响;

④ 保证冷媒液的恰当用量;

⑤ 冷凝水的回收等。

(2) 空调系统运行产生的噪声是物业噪声污染的主要来源之一,从物业的总体环境考虑,空调噪声的测量、评估、减小等工作不应被空调管理人员所忽视。

(3) 中央空调系统是保证建筑物内空气质量的重要设备,应注意恰当地控制新风比例并注意采取隔尘、杀菌和消毒措施。

特别提示

- 对于特种设备的维修养护,物业服务企业一般都采取承包制的办法,将特种设备委托给专业化的维修养护公司进行专业维修养护。委托方式通过公开招标或邀请招标的形式,贯彻"公平、公正、合理"的原则实施招标,并与中标公司签订特种设备维修养护委托合同。

知识链接

房屋设备维修的分类

房屋设备的维修是通过修复或更换零件、排除故障、恢复设备设施原有功能所进行的技术活动。

房屋设备维修根据设备破损程度可分为:

(1) 零星维修工程。零星维修工程是指对设备进行日常的保养、检修及为排除运作故障而进行局部修理。

(2) 中修工程。中修工程是指对设备进行正常和定期的全面检修，对设备部分解体修理和更换少量磨损零部件，保证能恢复和达到应有的标准和技术要求，使设备正常运转。更换率为 10%～30% 左右。

(3) 大修工程。是指对房屋设备定期进行全面检修，对设备要进行全部解体，更换主要部件或修理不合格零部件，使设备基本恢复原有性能，更换率一般不超过30%。

(4) 设备更新和技术改造。设备更新和技术改造是指设备使用一定年限后，技术性能落后，效率低、耗能大或污染日益严重，需要更新设备，提高和改善技术性能。

(5) 故障维修。通常是房屋设备在使用过程中发生突发性故障而停止，检修人员采取紧急修理措施，排除故障，使设备恢复功能。

 知识链接

房屋附属设备保养的分类

房屋设备设施的保养是指物业服务企业对设备所进行的常规性检查、养护、维修等工作。通常采用三级保养制，即日常维护保养、一级保养和二级保养，另外应根据实际需要进行设备点检。

(1) 日常维护保养是指设备操作人员所进行的经常性的保养工作。主要包括定期检查、清洁保养，发现小故障及时排除，及时做好维护工作并进行必要记录等。

(2) 一级保养是由设备操作人员与维修人员按计划进行保养维修工作。主要包括对设备的某些局部进行解体清洗，按照设备磨损规律进行定期保养。

(3) 二级保养是指设备维修人员对设备进行全面清洗、部分解体检查和局部修理、更换或修复磨损零件，使设备达到完好状态。

(4) 设备点检是指根据要求利用检测仪器、设备或人的感觉器官，对某些关键部位进行的检查。

应用案例 5-3

【案情介绍】

某小区的张某与李某是同一单元楼上楼下的邻居，张某住6楼，李某住5楼。2010年10月21日上午10时许，物业公司开始给这个单元加压供热。当时，张某发现自己家的暖气栓(系分户供暖)未开，就找到物业人员将他家的供热栓打开。下午张某及妻子离开了家，16时许，住在楼下的李某家人发现楼上往下淌水，就赶紧上楼找张某，但发现其家无人，后找到物业公司将总阀门关闭。但这时，李某新装修的房屋地板块、门框、家具、屋顶及衣物等已受到不同程度的损害。经查，是张某家的暖气接头处松动漏水而淹了楼下。由于责任纠缠不清，李某将物业公司及张某告上法庭。市法院司法鉴定中心及市物价局价格认证中心对李某的"损失"鉴定结论为：被水浸物品折合人民币5 670元。

【解析】

物业公司应负全部赔偿责任，赔偿李某财产损失5 670元。因为物业公司对所管理的房屋供暖设备及设施负有管理、修缮的义务。本案中，物业公司在对住户加压供水前，未对张某家室内暖气设备进行认真检修，致使张某家的暖气未能如期加压检验，属于漏检，造成张某家的暖气设施在加压供暖时漏水，给李某家的财产造成了损害。故判决物业公司承担全部赔偿责任。

5.2.3　附属设备设施制度管理

现代物业管理的主要内容是实行专业化的管理，而专业化的管理，就必须建立一整套科学的管理制度。

1．岗位责任制

岗位责任制的制定与工程管理的组织形式设置有关，不同的组织形式有不同的岗位职责。各级岗位职责应包括工程管理的各项工作，具体有以下几个方面。

1) 工程部经理的岗位职责

工程部经理是进行管理、操作、保养、维修，保证设备正常运行的总负责人。他的主要职责有：

(1) 在公司经理的领导下，贯彻执行有关设备和能源管理方面的工作方针、政策、规章和制度。

(2) 负责组织设备的使用、维护、更新改造直至报废的整个使用过程的管理工作，使设备始终处于良好的技术状态。

(3) 在"安全、可靠、经济、合理"的前提下，及时供给各设备所需的能源(水、电、油、气等)，做好能源的节约工作。

(4) 组织人才、物力，及时完成住户提出的请修要求，为住户提供良好的工作、生活条件。

(5) 组织编制各种设备的保养、检修计划，原材料采购计划，并组织实施。

(6) 组织收集、编制各种设备的技术资料、图纸，做好设备的技术管理工作。

(7) 组织拟定设备管理、操作、维护等各种规章制度和技术标准，并监督执行。

(8) 组织员工开展技术业务学习，不断提高员工们的业务和技术水平。

2) 各技术专业主管的岗位职责

各技术专业主管是在部门经理的领导下，负责所管班次的组织、管理工作，并负责编制所管专业的保养和维修计划、操作规程及有关的技术资料和图纸，协助部门经理完成其他上级安排的工作。具体职责有：

(1) 负责编制所管设备的年、季、月的检修计划及相应的材料、工具准备计划，经工程部经理审批后负责组织计划的实施，并检查计划的完成情况。

(2) 负责检查所管设备的使用、维护和保养情况，并解决有关问题，以保证设备经常处于良好的技术状态。

(3) 负责制定所管系统的运行方案并审阅运行记录，督导下属员工严格遵守岗位职责，严格执行操作规程，保证设备的正常运行。

(4) 组织调查、分析设备事故，提出处理意见及措施，并组织实施，以防止同类事故的再次发生。

(5) 负责制订所管设施的更新、改造计划，以完善原设计和施工遗留的缺陷，并负责工程监督，以实现"安全、可靠、经济、合理"的目标。

(6) 负责组织培训、不断提高下属员工的技术、思想素质以及服务水平。

(7) 完成上级交办的其他工作。

3) 领班的岗位职责

(1) 负责本班所管设备的运行、维护、保养工作,严格做到三干净(设备干净、机房干净、工作场地干净)、四不漏(不漏电、不漏油、不漏水、不漏气)、五良好(使用性能良好、密封良好、润滑良好、紧固良好、调整良好)。

(2) 以身作则,带领并督促全班员工严格遵守岗位责任制、操作规程、员工守则及公司各项规章制度,及时完成上级下达的各项工作任务。

(3) 负责本班的日常工作安排和调整,做好各项记录并汇总,定期交上级主管审阅。

4) 技术工人的岗位职责

(1) 服从上级的调整和工作安排,及时、保质、保量地完成工作任务。

(2) 自觉遵守公司的各项规章制度、操作规程、认真操作,保证安全,文明生产。

(3) 努力工作、学习,不断提高思想素质和技术水平,保证优质服务。

5) 资料统计员的岗位职责

(1) 负责收集、整理、保管工程部各种技术资料及设备档案。

(2) 负责本公司各下属单位的各项工作报表的汇总、存档,并定期送经理审阅。

(3) 负责能源、材料、人力等各项资源消耗的统计。

(4) 完成上级交办的其他工作。

2. 附属设备设施日常管理制度

对于物业设备设施管理制度主要包括:值班制度、接管验收制度、交接班制度、报告记录制度和工具领用保管制度等企业各项规章制度。用这些制度来规范员工们的行为,进而提高物业设备设施的管理水平。

1) 值班制度

(1) 值班人员必须坚守岗位,不得擅自离岗,如确因工作需要而临时离岗,则必须符条件的人员替岗,并向其交代离岗的时间和去向。

(2) 根据操作规格和岗位责任制的要求,密切注意所管设备的运行情况,并按规定做好有关记录。

(3) 如发生设备故障,且当班人员一时不能处理,应按报告制度及时报告给有关人员。

(4) 值班调度人员接到请修通知后,应及时通知有关班组,安排人员前往维修。

(5) 所有值班岗位必须安排人员值班,并且要求到岗到位。如需调班,则必须上报主管人员同意。值班时的就餐要实行轮换就餐制,并通知同班人员配合。

(6) 值班人员应安排统一的班次值班,不得迟到、早退、无故缺勤,因故不能值班者,必须提前征得上级(班长)同意,并按规定办理请假手续。班长应落实好代班人员,保证岗位上有称职的人员在工作。

2) 接管验收制度

设备验收工作是设备安装或检修停用后转入使用的一个重要环节,把住这一关,对日后的管理和使用有着很重要的意义。因此,在进行房屋设备的运行管理和维修管理之前,首先要做好房屋设备的接管验收工作,接收好房屋设备的基础资料。接管验收不仅包括对新建房屋附属设备的验收,而且包括对维修后的房屋设备的验收以及委托加工或购置的更新设备的开箱验收。

房屋设备的第一次验收初验，在初验时如发现问题应商定解决意见，并确定复检时间。对于经复验仍不合格的应限期解决。对设备的缺陷及不影响使用的问题可作为遗留问题签订协议保修或赔偿补偿。这类协议必须是设备能够使用、且不致出现重大问题时方可签订。验收后的验收单与协议等文件应保存好。

3) 交接班制度

(1) 值班人员做好交接班前工作，包括按巡查表认真仔细巡查，发现问题及时解决，当班问题尽量不留给下一班，并做好记录和环境卫生工作。

(2) 接班人员提前15分钟时间上岗接班，办理好交接班手续。

(3) 值班人员办完交接手续方可下班，若接班人员因故未到，值班人员应坚守岗位，待接班人员到达并办完手续后才能离开。

(4) 除值班人员外，无关人员不得进入值班室。

4) 报告记录制度

建立报告记录制度可以让物业经理、技术主管和班组长及时了解设备的运行情况及设备维修管理情况，及时发现设备管理中存在的问题，以便及时解决。

(1) 向班组长报告。发现以下情况时，应向班组长报告：主要设备非正常操作的开、停、调整及其他异常情况；设备出现故障或停机检修；零部件更换或修理；维修人员工作去向；维修材料的领用；运行人员暂时离岗。

(2) 向技术主管报告。发现下列情况时，应向技术主管报告：重点设备非正常操作的启动、调整及异常情况；采用新的运行方式；重点设备发生故障或停机抢修；系统故障及检修；重要零件更换、修理、加工及改造；成批和大件工具、备件和材料领用；员工加班、调班、补休、请假。

(3) 向物业经理报告。发现下列情况时，应向物业经理报告：重点设备发生故障或停机修理；影响楼宇或小区的设备故障或施工；系统运行方式的重大改变；主要设备的技术改造；重点设备更新、修理或向外委托加工，设备的增改或向外委托加工；班组长、技术骨干以上人员及班组结构调整。

除了上述设备的管理制度外，还有设备清修制度，设备技术档案资料保存、管理制度，房屋设备更新、改造、报废规划及审批制度，承租户和保管房屋设备责任制度及房屋设备清点、盘点制度等一系列房屋设备管理制度体系，从而有效地实现专业化、制度化的房屋设备管理。

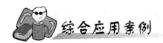

某物业服务公司设备管理规定

某物业服务公司为了加强设备管理，延长设备的使用寿命，降低成本，减少损耗，提高设备的完好率与利用率，维护物业使用价值，更好地服务于客户，对设备管理和维修做了如下规定：

(1) 物业项目内供配电、给排水、电梯、中央空调、消防、通信、弱电、公共照明、智能化等系统设备由管理处指定专人负责管理。

(2) 各系统设备从管理处接管验收之日起建立设备资料期就设备的名称、型号、功率、产地、编号、生产厂商、出厂时间、安装时间进行详细登记。

(3) 设备购买合同与安装协议、设备使用说明书、质量检验合格证、出厂证号、生产厂商联系人、联系电话等原始技术资料由公司工程部统一收集归档管理。

(4) 物业项目内各系统设备，由公司工程部按规定统一进行编号挂牌，铭牌上标注设备名称、型号、功率、厂名、产地、出厂日期、编号、管理人。

(5) 物业项目各系统设备实行年度、季度、月度检修计划工作制度，由公司工程部会同管理处共同制订设备定期检修计划，维保班按计划实施。

(6) 检修维护重要大型设备时，应制定详细可行的方案，方案应送交公司相关领导审批，并由工程部开展，工程技术人员现场组织、指导、监督检修。

(7) 检修维护电气设备时，应由组织者采取相应的安全组织措施和技术措施，实施前要对作业人员进行安全技术交底，防止发生安全事故。

(8) 检修维护电源干线、高低压、配电盘、配电箱等电气设备应安排专业电工进行，并派专人监护，操作前必须拉闸并验电，悬挂警示标志牌，必要时须加装栅栏隔离。

(9) 检修维护设备工作结束后，必须经专业技术人员检查验收合格后，拆除设置的安全措施，在确定万无一失的情况下方可试车并投运。

(10) 物业项目机电设备实行日常维护保养、一级保养和二级保养的三级保养制度。

(11) 日常维护保养由管理处维护人员负责。一级保养要在管理处设备主管领导下进行，二级保养要在公司工程部专业技术人员指导下进行。

(12) 一、二级保养后，由保养人员填写记录单并由管理处设备主管和工程部领导签字确认作为管理考核依据，并将保养资料整理归档。

(13) 建立由管理处领导、主管及各系统专业操作人员参加的每天上班后对物业项目内的设备机站房进行巡检的工作制度，了解设备系统运行状况和人员值班、交接班情况。

(14) 设备巡检工作中如发现异常情况或重大事故隐患，巡检人应当迅速报告上级主管，如危及人身、设备安全时应启动应急措施，处理后向上级主管汇报并详细记录。

(15) 设备巡检应严格按照各系统运行的特点，重点沿巡检路线，对系统运行状况和操作作业进行巡检，观察设备系统运行状态及仪表，检查设备机站房内清洁卫生状况和设备运行记录。

(16) 开展设备巡检工作，以一看(看设备)、二问(问运行)、三听(听动静)、四查(查记录)为主，切忌走马看花般的形式主义和弄虚作假。

(17) 物业项目内出现设备故障由管理处在24小时内报告，工程部和保险公司，以得到确认，并协助设备故障的调查和取证。

(18) 设备故障抢修由工程部组织，重大设备故障抢修应委托专业设备供货单位实施,管理处给予协助、配合。

(19) 发生停电、停水、停燃气等直接影响客户正常生活的故障，由管理处迅速报告供水、供电、供气公司组织抢修，管理处予以协助、配合。

(20) 物业项目发生突发性供水、供电、供燃气等设备故障后，管理处在协助、配合相关单位抢修的同时，要主动向客户提供帮助，把对客户的影响降低到最低程度。

(21) 一般性的设备故障排除应由管理处组织维保人员在部技术人员的指导下进行，但必须具备安全技术保障条件。

(22) 设备故障抢修工作所有的技术方案、图片、记录及验告由管理处负责收集、整理归档，投保理赔由工程部负责。

(23) 设备故障抢修发生的费用应在进行抢修排除故障前预算报价并报业委会审核批准在维修基金中支出，如遇紧急设备，也应向业委会报告并办理好书面签字认可手续，技术方案等资料后补。

【案例点评】

科学完备的设施管理制度是物业设备系统正常运转的前提，是设备管理相关人员工作的指导性文件，当然，要想使设备系统真正发挥作用，与制度的实施和保障体系是分不开的。

单元小结

本单元主要介绍物业管理常规服务内容中的基础性工作内容之一，即房屋及附属设备设施的维修、养护和管理。具体包括两大部分：一是房屋的维修、养护和管理，从基本知识、维修管理、养护管理和安全管理四个方面进行说明；二是附属设备的维修、养护和管理，从基本知识、使用管理、维修管理、养护管理和制度管理等五个方面进行阐述。

习 题

一、单项选择题

1. 下列不属于房屋维修养护管理的原则的是(   )。
   A．"服务"的原则　　　　　　　　　B．"质量第一"的原则
   C．"一视同仁"的原则　　　　　　　D．"经济、合理、安全、适用"的原则
2. 下列不属于房屋维修特点的是(   )。
   A．面广、量大、零星分散　　　　　B．是一项经常性的工作
   C．维修技术要求高　　　　　　　　D．需要的资金量较大
3. 物业保修期满后，物业共用设备的更新改造费用应该(   )。
   A．由建设单位负担　　　　　　　　B．由物业服务企业从物业服务费中支出
   C．由业主集资　　　　　　　　　　D．从专项维修资金中支出
4. 下列不属于房屋零星养护内容的是(   )。
   A．屋面筑漏(补漏)，修补泛水、屋脊等
   B．照明电路明线、暗线每年检查线路老化和负荷的情况，必要时可局部或全部更换
   C．修补楼地面面层，抽换个别楞木等
   D．修补内外墙、抹灰、窗台、腰线等
5. 根据房屋完损等级的评定标准，房屋的结构构件完好，装修和设备齐全完整，管道畅通，现状良好，使用正常；或虽个别分项有轻微损坏，但一般经过小修就能修复的房屋，属于(   )。
   A．完好房　　　B．基本完好房　　　C．一般损坏房　　　D．严重损坏房
6. 整幢房屋的门窗整修属于房屋的(   )工程。
   A．小修　　　　B．中修　　　　　　C．大修　　　　　　D．翻修
7. 下列不属于供水设备的是(   )。
   A．供水箱　　　B．水表　　　　　　C．市政供水管网　　D．抽升设备
8. 下列关于工程部经理的岗位职责说法错误的是(   )。
   A．负责组织培训、不断提高下属员工的技术、思想素质以及服务水平
   B．组织编制各种设备的保养、检修计划，原材料采购计划，并组织实施
   C．组织收集、编制各种设备的技术资料、图纸，做好设备的技术管理工作
   D．组织拟定设备管理、操作、维护等各种规章制度和技术标准，并监督执行

二、多项选择题

1. 房屋维修管理的内容的有(　　)。
   A. 房屋维修计划管理　　　　　　B. 房屋维修质量管理
   C. 维修工程预算　　　　　　　　D. 维修工程招标投标
   E. 房屋维修人员管理

2. 大修工程范围一般包括(　　)。
   A. 国家基本建设规划范围内需要拆迁恢复的房屋
   B. 对整幢房屋的公用生活设备进行管线更换、改善或新装的工程
   C. 对房屋进行局部改建的工程
   D. 对房屋主体结构进行专项抗震加固的工程
   E. 修复严重损坏的房屋主体结构的维修工程

3. 下列关于门窗的养护的说法正确的是(　　)。
   A. 定期使用　　　　　　　　　　B. 定期清洁、清理
   C. 定期上油　　　　　　　　　　D. 正确使用门窗
   E. 及时维修

4. 有下列情况之一者不准交班：(　　)。
   A. 上一班运行情况未交代清楚　　B. 记录不规范、不完整、不清晰
   C. 水泵房不干净，不符合卫生标准　　D. 接班人未能准时到岗
   E. 值班过程中发生故障

5. 房屋按层数划分，下列说法正确的是(　　)。
   A. 低层是1～3层　　　　　　　　B. 多层是1～6层
   C. 中高层是1～9层　　　　　　　D. 高层是10～30层
   E. 超高层是30层以上

三、情景题

1. 小张是某物业服务公司工程部的一名土建工程师，近期，该物业公司接管了一处使用多年的小区，内部有部分房屋年久失修，破损情况严重。小张受命对小区内的房屋进行完损等级鉴定，请你告诉小张，房屋的完损等级共分为几种，分别具有哪些特征。

2. 小李是某物业服务公司工程部的一名设备工程师，负责服务区内设备工程的维修养护管理工作，但小李刚刚大学毕业，没有工作经验，不知道物业附属设备到底包括哪些类型，请你告诉小李，物业附属设备的类型是如何划分的。

四、案例分析题

案例1：业主张先生住在某小区的六楼(顶楼)，2010年夏天，家里多次出现屋顶漏水的情况，找来物业工作人员，查明原因是因屋顶年久失修导致。对此，物业公司的工作人员提出解决办法：房屋已经过了保修期，而屋顶漏雨维修是张先生提出的，所以，应该张先生出钱，物业公司负责维修。

上述案例中物业公司的做法是否妥当，为什么？此类事件应该怎样解决？

案例2：2010年秋天的一个上午，3号楼某室业主给物业房屋公司打来电话，说发现厨房和洗手间的地漏返水，污水已淹没大厅的部分木地板，要求即刻处理。

几分钟后，维修工即带着工具赶到现场，但此时污水已经退去。随后，清洁工也闻讯赶来了，并根据业主的要求迅速将厨房内物品搬出进行了保洁。然后，主管及时安排有关人员尽快更换木地板和橱柜，同时协调责任方与业主就赔偿问题达成共识。三项措施，一气呵成，这样积极主动地解决问题，业主心中自然就少了怨气，业主对物业公司的处理表示满意。

请你对上述案例进行解析和点评。

综 合 实 训

一、实训内容

房屋及附属设备设施的感性认知。

二、实训要求

到正规的物业服务公司参观学习，参与物业服务公司工程部的工作，了解房屋及附属设备的构成。根据所学知识和实践，拟写认知感想。

单元 6

物业安全管理

教学目标

本单元主要介绍物业公共秩序安全维护管理的内容，包括物业管理区域的公共安全防范管理、消防管理和车辆管理。教学目的是使学生了解物业服务公司安全管理部门的主要工作职责，突发事件的处理方法，协助业主和物业使用人做好安全防范工作。

教学要求

能力目标	知识要点	权重
熟悉物业安全管理的概念和内容，了解物业安全管理的特点、指导思想、原则、组织机构和制度的制定与实施过程，意识到安全管理的重要性	物业安全管理概述	10%
掌握物业公共安全防范管理的内容，能够有效的组织并实施物业公共秩序维护管理工作	公共安全防范管理	30%
掌握消防管理的内容，能够有效的组织并实施物业的消防管理工作	消防管理	30%
掌握车辆管理的内容，能够有效的组织并实施车辆的管理工作	车辆管理	30%

引例

小区多层住宅除一楼外均不允许安装防盗窗户，这是很多住宅物业公司的规定。

很多住户安装了窗磁、门磁等防盗设施，但陈某安装后的一个夏夜，因乘凉通风后忘记关掉窗户，当夜小偷从窗户潜入后盗走价值两万多元的现金、物品等。陈某认为这是因为物业公司不允许他安装防盗窗户的原因，于是向物业公司索赔。

经管理处再三协调无果，陈某将物业服务公司告上法庭。经法院审理认为：物业公司的秩序维护员无脱岗，出入完备，各秩序维护员巡逻到位，管理处管理员值班到位，无失职责任。陈某属于自己疏忽未关窗户造成，属于意外损失，所以物业公司不承担法律责任，不予赔偿。

与上述案例类似的安全管理类的案例还很多，那么，物业服务企业的安全管理工作到底包括哪些内容？各项管理工作又是怎样具体实施的呢？

课题 6.1 物业安全管理概述

6.1.1 物业安全管理的概念及重要性

1. 物业安全管理的概念

物业安全管理又称物业公共安全防范管理，公共秩序的概念目前还没有统一的定义，通常认为公共秩序是由法律和社会公德确立的公共生活准则来维持的社会正常秩序，是人们在公共生活中应当遵守的共同准则，是一种有条不紊的社会生活状态。公共秩序维护管理就是维护这一状态平衡而实施的行为。

> **知识链接**
>
> 安全，指没有危险，不受威胁，不出事故。物业安全一般包含三层含义。
> (1) 物业区域内的人身和财物不受侵害，物业区域内部的生活秩序、工作秩序和公共场所秩序保持良好的状态。
> (2) 物业安全不仅指物业区域内的人身和财产不受侵害，而且指不存在其他因素导致这种侵害的发生，即物业的安全状态应该是一种既没有危险，也没有可能发生危险的状态。
> (3) 物业安全是物业区域内各方面安全因素整体的反映，而不是单指物业的某一个方面的安全。
> 影响物业安全的因素很多，变化也比较快，归纳起来主要有两大类：①人为侵害因素，如失火、偷窃、打架等；②自然侵害因素，如大风刮倒广告牌、电梯故障等。安全管理人员应了解这些影响安全的因素，并随时注意处理。

> **特别提示**
>
> ● 在理解物业公共秩序安全维护管理的概念之后应明确在实施当中，一是要以国家相关法规为准绳，二是要以物业服务合同的约定为根据，明确相关各方面的责任和义务，不得超越职权范围，不得违规操作。

物业安全管理，是指物业服务企业采取各种措施和手段，尽量降低业主和物业使用人的人身、财产受侵害的概率，维持正常的工作和生活秩序的管理活动。物业安全管理包括"防"与"保"两个方面，"防"是预防灾害性、伤害性事故发生，"保"是通过各种措施对万一发生的事故进行妥善处理。"防"是防灾，"保"是减灾。两者相辅相成，缺一不可。

2．物业安全管理的重要性

物业安全管理的目的，是要保证和维持业主和使用者有一个安全舒适的工作、生活环境，以提高生活质量和工作效率。安全管理是物业管理中一个重要的环节，是降低业主和物业使用人的人身、财产受侵害概率的重要手段，是物业服务企业协助政府相关部门，为维护公共治安等采取的一系列防范性管理服务活动之一。其重要性具体体现在如下几个方面。

(1) 物业安全管理是保证国家和城市社会稳定、维护社会安定团结，保障人民安居乐业的前提条件之一。整个国家是由千千万万个社区所组成的，只有作好各个社区的安全管理，才能实现社会稳定、人民安居乐业的目标。

(2) 物业安全管理能降低业主和使用人的人身、财产安全受侵害的概率。

(3) 物业安全管理是物业服务公司提高信誉，增强市场竞争力的一种重要途径。

(4) 物业的安全管理做好了，物业才能少受或不受损失和侵害，其价值才能得到保持。另外，人们也才会更乐意购买该物业，物业才会增值。

6.1.2 物业安全管理的内容

物业安全管理的主要内容包括公共安全防范管理、消防管理以及车辆管理3个方面。

1．公共安全防范管理

(1) 对物业区域内违反《治安管理条例》的行为进行制止，并报公安机关处理。如非法携带枪支弹药、非法侵入他人住宅，偷盗他人财物等。

(2) 对于物业区域内妨碍他人正常生活的行为进行禁止。如噪声污染、乱扔杂物、搭建各类违章建筑和流动摊贩扰民等。

2．消防管理

其内容主要是预防和控制火灾的发生，如防火安全宣传，及时扑灭火灾，消防器材的保养和维修等。

3．车辆管理

主要是搞好车辆停放和交通安全管理，保证车辆和行人的安全。

6.1.3 物业安全管理的特点

1．受制性

物业的安保部门在履行其服务的职能过程中，除了要严格遵守国家有关政策法规以外，还要接受公安、消防主管部门的监督和指导。其工作活动的性质及内容具有辅助性、从属性。并且，它的自主性和灵活性(或称能动性)，都是以受制性为前提的。

2．专业性

相对于治安联防队伍的松散型和半松散型特点来说，物业安全管理服务是一种紧密型或半紧密型的群防群治组织。其成员是从社会招聘的专职人员，接受过专业培训和指导，有一定的专业知识和技能。同时，又配备了较为齐全的交通、通讯、防卫设备和设施。

3．有偿性

安保服务与公安机关的经济性质不一样。公安机关的费用开销是由国家财政开支的，而安保服务是向接受安保服务的业主或使用人收取一定的安保费，此项费用一般包含在常规服务的物业管理费之中。

4．履约性

物业安全管理的前提是物业服务企业与业主或使用人签订安保协议(多数反映在物业服务合同的相应条款中)。这是处理并最终检验双方权利与义务履行程度的主要依据。因此，在履行合同的过程中，物业服务企业提供安保服务的项目、手段、服务方式方法等都要按照合同的约定执行。

5．能动性

物业服务企业的安全管理虽然受制于法律法规及公安消防部门的监督和指导，但这并不是说物业服务企业在安全管理上是处于被动接受指令和执行指令的地位。公安消防部门的监督和指导只是给出了一个规则和框架，而物业管理安全服务的实际情况是千变万化的，社会情况日趋复杂化，业主、使用人的安全消费需求不断提高，这一切要求物业的安全管理的服务范围也要与时俱进、不断拓展。物业服务企业要充分发挥主观能动性，自主灵活地提供高品质的管理和服务。

6.1.4 物业安全管理的指导思想和基本原则

1．物业安全管理的指导思想

物业安全管理的指导思想是：建立最健全、完备的组织机构，用尽可能先进的设备、设施，选派最具责任心的专业人才，坚决贯彻"预防为主"的原则，千方百计地作好预防工作，最大可能的杜绝或减少安全事故的发生。同时，对于万一出现的安全事故，要根据具体情况，统一指挥、统一组织，及时报警，并采取一切有效的手段和措施，进行处理，力争将人员伤亡和经济损失减少到最低点。

2．物业安全管理的基本原则

1) 落实思想

即要把安全管理放在第一位，要真正从思想上重视起物业的安全管理。物业服务公司要大力进行安全的宣传教育，组织学习有关的法规和规定，学习兄弟单位的先进经验和内部制定的各项安全制度、岗位责任制和操作规程等。通过宣传和不断学习，使广大员工和业主、使用人重视安全，懂得规定和要求，自觉遵守，主动配合，共同做好安全管理工作。

2) 落实组织

物业服务公司要有主要的领导挂帅，成立安全委员会，负责安全管理的工作。同时还要建立具体的物业安全管理机构，如保安部或委托专业的保安公司，由专门的机构负责安全管理的具体领导、组织和协调，而不能把它作为一个附属的机构放在某一个其他部门里。

3) 落实人员

物业服务公司的主要领导要兼任安全委员会的主任，而且要把安全管理提到日常的议事日程，并选派得力的干部出任保安部的经理，配备必要的安全保卫人员。安全保卫人员必须经过专业岗位培训，要有较高的政治素质、业务素质和思想品德素质。要把安全管理的任务落实到具体的安全管理人员中去，由专人负责。

> **特别提示**
>
> - 在人员配备方面，物业安全管理还要坚持专业防范与群防群治相结合的原则。任何物业，其治安工作都须依靠执法部门和周边社区的保卫力量。物业服务公司应与当地辖区社区人员保持密切联系，紧密合作，与当地片警保持良好的关系，及时了解当地治安情况，掌握犯罪分子动向，确保辖区物业的安全。根据"群防群治"的原则，维护好社区的公共关系，就会从根本上扩大小区安全性范围。例如在深圳，××物业公司牵头，由辖区派出所组织的片区联防队，就取得了较好的效果。通过定期验收辖区治安状况，通报治安情况，形成"一方有难，八方支援"的氛围，建立良好的社区关系，扩大治安力量，从而降低案发率。
> - 在遇到特殊紧急情况时，如住户家中和办公区域发生火灾、煤气泄漏、跑水、刑事案件等突发事件时，要善于借助第三方的力量，虽然可以采取紧急避险和正当防卫的做法，但在采取其他方式(例如破门前)时，寻求第三方(派出所、街道办、居委会、业委会或业主指定人等)见证，以规避风险，减少损失。

4) 落实制度

物业服务公司要根据国家的有关政策法规、规定和要求，结合自己所管物业的实际情况，制定出切实可行的安全管理制度和办法，如安全管理岗位责任制、安全管理操作规程等，并要坚决组织贯彻执行。

5) 落实装备

要配备专门的、现代化的安全管理的设备设施，如中央监控系统、自动报警系统、消防喷淋系统以及其他安全管理器材设备(如交通通讯和防卫设备)，以增强安全管理的安全系数与效率。

6.1.5 物业安全管理组织机构

物业服务企业对物业的安全管理，可以委托专业公司经营或自行组织专门的队伍实施管理业务。但不论由谁来完成，都必须在物业建设方案设计之初，就考虑物业安全方面的专门要求。安全专家必须与物业管理人员共同参与物业设计方案的拟订，以避免在方案建设完成后进行不必要的更改。因此，在制定物业设计方案时，安全要求的纳入是非常重要的。物业服务公司应制定详细的安全管理章程和制度并公之于众，力求做到"有章可循，有章必循，执章必严，违章必究"。

安全管理的机构设置与所管物业的类型、规模有关，物业管辖的面积越大，配套设施越多，班组设置也越多越复杂。物业服务公司通常可以设置保安部或安全管理部来负责物业的安全管理。

安全管理部的主要职责有：

(1) 贯彻执行国家公安部门关于安全保卫工作的方针、政策和有关规定，建立物业辖区内的各项保安工作制度，对物业辖区安全工作全面负责。

(2) 组织部门全体人员开展各项保安工作，提出岗位设置和人员安排的意见，制定岗位职责和任务要求，主持安全工作例会。

(3) 熟悉物业区域常住人员，及时掌握变动情况，了解本地区治安形势，有预见地提出对物业辖区保安工作的意见和措施。

(4) 积极开展"五防"(防火、防盗、防爆、防破坏、防自然灾害)的宣传教育工作，采取切实措施，防止各类事故发生，具有突发性事故的对策和妥善处理的能力。

(5) 抓好对部门干部和职工的安全教育、培训工作，提出并落实教育培训计划。

6.1.6 物业安全管理制度建设

1. 物业安全管理制度的制定程序

1) 收集资料

(1) 收集外部资料。如全国、省、市物业管理行业考核及标准，与治安管理相关的法律、法规文件等。

(2) 收集内部资料。如物业服务企业内部的管理规定，物业服务企业各专业间协调性工作内容，所服务管理区域物业内容、情况、特点、要求等。

2) 研讨安全管理部各岗位的职责和权限

3) 确定安保管理工作与其他相关专业的接口配合性工作内容

(1) 与消防管理、车辆管理相关的配合性工作内容。

(2) 与工程、保洁、客服等专业相关的配合性工作内容。

(3) 与相关行政主管部门衔接的工作内容。

4) 列出安全管理运作程序清单

(1) 岗位描述。物业公司，所服务的物业类型不同，设置的岗位也有所区别，但不管是如何设置岗位，都应该有完备的岗位描述说明。

(2) 程序规范。危险物品管理规定；门禁规定；门禁制度；钥匙管理制度；二装施工现场管理规定；二装施工人员管理规定；安全管理部班组交接班规定；安全管理部巡视路线；安全管理部受理报案程序；安全管理部拾遗物品管理规定；安保服务管理突发事件应急预案；安全管理部激励机制细则；安保文件资料、档案管理办法；安全管理部工具、设备管理规定；安全管理部工作考核办法；安全管理部考勤制度；来访客人管理规定、对参观游览、参观活动客人管理规定。

(3) 服务标准。安全管理部服务标准；安全管理部标识规定；警员语言、警容风纪规范标准。

(4) 工作指导。安保服务管理月、年度工作计划；一级安保服务管理方案；安全服务管理协议书。

5) 制订编写安全管理运作程序计划

安全管理运作程序涉及安全管理部多项相关专业工作。组织相关人员确定初稿，讨论、修订定稿时间和具体撰写负责人等具体事宜。其中讨论修改定稿主要是指对本专业手册的可操作性进行讨论，修订后定稿。

6) 起草安全管理运作程序

根据收集的资料、岗位职责、权限和接口配合性工作内容，用通俗易懂的语言在规定计划时间里写出初稿。

7) 对安全管理运作程序初稿进行讨论和修改

(1) 组织有关人员，结合各相关专业知识，对安全管理运作程序文件进行讨论。讨论程序的可操作性、一致性、完整性和针对性。

(2) 请安保专业人士检查，根据专业经验提出意见。

(3) 根据上述(1)、(2)的结果，对初稿进行修改定稿。

8) 对安全管理运作程序进行审核、批准、实施

将安全管理运作程序定稿上报主管部门进行审核、批准，最后在安全管理部开始执行。

2．物业安全管理制度的实施程序

1) 对实施运作程序人员进行培训

为有效执行安全管理运作程序，组织力量对程序文件进行专业培训工作，除对本专业职员培训外；尚须对安全管理部内部和其他相关部门的相关专业职员进行本专业程序介绍、培训。培训要在经理、主管、员工三个层面进行，每个培训层面的侧重点不同。

2) 对实施运作程序进行准备工作

关于员工接受程序执行的思想状况，程序执行的计划安排，执行程序对日常服务管理工作带来的影响及补充措施，安全管理部各专业之间、安全管理部与其他部门之间的工作交叉衔接，客户对程序执行的理解等。各方面都需要予以充分考虑和准备。

3) 开始实施运作程序

在完成培训、准备工作后，安全管理程序开始进入运行阶段。运行阶段前期宜采用指导式运行方式，由部门经理、主管在现场进行蹲点、巡回指导，使各岗位的运作协调、严格、规范。同时，能够及时发现程序运作中产生的问题，并及时解决问题，及时收集运行程序情况的第一手材料。

4) 对运作程序进行修改

实践是检验真理的唯一标准，通过运行实施发现程序文件中存在的不切实际或规定不合理之处，及时进行研讨、修改、调整，即边运行实施边修改，使程序进一步完善提高。

5) 对实施过程进行检查整改

通过一段时间运行实施后，安全管理部要组织全面检查。如在检查中发现安全管理的质量较低、操作层执行不严格等，要针对发现的问题，寻找解决办法，制定整改措施，责任要落实到人，直至将问题彻底解决，保证程序有效运行，以提高各岗位工作质量。

课题 6.2 公共安全防范管理

6.2.1 公共安全防范管理的概念

物业安全管理中的公共安全防范管理是指业主选聘物业服务企业，双方依据物业服务合同为维护物业管理区域内公共秩序而实施的防范性、服务性安全保卫活动。在物业服务

企业中，从事公共安全防范管理工作的人员一般称为物业秩序维护员或保安，即受聘于物业服务企业，按有关规定、行业标准或物业服务企业规章制度，具体实施维护物业管理区域公共秩序的工作人员。

> **知识链接**
>
> 根据行业惯例，物业秩序维护员应符合以下条件：
> (1) 年满十八周岁，身体健康，品行良好。
> (2) 具有初中以上文化程度，专业技术人员必须具有相应的专业技术资格。
> (3) 经过市物业办指定的机构培训，并取得岗位证书。
>
> 物业秩序维护员的权限：
> (1) 对刑事案件等现行违法犯罪人员，有权抓获并扭送公安机关。
> (2) 对发生在服务区域内的刑事、治安案件，有权保护现场、保护证据、维护现场秩序以及提供与案件有关的情况。
> (3) 依照服务单位规章制度规定或物业服务合同的约定，劝阻或制止未经许可进入服务区域的人员和车辆。
> (4) 按照服务单位规定或物业服务合同的约定，对出入服务区域内的人员、车辆及其所携带、装载的物品进行验证、检查。
> (5) 按照物业服务合同约定对服务区域进行安全防范检查，提出整改的意见和建议。
> (6) 协助服务单位制定有关安全保卫的规章、制度。
> (7) 在执勤中遇到违法犯罪人员有权制止，不服制止，甚至行凶、报复的，可采取正当防卫和紧急避险。
> (8) 对服务对象进行法制宣传，协助服务单位做好公共秩序维护工作，落实各项安全防范措施，发现隐患漏洞或其他不安全因素，协助服务单位及时整改。
> (9) 对非法携带枪支、弹药和管制刀具的可疑人员有权进行盘查、监视，并报告当地公安机关。
> (10) 对有违反治安管理行为和(临时)管理规约的，有权劝阻、制止和批评教育，但无处罚、裁决的权力。
> (11) 对有违法犯罪的嫌疑人，可以监视，并向公安机关报告。
>
> 物业秩序维护员不得有下列行为：
> (1) 限制他人人身自由。
> (2) 搜查他人的身体、携带的物品。
> (3) 扣押他人证件、财产。
> (4) 侮辱、殴打他人或者唆使殴打他人。
> (5) 阻碍国家机关工作人员依法执行职务。
> (6) 处理民事纠纷、经济纠纷或劳动争议。
> (7) 侵犯或者泄露客户的商业秘密或者个人隐私。
> (8) 威胁服务对象或者其他单位和个人。

6.2.2 公共安全防范管理常设岗位的岗位职责和服务标准

公共安全防范管理一般常设门卫岗、巡逻岗和监控岗三个岗位。

1. 门卫岗的岗位职责及服务标准

1) 门卫岗的岗位职责

(1) 熟知公共安全防范工作的性质、任务、职能，严格遵守公司的规章制度和安全管理部的各项管理规定，时刻维护公司的良好形象。

(2) 熟悉小区各业主、车辆的基本情况，做好行人、车辆进出大门的疏导工作，时刻维护大门区正常的工作秩序。

(3) 对于实行封闭式管理的物业区域，严格执行人员出入检查登记制度。对于非本小区人员进入时应登记清楚来访时间、事由、被访人员，防止闲杂人员进入小区。

(4) 严格执行车辆出入检查登记制度，认真做好出入小区车辆的检查登记工作，对于无证车辆须进入小区时，应登记清楚进入时间、事由、被访人员、联系电话；车辆出门时，应认真检查车证，对于无证车辆须核验行车执照与车辆是否相符，对于车、证不符的不予放行，严防车辆丢失。

(5) 指挥车辆按顺序出入，督促骑车人员慢行、出入下车，时刻维护大门区良好的交通秩序。

(6) 做好大门区各种设施设备的管理维护工作，严防设施设备丢失、损坏事件的发生。

(7) 时刻维护大门区良好的环境卫生，对于破坏环境卫生的行为要勇于制止。

(8) 严格执行交接班制度，认真做好交接班记录。

(9) 完成上级领导交办的其他临时性工作。

2) 门卫岗服务标准

(1) 执勤时整洁着装、佩戴工牌号；精神饱满，站立、行走姿态规范；执勤中认真履行职责，不脱岗、不做与工作无关事情；举止文明大方，主动热情，礼貌待人。

(2) 能熟练掌握物业管理区域内业主或使用人的基本情况，包括姓名、特征及经常交往的社会关系。门卫应坚守岗位，把好物业管理区域大门和停车场这一关，熟练掌握报警监控、对讲、电梯等设备、设施的操作程序。

(3) 礼貌待人，说话和气，微笑服务。主动、热情、耐心、周到地为客户服务。不与客户发生争吵、打斗事件。

(4) 经常注意检查和保持仪表整洁．精神饱满，姿态端庄，注意不留长发、不蓄胡须、不留长指甲等。

2. 巡逻岗的岗位职责和服务标准

1) 巡逻岗的岗位职责

(1) 协助服务中心向客户提供特约服务。

(2) 监视管区内的人员、车辆活动情况，维护管区内秩序，防止发生事故。

(3) 巡查、登记公共部位设施、设备完好情况。

(4) 对管区内的可疑人员、物品进行盘问、检查。

(5) 制止管区内发生的打架、滋扰事件。

(6) 驱赶管区内的摆卖、乞讨散发广告等闲杂人员。

(7) 每班巡楼一至两次，对楼内的闲杂人员进行盘问或驱赶，对客户违反管理规定影响他人工作、休息的行为要进行劝阻和制止。

(8) 检查、看管好停放在管区内的车辆，防止丢失或损坏。

(9) 指挥机动车辆按规定行驶和停泊，保证消防通道畅通，防止发生交通事故。

(10) 负责火警、匪警的验证，负责紧急事件(如火灾、台风等)的应急处理。

(11) 回答访客的咨询，必要时为其导向。

(12) 巡查护卫各岗位执勤情况，协助处理疑难问题。

2) 巡逻岗的服务标准

(1) 按规定着装，佩戴工作证，精神饱满，姿态端正，举止文明、大方，不背手、不勾肩。

(2) 工作要求能熟练掌握物业管理区域内的基本情况，包括客户的基本情况、建筑物结构、防盗消防设备、主要通道的位置、发电机房、配电房、水泵房、消防中心等重点位置的防范等。善于发现、分析处理各种事故隐患和突发事件，有较强的分析、判断、处理问题的能力。完成规定的检查内容。

(3) 服务态度要求礼貌待人，说话和气，微笑服务。主动、热情、耐心、周到地为客户服务。不与客户发生争吵、打斗事件。

3．监控岗的岗位职责和服务标准

1) 监控岗的岗位职责

监控岗是监控室内的常设岗位，其岗位职责如下：

(1) 监控室值班员应熟练操作监控系统，严格按照监控室操作规程进行操作。

(2) 密切监视进入小区的人员，发现可疑事件应立即录像并报告班长。

(3) 全面监视与重点控制相结合，高度警惕重点监控区。

(4) 保持岗位的机器清洁，由每天早班值班员进行清洁一次。

(5) 当班时不得擅离岗位，不得让无关人员进入监控室。

(6) 对于监控和录像内容应予以保密。

(7) 密切监视消防系统的声、光信号，发现异常情况查明原因并在值班本上记录清楚(能自行处理的立即处理，不能处理的马上向班长或机电队值班人员进行汇报)。

(8) 对于消防报警应查明原因并立即做好记录。

(9) 发生火灾或其他重大事故时，需客户及时离开危险区域的，使用广播系统进行广播，告知客户发生何事、应怎样去做。

2) 监控岗的服务标准及其设备设施的管理标准

(1) 监控岗服务标准

① 监控系统 24 小时开通运行，监控人员 24 小时监控值班，录像带资料保存一个月，录像带循环使用。

② 监控人员应密切注视屏幕，发现可疑情况立即定点录像，跟踪监视，做好记录并及时报告 秩序维护部主管。

③ 接到消防系统、周界报警系统时，立即用对讲机向秩序维护部队长报告，并跟踪处理过程，做好记录，然后将系统复位、重新布防。

④ 接到业主电子对讲电话，铃响三声之内立即应答，认真听取业主要求，做好记录，向秩序维护部队长报告；一般情况即可调度秩序维护人员处理，重大情况跟踪处理过程；21:00—09:00 负责夜间业主需求电话的应答。

⑤ 遇突发事件，按应急预案进行操作，同时向管理处经理报告。

⑥ 负责对讲机的保管、充电、调换、借用和登记。

(2) 监控设备系统录像带的管理标准

① 对监控设备系统每天上午进行测试和检查,发现异常和故障立即报修,并做好记录。

② 任何人未经项目部经理同意，不准查看监控录像保存带的内容。

③ 录像带保存处要有防潮措施，避免录像带发霉。

④ 新的录像带启用时应在标记栏上注明开始使用日期；每次录像后，注明录像时间；录像带连续使用 24 个月应更换新带；保持显示屏、录像机等设备清洁。

(3) 中央监控室的出入管理标准

① 与工作无关的人员不得擅自进入中央监控室。

② 因工作需要进入中央监控室的管理人员，应经部门主管签证认可；外来人员进入，应经部门经理签证认可。

③ 凡进出中央监控室的人员应办理登记手续。

(4) 中央监控室内的物品摆放标准

① 监控操作控制台上不允许放置与监控工作无关的物品(如打火机、茶杯、香烟及影响监控工作与设备的物品)。

② 中央监控室内只允许放置与监控人员相同数量的工作椅，并应按固定的位置摆放对讲机、充电器。

③ 中央监控室内墙上应张贴应急预案和中央监控室管理办法。

(5) 保安器械的管理标准

① 项目部应建立安全器械台账，由中央监控室人员进行管理。

② 安全器械实行各班交接使用。

③ 对讲机应严格按规定频率正确使用，秩序维护员不得随意拆卸、随意变换频率，有故障应立即保修。

④ 橡皮警棍仅限于夜间巡逻人员在紧急情况下(危及人身安全时)用于正当防卫，禁止在其他场合使用。

⑤ 安全器械应挂在中央监控室的墙上，有关人员使用器械时应作领用登记。

> **特别提示**
>
> ● 为了达到物业区域防范管理的目的，就必须从防范管理的"硬件"和"软件"两方面下工夫。防范管理的硬件是指根据防范管理工作的实际需要所必须配备的一套硬件设施。防范管理的软件是指物业服务公司内部的专职保安人员及其事先防范管理所采取的一系列措施、规定和制度。

应用案例 6-1

【案情介绍】

某花园小区 A 栋 1245 房业主李某深夜回来时在小区内被不法分子袭击受伤。李某以物业服务公司未尽物业管理职责，安全管理人员不合格导致小区不安全，业主人身受到伤害为由将物业公司告上法庭，要求物业公司赔偿医疗费、交通费、误工费、营养费、护理费及精神损失费共计人民币 110 045 元。物业公司辩称，物业管理保安服务的范围是指为维护物业管理区域的公共秩序而配合公安机关的防范性安全保卫活动，其在物业管理时，并不负有保证每个居民人身安全的义务。而且该物业公司也已按合同要求配置了 24 小时安防人员。在案件发生时，门岗当班的安全管理人员及巡逻人员没有违规操作或脱岗现象，并未发现陌生人进入，因此不同意原告的诉讼请求。

【解析】

面对这种情况，经专业人士分析，原告与被告订立的物业服务合同系双方自愿，合法有效。被告某物业公司虽在合同中承诺 24 小时安全防范服务，但治安管理是一项社会责任，物业公司的这种安全防范范围仅限于防范性安全保卫活动，并不能要求完全根除治安案件。被告某物业服务公司已在小区设置了门岗及安全防范人员，并实施了 24 小时安全防范值班人员。李某不能提供其被袭击系物业服务企业不履行职责所致的证据，其要求被告某物业公司承担侵权的赔偿责任缺乏事实和法律依据。

【点评】

作为物业服务企业是否承担相应的法律责任的依据，是以是否履行了物业服务合同约定的保安防范服务义务。根据《物业管理条例》第 36 条第二款规定："物业服务企业未履行物业服务合同的约定，导致业主人身、财产安全受损的，应当依法承担相应的法律责任。"

应用案例 6-2

【案情介绍】

某天晚上 9 点多，某小区保安小赵正在大堂岗值班，只见进来两个人，夹着公文包，大摇大摆，视若无人地径直往里走。原来他们是找业主办事的，只是图方便不想登记。

【处理过程】

保安小赵上前礼貌地问道："先生，您好，请问你们到哪里？请按小区管理规定登记。"

谁知来人一听，不耐烦地瞪着眼睛说："怎么了，我是业主，还要登记吗？"

小赵礼貌地问道："先生请问您是哪座哪楼业主？"

"我是某某楼 12B 的业主。"来人语气粗暴地说。

"请问先生 12B 的业主姓什么？叫什么名字？"小赵依然面带微笑的询问。

这时候来人低下头来，无言以对。

小赵借机上前把小区管理规定向来人解释了一遍，请他们给予配合。来人不好意思地按照小赵的指引，进行了登记。

【点评】

来访登记是小区避免发生意外事件的重要手段之一，访客形形色色，小赵对态度蛮横的访客既坚持原则，又不态度生硬，对访客不动声色地"步步紧逼"，进而达到让访客登记的目的，识别了来访者的身份，保证了小区的安全。

6.2.3 公共秩序维护管理制度的实施保障

1. 日检

安全防范管理队伍的各班班长每天应依据检查标准对本班各岗位的当班人员进行检查，检查内容包括仪表礼节、服务态度、工作纪律、工作质量、工作记录、交接班、岗位形象和安全隐患等，对存在的问题应及时指出并作相应处理。

2. 周检

安全防范部主管及项目领导每周应根据检查标准进行全面检查，除日检内容之外，其内容还包括各类安防设施设备的检查、业主意见收集反馈、班组检查记录和安全隐患分析等，并填写周检查记录表。

3. 月检

月检工作是指由指定人员对各项目的安全防范工作进行全面检查，重点检查现场管理效果及过程管理记录，确保安全防范工作的有效性。

4．督查

督查工作是指由指定的督察人员不定期对安全防范工作进行突击检查确保安防工作严格按标准执行，并对违规人员进行教育和处罚。

> **特别提示**
>
> - 在安全管理过程中，无时无刻不在面临着各种各样的突发事件，只有事前将各种可能发生的突发事件预测周详，做好充分的准备，才能降低突发事件带来的危害与损失，因此，制定详细而周全的突发事件应急预案是安全管理过程中的一项重要工作。

知识链接

安全管理常识

1．违反治安管理行为与犯罪行为的区别

违反治安管理的行为是指扰乱社会秩序，妨害公共安全，侵犯公民人身权利，侵犯公私财产，尚不够刑事处罚，但依照《治安管理处罚条例》应当受到治安处罚的行为。违反治安管理的处罚分为三种，即警告、罚款和拘留。有情节特别轻微，主动承认错误及时改正，由于他人胁迫或者诱骗等情形之一的，可以从轻或者免予处罚。违反治安管理的行为与犯罪行为有明显的区别。

(1) 情节轻重和对社会危害大小不同。犯罪行为的情节重于违反治安管理行为的情节，犯罪行为的社会危害性大于违反治安管理行为的社会危害性。

(2) 触犯法律不同。犯罪触犯《刑法》，违反治安管理行为触犯《治安管理处罚条例》。

(3) 应当受到的处罚不同。犯罪应受刑法处罚，违反治安管理行为应受治安管理处罚。

违反治安管理的行为很多，一般将违反治安管理的行为归纳为以下8类：扰乱公共秩序行为，妨害公共安全行为，侵犯他人人身权利行为，侵犯公司财物行为，妨害社会管理秩序行为，违反消防管理行为，违反交通管理行为，违反户口或居民身份证管理行为。

2．正当防卫的条件

正当防卫是每个人的一项合法权利，在安全管理中，当遇到公共利益、本人或其他人的合法权益受到不法侵害时，就可以正当防卫为武器，排除不法侵害，确保本人和他人的合法权益不受侵犯。但是，在行使这项权利时，必须要符合法律规定的条件。正当防卫的条件包括不法侵害条件和防卫条件两个方面。

(1) 不法侵害条件。必须有真实存在的不法侵害行为，才能进行正当防卫；必须针对正在进行的不法侵害行为，才能实行正当防卫。

(2) 防卫条件。正当防卫必须针对不法侵害者本人；正当防卫不能超过必要限度，造成不应有损害。

上述正当防卫的2个方面的4个条件，是一个有机联系整体，缺一不可，只有这2个方面、4个条件同时具备，正当防卫才能成立。否则，就属非正当防卫。

3．紧急避险的常识

紧急避险是指为了国家、公共利益、本人或者他人的人身、财产和其他权利免受正发生的危险，不得已而采取的损害另一较小合法权益的行为。紧急避险成立必须具备以下条件。

(1) 起因条件。紧急避险的起因条件，是指必须有需要避免的危险存在。

(2) 时间条件。紧急避险的时间条件，是指危险必须正在发生。

(3) 对象条件。紧急避险的本质特征，就是为了保全一个较大的合法权益，而将其面临的危险转嫁给另一个较小的合法权益。因此，紧急避险的对象，只能是第三者的合法权益，即通过损害无辜者的合法权益保全公共利益、本人或者他人的合法权益。

(4) 主观条件。紧急避险的主观条件即行为人必须有正当的避险意图。

(5) 限制条件。紧急避险只能是出于迫不得已。所谓迫不得已，是指当危害发生之时，除了损害第三者的合法权益之外，不可能用其他方法来保全另一合法权益。

(6) 限度条件。紧急避险的限度条件，是指紧急避险不能超过必要限度造成不应有的损害。所谓必要限度，是指紧急避险行为所引起的损害必须小于所避免的损害。"必要损害"的认定，应掌握以下标准。

① 一般情况下，人身权利大于财产权益。

② 在人身权利中，生命是最高权利。

③ 在财产权益中，应以财产价值进行比较，从而确定财产权利的大小。

④ 当公共利益与个人利益不能两全时，应根据权益的性质及内容确定权利的大小，并非公共利益永远高于个人利益。

(7) 特别例外限制。根据我国刑法第21条第3款规定，紧急避险的特别例外限制，是指为了避免本人遭受危险的法律规定，不适用于职务上、业务上有特定责任的人。

4. 现场保护的常识

现场保护是指案件或事故发生后，及时采取警戒封锁等措施，使犯罪现场或事故现场保持发现时的原始状态。做好现场保护工作是安全管理人员的一项职责和任务。及时保护好现场，是协助公安机关及时查破案件和有关部门鉴定处理好事故的前提。安全管理人员得知发生案件或事故后，必须立即赶赴现场，采取有效措施加以保护，并同时向公安机关或单位安全管理部门报告。

1) 室内现场保护方法

室内犯罪现场，是指在非露天的建筑物内发生的各类刑事犯罪案件的地点和留有痕迹、物证的场所。对室内现场的保护，通常采取的措施如下：

(1) 封锁现场的出入口和通道。封锁出入口，重点是现场中心所在的出入口；在门口、窗口和重要通道布置专人看守，如是双向通道须全部封锁，禁止一切无关人员进入现场。

(2) 封锁现场周围地带。在现场周围划出一定的警戒范围，布置警戒，禁止围观人员靠近现场，以防破坏现场外围的犯罪痕迹物证。

(3) 在实施封闭措施时，不能随便移动门窗，并要特别注意门窗、门锁、窗户插销上的痕迹是否遭到破坏。

(4) 要求事主、目击证人等候公安人员到场，待公安人员到达现场后，听从公安人员的安排。

2) 露天现场的保护方法

对于发生在室外的露天现场，通常是划出一定的范围布置警戒。保护范围的大小原则上应包括犯罪分子实施侵害行为的地点和遗留有与侵害行为有关的痕迹、物证的一切场所。实践中通常的做法是先把范围划得略大一些，待勘查人员到达现场后根据情况进行调整。具体方法是：

(1) 对于范围不大的露天现场，可以在周围绕以绳索或撒白灰等作警示标记，防止他人入内。

(2) 对通过现场的道路，必要时可临时中断交通，指挥行人或车辆绕道而行。

(3) 对现场上重要部位及现场进出口，应当设岗看守或者设置屏障遮挡。

(4) 对院落内空地上的现场，可将大门关闭，如内有其他住户，可以划出通道方便住户出入。

(5) 当环境发生改变时(如天气)，要对现场上易变的痕迹物证采取适当的保护措施；野外现场要防止牲畜、宠物进入现场破坏痕迹、物证。

5. 犯罪嫌疑人看管的常识

安全管理人员当场抓获或群众扭送安全管理部的犯罪嫌疑人，应及时移送到公安机关处理，在公安人员到达现场之前，安全管理部负责对犯罪嫌疑人进行看管，确保犯罪嫌疑人的人身安全。

(1) 在公安人员未到达现场之前，必须由两名以上安全管理人员负责看管，遇两名以上犯罪嫌疑人时应分开看管，不能让其交流、沟通等。

(2) 犯罪嫌疑人如是群众扭送来的，应留下扭送群众的详细资料、联系方式、姓名、住址等。

(3) 安全管理人员看管犯罪嫌疑人时，应注意：

① 防止犯罪嫌疑人逃跑、自伤、自杀、行凶、毁灭证据。

② 不得捆绑、拷问、殴打犯罪嫌疑人，可令犯罪嫌疑人解下腰带，脱去鞋子。以防犯罪嫌疑人逃跑，同时要清理犯罪嫌疑人身上物品，防止藏匿、销毁证据或暗藏凶器。

③ 看管犯罪嫌疑人地点应选择有单一出入口的单独房间，房间须经过清理，不得有任何可以伤人或自伤的物品。一般令犯罪嫌疑人蹲在空旷的角落内，一名安全管理人员与其保持距离目视地盯守，另一名安全管理人员守住房门。如房间有两个或两个以上出入口，要将出入口封住或有安全管理人员值守。

④ 看管安全管理人员不得私自满足犯罪嫌疑人的各类要求，不得与之交谈，要保持与上级领导的联系，遇有特殊情况使用通讯工具要及时报告。

⑤ 在换岗安全管理人员未到达之前，看管安全管理人员不得擅自离开，在换岗时要将犯罪嫌疑人的动作、表现、交接清楚。

⑥ 在押解犯罪嫌疑人的过程，应保证其前后至少有一名安全管理人员，前者要与犯罪嫌疑人保持一定距离，注意其动向，防止背后受袭；后应者抓紧犯罪嫌疑人的手臂，遇有犯罪嫌疑人有可疑动向，及时通知前面安全管理人员。

应用案例 6-3

【案情介绍】

一个周末的夜晚，住在某大厦东座的一位小姐到大堂处理一件事情。办完事后，发现放在一旁的手袋不见了，里面有刚领到的工资和公司保险柜的钥匙。

【处理过程】

管理处马上到现场了解情况，同时调看事发时段的大堂监控录像。从录像中，大家清楚看到一名男子顺手牵羊拿走了小姐置于一旁的手袋。但非常遗憾的是，由于摄像镜头位置和角度的限制，录像只显示了该人的背影，虽与东座某公司的一位员工很相似，但不能完全确认和肯定。

失主不希望带来其他麻烦，要求管理处继续帮助寻找。管理处经过商议，在大堂贴出告示，讲清失主失窃的情况，申明可疑人已被摄入监控录像，此事公安机关已立案，希望其能迷途知返，主动归还被盗窃的手袋，以免闹出更大的乱子。

第二天，手袋已被悄悄地送回来了，里面的东西丝毫未损。管理处工作人员及时通知失主领回了手袋，女失主重金酬谢被管理处婉言谢绝。

【点评】

物业管理是没有刑侦权利的，同时在证据不足的情况下也不可能指证。该案通过敲山震虎的做法，巧妙地运用了人的心理作用，达到了处理问题的目的。

课题 6.3 消防管理

知识链接

水火无情，人所共知。来自世界卫生组织的统计，近 5 年来，全世界平均每年有 2070 多万人在大火中丧生，受伤的就更难以计数。

2004 年 8 月 1 日，巴拉圭首都亚松森市郊的一家大型超市发生大火，火魔在 6 个小时内夺走了 464 条无辜者的生命。消息传来，世人震惊。

大多数人直到火灾出现之前都没有意识到火灾是多么危险，破坏力是多么大。它不但可以使人体受伤、损失财产，甚至失去生命，火灾还会使企业暂时或永久性倒闭。

火灾的破坏如此之严重，作为一名负责消防工作的安全管理人员，更多的是做好火灾的预防和扑救工作，尽最大努力减少业主和物业使用人生命和财产的损失。

6.3.1 消防管理的概念及火灾发生的原因

1．消防管理的概念

消防管理是物业安全管理的一项重要工作，是指物业服务企业为了搞好物业服务区内的防火、灭火工作，减少业主和物业使用人生命、财产损失而做的一系列安全管理工作的总称。

2．火灾发生的原因

发生火灾的原因很多，概括起来，可以分为主要原因和具体原因。

1) 发生火灾的主要原因：
(1) 思想麻痹，未管理好可燃物、助燃物和火源。
(2) 缺乏防火知识，对达到一定温度的自燃物质未采取必要的防范措施。
(3) 有意或无意地把火源与可燃物接触。

2) 发生火灾的具体原因：
(1) 故意纵火引起火灾事故。
(2) 生活用火不慎引起火灾事故，如取暖、照明、吸烟、使用煤气不慎等。
(3) 玩乐不当引起火灾事故，如玩火、乱放鞭炮、点火作乐等。
(4) 违反安全操作规程引起火灾事故，如违章动用明火、烘烤等。
(5) 违反电器操作规程引起火灾事故，如擅自使用电动机、电焊机以及乱拉电线等。
(6) 设备保养不良引起火灾事故。
(7) 自燃现象引起火灾事故，如雷击等。

> **知识链接**
>
> 1．火灾的几个发展阶段
> (1) 初起阶段。一般是起火后的15分钟以内，易控制和扑救。
> (2) 发展阶段。火焰开始辐射，燃烧面积迅速扩展，区域较大，小型灭火器具难以控制和扑救。
> (3) 高峰阶段。是火灾的最严重阶段，温度高、烟雾浓、火焰烈、区域较大，一般灭火器具无法控制和扑救。
>
> 2．燃烧引起火灾的条件
> (1) 可燃物——不论是气体、液体还是固体，凡是能与空气中的氧或其他氧化剂起燃烧反应的物质，都称作可燃物。如氢气、煤气、酒精、汽油、木材、纸张等。
> (2) 助燃物——凡与可燃物结合能支持和导致燃烧的物质，称助燃物。如空气、氧气、硝酸钾等。
> (3) 点火源——凡能引起可燃物燃烧的点燃能源，称为点火源。如明火焰、热体、聚集日光等。

> **特别提示**
>
> ● 消防管理具体可分为两个部分——防与灭。
> ● "防"策略：处理火灾问题的工作人员应知道预防火灾的重要性，安全管理人员更应关注各种火灾隐患，多注意听、闻、看，以确定危险来自何处(也就是用身体的各种感官去确定危险的所在)。

- **"灭"策略**：灭火工作的成效主要取决于事先准备的是否充分。一旦火燃起，在此之前的准备工作会充分体现其价值。喷淋、注水系统、可携带的灭火器灭火是现在常用的灭火方法。

6.3.2 消防管理机构的设置与职责划分

物业的消防管理应贯彻"预防为主，防消结合"的积极方针，即"组织落实，制度落实，责任落实"，形成"统一管理，层层负责，专群结合，齐抓共管"的网络体系，执行"谁主管，谁使用，谁负责"的消防原则，真正把消防工作做到防患于未然。

物业服务公司总经理应是当然的物业第一防火责任人，全面负责物业的消防工作，并与分区域的防火责任人组成防火领导小组，下设专职的防火办公室与基层(楼层重点部位)防火责任人齐抓共管。同时，物业服务公司应配有专职消防管理人员，建立以物业服务公司的安全管理人员为主的义务消防队伍。

1．防火领导小组职责

(1) 负责领导大厦防火工作。
(2) 负责制订大厦年度防火工作计划。
(3) 负责制订消防器材、设备、设施的补充、维修、更新计划。
(4) 负责消防"十项标准"的贯彻落实。
(5) 负责组织定期防火安全检查，并监督防火工作的执行情况。
(6) 负责火险隐患整改。
(7) 负责检查消防设备的运行、维修、保养情况。
(8) 组织制定消防演习方案。
(9) 负责向上级机关报告大厦的防火工作情况。

2．防火办公室职责

(1) 在防火领导小组的领导下，负责消防管理工作。
(2) 负责消防设备运行、监控及设施设备、器材管理。
(3) 检查、监督防火安全及整改火险隐患。
(4) 负责建立消防组织机构，并报防火领导小组审定。
(5) 制定各种消防规章制度并监督实施。
(6) 开展防火宣传，组织培训义务消防队。
(7) 制定灭火作战方案，组织消防演练。
(8) 负责二次装修消防审批，监督施工及现场防火管理。

3．基层防火责任人职责

(1) 认真贯彻执行消防法规，开展防火宣传教育，加强对员工的防火教育。
(2) 定期检查防火安全情况，查找火险隐患并进行整改。
(3) 实行分级责任制，发现火险隐患及时通报防火办公室，并积极协助整改。
(4) 负责本单位的二次装修、报建及监护设施现场的动火作业，采取预防措施，保证施工安全。
(5) 当火警发生时，积极组织扑救，指挥人员疏散，查找火灾原因。

(6) 做好火灾现场的保护，协助公安机关对火灾原因的调查及处理。

> **知识链接**
>
> **义务消防队伍的建设**
>
> 义务消防队伍是日常消防检查、消防知识宣传及初起火灾抢救扑灭的中坚力量，为了做好小区的消防安全工作，各物业项目应建立完善的义务消防队伍，并经常进行消防知识与实操技能的训练与培训，加强实战能力。
>
> 1. 义务消防队员的构成
>
> 物业管理项目的义务消防队由项目的全体员工组成，分为指挥组、通信组、警戒组、设备组、灭火组和救援组等。其中灭火组及救援组的人员应由年轻力壮、身体素质较好、反应灵敏和责任心强的人员担任，设备组由具有消防设备操作及维护知识的维修人员担任。
>
> 2. 义务消防队员的工作
>
> (1) 负责消防知识的普及、宣传和教育。
> (2) 负责消防设施设备及日常消防工作的检查。
> (3) 负责消防监控报警中心的值班监控。
> (4) 发生火灾时应配合消防部门实施灭火扑救。
>
> 3. 义务消防队伍的训练
>
> 义务消防队伍建立后应定期对义务消防人员进行消防实操训练及消防常识的培训，每年还应进行一到两次的消防实战演习。

6.3.3 消防管理的具体工作

1．消防管理制度的制定

消防工作的指导原则是"预防为主，防消结合"。为达到"预防为主"的目的，必须把日常的消防管理工作制度化、明确化。消防制度包括各种场合的消防要求规范、消防检查制度、各种消防设施设备的操作及维修保养制度、火警火灾应急处理制度、消防值班制度和消防器材管理制度等。

1) 制定物业服务企业消防管理规定

物业服务企业消防管理规定包括企业消防管理机构及运作方式、消防安全岗位责任、奖惩规定、消防安全行为、消防保障要求和消防事故处理报告制度等。

2) 制定消防设施设备管理制度

消防设施设备管理制度的内容包括消防系统运行管理制度，消防器材配置，保管制度，消防系统维护、保养及检查制度，消防装备日常管理制度和消防系统运作操作规程等。

3) 制定消防检查方案及应急预案

根据各管辖区特点，制定消防检查要求及标准，并制定消防演习方案及消防事故应急预案等。

2．物业消防安全检查

1) 消防安全检查的内容

物业消防安全检查的内容主要包括：消防控制室、自动报警(灭火)系统、安全疏散出口、应急照明与疏散指示标志、室内消火栓、灭火器配置、机房、厨房、楼层、电气线路以及防排烟系统等场所。

2) 消防安全检查的组织方法和形式

消防安全检查应作为一项长期性、经常性的工作常抓不懈。在消防安全检查组织形式上可采取日常检查和重点检查、全面检查与抽样检查相结合的方法，应结合不同物业的火灾特点来决定具体采用的方法。

(1) 部门检查。

应对物业小区的消防安全检查进行分类管理，落实责任人或责任部门，确保对重点单位和重要防火部位的检查能落到实处。一般情况下，每日有小区防火督查巡检员跟踪对小区的消防安全检查，每周有班长对小区进行消防安全抽检，监督检查实施情况，并向上级部门报到每月的消防安全检查情况。

(2) 部门各项目的自查。

一是日常检查。应建立健全岗位防火责任制管理，以消防安全员、班组长为主，对所属区域重点防火部位等进行检查。必要时要对一些已发生火灾的部位进行夜间检查。

二是重大节日检查。对元旦、春节等重要节假日应根据节日的火灾特点对重要的消防设备、设施、消防供水和自动灭火等情况重点检查，必要时制定重大节日消防保卫方案，确保节日消防安全。节假日期间大部分业主休假在家，用电、用火增加，应注意相应的电气设备及负载检查，采取保卫措施，同时做好居家消防安全宣传。

三是重大活动检查。在举行大型社区活动时，应作出消防保卫方案，落实各项消防保卫措施。

3) 消防安全检查的程序

(1) 按照部门制定的巡查路线和巡查部位进行检查。

(2) 确定被检查的部位和主要检查内容得到检查。

(3) 对检查内容的完好情况进行判断，并通过直观检查法或采用现代技术设备进行检查，然后把检查结果和检查情况进行综合分析，最后作出结论，进行判断，提出整改意见和对策。

(4) 对检查出的消防问题在规定时间内进行整改，对不及时整改的应予以严肃处理。对问题严重或不能及时处理时应立即上报有关部门。

(5) 对检查情况进行登记存档，分析总结，提出安全检查报告。

4) 消防安全检查的要求

(1) 深入楼层对重点消防保卫部位进行检查，必要时应作系统调试和试验。

(2) 检查公共通道的物品堆放情况，做好电气线路及配电设备的检查。

(3) 对重点设施设备和机房进行深层次的检查，发现问题立即整改。

(4) 对消防隐患问题，立即处理。

(5) 应注意检查通常容易忽略的消防隐患，如单元门禁通道前堆放单车和摩托车，过道塞满物品，疏通楼梯间应急指示灯不亮，配电柜(箱)周围堆放易燃易爆物品等。

3. 动用明火前的安全管理

1) 动火前要求

(1) 重点部位动火须有消防主管领导会同消防管理负责人会审，无异议才能动火。

(2) 防火、灭火设施不落实，周围的易燃杂物未清除，附近难以移动的易燃结构未采取安全防范措施不能动火。
(3) 凡盛装过油类等易燃液体的容器、管道、未经洗刷干净、排除残存的油质不能动火。
(4) 凡盛装过受热膨胀有爆炸危险的其他容器和管道不能动火。
(5) 凡储有易燃、易爆物品的车内、仓库和场所，未经排除易燃、易爆物品的不能动火。
(6) 在高空进行焊接或切割作业时，下面的可燃物品未清理或未采取安全防范措施的不能动火。

2) 动火过程中要求
(1) 动火现场要指定安全责任人。
(2) 现场安全负责人和动火作业员必须经常检查活动或情况，发现不安全苗头时，要立即停止动火。
(3) 发生火灾、爆炸事故时，要及时扑救。
(4) 动火人员要严格执行安全操作规程。

3) 动火后要求
动火人员和现场负责人在动火作业后，应检查清理现场火种并清扫现场。

4. 火灾预防

1) 执行消防检查制度
(1) 安全管理部消防管理人员定时进行消防安全巡逻，做好检查记录，发现问题及时上报。
(2) 定期由消防主管会同各部门防火负责人对物业管理区域进行消防安全检查，由消防监控领班对消防器材、设备、设施进行点检。
(3) 消防主管应按时会同工程部专业人员对消防系统进行测试检查。
(4) 每逢重大节日、活动前夕进行消防安全检查。
(5) 突击检查消防监控值班情况及对系统操作的熟练性、规范性。
(6) 每年(一般在年底)由项目经理会同各部门经理进行年终消防安全大检查，包括客户单元。
(7) 所有检查过程中所发现的问题，由保安部及时发出整改报修通知，并在完成后进行复查。

2) 应对火灾的准备工作
(1) 定期检查及保养消防设备，以确保设备正常。
(2) 培训物业管理人员熟悉灭火设备的使用，包括各类水枪、灭火器的种类及使用范围和使用方法。
(3) 制定及熟悉逃生路线(包括指导客户)。
(4) 消防通道必须保持畅通无阻，防火门不能上锁。
(5) 防火门必须保持关闭及没有损坏。

6.3.4 消防管理常见问题处理

1. 消防应急救灾程序

应急救灾程序是物业管理项目在受到火灾侵害的情况下所采取的应急方法，旨在尽力

补救火灾给物业和人员带来的伤害,将人身及财产损失降到最低程度。消防应急程序为:

(1) 报警。物业管理区域内的人员在发现火灾险情后需立即向值班室报警。

(2) 接到报警后通知。火警经确认后,值班保安员应立即告知安全管理部、工程部及其他部门,并及时报告分管领导直到总经理。

(3) 请求支援。火灾难以控制时必须拨叫119请求支援。

(4) 明确领导或主管人员职责。

(5) 按照疏散程序进行人员和物品的转移。

2. 火灾扑救

物业服务企业应在初起火灾时,抓住时机,组织起义务消防队员,集中精力,迅速、果断地把火灾扑灭在初起阶段,要求做到:

(1) 及时报警,组织扑救。

(2) 集中使用力量,控制火势蔓延。

(3) 消灭飞火,防止死灰复燃。

(4) 疏散物资,建立空间地带。

(5) 注意安全。

(6) 积极抢救被困人员。

(7) 善后运作。

拍片留证,估计损失及呈报详细的事件报告,通知消防保养公司检查系统,确定公安、消防机关及保险公司调查工作完成后,清理火灾现场。

3. 发生火灾时的紧急疏散

1) 紧急疏散的措施

当火灾意外事故(如爆炸)一旦发生,而又无法制止或控制险情,处于紧急状态情况时,就应立即报警、切断火源或事故源,并积极组织人员疏散。尤其是高层住宅和商贸楼宇,疏散路线长,人员分散,组织疏散困难大。一般做法是:先及时切断火源,然后利用楼宇内的分割装置,如商场内的防火卷帘门等将事故现场隔断,阻止灾情扩大,组织人员通过紧急通道、疏散楼梯等迅速撤离。紧急情况下的疏散关键是组织工作,平时应进行一定的训练,以便有备无患。

2) 紧急疏散的程序

疏散人员在火灾发生时,火灾现场总指挥在指挥救火的同时应成立疏散领导小组,执行疏散和撤离命令。小组的具体任务是疏散建筑物内人员,抢救物资和伤员。疏散小组由各部门赶到火灾现场的最高负责人组成,具体任务如下:

(1) 火灾指挥部下达客户和员工疏散命令,由总指挥通知消防中控室通过消防紧急广播系统发出疏散通知。

(2) 安全管理部人员坚守岗位,防止无关人员进入,以免造成财产损失;将备用的照明器材发给安全管理人员,在建筑物内设立安全区;办公室留人职守,随时接受应急命令;准备与医院或急救中心联络;在疏散通道指挥疏散,检查各房间内是否有人滞留。

(3) 工程部将电梯停置在首层,检查轿厢内是否有人;切断与消防无关的全部电源;准备破碎门窗的工具,做好高层援救疏散的准备工作。

具体疏散程序是：

(1) 保证人员的生命安全。如果可以迅速制止险情，应尽快采取措施，这是保证人员安全的积极办法。如果发现不能制止事态扩大，则应尽快组织人员疏散。

(2) 转移危险品。为了避免更大灾害，在可能的条件下尽量将危险品转移。

(3) 抢救贵重财产。在人员安全有保证的前提下，可将贵重财产运送到安全地带。

(4) 清点人员。疏散完毕后，各部门负责人对本部人员进行清点，确保人员的安全。

应用案例 6-4

【案情介绍】

2010 年初夏，天气异常炎热。某日中午，正在小区值勤的安全管理人员发现商铺东侧停车场一辆崭新的面包车突然起火，管理处迅速采取措施，将火扑灭，避免了爆炸的危险。

【处理过程】

发现火情后，安全管理员一边用对讲机向安全管理队长报告，一边去取附近的灭火器灭火。火情就是命令，安管队长飞奔到现场，发现面包车后部已着火燃烧，马上下令本区相邻哨位快速搬灭火器到现场扑救，并呼叫机动中队队长和各区当班人员协助灭火，同时将现场情况向管理处汇报，管理处即拨 119 报警。两分钟后各区当班人员相继赶到火灾现场，此时火势已经很大，旁边一辆白色的凌志小轿车右部后边已被引燃，油箱随时有爆炸的危险，威胁到现场周围业主的生命和财产安全。安管主管果断命令各分队长分别组织队员用灭火器控制火势；同时启动消火栓、铺设水带；驱散围观人群，维护火警现场治安和交通秩序。4 分钟后，火魔被降服，10 分钟后消防车才到。安全管理人员的英勇行为和迅速反应能力，得到了在场业主的好评和感激。

【案例点评】

养兵千日，用兵一时。安全管理人员发现火情汇报早、处理及时妥当，平时注意突发事件处置的培训和演习，关键时刻发挥作用。按预案进行，保证了灭火组织的有条不紊。值班队长临场应变果断坚决，反映出较好的综合素质和对突发事件的处理能力。

6.3.5 消防管理常识

1. 火灾事故照明和疏散指示标志的使用与管理

有些建筑火灾造成了严重的人员伤亡事故，其原因固然是多方面的，但与有无照明和疏散指示标志有一定关系。为防止触电和通过电气设备、线路扩大火势，需要在火灾时及时切断起火部位及其所在防火分区或整个建筑的电源，如无事故照明和疏散指示标志，人们在惊慌之中势必混乱，加上烟气作用，更易引起不必要的伤亡。实践表明，为保障安全疏散，事故照明和疏散指示标志是不可缺少的，尤其是高层建筑、人员集中的场所，引导安全疏散更为必要，这类设施必须保证。对事故照明和疏散指示标志有如下一些要求。

(1) 除了在疏散楼梯、走道和消防电梯及其前室以及人员密集的场所等部位需设事故照明外，对火灾时不能停电、必须坚持工作的场所，如配电室、消防控制室、消防水泵房、各发电机房等也应设事故照明设施。

(2) 疏散指示标志应设于走道的墙面及转角处、楼梯间的出口上方以及环形走道中，其间距不宜大于 20 米，距地 1.5～1.8 米，应写有"EXIT"(出口)的字样。

(3) 在国外，一般采用蓄电池作为火灾事故照明和疏散指示标志的电源。我国统一要求采用蓄电池作为火灾事故照明和疏散指示标志的电源还有困难,所以允许使用城市电网供电,照明电压也允许采用 220V 电压,也可自备发电或蓄电池供电,后者使用时间应在 30 分钟以上。目前也还有两种事故照明方式:一是近年生产的手提式事故照明灯具,已较广泛用于建筑之中。它平时挂在墙上处于充电状态,一旦断电则发出光亮,并能取下以手提方式使用;二是荧光涂料,已初步用于实践,其色料为硫化锌,它能储存和释放光能,且荧光无放射性,目前已开始用做事故照明,均不需配备事故电源且使用简便效果良好,今后在这方面将会得到进一步的发展和应用。

(4) 供人员疏散使用的事故照明。消防控制室、消防水泵房、配电室和自备发电机房等部位的事故照明的最低照度,应与该部位工作时正常照明的最低照度相同。

(5) 为防止火灾时迅速烧毁事故照明灯和疏散指示标志,影响安全疏散,在其外表面应加设保护措施。

(6) 平时要经常检查维护保养上述灯具,灯泡不亮或损坏的要及时修理,使之时刻保持良好状态。

2. 消防术语与标志

(1) 火情。指起火的地点、部位、燃烧物及火势大小等。

(2) 火警。指怀疑有火情的有关信息,包括糊味、烟火、不正常温度等。

(3) 火灾。指着火因素在时间和空间上失去控制,并对人身及财物造成损害的燃烧现象,按火情大小和损失情况分为:特大火灾、重大火灾、火灾三种。

(4) 消防设施。

① 消防供水系统,是指保证物业管理区域内消防用水的水源及传输系统。

② 自动喷水灭火系统。当物业管理区域内发生火灾时,自动喷水扑灭火灾的装置总称,其中包括单元内及公共区域自动喷洒头和喷淋水泵。

③ 监测报警系统。监测各区域温度以判定是否出现火情、火灾或火灾隐患的装置总称其中包括烟感、温感、光感、煤气感、手动报警器、总控制台等。

④ 消防联动系统。即建筑物发生火灾时可以联合动作的设备,包括防火卷帘门、排烟风机、紧急广播、电梯等设备。

⑤ 消防标志。

各物业项目安全管理部应在客户未办理入住手续前检查物业管理区域内如下(但不限于)标志的安装情况,对遗漏及安装位置不符的要进行更正:疏散路线、灭火器、地下消火栓、地上消火栓、消防水泵结合器、火警电话、紧急出口、禁止堵塞、禁止锁闭、禁止吸烟、禁止烟火、禁止存放易燃物、禁止带火种、击碎面板、疏散通道方向、手动报警装置。

课题 6.4 车辆管理

车辆管理有广义和狭义之分,狭义的车辆管理仅指对车辆本身的管理,即车辆的出入与停放管理,而广义的车辆管理实质是车辆、道路与交通管理,本课题所指的车辆管理是广义范围的。

6.4.1 车辆管理概述

1．车辆管理的目的

车辆管理的目的是为了建立良好的交通秩序、车辆停放秩序，减少业主的车辆损坏和失窃的可能性。

2．车辆管理的内容

1) 道路管理

居住区道路管理的内容主要对已建成道路、设施的维修及部分道路的改造与新建。

2) 交通管理

交通管理的任务是正确处理人、车、路的关系，在可能的情况下做到人车分流，保证居住区内交通安全、畅通。

以居住小区为例，交通管理内容主要有：

(1) 建立机动车通行证制度，禁止过境车辆通行。

(2) 根据区内道路情况，确定部分道路为单行道、部分交叉路口禁止左转弯。

(3) 限制车速，确保小区内行人安全。

(4) 禁止乱停放车辆，尤其在道路两旁。

3) 车辆管理

车辆管理包括机动车、摩托车和自行车的管理，应实行物业服务企业与公安交通部门管理相结合的原则。

(1) 机动车管理。

机动车管理是通过门卫管理制度和车辆保管规定来落实的。物业服务企业对进出的机动车必须坚持验证放行制度，对外来车辆要登记。对车辆保管，物业服务企业可与车主签订车辆保管合同或协议。

(2) 摩托车、自行车的管理。

居住小区内为确保摩托车、自行车的存放安全，应设有存车处，派专人负责。车主需委托保管车辆时，先办理立户登记手续、领取存车牌，按指定位置存放好。

3．停车场管理

无论是住宅小区还是商贸楼宇都应设有机动车停车场，为了使其管理有序，必须注意以下四点。

(1) 场内车位划分要明确。安全有序地停放车辆，停车场应用白线框明确划分停车位。

(2) 场内行驶标志要清楚。为便于行车方便和管理，场内行驶路线要用扶栏、标志牌、地下白线箭头指示清楚。

(3) 进出停车场管理要严格。车辆进入停车场要验证发牌、登记。驶离停车场时要验证收牌。

(4) 车辆防盗和防损坏措施要得力。

4．不同类型物业车辆管理的特点

1) 居住物业车辆管理特点

居住物业应大力提倡步行空间的建立，发展公共交通、开通小区班车，为居民提供上下班服务、节假日集中出行服务。对于停车场的管理应注意扰民问题，最好停车场设在物业小区的 4 个边缘地带。

2) 办公物业车辆管理特点

办公物业车辆道路管理的重点应放在车辆调度上，物业服务企业应对物业中的单位上下班情况进行了解统计，统一安排好车辆行走路线和通行办法，防止上下班时出现塞车现象。

3) 商业物业车辆管理特点

对于一般商业物业，物业服务企业应配合公交系统车辆进行定线定站，双休日增加车辆，为顾客提供方便。一些好的物业服务企业可以拥有自管班车，为顾客提供定线不定站的服务。

4) 旅游物业车辆管理特点

旅游物业客流量的季节性强、方向性强，物业服务企业应设立专门的由物业直达旅游地的旅游往返车辆，在旅游季节为游客提供行走方便。

5) 工业物业车辆管理特点

以生产产品为主体的工业物业，它的车辆管理主要集中在对货运车辆的管理上。要注意货运车辆的吨位、高度与所提供道路条件相配合。同时要注意货仓建设，以减少货运车辆的停放时间，提高货运效率。

6.4.2 车辆出入与停放管理

1．车辆出入管理

对出入物业管理区域的车辆进行管理，是门卫保安人员的重要工作职责之一。某些区域既需保持相对宁静，又需保证行人的安全和环境的整洁，为此，必须控制进入物业管理区域的车辆，这是大门门卫的职责。除救护车、消防车、清洁车、小区商业网点送货等特许车辆外，其他车辆进入物业管理区域时，都应有限制性规定，经过门卫允许后方驶入。大门门卫要坚持验证制度，对外来车辆要严格检查，验证放行；对本物业管理区外出的车辆也要严格检查，对可疑车辆要多观察，对车主要仔细询问，一旦发现问题，门卫要拒绝车辆外出，并报告有关部门进行处理。

2．停车场车辆管理

(1) 门卫应指挥进入停车场的车辆慢行，按规定行驶方向行驶。停放于适当的位置，使车场车辆停放整齐。

(2) 认真指挥车辆出入停车场。

(3) 随时巡检停车场车辆情况，发现门、窗未关好。有漏油、漏水等现象时，应及时告知车主，并做好记录。

(4) 发现无关人员或可疑人员在车场闲逛时，应劝其离开，若有紧急情况应按有关规定进行处理。

3．停车库车辆管理

1) 车辆进库

当车辆驶进车库时，车辆管理员应迅速指引车辆慢行，安全地停放在指定的车位上，没有固定车位的车辆不得让其停放于固定车位上。提醒司机关锁好车门、窗，并将车内的贵重物随身带走。

2) 车辆巡视

车辆管理员应定时检查车辆的车况，发现漏水、漏油、未关好车门、窗、未上锁等现象应及时处理并通知车主，并在《停车场(库)值班记录》上做好记录，同时报告班长处理。清点车库内车辆，随时和收费处及地面车辆管理员取得联系，以核对车辆数量，确保安全。发现无关人员或可疑人员到停车库要及时令其离开，若有紧急情况按有关规定进行处理。严密注视车辆情况和驾驶员的行为，若遇醉酒驾车者应立即劝阻，并报告班长及时处理，避免交通意外事故的发生。定时检查防火卷帘门、消火栓和灭火器等消防(或者防盗)设施，发现异常情况，做好记录并及时上报，立即处理。禁止司机(车主)用消防水源洗车或在非洗车地点洗车，经劝阻不听者按有关规定处理。

3) 车辆出库

当有车辆出库时，按车辆出库管理规定，若对出库车辆和驾驶员有疑问时，应立即到车辆前面向司机敬礼，再有礼貌地盘问。若是车主的亲友(经与车主联系认可)，并有驾驶证应放行；若盘问时发现有问题，应立即阻止车辆出库，并及时通知负责人和巡逻保安，机警地做好应对准备，防止不法分子盗车行凶。

4. 车辆停泊收费

(1) 停车费的收取包括外来访客车辆和内部客户车辆。一般情况下内部客户车位的租购费已由物业管理处收缴。

(2) 制定收取现金的安全保存手续，应于当日定时上交物业管理处，并办理交纳手续，由专职接收人在《停车费缴纳登记簿》上签名确认。

(3) 没有自动挡车系统的车场，可以制定存车条或存车卡，在车辆进入车场时发给车主或驾驶员，驶离时交还(存车条或存车卡上应注明车型、车牌号、车身颜色、进出场时间、总计时、实际费用、入口岗签名和收费岗签名)。如有车辆不按规定出库(如不交存车卡或存车条，直接驶出车库)，应报告上级甚至报警，防止车辆被盗。

(4) 存车条或存车卡起到存根的作用，用来记录证明车主或驾驶员是否已交付停车费，有自动挡车系统的车场则可以更方便地使用电脑收费系统，对停车费进行收缴、记账。

(5) 停车费应遵照规定标准收取。计时收费标准张贴于车库入口醒目处，以便车主或驾驶员知晓，避免发生不愉快纠纷。

(6) 部门经理或主管应定期检查停车费收取的执行情况，以保证车场保安能够认真正确地做好此方面的工作。

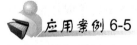

应用案例6-5

【案情介绍】

黄线是禁止停车的标志线，黄线内不可以停车，这是基本常识。但有人却视而不见，偏偏将车停在黄线内，造成小区内交通混乱，给安全管理工作带来很多麻烦。

一天，安管员小江正在道口当值，远远见到一辆奔驰轿车直向小区驶来，"吱"的一声停在了道口内侧的黄线上，车主下车关门转身就要离去。小江急忙跑上前去，一个标准的立正敬礼，礼貌地说："先生，您好！这里是黄线范围，请您把车停放到地下车库。"

车主却不屑一顾地说:"我就住在这,停一会怎么了?多管闲事。"

【处理过程】

小江面带微笑,语气坚决但又热情地解释道:"对不起,先生,这里是消防通道,严禁停放车辆及杂物,另外您的车停在这里我们也很难照顾到,为了您及全体业主的安全,希望您能配合我们的工作,谢谢您了!"

听到小江礼貌而又坚决的话语,再看看周围确实没有一辆车违章停放,车主只好打开车门重新发动汽车,把车开走了。

小江见此,马上又是一个标准的立正敬礼,以示感谢,并目送小轿车慢慢驶入地下停车库。

【案例点评】

服务行业最基本的原则是:永远不要对客人说"不"。当我们遇见业主违反管理规定时,不要用毫无人情味的"不、不行或不可以"等冷漠的字眼加以拒绝或制止,而是要从关心对方的角度出发,换位思考,这样事情就好办多了。

另外,在对方听从我们的建议,配合我们的工作后,一定不要忘了表示真诚的感谢。

6.4.3 车辆管理服务常识和常见问题的处理

1. 车辆碰毁设备设施的处理

当发现车辆碰撞,碰毁设备、设施造成损失时,车管员应记下肇事车辆号码,暂不放其驶出车场,并联系物业部负责人就设备、设施损害程度与肇事车主共同协商解决。

2. 车辆乱停乱放的处理

车辆管理员应指挥车辆按规定线路行驶,停放在指定位置,向车主(或驾驶员)说明不准乱停乱放车辆是为了确保通道畅通无阻,避免造成交通堵塞。

3. 车辆丢失、被盗的处理可采用的方法

(1) 车辆在停车场被盗后,由物业管理部主管确认后,立即通知车主,协同车主向当地公安机关报案。

(2) 物业服务企业人员应配合公安机关和保险公司做好调查处理工作。车辆管理员认真填写交接班记录,如实写明车辆进场时间、事故地点、发生事故的时间以及发现后报告车辆管理人员的情况。

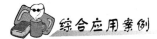
综合应用案例

【案情介绍】

2007年5月29日,邱某(甲方)与某物业公司(乙方)签订了一份《物业服务合同》。合同约定:甲方将居住小区的公共物业管理事务委托给乙方,期限为50年,每月收取公共物业管理费25元;小区内机动车及非机动车一律进库或在规定的地点停放,摩托车每辆每月交停车费15元。免责条款规定:第三人造成甲方人身、财产损害的乙方不承担责任。2007年8月,邱某购买迅龙牌125摩托车一辆,价款3 280元。2008年1月7日晚,邱某将摩托车停放在其居住的泉源小区C1栋楼下的楼梯间被盗。邱某认为摩托车被盗与该物业公司未尽到安全管理义务有关,该公司应承担赔偿责任。双方就赔偿事宜协商无果,遂于2008年3月1日诉至法院,要求物业公司赔偿损失3 280元。

法院审理还查明:①双方签订的服务合同中虽有物业公司提供车位,停车人按月交纳停车费的内容,但因原告及泉源小区的其他业主无人申请此项停车服务,所以物业公司未向小区业主收取停车费,也未提供统一的停车车位。②物业公司在邱某居住的小区内设立了24小时门卫,在小区的主要道路安装了电子

监控录像。

【解析】

"谁主张谁举证",这是一般原则。最高人民法院《关于民事诉讼证据的若干规定》第四条中列举了八项举证责任倒置情形,而对因物业服务合同发生的纠纷,并没有规定。但事实上,由业主承担物业公司在履约过程中有过错或不全面履行合同义务的举证责任是很难的。成文法国家,法律规范总是慢于现实生活的变化,也因立法技术方面的问题,缺陷在所难免。"徒法不能自行"。当法律规范不详尽,不能实现个别正义时,就需要法官在审判实践中根据诉讼基本原则灵活对待。对这类纠纷,法官应当合理地分配举证责任,不能机械司法,僵化办案。物业管理中常见的法律纠纷主要有两种情形。

(1) 发生最多的是业主车辆在小区内被盗。作为有车的业主在选择住宅时,要考虑有地方停车而且要安全。我国的物业服务企业大多是房地产开发公司的子公司,在规划设计时也都有统一的车位或车库。业主将车停放在指定的车位或车库,就应视为将车委托给物业公司代为保障其安全。如发生被盗,作为业主,应当对如下事项承担举证责任:① 将车停放在车位或车库的事实;② 尽到了该尽的防范义务,如车门锁、报警装置的完好性等;③ 车辆的价值。作为物业公司应承担的举证责任是,证明自己已尽到了一个善良服务人的注意义务。一般来说,物业公司应承担的举证责任是:① 小区内治安状况的总体情况。总体情况良好,可以证明物业公司在履行安保义务上是没有过错的。如果总体情况不好,经常有打架斗殴,失窃失盗现象发生,就可以认定物业公司有过错。② 各种制度是否健全及遵守情况。③ 必要的设施、措施及配备的相关人员的情况。比如,小区与外界通道是否设置了门卫及值班记录,值班记录主要用以证明有人值守。从常理讲,要求门卫对所有进出人员进行登记是不可能的。④ 在主通道及统一停车位或车库周围设置的防范措施是否符合合同约定,如夜间巡逻、电子监控设施、单独的值班室及值班人员等。防范程度应当与业主支付的服务费对等。

就本案而言,邱某应当意识到摩托车自身的防盗能力是最差的,而不向物业公司申请一个停车位,造成摩托车被盗,主要过错在邱某。邱某的摩托车由于不是在统一车位内被盗,物业公司只要证明已按物业管理服务合同约定全面履行了注意义务,就不应该承担责任。

(2) 小区内发生入室盗窃、抢劫,造成业主人身伤害、财产受损情形的举证责任。这类情形,往往涉及刑事犯罪。由于刑事犯罪行为具有隐蔽性、突发性和不可预见性,因而作为物业公司的安保义务,应当不超出与业主签订合同时所能预见的情况。所以,发生业主在居家内被伤害、财物被盗被劫,物业公司一般应从以下几面举证证明已履行合同约定的安保义务:①物业服务企业的资质;②从事保安服务的人员按国家有关规定具备职业资格;③健全的保安服务制度;④按制度履行注意义务的记录或证明,如值班日志、重大事故报告记录等;⑤为履行安保义务所采取的措施、配备的设施及必要的宣传等。

业主居家内发生被盗,业主要求物业公司赔偿承担责任,通过诉讼是很难获胜得到赔偿的,已知的案例也是如此。其一,物业公司证明已履行合同约定的注意义务是不难的,而业主反过来主张物业公司没有履行合同约定的注意义务,基本上是不可能的。其二,业主要证明被盗财物的种类、具体数量也是一件很难的事。

单元小结

本单元主要介绍了物业安全管理(公共秩序安全维护管理)的知识,具体包括公共安全防范管理、消防管理和车辆管理。公共安全防范管理主要包括常设岗位职责、服务标准、实施保障等;消防管理主要包括机构的设置、消防管理的具体工作、常见问题的处理、消防器材的使用与管理和相关常识;车辆管理主要包括车辆的出入与停放管理、服务常识和常见问题的处理。

习 题

一、选择题

1. 下列不属于物业安全管理特点的有( )。
   A．专业性　　　　B．有偿性　　　　C．自主性　　　　D．履约性
2. 下列关于安全管理部的主要职责的说法错误的是( )。
   A．贯彻执行国家公安部门关于安全保卫工作的方针、政策和有关规定，建立物业辖区内的各项保安工作制度，对物业辖区安全工作全面负责
   B．组织部门全体人员开展各项保安工作，提出岗位设置和人员安排的意见，制定岗位职责和任务要求，主持安全工作例会
   C．熟悉物业区域常住人员，及时掌握变动情况，了解本地区治安形势，有预见地提出对物业辖区保安工作的意见和措施
   D．抓好对部门干部和职工的安全教育、培训工作，提出并落实教育培训计划，保证业主和物业使用人的生命财产的安全
3. 下列不属于发生火灾主要原因的是( )。
   A．思想麻痹，未管理好可燃物、助燃物和火源
   B．缺乏防火知识，对达到一定温度的自燃物质未采取必要的防范措施
   C．有意或无意地把火源与可燃物接触
   D．故意纵火引起火灾事故
4. 当发生火灾需紧急疏散时，首先应疏散的是( )。
   A．人员　　　　　B．危险品　　　　C．贵重物品　　　D．其他
5. 下列关于不同类型物业车辆管理的特点说法错误的是( )。
   A．居住物业应大力提倡步行空间的建立
   B．办公物业车辆道路管理的重点应放在车辆调度上
   C．商业物业的车辆管理主要集中在对货运车辆的管理上
   D．旅游物业服务企业应设立专门的由物业直达旅游地的旅游往返车辆

二、多选题

1. 物业安全管理的主要内容包括( )。
   A．公共安全防范管理　　　　　　B．消防管理
   C．车辆管理　　　　　　　　　　D．环境管理
   E．污染防治
2. 下列属于物业安全管理的基本原则的是( )。
   A．落实资金　　　B．落实场地　　　C．落实思想　　　D．落实组织
   E．落实人员
3. 下列关于门卫的岗位职责说法正确的是( )。
   A．回答访客的咨询，必要时为其导向

B．做好大门区各种设施设备的管理维护工作，严防设施设备丢失、损坏事件的发生

C．时刻维护大门区良好的环境卫生，对于破坏环境卫生的行为要勇于制止

D．严格执行交接班制度，认真做好交接班记录

E．完成上级领导交办的其他临时性工作

4．公共安全防范管理实施保障的途径有(　　)。
  A．日检   B．周检   C．月检   D．年检
  E．监督

5．广义的车辆管理包括(　　)。
  A．狭义的车辆管理   B．交通管理
  C．道路管理   D．卫生管理
  E．维修管理

三、情景题

1．小李是某物业服务公司安全管理工作的负责人，公司的安全管理维护制度制定的特别详细周全，但最近小李发现服务区内的安全管理工作效果不是很理想，究其原因，主要是制度的实施得不到保障，请你告诉小李如何保障制度的有效实施。

2．对于消防管理来说，防灾重于治灾，张力是某物业服务公司负责消防管理的人员，请你告诉张力，对于物业服务企业来说，应该如何进行火灾的预防？

3．王宏是某物业服务公司停车场的车辆管理员，那么，作为停车场的车辆管理人员，应该具体做好哪些工作？

四、案例分析题

案例1： 一业主投诉，其私家车在小区被撞，要求管理处赔偿经济损失。管理处安管主管立即到现场查看，发现车辆车头部分被撞，凹陷较严重。

处理过程：管理处安管主管向夜班门岗安管员和负责停车场卫生的清洁工了解情况后得知，该车于当天凌晨0:01进入小区，当时车头已有被撞痕迹，而据清洁工反映在该车停车位置扫地时未发现地面有跌落油漆、碎片。由此推断，车辆被撞事件可能发生在小区外。随后，安管主管又查看了当时的监控录像，更加证实了前面的推断。

了解完情况后，安管主管诚恳地与车主进行了沟通，但车主态度十分强硬，一口咬定自己的车是在小区内被撞的，并要求管理处赔偿其损失。任凭安管主管怎么解释他都不听，并扬言要报警。事情到了这个地步，安管主管只好请车主一起看当时的监控录像。于是车主哑口无言。

请你对该案例进行点评。

案例2： 某大厦一位业主带着两个陌生人来到A座大门。当安管员有礼貌地请两位先生登记时，该业主暴跳如雷地说道："有没有搞错，是我带来修锁的还要登记吗？没事找事！"说完强行拉门往里冲。

当班安管员想强行制止，但马上打消了这个念头，因为该业主前几天装修带着外来送餐人员就发生过类似的事，且投诉到了管理处，态度很是蛮横，如果今天强行制止，势必又要发生口角。但是一想到锁匠两三分钟内就能打开一把防盗门的锁，如果有不良企图，

呆上十几分钟后果可想而知。

看来硬来是不行了，只能采取技术手段。安管便每 2 分钟就打一次对讲到业主家"问候"，并密切监视电梯运行情况。当对讲第四次联系到业主时，知道锁已修好且锁匠已离开，安管员关心地问道："请问有什么事没有？""没有，太谢谢你了！"而此时锁匠也刚好步出电梯，安管员目送其离开小区。

过了一会，该业主下楼，一出电梯就拍着值班安管员的肩膀，称赞道："小伙子真不错，太有责任心了，谢谢你！刚才给你的工作添麻烦了，对不起！"

请你对该案例进行点评。

综 合 实 训

一、实训内容

物业安全管理知识的实际体验。

二、实训要求

将全班同学根据具体人数分成若干小组，每组选出一名组长，到物业管理现场参与物业的安全管理(公共安全防范、消防管理和车辆管理)。

三、具体要求

学生到达物业现场后，首先参观物业服务企业安全管理人员的工作，熟悉其工作程序，接受实践人员的指导，然后将自身置于某个角色中，切身体会该角色的实际操作感受。

单元 7
物业环境管理

教学目标

本单元主要介绍物业管理内容中的环境管理知识,具体包括:物业环境保洁服务、绿化服务、污染防治。教学目的是使学生通过本单元知识的学习,掌握物业环境管理的内容、方法和工作程序,进而为做好环境管理工作打下基础。

教学要求

能 力 目 标	知 识 要 点	权重
熟悉物业环境和环境管理的一般常识	物业环境管理概述	10%
熟悉物业保洁服务的一般知识,掌握物业不同部位保洁工作的要点	物业环境保洁服务	30%
熟悉物业绿化服务的一般知识,掌握立体绿化和绿化服务的内容	物业环境绿化服务	30%
掌握物业环境管理早期介入的重要性和方法,熟悉造成物业环境污染的起因,能够对各种常规的环境污染提出合理的防治措施	物业环境污染防治	30%

引例

某物业服务公司接管某住宅小区后，短时间内先后接到很多业主关于小区环境差的投诉，有些业主甚至扬言要为此拒交物业费。物业服务公司经过调查发现，虽然公司制定了严格的环境管理制度，雇佣了大量的环境工作人员，但是由于制度的可操作性较差，同时对制度的实施也缺乏监管，环境管理这一块没有形成一个自上而下的合理的体系，所以出现了如上的局面，可见物业环境管理是十分重要的。它直接影响着业主和物业使用人对物业服务公司服务的第一印象。

那么，物业环境管理包括哪些内容？各项具体的管理工作又是如何操作的呢？本单元将对这些问题进行介绍。

课题 7.1　物业环境管理概述

7.1.1　物业环境

1．物业环境的概念

物业环境是城市环境的一部分。城市环境是城市范围内的大环境，物业环境指的是物业辖区内与业主、使用人生活和工作密切相关的、直接影响其生存、发展和享受的各种必须条件和外部变量因素的综合。

2．物业环境的特点

(1) 物业环境是内部环境与外部环境的统一。

内部环境是指物业——建筑的内部环境。

外部环境是指物业所在区域内，与居民生活居住等密切相关的各类公共建筑、公共设施、绿化、院落和室外场地等设施与设备的情况和条件。

外部环境与内部环境的有机组合，构成了物业的环境。

(2) 物业环境是硬环境与软环境的统一。

硬环境是指与业主和使用人有关或所处的外部物质要素的总和，是生活和工作必要的物质条件，即房屋建筑、附属设备、公共设施和相关场地。软环境是指与业主和使用人有关或所处的外部精神要素的总和。它是无形的、人际的、文化的，能对人们的生活和工作施加一定的影响。这两种环境是相互影响、相互作用的，硬环境的建设离不开软环境的支持，软环境的建设也离不开硬环境的物质基础。

(3) 物业环境是自然环境与社会环境的统一。

物业环境不仅包括自然物质要素，如空气、水、树木花草等，同时也包括社会物质要素，如环境管理、宣传教育、执法监督等。这两种环境要素也是相辅相成的。自然环境离不开社会的经济、政治和文化的发展，离不开社会的环境管理、宣传教育、执法监督；社会环境的发展要以自然环境为基础。

3．物业环境的类型

1) 居住环境

居住环境是指提供给人们居住的物业环境，包括内部居住环境和外部居住环境两个方面。影响居住建筑内部环境的因素主要是住宅标准、住宅类型、隔声、隔热和保温、光照、通风、室内小气候、室内空气量和二氧化碳的含量等。影响外部居住环境的因素主要是居住密度、公共建筑、绿化、室外庭院和各类活动场所、室外环境小品、大气环境、声环境和视环境、小气候环境、邻里和社会环境、环境卫生状况等。

2) 生产环境

生产环境是指提供给企业及其生产者,即工人们进行生产时相关的设施和条件。具体来说,包括物业用途及类型、隔声、隔热和保温、光照和通风、绿化、环境卫生状况、交通条件、基础设施、行政服务条件等。

3) 商业环境

商业环境是指提供给商业企业及其经营者从事商业活动的物业环境,主要包括以下几个方面:物业类型和档次、隔声、光照和通风、室内小气候、绿化、环境卫生状况、环境小品、商业设施、交通条件、服务态度和服务水平等。

4) 办公环境

办公环境是指用于行政办公目的的物业环境。办公环境主要包括办公室内环境和办公室外环境。影响办公室内的环境,主要包括办公室的标准、隔音效果、隔热与保温、光照和日照、室内景观布置和办公设备的完善程度等。影响办公室外的环境,主要包括室外绿化、室外环境小品、大气环境质量、声觉环境和视觉环境、环境卫生状况、治安状况以及工作人员的思想文化素养、艺术修养和人际关系等。

7.1.2 物业环境管理

1. 物业环境管理的概念

物业环境管理主要是调控业主或物业使用人与环境保洁的关系,组织并管理业主或物业使用人的生产和生活活动,限制业主或物业使用人损害环境质量、破坏自然资源的行为。物业环境管理包括环境卫生管理、环境绿化服务和环境污染防治。

2. 物业环境管理的基本原则

(1) 以防为主,防治结合的原则。

加强管理,控制污染源,防止新污染,并对发生的污染采取有效的措施进行治理。

(2) 专业管理与业主和使用人自觉维护相结合的原则。

业主和使用人有享受良好环境的权利,也有保护环境的义务。因此,要力求做到管理者与业主和使用人的相互调适。

(3) 环境保洁与资源利用相结合的原则。

如利用工业废渣做建筑材料;利用固体废弃物做农业肥料;回收固体废弃物中的可用资源和能源;还有余热的再次利用、水的再次利用等。

(4) 污染者要承担相应责任的原则。

如治理责任、损害补偿责任和法律责任等。

(5) 环境管理与精神文明建设相结合的原则。

以加强社会主义精神文明建设为契机,才能收到预期的管理效果。

3．物业环境管理的主要内容

1) 环境保洁服务

这是一项经常性的管理服务工作，良好的环境卫生不但可以保持物业区域容貌的整洁，而且对于减少疾病、促进身心健康十分有益，同时对社会精神文明建设也具有很重要的作用。

2) 环境绿化服务

尽量扩大绿地面积和种植树木花草，净化空气，调节物业区域小气候，保持水土、防风治沙，消声防噪，达到净化、美化环境的目的。

3) 环境污染防治

采取各种可行的和有效的措施，防治大气污染、水体污染、固体废弃物污染、噪声污染。如物业服务企业一定要加强对物业区域内车辆交通的管理，建立良好的交通秩序、车辆停放秩序、减少废气的排放、减少噪声。

4．物业环境管理的目标

物业环境管理的实质，就是要遵循社会经济发展规律和自然规律，采取有效的手段来影响和限制物业业主、使用人和受益人的行为，以使其活动与环境质量达到较佳的平衡，保证物业正常良好的工作、生活秩序与创造优美舒适的工作、生活环境，确保物业经济价值的实现，最终达到物业经济效益、社会效益和环境效益的统一。按照这个总目标，物业环境管理的具体目标，主要有以下几个方面。

(1) 合理开发和利用物业区域的自然资源，维护物业区域的生态平衡，防止物业区域的自然环境和社会环境受到破坏和污染，使之更好地适合于人类劳动、生活和自然界生物的生存和发展。

(2) 有效贯彻国家关于物业环境保护的政策、法规、条例、规划等，具体制定物业环境管理的方案和措施，选择切实可行的能够保护和改善物业环境的途径，正确处理好社会和经济可持续发展与环境保护的关系。

(3) 建立物业环境的日常管理机构，做好物业环境的日常管理工作，如物业区域内的卫生保洁、绿化、治安、消防、车辆交通等方面的维护和监督工作，使物业区域内的环境经常都得到净化、美化、绿化，保证正常的工作和生活秩序。

(4) 积极开展保护环境的宣传教育，引导公众参与物业环境管理，构建物业环境文化。

课题 7.2　物业环境保洁服务

在物业服务区域中，整洁的环境及其所带来的舒适和优美，是评价物业服务质量的一个十分重要的指标。环境整洁，不但具有视觉上的直观性，而且会由此给人们带来心理上的舒适感与美感，因而成为物业区域(楼)文明的第一象征和服务水平的重要标志。整洁的物业区域环境需要常规性的环境保洁服务来实现。

7.2.1 物业环境保洁服务概述

1. 物业环境保洁服务的概念

物业环境保洁服务是指物业服务公司通过宣传教育、监督治理和日常保洁工作，保护物业区域环境，防止环境污染，定时、定点、定人进行垃圾的分类收集、处理和清运，通过清扫、擦拭、整理等专业性操作，维护辖区所有公共地方、公共部位的清理卫生，保持环境整洁，提高环境效益。

> **知识链接**
>
> 物业环境保洁一词从字面上来讲分为两部分：一是指清洁，打扫卫生，使区域内的各种设施、设备一尘不染，光洁明亮；二是指维护保持清洁，并使区域内的各种设施、设备处于正常运转的状态。(在许多物业管理项目中，这项工作多是由机电工程人员相助完成的)所以，清洁和保养是"保洁"一对不可分割的组合。随着社会生产力的发展，人们的物质生活水平在不断提高，保洁也不再是简单的体力劳动。随着清洁药剂、清洁设备的广泛使用，保洁工作似乎也成为一项具有科技含量的事务性工作。

2. 物业环境保洁服务的原则

(1) 扫防结合，以防为主。"扫"和"防"是保持整洁的两个重要方面，"扫"是指清扫，"防"是指防治。搞好清洁卫生，首先要清扫干净，要保持下去就要靠防治。通过管理服务，纠正业主和使用人的卫生习惯，防止脏乱差现象发生。

(2) 依法依规严格管理。在实施物业管理之初，企业就要与业主就保持的有关事项签订有关的规定和协议，对区域内的保洁提出切实可行的措施和规章，而且要求全体业主共同遵守。这些规定、规范是业主和物业服务公司双方的行为准则，并通过长期的宣传教育达到深入人心。

(3) 责任明确，分工具体。保洁本身是一个很烦琐的工作，而且工作的时间长、内容多，在管理的过程中，要保证各个环节的良好衔接，防止出现卫生区空白，要周密安排每个岗位，明确岗位职责、责任人，才能保持良好的卫生状况。

3. 物业环境保洁服务的范围

(1) 公共地方。在物业区域中，业主私人的空间不允许打扰，但是，公共地区的卫生必须靠物业公司来保持，包括楼宇的前后左右、道路、广场、空地、绿地等平面位置的保洁和管理。

(2) 共用部位。这是指楼宇在垂直方面的保洁，包括楼梯、走道、电梯间、大厅、平台和建筑物的外观的清扫保洁。

(3) 垃圾处理。包括住宅区的生活垃圾和商业楼宇使用过程中的废物的分类收集、处理和清运，要求业主和物业使用人按规定的时间、地点、方式，将垃圾倒入指定的区域或容器。

4. 物业环境保洁服务的标准

标准是衡量事物的准则，也是评价保洁工作的尺度。物业区域环境保洁的通用标准是"五无"，即无裸露垃圾，无垃圾死角，无明显积尘积垢，无蚊蝇虫滋生地，无"脏乱差"

顽疾。住房和城乡建设部颁布的《全国城市马路清扫质量标准》中，有两条可以作为物业区域道路清扫保洁质量的参考：一是每天普扫两遍，每日保洁；二是达到"六不"、"六净"标准，即不见积水、不见积土、不见杂物、不漏收堆、不乱倒垃圾和不见人畜粪，路面净、路沿净、人行道净、雨水口净、树坑墙根净和废物箱净。

7.2.2 物业环境保洁服务机构设置及人员管理

1．物业环境保洁机构的设置

物业环境保洁是一项涉及面广、专业性强、需要多个部门相互配合才能做好的工作。所以，一般要求成立专门负责物业环境保洁工作的机构，把物业小区的环境保洁工作真正抓起来，并落到实处。

物业服务企业可以将所管理的物业区域内的日常保洁工作，委托给专业保洁服务公司具体实施，自己只安排1～2名主管负责环境卫生的监督检查；也可以在物业服务企业下设保洁部来具体负责所管理物业区域内的环境卫生工作，并聘用保洁人员进行日常的保洁工作。其机构设置及人员配备应根据物业的类型、区域的分布、面积的大小、保洁的标准等情况灵活设置。

> **特别提示**
>
> - 在现实的物业环境保洁服务过程中，由于保洁内容中有一些特殊工种的服务，如高层楼宇外墙清洗，鉴于其专业性强危险性高的特点，一般将这部分工作对外委托，而其他常规性的保洁工作则由物业服务企业自行负责，这种方式一般称为结合式。

2．物业环境保洁服务机构的部门职责

(1) 负责对物业内公共场地的清扫保洁工作。
(2) 负责对物业楼宇内公共部位的清扫保洁工作。
(3) 负责对物业内生活垃圾和粪便的清运。
(4) 负责对物业内居民、商业、饮食服务业等执行城市环境卫生管理、物业环境卫生管理情况的监督检查工作。
(5) 接受物业所在地的环境卫生管理部门的业务监督和指导，积极配合环卫部门共同搞好管区内环境卫生工作。

3．物业环境保洁服务机构人员配备

这里的人员配备主要是指物业服务企业自行负责保洁工作的情况。根据物业区域规模的大小、环境保洁工作量的多少，可以配备适量的人员。在物业区域规模小、环境保洁工作量不大的情况下，可以不设专门的机构，但是要有专人负责；在物业区域规模比较大、环境保洁工作量比较大的情况下，应当设立专门的机构，并配备专门的人员，岗位主要有部门经理、技术人员、班组长、保洁员和仓库保管员。

4．物业环境保洁服务机构人员的岗位职责

1) 部门经理(保洁主管)的职责
(1) 按照公司经理的指示精神和公司的管理目标，组织各项清扫保洁管理的具体工作。

(2) 每日检查督促各区域保洁任务的完成情况，发现问题及时返工补课。
(3) 接洽开拓各种清洁服务业务，为公司创收。
(4) 经常进行巡查抽查，发现卫生死角及时解决。

2) 技术员的职责
(1) 配合经理拟订清扫保洁工作的实施方案。
(2) 对专用清洁设备进行使用指导。
(3) 随时检查和保养清洁用具和机械设备。
(4) 检查监督分管的保洁区域和项目。
(5) 做好经理交办的其他事项。

3) 公共卫生区域领班的职责
(1) 向保洁主管负责，每日班前留意当日保洁主管的指示，并接受其督导。
(2) 检查员工签到记录，察看是否全勤当值，对缺勤及时采取措施，合理安排属下员工工作。
(3) 检查所辖范围的清洁成效。
(4) 随时检查员工的工作情况，及时调整各种工具及人力配备。
(5) 编制保洁人员、用品、物料计划，减少消耗，控制成本。

4) 保洁员的职责
(1) 遵守《员工守则》，统一着装上岗。
(2) 听从领班的安排，严格按照清洁程序，保质保量地搞好职责范围内的清扫保洁工作。

5) 仓库保管员的职责
(1) 严格遵守《员工守则》及各项规章制度，服从主管的工作安排。
(2) 认真做好仓库的安全、整洁工作。按时到岗，经常巡视打扫，合理堆放货物，发现可疑迹象及火灾隐患及时排除或报告上级。
(3) 负责清洁工具用品的收发工作。收货时必须严格按质按量验收，并正确填写入库单；发货时必须严格审核领用手续是否齐全，对于手续欠妥者一律拒发。
(4) 严禁私自借用工具及用品。
(5) 做好月底盘点工作，及时结出月末库存数据呈报主管。
(6) 做好每月物料库存采购计划，提前呈报主管。

7.2.3 物业环境保洁服务制度及实施

1. 物业环境保洁服务制度

1) 清洁工具的领用
(1) 需用设备必须填写领用登记表。
(2) 领用设备时，领用人需自行检查设备的完好程度，因检查不周，造成病机出库而影响工作的，由领用人自行负责。
(3) 使用设备时如发生故障，不得强行继续操作，违者罚款。
(4) 因使用不当，发生机具、附件损坏者，按规定赔偿。

(5) 归还设备时，必须保证设备完好无损，内外干净，如有损坏，应及时报修，并在领用簿上注明损坏情况。

(6) 凡不符合上述领用要求的，保管人员有权拒收，由此影响工作的，由领用人自行负责。

2) 常用工具的操作

(1) 使用前，要了解设备的性能、特点、耗电量。

(2) 操作前先清理场地，防止接线板、电机进水或因电线卷入正在操作的设备中而损坏设备。

(3) 擦地机、抛光机、地毯清洗机、吸水机、吸尘器等设备均需按照使用说明正确操作，正确使用。

(4) 高压水枪不能在脱水情况下操作。

(5) 设备使用后，按要求做好清洗、保养工作。

3) 清洁人员的安全操作工程

(1) 牢固树立"安全第一"的思想，确保安全操作。

(2) 清扫人员在超过 2 米高处操作时，必须双脚踏在凳子上，不得单脚踏在凳子上，以免摔伤。

(3) 清扫人员在使用机器时，不得用湿手接触电源插座，以免触电。

(4) 清扫人员在不会使用清洁机器时，不得私自开动机器，以免发生意外事故。

(5) 清扫人员应该严格遵守防火制度，不得动用明火，以免发生火灾。

(6) 在操作与安全发生矛盾时，应先服从安全，以安全为重。

(7) 清扫人员在使用开水时，应思想集中，以免烫伤。

(8) 室外人员在推垃圾箱时，应小心操作，以免压伤手脚。

2．物业环境保洁服务制度的实施

(1) 指导领班、清洁员的工作，确保达到标准。

为了确实保证卫生保洁制度的贯彻和落实，搞好卫生保洁工作，物业服务企业的领导、特别是部门的领导要将企业的保洁制度，各项管理工作的要求以及每一个工作岗位的职责告之于每一位员工，使他们能够自觉按照具体的岗位职责去要求自己。同时要具体指导领班和清洁员的工作，以确保每一项具体工作的要求能够得到落实，并能够达到规定的标准。

(2) 巡视检查卫生情况及时解决问题。

为了确实保证卫生保洁制度的实施和物业区域的环境卫生，要加强卫生情况的巡视和检查。这个巡视和检查，可以从内、外两个方面来进行。从企业内部来说，要采取定期或不定期的检查。在检查时，要会同有关部门的领导、检查员等共同巡视，该表扬的要表扬，该批评的要批评。对检查出的问题要提出妥善的解决办法。从企业外部来说，保洁部门应该将有关要求和标准公之于众，自觉地接受业主和使用人的监督和检查。

(3) 处理好与社区清洁卫生管理部门的关系。

物业区域的环境卫生管理工作，是整个城市环境卫生管理工作的一部分，所以物业服务企业一定要处理好与社区清洁卫生管理部门的关系。一方面在业务上需要他们的指导和监督，另一方面许多工作需要他们来完成，包括垃圾的清运和处理、污水要纳入整个城市的污水系统等。

(4) 进行维护环境卫生的宣传教育。

环境卫生管理工作，一方面需要专门管理机构和人员辅佐"清扫"，另一方面也需要大家来共同"维护"，这个"大家"，既指管理者自身，也指每一位业主和使用人。"清扫"是必要的，"维护"才是根本的。所以，一定要加强维护环境卫生的宣传教育工作，使每一个人都能认识到维护环境卫生的重要性，提高维护环境卫生的自觉性，养成良好的卫生习惯，使业主和使用人也积极投入到维护环境卫生的工作中来。在双方的共同努力下，创造出优美、清洁、卫生的物业环境。

(5) 搞好卫生设施的建设和维护。

维护物业区域的环境卫生，必须有一定的卫生设施。在公共场合，除了必备的果皮箱、垃圾桶以外，还要合理的配置卫生间。合理，就是布局合理，方便人们使用，标志十分醒目，人们容易找到。在物业区域，特别是物业小区还要搞好垃圾篓或垃圾亭的建设，以便收集、运送垃圾。

果皮箱、垃圾桶、卫生间、垃圾篓或垃圾亭的建设是必要的，有了这些设施以后还要维护好，既要保持它们的清洁卫生，又要保持它们的良好使用状态，发现破损应及时修复。

应用案例 7-1

【案情介绍】

某花园小区 10 幢 603 户业主有个习惯，喜欢嗑瓜子，且不注意环境卫生，经常把花园、儿童游乐场内吃得瓜子壳满地，清洁起来极其麻烦。

【解决办法】

怎样才能使客人接受意见并改变不良的生活习惯呢？直接出言劝阻将使业主下不了台，还会伤害到业主的感情，也不符合服务行业的职业道德规范；而保持沉默、任其所为，瓜子壳被风吹得到处都是，对环境的影响很大。怎么办呢？小区工作人员想了好几天，终于想到了一个办法，他们见那业主又在嗑瓜子，保洁员微笑地走到业主跟前说："您好，不好意思，是我的工作疏忽，没有为你准备袋子装瓜子壳。"说完从袋内拿出一个小垃圾袋放在她身边的椅子上，并说："请慢用。"说完开始清理地面上刚吐的瓜子壳。

眼看业主面带歉意，从那以后地面上再也没有看到有瓜子壳了。

【点评】

从这个例子可以看出：只要用心服务，以情感人，肯动脑筋，不管什么样的难题都可以解决。

课题 7.3　物业环境绿化服务

7.3.1　物业环境绿化服务概述

1. 物业环境绿化服务的概念

物业环境绿化服务是指物业服务企业对物业管理区域范围内的绿化过程实施的一系列管理活动。它是通过设立绿化服务机构、配备专职管理人员、制定绿化服务制度、做好绿地的设计、营造和养护工作等来实施管理的。绿化是美化物业管理区域环境的重要因素。

通过绿化服务能创造良好的经济效益、社会效益和环境效益。

知识链接

1. 城市绿地的类型
(1) 公共绿地，即指市级、区级、居住区级公园和动物园、植物园、陵园、小游园及街道广场绿地。
(2) 防护绿地，是指用于城市环境、卫生、安全、防灾等目的的绿地。
(3) 生产绿地，是指为城市绿化提供苗木、花草、种子的苗圃、花园、草圃等。
(4) 居住区级绿地，是指居住区内除居住区级公园以外的其他绿地
(5) 单位附属绿地，是指机关、团体、部队、企业、事业单位管界内的环境绿地。
(6) 道路绿地，是指城市交通，包括铁路、公路两侧以及河流、湖泊、池塘四周的绿地。
(7) 风景林地，是指具有一定景观价值，在城市整体风貌和环境中起作用，但尚没有完善游览、休息、娱乐等设施的林地。

2. 城市绿化相关政策法规
以下是几项主要的有关城市绿化服务的全国性政策法规。

1)《城市绿化条例》
为了促进城市绿化事业的发展，改善生态环境，美化生活环境，增进人民身心健康，1992年6月22日国务院第100号令发布了《城市绿化条例》。该条例自1992年8月1日起施行，适用于在城市规划区内种植和养护树木花草等城市绿化的规划、建设、保护和管理。

2)《城市绿线管理办法》
为建立并严格施行城市绿线管理制度，加强城市生态环境建设，创造良好的人居环境，醋精城市可持续发展，根据《城市规划法》、《城市绿化条例》等法律法规，原建设部制定并于2002年9月13日以112号令发布了《城市绿线管理办法》，该办法自2002年自11月1日起施行。该办法适用于城市绿线即城市各类绿地范围的控制线的规定和监督管理。

3)《城市绿化规划建设指标的规定》
原建设部制定的《城市绿化规划建设指标的规定》(城建[1993]784号)自1994年1月1日起实施，规定了公共绿地、居住区级绿地、单位附属绿地、防护绿地、生产绿地、风景林地等城市绿地的具体指标。

4)《城市园林绿化企业资质管理办法》和《城市园林绿化企业资质标准》
1995年7月4日，原建设部发布的《城市园林绿化企业资质管理办法》和《城市园林绿化企业资质标准》(城建[1995]383号)自1995年10月1日起施行。《城市园林绿化企业资质管理办法》规定了城市园林绿化企业资质管理的具体办法。《城市园林绿化企业资质标准》规定了各级城市园林绿化企业的具体评定标准以及被许可的营业范围。

5)《城市绿化工程施工及验收规范》
自1999年8月1日起施行的行业标准《城市绿化工程施工及验收范围》(CJJ/T 82—99)适用于公共绿地、居住区绿地、单位附属绿地、生产绿地、防护绿地、城市风景林地、城市道路绿化等绿化工程及其附属设施的施工及验收。

3. 城市绿化服务的分工及范围
按照《城市规划法》、《城市绿化条例》以及2002年11月通过的《城市绿线管理办法》规定，每座城市都要组织编制城市绿地系统规划。确定城市绿化目标和布局，规定城市各类绿地的控制原则，按照规定和标准确定绿化用地面积，分层次合理布局公共绿地，确定防护绿地、大型公共绿地等绿线。根据《城市绿化条例》的规定，城市绿地分工及范围如下。

(1) 公共绿地、防护绿地、风景林地、行道树及干道绿化带的绿化，由城市人民政府绿化行政主管部门管理。

(2) 城市苗圃、花圃、草圃等，由经营单位管理。
(3) 单位自建的公园和单位附属绿地的绿化，由该单位管理。
(4) 居住区绿地的绿化，由城市人民政府绿化行政主管部门根据实际情况确定的单位管理。目前一般规定：

① 新建小区道路建筑红线以外的，归园林部门绿化和养护管理；道路红线以内的，归房管部门或物业服务企业绿化和养护管理。

② 新建小区内部有路名的道路归园林部门绿化和养护管理；没有路名的道路归房管部门或物业服务企业绿化和养护管理。

2. 物业环境绿化的作用

环境绿化是城市建设中的一个重要组成部分，绿化的作用很多，主要体现在三个方面。

(1) 具有保护和改善生态环境的作用，绿化树林能起到降低风速、阻挡风沙的作用。绿色植物能吸收二氧化碳，放出氧气，起到净化空气的作用。

(2) 绿化具有美化作用。绿化是美化城市的一个重要手段，运用园林植物、树木、花卉不同的形状、颜色、用途和风格，不仅使城市披上绿装，而且瑰丽的色彩，芬芳的花香使城市更美。

(3) 绿化能陶冶情操，起到修身养性作用。人们在色彩丰富的园林绿地中生活，不仅能得到美的享受，还能陶冶情操，提高审美能力。

3. 物业绿地规划基本要求

物业绿地规划应以植物为主，注意景观因地制宜，节约用地

(1) 合理组织，统一规划。要采取集中与分散，重点与一般，点、线、面相结合，以居住区中心花园为中心，以道路绿化为网络，以住宅间绿地为基础，使居住区绿地自成系统，并与城市绿地系统相协调，成为有机的组成部分。

(2) 因地制宜，节约用地。要充分利用自然地形和现状条件，尽量利用劣地、坡地、洼地和水面作为绿化用地，以节约城市用地。对原有的树木，特别是古树名木应加以保护和利用，以期早日形成绿化面貌。

(3) 植物为主，注意景观。居住区的绿化，应以植物造园为主，合理布局。植物材料的选择和配置，要结合居住区绿地的特点，结合居民的能力，力求投资节省，养护管理省工，充分发挥绿地的卫生防护功能。为了居民的休息和景观的需要，适当布置一些园林小品，其风格及手法应朴素、简洁、统一、大方。

4. 绿化植物选择与配植的基本原则

(1) 以乡土植物为主，适当选用驯化的外来及野生植物。绿化植树，种花栽草，创造景观，美化环境，最基本的一条是要求栽植的植物能成活，健康生长，这就必须根据居住区的自然条件选择适应的植物材料，即"适地适树"。居住区楼房密集，地下土壤条件差，只有乡土植物才能适应。当然，为了丰富植物种类，弥补乡土植物的不足，也不应排斥优良的外来及野生植物种类。但是，它们必须是经过长期引进驯化，证明已经适应当地自然条件的种类。

(2) 以乔木、灌木为主，草本花卉点缀。重视草坪地被、攀缘植物的应用。乔木是城市绿化的骨架，高大雄伟的乔木是绿化的主体，也是景观的主体，但是丰富的色彩则来自多种

多样的灌木和花卉。通过乔木、灌木、花、草的合理搭配，才能组成平面上的成丛成群，立面上层次丰富、季相多变、色彩绚丽的植物群落，达到最大的景观效果和生态效益。

(3) 速生树与慢生树相结合，常绿树与落叶树相结合。新建居住区，为了尽早发挥绿化效益，一般多栽植速生树，近期即能鲜花盛开，绿树成荫。但是，速生树虽然生长快，见效早，然而寿命短、易衰老，三四十年就要更新重栽。这对园林景观及生态效益的发挥是不利的。因此，从长远来看要选种一些慢生树。合理搭配速生树与慢生树，近期与远期相结合，做到有计划地用慢生树代替速生树。北方冬季时间长，缺少绿色，所以，要多选用一些常绿树，以增加冬季景观；南方四季常青，缺少变化，所以，要适当选用一些落叶树，以丰富四季景观。

(4) 根据不同特点选择不同植物种类。居住区绿地是城市绿地系统中的重要组成部分，具有城市绿地的共性，同时又有自己的特点。总体上要求植物从姿态、色彩、香气、神韵等观赏特性方面有上乘表现，同时在抵抗不良环境方面有比较大的抵抗性，还要有利于人们的休憩、活动。既要有一些色彩淡雅、冠大荫浓的乔木，也要有一些色彩丰富的灌木、花卉，还可以栽植一些刺篱以达安全防范的目的。

特别提示

- 绿化是构成物业、管理区美化、优化环境的重要因素，它能够调节管理区内局部生态平衡，因此要充分利用管区内的土地，搞好环境的绿化和美化。物业服务企业应经常组织业主参加庭院绿化、种植、浇水、除草等公益活动，增强业主的绿化意识。

7.3.2 物业环境绿化服务机构的设置及人员管理

1．物业环境绿化服务机构的设置

为了搞好物业区域的环境绿化服务，首先物业服务企业应当确定物业区域的环境绿化服务模式，并在此基础上设置不同的环境绿化服务机构。绿化服务模式、管理机构，一般采取委托式和自主式两种方式。

(1) 委托式。即将物业区域的环境绿化服务工作委托给专业的绿化公司负责。采用这种方式时，物业服务企业一般采取承包的方式转包给专业的绿化公司。物业服务企业只需配备1~2名管理人员，根据承包议定书对绿化公司进行检查、监督和评议。

(2) 自主式。即物业区域的环境绿化服务工作完全由自己负责。采用这种方式时，就要建立自己的绿化服务机构，其规模大小要根据具体情况而定。如果物业区域规模小，绿化服务机构相对来说可以小一些，有一个绿化养护组就可以了；如果物业区域规模大、类型多、任务比较重，物业服务企业就需要建立一个比较完备的物业环境绿化服务机构，具体分为花圃组、绿地组和服务组。

2．物业环境绿化服务机构的部门职责

1) 花圃组

主要负责培育各种花卉、苗木，满足小区绿地的补植、更新和本公司用花、客户摆花、插花的需要，不断学习与研究新技术，积极引进和培育新品种。

花圃组的岗位责任有：①工作时要佩戴岗位证。②同一品种的花卉，集中培育，不要

乱摆乱放。③根据盆栽花卉的植株大小、高矮和长势的优劣分别放置，采取不同的措施进行管理。④不同的花木用不同的淋水工具淋水。刚播下的种和幼苗用细孔花壶淋，中苗用粗孔壶淋，大的、木质化的用胶管套水龙头淋。⑤淋水时要注意保护花木，避免冲倒冲斜植株，冲走盆泥。⑥淋水量要根据季节、天气、花卉品种而定。夏季多淋，晴天多淋，阴天少淋，雨天不淋。干燥天气多淋，潮湿天气少淋或不淋。抗旱性强的品种少淋，喜湿性品种多淋。⑦除草要及时，做到"除早、除小、除了"，不要让杂草挤压花卉，同花卉争光、争水、争肥。杂草多、劳力少时可用化学除草剂进行灭草。⑧结合除草进行松土、施肥。施肥要贯彻"勤施、薄施"的原则，避免肥料浓度过高造成肥害。⑨发现病虫害要及时采取有效措施防治，不要让其蔓延扩大。喷药时，在没有掌握适度的药剂浓度之前，要先行小量喷施试验后，才大量施用，既做到除病灭虫又保证花卉生长不受害。⑩喷药时要按规程进行，保证人、畜、花的安全。⑪爱护工具，公用工具用完后要放回原处，不要随意丢弃，自用工具要保管好。⑫花盆破损要及时更换，盆泥少了要添加。⑬花圃要保持整洁、卫生，杂物脏物要进行清理。⑭不能随便出售花卉，花卉出售由管理人员负责。

2) 绿地组

主要负责管理好划定区内的绿地，养护树木，培育花草，使草地茵绿，花木枝繁叶茂。

绿地组的岗位责任有：①工作时要佩戴岗位证。②对损坏花木者要劝阻，严重的报有关部门处理。③不要让人践踏草坪，保护草坪生长良好。④配合环卫部门搞好绿地的环境卫生工作。⑤花木的死株、病株要清除，缺株要补植。⑥发现病虫害，要进行捕捉或喷药消灭。⑦花木、草坪每周要淋透土水1次，草坪土壤湿透不少于5cm。⑧草坪的除杂工作要经常进行，保持草坪的纯净。⑨花木每季度除草松土1次，并结合施肥。施肥视植株的大小，每株穴施复合肥100～200g，施后覆土淋水。⑩草坪要经常轧剪，草高度控制在5cm以下。⑪每季度施肥1次，每$667m^2$施复合肥5～10kg，施后淋水或雨后施用。⑫绿篱在春、夏、秋季每季度修剪1次，剪后淋水施肥，折合每$667m^2$施复合肥5～10kg。⑬台风前对花木要做好立支柱、疏剪枝叶的防风工作。⑭风后清除花木断折的干、枝，扶正培植倒斜的花木。⑮绿化带和2m以下的花木，每季度要修枝整形1次。⑯节约用水，不用水时要关紧水龙头，水龙头坏了要及时报告有关部门修理或更换。⑰管理好使用的各种工具。⑱农药要妥善保管好。喷洒农药时要按防治对象配置药剂和按规程做好防范工作，保证人畜花木的安全。

3) 服务组

主要负责用色彩艳丽的花卉、碧绿青翠的植物，通过艺术的处理，装点室内空间，绿化、美化室内环境，给人们清新高雅、美好的享受。

服务组岗位责任有：①注意仪表整洁，工作时要佩戴岗位证。②讲话要和气，待人态度要诚恳、热情大方。③搬运花卉时，要注意保护花卉株形姿态不受损和注意场地卫生，尽量减少花泥及污物的散落。④发现摆花有枯萎的现象时，要立即更换，在客户室内不准有枯死的花卉出现，插花要按时换插。⑤保持花卉正常生长与叶子清洁，每星期揩拭叶上灰尘和淋水1次。⑥摆、插花要讲究艺术，品种配置，摆放位置要适当，风格统一协调，构图要合理。⑦运送花木时，能自行解决的，不能抽调他组人员，若需要他组人员支援时，须经管理人员同意。⑧学好种花、养花、摆花、插花知识，提高花饰技艺，并向客户宣传讲授，争取客户配合，共同做好花饰工作。⑨签订花饰合同和催促客户缴纳花款。

7.3.3 物业环境绿化服务制度及实施

1．物业环境绿化服务制度的内容

1) 物业绿化服务人员的基本要求

(1) 必须服从管理，听指挥。

(2) 必须了解岗位职责和工作范围，尽心尽力搞好绿化工作。必须熟悉掌握园艺技术，提高环境容貌质量，为住户提供优质服务。

(3) 负责居住区绿化范围内树木花草的培植、养护，包括施肥、浇灌、修剪、除虫、清洁等工作；包括居住区重要部位和重大节假日选花、配花、摆花的养护工作。

(4) 有责任要求住户爱护公共绿地，发现有意破坏的现象，要及时劝阻和制止，严重的要报管理处来处理。

(5) 在工作过程中要佩戴工号牌并着工作服，注意仪表整洁，讲话要和气，待人态度要诚恳、热情大方；要遵纪守法，不得损公肥私，要严格遵守管理处的各项规章制度，要以管理处的利益为重，尊重住户利益，不得损害住户利益，影响管理处形象。如有违背有关规定者应予以处理，情节严重者予以辞退。

(6) 应不断学习专门知识，积累经验，努力提高技术水平和服务质量，要厉行节约，反对浪费。

2) 建立承包责任制

根据园林养护管理工作的特点和要求，在园林绿化部门内部可以建立承包责任制，即将园林养护管理工作的任务通过承包的方式落实到人。具体来说，就是按地点分段分片任务包干，在包干范围内实行"五定"，即定任务、定指标、定措施、定人员、定奖惩。另外，也可以根据具体工作项目实行分工责任制。目的是一个，即无论实行哪一种管理办法，都是为了明确责任，便于监督检查，提高园林养护管理工作的水平。

3) 园林养护技术考核标准

(1) 浇水。有无适时或定时浇水，绿化植物是否干枯，对流到地面或设施上的水要及时抹干，保持周围环境整洁、干净，并防止造成设施的腐蚀和霉坏。

(2) 施肥。施放有异味的肥料是否在非办公时间内进行，并以花泥覆盖，不得裸露，以免影响周围环境。

(3) 修剪。物业区域内乔木、灌木以及盆栽植物是否及时修剪，造型是否整齐美观，枯枝黄叶是否及时剪除，保持青绿和生机，修剪下来的枯枝黄叶要即刻清除；草坪有无杂草、杂花，若有，要及时拔除，注意草坪、草地是否整齐。

(4) 防治病虫害。对室内公共场所绿化喷杀虫药，是否在非办公时间内进行，使用高效低毒农药时是否做好防护工作；在室外喷药后4个小时内下雨是否天晴后重喷。

(5) 补缺。如有枯死现象，要及时进行补栽补种；如要更换新的品种，需审批。

(6) 去尘。尘土飞扬污染树冠，应经常用水喷洗树冠；检查花池、花盆、绿化带是否有烟头、纸屑等杂物，要及时清扫。

2．物业环境绿化服务制度实施

1) 提升绿化服务人员的素质

物业绿化是一项技术性很强的工作，所以在配备绿化养护管理人员的时候就要注意两

个方面的问题：一是把好招收新人员的质量关，即应招收热爱绿化工作、思想道德素质和文化素质较高的人员；二是新招收的人员要有一定期限的试用期(一般为 3 个月)，在使用期间表现好的人员才能聘用。

2) 加强看管巡视

对居住区的绿地，每周至少要巡视一遍，并做好绿化巡视记录。对发现的问题应当及时通知绿化养护部门处理。每月汇总绿化巡视记录，提交管理处主管审阅，管理处主管对绿化巡视记录应进行分析，对存在重大问题的经常发生的问题，要制定并采取相应措施予以处理。

3) 加强宣传

这是环境管理的一项战略性措施。环境保护宣传既是普及环境科学知识，又是思想动员。通过广播、电视、电影及各种文化传播形式广泛宣传，使公众了解环境保护的重要意义和内容，激发他们保护环境的热情和积极性，把保护环境、热爱大自然、热爱我们每个人所生存的环境变成自觉行动，形成强大的社会公众意识和公众舆论，制止浪费资源、破坏与污染环境的行为。

物业区域内的业主、使用人和受益人，其环境意识的强弱是衡量其文明程度的重要标志。物业环境管理人员不仅应该加强对物业区域内成年人的环境意识教育，而且更应该重视对物业区域内的中、小学生和学龄前儿童普及环境科学知识，使他们从小就养成良好的环境意识和习惯。总之，加强公众环境意识的宣传教育工作，无疑是保护环境、促进社会经济持续发展的战略性管理手段。

4) 动员全员参与

居住区绿化工作的好坏，不仅仅是绿化部门的职责，同时也是每一位业主和使用人的职责。如果只有绿化部门的积极性，而没有每一位业主和使用人的积极性，居住区的绿化工作仍然是搞不好的。为此：

(1) 要加强绿化宣传，培养绿化意识。

帮助每一位业主和使用人认识到绿化工作的重要性，绿化工作不仅直接关系到我们是不是有一个安静、清洁、优美的生活环境，而且直接关系到我们这一代人以及整个人类能否生存和发展的问题。一定要树立起全球的意识、环境的意识、绿化的意识。

(2) 加强制度建设，严格管理。

一般在居住区物业环境绿化服务工作中都要公布有关绿化服务方面的规定，如爱护绿化，人人有责；不准损坏和攀折花枝；不准在树木上敲钉拉绳晾晒衣物；不准在树木上及绿地内设置广告招牌；不准在绿地内违章搭建；不准在绿地内堆放物品；不准往绿地内倒污水或垃圾；不准行人和各种车辆践踏、跨越和通过绿地；不准损坏绿化的围栏设施和建筑小品；凡人为造成绿化及设施损坏的，根据政府的有关规定和公共契约的有关条文进行赔偿和罚款处理。如属儿童所为，应由家长负责支付款项。

7.3.4 物业环境绿化服务的内容

物业环境绿化服务，既是一年四季日常性的工作，又具有阶段性的特点，如花草树木的栽种、繁殖、修剪、整形、浇水、施肥、松土和防治病虫害等。一般来说，物业区域的环境绿化规划的审批、建设施工中的质量监督和竣工验收由园林绿化部门负责，绿化的日常养护和管理由物业服务企业中的环境绿化服务部门负责,同时接受园林绿化部门的技术业务指导、监督和检查。具体来说,物业服务企业绿化服务的内容主要有以下几个方面。

1. 配备和培训环境绿化服务人员

要想做好绿化服务,绿化服务人员的数量和质量起着关键性的作用。而要做到这一点,除了要把好招收新人的质量关外,培训是必不可少的。

在物业环境绿化服务运行初期,由于管理人员较少,不利于对其进行集中正规培训和系统的学习,这时可采取做什么学什么的培训方式,联系实际具体讲授,结合绿化生产和养护管理现场学习,在布置工作中,在安排生产时,讲授技术,交代措施。当物业环境绿化服务部门拥有一定数量的人员后,再集中进行正规培训,系统讲授有关绿化的知识,学习园林绿化的技艺和管理措施与方法。培训的内容主要有环境绿化的基础知识,如对于花木的绿化服务,可以从识别花木的品种开始,逐步深入系统讲授各种花木的性状、习性、生理生态、物候期、种植与繁殖方法、栽培措施和园林绿地营造与养护的知识。绿化工作虽然工种多,不同的工种其技术要求也不同,但要求本部门的员工,都要全面掌握有关绿化方面的知识,都要学会生产的技艺。每人都是一专多能,这样才有利于人员的调剂而便于绿化服务工作的开展,才能把环境绿化服务工作做好。

2. 物业绿地管理

物业绿地管理包括物业绿地的营造和养护两个方面的内容。

1) 物业绿地的营造

(1) 物业绿地的设计。

物业服务公司所辖区域内的绿地设计原则是"适用、经济和美观",可利用精巧的园林艺术小品和丰富多彩的园林植物进行绿化,尽可能布置开朗明快的景观,设置一些凉亭、坐椅,使其形成优美清新的环境,以满足用户室外休息的需要。

(2) 绿化植物的选择。

为了发挥绿化的功能,必须选择好物业绿地所应种植的植物。一般来说,选择好物业绿地种植的植物,应注意以下几个方面的问题。

① 要"适地适树"。树木生长速度、生命周期、树冠树高、落叶状况等各不相同,如果选择不当,将会造成不良的后果。

② 对于园路树,应选择树干高大、树冠浓密、根深耐旱、清洁无臭、速生、抗性强的风土树种。

③ 对于水池边,宜栽种落叶少、不产生飞絮的花木,以减少水面的污染。

④ 对于花坛、花境,应栽种色彩鲜艳、花香果俱佳的植物。

⑤ 对于物业绿地,不宜选择带刺、有害、抗性弱的植物,以免造成意外事件。

(3) 植物配置的方式。

物业绿地植物配置不仅要取得"绿"的效果,还要给人以"美"的享受。在配置所辖区域内的绿地植物时,可采用规则式和自然式两种。接近建筑物的地方,宜采用对称、整齐、端庄、明确、显著的规则式;远离建筑物的地方,宜采用优柔、活泼、含蓄、曲折、淡雅的自然式。在对物业绿地植物进行配置时,必须考虑植物的外形、赏色等方面的特性,仔细地选择,合理地配置,才能创造出美的景象,使物业环境的美化渗透到精神世界的美好情感中去。

(4) 绿地营造的施工。

绿地营造工程可委托园林工程部门施工,也可由本部门自行设计施工。不管哪个单位施工建造,为了达到环境绿化和美化的目的,除了良好的设计外,施工是重要的一环。它直接影响工程质量和以后的管理养护工作,影响花木的生长及绿化美化的效果和各种功能的发挥。因此,物业服务公司一定要重视绿地营造的施工。

2) 物业绿化植物的养护

物业绿地营造完成后,要巩固其成果,发挥其功能,主要取决于养护工作。养护工作必须一年四季不间断地长期进行,才能保证花木生长旺盛、花红草绿。一般来说,养护工作主要包括以下内容。

(1) 浇水。根据季节、气候、地域条件决定浇水量;根据绿地、花木品种、生长期限等决定浇水量。

(2) 施肥。根据土质、花木生长期和培植需要,决定施肥的种类和数量。

(3) 整形、修剪。树木的形态、观赏效果、生长开花结果等方面,都需要通过整形修剪来解决或调节。绿化部应根据树木分枝的习性、观赏功能的需要,以及自然条件等因素来综合考虑后对树木进行整形和修剪。

(4) 除草、松土。除草是将树冠下非人植的草类清除,以减少杂草与树木争夺土壤中的水分和养分。松土是把土壤表面松动,使之疏松透气,达到保水、透气、增温的目的。

(5) 防治病虫害。病虫害防治,应贯彻"预防为主,综合治理"的基本原则。根据病虫害发生的规律实施预防措施和综合治理,创造有利于花木生长的良好环境,提高花木的抗病虫害能力。

(6) 花草树木技术管理。如冬季对树干涂白、对临街临路的树木花草加以围护、对树木和空间植物立柱保护、对花草树木的叶片进行喷洗,以清除灰尘。

3. 物业空间绿化服务

物业环境绿化服务部门不但要搞好地面绿化,而且在条件适宜的地方,应自己或鼓励用户搞好物业的空间绿化,包括墙面绿化、阳台绿化、屋顶绿化、室内绿化等。空间绿化除了观赏作用外,还可弥补建筑物的缺陷。物业空间绿化的某些内容(阳台绿化、室内绿化等)基本上归用户控制,对此,物业绿化服务部门应着重做好两个方面的工作:一是在业务上对用户进行指导,可通过技术咨询方式传授有关知识或技艺;二是对用户进行安全宣传教育,帮助用户找到美观、安全的绿化方法,防止花盆及其他绿化设施与工具等的坠落而发生严重事故。

知识链接

小区种树浇水应纠正的十个错误做法

种树浇水也有窍门。园林专家提醒人们,在住宅小区绿地浇水时,应避免陷入一些误区,其主要表现在以下这些方面:

(1) 雨天或雨后植树,往往是植土黏稠,饱含水分,因此植后不浇水,是错误的。

(2) 株后，穴土不用冲棒夯实就浇水是错误的。
(3) 植株后，浇水没浇透是错误的。
(4) 植株后，不做"水围子"(水穴)就浇水是错误的。
(5) 植株后，做"水围子"浇足水，日后不平穴，不在根茎处作"馒头型"培土是错误的。
(6) 植株后，整个畦地不平整，积水，地表水排不出是错误的。
(7) 植株前，不开畦沟、腰沟，植株后补开沟是错误的。
(8) 下雨天，沟系排水不畅（"摇篮沟"，两头高中间低），造成沟内积水，畦内积水是错误的。
(9) 只开小沟，不开机动车道路边的大明沟是错误的。
(10) 大明沟不与附近清洁河道、湖泊沟通，干旱天使植株缺水仍是错误的。

应用案例 7-2

【案情介绍】

某花园前原来有一片敞开式绿地。绿地上亭榭多姿，曲径通幽，池水泛光，花木含情。春、夏、秋的傍晚时分，众多住户和游客都喜欢在这里驻足小憩，装点着深南东路上这道亮丽的风景线。然而，其中也有一些不太自觉的人，随意在草地上穿行、坐卧、嬉戏，导致绿地局部草皮倒伏、植被破坏、黄土裸露，不得不反复补种和重植，成为小区管理中的一个难题，想了许多办法，都未奏效。

【解决办法】

后来，管理处拓宽思路，采取了教、管、疏相结合的新招数：

教——加大宣传力度，提高宣传艺术。首先将警示牌由通道旁移至人们时常穿越、逗留的绿地中，同时将警示语由刺眼的"请勿践踏草地、违者罚款"更改为动心的"足下留情、春意更浓"，让人举目可及，怦然心动。

管——配足护卫力量，强调全员管理。针对午后至零时人们出入较多的特点，此间的中班护卫指定一人重点负责绿地的巡逻，同时规定管理处其他员工若发现有人践踏绿地，都要主动上前劝阻（办事有分工，管事不分家，这是高水准物业管理所必须），把绿地管理摆上重要"版面"，不留真空。

疏——营造客观情境，疏导游人流向。在只有翻越亭台才能避开绿地通行的地段，增铺平顺的人行通道，同时把绿地喷灌时间由早晨改为傍晚，保持人流密度大的时段内绿地清新湿润（说明白点，就是洒上水。洒了水，请你坐，你会去坐吗？），使人们尽享自然，而又无由无法作出石笋系马等煞风景之举。

三招并用，效果显现。之后，花园的绿地中依然游人如织，但践踏绿地的现象已经较为鲜见。草滴翠，花溢彩，树婆娑，勾勒着一片永远的春天。

【点评】

克服人们的劣习，不做宣传教育工作是不行的，光靠宣传教育也是不能的。既要讲道理，使之不想，又要有相关的强有力措施，使之不能、不敢。久而久之，习惯成自然。

课题 7.4 物业环境污染防治

7.4.1 物业环境污染概述

1. 环境污染的含义和种类

环境污染是指人们在生产、生活活动过程中，由于有害物质进入生态系统的数量超过生态系统本身的自净能力，造成环境质量下降或环境状况恶化，使生态平衡及人们正常的生产、生活条件遭到破坏。

根据我们国家的具体情况，环境污染，主要包括大气污染、水污染、固体废物污染和噪声污染。

(1) 大气污染。主要是指向大气排放有害物质造成大气的质量下降和严重恶化。造成大气污染的有害物质主要是燃烧含硫的煤和石油，有色金属冶炼厂及硫酸厂排放的硫化物气体 SO_2、煤尘和粉尘、一氧化碳 CO、氮氧化物 NO、NO_2，还有光化学烟雾等。

(2) 水污染。主要是指人们在生产、生活的活动过程中，将有毒、有害物质和液体排入水体，使水质下降，利用价值降低或丧失，并对生物和人体造成损坏的现象。这些有毒、有害物质的来源主要是指从工业废水、生活废水、医疗污水等排入到水体中的氢化物、砷、汞、铅等有毒物质。另外还包括油类及氨、磷等富有营养的盐类等。

(3) 固体废物污染。主要是指人们在生产、生活活动过程中产生的废弃物、医疗垃圾、生活垃圾等对环境所造成的损坏现象。

(4) 噪声污染。主要是指排放到环境的噪声超过生态系统的标准或国家、国际标准，对人的工作、学习、生活等正常活动以至人体健康造成妨碍和损坏的环境现象。噪声的表现形式是指尖高、刺耳、杂乱和怪声。例如，汽车喇叭声、汽笛排气声、材料切割声、机器的轰鸣声、高音喇叭声，另外还有小贩的叫卖声、收废品的吆喝声等。

2．产生环境污染的原因

(1) 生产性的污染。主要是指工农业生产过程中排放出的有害物质。生产性的污染又分为工业性污染、交通运输污染和农业污染。

(2) 生活性的污染。主要是指居民生活用煤、生活用水及生活垃圾等。

(3) 噪声污染。主要是指工农业生产的噪声、车辆行驶的噪声和生活噪声。

(4) 放射性的污染物。主要是指核能工业排放的放射性物质，医用及工农业使用的放射性设备等。

3．环境污染的特点

(1) 影响范围广，且不宜控制。大气、水体、土壤与人们的生存、生产、生活密切相关，而人们与它们的接触又极为广泛。所以，大气、水体、土壤一旦受到污染，则影响非常大、范围非常广，而且不易控制。

(2) 作用时间长。大气、水体、土壤的范围非常大，而且有自我调节的能力。它们是很难被污染的，如果受到污染的程度超过了它们自身所能允许的限度，那么就很难治理，也很难消除影响。

(3) 污染物的浓度随时间、空间的变化而变化。污染物被排放到大气、水体、土壤，各种污染物的浓度是不一样的，而且随着时间、地点、条件的不同而不同，甚至空间的高度、位置的不同而不同，危害也是不一样的。污染物聚集、浓度高的地区，对人体危害就高。

7.4.2 物业环境污染防治的早期介入

物业环境污染防治的早期介入主要是指物业服务企业在正式接管物业之前对建筑物规划设计阶段的介入，并就建筑物及其环境规划设计是否符合国家有关规定，以及物业建成后是否能够满足业主和使用人对物业环境的需求参与决策。

1．参与物业项目的主体建筑的规划设计

物业项目主体建筑一旦建成，它的朝向、布局、质量以及对环境的影响一般都不大容易改变了。所以，在规划设计阶段就要从环境保洁的角度把好关，一方面，主体建筑的布局要合理，能够满足业主和使用人对日照、通风和私密性的需求；另一方面，主体建筑的使用材料要符合环境保洁的要求，以免给业主和使用人带来伤害。

从环境保洁和管理的角度对主体建筑的规划设计提出意见和建议，主要有以下几个方面的问题。

1) 建筑用地

在居住区各项用地中，建筑用地所占的比例应该是最大的，但是，按照国家的有关规定，建筑用地要控制在一定的范围之内，居民区其他各项用地，特别是绿地要保持一定的比例。

2) 居住面积密度

一般来说，人均居住面积不要过密，根据对一些居民区实例的分析，住宅平均层数为 5～6 层的居住区用地平均每人为 $15m^2$ 左右。

$$居住面积密度(m^2/ha)=居住面积/居住建筑用地面积$$

3) 建筑间距

为了保证日照、通风和私密性的要求，住宅与住宅之间要保持一定的距离。一般房屋间距是 $1H \sim 1.7H(H$，即房屋间距 L 和前排房屋高度的比值)。学校建筑一般为了保证更好的采光，间距应为 $2.5H$，最小不得少于 12m。医院房屋之间的距离就应该更大一些，1～2 层之间要大于 25m，传染病房之间要大于 40m。

4) 建筑材料

要使用符合环境保护要求的建筑材料，对含有毒素和放射性的建筑材料要慎用，能不用的不用，非用不可的，要有防范措施。

2．协助搞好防止环境污染的配套设备以及设施的建设

在规划设计中，对防止环境污染的配套设备、设施与主体工程要同时设计、同时施工、同时投入使用。防止环境污染的配套设备、设施，主要有绿地的建设、垃圾处理站的建设、停车场(库)的建设和一些专项设备、设施的建设。

(1) 绿地规划设计要满足环境保洁的要求。
(2) 垃圾处理的设备和设施要满足环境保洁的要求。
(3) 停车场(库)的建设要满足环境保洁的要求。
(4) 配套设施要符合防治环境污染的要求。
(5) 防治环境污染的专项设施要符合环境保洁的要求。

3．考查了解物业的周边环境

物业环境的保护工作，主要是抓好物业区域内的防治和保护工作。但是，周边的环境对物业区域的环境也是有重要影响的。因此，对周边的环境必须进行调查，并准备好相应的措施。对周边环境的调查，主要是看有无"三废"的排放和污染源。对排放废气、废水、废物的工厂及单位，要注意监测，一旦发现问题要向有关部门反映，以争取问题得到解决；对繁华的街道、交通，要采取相应的措施，应当建议有关部门设置隔音墙、隔音板，物业

小区内部也应当建议栽植一些树木，起到隔音的作用；对途经物业小区的河流，要溯本求源，了解河水从何而来、流向何处，以便监测河水的质量和利用。

7.4.3 针对各种污染防治的措施

1．防治大气污染的主要措施

1) 利用大气的自净作用

大气的自净作用有物理作用(扩散、稀释和雨、雪洗涤等)和化学作用(氧化还原作用)，在污染物排出总量基本恒定的情况下，污染物浓度在时间、空间分布上同气象条件有关。认识和掌握气象变化规律就有可能充分利用大气的自净作用，减弱或避免污染的危害发挥植物的净化作用。植物具有美化环境、调节气候、截留粉尘、吸收大气中有害气体等功能，可以大面积、长期、连续地净化大气，尤其在大气中污染物影响范围广、浓度较低的情况下，植物净化是行之有效的方法。

2) 采用先进技术改变能源结构

我国的大气污染，主要是煤烟型污染。因此，改变能源结构是我国防治大气污染的重要任务。为此，要大力提倡使用煤气、天然气、沼气等清洁燃料，并大力开发太阳能、风能等新能源。

3) 加强对物业区域的综合治理

(1) 严格控制辖区内工业生产向大气排放含有毒物质的废气和粉尘，对于确实需要排放的，必须经过净化处理后达标排放。

(2) 加强车辆管理，限制机动车进入物业区域、以减少汽车尾气的污染。

(3) 在物业维修、装修时，要尽量采取防止扬尘的措施。

(4) 平整和硬化地面，减少扬尘。

(5) 禁止在物业辖区内随意焚烧沥青等能产生有毒有害气体和恶臭气体的物质。

(6) 禁放烟花爆竹。

(7) 限制饮食服务业产生的油烟污染，禁止个体商贩沿道路两侧从事烧烤类经营等。

2．防治水体污染的主要措施

(1) 加强对污水排放的控制。水体污染防治的主要措施是严格控制工业和生活污水的排放。严格限制工业污水的排放，主要是改变传统的工业发展模式，使工业用水重复利用，并设法回收废液，这是减少污水排放量的基本方针。要尽量减少生活污水的总量，同时要降低所排污水中的有害程度。

(2) 加强对已排污水的处理。在目前的社会生产条件下，产生工业和生活污水是不可避免的，为了确保水体不被污染就必须对已排污水进行处理，使水质达到排放标准和不同的利用要求。污水处理的方法有物理处理法、化学处理法和生物处理法。

(3) 加强对生活饮用水二次供水卫生管理。

生活饮用水二次供水，是指通过储水设备和加压、净化设备，将自来水转供业主和使用人生活饮用的供水形式。为了有效地防止污染，物业服务企业必须加强对生活饮用水二次供水及其卫生管理。按照有关规定，主要履行下列职责：

① 指定专人负责二次供水设备、设施的具体管理。

② 对直接从事二次供水设备、设施清洗和消毒的工作人员，必须每年体检一次，取得卫生行政主管部门统一发放的《健康合格证》，方可上岗。

③ 每年度至少清洗水箱两次，并建立档案。

④ 对二次供水设备、设施要及时维修和更换，并保证使用的各种净水、除垢、消防材料符合《生活饮用水卫生标准》。

⑤ 配合卫生防疫机构及时抽检水样，每半年对二次供水的水质检测一次。

⑥ 保持二次供水设施周围环境的清扫保洁。

⑦ 采取必要的安全防范措施，对水箱加盖、加锁。

⑧ 禁止任何人为毁坏二次供水设备、设施以及进行污染二次供水水质的行为。

(4) 加强执法检查。

物业区域内的任何单位和居民个人都有责任保护水环境，有权对污染损害水环境行为进行监督和举报。

(5) 加强对水体及污染源的监测。

经常对物业用水和排水进行监测，了解物业水污染情况，确保物业使用者的用水安全和身体健康。同时，要确保不造成对物业环境以外的影响和危害。

3．防治固体废弃物污染的主要措施

1) 减少固体废弃物的产生

防治固体废弃物污染的源头，最有效的办法就是杜绝废弃物和垃圾的产生。在不可能完全杜绝垃圾产生的情况下，要尽可能地减少废弃物和垃圾的产生。垃圾主要是来自于人类的生产和生活过程。生产过程中的垃圾减量，主要就是指在生产过程中，加强生产技术的改进和革新，尽量减少废物的产生，最终实现无废物的生产——绿色生产。生活垃圾的减量，主要是提倡勤俭节约、能用则用的生活习惯，减少因相互攀比而频频丢弃的恶习，使垃圾量大大减少，实现垃圾减量化。同时，还要防止塑料薄膜、塑料制品的"白色污染"，即加强可化解的"绿色塑料"研制工作，推广使用无污染的"绿色塑料"；支持和鼓励生产、使用纸制或麻制等可化解的包装袋和替代品等。

> **知识链接**
>
> 所谓"白色污染"，是人们对塑料垃圾污染环境的一种形象称谓。它是指用聚苯乙烯、聚丙烯、聚氯乙烯等高分子化合物制成的各类生活塑料制品使用后被弃置成为固体废物，由于随意乱丢乱扔并难于降解处理，以致造成城市环境严重污染的现象。
>
> 在"白色垃圾"中，污染最明显、最令人头痛、群众反映最强烈的，是那些遍布城市街头的废旧塑料包装袋，一次性塑料快餐具。据有关部门统计，仅以一次性塑胶泡沫快餐具为例，我国全年消耗量达4~7亿个。
>
> 所谓"绿色塑料"，是指在一定期限内具有与普通塑料制品同样的功效，而在完成功效后，能够自行降解和再利用，不会污染环境的塑料。主要是以甘蔗乙醇为原料生产的聚乙烯，通过加温、脱水、提纯、压缩、清洗、浓缩等工序制成，具有巨大的环保效益。

2) 固体废弃物的集中处理

防治固体废弃物污染的关键，是垃圾的收集、运输和处理。

(1) 固体废弃物的收集。

固体废弃物，即垃圾的收集要采取分类收集的办法。在这方面，要提高人们的自觉意识，加强分类指导，加大固体废弃物分类回收的力度，逐步实现"三化"(即减量化、资源化、无害化)。生活垃圾分类后，应装入相应的塑料袋内，投入不同的垃圾容器或指定的地点。

(2) 固体废弃物的运输。

按照规定，固体废弃物的运输要由专门的机构、专门的人员负责。在运输过程中，要采取严密的措施，防止遗漏、遗洒，防止二次污染。

(3) 固体废弃物的处理。

固体废弃物的处理一般采取4种方法。

① 堆放法。对于不溶解、不飞扬、不腐烂、不散发气体的块状和颗粒状的废物，如钢渣、废石、废建筑材料等可在指定地点集中堆放。

② 填埋法。将生活垃圾、污泥、粉尘等填埋于指定垃圾场的土坑、采石场、废矿坑中。

③ 焚化法。利用焚烧，可减少垃圾的体积，从而减少垃圾填埋量。在焚烧中要防止污染空气。

④ 无害化处理。利用微生物降解某些有机物，将生活垃圾经发酵处理，制成有机肥料。留下的少量剩余物，除综合利用外，实行卫生填埋，建成垃圾无害化系统。

3) 固体废弃物的科学利用

防治固体废弃物污染的根本途径，一是要"防"，防治固体废弃物污染环境要贯穿于产生、堆放、收集、运输、储存到最终处置的全过程；二是要"用"，对有利用价值的固体废弃物，将其转化为再生资源，既减少了固体废弃物对环境的污染，又增加了社会财富。如生产建筑材料，利用矿渣、煤渣、灰渣、废石等制砖、制水泥、铺路等；堆肥，将垃圾、粪便进行微生物生化处理，形成腐殖质，作为肥料施于农田；回收资源和能源，从工业废渣中可以提炼多种金属和化工产品；还可利用有机垃圾、植物秸秆、人畜粪便、污泥制取沼气等。

4) 加强对业主和使用人生活垃圾的管理

加强对业主和使用人生活垃圾的管理，这是防治固体废弃物污染的重点，因为物业小区是城市日常生活垃圾的主要发生源，如业主或使用人进行破坏性装修，大量产生装修垃圾，任意乱扔废弃物、无用电器、塑料制品等不及时清运都是引起污染的主要原因。通过宣传教育，要使大多数业主和使用人树立起高度的环境保洁意识，养成文明的生活习惯，自觉地减少垃圾的产生，自觉地遵守生活垃圾的堆放。同时，还要实行"谁产生垃圾谁负责"的原则，对单位实行环境卫生责任制，对个人实行生活垃圾分类袋装化等。

4．防治噪声污染的主要措施

1) 加强绿化

植物不但可以净化空气，调节温度与湿度，保持水土，防风固沙，而且可以消声防噪。物业环境管理者应在物业区域内，多种树木花草，以达到消声防噪的目的。

2) 限制车辆进入物业区域

车辆是噪声的重要来源之一。所以，要控制机动车辆驶入物业辖区。特别需要注意的是，应尽量避免使物业区域的道路成为车辆的过境交通要道。当然，完全禁止车辆进入物业辖区不大可能,但是对驶入物业辖区的车辆要限制车速,要采取曲线型道路,迫使车辆进入物业区域后不得不降低速度以减少噪声,并禁止车辆在物业区域内,特别是居民区内鸣笛。

3) 推广控制噪声污染的技术

(1) 声源控制技术:改进设备结构,提高机械设备、运输工具的部件加工精度和装配质量,减少部件振动摩擦而产生的噪声量;采用吸声、隔声、减震技术,如在运转设备、运输车辆上安装消声装置等,控制排放的噪声量。

(2) 噪声传播途径控制技术:采用技术控制噪声传播方向;设置隔声屏障,采用隔声墙、隔声罩,阻挡噪声传播;采用吸声材料和吸声技术设备,减少噪声传播。

(3) 接收者的防护技术:佩戴护耳器,如耳塞、耳罩、防声头盔等,防止噪声危害人体健康。

4) 制定必要的管理规定

为控制噪声污染,应制定必要的管理规定。禁止在住宅区、文教区和其他特殊地区设立产生噪声污染的生产、经营项目。禁止在夜间规定不得作业的时间(一般指 22:00—6:00)内从事施工作业,影响他人休息,当然,抢修、抢险和必须连续作业,经市或区、县环保局批准的除外。凡从事娱乐性活动,或者使用音响设备、乐器等开展室内娱乐活动时,应采取有效措施控制音响,不得影响他人的正常生活。加强教育,使业主、使用人和每个受益人都能充分认识到减少生活中的噪声是我们每个人的责任。

应用案例 7-3

【案情介绍】

某大厦辖区,前面的消防通道经常有车辆穿行,路面很容易受到污染。其中一个重要的污染源,就是来自相邻大厦的垃圾清运车。它每天自东向西"潇洒走一回",地面便留下了一条酒楼垃圾桶里残汤污水的污染带,加大了保洁工作的难度。

【解决办法】

怎么避免或减少地面污染呢?大厦管理处起初让清运车绕道而行,但相邻大厦管理处以通行不便为由,提出反对。为了既解决问题又不伤和气,他们主动出面,几次邀请相邻大厦管理处和清运公司负责人磋商两全之策,最后达成一致并分头采取措施:相邻大厦管理处负责在几个铁垃圾桶的底部钻上孔,使随垃圾倒入桶内的汤水在存放期间绝大部分流出;清运公司负责在垃圾车后面底部加一接水槽,让漏到垃圾车里的污水流入挂在接水槽上的塑料桶里;大厦管理处负责安排保洁人员跟踪垃圾车,发现污染物滴落及时洗刷(按理说,这也不该由大厦管理处管。但正因为让了这个步,另外两家才愿意配合,正所谓"退一步海阔天空")。这样,困扰已久的问题得到了彻底的解决。

【点评】

同行是朋友,邻居胜亲人。分别由不同物业公司管理的毗连小区,平时工作要多给对方支持、多交流,有了问题要多为对方着想、多谦让。到头来,与人方便,与己方便。

综合应用案例

【案情介绍】

某日,某商城管理处的工作人员巡视时,发现三楼公用洗手盆周边墙面、地面溅有很多污水,丢有不少塑料袋,并发出阵阵异味。经过观察询问,查明这些污水和塑料袋来自于三楼一间从事足底按摩的店铺。这家足底按摩店的员工认为洗手盆是公用的设施(不是自己的孩子不真疼,这是许多人不爱惜公用设施的心理动因),就随意泼洒,有时甚至远离几米,就将装有按摩用过污水的塑料袋向洗手盆泼去。

【解决办法】

就此问题,管理处主管上门找该店老板沟通。没用多说,老板就表明态度,马上整改,保证将污水直接倒在洗手盆内,将塑料袋弃置在垃圾桶内。但以后一段时间,情况依旧未变。管理处主管于是又再次登门,找到该店老板。这次老板态度大变,质问:"你们不让我把污水倒在那里,那你说倒在哪里才对?"主管解释说:"并不是不让你们往那里倒,而是提醒你们往那倒的时候要注意点儿,因为环境卫生状况不好,大家都会受到影响。"老板不等主管说完就头一摇:"那我不管!"。这样,主管碰了一个不软不硬的钉子。

此路不通,就另辟蹊径(一个好的物业管理工作者需要有百折不挠的韧劲,因为物业管理中碰钉子的事太多了,一碰钉子就打退堂鼓,那就什么事情也办不成)。管理处考虑到这家店铺内缺少排水系统确有不便,随后买来一个带盖的大塑料桶,送到店铺里。向老板提出,请他们在店内将污水与塑料袋分置塑料桶里,待收集到一定程度,再由该店员工提出来倒掉。老板开始还很不耐烦,可看到管理处态度诚恳,服务周到,真正为业主、租户办事,便转阴为晴,欣然接受了管理处的建议。当天就布置店铺员工进行整改。从此以后,该店乱倒脏物的事再也没有发生过。

【点评】

现在相当一部分人对物业服务公司只认可服务,不认可管理。仿佛物业公司一说管理,就是想凌驾于客户之上似的。其实管理也是服务,像处理类似事情能说不是管理吗?像类似的事情不去大胆管理行吗?当然管理可以寓于服务之中。

单元小结

本单元介绍了物业服务内容中的环境服务内容,环境服务主要包括保洁服务、绿化服务和污染防治等内容。保洁服务,主要讲述了物业保洁的一般知识、机构设置及人员管理、保洁服务制度及实施;绿化服务,主要讲述了物业绿化的一般知识、机构设置及人员管理、绿化服务制度及实施和绿化服务的内容;污染防治,主要讲述了环境污染的一般知识、污染防治的早期介入和各种污染防治的措施。

习 题

一、单项选择题

1. 下列不属于物业环境管理的主要内容的是( )。
   A. 环境保洁服务　　　　　　　　B. 环境安全服务
   C. 环境绿化服务　　　　　　　　D. 环境污染防治
2. 下列不属于物业环境保洁服务范围的是( )。
   A. 公共部位　　　　　　　　　　B. 共用部位
   C. 垃圾处理　　　　　　　　　　D. 垃圾转运

3. 下列关于常用工具的操作，说法错误的是( )。
   A. 使用时，要了解设备的性能、特点、耗电量
   B. 操作前先清理场地，防止接线板、电机进水或因电线卷入正在操作的设备中而损坏设备
   C. 高压水枪不能在脱水情况下操作
   D. 设备使用后，按要求做好清洗、保养工作
4. 下列不属于物业绿地规划基本要求的是( )。
   A. 植物为主，注意景观　　　　B. 因地制宜，节约用地
   C. 绿地为主，花树为辅　　　　D. 合理组织，统一规划
5. 下列关于环境污染的特点，说法错误的是( )。
   A. 影响范围广，且不宜控制
   B. 作用时间长
   C. 具有不可控性
   D. 污染物的浓度随时间、空间的变化而变化
6. 下列不属于防治大气污染主要措施的是( )。
   A. 利用大气的自净作用　　　　B. 采用先进技术改变能源结构
   C. 加强对物业区域的综合治理　　D. 对大气环境质量进行控制
7. 下列不属于固体废弃物处理方法的是( )。
   A. 堆放法　　B. 填埋法　　C. 焚化法　　D. 化学分解法

二、多项选择题

1. 下列属于影响住宅建筑内部环境的因素有( )。
   A. 住宅标准　　　　　　　　B. 居住密度
   C. 隔热与保温　　　　　　　D. 大气环境
   E. 日照
2. 下列属于影响住宅建筑外部环境的因素有( )。
   A. 住宅标准　　　　　　　　B. 居住密度
   C. 隔热与保温　　　　　　　D. 大气环境
   E. 日照
3. 下列关于物业环境保洁制度的实施，说法正确的是( )。
   A. 指导领班、清洁员的工作，确保达到标准
   B. 巡视检查卫生情况及时解决问题
   C. 与社区清洁卫生管理部门划清界限
   D. 进行维护环境卫生的宣传教育
   E. 搞好卫生设施的建设和维护
4. 下列属于生活性污染的是( )。
   A. 主要是指居民生活用煤　　　B. 生活用水及生活垃圾等
   C. 工农业生产的噪声　　　　　D. 车辆行驶的噪声
   E. 车辆行驶噪声

5. 从环境保洁和管理的角度对主体建筑的规划设计提出意见和建议,主要有以下几个方面的问题(   )。

  A．建筑体态   B．建筑高度
  C．居住面积密度   D．建筑间距
  E．建筑材料

三、情景题

  某物业服务公司所服务的小区打算通过立体绿化来增加的绿化面积,由绿化主管小王来负责此项工作,请你告诉小王立体绿化的具体方法。

四、案例分析题

  案例 1：某大厦管理处在实施管理和服务中,常常利用文字方式,让业主、住户周知有关事项。早期的习惯做法是,把通知、告示之类的东西贴在大堂门上或电梯口旁,使出出入入的人们举目可及。这样虽然便捷,但张贴的既多又乱,有损整洁、有碍观瞻(许多大厦都是如此办理,不知是否也意识到了这一问题)。

  怎样才好呢？他们做了一个改进,即用有机玻璃做个周边带有凹型槽的板块,固定在电梯口,需要发布文书时,把其插入凹型槽即可。随意张贴不规范的问题解决了,可又出现了新的问题。一是刚放进去的文书时常被个别不安分的人拽出来扔掉；二是板块内被一些从事商务活动的人塞进广告纸或广告片。结果,还是不够雅观(别看鸡毛蒜皮的小事,要解决好还真不容易)。

  为此,管理处又开动脑筋,制作出可移动的不锈钢招牌架。需要时,将文书镶嵌里面,摆放在大堂门边,人们进入大堂便映入眼帘,且始终在大堂护卫员的视线内。平时,则存放在大堂值班室,随时备用。这样,就彻底杜绝了在大堂乱张贴文书的现象。

  请你对上述案例进行点评,发表自己的见解。

  案例 2：某大厦有 8 个外天井平台,均设在 4 层。要清扫,人员、工具以及垃圾都必须从住户的家中进出(物业管理的前期介入相当重要,如果能够在设计规划阶段就提前介入,这类缺陷是完全可以避免的)。4 层的一些住户对此相当反感。如何取得他们的理解和支持,就成了做好清洁工作的关键所在。清洁工廖某是这样去做工作的。

  小廖来到 4 层某座,准备清扫天井。住户家中的老太太得知来意,站在防盗门内直摇头,就是不给开门。后来好说歹说,才应允就让他搞这一次。

  小廖手脚麻利地清扫完天井后,发现住户家靠天井的两扇窗子积有很厚的灰尘,便主动向一直冷眼旁观的老太太要了条毛巾,把它擦得透明瓦亮。见老太太的表情由阴转晴,小廖趁机提出从厨房接上水管冲刷天井地坪,这回老太太答应得相当痛快。冲刷完,小廖又默默地将住户家厨房里油烟机、煤气灶以及墙壁上粘的油垢,一一擦拭干净,一直忙活了三个小时(给人家带来了不便,用免费服务予以补偿,不失为好办法)。

  临出门,老太太拿出 50 元钱表示酬谢。小廖谢绝,并说："以后还要经常麻烦您,请多多关照。"老太太一再嘱咐,需要清扫天井就尽管来,千万别拘束。

  请你对上述案例进行点评,发表自己的见解。

综 合 实 训

一、实训内容

物业环境管理实践操作。

二、实训要求

将学生根据参观物业的数量分成若干小组,每个组负责参观一处物业,在物业现场主要是通过自行观察、询问等方式了解该物业绿化方面的情况,找出此物业绿化方面的亮点和不足,并根据不足提出该小组的整改方案,最后全班同学进行经验交流。

单元 8

物业项目内开展的综合经营服务

教学目标

本单元主要介绍物业服务企业可从事的针对性的专项服务和委托性的特约服务等综合经营服务,包括服务项目的选择和运作两大内容。教学目的是使学生树立经营意识。物业服务企业不但要做好常规性的公共服务,满足物业服务合同的要求,还应该从多角度、多方面来方便业主,同时可以给企业增加资金收益。

教学要求

能力目标	知识要点	权重
熟悉物业综合经营服务的概念、性质和原则,理解开展综合经营服务的意义,了解综合经营服务的理念	综合经营服务概述	20%
掌握综合经营服务项目选择的方法,并能够根据物业服务企业和受托管理物业的实际情况,合理设置服务项目	综合经营服务项目的选择	40%
掌握综合经营服务项目运作的程序和各方面注意事项,能够具体组织项目的运作	综合经营服务项目的运作	40%

引例

某物业服务公司接管某住宅小区已经3年了，该物业服务公司一直本着全心全意为业主服务的思想在运作。为方便业主的生活，物业服务公司设置了很多综合经营服务项目，投入了较多的人力、物力和财力，但经过一段时间的运营发现，成效很不显著，不但没有得到业主们的好评，而且公司损失很大。

面对这样的问题，物业公司进行了认真的调查和思考，最后发现，不但物业服务公司设置的项目和业主的需求之间存在差距，经营项目的运作也有问题。

那么，究竟物业服务企业应该如何选择综合经营方服务项目并合理的运作呢？通过本单元的学习，将对此有所了解。

课题8.1 综合经营服务概述

8.1.1 综合经营服务的概念和性质

物业管理综合经营服务是指物业服务企业围绕所管物业开展的与服务对象(业主、物业使用人)生活、工作、学习、娱乐等相关的各种专门性、收益性服务项目。它的范围很广，可以说只要是服务对象所需的都可以成为服务项目，如餐饮、购物、康乐、室内装修、搬家、房屋代租售、家政、室内绿化装饰等各个方面，主要是利用物业企业在公共服务项目方面的特长而延伸展开(不限于此)。综合经营服务与公共性服务项目构成物业管理范围内的服务体系，可以使服务对象充分享受居家、办公等的方便与舒适。物业服务企业应主动适应市场经济的要求，在接管物业时，根据所管物业的区域条件和服务对象的生活消费水平，因地制宜地开展物业综合经营服务项目。

知识链接

- 这里所说的综合经营服务是指物业服务合同约定以外的专项服务和特约服务。
- 物业综合经营服务的开展应从属于公共性服务，不能本末倒置，削弱、淡化公共性服务。

8.1.2 开展综合经营服务的意义

(1) 能促进城市配套设施建设，方便群众生活，带动商品房交易。

物业管理综合经营服务的开展，必然会增加完善原物业范围的各种经营配套设施，如商业网点、肉菜市场、邮电、储蓄、文教体卫娱乐等各种配套设施，弥补老城区改造和新区开发中配套设施的不足。完善的物业配套设施，可以保证住用户的生活工作方便，解除人们迁居、买房的后顾之忧，自然会促进商品房的交易。如广东的碧桂园、丽江花园等大型郊外居住小区，在开发中就十分注重小区综合经营服务配套设施的建设，建成后其完善的配套经营服务，让居民足不出区就能尽享生活方便，加之其相比市区商品房更优越的环境、更优惠的价格，自然在销售方面取得了极大的成功。

(2) 能增加物业服务企业收入，促进物业管理行业的良性发展。

物业服务企业要想发展壮大，提高管理水平，必须有活水之源，即要有充足的财力支持。而限于我国经济发展水平等因素，靠提高管理收费来支撑企业发展，显然不合实际。唯有拓展经营管理思路，发挥物业企业熟悉、接近居民的优势，因地制宜地开展各种综合经营项目，"以区养区、以业养业"才能扩大收入来源，增强物业服务企业的后劲和活力，推动物业管理行业的良性发展。

(3) 能拓展物业管理的空间，增强物业企业的适应生存能力。

综合经营服务的开展，要求物业企业不拘泥于一般的物业管理范畴，要想方设法开展有生命力、有市场的新服务项目。同时，每一个项目的启动、运作、经营效果的维持都是对物业服务企业的一次挑战与考验。经营服务项目的拓展能打开物业企业的经营空间，扩大物业管理行业的影响，避开经营服务项目单一的局限和经营风险；同时，各种经营服务项目的经营运作必然要接受大众和市场的考验，在这个过程中，物业企业经受各种历练，必然会大大增强综合能力，更易在复杂多变的市场中生存。

(4) 通过开展综合经营服务能拉近物业服务企业与业主和使用人的关系。

各项经营活动的主体是人，通过一些经营活动作为一个接触，传递出人们的一些生活细节、习惯，物业服务公司可以通过各项经营活动，对使用群体进行分类，总结出需求及喜好。不仅可以完善平日单调的服务，还可加强彼此之间的联系，更好的完善物业管理服务内容，打造物业自己的品牌。

8.1.3 选择综合经营项目的原则

综合经营服务的条件，从总体上看可以分为硬件和软件两个。"硬件"是指资金和场所(包括建筑物)；"软件"是指经营内容或项目，以及经营思路和体制。硬件是解决经营什么的问题，软件是解决如何经营的问题。具体而言可归纳为三方面内容：一是筹措资金；二是寻找场地(包括建筑物)；三是选择经营内容或项目。

1. 经营内容或项目的选择原则

1) 日常生活类优先

物业服务公司应优先开设如柴、米、油、盐、酱、醋、吃、穿、用、行等日常生活方面的服务项目。如自行车存放、生活便利店等。

2) 消费周期短、利用频繁的项目优先

如一日三餐、生活必需品。而消费周期长，使用不频繁的项目可暂缓考虑。

3) 易损易耗品优先

如小五金、小家电，在日常生活中容易损坏，其维修项目可先行开设。

4) 优势特色项目优先

如物业服务公司有房屋维修工程队、机电设备维修部等，可开设装饰装潢服务经营部，连带经销建材等，也可开设家电维修服务中心等。

5) 中介服务项目优先

如找保姆、钟点工、介绍家教，房产评估、换房，买卖中介等投资少、利用信息和关系多的可优先。

2. 综合经营服务项目的布局原则

(1) 适当集中布置，使用人一次出行能享受到多种服务，满足多种要求，方便使用。

(2) 布局位置要符合人流走向。使用人日常频繁光顾的设施应当布置在物业管理区域出入口处，以方便进出大门时利用。

(3) 尽量缩小服务半径，为使用者节省时间、缩短距离，方便服务对象的使用。

(4) 不能扰民，不能影响物业管理区域内部的整齐、宁静，产生噪声、气味、废弃物的项目要与居住建筑或写字楼保持足够的距离，以防互相干扰。

(5) 条件允许时，尽量选择能够兼顾区内和区外的门户位置，以便增加客流量。

> **特别提示**
>
> - 开展物业综合经营服务，还应重点考虑业主和非业主使用人对物业综合经营服务的要求。业主和非业主使用人的需求虽然多种多样，但归根结底是要求综合经营服务高效、优质。高效、优质服务的含义包括：
>   ① 效用。效用是业主和非业主使用人对于服务使用价值的要求，它是由物业管理人员的知识、技能或体力转化所带来的实际效果。这种实际效果体现在物业管理人员必须达到有关的服务或技术标准。
>   ② 方便。这是业主和非业主使用人在要求服务效用的同时，提出省力、省时、省事的要求。例如：房屋、设备等维修服务的报修方便；家居生活服务做到"开门七件事，不出社区门"等。
>   ③ 态度。态度是业主和非业主使用人对于物业管理人员的礼貌礼节和行为方式的要求。为了提供高效优质的服务，物业管理人员必须做到礼貌服务、微笑服务，与业主和非业主使用人相互沟通、协调一致，服务贴心周到，获得业主和非业主使用人的信任。
>   ④ 合理。各项综合服务的收费标准应该合理，质价相符。
>   ⑤ 满意。满意是业主和非业主使用人对于服务产生的心理感受，也是对所需服务效果的总体评价。业主和非业主使用人对服务的满意感受是具有安全感、舒适感、方便感、归宿感等。物业服务企业将业主和非业主使用人的满意当作追求的最高目标，努力创造符合业主和非业主使用人乃至整个社会生存、发展与享受的完善的综合经营服务体系。

8.1.4 综合经营服务的理念

1. 以正确的经营原则和经营思路作指导

开展物业综合经营的目的是为增加物业管理收入，以实现"以业养生、自我发展"。在经营中要坚持业主至上、公平竞争、等价有偿和热心服务的原则，充分利用自身的优势，因地制宜地根据业主的经济收入、文化水平等不同层次的不同要求，组织经营项目及内容，同时，这种经营活动要服从于常规性服务，不能本末倒置，淡化非盈利的服务。经营的思路可采取内部承包经营或公开竞争招标等形式，保证经营效益，减少经营风险。

2. 以市场预测为基础进行经营项目决策

通过市场预测，准确地把握市场动态和消费者的需求及各种营销因素和竞争态势，减少经营中的盲目性和风险性。预测的内容包括市场需求量预测、经营项目的技术发展预测、提供经营服务项目的数量预测、经营服务价格及效益预测等。预测的结果有助于企业选择目标经营市场，确定经营的具体内容、档次及定价收费标准，有的放矢地满足各个消费层次的需求。

3．合理投放物业经营资金，保证管理、服务与经营的协同发展

开展物业经营离不开资金的支持，尤其是一些大型的综合经营项目所需的资金量更大。企业除了要备有一定的启动资金外，还可以从物业管理的各项储备基金中进行合理调配(但必须征得业主的同意)，并事先作好统筹安排，留足必要的年度房屋维修基金及重要设备的维修、更新基金。还可通过其他渠道筹集经费并在以后的资金计划中留足经营发展基金，以保证项目的顺利开展。

4．协调各方面关系，提高经营服务质量

物业管理涉及的部门行业较多，在开展各种经营项目时，必然会与当地社区、街道、居委会、房管所以及部分经营业主产生竞争，造成一些矛盾，要注意与他们协调好关系。同时，还会与市政、园林、供电、环卫、派出所、卫生等行政职能部门发生关系，要努力得到他们的支持和配合，平时要多进行企业公关活动，多承接一些政府行政性事务，树立良好的企业形象。由于经营服务对象主要为辖区的业主，要设法获得业主的信任、支持和配合，多征求他们的意见，及时改进工作方法，提高工作和服务质量，做到经营项目质优价廉。此外，企业要舍得投入，要把经营所得部分用于弥补物业管理经费的不足，更好地改善业主们的居住及工作环境，"取之于业主，用之于业主"。

课题 8.2　综合经营服务项目的选择

8.2.1　项目选择与物业服务阶段的关系

> **特别提示**
>
> - 物业服务企业综合经营服务项目经营的成功与否，主要看项目的选择是否有市场，而项目服务的接受方主要是服务区内的业主和非业主使用人，这部分人群在使用物业的不同阶段，对经营项目的设置有不同的要求。

1．早期介入阶段

虽然早期介入阶段的工作主要由具有相应资质的企业去完成，如规划设计、工程监理等，但是，物业服务企业也可从事相关的经营项目，如：建立项目策划室、开设建筑材料和设备商店，或组织各建材及设备供应商召开产品看样订购会，由开发商、建筑商及业主去选择质优价廉的产品。

2．前期物业管理阶段

在前期物业管理阶段，业主要为购买的住房或租用的商业楼宇进行投入使用前的二

次装修。按现行物业管理有关规定，业主在装修前必须要将装修的内容和装修图纸送交物业服务公司审核，同意后才可动工装修，并在装修完工后要经物业服务公司验收。在此阶段，物业服务公司始终扮演着一个重要角色，此时可开展的经营项目有：成立室内装潢设计中心，为业主提供家居装潢设计方面的咨询与服务，该项目可维持较长时间，因为将来物业及设备变旧变坏后必须修补，尽管维修基金可用于房屋的维修保养，也只是针对建筑的某些部位(如公共部位及主体结构等)，而室内的维修、再装修等还必须由业主自行解决。还可成立搬家公司、装修材料商店、家用电器商店及维修站等。目前广州很多在建的或新建成的小区，尽管入住率及商铺租售率还很低，但类似的经营业务都开展起来了。

3．成熟期物业管理阶段

物业管理进入成熟期，即当业主正式入住或使用物业后，可根据业主的数量、素质及需求不同，从衣、食、住、行、娱乐、购物、工作等各方面，开展多种经营活动。尽管有的物业区域在规划设计时已考虑了业主的这些要求，如兴建了相应基础配套设施，但这些设施大多是原开发商所有，他们一般都租售经营。此时，物业服务企业除作为管理者身份外，还应主动租买此类物业，或与他人合作经营。可经营的项目有家电维修服务、房地产中介服务、广告服务、家政服务等。

8.2.2　服务项目的市场调查与预测

1．前期准备阶段的任务

1) 设定项目范围

综合经营服务的开展要以物业管理区域内的具体条件为基础，以业主和使用人为主要服务对象。综合经营服务项目的设计主要应针对物业项目本身的需求，但也不排除在不影响本物业管理区域业主和使用人的利益、不产生矛盾的前提下兼顾物业周边的市场，同时为区内和区外服务，适度扩大规模，发挥服务潜力，实现规模经济效益。

2) 选择操作方式

比较简单的市场调查与预测可以由物业服务企业自己组织人力完成，若进行大规模、复杂的市场调查，则可以考虑聘请专业的咨询公司完成。

2．市场调查阶段的任务

(1) 考察物业现管理阶段，锁定适合做的项目、物业本身的地理位置、交通状况、周边商业服务设施条件。
(2) 了解物业类型、规模及开展综合经营服务项目的硬件及软件条件。
(3) 收集服务对象的资料及其服务需求情况。
(4) 分析物业服务企业自身的优势和条件。

3．市场预测阶段的任务

综合经营服务市场预测，就是指借助于市场调查和综合经营服务的专业知识，通过一定的市场预测手段，来对某种服务项目开设之后的未来市场供求关系的变化发展作一个大概的分析和预算。综合经营服务的市场预测包括对经营服务项目的市场需求量预测和技术发展预测，以及自己经营服务项目的供给数量的预测等。

(1) 综合经营服务项目的市场需求量预测。

由于综合经营服务的最大优势与最大局限性均是具有地域性，因此物业服务企业除了需要了解经营服务需求的一般要素，如服务的社会拥有量与社会饱和点外，还要研究所辖的物业区域范围内的社会购买力和购买指数、居民的社会文化层次、购买心理和潜在竞争因素，这样才能准确地预测综合经营服务项目的市场需求量。

(2) 综合经营服务项目的技术发展预测。

由于综合经营服务性较强，所以就需要时刻关注居民的需求变化，而居民的需求变化又会随着新技术、新材料、新工艺、新产品等的发展及流行变化而变化。如搞房屋装修，就需要对装修技术、材料、工艺、产品的发展和未来影响及时了解和掌握。

(3) 对企业自己应提供的经营服务项目数量进行预测。

由于综合经营服务具有地域的局限性，物业服务企业在确定营业规模和服务数量时，首先要对管理区域内的人员流量、公司企业与住户、客户和业务等的数量进行统计调查和分析，从而估计出自己应提供的经营服务项目数量。例如，开设餐厅，就要对客流量预测，根据客流量的大小确定营业规模。

知识链接

在物业项目内开展综合经营服务，首先因做好市场调查，什么样的服务项目符合本小区，只有准确的定位，开展的项目符合小区人群的需求，才能做到项目的良好运营。市场调查的基本方法有如下三种。

1. 询问法

询问法又称直接调查法。它是以询问的方式作为收集资料的手段，以被询问人的答复作为调查资料依据的调查方法。询问调查法包括意见询问、事实询问以及阐述询问 3 项内容。询问调查法按其内容传递方式不同，又可分为访谈调查、电话调查、邮寄调查、留置问卷调查等具体方法。

2. 观察法

观察法是指调查者通过直接观察和记录被调查者的言行来收集资料的一种方法。通常使用以下两种方式进行直接观察。

① 调查人员直接观察。调查者在现场观察和统计，耳闻目睹客户对市场的反应和公开的言行。

② 利用设备间接观察。调查者利用录音机、摄像机、照相机、监测器、测录器等现代化器械，间接对市场中人们的行为进行观察，以收集资料。

观察法所得的资料深入、详细、真实、客观。但是，该法所需时间长、费用大，易受时间和空间条件限制，只能观察到正在发生的现象和一些表面情况，难以探知被调查者的动机、偏好等内在心理活动。

3. 实验法

实验法是从影响调查对象的若干因素中，选出一个或几个因素作为实验因素，在其余因素不变的条件下，了解实验因素变化对调查对象的影响。实验调查法通常可采用实验求证法和随机尝试实验法两种方式。实验法所得数据，比其他方法要精确一些。但由于实验法投资大、周期长，容易丧失市场良机，因此该方法有一定的风险性。

8.2.3 综合经营服务项目的分类和选择

1. 综合经营服务项目的分类

综合经营服务项目一般根据服务内容可分为：生活服务类、商业类、餐饮类、教育类、维修类及商务类及其他，见表 8-1。

表 8-1 综合经营服务项目示例

类 别	具 体 项 目
商业类	便利店、超市、药店、菜场、摄影及照片洗印、加油站
餐饮类	餐馆、快餐店、茶室、茶餐厅、酒吧、学生小饭桌
生活服务类	洗染店、干洗店、服装加工店、美容美发室、公共浴室、洗车、汽车美容、净菜加工点、主食加工点、半成品加工点、接送小孩上下学、代聘家教
文化娱乐类	书店、音像制品店、报刊亭、网吧、打字复印店、健身房、老年活动室、儿童活动中心、旅行社报名点
教育类	托儿所、幼儿园、老年大学
医疗保健类	社区医院或诊所
商务类	商务中心、代购车(机)票，代办商务以及住户委托的其他服务项目
维修类	家电、汽车、自行车及各类生活用品的维修服务
房地产中介代理类	房地产咨询、估价、中介服务，代理房屋买卖、租赁，从事建筑室内装潢装饰设计及工程施工等
家政类	代请保姆或小时工、看护病人、订送报刊、为居民代管房屋、预约定期上门清扫室内卫生、代办购物
金融邮电类	与有关部门合作，开办金融门市或邮电网点
环保物资回收类	物资回收站、跳蚤市场、旧书报刊回收销售

2. 综合经营服务项目选择的途径

(1) 选择常规项目或进行创新。

与常规性物业管理服务不同的是，综合经营服务项目的设计是开放性的，可以根据需要设立并随时调整，可根据实际情况的需要拓展业务范围及服务深度，因此可供选择的种类很多。

物业服务企业可以根据实际情况和需求选择若干项形成套餐式的综合服务项目，也可自己创设新项目。

(2) 开展横向合作。

有些项目的开办需要其他机构的配合。比如，在开发商没有运作而居住小区确有需要的情况下，物业服务企业可以与教育机构和教育主管部门合作，开设幼儿园甚至小学，以便儿童就近入托、入学，还可以与金融、邮电、旅行社等机构合作建立网点。

(3) 优先选择物业服务企业的优势项目。

物业服务企业可以发挥自身的优势，依靠可靠的信息来源，将经营范围扩大到与物业有关的业务。如开展以物业租赁及物业的信托经营为主的中介服务，收取中介费获得收入。

(4) 引进竞争机制，进行服务项目招标。

所开设的综合经营服务项目，实行企业内部或公开竞争招标，通过决标，以最高额中标发包，并签订承包合同。

课题8.3 综合经营服务项目的运作

8.3.1 开展综合经营服务的条件及途径

1．开展经营服务的条件

日常物业管理服务稳定，有人力、物力、财力及精力是物业服务企业开展经营服务的必备条件。

2．实现条件的途径

1) 筹集资金

可以动用企业自有资金，也可以通过银行贷款或集资的办法来解决启动资金的问题。

2) 准备经营场所

最好是物业服务企业自有的房屋和场地，也可从开发商或业主处租借。具体位置可以在物业项目的中心、入口处或裙房、底层商铺等处，根据经营项目具体调整。

3) 配备人力资源和管理机构

要考虑物业服务企业的规模、架构和经营管理能力是否能够达到开展综合经营服务的要求，有没有足够的富有经验的管理人员去策划、运作相关项目，企业的这部分业务能否与常规性服务项目齐头并进甚至相互促进。物业服务企业应该成立专门的综合服务部门负责这部分业务，或由业主服务部或管理部兼管这项工作。制定经营服务的管理制度及各项操作流程确保将管理方案认真执行，达到经营管理的目的。

8.3.2 综合经营服务项目的组织和管理

1．选择经营方式

物业服务企业可以自己经营多种综合服务项目，可以实行承包制，将自营综合服务项目外包；也可以直接面向社会招标，引进竞争，引进资金，开发综合经营服务项目。根据经营项目选择适合的投资及经营方式。

2．对服务收费进行监督

物业服务企业在选好承包商，项目开业后，还要对收费是否规范进行抽查监督，避免出现乱收费等问题，收费透明公开，可公示收费标准及相关的管理办法。

3．监督服务质量

无论物业企业选择哪种方式经营，都要严格监督把控服务质量。要有专门的人员做客户分析，认真做好回访工作。及时将问题暴露出来，尽快改进，完善服务的同时加强与业主及客户的关系。建立监督机制，加强服务人员的竞争意识。

4．服务满意度考评

通过考评的方式加强对服务质量的监督，将目前的经营情况作为依据，有助于完善服务手册或方案。

(1) 定期考评承包的商户或专业企业进行考核，通过内部考评与外部考评相结合的方式对项目的经济效益、社会效益及环境效益进行考评。

(2) 按照考评结果挑选承包商或专业企业，考评能加强市场正常的竞争，按照优胜劣汰的原则适时调整经营项目与服务内容，使服务项目组合的结构和效益到达最佳的效果。

(3) 通过对服务满意度的考评，提炼出有意的意见及建议，分析自身的优势与不足，及时调整完善，培养核心竞争力，形成特色性服务，开拓自己的品牌。

8.3.3 开展综合经营服务的注意事项

1．经营方式

物业服务企业是综合经营服务的组织者，应该改变过去仅仅是把经营性用房出租出去坐收租金的简单做法，自主开展多种有偿收费服务项目，争取实现利润最大化。物业服务企业要用经济手段来管理物业，通过有偿服务、多种经营来保证企业的资金平衡和企业的经济效益。为此，企业的管理者要通过各种方法降低管理成本，要积极开拓经营渠道增加收入。从企业发展战略来看，物业服务企业不仅可以通过多种经营来取得经济效益，而且业务范围的拓展也可以帮助企业分散经营风险。

综合经营服务的开展要实行企业化管理。物业服务企业可以利用自身的人力物力去运作经营项目，但是根据专业化的原则，物业服务企业更应该将综合经营服务项目以合同形式发包给专业企业、承包商去运营，以减少人员和办公经费开支，提高效率和服务水平。将项目外包出去后，物业服务企业管理人员的主要工作就是按照合同进行管理、协调、监督与考评。在承包商的选择问题上要引入竞争机制，可以采取招标的方式，面向企业内部或面向社会公开招标，选择最佳的合作伙伴。

2．收费问题

综合经营服务项目运营中的收费是很敏感的问题，需要谨慎处理。需求以收入为基础，服务以需求为基础，价格以服务为基础。不同收入水平产生不同层次的要求，设施和服务的收费水平与业主的收入水平相适应，收费标准以"成本+劳务费"计算，使服务对象感到物有所值。对中低收入的业主可提供生活必需、保本微利的服务项目；对收入较高、追求生活舒适、消费观念较新的客户群，可提供利润率较高、时尚超前、享受型的服务项目。无论是物业服务企业自身定价还是承包经营商定价，都应该注意分层次提供服务、分档次收取费用。原则上服务价格应由提供服务的单位确定，而业主和使用人有自由选择权，因此双向选择的结果只有质价相符、公平合理的收费标准才能够被双方接受。物业服务企业的管理部门应作为客观中立的第三方对承包商起到监督作用，对服务收费标准严格掌握，杜绝滥收费现象，对业主的举报及时调查处理，必要时要向物价部门反映。

3. 正确分析优势和劣势

1) 优势

直接面对消费者，设施就近、便利、可达性好、使用频繁，易于与顾客建立长期稳定的联系，在培养忠诚消费者方面有天然的优势。

2) 劣势

投资较少，项目规模比较小，市场集中度低，不容易实现规模经济，和大型公共性商业服务企业相比，专业性差，不直接面对激烈竞争，服务水平提高慢。

物业服务企业的劣势也不是不可克服的，只要加强经营意识，努力开拓，物业服务企业也有希望成为跨行业、跨地区的大型服务企业。

4. 考虑相关规定

国家标准《城市居住区规划设计规范》(GB 50180—93)(2002年版)规定，居住区的规划设计，应遵循统一规划、合理布局、因地制宜、综合开发、配套建设的原则。居住区公共服务设施(也称配套公建)，应包括教育、医疗卫生、文化体育、商业服务、金融邮电、社区服务、市政公用和行政管理及其他8类设施。居住区的配建设施必须与居住人口规模相对应，并应与住宅同步规划、同步建设和同时投入使用。配建设施的面积总指标，可根据规划布局形式统一安排、灵活使用。居住区配套建设各项目的规划布局，应符合下列规定：

(1) 根据不同项目的使用性质和居住区的规划布局形式，应采用相对集中与适当分散相结合的方式合理布局，并应利于发挥设施效益、方便经营管理、使用和减少干扰。

(2) 商业服务与金融邮电、文体等有关项目宜集中布置，形成居住区各级公共活动中心。在使用方便、综合经营、互不干扰的前提下，可采用综合楼或组合体。

(3) 基层服务设施的设置应方便居民。满足服务半径的要求。

(4) 配套公建的规划布局和设计应考虑发展需要。

此外，《城市居住区规划设计规范》规定，居住区内公共活动中心、集贸市场和人流较多的公共建筑，必须应配建公共停车场(库)。

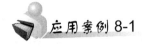
应用案例 8-1

综合经营服务项目组合设计

根据所管住宅小区的中高档定位和业主多为都市白领的特点，某知名物业服务企业设计了以下综合经营服务项目组合。

(1) 训练有素的家政服务队伍向住户提供周到细致的各类家政服务：室内清洁服务、提供家务助理、家庭需要配送服务、代接送小孩服务。

(2) VIP(贵宾)商务助理：包括代订酒店、会议提示、打字、复印、订机票等。

(3) 爱车服务一条龙：代办年检、建立车辆档案、为长期出差在外的业主提供车辆护管服务。

(4) 电脑电器上门维修维护及操作指引服务。

(5) 提供装修设计套餐服务。
(6) 为每一个有需要的家庭制订"个性化服务计划"。
(7) 小区内设有 24 小时便利店，住户可以随时光顾。
(8) 为不同年龄阶段的人群设计丰富多彩的社区文化活动。

其中所谓"个性化服务计划"，就是在满足业主共同需求的基础上，同时能够使不同业主的特殊需求得到满足，包括为业主建立健康关注档案、跟踪业主的健康动态、组织业主心理及身体健康状况评估、定期组织身体检查和体质测试、根据业主身体健康情况定期给予饮食、起居、运动方式选择、健康预警等方面的建议或提示等。

【点评】

该综合经营服务项目的组合设计充分体现了这一知名物业服务企业的服务水平和管理水平，为其提高在物业管理行业的知名度作出了贡献，也使业主得到可体贴周到、全面优质的服务。

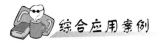
综合应用案例

综合服务项目运作实例

1. 服务承诺

(1) 全心全意为业主、住户服务，为创造一个舒适、优雅、宁静、安全、文明的小区而努力工作。
(2) 与住户交往时做到热情礼貌、态度和蔼、服务周到。想业主之所想、急住户之所急，满足广大住户的需要就是我们的工作目标。
(3) 上门服务必须着装整齐、佩戴工作牌，未经住户允许不得随意进入住户房屋。
(4) 有偿服务必须按标定价格收费，不得加收费用(特殊情况由双方另行商定)，不得索要小费及私自收费。
(5) 尊重住户隐私权，不窥窃、不打听、不传播住户的隐私和秘密。
(6) 房屋维修在接到住户报修后首次上门服务时间为：水电 24 小时以内；土建 3 天之内。
(7) 积极创造条件，为住户提供更多、更优质的个性化服务。
(8) 我们的口号是：依法管理、业主至上、服务第一。

2. 服务措施

(1) 目的：根据管理小区的实际情况，为住户提供全面、细致的家居个性化服务。
(2) 适用范围：管理小区服务中心所能提供的有偿、无偿服务。
(3) 职责：管理小区服务中心负责接待及登记，根据服务项目分别由办公室及维修班负责实施。
(4) 要求：管理小区服务中心实施便民服务做到热情周到，有偿服务收取服务费用价格公正、合理。

3. 个性化服务内容

根据城市及管理小区的实际情况，考虑为住户提供全面、细致的家居个性化服务(服务项目达 80 余项，根据业主的需要增设)。

个性化服务分为无偿服务和有偿服务两种。

无偿服务项目：①代购飞机票、火车票；②代租车辆；③代办旅游手续；④代发邮件；⑤代订报刊、杂志；⑥代办国际互联网上网；⑦代请家教；⑧代请保姆；⑨代请医生；⑩代送鲜花、礼品。

有偿服务项目(主要列举安装方面)：①安装空调；②安装热水器；③安装洗衣机；④安装抽油烟机；⑤安装排风扇；⑥安装洗手盆、洗菜盆；⑦安装浴缸；⑧安装座厕；⑨安装防盗门；⑩安装玻璃。

单元小结

本单元主要介绍物业服务企业可开展的综合经营服务,包括针对性的专项服务和委托向的特约服务。具体包括开展综合经营服务项目的一般知识,如概念、意义、原则和服务理念;综合经营服务项目的选择。具体包括综合经营服务项目的选择与物业服务阶段的关系、市场调查与预测、项目的分类与选择;综合经营服务项目的运作,具体包括开展综合经营服务的条件及途径、项目的组织与管理、开展项目时的注意事项。

习 题

一、单项选择题

1. 综合经营服务是多种经营性质的( )服务。
   A.有偿　　　　B.无偿　　　　C.一般　　　　D.公众代办
2. 下列不适合作为综合经营服务项目的是( )。
   A.代购车票　　B.家政服务　　C.保洁服务　　D.安全管理
3. 下列关于选择综合经营项目的原则,说法错误的是( )。
   A.消费周期短、利用频繁的项目优先　　B.易损易耗品优先
   C.优势特色项目优先　　　　　　　　　D.经济效益显著的项目优先
4. 开展综合经营服务项目的资金来源,下列说法错误的是( )。
   A.企业自有资金　　　　　　B.向业主收取
   C.银行贷款　　　　　　　　D.集资

二、多项选择题

1. 下列关于开展综合经营服务的意义,说法正确的是( )。
   A.满足物业服务合同的要求,减少与业主之间的纠纷
   B.能促进城市公建配套设施建设,方便群众生活,带动商品房交易
   C.能增加物业服务企业收入,促进物业管理行业的良性发展
   D.能拓展物业管理的空间,增强物业企业的适应生存能力
   E.通过开展综合经营服务能拉近物业服务企业与业主和使用人的关系
2. 下列适合在早期介入阶段开展的综合经营服务项目是
   A.建立项目策划室　　　　　B.开设建筑材料和设备商店
   C.装修材料商店会　　　　　D.成立搬家公司
   E.组织各建材及设备供应商召开产品看样订购
3. 下列属于市场调查阶段任务的是( )。
   A.考察物业现管理阶段,锁定适合做的项目、物业本身的地理位置、交通状况、周边商业服务设施条件
   B.了解物业类型、规模及开展综合经营服务项目的硬件及软件条件

C. 综合经营服务项目的技术发展
D. 收集服务对象的资料及其服务需求情况
E. 分析物业服务企业自身的优势和条件

4. 下列适合作为综合经营服务项目设置的场所的是（　　）。
   A. 物业项目的中心　　　　　　B. 入口处或裙房
   C. 底层商铺等处　　　　　　　D. 住宅楼的一楼
   E. 物业服务项目部办公室

5. 物业服务企业开展综合经营服务的劣势在于（　　）。
   A. 市场集中度过高　　　　　　B. 不容易与顾客建立长期稳定的联系
   C. 项目规模小　　　　　　　　D. 专业性差
   E. 可达相差

6. 物业管理区域综合经营服务项目的组织和管理工作包括（　　）。
   A. 选择经营方式　　　　　　　B. 对服务收费进行监督
   C. 服务满意度考评　　　　　　D. 项目经济效益核算
   E. 监控服务质量

三、情景题

1. 小张所在的物业服务公司刚接管了一新建小区项目，现在正处于前期物业管理阶段，小张被任命负责该阶段综合经营服务项目的设计，请你告诉小张，该阶段适合开展哪些综合经营服务项目？

2. 某物业服务企业想通过开展综合经营服务项目来增加经济收入，同时也方便业主，拉近与业主的关系，但企业不知道如何实现开展综合经营服务的条件，请你为该企业说明。

四、案例分析题

某物业服务公司为了方便业主生活，在服务小区开展了家政服务项目。2008年的一天，物业服务公司管理处服务中心接到F2-39业主的电话，要求提供家政，服务中心安排家政人员去完成，服务人员来到业主家中，当时业主不在家，家中只有业主的父亲，经过询问后才得知主要是擦拭客厅和走廊的地板。于是家政人员在征得业主父亲的同意后就先用毛扫把扫除表面上的灰尘，然后用湿毛巾进行擦拭。不料当业主回家后，打电话到管理处投诉家政服务操作不当，导致木地板表面擦拭后没有光泽，而且操作过程中将地板两处刮伤。

接到投诉后，项目负责人立即赶到现场，进行现场调查发现，客厅茶几下木地板的表面的确有细微的刮花痕迹，手触摸地板有黏手的感觉。业主认为地板没有光泽是家政人员没有使用纯棉毛巾和乱用清洁剂造成的，两处刮花则是工作时搬动茶几所致。经过与家政人员沟通后得知，是业主自己在清洁地板时使用玻璃水引起的，使用玻璃水清洁地板后地板会发粘，容易停灰，所以光泽度较差。至于两处轻微的刮花，家政人员说在服务过程中根本就未曾动过茶几。项目负责人对业主做了详细的解释，业主表示认同。

请你对上述案例进行点评，并提出自己的合理化建议。

综 合 实 训

一、实训内容

已经入住 3 年的某高档住宅服务项目，现有 500 多户居民，其中白领人士较多，但是该项目临近郊区，缺乏附属配套设施。假设你是该项目的物业服务经理，请针对上述情况，进行综合经营服务项目设置。

二、实训要求

1．为该物业项目设计 4 种合适的经营服务项目。(说明：只写出服务项目名称即可)

2．如果全部综合经营服务项目都不是物业服务公司自己经营，而是对外承包，那么物业服务公司应如何监控服务质量？

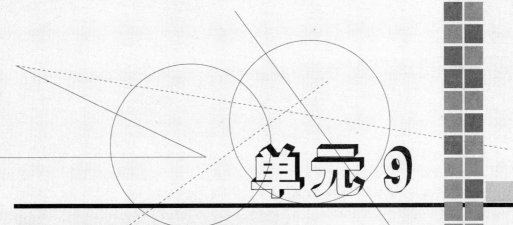

单元 9 客户关系管理

教学目标

本单元主要介绍物业服务企业应如何做好客户关系管理工作,能否处理好与客户的关系对于物业服务企业的工作效果有直接的影响,本单元主要从客户服务管理、客户投诉的处理和服务区域的文化建设三个方面进行阐述。教学目的是使学生意识到建立与客户之间融洽关系的重要性,并能通过切实可行的方式来促进这种融洽关系的产生。

教学要求

能力目标	知识要点	权重
了解客户服务管理的概念、意义和前提条件,掌握客户服务工作的内容,有效地培养与客户沟通的能力	客户服务管理	35%
掌握客户投诉的处理过程和纠纷的解决办法,能够有效的处理客户投诉	客户投诉的处理	30%
了解服务区文化建设的基本常识,能够有效的组织服务区文化建设活动	物业服务区的文化建设	35%

引例

某新成立的物业服务企业接管了一个规模相当的新建小区，物业服务企业内组织机构严谨，专业人员充足，岗位设置合理，也有全心全意为客户(业主)服务的热情，但工作了一段时间发现，客户(业主)对他们的工作很是不理解，甚至不支持，使物业服务企业处理问题很被动。

面对这种情况，经专业人士分析，主要是物业服务企业与客户(业主)之间缺乏沟通和了解，物业服务企业虽然做得很辛苦，但没有让客户(业主)了解的机会和途径，一片良苦用心没有得到很好的回报。同时，客户(业主)真正想要得到的服务或服务效果，物业服务企业也不知晓，于是，双方之间出现了上述尴尬的局面。

那么，作为以盈利为目的、以服务为手段的物业服务企业，应该如何处理好与客户的关系呢？客户服务工作的内容有哪些？如何通过开展服务区文化建设来加强与客户(业主)之间的沟通和了解？这些都是本单元要讲述的内容。

课题 9.1 客户服务管理

9.1.1 客户服务管理概述

1. 客户服务管理的概念

客户服务管理是指一种以客户为导向的价值观，它整合及管理预先设定的最优成本——服务组合中的客户界面的所有要素。任何能提高客户满意度的内容都属于客户服务管理的范围之内。

> **知识链接**
>
> 客户满意度是指客户体会到的他所实际"感知"的待遇和"期望"的待遇之间的差距。
> 物业服务企业的客户服务是物业服务企业为提高其服务的质量，发生在客户与物业服务企业之间的相互活动，包括服务中所有与客户直接接触的环节。作为服务性质的企业，要始终以客户为导向，时刻站在客户的角度，为客户提供更加主动热情、周到细致的服务，最终使客户满意，从而建立良好的客户关系。其中，以客户为导向、提供客户所需要的服务、使客户满意是三个关键的要素。

> **特别提示**
>
> • 本单元中所提"客户"不但包括商业物业的物业使用人，同时也包括居住类物业的业主和物业使用人。

2. 客户服务管理的意义

1) 加强客户服务是企业发展自身的需要

物业服务企业通过加强沟通协作、完善评价和培训体系等一系列措施来加强内部管理工作，目的是更好地为客户服务和提升企业竞争力。实践证明，均收到了明显的效果，也为企业未来的发展打下了坚实的基础。

2) 加强客户服务工作是顺应客户的需求

在市场竞争日益激烈的今天，顾客是每个企业生存和发展的基础。企业必须把顾客的需求放在首位。物业管理在我国经过近三十年的发展，客户关注的已不仅仅是安全、舒适、优美环境等基础服务，而是更多地提出了精神感受、服务感知等方面的要求。因此，作为物业服务企业，必须认真分析研究，了解客户的需求，关注客户的感受，通过热情周到的服务，让客户的服务期望得到合理的满足，进而与客户建立一种融洽、和谐、互动的客户关系，使物业管理工作获得广泛的理解和支持，从而树立企业良好的服务品牌，提高企业的市场竞争力。

3．开展客户服务需具备的条件

开展客户服务必须全员参与，部门协作才能收到良好的整体效果。客户服务是一项长期的工作，就现阶段而言，物业服务企业必须具备如下5个方面的条件。

1) 强化客户服务意识

思想是行动的指南，要想做好客户服务工作，就必须提高企业全员的客户服务意识。客服部的工作人员可以在公司服务理念的指导下，连续不断地开展一些活动，如：通过看光盘听讲座、组织特色服务座谈会、印制服务小册子、张贴学习心得体会、案例分析讲解等方式，营造客户服务的氛围，让员工自觉地以客户为导向思考问题，并通过反复的培训固化在每一个员工的思想和行动中，整体提高客户服务意识。在公司部门间、上下工序间也要树立良好的客户服务意识。

2) 梳理优化服务流程

物业服务企业应以客户满意为导向，梳理、优化现有的操作和管理流程。梳理流程应以高效、方便为原则，即从客户视角出发，考虑方便客户、方便操作层员工。梳理优化的内容可以包括：一是优化岗位设置、岗位职责、协同工作方式等；二是从客户接触点入手，梳理服务作业流程；三是整合客户接触渠道，协同信息传递方式；四是完善客户咨询、投诉建议、客户回访、满意度测评等方面的服务标准。

3) 完善基础资料、认知客户

在实施服务前，首先要尽可能地掌握服务对象的情况。掌握了物业的情况，才能做好系统的维护；熟悉了客户信息，才能提供有针对性的服务。所以，物业服务企业应继续完善物业基础资料和客户档案，将物业和客户信息当作一种资源运用好。比如将客户信息按籍贯、年龄、职业、爱好等进行细分，通过细分可了解客户的结构及变化情况，确定工作的主导方向。通过分析小区家庭人员结构，了解不同层次人群的服务取向，通过客户需求变化趋势分析，深入地识别客户，进而更好地提供服务。还可以利用特定客户资源协调公共关系，解决一些疑难问题等。

4) 建立沟通渠道、主动沟通

良好的沟通是与客户建立信任和关系的关键。物业服务过程中，往往是客户投诉了，才安排人员与客户进行沟通，在日常工作中，却很少主动与客户接触，了解服务过程中存在的问题，探询客户需求。实际上，沟通应该贯穿在服务的每一个环节。可以通过上门拜访、工作简报、意见征询、座谈会、通知公告、电话、网站、服务区活动等多种方式，与客户进行良好的沟通，了解客户深层次的需求，通过服务给其合理的满足，与其建立一种长期的信任和互动关系。服务是互动的过程，多一分认识就多一分信任，多一分信任就多一分理解和配合。

5) 密切协作、强化执行

客户服务工作质量很大程度上取决于服务的及时性。及时性反映在执行力上，所以，确保各项工作得到强有力的执行是提高客户服务质量的根本保证。当客户的需求能够快速得到解决时，就能给客户带来心理上的满足。这就要求我们的工作人员不仅需要具备强烈的服务意识而且还要具备强烈的敬业精神和合作意识，全方位地主动服务，提高客户服务总体水平。

9.1.2 客户服务工作的内容

客户服务工作根据服务内容的不同可分为客户接待服务、收发报刊信件服务、公告发布服务和定期客户回访服务。

1. 客户接待服务

当客户有事情、问题或意见时，会通过亲自登门、电话咨询或写电子邮件的方式与物业服务人员进行沟通，此时，接待工作规范与否直接影响到物业服务企业的形象，进而影响到物业服务企业进一步工作开展的顺利程度。

1) 客户来访接待

来访接待分为引领、接待和送客三个环节。

(1) 引领客户。

当有客户来访时，客服部的物业服务人员应积极主动接待，并引领其至物业管理办公室，与客户商谈相关问题。同时，应注意下列相关细节。

① 适当寒暄交流。客户来访，不论是何种目的，物业服务人员都应主动与其寒暄交流，让客户真正体会到被尊重的感觉，产生亲切感，从而拉近与客户的距离。

② 注意同行礼节。物业服务人员在与客户同行时，应让客户走在自己的右侧以示尊重。若是多人同行，应尽量让客户处在中间位置。引领客户上下楼梯，至拐弯处或楼梯台阶时应当使用手势，同时提醒客户"这边请"、"注意楼梯"等。

(2) 接待客户。

首先应注意的环节是开门迎客。

物业服务人员引领客户到物业办公室时，敲门后要先进入房间，侧身、右手把住门把手，对客户说"请进"并施礼。然后轻轻关门，请客户入座。

若是客户直接上门，物业服务人员听到有人敲门应及时喊"请进"，不要让客户在门外久等，必要时主动开门，将客户迎入室内。

其次，应注意热情待客的细节。

客户落座后，物业服务人员应立刻上茶或倒水，注意水温是否合适。必要时做相应提醒，例如"小心水烫"。

若是客户临时到访，而此时物业服务人员确实工作忙抽不开身接待，应主动向客户说明原因，表示歉意，并请客户稍等，征得客户同意后，以最快的速度处理好手头的工作，然后与客户交谈，切不可对客户置之不理，否则会影响双方的关系。

来客有同伴时，物业服务人员应请其同伴在舒适的地方等候，注意不能对其失礼。

与客户交谈时，物业服务人员应注意倾听，掌握好语音、语速、语调等商务礼仪。

(3) 礼貌送客。

物业服务人员在送客时应主动为客户开门，等客户出门后，再随后出门。

物业服务人员可以选择在合适的地点告别，如电梯口、楼梯口、大门口或停车场等。

2) 客户来电答复

当客户有问题需要与物业服务企业进行沟通时，通过电话问询的方式方便快捷，常常被客户采用。此时，物业服务人员主要依靠语言与客户沟通，此时应通过语言、语气、语速等来表现其工作的热情、礼貌、耐心。其接待环节和标准见表9-1。

表9-1 答复电话问询的工作程序与标准

序号	工作程序	操作标准
1	接听电话	在电话铃响3声之内接听电话，不要让打电话者久等，避免产生不必要的麻烦； 接听电话要用标准用语："您好，这里是××公司物业管理处，请问您……" 接电话时始终保持平和心态，声调不能过高而显示出对对方的不满，也不能过低使对方听不清楚而感到服务人员的消极态度；在语言的运用上要注意不能使用过激的语言，力争圆满的解决问题
2	认真倾听对方讲话	以听为主，尽量不要打断对方讲话，让其从容不迫地阐述所要表达的意思； 不论问询者的态度如何，物业服务人员都要一如既往地以平和、认真的态度聆听，避免话语不当使对方情绪激化； 物业服务人员还应不时地给予回应，表示自己正在认真倾听，以示对对方的尊重
3	记录问讯内容	物业服务人员应事先准备好笔和记录本，随时记录电话来访者的问题及想法； 记录电话来访者的姓名、联系方式等信息，以便问题得到解决时及时与其联系
4	与对方沟通	对于电话来访者提出的问题，物业服务人员应及时给予答复或解释； 若电话来访者提出的问题涉及的情况较复杂，一时难以解决，物业服务人员应认真地说明原因，并约定问题解决的时间。一般一个工作日内回复
5	礼貌结束通话	在电话来访者获得满意的答复后，物业服务人员应与其礼貌的结束通话

3) 邮件回复

若客户通过电子邮件的方式投诉、咨询问题或提出建议，物业服务人员应及时回函答复，一般不应超过两个工作日。同时，物业服务人员应每天不少于两次查看相关的电子邮箱，在回复问题时，还应注意以下细节。

(1) 邮件内容要简洁明了，以能解决客户问询的事项或投诉为标准。

(2) 邮件的言辞一定要诚恳，以能够感动客户、尽快解决问题为宗旨。

(3) 邮件一定要行文规范，有标题，而且标题要清楚明白，让客户感觉到管理人员的专业和对问题的重视。

2．收发报刊信件

在有些管理项目中，物业服务公司会安排物业服务人员从邮递员手中统一接收客户订阅的报刊、杂志或邮件等。此时，物业服务人员应将其及时地送到客户办公室、客户的信箱或家中。

物业服务人员在做此项工作时，应参照以下的操作规程，见表9-2。

表9-2 收发报刊信件的操作规程

操作要点	操作规程
做好订阅统计	物业服务人员接到客户订阅报刊、杂志的信息后要及时进行登记、定期统计、随时修订更新，以免漏送或误送。客户订阅信息统计表参见表9-3
检查信件报刊	对邮递员送来的信件、报刊，物业服务人员应检查其中有无开封信件、缺损报刊，如发现问题，及时由邮递员签字确认； 若非本小区客户或客户已搬迁，物业服务人员应及时将信件退回邮局
发放及时到位	物业服务人员对收到的报刊、信件等检查无误后，及时将其送达客户指定地点；快件、专递件及重要的邮件要填写"客户信件、报刊发放登记表"（见表9-4），并亲自送到收件人手中，同时要求收件人签收。若客户出差或暂时不在，物业服务人员应将信件、报刊等妥善收存，等客户回来后再行发放
及时处理失误	在发放过程中，如发生报刊、信件等丢失，物业服务人员应主动、及时的向收件人致歉，并积极寻找丢失物件。因此种情况给客户造成的经济损失，由双方协商解决

表9-3 客户订阅信息统计表

序号	客户姓名	房屋号(信箱号)	订阅报刊名称	到刊日期	客户要求	备注

表9-4 客户信件、报刊发放登记表

序号	报刊名称	收件时间	发件时间	收件人签字	备注

3. 发布公告服务

在物业管理的日常工作中，向全体客户发布公告是一项基本且重要的工作。凡是需要全体客户知道或了解的事情，如设备、设施例行检查或因故障需要处理而暂停服务，开展服务区文化活动等都可以通过发布公告的方式公之于众。在发布服务公告时，应注意以下细节问题。

1) 公告发布要及时

在以居住为主的服务区内，物业服务企业一般会在服务区的主要入口处、每栋楼的一楼大堂或电梯前室等地点安装统一的布告栏，物业服务人员可将公告张贴在公告栏内，以便让客户在第一时间内了解最新信息。

客户关系管理　单元 9

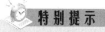

- 在现实的管理过程中，由于部分物业服务企业和人员的不专业、管理区域内公共设施的缺损等原因，部分管理项目出现物业服务人员乱贴公告的现象，例如随手贴在楼房的外墙上，贴在单元门上的情况也是时有发生，长此以往，不但不便于以后公告的发放，也给客户起到了负面的表率作用，为客户的乱张贴提供了依据。此种现象是不应该出现在物业服务企业和服务人员的身上，特此提示。

2）公告类型选择要恰当

日常公告通常以书面形式为主，常见的公告类型包括通知、简讯、提示、启事、通告等，不同类型的公告适用范围不同，具体区别见表 9-5。

表 9-5　常见公告类型

公告类型	适 用 范 围
通知	一般性日常公告的常用形式，内容大致包括费用收缴、停水停电、办理各类手续、公共场地消毒、清洗外墙、公共设施改造等
简讯	一般用于发布服务区文化活动信息、便民服务信息等
提示	一般用于特殊天气的气候提示、节假日的安全提示、服务区内公共设施使用的安全提示等
通告	物业服务企业向客户发布的较特殊的公告形式，内容多偏向于对客户某些行为的管理，如禁止在服务区内乱发放或张贴广告、禁止违规装修、禁止破坏公共设施等
启事	一般用于失物招领、寻物等

3）公告形式要规范

(1) 公告内容简单明了。大部分客户都是在经过公告栏时顺便留意一下公告的内容，停留的时间极为短暂。为使客户在最短时间内获得完整准确的信息，最大限度提高信息的发布效率，物业服务人员在拟订公告时，应力求简明扼要，短小精炼。

(2) 公告格式要规范。向客户发布的公告，无论哪种形式，都属于公文的一种，格式要规范，同时还要注意纸张的大小、字体类型及颜色等的规范、统一。

停　水　通　知

尊敬的各位住户：

　　由于供水管网检修，本小区将于××年××月××日××时至××年××月××日××时暂停供水，望大家做好储水准备，给大家带来的不便，敬请谅解。

××物业管理处

××年××月××日

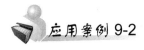

温　馨　提　示

尊敬的各位住户：

　　目前正处春节前夕，是入室偷盗和街头行窃、抢劫案件的高发期，请大家特别注意，为了使您及家人能够度过一个快乐、祥和、安全的节日，物业管理处提醒大家注意以下事项：

1. 节日期间您外出或夜间休息时，请将室内门窗关闭，一楼客户请将室内红外防盗系统设置在"设防"状态。

2. 贵重物品请自行采取妥善的保管措施。

3. 夜间或外出时注意自身安全，在物业服务区域内，若发现周边有任何可疑情况，可通过电话或对讲与物业及时取得联系。

敬请广大住户协助我们做好小区的安全防范工作，共同构建安全的居住环境。

在新的一年来临之际，××物业管理处全体工作人员祝小区住户：节日快乐，幸福安康！

客户服务中心24小时值班电话：×××××××× ；

××派出所电话：××××××××

××物业管理处
××年××月××日

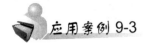

关于调整物业管理费的通告

尊敬的各位住户：

由于物价上涨及各种因素的影响，物业服务各项费用支出逐年提高，我公司已无法承受月月亏损的状况。本小区物业管理费一直以来属全市最低标准，今年1~6月份我公司对××项目进行物业管理费调整，从每平方米0.55元，调整至每平方米0.8元。此次调价后，我公司仍是负利润为小区提供物业服务。

各位住户 若对此次物业管理费的调整有什么意见和建议，可以书面形式向物管处反映，意见收集截止日期为××××年××月×日，希望各位住户对我们的工作给予理解和支持，特此通告。

××物业管理处
××年××月××日

4．定期回访客户

为了加强与客户的感情沟通，真正满足客户的需求，做客户的贴心人，物业服务企业应建立完备的回访制度。回访制度具体应在如下几个方面进行细化。

1) 准备回访内容

客户回访的内容一般包括4项：服务质量评价、服务效果评价、客户满意度评价和客户建议的征集。

2) 选择回访时间

物业服务人员在选择回访时间时，可根据具体情况裁定，但一般应遵循如下原则。

(1) 投诉事件的回访，应在投诉处理完毕后的3个工作日内进行。

(2) 维修工程的回访，应在完成维修工程后的一个月后、两个月内进行回访。

(3) 特约工程的回访，应安排在合同执行期的中期阶段和结束后进行。

(4) 急救病人的回访，应安排在急救工作结束后的一周内进行。

(5) 物业服务企业发放的报刊、杂志及组织的文体活动的回访，应该在组织、发行后的一个月内进行。

(6) 其他管理服务工作的回访，应安排在完成管理服务工作后的一周内进行。

- 回访的具体时间确定后，物业服务人员应事先与客户沟通，协调好具体的面谈时间，不要贸然打扰，以免影响回访效果。

3) 注意回访率

回访率的确定一般应遵循如下原则。

(1) 投诉事件的回访率要达到100%。

(2) 维修服务、特约服务和求助服务的回访率要求达到100%。

(3) 报刊、杂志及组织的文体活动的回访率视当时具体情况而定。

4) 安排回访人员

回访人员的安排应遵循以下基本原则。

(1) 重大投诉的回访有物业管理处经理组织进行，一般投诉的回访由被投诉部门主管与客服部门工作人员共同进行。

(2) 维修服务、特约服务等的回访由客服部工作人员进行。

5) 做好回访记录

(1) 物业服务人员依照回访计划，进行回访之前应先领取"回访记录表"(见表9-6)，并在"回访记录签收表"(见表9-7)上签收。

表9-6 回访记录表

单　　位		客户姓名		回访方式		预约时间	
回访内容							
主管审核							
经理意见							
备　　注							

表9-7 回访记录签收表

序　号	回访表格编号	领取人签收	回访事项	回访人数	备　注

(2) 负责回访的物业服务人员在限定时效内负责回访，回访工作一般采取与客户面谈、现场查看的方式综合进行，物业服务人员要将回访内容特别是客户的反映记录在"回访记录表"上，并请客户对记录内容签字确认。

(3) 负责回访的物业服务人员在"回访记录表"上签名确认，并将表格交回客户服务部门。对于回访内容反馈为不合格的事件，物业服务人员应及时上报有关领导处理，并将处理意见记录在"回访记录表"上。

6) 回访结果统计分析

物业服务人员每季度末应对投诉回访结果进行统计、分析，将发现的回访不合格、同一事件被连续投诉两次以上等现象写成统计分析报告，以书面形式上报相关领导，以便改进各项管理制度、管理服务工作。回访统计表见表9-8。

表9-8 回访统计表

依据 \ 类别		投　诉	维修项目	特约服务
处理宗数				
回访宗数				
回访率				
回访结果分析	投诉			
	维修项目			
	特约服务			

9.1.3　与客户沟通能力的培养

1. 与客户有效沟通的原则

1) 勿逞一时的口舌之快

与客户沟通最忌讳的就是逞一时的口舌之快，虽然会获得短暂的胜利的快感，但却绝对不可能说服客户，只会给以后的工作增加难度。物业服务人员在与客户沟通时，不要摆出一副教人的样子，更不要表现出若无其事的样子，这样都会引起客户的反感。真正的沟通技巧，不是与客户争辩，而是引导客户接受你的观点或向你的观点"倾斜"，晓之以理，动之以情。

2) 尽量顾全客户的面子

要想说服客户，物业服务人员就应该顾全客户的面子，要给客户有下台阶的机会。顾全客户的面子，客户才能会给你面子；顾全客户的面子，对物业服务人员来说并不是一件难事，只要稍微注意一下表达的态度和措辞。

3) 不要"卖弄"专业术语

千万要记住，平时接触的人中，他们可能对物业管理专业根本不懂，在与客户沟通时，不要老以为自己高人一等、什么都知道，拿出好为人师的姿态。在向客户说明专业问题时，最好的办法就是用简单的例子、浅显的方法来说明，让客户容易了解和接受。解释时还要不厌其烦，否则客户会失去听你解释的耐心，使得你根本达不到目的。

4) 维护组织的利益

维护组织的合法利益是每一位员工应该做的，也是物业服务人员与客户沟通的出发点和基本原则。在与客户沟通时，不能以损失组织的利益为代价，博取客户的欢心；更不能以损失组织或他人的利益，来换取客户对个人的感谢或谋取私利。

2. 与客户沟通的技巧

与客户沟通时，恰当地使用技巧能够使沟通达到事半功倍的效果。

1) 抓住客户的心理

摸透对方的心理，是与人良好沟通的前提。只有了解了对方的心理和需求，才可以在沟通过程中有的放矢，可以适当地投其所好，对方可能会视你为他的知己，问题可能会较好地解决或起码已成功一半。

2) 记住客人的名字

记住客人的名字，可以让人感到愉快且能有一种受重视的满足感，这在沟通交往中是一项非常有用的法宝，记住客人的名字，比任何亲切的言语更起作用，更能打动对方的心。

应用案例 9-4

某开发区内十几个通用厂房厂区的物业管理费收缴率长期参差不齐。年终总结时，公司领导请收费率达95%的某通用厂房厂区的物业管理员介绍经验，该管理员讲述了这样一个故事："我所在的服务区内有十几家客户，一天，其中一家只租赁了一个层面通用厂房的某企业部门总管来找我，我由于一时疏忽，张冠李戴，把对方的名字叫错。来人顿时拉下了脸，'看不起我们小公司啊！'此后一连几个月都拖缴物业管理费。

我从此吸取教训，把厂区内十几家业户、近百位'要员'(上自总经理，下至与物业公司有关的一些部门总管、经办人)的姓名都背得滚瓜烂熟。后来，有个新公司进场没几天，我通过各种渠道得到了客户'要员'的姓名，碰面时主动打招呼，对方连连称赞物业服务到位。"

【点评】：

物业管理服务有很多口号，诸如"以人为本"、"客户就是上帝"等，其精髓是对客户要尊重。尊重是一个人在社会活动、家庭生活中的基本需求。如何运用礼貌、热情、真诚、高超的服务，使客户得到受尊重的满足，是物业管理的一门学问。该案例中的管理员吸取了搞错客户姓名的教训，事后不仅记住公司名称、总经理的姓名，也记住了与物业管理有来往的人员的姓名，从而拉近了双方的距离。这一件小事说明了客服工作中的每一个细节都对物业管理工作的顺利进行起着一定的影响。

3) 不要吝啬你的"赞美的语言"

人性最深切的渴望就是拥有他人的赞赏，这就是人类有别于其他动物的地方，经常给客人戴一戴"高帽"，也许就会改变一个人的态度。用这种办法，可以进一步发挥人的潜能，使戴"高帽"的人有被重视的感觉。

4) 耐心倾听

在沟通中物业服务人员要充分重视"听"的重要性。物业服务人员要善于表达自己的观点与看法，抓住客户的心，使客人接受你的观点与看法，这只是沟通成功的一半；成功的另一半就是善于听客人的倾诉。会不会听是一个人会不会与人沟通，能不能与人达到真正沟通的重要标志，做一名忠实的听众。同时，让客人知道你在听，不管是赞扬还是抱怨，你都得认真对待，客户在倾诉的过程中，会被你认真倾听的态度所感动，会对你的人格加以认同，这才会为你下一步的解释工作奠定良好的基础。

5) 付出你的真诚与热情

人总是以心换心的，物业服务人员只有对客户真诚，客户才可能对你真诚。在真诚对待客户的同时，还要拥有热情，只有拿出你的真诚与热情，沟通才有可能成功。"真诚"是沟通能否取得成功的必要条件。

应用案例 9-5

"十一"长假马上就要到了，业主们都有了外出旅游的计划，业主张先生更是早早地为全家的外出游玩做着准备。大部分准备工作都做好了，当务之急，一件不大不小的事难住了张先生一家，那就是外出期间家里宠物小狗的照顾问题。这时张先生想到了小区的物业，于是向物业求助。负责接待的物业服务人员一口回绝了张先生的请求，理由是这不是他们的服务范围。

试问，物业服务人员的这种做法是否妥当，面对类似问题，物业服务人员应该如何解决？

【解】业主在日常生活中遇到困难(如家中漏电、漏水等)，物业服务人员应及时上门解决；如果碰到能力范围以外的事宜，而客户又不知如何解决需要帮助时，服务人员也不可一口回绝，而是提供给客户有用的线索，或帮助客户联络，尽自己的力量来帮助客户。所以，上述案例中，物业服务人员的做法是不妥当的，他应该尽自己所能帮助业主，如果物业公司有这样的能力，在收取必要的费用的情况下，是可以承接这样的特约服务的，若没有这方面的能力，可以帮助业主联系宠物店或爱心人士等来解决业主的难题。

课题 9.2　客户投诉的处理

9.2.1　客户投诉的处理程序

迅速、及时、合理地处理客户的投诉能赢得客户的高度信赖，反之则会伤及物业公司的形象、信誉，破坏与客户之间的良性关系。处理客户投诉一般可分为三个阶段：投诉处理准备阶段、受理客户投诉阶段和投诉处理实施阶段。具体流程如图 9.1 所示。

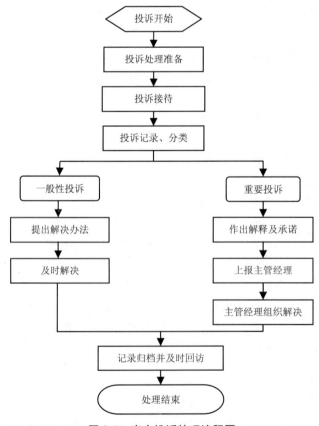

图 9.1　客户投诉处理流程图

1. 投诉处理准备

1) 熟悉客户投诉内容

客户投诉按内容不同可分为物业布局、配套与房屋质量方面的投诉、设备设施的投诉、突发性事件的投诉、收费方面的投诉和对服务态度、服务质量的投诉。具体投诉内容分类见表9-9。

表9-9　客户投诉内容分类表

投诉内容类别	具体内容示例
物业布局、配套与房屋质量方面	(1) 业户对物业的整体布局、环境设计、各类配套等感到不满。如绿化覆盖率少，花草树木种植少或品种稀少，水、电、煤气或有线电视、防盗系统等部分未到位，物业内的垃圾房、配电房、污水处理站及其他布局不合理，没有足够的车辆停放场所，没有休闲与娱乐场所或活动室，没有便利店等；(2) 在入住物业的前后，对房屋的质量方面感到不满。如房屋渗水，内外墙体开裂，管道裂缝或堵塞、下水道不畅等
设备、设施方面	(1) 对设备、设施设计不合理而感到不满。如电梯厅狭窄，电梯外面没有楼层运行数字显示等；(2) 对设备、设施运行不正常所感到的不满。如电梯经常停梯维修，供水、供电、采暖等设备经常出现故障，防盗门禁电子系统经常无法正常使用等
突发性事件	因停水、停电、电梯困人、溢水及室内被盗、车辆破损或被盗而造成的偶然性投诉。这类问题具有偶然性和突发性，但一旦发生，事件本身影响后果很重大，会给客户的日常工作和生活带来很大的麻烦或不便
收费方面	主要是各种分摊费用和特约服务费用的收取问题。如水、电、清洁、绿化、公共设备抢修等分摊费用以及换灯、换锁、换门等特约维修费用。客户总是希望少花钱多办事，这种想法上升到一定程度就会影响物业服务企业的运作
服务方面	(1) 服务态度：如部分物业管理人员礼仪礼节欠佳，言语粗鲁或不文明、不当，态度生硬、横眉冷眼等； (2) 服务时效：如服务与处理事件速度太慢，服务或维修不及时、拖拉等； (3) 服务质量：如人身、财产的安全得不到保障，环境卫生脏、乱、差，绿化区域内杂草丛生、枯枝败叶，维修返修率高等； (4) 服务项目：主要是指物业服务企业所提供的物业服务项目较单一，不能满足各类不同层次业主的需求

2) 应对投诉的预案准备

表9-10列举了5种物业管理过程中常见的投诉形式，物业服务人员可据此准备答复语言。依据物业服务企业平时的制度、企业情况等，为每一类问题编制标准答复语，力争让投诉事件得到满意的解决。

表9-10　客户投诉及应对准备

客户投诉	应对办法
明显是客户的原因，客户却把责任推卸给物业服务公司，指责物业服务人员工作不到位	不可与客户争辩，做好用良好的态度感动客户的准备
由于物业服务企业的原因造成客户损失，而物业企业又满足不了客户的赔偿要求	与客户解释清楚发生问题的原因，最好得到客户的谅解，与客户达成共识
客户因对某个物业服务人员不满而投诉	物业服务人员一定要向客户保证本企业一定会采取正确的方式来解决问题，然后谨慎的将此事汇报给上级，避免类似问题继续发生

续表

客户投诉	应对办法
客户向相关物业服务人员提到物业管理中存在的问题时，没有得到认真对待而引起的投诉	首先向客户道歉，保证以后不再发生此类事情，同时加强对物业服务人员的管理，提高各类人员的素质
因物业服务企业的工作疏忽造成管理的盲点和失误	一定要向客户保证本企业将马上采取行动，使这样的问题不会再发生，同时要向客户表示歉意

物业服务人员处理客户投诉时的思想状态也会直接影响到处理问题的态度，进而影响处理问题的效果，所以做好处理投诉的思想准备也显得尤为重要。

首先，要富有同情心，体谅客户的难处，从而在投诉的处理过程中能以正确的心态应对。

其次，要学会换位思考，将客户所投诉的事项当成是自己所要投诉的事项，积极思考期望能得到什么样的答复，以此来指导自己处理问题的态度。

再次，要有爱心、耐心，能够积极主动的解决客户的疑难，要学会与其交朋友，使接下来的沟通建立在彼此信任的基础上。

最后，处理投诉时，要有法可依、依法办事，要以国家的法律、行业或地方的法规、公司的制度、管理规约等为依据，来消除客户的不满。

2．受理客户投诉

在受理客户投诉的过程中，应注意以下几方面。

1) 认真倾听，记录客户投诉内容

这个过程包括要听清楚客户的意见和所反映的问题，对存在疑问的地方物业服务人员一定要及时的澄清，以免发生误解。与此同时，对客户所反映的问题做好书面记录，为下一步投诉的处理做好准备。对于记录投诉的书面记录，物业公司可根据处理投诉的需要制定统一的表格，具体可参照表9-11。

表9-11 客户投诉意见登记表

投诉时间	客户姓名	居住房间	联系电话	记录人
投诉内容				
接诉时间		投诉内容确认		
处理结果				
完成时间		被投诉部门负责人		
主管经理意见				

2) 向客户道歉或表示同情

客户投诉的问题事无大小，物业服务人员都应该认真对待，要用换位思考的方式，设身处地地为客户着想，安慰客户，并以诚恳的态度对给客户带来的不便表示歉意。对情绪激动的客户，物业服务人员一定要保持情绪的冷静，最好能在独立的接待室与其交谈，这样便于客户平息激动的情绪。

3) 辨别投诉类别，给出承诺

虽然物业服务人员应该始终把客户的事情当做大事来办，但在资源有限的情况下，问题的解决要分轻重缓急，具体界定见表 9-12。

表 9-12 投诉界定与承诺表

投诉类型	投诉内容界定	投诉处理承诺
重大投诉	一是物业公司承诺或合同规定应该提供的服务没能够实施或没能够完全实施，经客户多次反映而得不到解决的投诉； 二是由于物业公司的责任，给客户造成重大经济或人身伤害的投诉； 三是有效投诉在一个月内得不到合理解决的投诉	当天呈送总经理进入处理程序
重要投诉	物业公司的管理服务不到位、有过失而引起的投诉	接待后一小时内转呈主管经理进入处理程序
一般投诉	因公司的设施、设备、管理水平等有限，给客户造成生活、工作的轻微不便，可以改进、较容易解决的投诉	不超过两天或在客户要求的时间内解决

4) 对客户的意见或建议表示感谢

不管客户是关于哪方面的投诉，都表明其对物业管理处的信任，因此，物业服务人员要在弄清楚投诉或在投诉处理完毕后，对客户表示感谢。

3．投诉处理实施

1) 物业服务企业内部的处理过程

(1) 发送、上报投诉记录。客服部物业服务人员应根据投诉的内容，在 10 分钟内将"客户投诉意见登记表"发送到被投诉部门，并由领取人在"投诉处置记录表"上签字确认。对于重大投诉，物业服务人员应将其上报给相应的主管领导或公司总经理，以便问题能够得到有效的解决。

(2) 完成投诉处理。"客户投诉意见登记表"下达到被投诉部门后，被投诉部门负责人要在要求的时间内将投诉处理完毕，并按"投诉处置记录表"的要求对处理过程做好记录，当天将其交回客户服务部门。

(3) 上报处理结果。客服部物业服务人员收到被投诉部门投诉处理的反馈信息后，填写"投诉处置记录表"，并将处理情况及时上报相应主管领导。

(4) 通报处理结果。投诉处理结束，客服部物业服务人员应在当天将处理结果用电话通报或上门告知通报给投诉的客户。

2) 监督实施投诉处理方案

为保证投诉处理方案的有效实施，客户服务部门的工作人员应对投诉处理方案的实施进行监督，同时确保不再发生类似问题，杜绝"二次投诉"的发生。

3) 投诉事件审核、备案

为了不断提高管理水平，客服部的物业服务人员应该在每月底对当月投诉事件进行整理、统计、分析，并将统计分析结果上呈相关主管领导，以便不断改善物业管理工作，提高客户的满意度，降低投诉事件发生的频率。

4) 投诉反馈回访

为了解客户对投诉处理结果的满意程度、是否还存在异议等，物业服务人员要做到 100%的回访率，只有这样，才能使投诉处理真正成为为客户排忧解困的渠道，而不是走过场。也只有这样，才能使物业管理工作深入人心，使物业服务人员真正能够成为客户的知心朋友。

9.2.2 解决纠纷的处理方式和程序

客户投诉处理不当，就会产生纠纷。物业管理由于其活动范围的广泛性、服务对象的复杂性，纠纷的类型也是多种多样的，物业服务人员针对不同类型的纠纷应采取不同的措施进行处理。

1．双方协商和解

无论是客户间还是客户与物业服务公司间，或是客户与其他第三者间的纠纷，最好是通过双方的友好沟通和协商，使纠纷得到圆满解决。

2．第三方介入调解

物业管理民事纠纷的调解，包括民事调解和行政调解两种。民事调解由争议双方当事人共同选定一个机构、组织和个人，由第三方依据双方的意见和授权提出解决意见，经双方同意并执行，由此化解纠纷。但此种方式的调解不具有法律效力，调解结束后，当事人一方如不执行，则前功尽弃。

物业管理纠纷的行政调解则是申请由政府主管部门进行调解处理，但这种处理如一方不遵守执行，则要借助其他手段解决。

> **特别提示**
>
> ● 民事调解和行政调解与仲裁或诉讼程序中的调解是不同的。仲裁或诉讼中的调解是仲裁程序中的一个环节，不具有独立性。

3．仲裁

可以通过仲裁途径解决的应是民事性质的争议，主要是基于合同的纠纷或财产权益纠纷。依据我国《仲裁法》的规定："平等主体的公民、法人或其他组织之间发生的合同纠纷和其他财产权益纠纷，可以仲裁"。

仲裁庭管辖物业管理纠纷的依据是当事人认定的仲裁协议。仲裁协议有两种方式：一种是在订立合同时就约定一个条款，说明一旦有争议就提交仲裁，这叫仲裁条款；另一种方式是双方当事人出现纠纷后临时达成提交仲裁庭的书面协议。仲裁协议要写明以下内容：请求仲裁的意思表示；仲裁事项；选定的仲裁委员会。争议一旦达成仲裁协议，不得向法院起诉；即使起诉，法院也不予受理。

通过仲裁的方式处理物业管理纠纷可按如下程序进行。

(1) 一方当事人向选定的仲裁委员会提交仲裁申请书。

(2) 委员会于收到申请书后5日内决定立案或不立案。

(3) 立案后在规定期限内将仲裁规则和仲裁员名册送申请人，并将仲裁申请书副本和仲裁规则、仲裁员名册送达被申请人。

(4) 被申请人在规定期限内答辩，双方按名册选定仲裁员。普通程序审理时由三名仲裁员组成，双方各选一名，仲裁委员会指定一名任首席仲裁员；案情简单、争议标的小的，可以适用简易程序，由一名仲裁员审理。

(5) 开庭：庭审调查质证、辩论、提议调解。
(6) 制作调解书或调解不成时制作裁决书。
(7) 当事人向法院申请执行。

特别提示

- 与司法审判的两审终审制不同，仲裁裁决是一裁终局的。

4．诉讼

当事人通过诉讼方式解决民事、行政纠纷是较常见的方式。诉讼的管辖机构是人民法院。与仲裁明显不同，人民法院对已提交诉讼的当事人的管辖是强制性的。

通过诉讼的方式解决物业管理民事纠纷的程序如下。

(1) 当事人一方(原告)提交起诉状，起诉至法院。
(2) 法院审查立案后将起诉状副本送达被告。
(3) 被告提交答辩状。
(4) 开庭：调查、辩论、调解。
(5) 制作调解书或一审判决书。
(6) 双方均不上诉，则判决书生效；或一方不服提起上诉，进入第二审程序。
(7) 第二审审理：制作二审调解书或下达二审判决书，此为终审判决，不得上诉。
(8) 执行。

无论仲裁还是司法诉讼，均应贯彻合法公正的原则，即以事实为根据，以法律为准绳。由于物业管理法规规章不健全，实践中应注重民法、房地产法、合同法等一般法律与物业管理专门法规及地方法规规章的衔接，并依据宪法处理好法规的效力认定和冲突的解决。同时，在诉讼或仲裁活动中，对业主、业主大会、业主委员会的代表地位和诉权、请求权行使要有明确的了解和认可，处理好单个业主的意见与小区业主意见的关系，确认业主委员会在物业管理纠纷中的代表地位，以便及时处理纠纷，理顺关系，建立良好的物业管理局面。

特别提示

- 在实践中，我们须注意目前管理中的一些常见做法是否符合法律法规，不可盲目照搬。如对于违反管理办法和管理规约等规定者或是拖欠或拒交各种应交费者，有些地方往往给予违反规定者或拖欠者取消部分业主权利或罚交滞纳金。这种方式虽然有时有效，但与一些政府法规不符，应当慎用，如果想采用这种办法，则最好将有关条款写进管理规约，待业主签约认可后再付诸实施，或在委托合同中明确规定有关处罚条款。而停水、停电和停气等处理办法，是绝对不可采用的。

应用案例 9-6

初冬的一个下午，某物业服务分公司维修电话响起。值班人员轻柔地应答和问询还没有落音，B座G户型的一位业主就怒气冲冲地在电话里面说："你们知道吗，现在天气已经很冷了，我这里的暖气还不热，你们到底是管什么的呀？"说完"啪"的一声就挂上了电话。

这时，维修人员都出去忙其他维修了，用对讲机联系得知，他们一时还脱不开身。约过了五、六分钟的时间，本身是电工的维修班长巡视回来了，值班人员立即将刚才的报修情况向其汇报。班长说："这个业主性子比较急，用电话解释恐怕不行，我替你一会，你先上楼看一下。"

值班人员来到业主家，一位中年男子一开门便大声问："你能修理吗？""先生，我是负责接待报修的，我们的维修员现在正在别的业主家处理问题，做完之后马上来您家，你可以现在告诉我是怎样的情况吗？"值班人员和颜悦色地回答，使业主的态度有些缓和。

征得业主同意后，值班人员戴上鞋套，察看了不热的暖气位置，马上用对讲机告知维修人员，让其做完后直接到该住户家维修。周到的服务令业主转怒为喜，业主说："好吧，你先忙你的去吧，只要一会儿来给修就可以了。"值班人员走后一个多小时，维修人员上门处理好了该问题。

下午快下班的时候，值班人员又给业主家打了个电话，询问暖气情况，他说："已经热了，谢谢你们。"

客户对物业公司工作的要求，大多这样。有些事情他们希望物业公司马上办，而物业公司由于种种客观原因又马上办不了，此时你只要有个积极去办的态度，他们也就满意了。

课题9.3 物业服务区域的文化建设

9.3.1 服务区域文化建设概述

服务区文化是在一定的区域范围内，在一定的社会历史条件下，服务区成员在服务区社会实践中共同创造的具有本服务区特色的精神财富及其物质形态。服务区文化并非单纯指一些娱乐性的群众活动，而是一种整体性的服务区氛围，如同一个企业的企业文化一样，对这个群体里的所有人均起着渲染和影响作用。

1. 服务区文化的内容

服务区文化是一定区域、一定条件下服务区成员共同创造的精神财富及其物质形态，它包括文化观念、价值观念、服务区精神、道德规范、行为准则、公众制度、文化环境等，其中，价值观是服务区文化的核心。服务区文化不可能离开一定的形态而存在，这种形态既可以是物质的、精神的，也可以是物质与精神的结合。具体来说，服务区文化可以包括环境文化、行为文化、制度文化和精神文化四个方面。

1) 环境文化

服务区环境是服务区文化的第一个层面。它是由服务区成员共同创造维护的自然环境与人文环境的结合，是服务区精神物质化、对象化的具体体现。它主要包括服务区面貌、休闲娱乐环境、文化设施、生活环境等。通过服务区环境，可以感知服务区成员理想、价值观、精神面貌等外在形象。如残疾人无障碍通道设施可以充分体现服务区关怀、尊重生命、以人为本的服务区理念。当然，怡人的绿化园林、舒心的休闲布局、惬意的小品园艺等都可以营造出理想的环境文化氛围。

2) 行为文化

行为文化也可以被称为活动文化，是服务区成员在交往、娱乐、生活、学习、经营等过程中产生的活动文化。通常所说服务区文化就是指这一类的服务区文化活动。这些活动实际上反映出服务区的服务区风尚、精神面貌、人际关系范式等文化特征。如儿童节晚会、国庆节联欢会、广场交响音乐会、元旦千人舞会、重阳节文艺会演、趣味家庭运动会、游泳比赛、新春长跑等。

3）制度文化

制度文化是与服务区精神、服务区价值观、服务区理想等相适应的制度、规章、组织机构等。同时，这些制度等对保障服务区文化持久、健康地开展具有一定的约束力和控制力。制度文化可以粗略地分为两大类：一类是物业服务企业的各种规章制度，另一类是服务区的公共制度。企业的规章制度和服务区的公共制度都可以反映出服务区价值观、服务区道德准则、生活准则等。如奖罚分明可以体现在服务区的严谨风格，规劝有加可以体现出服务区的人性感悟等。为保障服务区文化活动深入持久地开展下去，现在很多小区物业管理部门都成立了专门的服务区文化部，负责服务区文化活动建设工作。服务区文化部通过引导、扶植的方式成立各种类型的服务区文化活动组织，如老年活动中心、艺术团、协会、表演队等，同时还对服务区文化活动开展的时间、地点、内容、方式、程序等予以规范。

4）精神文化

精神文化是服务区文化的核心，是服务区独具特征的意识形态和文化观念，包括服务区精神、服务区道德、价值观念、服务区理想、行为准则等。这是服务区成员精神观、价值观、道德观生成的主要途径。环境文化、行为文化、制度文化都属于精神文化的外在体现。如服务区升旗仪式、评选文明户、学雷锋演讲等。由于精神文化具有明显的服务区特点，所以要经过多年的积累，逐步形成。

2．服务区文化建设的意义

(1) 通过服务区文化的建设，可以增强客户对居住区的归属感。市场竞争环境日趋激烈，物业服务企业在注重高水平服务的同时，也应不断加强服务区文化的"感情投资"，通过各种形式和渠道增强客户对社区的归属感和凝聚力。

(2) 以服务区文化架起小区文明的"桥梁"。服务区文化活动可以优质服务、文明家庭、文明居住区等为主题，把小区内各种职业、性格的客户和社会团体，形成一条以居住区为依托、共同为居民服务、发挥各自功能的纽带，即建立良好的服务区秩序，也促进了居民身心健康和文明素质的提高，形成奉献爱心、尊老爱幼的良好社会风气，架起小区文明的"桥梁"。

(3) 有助于物业服务企业锻造品牌与核心竞争力。服务区文化活动的组织，对于提高小区的档次、形成小区的格调均有重要作用。"物以类聚，人以群分"，只有形成高档次、高格调的小区文化氛围，才有可能吸引高层次的业主，而拥有高层次和高品位的人群，既拥有了强有力的潜在消费群，同时又可以提高小区的格调，相得益彰，起到良性循环的作用。如果我们可以在各社区内建立起一种良好的氛围，客户与客户之间以及客户与物业管理者之间彼此能够良好相处，相互关怀，把服务区看作自己的大家庭，那么这样一种既有整体的统一性，同时每个小区又有着自己独立特色的、和谐的、融洽的服务区文化氛围，将会成为物业企业品牌的重要附加值。

(4) 服务区文化工作是物业服务企业为业主提供的一项重要的增值服务。物业拥有良好的生活方式、文化氛围和文化底蕴，会使该物业的品牌知名度和品牌美誉度得到更进一步的提升，给物业注入一种强大的文化内涵。而这种文化内涵将成为物业的"灵魂"，成为该物业的特有标志。文化是巨大的无形资产,当这种无形资产转移到物业之中,就会带来物业的增值。

3. 服务区文化建设的注意事项

首先,物业服务企业应从实际情况出发,注意以下几方面的问题。

(1) 物业服务企业要有专职从事服务区文化的部门和人员。

一个成熟的物管服务企业对每个小区的人事分配都是按面积大小来安排的,但管理员一般都为数不多。就管理而言,如果管理员过少,几百户的客户怎么分配都是超负荷或压力过重,如果还要搞服务区文化建设,根本就没有时间来想想如何解决物业管理上存在的问题和怎样提高管理质量及管理水平。有些管理处常常因一些小事被客户缠上一段时间或几个月,哪里还有精力来搞服务区文化的具体工作。在小区里,搞服务区文化的任务一般被放在管理员的身上,抽空搞出来的服务区文化活动的质量是有限的,吃力不讨好是常事,对搞服务区文化的人来说渐渐地成为一种负担。如果企业有这样一个部门来从事这项工作,不仅可以搞好与客户的关系,还可以减轻管理处的负担,让管理处的管理员有更多时间去处理需要解决的问题,更有利的是能提高物管单位的知名度。

(2) 建立服务区文化项目档案。

有了专职的服务区文化部门和人员,就必须建立健全服务区文化项目档案。在建立档案之前,专职人员不能忽略物业管理特色中的"访",应该对服务区文化进行一次全面的调研和摸底,也可以做针对性的调查。譬如,小区里或企业里热爱文娱活动的有多少人,善于跳舞的有多少人,年龄在什么范围等,以后再逐步进行全方位的联系,让更多的客户知道这项工作已在筹备和开展之中,动员大家积极参与,带动整个服务区。有了服务区文化专职人员对这项工作的认真跟踪,不仅加强了企业总部与各管理处及客户的沟通,更重要的是向社会展现了物管企业的管理水平和实力。

(3) 企业的领导要重视并支持服务区文化的开展。

许多小区因规划较小,服务区文化这项工作始终是空白。领导的不重视,没有专职人员,过少的人力和物力的投入是服务区文化建设工作的大敌。一些小区自建成以来从未搞过服务区文化活动,或因要向客户或相关部门交代,应付了事,搞的服务区文化活动太小家子气,客户不踊跃不积极参与,就起不到客户与企业交流沟通的作用,达不到共赢的效果。物管企业参与搞服务区文化的主要目的是借此机会与客户多点沟通,展示企业的管理理念。然而,在服务区搞文化活动时,企业的主要领导一般很少参与活动,认为有管理处主任和管理员在就可以了,这种认识是物管单位很不成熟的工作态度。如果每次活动当中领导都不在,员工长此以往就会认为领导根本不重视这项活动,进而影响工作的积极性,活动举办的效果可想而知了。所以,领导的重视,特别是现场参与会对文化建设工作起到事半功倍的功效。

在开展文化建设的过程中,还应注意以下几个方面。

(1) 注重不同人群的需求。

客户是一个相对复杂的群体,年龄、性别、个人爱好各不相同,不同服务区之间居住的人员的社会层次也不尽相同,因此服务区文化的开展应有侧重,要根据客户的实际需求来开展服务区活动,不能强求一致,在形式上也要做到丰富多样,注重满足不同群体的不同需求。

(2) 注重参与性。

所有活动都要考虑增加客户的参与性，如果组织的活动不符合客户的兴趣，参与的人很少，就失去了组织服务区文化活动的意义，所以活动的组织应以客户为参与主体，在形式上可以充分调动客户的积极性。

(3) 注重娱乐性、文化性和宣传价值。

对于小区的客户来说，活动的举行并不需要多大的政治意义，轻松愉悦的感观享受才是参与的目的，所以活动在策划、组织时需要做到健康、娱乐性强，并且要和服务区的整体文化氛围相符合，具有积极的意义和文化价值，同时只有活动本身具有良好的宣传价值，才能吸引足够的关注，达到宣传服务区品牌的目的。

(4) 注重传统性和创新性。

在一个服务区文化活动策划中，要将一些活动固定为习俗，这样才能给客户及潜在的消费者一个印象，服务区的文化活动是丰富多彩、永不落后的，如：元宵灯谜会、重阳登高、新春晚会等，但同时也要根据具体环境，服务区风尚及客户的需求策划一些形式新颖的活动，以保持客户对我们服务区文化活动的期待与关注。

(5) 注重节假日的活动及氛围营造。

在一些重大的节日和长假期间，如春节、国庆、暑假等，客户的空闲时间相对较多，还可能有一些非常住客户回来度假，此时客户对服务区的关注程度较高，故应多在服务区营造节假日的文化氛围，如节日祝贺、节日问候等。还应组织相应的活动来丰富客户们的假期生活，如以少儿为主体的暑期活动等。

(6) 注重企业文化与服务区文化的相互关联，相互渗透。

物业公司的员工在某种意义上也是服务区的组成部分，在服务过程中，他们的服饰、言行举止、服务过程以及营造的氛围都会传递给客户，而且这种传递是动态和静态的结合。好的企业文化无疑会带来好的"生产过程"和好的"产品"，在提供优质服务的同时，也传递了好的企业文化，让客户充分感受到物业服务企业的服务意识，营造了良好的服务区氛围，在一定程度上缓解了企业在实施物业管理过程中产生的各种矛盾。而管理人员的言行举止、精神风貌、服务态度、待人接物、装束装备以及物业服务企业营造的独特氛围(如与物业配套的各种标志、小品等)，都能使人们从中感受到浓烈的企业文化特点，而这些其实也是服务区文化重要的组成部分。

4．物业管理各主要参与方在文化建设中的角色定位

物业服务企业、发展商与客户是物业管理的主要参与方，由于在物业管理关系中扮演着不同的角色，所以在文化建设过程中的定位也是不同的。

首先，对于物业服务企业来说，应当逐步从服务区活动的组织者过渡到服务区文化的协调者与引导者，服务区文化最终应逐渐发展为以客户为主，形成自发开展的自主式和自助式服务区文化活动。

1) 自主式服务区文化

逐步将客户委员会也吸引到服务区文化的建设中来，从客户自身的角度出发，尝试采取客户自主、管理处配合的方式开展一些服务区文化活动，增强客户们的参与感和成就感，有利于顾客满意度的提高，同时也能引领服务区文化的时代潮流。

2) 自动式服务区文化

将在某方面具有一定特长的客户组织起来,组成服务区的某种社团(如合唱团、足球队、英语沙龙等),定期进行交流,可以提高客户参与服务区文化活动的积极性,既能保证活动的频率及适合性,又减轻部门组织工作的压力。

其次,发展商作为物业硬件的提供者,他们在文化建设中所起的作用举足轻重。

发展商在未来的服务区文化建设中所应承担的角色,主要是在服务区前期规划及配套设施方面。发展商应充分考虑未来的服务区文化开展需求,把服务区文化渗透到居住环境的设计中去。如服务区整体建筑风格的设计、客户的社会层次定位,同时还包括服务区内各项配套设施,如休闲场所等。使服务区不仅成为建筑文化和景观文化的展示地,同时也是服务区文化发展的舞台。

最后,客户作为文化建设的参与者、受益者和创造者,其作用更不容忽视。

服务区文化建设的一个重要目的就是要在服务区成员中确立共同的价值目标,使全体服务区成员增进对服务区的认同感和归属感,共同建设新服务区。而这种感召力和生命力正是来自于服务区成员对服务区文化的高度认同和踊跃参与。服务区中部分热衷于文化活动的积极分子自然组合所形成的文化团队是服务区文化建设队伍的雏形和有形体现,正是这些互利性、公益性、非营利性民间团队组织在服务区中的活动,吸引了其他客户对文化活动的参与,并逐步形成服务区的文化氛围。从一定意义上讲,这些团队活动的内容和形式,活动的规模和质量,是服务区文化建设的重要标志。

服务区成员的参与度是服务区文化建设的一个重要指标,没有服务区成员参与的文化生活,有再好的动机、再新的创意、再大的投入也只能是无用之功。

9.3.2 物业服务区域文化建设的开展

1. 物业服务区文化建设的功能

服务区文化建设越来越被社会、服务区成员及物业服务企业所重视,因为服务区文化有其特殊功能。

1) 引导功能

服务区文化的引导功能是指服务区文化对服务区成员的思想和行为的取向具有引导作用,使之符合服务区理想和目标。服务区文化引导功能既表现为对服务区成员个体的思想行为的引导作用,同时也表现为对服务区整体价值取向和行为起导向作用。这种导向作用之所经能够实现,是因为一个服务区的服务区文化一旦形成,它就会建立起自身系统的价值体系和规范标准。

2) 约束功能

约束功能是指服务区文化对服务区成员的思想、心理和行为具有约束和规范的作用,主要表现在服务区文化中的制度文化建设上。为了加强对服务区文化工作的管理,必须建立和健全各项规章制度和法规。通过营造服务区特有的文化范围,制订行为规范和行为准则来维持服务区秩序,调整人与人之间的社会关系,使服务区居民懂得哪些事该做,哪些事不该做,产生一种自我约束作用,从正面保证服务区文化健康、稳定地发展。群体意识、服务区舆论、共同的习俗和风尚等造成强大的群体压力和动力,使服务区成员产生心理共鸣,继而产生行为的自我控制。

3) 凝聚功能

凝聚功能是指服务区成员在共同目标、利益和信念的基础上，通过共建机制，使服务区各种力量相互作用、相互吸引，从而形成一种特有的集聚、凝结的服务区合力和整体效应。服务区文化犹如黏合剂，把服务区内的成员"黏合"在一起，服务区通过多种文化活动吸引居民参与，使他们从生疏到认识，从认识到熟悉，增加认同感和归属感，从而产生一种凝聚力，形成共同的理想和希望。服务区就像是一个大家庭，每个居民都是家庭中的一员，服务区文化将使他们产生主人翁的责任感，使他们乐于参与服务区的事务，发挥自己的才能和智慧，为服务区的繁荣作出贡献。

4) 娱乐功能

娱乐功能是指服务区文化能给人们的消遣提供一种轻松、舒适的环境。人们不仅有物质方面的需求，更有精神方面的需要。随着改革开放和社会主义现代化建设的不断发展，人们生活水平的提高，人们对精神生活有了更高的需求，而服务区文化恰恰在很大的程度上满足了人们对精神生活的需求，服务区为他们提供了场地和平台。服务区居民在紧张繁忙的一天工作后会感到精神倦怠，身体疲劳。服务区文化活动将为他们提供一个轻松、愉快和舒适的环境，使他们从劳累和压力中解脱出来，得到精神上的享受，并以饱满的精神投入次日的工作。

5) 激励功能

激励功能是指服务区文化建设能使服务区成员从内心产生一种积极上进和进取的精神。这种激励表现在正面的引导而不是消极地满足，表现在内在的引导而不是表面的推动。例如，在服务区住着各种各样的人，其中包括老、弱、病、残、鳏、寡、孤、独等人士，他们中有些人由于生理或心理等原因，对生活和生存产生厌恶的不正确心理，为使他们重新找回自信和人生目标，有必要让他们多参与服务区文化活动，通过参加活动使他们恢复信心，积极面对接下来的人生。

6) 改造功能

服务区文化的改造功能最直接的表现是解决精神方面的社会问题。如居民中的封建迷信思想及活动，只能用科学道理和事实加以解释和纠正。当前，我国社会主义市场经济新体制必然伴随有拜金主义、自私自利、以权谋私、道德滑坡等社会问题，造成社会污染。加强服务区文化，开展各种文化活动，能够净化社会环境，改善服务区居民的精神风貌，为改革开放和社会主义现代化建设创造更加有利的社会环境。

2. 物业服务区文化建设的原则

服务区文化建设只有在其运作原则的指导下进行，才能真正发挥其功能。

1) 老少结合

老少结合是指服务区文化建设应该抓住老人与儿童这两个大的群体，带动中青年人参与服务区文化活动。这种抓"两头"、促"中间"的做法是由老人与儿童的特点决定的。

首先，服务区成员中老人和儿童所占的比例较大，在很多小区，他们的比例占总人口的一半以上，这一群体自然要受到关注和重视。

其次，参与服务区文化活动必须有充裕的时间。现代都市节奏加快，迫于竞争的压力和生存的需求，中青年人的大部分时间都用于工作和围绕工作所进行的学习、交往上，没有太多的时间和精力参与服务区文化活动；相反，老人和孩子时间宽裕。特别是老人，除了日常家务之外,有充足的时间参与服务区活动。

再次,参与服务区文化活动必须有强烈的需求。中青年人当然也有,但是他们的渴望为繁杂的事务所限制,需求成了深层次的期盼;而老人和孩子的需求是直接的、显在的,只要有途径或平台,就可以实现。

最后,服务区是老人和孩子实现文化需求的最主要的场所,他们的文化更具有区域性,对区域的关注和依赖远胜过中青年人。中青年更多的要参与区域外的文化实践,音乐厅、舞厅、咖啡屋等可能是其主要活动,要积极地加以扶植、引导或组织。

2) 大小搭配

这里说的"大"是指大型的服务区文化活动,需经过专门的精心策划组织,参与者众多,影响面广,如体育节、艺术节、入住仪式等;"小"是指小型的服务区文化活动,是指那些常规的、每日每周都可能开展的、又有一定的组织安排的服务区文化活动,如每日的晨练、休闲、娱乐等。组织大活动和小活动要合理搭配,合理安排,大活动不能没有,也不能过于频密,缺少大的活动,影响面窄,影响力小,服务区文化建设的进程会减慢,服务区文化氛围会减弱。但是大活动对场地、经费、人员素质的要求比较高,而且要倾注大量的人力、物力,大活动过于频密,容易产生倦怠等负面心态,往往适得其反。一般大的活动以2~3个月一次为宜。小的活动要经常性开展,如琴棋书画、天文地理、娱乐游戏、吹拉弹唱等都可以形成兴趣组织,渐进式地渗透发展为小型的文化活动。小活动的组织要充分利用已有的资源,尽可能地节约开支,并且注意不要形成噪音扰民、负担过重的情形。大小活动合理搭配,形成节奏,小活动时间长了也会演化成大活动。

3) 雅俗共赏

所谓雅俗共赏,是指服务区文化活动应当注重服务区成员不同层面的需求,高雅与媚俗同在,崇高与优美并存。服务区文化活动忌讳单调乏味,如果总是"炒剩饭"、单一,再多的活动也不会提起服务区成员的兴趣,甚至会影响到服务区成员对服务区其他服务项目的不良评价。所以,服务区文化活动应该百花齐放,满足不同层次的兴趣爱好,兼顾不同类型的文化品位。这就要求物业服务企业要充分做好服务区文化调查工作,真正摸清服务区成员在想什么,需要得到什么样的文化服务,愿意参加怎样的服务区文化活动。通俗的活动如家庭卡拉OK比赛、迪斯科表演、秧歌、腰鼓等,高雅的活动如举办的交响音乐会、旅游、书画珍藏品展、国际编队舞等。当然,服务区文化之雅也不能曲高和寡,那样会失去文化的群众基础;俗也不可以俗不可耐,那样会导致服务区文化的畸形发育。所以,服务区文化的开展一定要做到雅俗共赏,不温不火。

4) 远近兼顾

这里所说的"远"是指组织开展服务区文化建设要有超前的意识、发展的眼光、整体的目标;"近"是指要有短期周密的安排、落实和检查。服务区文化对塑造服务区精神,引导生活方式等方面具有极其重要的作用。物业管理单位被誉为新生活方式的"领航者"。随着人们生活水平的提高和社会的不断进步,服务区成员的价值观念,消费观念等都在悄悄地发生着变化。物业服务企业应把握时代的脉搏,以敏锐的目光洞察服务区将要面临的变化,超前一步为客户提供服务。服务区文化活动开展要有预见性,领先性。例如,随着知识经济时代的到来,客户已不再满足单纯的吹拉弹唱等娱乐形式,服务区文化已从娱乐型向科技知识型发展。同时，服务区文化建设要有长远的规划，对服务区文化开展的效果等要进行预测分析。在此基础上的短期安排也非常重要，每一次大型活动事先都要有实施计划，事后都要有总结分析。只有对服务区文化活动的开展过程进行有效的控制，才能真正做到切实可行，行之有效。

3．物业服务区文化建设的方法

进行服务区文化建设主要关注的要素是场地、资金、机构和活动方案，将这四方面的问题解决，文化建设的框架就已经建立，接下来的工作就是按部就班地进行了。

1) 场地

开展服务区文化活动必须有合适的场地，硬件设施是服务区文化活动的基本保障。场地的来源首先要求规划，设计部门将服务区文化活动的场地、设施纳入规划；物业服务企业在前期介入阶段要积极争取、合理建议。小区交付使用后，物业管理单位在资金许可的情况下，还要有计划、有步骤地对服务区文化设施加以完善。条件不够的，要尽可能地提高文化设施的利用率，充分发挥露天广场、庭院、架空层的作用，要做到大活动有地点，小活动有场所。物业服务企业还应动员常驻服务区的企事业单位、机关和学校将其文化设施对服务区成员开放。政府应做好这方面的法规政策建设，使服务区文化工作有法可依，有章可循。

2) 资金

服务区文化活动的开展需要一定的资金支持。资金的来源主要有几个方面：一是物业管理单位每年从管理经费中划拨一定的比例用于服务区文化建设，这是企业办文化的重要表现；二是寻求企事业单位和个人的赞助。热心于公益事业、关心服务区成长的单位和个人越来越多，物业管理单位应处理好关系，把握好时机，掌握好分寸，争取多方面的支持。三是由服务区文化活动的直接受益者出资，如组织旅游等，资金的主要来源是向参与者筹措。四是以文养文，进行文化经营，将其所得再用于服务区文化建设。服务区文化活动经费要厉行节约，开源节流。

3) 机构

设立机构是服务区文化活动得以正常开展的组织保证。物业管理单位开展的较好的城市或地区一般都要求物业服务企业成立服务区文化的专门部门，负责落实服务区文化活动的组织与执行。服务区文化的管理部门对人才素质得要求应较高，很多人要能做到一专多能。能否建立一支高素质的服务区文化队伍，直接关系到服务区文化活动的成效。规模大的小区可以专人负责，明确分工；规模小的小区也可以兼职工作，松散合作。

4) 方案

服务区文化建设的管理部门要制订好服务区文化活动的计划和方案，并及时做好活动后的总结工作。有了计划和方案，在工作中才不会手忙脚乱，才不会影响活动的质量。方案的拟订要以调查分析为依据，科学合理，切实可行。

4．文化建设活动运作策划举例

组织文体活动是文化建设活动的一种常见表现形式，对促进客户与物业服务企业双方的了解，拉近双方的关系起着非常重要的作用。

如何有效地开展一次成功的文体活动,是物业服务公司客服部人员应该考虑的问题,也是必须要做好的工作。一般来说,可依据如下程序进行策划。

1) 调查文体活动意向

为了使各项活动顺利开展,满足服务区内不同文化层次客户的需要,达到活动开展的目的,物业服务人员应定期进行活动意向调查,通过分析、总结调查结果,获得民意信息,并上报相关主管领导。

服务区内一般每季度应至少开展一次文体活动,所以调查的次数也要视情况而定,具体调查可采用电话调查、问卷调查和预约采访等3种方式。

2) 制定文体活动方案

了解服务区内客户的活动意向后,物业服务人员可根据实际情况(包括客户的需求情况和物业公司的供给能力),筹划各项活动方案。

文体活动方案的内容主要包括:

① 举办文体活动的目的;

② 文体活动项目与方式;

③ 编制需要配备的文体活动设施的装备、配备情况列表;

④ 制定开展文体活动所需经费预算;

⑤ 制定开展文体活动的组织及实施方案。

3) 开展服务区文体活动

(1) 做好活动准备。

(2) 控制活动过程。

活动举办当天,物业服务人员应全部调整好班次,负责组织的物业服务人员都要进入活动现场参与布置,并做好相关的工作安排。事无巨细,负责人员都要亲自安排或组织实施,确保活动顺利进行。

(3) 文体活动开展的注意事项。

举办该类文体活动必须选定有经验、活动能力强的主持人;举办时间最好安排在周末或重大节日来临的前两天;物业保安部门负责人应制定详细的人流组织与疏散方案,并亲临现场具体落实;物业工程部负责人应当确保活动场地的设备设施的正常运转和完好,并做好突发事件的应急预案;开展文体活动时应注意防火、防盗、防打架斗殴,注意人身安全,同时做好其他治安防范工作;文体活动一般应在晚上10点以前结束,并选择在服务区内开阔的广场或室内活动室进行,以不影响居民的正常休息和交通为原则;文体活动的内容要确保健康、积极、合法、有益于客户身心的健康;做好活动记录与总结。

(4) 及时填写活动记录。

每一次活动结束后,负责的物业管理人员都应认真填写《服务区文化活动记录表》,一为存档备案,二可为开展其他活动提供素材。同时,物业服务人员还应将本次活动的影像资料、活动记录等分类归档,由主管审核后在本部门妥善保管。

(5) 撰写活动总结报告。

每次活动结束后,物业服务人员都要及时的做好本次活动的总结工作,找出缺点和不足,总结经验教训,特别是参与客户对本次活动的评价,及时撰写"服务区文化活动总结报告",上报领导审核后存档,同时为今后开展文体活动积累宝贵的经验。

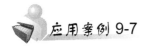

应用案例 9-7

2010第二届万科社区HAPPY家庭节

亲爱的万科社区业主朋友们：

第二届万科社区HAPPY家庭节大型社区文化活动将于9月4日正式拉开帷幕。这是万科集团在全国12个城市60个社区同时开展的大型品牌活动，诚邀您及家人共同参与！

"情、亲情、真情"是每个家庭永恒不变的主旋律，也是每个人心灵最真切的需要。Happy家庭节正是我们心灵放飞、心犀相约、体验真情的约会。此次大型系列活动我们共为您准备了8项主题活动，让我们一同来悉心体味家庭、邻里之间的亲情关爱吧！

系列活动一：开幕仪式暨"万科家庭'Top 1挑战赛'"

以家庭成员为主开展系列趣味挑战赛，设置了家庭飞镖比赛、老公背老婆比赛、家庭踢毽子比赛等共12个参赛项目。浓情欢乐、健康和谐，全新的游戏项目，给您全新体验。

活动时间：9月4日下午14:00—17:30

活动地点：万科东海岸

参加对象：万科各社区16岁以下小朋友及家庭成员

系列活动二："情系永恒"——"牵手夕阳"寻找幸福老人

寻找社区内金婚(结婚50年)、银婚(结婚40年)的夫妇，举行隆重的金婚、银婚仪式；促膝畅忆，分享激情燃烧的岁月；"相伴今生、真情永远"文艺演出。

活动时间：9月11日下午14:30

活动地点：万科四季花城

系列活动三："美味心情"——家庭厨艺大比拼(具体活动安排见随后通知)

系列活动四："情满人间"——社区往事回顾展

收集能够展现社区历史沉淀的各类珍贵印记。

展出时间：9月16日—9月26日

系列活动五："亲情故事"——"情暖我心"征文比赛

征稿范围：分享感人的亲情故事，包括"我的好爸爸\好妈妈\好孩子\好邻居"等与亲情有关的题材均可，文章题目不限、字数不限。

截稿时期：9月26日

颁奖时间：2010年10月

投稿方式：请投至本社区管理处，或E-mail：szwy@vanke.com

系列活动六："融情乐园"——"家庭环保宝"作品比赛

收集各家庭利用废弃物品制作的各种环保小作品，进行评比

收集时间：9月4日—9月16日

评奖时间：9月20日

颁奖时间：2010年10月

系列活动七："亲情体验"——"人间温情"公益活动

亲情体验献爱心，业主募捐，并组织部分代表前往"敬老院"、"福利院"开展慰问活动和慰问演出。

募捐时间：9月4日—9月16日

募捐地点：各社区管理处

募捐内容：钱、财、物均可

慰问活动时间：9月19日

系列活动八："浓情祝福"——闭幕式暨"情浓月圆时"中秋欢庆活动。

综合应用案例 1

【案情介绍】

地处浦东一处高档的具有欧美风情的外销别墅,里面大多住着跨国公司的老板与主管,每月管理费高达1.5美元/平方米。支付这么高的管理费就应该享受到高层次、优质的管理与服务,其中免费帮助照看小孩也是服务项目之一。这项服务很受业主欢迎,经常有业主打电话来预约。

一天中午,管理处的顾小姐因要去参加她外公的追悼会早早地吃过中饭,把下午的工作交代一番后她准备离去。突然接到别墅内A座12号瑞士太太的电话,说因下午要去参加一个聚会,想请顾小姐去家里帮忙照看一下孩子。她家共有3个孩子,最小的仅几个月。这让顾小姐感到为难:一边是自己亲爱的外公见最后一面的时候,一边是关系到公司声誉的问题。顾小姐顾不上太多的思考,一口答应了瑞士太太的请求,不声不响地到她家照看小孩去了。一直到她完成任务回来后,人们才发现她没有去参加追悼会。

次日,有人问起顾小姐:当时,你完全可以回绝她,跟她说对不起,今天我已有安排了。因为如果她知道你要去参加外公的葬礼,她一定会通情达理接受的。顾小姐说:当时也没有想太多,只是想到业户有需求,我们就应满足。因为我们的服务理念是"100%为业主着想"。我个人的事是小事,但维护公司信誉是大事。

多么朴素的语言,听起来却让人感动。可见,这个员工具有多么高尚的服务意识:当公司利益和个人利益发生冲突时,哪怕个人利益再重要,也以公司利益为重。

当然,对员工的这种牺牲精神,物业服务公司领导也不会忽略。他们专门派人专程到顾小姐家慰问,一方面体现了公司领导对员工的关心,对顾小姐没能出席追悼会向他们的家属表示了歉意;另一方面也弘扬了这种牺牲自我让客户满意的精神。

事后,物业服务公司总经理把此事作为典型案例,要求各管理处以此作为样板,展开讨论:当公司利益和个人利益发生冲突时,你该怎么办?

【解析】

本案例的发生是由于物业服务公司推出免费为业户照看小孩的服务,公司员工为了满足业户的要求,而放弃了自己亲属的追悼会。该物业服务公司员工的所作所为充分体现了业户利益高于一切和100%为业主着想的高尚管理理念。

【点评】

从案例中可以看出,社会在不断发展,人们的消费水平不断提高,在物质条件提高后,对服务就有了新的需求,要真正做到不断超越业主日益增长的需求,还需物业管理从业人员的共同努力。在一些高档住宅(别墅)小区推出花样繁多的服务,服务的质量应该是放在第一位的,因为没有好的服务是很难吸引业户来此处购房居住的。现在对于广大消费者来说,购房的选择范围也越来越大,除了住房的户型、地段、朝向、周边交通条件等,他们越来越看重物业管理,物业管理的好坏将直接影响到这个楼盘的销售情况和房地产开发商今后在这块土地上的开发前景。

对于走向市场的物业服务公司来说,服务的好坏、是否到位对企业的发展起着一定的推动或制约作用,公司员工的个人利益与公司的整体利益是紧密地联系在一起的,同样比两者更重要的是业户的利益,物业管理公司如何以它正确的服务理念来对待业户,也将是企业赖以生存和发展的原动力。

在一个提倡品牌和服务的行业里,服务理念的产生就需要企业领导层"动足脑筋",它的推广和运用更需要依靠企业每一个员工,只有从上到下,齐心协力,才能让社会认可你所拥有的品牌和你所提倡的服务。

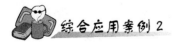 **综合应用案例 2**

"五一"将近,向阳小区物业服务公司准备举办一次文体活动,目的是通过此次活动的组织,加强与

业主之间的沟通，促进彼此的了解，协调彼此间的关系，为今后工作的开展铺平道路。公司的客服部是此次文体活动的负责部门，而且公司目前还存在经费紧张问题，活动开展的经费需要客服部门多方筹措。

张小姐是客服部门的经理，也是此次文体活动的主要负责人，她自知责任重大。根据以往的工作经验和相关资料的查询，张小姐组织人员开始策划此次活动。

1. 调查文体活动意向

根据实际情况，客服部采用问卷调查的方法，随机调查的方式，对小区内部分业主进行了调查，具体调查见表9-13。

表9-13 文体活动调查意向表

序号	调查问题	被调查者意向(请在您所选的项目上画√)		
1	小区文体活动的必要性	有	没有	不关心
2	您是否愿意参加文体活动	愿意	不愿意	不一定
3	您愿意参加什么类型的文体活动	常规文体活动：棋类、牌类、球类、钓鱼、歌咏比赛		
		大型文体活动：艺术节、运动会、文艺晚会		
		郊游、游园活动：野外踏青、爬山、游园、花卉观赏等		
		讲座活动：养生保健讲座、美容美发讲座、消防安全讲座、投资理财讲座、生活小常识讲座等		
		培训活动：电脑、书画、交谊舞、游泳等培训班		
		儿童活动：宝宝绘画比赛、宝宝运动会、宝宝歌咏比赛等		
4	您是否能说服家人一起参加文体活动	能	不能	不一定

经过对调查表的整理、分析，统计得到如下信息：

(1) 大部分被调查的老年和儿童支持并愿意参加文体活动，中青年被调查者由于工作等原因参与的积极性不高。

(2) 被调查者选择的文体活动类型各有不同，排序依次为：郊游、游园活动、常规文体活动、儿童活动、大型文体活动、讲座活动、培训活动。

2. 文体活动方案

(1) 文体活动的目的：通过此次活动的组织，加强与业主之间的沟通，促进彼此的了解，协调彼此间的关系，为今后工作的开展铺平道路。

(2) 文体活动项目与方式：文体活动项目综合调查结果，采用主要以家庭为单位的竞技类比赛，具体活动项目较多，如家庭传球比赛、绑腿跑比赛、棋牌类比赛等。

(3) 需要配备的设备、设施情况。

活动场地：选在小区的中心广场，现在正值初春，小区内的杏花、桃花大多开放，再加上小区环境管理人员的特别布置，适合进行室外活动。

活动器材：本次活动所需器材比较常规，桌椅采用租赁的方式，其他体育道具和棋牌由业主委员会负责提供。

活动饮水：由物业服务企业统一安排。

场景布置：由物业服务企业专人负责。

(4) 开展活动所需经费：由于物业服务企业经费紧张，本次活动采用企业赞助的方式，即借助某新闻媒体进社区活动的时机，同时某乳业公司到该小区做产品宣传，客服部将媒体、乳业公司和物业企业联合起来，优势互补。物业服务企业出人工、场地，媒体提供主持人员，乳液公司提供奖品，其余支出所剩无几，由物业服务企业负责。

(5) 活动的组织及实施方案。

物业服务企业一方由客服部全权负责此项活动,其他部门全力配合。

实施方案概要:

① 活动前做好宣传和准备工作;
② 物业服务企业工作人员特别是领导积极参与项目,与业主同台竞技;
③ 各部门做好配合工作;
④ 活动现场的节奏由新闻媒体控制;
⑤ 活动的奖品有乳业公司负责统一发放。

3. 文体活动的开展

(1) 准备工作。

为了让此次活动能够成功举办,物业服务企业做了如下安排:见表9-14。

表9-14 文体活动前期准备工作时间表

时 间	具体准备工作	负 责 人
活动开展前半个月	制定详细活动方案和活动所需备品落实计划,呈报主管领导、公司总经理审批 主管领导召集相关人员讨论上述方案的可行性、奖品和经费的落实情况	客服部主管
活动开展前10天	召集相关人员召开筹备会议,落实具体事宜,包括竞技类比赛的裁判、媒体的主持人等	客服部主管
活动前一周	发布活动公告,以海报的方式张贴在小区的布告栏内 做好准备工作:活动场地、所需物品、组织人员分工、活动所需设备等	客服部工作人员
活动举办前2天	召集相关参与的工作人员,对其负责的工作进一步强调	客服部主管

(2) 活动过程。

活动当天,客服部除一人值班外其他人全部参与组织工作,活动现场节奏合理,井然有序,物业服务人员和业主同台竞技,互动效果良好。

物业企业其他部门紧密配合,活动现场和小区内没有发生安全隐患和事故。

4. 活动记录与总结

活动期间,客服部指定专人负责填写活动记录表,专人负责影像资料的采集。

活动结束后,客服部负责人亲自撰写了活动总结报告,上报领导审核后存档,此次活动获得了圆满的成功。

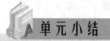

单元小结

本单元主要介绍了客户关系管理的三方面内容:客户服务管理、客户投诉的处理和物业服务区域的文化建设。客户服务管理中重点介绍了客户服务工作的内容和沟通技巧的培养;客户投诉的处理中重点介绍了投诉处理的程序和解决纠纷的方式与程序;文化建设除讲述文化建设的基本常识外,重点讲述了应如何开展区文化建设,并辅以实例进行说明。

习　题

一、单项选择题

1. 客户来访接待包括三个环节，下列不属于其中的是(　　)。
   A．引领　　　　　　B．接待　　　　　　C．参观　　　　　　D．送客
2. 客户电话访问，下列接听电话的操作标准不合适的是(　　)。
   A．在电话铃响 3 声之内接听电话，不要让打电话者久等，避免产生不必要的麻烦
   B．接听电话要用标准用语："您好，这里是××公司物业管理处，请问您……"
   C．接电话时始终保持平和心态，声调不能过高而显示出对对方的不满，也不能过低使对方听不清楚或感到服务人员的消极态度；在语言的运用上要注意不能使用过激的语言，力争圆满的解决问题
   D．无论如何不能打断客户的讲话，要先认真倾听，然后再解决问题
3. 客户因对某个物业服务人员不满而投诉，应对办法是(　　)。
   A．不可与客户争辩，做好用良好的态度感动客户的准备
   B．与客户解释清楚发生问题的原因，最好得到客户的谅解，与客户达成共识
   C．物业服务人员一定要向客户保证本企业一定会采取正确的方式来解决问题，然后谨慎地将此事汇报给上级，避免类似问题继续发生
   D．首先向客户道歉，保证以后不再发生此类事情，同时加强对物业服务人员的管理，提高各类人员的素质
4. 无论是客户间还是客户与物业服务公司间，或是客户与其他第三者间的纠纷，最好是通过(　　)，使纠纷得到圆满解决。
   A．双方协商和解　　B．第三方介入调解　C．仲裁　　　　　　D．诉讼
5. 下列关于服务区文化建设注意事项的说法错误的是(　　)。
   A．物业服务企业要有专职从事服务区文化的部门和专人
   B．建立服务区文化项目档案
   C．企业的领导要重视并支持服务区文化的开展
   D．考虑大多数人的需求
6. 下列不属于物业服务区文化建设功能的是(　　)。
   A．指导　　　　　　B．约束　　　　　　C．凝聚　　　　　　D．娱乐

二、多项选择题

1. 建立良好客户关系的三个关键要素是(　　)。
   A．客户为导向　　　　　　　　　　　B．市场为导向
   C．提供客户所需要的服务　　　　　　D．使客户满意
   E．实现营利的目标
2. 开展客户服务需具备的条件(　　)。
   A．强化客户服务意识　　　　　　　　B．梳理优化服务流程

C. 完善基础资料、认知客户　　　　D. 密切协作强化执行
E. 完整的组织机构

3. 在受理客户投诉的过程中，应注意的问题有（　　）。
   A. 认真倾听，记录客户投诉内容　　B. 向客户道歉或表示同情
   C. 辨别投诉类别，给出承诺　　　　D. 及时向主管领导汇报，尽快解决问题
   E. 对客户的意见或建议表示感谢

4. 解决纠纷的处理方式包括
   A. 通过政府强制力的干预　　　　　B. 双方协商和解
   C. 第三方介入调解　　　　　　　　D. 仲裁
   E. 诉讼

5. 下列属于服务区文化内容的是（　　）。
   A. 环境文化　　B. 物质文化　　C. 行为文化　　D. 制度文化
   E. 精神文化

6. 下列属于物业服务区文化建设原则的是（　　）。
   A. 老少结合　　B. 大小搭配　　C. 新旧穿插　　D. 雅俗共赏
   E. 远近兼顾

三、情景题

1. 管理员小李是客服部的一名工作人员，接待客户投诉是他的主要工作内容，由于每天工作量很大，小李经常是顾此失彼，常因此受到主管和业主的责问。请你告诉小李，客户投诉的处理程序。

2. 客服部李主管接到上级领导的指示，要在"十一"前夕组织一次服务区文体活动，请你告诉李主管，应如何策划文体活动。

四、案例分析题

某年冬天的一个清晨，物业服务人员小马巡视到某楼 2 单元时，忽然发现 402 室的防盗门上插着一串钥匙。这一定是业主一时疏忽，开门后忘记把钥匙取下来了，楼上还有好几家正在装修，万一被进进出出的人拿走……想到这里，小马走过去按响了 402 室的门铃。

轻轻按了几遍，都没有动静。小马有点急了，最后按的一下时间稍长了一点。这一次铃响还没有响完，就听到里面有一个人大声问到：谁啊，大清早，干什么？业主有些发脾气了，但还是打开了门。小马简单说明情况后，把那一串钥匙双手递给业主。或许业主还没有摆脱被惊扰的不快，不冷不热地说个谢谢就回房里去了。想一想，小徐心里挺不是滋味的。

第二天巡楼的时候，小马又与这位正在家门口锻炼身体的业主不期而遇。"您早，先生！"小马想打个招呼就离开。这位业主却快速走了过来，塞给小马一百元钱，还说"昨天还没有醒过神来，没有好好谢谢你，不好意思，这是我的一点心意，别嫌少，以后帮我多盯着点。"小马把钱硬塞回去，说："关注和保障您的安全，是我们应该做的"，就转身跑开了。

请你根据上述案情，对服务人员小马的工作态度做出点评。

综 合 实 训

一、实训内容

客户关系管理三项主要内容的实际操作。

二、实训要求

将学生分为三个小组,分别派往三个不同的物业现场,每组每次完成一项任务,一项任务完成后进行总结和经验交流,接下来完成第二个任务,以此类推。三项任务分别是客户接待工作、客户投诉处理和社区文化活动的组织。要求学生理论联系实际,将所学的知识在实际工作中充分展现,同时,也要用实践来检验理论。最后每位同学都要以一次实训为背景,写出自己的体会,按要求交给指导老师批阅指导。

单元 10

不同类型物业管理服务的重点

教学目标

本单元主要区分不同使用用途的物业，针对其不同的特点有针对性的讲解不同物业管理的重点，其中包括：居住类、办公类、商用、工业用途和其他几种常见物业的管理知识。教学目的是使学生能够通过对不同物业特点的把握，有针对性的提供与其相适应的管理服务。

教学要求

能力目标	知识要点	权重
熟悉住宅小区物业的一般知识，能够有效地组织并实施住宅小区的物业管理	住宅小区物业管理	25%
熟悉写字楼物业的一般知识，能够有效地组织并实施写字楼的物业管理	写字楼物业管理	25%
熟悉商业场所物业的一般知识，能够有效地组织并实施商业场所的物业管理	商业场所物业管理	25%
了解工业区的特点，熟悉工业区物业管理过程中的重点	工业区物业管理	15%
了解会所、学校、医院和酒店的特点，能够把握几种不同类型物业在物业管理过程中的重点	其他类型物业的物业管理	10%

引例

物业管理方案是实施物业管理的理论基础,一个好的管理方案能使接下来的管理工作事半功倍,同时物业管理方案也是物业管理投标书的重要组成部分,中标与否与方案的优劣直接相关。而评价物业管理方案优劣的一个非常重要的标准就是方案的针对性。不同用途的物业特点不同,进而其物业管理的重点也不尽相同。

那么各种用途的物业有什么区别,其物业管理的重点又有什么不同呢?

课题 10.1 住宅小区物业管理

居住物业是指具备居住功能,供人们生活居住的建筑,包括住宅小区、单体住宅楼、公寓、别墅、度假村等,当然也包括与之相配套的共用设施、设备和公共场地。共用设施、设备是指住宅区(楼)内、费用已分摊进入住房销售价格的共用建筑部分,如上下水管道、煤气线路、消防设施、道路路灯、非经营性车场车库、公益性文体设施及共用设施、设备占用的房屋等。这类物业的业主大都是以满足自用为目的的,也有作为置业投资,出租给承租人使用的。住宅小区在居住类物业中所占的比重较大,最具代表性,所以本单元以住宅小区的物业管理为例来说明居住类物业管理的重点。

10.1.1 住宅小区物业概述

1. 住宅小区物业的概念

住宅小区通常是指按照统一规划,综合开发,配套建设和统一管理的原则开发建设的,具有比较齐全的公共配套设施,且建筑面积达到一定规模,能满足住户正常物质文化需求,并为交通干道所分割或自然界限所围的相对集中的生活区域。

2. 住宅小区物业的功能

(1) 居住功能。这是住宅小区最基本的功能。根据居民的不同需要,提供各种类型的住宅,如多种类型的居住单元、青年公寓、老年公寓等。在居住功能中,最重要的是它能够提供 人们休息的场所和环境,其他的才是如饮食、盥洗、个人卫生、学习、娱乐、交际等功能。

(2) 服务功能。住宅小区的服务功能是随着城市规划建设要求、房地产综合开发而来的,即要求小区的公用配套设施和小区的管理应能为居民提供多项目多层次的服务。包括:教卫系统,如托儿所、幼儿园、小学、中学、医疗门诊、保健站、防疫站等;商业餐饮业系统,如饭店、饮食店、食品店、粮店、百货店、菜场等;文化、体育、娱乐服务系统,如图书馆、游泳池、健身房、电影院、录像室等;其他服务系统,如银行、邮局、煤气站、小五金、家电维修部等。

(3) 经济功能。住宅小区的经济功能体现在交换功能和消费功能两方面。其中,交换功能包括物业自身的交换和小区管理劳务的交换。

① 物业自身的交换，即开展住宅和其他用房的出售或出租经纪中介服务；

② 小区管理劳务的交换，即业主通过合同的方式将住宅小区的管理委托出去。消费功能指的是随着城市住房制度改革的不断深化，住宅小区中的住宅将不断地商品化，并进行商业化的管理。包括住宅在购、租两方面的逐渐商品化及小区的管理和服务都是有偿的，住用人将逐渐加大对居住消费的投入。

(4) 社会功能。住宅小区的主体是居民，居民的活动是社会活动，聚集在住宅小区的各种社会实体，如行政治安机关、商业服务业、文化教育、银行等是以住宅小区为依托，共同为居民服务，发挥各自的功能。这些实体之间、实体与居民之间、居民相互之间组成了住宅区的社会关系、人际关系，形成了一个社会网络，相互影响和相互制约。

3．住宅小区物业的特点

住宅小区在改变市容市貌，促进房地产业发展，改善人们居住条件方面是具有重要的作用，它是集居住、服务、经济、社会功能于一体的社会缩影，因此，它的建设与以往城市住房建设具有不同的特点。

(1) 统一规划，综合开发。

由于城市建设的发展和人们物质文化水平及居住条件的提高，住宅区的规划布局有了很大变化。在"统一规划、合理布局、综合开发、配套建设"原则的指导下，全国广大城镇统一规划、综合开发的新型住宅小区成片的兴建起来。

这些新建住宅小区，规划布局合理，配套设施日益完善，改变了过去单一的、分散的结构和功能，向节约用地、高密度、综合化和现代化方向发展。新建住宅小区一般是以多栋居民住宅楼为主体，配以商业、服务业、饮食业、邮电、储蓄、托儿所、文教卫生、娱乐、庭院绿化等配套设施，组成一个功能齐全的居民生活小区，这就要求区内各类建筑和居住环境相互协调，有机结合。由专业化的物业服务企业实行统一管理、优质服务、合理收费。

(2) 规模大、功能全。

新建居民住宅小区一般为多层、多栋楼体建筑群，少的几万平方米，多的十几万甚至百余万平方米。这些楼体建筑群，除住宅楼之外，还有商业大楼、超级市场、电影院、体育馆、音乐厅、医院等等。

小区已不仅是人们避风雨、挡严寒、生活休息、繁衍后代的栖身之处；而且是学习、工作、教育、科研的重要园地；还是休闲、娱乐、文化、体育活动的乐园；也是进行区域内购物、饮食、生活服务的场所；更是社会主义精神文明和物质文明建设的基地。住宅小区的多功能性，给小区的物业管理工作带来了很大的难度。

(3) 居民结构整体化、配套设施系统化。

住宅小区内，多座单体楼宇构成一个小区房屋系统；每栋楼房的地上建筑与地下建筑构成一个整体；区域内供水、排水、供电、各种热力、煤气管网互相联系构成一个网络系统，而这些系统交融组合形成了一个庞大的、复杂的、多功能的大系统。各种服务设施、配套设施、区域内绿化、道路、各种供水、供电、热力管网都是统一设计规划的，除住宅外，几乎都是为全住宅区服务的，是无法分割的，使住宅小区变成一个小社会。这就必然要求统一管理，统一经营。

(4) 产权多元化、管理复杂化。

由于住宅建设投资的多渠道、住宅的商品化及房改的深入，使房屋的产权结构发生变化。在市场经济条件下，房屋产权由单一所有制变为产权多元化。一个居住区、同一栋楼宇内，全民、集体、个人、外产等不同的产权共存。

总之，住宅小区规划、设计、建设的统一性、系统性、功能的多样化、房屋结构与配套设施的系统化，再加上产权的多元化，给小区物业管理造成了极为复杂的局面，导致物业管理工作的复杂化。

知识链接

目前我国住宅小区管理的方式

1. 政府房屋管理部门管理。新中国成立以来，公有住房一直由政府管理部门即房管所或房管站管理，称为直管公房。这种管理方式是完全计划经济的产物，房管所(站)是完全事业性质的单位。应该说，多年来，房管所(站)适应计划经济体制的要求，代表政府发挥"管好房、用好房、修好房"的作用，解决城市居民的居住问题，做了大量工作，功不可灭。但这种管理越来越不适应体制的转轨，其管理效率低、经济效益差的弊端越来越突出，所收房租连房屋的简单维修也维持不了。随着住房制度改革的深入，越来越多的直管公房改变了产权性质。因此，一些城市已开始探索房管所(站)向物业服务企业的体制转变。但由于历史的原因，这一管理方式在今后较长一段时间里还将继续存在。

2. 企业、事业单位自行管理。这主要出现在较大的企、事业单位，特别是事业单位开发建造的用以分配给本单位职工的住宅，由本单位房产部门(如房管处、房管科)进行管理。这是"谁建造、谁管理"原则的产物。在管理机构和管理运作上与房管所管理直管公房相似，其弊端也相同，同样需要管理体制的转变。

近些年来，一些较大的企、事业单位已开始探索转变管理体制。一种是将本单位房管部门逐步转变为企业性质的物业管理机构，对单位自管住房实行物业管理；一种是将单位自管住房委托社会上的物业服务企业实行物业管理。

3. 房地产开发企业管理。由房屋开发建造单位自行管理自己建造的出售给业主或出租给用户的住宅，这是目前常见的一种住宅管理方式。本着"谁开发、谁出售、谁管理"的原则，一些较大的房地产开发企业均设有物业管理部。最初物业管理部只是开发企业下属的一个部门。随着物业管理的推行和开发量的增大，一些开发企业的物业管理部逐渐扩大，形成独立公司或子公司的形式，独立核算，自负盈亏，取得法人地位，转变为物业服务企业。目前在物业服务企业中这种类型的企业占有较大比例，大多数城市住宅小区均由此类物业服务企业进行物业管理。

4. 物业服务企业管理。由社会上具有独立法人地位的物业服务企业对房屋及其附属的公用设施及场地进行管理，提供全方位的多层次的管理和服务。这一模式虽然在我国出现的时间还不长，但发展势头强劲，已得到了政府、房地产业界和广大人民群众的共识，代表了今后住宅物业管理的发展方向。

10.1.2 住宅小区物业管理的重点

知识链接

1995年1月18日—1月20日原建设部房地产业司召开全国物业管理工作座谈会，对十几年来房地产管理工作进行总结。会议着重对我国目前住宅管理的几种方式进行比较分析，对物业管理方式的优点取得共识。这种共识认为，不管是房地产管理部门直接管理的，还是单位自管的，或是街道办事处的小区和各类房屋，都程度不同地存在着管理机构不健全，管理经费无渠道，管理工作不到位等一系列的问题。尤其是这十年来建的住宅小区，虽然居住条件和配套建设都有了明显的改善，但是由于缺乏有效管理，导致私搭乱建，垃圾随意堆放，设备残缺不全，管道不通，房屋失修失养等问题严重存在，使小区面貌"一年新，二年旧，三年破"的问题十分突出等。实践告诉我们，原来那套行政性的福利型的房地产管理体制越来越不能适应形式发展的需要，必须对旧的管理体制从根本上进行改革。

1. 住宅小区物业管理的特点

住宅小区物业管理是指在住宅小区范围内，以住宅房屋为主体的各类房屋建筑物及其设备、公共建筑及其他公用基础设施为基本对象，以提供全面服务为中心任务的管理活动的总称。

国务院颁布并于2003年9月1日起施行的《物业管理条例》(《国务院关于修改〈物业管理条例〉的决定》于2007年8月26日正式公布，自2007年10月1日起施行)重点规范了住宅小区的物业管理活动。

住宅小区物业管理具有如下特点。

1) 社会性

住宅小区是人们生活、居住的地方，是整个社会的一个组成部分，它的管理必然具有很强的社会性。小区内居住着各行各业的人员，居信的人口结构十分复杂，产生社会化现象。物业服务企业应争取住宅小区居民及社会各方面力量的支持与帮助。例如，生活小区的治安状况与整个社会的治安状况紧密相关，社会治安状况的大环境必然对小区的小环境产生巨大的影响，所以，在小区的治安管理工作中应加强与所在地公安部门沟通。

为了做好住宅小区的物业管理工作，保证住宅小区内的公共秩序和全体居民的利益，住宅小区物业管理公司应制定一些物业管理规章制度，禁止居民有违背公共利益的住用行为。为了让小区居民遵守这些制度，物业服务企业要采取寓管理于服务中，将物业管理的专业化管理服务与居民的自治管理相结合，要向住宅小区居民及社会各界做好宣传、沟通工作，让小区居民自己制定业主公约，形成自我管理的约束机制，这样容易达到小区居民满意、政府满意、物业服务企业也满意的理想工作目的。

2) 统一性

住宅小区内部的各个组成部分形成一个整体，如果仍然采用传统的房屋管理模式进行管理，各自为政，其弊端显而易见。因此，对小区内的保洁、绿化、安全保卫、进出小区的车辆、公共设施维修养护及业主的房屋装修等进行统一的管理是现代小区物业管理的主要特点之一，既可保证有效成本的控制，又能提高综合服务质量，使业主直接享受到物业服务的成果。

3) 服务性

住宅小区物业管理的目的是为了满足小区内居民居住生活的需要，为居住在小区内的人们提供一个优美、安全、舒适、满意的居住环境。物业服务企业应该强化服务意识，本着服务至上的宗旨，为居住在小区内的人们提供到位的服务。从事住宅小区管理的物业管理公司通过向居住在小区内的人们提供体质的服务，达到管理的目的。同时，不仅要提供物业管理服务委托合同范畴内的基本服务，还要结合小区内的特点、业主的需求提供有针对性的个性化服务。

4) 复杂性

复杂性主要体现在居民的构成复杂，对物业管理服务内容和标准要求不一；房屋产权具有多元化的特点，使得管理难度增大；在住宅小区的物业管理实施过程中经常涉及市政管理、水电气暖供应、公安、街道办事处等多个部门和单位，需要协调关系，明确职责；由于居民的收入水平和物业管理消费意识差别较大，目前住宅小区物业管理服务费用收缴工作难度较大，具有相当的复杂性。

5) 艺术性

为了使住宅小区的环境幽雅、整洁美观，给居住在小区内的人们提供一个良好的生活、休息和学习的环境，物业服务公司应注意从艺术的角度对环境的管理加以美化。例如，强化小区的绿化管理，使人们感受到大自然的魅力；加强小区内的装修管理，禁止私搭乱建，维护小区整体风貌的艺术性；加强小区内园林艺术小品的约维护，美化人们的视觉，使居住在小区的人们始终感到心情舒畅等。

2．住宅小区物业管理的内容

1) 房屋及附属设备设施的维修养护管理

住宅小区物业服务合同内容，负责住宅小区房屋及配套设备设施的维修养护管理，管理重点在共有、共用部分。主要包括房屋及配套设备设施的档案管理，房屋及设备设施使用、运行状态的监控、维修养护管理，房屋及设备设施安全状态、更换、使用年限的管理，业主或使用者房屋装修管理等。

物业服务企业对住宅小区公共设施如上下水系统、供电系统、消防、供气系统等设施的管理，只在委托授权范围内监管设施的运行、使用状态，对于其设备的改造、大修或更换等内容管理，由于涉及产权问题，应及时通知相关产权部门，物业服务企业不能越权处置，其任务就是保障住宅小区居民对这些设施使用的安全与满意。

2) 居住环境的管理

主要任务是卫生保洁、环境绿化美化、安全保卫、消防管理、停车及道路管理、灾害预防、社区文化建设等，营造住宅小区整洁、安全、文明的居住环境。

3) 便民综合经营服务

物业服务企业可以根据居民的需要、住宅小区的硬件条件和企业自身实力，设计开展一些便民经营服务项目，如开设商店、菜场、快餐店、美容美发厅、服装加工店、洗衣店、家政服务、家电维修、居民自用设备设施维修、房屋装修等项目。

3．住宅小区物业管理的目标

1) 经济效益

经济效益一方面是指建房、管房单位的投资与经济收入之比达到了预期目标；另一方面是指管理好，维护好房屋及其附属的设备设施，延长他们使用寿命，使物业保值增值。

2) 环境效益

小区管理的环境效益主要 是指通过好的小区物业管理，来提高小区整体环境质量，使人们有一个整洁、优美、安宁、舒适的居住环境，有利于人们修身养性和身心健康。同时，小区的环境质量提高，才有能力促进整个城市环境建设良性循环。

3) 心理效益

心理效益是指良好的住宅小区物业管理可以使人们产生一种积极向上的心理，使人们有一种安逸、满足、趋善、幸福的心理感受。相反，当物业管理达不到人们的要求和期望时，人们就会产生一种烦躁、讨厌等心态。良好的住宅小区的物业管理可以达到实现人们心理效益的目标。

4．住宅小区物业管理的要求

住宅小区物业管理目标的实现，需要政府行政主管部门、住宅小区居民、业主委员会和小区物业服务企业各方共同的努力，特别是住宅小区物业服务企业工作的努力。

1）管理运作

由专业的管理单位对小区实行统一的专业化管理，并有固定的管理经营场所。管理单位应为企业，要建立现代企业制度方案，依照物业服务合同对小区实行管理经营与有偿服务。要运用计算机等现代管理手段，进行科学管理。

从事物业管理的员工要有较高的素质，遵守职业道德规范，要经过房地产管理及物业管理专业培训，有较强的事业心和开拓精神。

2）房屋的维修养护管理

① 房屋外观要完好、整洁。

② 小区内组团及栋号有明显标志及引路方向。

③ 房屋完好率达98%以上。

④ 无违反规划私乱搭建现象。

⑤ 封闭阳台的，要统一有序。阳台(包括平台和外廊)的使用不碍观瞻。装饰房屋的，不危及房屋结构与他人安全。

⑥ 房屋零修及时率达98%以上，零修合格率达100%，并建立回访制度和访问与回访记录。

⑦ 房屋资料档案齐全、管理完善，并建立住户档案，住户所在栋号、门号、房号清晰、随时可查。

3）设备的维修养护管理

① 小区内所有公用设备图纸、资料档案齐全，管理完善。

② 设备良好，运行正常，无事故隐患，保养、检修制度完备。

③ 每日有设备运行记录，运行人员要严格遵守操作规程及保养规范。

④ 电梯按规定时间运行。

⑤ 居民生活用水的、高压水泵、水池、水箱有严格的管理措施。有二次供水卫生许可证、水质化验单、操作人员健康合格证。

⑥ 消防系统设备完好无损，可随时启用。

⑦ 锅炉供暖、煤、燃气运行正常。

4）公共设施管理

① 小区内的所有公共配套设施完好，不得随意改变用途。

② 供水、供电、通讯、照明设备齐全，工作正常。

③ 道路畅通，路面平坦。

④ 污水排放通畅。

⑤ 交通车辆管理运行有序，无乱停放机动车、非机动车的现象。

5) 环境管理
① 小区公共绿地、庭院绿地和道路两侧绿地合理分布，花坛、草木、建筑小品配置得当。
② 小区实行标准化清扫保洁，垃圾日产日清。
③ 新建小区不得违反规定饲养家畜及宠物。
④ 房屋内的公共楼梯、扶栏、走道、地下室等部位保持清洁，不得随意占用或堆放杂物。
⑤ 居民日常生活所需商业网点管理有序，无乱设摊点、广告牌，乱贴、乱画现象。
6) 安全管理
① 小区内基本实行封闭式管理。
② 小区实行 24 小时安管制度。
③ 安管人员有明显的标志，工作规范，作风严谨。
④ 危及住户安全处设有明显标志及防范措施。
⑤ 小区内无重大火灾、刑事犯罪和交通事故。
7) 社区文化
① 小区订有居民精神文明公约，居民能自觉遵守住宅小区的各项管理规定。
② 小区居民邻里团结互助，文明建设公约，关心孤寡老人、残疾人。
③ 小区内有娱乐场所和设施，管理单位定期组织开展健康有益的社区文化活动。
④ 居民积极配合管理工作，对管理单位的评议满意率达 95%以上。

特别提示

- 住宅小区物业管理的具体要求可根据《物业服务合同》要求的服务等级的不同，分别参照《全国物业管理示范住宅小区标准及评分细则》和《普通住宅小区物业管理服务等级标准》以及物业管理方面的相关法律法规来执行。

应用案例 10-1

某住宅小区物业管理方案举例

一、项目概况

某物业项目位于粤西的一个沿海城市，总建筑面积达 40 余万平方米，属多层、中高层住宅物业，项目分三期建设，是当地最大的住宅建设项目。整个小区的建设申报了国家安居示范工程小区，是该市重点工程之一，备受当地居民和政府的关注。建设单位为把这个项目建设经营好，在项目的立项阶段就选聘了一家具有丰富经验的物业服务企业，并由其负责该项目物业管理的早期介入。在该项目的论证阶段，物业服务企业就参与了工作，并就该物业的市场定位、物业管理的基本思路和框架、物业管理的运作模式提供了专业意见，得到了建设单位的采纳。

二、物业管理方案要点

1. 早期介入的对外沟通工作。便于及时了解物业建设及目标客户群的需求。
2. 可行性研究阶段的工作。
(1) 根据物业建设及目标客户群的定位确定物业管理的模式。
(2) 根据规划和配套确定物业管理服务的基本内容。
(3) 根据目标客户情况确定物业管理服务的总体服务质量标准。
(4) 根据物业管理成本初步确定物业服务费的收费标准。

(5) 设计与客户目标相一致并具备合理性能价格比的物业管理框架性方案。

在此期间组织物业管理专业人员向建设单位提供专业咨询意见，同时对未来物业管理进行总体策划。除对物业档次定位外，还应该考虑物业的使用成本。选用知识面广、综合素质高、策划能力强的管理人员承担项目管理工作。

3. 建设阶段的工作。

(1) 与建设单位、施工单位就施工中发现的问题共同商榷，及时提出并落实整改方案。

(2) 配合设备安装，确保安装质量。

(3) 对内外装修方式、用料及工艺等从物业管理的角度提出意见。

(4) 熟悉并记录基础及隐蔽工作、管线的铺设情况，特别注意那些在设计资料或常规竣工资料中未反映的内容。在此期间派出工程技术人员进驻现场，对工程进行观察、了解、记录，并就有关问题提出意见和建议。仔细做好现场记录，既为今后的物业管理提供资料，也为将来处理质量问题提供重要依据。

4. 销售阶段的工作。

(1) 完成物业管理方案及实施进度表。

(2) 拟订物业管理的公共管理制度。

(3) 拟订各项费用的收费标准及收费办法，必要时履行各种报批手续。

(4) 对销售人员提供必要的物业管理基本知识培训。

(5) 派出现场咨询人员，在售楼现场为客户提供物业管理咨询服务。

(6) 将全部早期介入所形成的记录、方案、图纸等资料，整理后归入物业管理档案。

在此期间，准备全面展示未来物业管理服务内容。有关物业管理的宣传及承诺，包括各类公共管理制度，一定要符合法规，同时要实事求是，在销售物业时，应根据物业管理的整体策划和方案进行，不应为了促销而夸大其词，更不能作出不切实际的承诺。征询业主对物业管理服务需求意见，并进行整理，以此作为前期物业管理方案的制订和修正依据。

5. 竣工验收阶段的工作。

这一阶段的介入内容主要是参与竣工验收。在各单项工程完成后，参与单项工程竣工验收；在分期建设的工程完成后，参与分期竣工验收；在工程全面竣工后，参与综合竣工验收。在此期间，物业服务企业参与竣工验收，主要是为了掌握验收情况，收集工程质量、功能配套以及其他方面存在的遗留问题，为物业的承接查验做准备。在参与验收时，应随同相关验收组观看验收过程，了解验收人员、专家给施工或建设单位的意见、建议和验收结论。

6. 全面运作阶段管理启动。

按照改进后的工作方案对住宅楼进行正常管理，内容包括设备维护维修、环境绿化、安全管理、有偿服务等，这个阶段强调的是不断追求客户满意度和持续改进服务水平，以达到效益最大化。

课题 10.2　写字楼物业管理

10.2.1　写字楼物业概述

1. 写字楼物业的概念

写字楼是指供各种政府机构的行政管理人员和企事业单位的职员办理行政事务和从事商业经营活动的大厦。有的写字楼由业主自用，有的用于出租，有的部分自用部分出租。

现代写字楼一般具有比较现代化的设备，而且环境优越、通讯快捷、交通方便，有宽敞的停车场(库)相匹配。在大城市里，为满足不同用户的需求，写字楼越来越专业化，如有些建筑只提供给政府机关、企事业单位、文化教育、金融、保险及律师等办公使用，并配备有相应的设施。

2．写字楼物业的分类

目前，我国写字楼尚无统一标准，主要依照所处的规模、功能和综合条件进行分类。

1) 按建筑面积划分

(1) 小型写字楼。建筑面积一般在1万平方米以下。

(2) 中型写字楼。建筑面积一般在1~3万平方米。

(3) 大型写字楼。建筑面积一般在3万平方米以上。

2) 按使用功能划分

(1) 单纯型写字楼。基本上只有办公一种功能。

(2) 商住型写字楼。具有办公和居住两种功能

(3) 综合型写字楼。以办公为主同时又具备其他多种功能，如有公寓、商场、展厅、餐厅、保龄球场、健身房等多种用房的综合性楼宇。

3) 按现代化程度划分

(1) 非智能型写字楼。即指一般写字楼。

(2) 智能型写字楼。指具备高度自动化功能的大楼，通包括通信自动化、办公自动化、建筑设备自动化、大楼管理自动化等功能。

> **知识链接**
>
> 智能化是现代写字楼的标志。智能化建筑至少要具备5大要素：楼宇自动化系统(Building Automation System，简称BA)、保安自动化系统(Security Automation System，简称SA)、消防自动化系统(Fire Automation System，简称FA)、通信自动化系统(Communication Automation System，简称CA)、办公化自动系统(Office Automation System，简称OA)。此外，还有智能化建筑的综合布线系统把各部分有机地联系在一起，把现有的分散的设备、功能和信息集中统一到系统之中，实现图文、数据、语音信息的快速传递。

4) 按综合条件划分

(1) 甲级写字楼。具有优越的地理位置和交通环境，建筑物的物理状况优良，建筑质量达到或超过有关建筑条例或规范的要求；其收益能力与新建成的写字楼相当；有完善的物业管理服务，包括24小时的设备维修与安保服务。

(2) 乙级写字楼。具有良好的地理位置，建筑物的物理状况良好，建筑质量达到有关建筑条例或规范的要求；但建筑物的功能不是最先进的，有自然磨损存在，收益能力低于新落成的同类建筑物。

(3) 丙级写字楼。物业已使用的年限较长，建筑物在某些方面不能满足新的建筑条例或规范的要求；建筑物存在较明显的物理磨损和功能陈旧，但仍能满足低收入承租人的需求，因租金较低，尚可保持合理的出租率。

3. 写字楼物业的特点

(1) 单体建筑规模大,机构和人员集中。

写字楼多为高层建筑,楼体高、层数多、建筑面积大,办公单位集中,往往能会集数百家国内外大小机构,容纳上万人在其中办公,人口密度较大。

(2) 使用时间集中,人员流动性大。

写字楼使用时间一般比较集中,多在上午 8 点以后、下午 6 点以前。上班时间,人来人往,川流不息,下班后人去楼空,非常安静。

(3) 外观装饰标准高,内部空间分割灵活。

为吸引有实力的机构进驻办公,满足他们体现身份、高效办公的要求,写字楼选用的建筑材料一般都较为高档、先进,外观装饰、大堂装修和灯光布置等都有较高的要求,强调有独特的线条、格局和色彩。

写字楼内部空间分割较为灵活。目前,写字楼内部空间结构设计一般有两种方式:第一,预先分成大小不同、面积不等、风格各异的办公室供用户选择;第二,办公室设计为一个大面积的布置空间,甚至为一层楼,然后由用户按自己的需求进行分割、布置。现代大公司往往要求有较大开间的办公室,一个办公室几百平方米,里面布置几十张桌椅、橱柜等办公家具,办公情况一目了然,领导可以清楚地掌握员工的工作状况、工作环境,这是提高工作效率的一种措施。

(4) 设备系统先进,智能化水平高。

与住宅相比,写字楼内部一般都配备有更为先进的设施设备,如中央空调、高速电梯、监控设备、现代通信手段等,写字楼的设备设施是物业管理的重点对象。根据使用功能,写字楼的设备可分为 8 大系统,即电气设备系统、通信系统、空调系统、供暖系统、运载系统、给排水系统、消防系统和监控系统。

(5) 功能齐全,设施配套。

现代写字楼有服务前台、大小会议室、小型酒吧、车库等,综合型写字楼还有餐厅、商场、商务中心、银行、邮电等配套服务场所设施,能为客户的工作和生活提供很多方便,满足他们高效办公、工作的需要。

(6) 地理位置优越,交通条件良好。

写字楼多位于城市中心的繁华地段,与公共设施和商业相邻,有多种便利的交通条件(公共汽车、地铁、高速公路等)供来往人员选择,有足够的停车位供使用。

10.2.2 写字楼物业管理的重点

1. 写字楼物业管理的特点

(1) 保证设备完好,运行正常。

写字楼内办公人员众多,电脑、打印机、复印机、传真机、通信设备等各种办公设备全天使用,因此,必须保证供电系统的正常运行。否则,将直接影响楼内办公人员的工作效率。同时,如果电力供应的中断,将会给客户带来巨大的损失,导致客户的投诉或索赔。

由于写字楼内人员众多，为了给客户提供一个舒适的工作环境，消除病菌从空调通风管道进行传播的可能性，必须保证楼内空调系统的正常运行，定期对空调系统风道进行消毒，保证楼内的温度、湿度和空气质量符合国家的相关标准。

为了保证楼内办公人员正常的生活用水，必须对楼内的给排水系统设备进行定期的维修养护及按时对生活水箱进行清洗消毒，以保证楼内办公人员的用水安全。

对于高层写字楼来说，电梯是最重要的交通工具，倘若电梯出现故障将会给楼内办公人员的出行带来很大的不便，因此必须制定严格的运行保养制度，通过合理的运行和科学的养护，提高电梯运行的安全性，确保楼内办公人员的正常使用。

保证楼内与外界通讯渠道的畅通，是现代化智能写字楼物业管理的重要任务之一。在当今的信息社会，信息的交流与获取是至关重要的，是带来巨大经济效益的前提，通过对楼内通讯设备日常及定期的维护，保证写字楼内通讯系统设备的安全运行以满足楼内办公人员的使用需求。

(2) 提供安全保障，常备不懈。

写字楼内消防工作非常重要，一旦发生火灾后果难以设想，因此，物业管理工作中除了要保证消防设备设施的完好和消防渠道的畅通外，还要消除火灾隐患，加强写字楼内的装修管理、加强员工及用户的防火宣传教育工作，消防工作应做到常备不懈。

写字楼内人员流动较大，并且楼内隐蔽死角多，因此，必须加强楼内各区域的定时巡逻检查及完善楼内的安全监控措施，达到人防与技防的有机结合。对进入写字楼内办公区的人员必须建立登记检查制度，并通过严格的监督检查机制以确保安全保卫管理制度的有效实施。

必须做好应付突发事件的准备，由于写字楼内的设备系统、建筑结构和楼内人员的复杂性，作为物业服务公司应时刻保持警惕，随时准备应付各种突发事件。因此，要建立完善的应急预案，诸如火灾预案、刑事案件发生时的处理预案、意外人身伤害的处理预案、公共卫生应急预案等，并应定期进行演练，做到常备不懈。

(3) 要求环境整洁，舒适优雅。

现代化的写字楼，系统设备先进、装修档次高，但是，由于写字楼人员出入量大，容易出现脏、乱和建筑材料损坏的问题。为了创造干净、整洁、优雅、舒适的办公环境，写字楼内卫生间、大堂、走廊、楼梯间、电梯厅等公共区域的卫生应由专业的保洁人员进行定时、定期的清洁、打扫和维护。

楼内垃圾的及时清运、定期的消杀灭工作是预防疾病传播的有效手段之一，定期的外墙清洗，可以保持大厦良好的外观形象。

摆放适当的花卉和绿色观赏植物，既增加了人们的视觉美感又净化了环境，使楼内的办公人员感到舒适、优雅。

(4) 服务质量要求高，科技含量大。

由于现代写字楼本身规模大、功能多、设备先进，加之进驻的多为大型客户，自然各方面的管理要求都较高。特别是现代化的智能写字楼，集各种先进技术设备之大成，例如，中央空调系统设备、高档电梯、楼宇自控设备、保安监控设备、火灾自动报警系统设备、办公自动化系统设备等，这无疑对物业管理人员提出了更高的要求。物业管理工程部的人员不仅要具有管理知识，更要具有与之相适应的专业技术知识，只有这样，才能够驾驭这些设备，才能够担负起管理和维护这些设备系统的责任。同时，应指导客户正确地使用这些设备，避免因不正常的使用操作而导致设备的提前损坏。

2．写字楼物业管理的方式

因写字楼的规模不同、功能不同、用户要求不同、业主或投资者的目的不同，各写字楼的管理方式也不同。根据产权性质划分，写字楼物业管理方式可分为委托服务型和自主经营型。

1) 委托服务型物业管理

委托服务型物业管理是业主或投资者将建成的写字楼委托给专业物业服务企业进行管理，物业服务企业只拥有物业的经营管理权，不拥有其产权。此类物业服务企业为谋得较好的经济效益，可同时管理多幢写字楼乃至另一类物业，其主要职能是提供房屋及其附属设施设备的维修养护、安全、消防、保洁、绿化等服务，有时接受业主的委托也可以代理物业租赁业务。

2) 自主经营型物业管理

自主经营型物业管理是业主或投资者将建成的写字楼交由属下的物业管理机构进行管理和出租经营，通过收取租金收回投资。物业管理机构不仅拥有写字楼的经营管理权，而且拥有产权；其职能不仅是维护性管理，更为主要的是对所管物业进行出租经营，以获取长效、稳定的利润。其经营职责不只是将写字楼简单地租出去，还要根据市场的需要和变化对所管物业某些方面适时进行更新改造，如室内装修、外墙粉饰、空间的重新分隔、电信通讯、楼层交通、庭院美化绿化等，以改造和完善物业的使用条件，提高物业的档次和适应性，进而调整租金以反映市场价格的变化，从而获取更多的利润。

在以上两种类型的物业管理中，业主或全面接管写字楼的物业服务公司均可将某些服务内容要求明确、职责清晰或专业性强、技术要求高的服务项目委托给社会上专业的服务公司去做，如电梯公司、热力公司、清洁公司、保安公司、园林绿化公司等。专业化的服务公司一般具有专业性强、人员精干、技术水平高、技术装备全、服务质量好、服务收费合理等特点。各类专业服务公司在发达国家是相当普遍的，也是我国物业管理发展的方向之一。

3．写字楼物业管理的内容与要求

1) 写字楼使用前的准备工作

(1) 物业服务企业与业主或大厦业主委员会签订物业服务合同，明确责、权、利关系，并制定业主公约或用户公约。

(2) 制定物业管理方案，草拟写字楼各项管理制度、服务质量标准、物业服务收费标准、各岗位考核标准、奖惩办法等。

(3) 根据业主或投资者投资这类物业的意向，是业主自用还是出租或部分自用部分出租，是一个客户还是多个客户占用一幢写字楼，是单用途还是多用途等具体情况，成立大厦业主委员会。

(4) 根据写字楼不同的标准和各部分的用途，编写物业管理维修公约，计算楼宇各部分所占的管理份额，使各单位使用者公平地负担管理费及管理专项维修资金的支出。

（5）物业服务企业根据写字楼的特点及周边环境制订出争创全国或省、市、自治区物业管理示范大厦的规划与具体的实施方案并落实到各部门。

（6）按照有关规定，做好写字楼的接管验收工作。

2）租售营销服务

写字楼是收益性物业，写字楼除了业主少部分自用外，大部分都用于出租，有时也会出售转手。写字楼客户的流动率较高，如果物业服务公司接受业主的委托代理物业租售业务，则营销推广是其一项经常性的管理工作内容。为了使写字楼保证较高的出租售和较高的收益，物业服务公司必须做好营销服务，写字楼营销的市场调研和营销计划制定，整体形象设计、宣传推介，引导买租客户考察物业，与客户的联络、谈判、签约，帮助客户和业主的沟通等均属于写字楼的营销推广服务范畴。

3）写字楼的商务服务

写字楼一般设有商务中心，是物业服务公司为了方便客户，满足客户需要而设立的商务服务机构。

（1）硬件配置。

写字楼的商务中心应配备一定的现代化办公设备，如电话、传真机、电脑、打印机、电视、录音机、投影仪以及其他的办公用品等。商务中心设备的配备，可根据服务项目的增加而逐步添置。商务中心设备的正常使用和保养，是服务保障的前提条件。商务中心人员在使用过程中，应严格按照操作程序进行操作，定期对设备进行必要的保养，设备一旦发生故障，应由专业人员进行维修。

（2）服务要求。

客户对商务中心服务质量的评价，是以服务的准确、周到、快捷为出发点。要做到服务周到、快捷，必须选用知识全面、经验丰富、有责任心的工作人员，并制定明确的工作要求。商务中心人员不仅品德修养要高，而且应具备流利的外语听、说、读、写能力，熟练的中英文打字能力，熟练操作各种办公设备的能力，以及商务管理知识、秘书工作知识和一定的设备清洁、养护知识。

商务中心工作人员在提供服务时，应了解清楚客户所需服务项目、服务时间及服务要求，向客户讲明收费标准，准确、迅速地完成服务项目。

（3）商务中心的服务项目。

写字楼商务中心的服务项目应根据客户的需要进行设置，主要包括以下服务内容：

① 各类文件的处理、打印服务。
② 长话、传真、电信、互联网服务。
③ 邮件、邮包、快递等邮政服务。
④ 商务咨询、商务信息查询服务。
⑤ 商务会谈、会议安排服务。
⑥ 电脑、电视、录像、投影仪等设备的租赁服务。
⑦ 临时办公室租用服务。
⑧ 翻译服务。

⑨ 报刊、杂志订阅服务。
⑩ 文件、名片等印刷服务。
⑪ 客户外出期间保管、代转传真、信件等。
⑫ 秘书培训服务。

4) 写字楼的前台服务

在写字楼市场的竞争日趋白热化的今天，谁能为客户提供更好的服务，谁就能够拥有更多的客户，谁就能够在写字楼市场的竞争中立于不败之地。写字楼的前台服务主要项目有：

① 钥匙分发服务。
② 问询、引导和留言服务。
③ 物品寄存服务。
④ 信件报刊收发、分拣、递送服务。
⑤ 行李搬运、寄送服务。
⑥ 出租汽车预约服务。
⑦ 提供旅游活动安排服务。
⑧ 航空机票订购、确认服务。
⑨ 全国及世界各地酒店预订服务。
⑩ 代订餐饮、文化体育节目票服务。
⑪ 文娱活动安排及组织服务。
⑫ 外币兑换。
⑬ 花卉代购、递送服务。
⑭ 代购清洁物品服务。
⑮ 其他各种委托代办服务。

5) 房屋及附属设备设施的维修养护管理

(1) 房屋维修养护管理。

写字楼建筑的维修养护和住宅、商厦等其他类型物业的做法基本相同，要求做到大厦栋号、楼层有明显引路标志，无违反规划私搭乱建，大厦外观完好、整洁，保证房屋的完好率和维修及时率、合格率，并建立回访制度和回访记录。

物业服务公司还应监督业主和使用人对写字楼进行的二次装修，将房屋装饰装修中的禁止行为和注意事项告知业主和使用人，以确保楼宇结构和附属设施、设备不受破坏。

(2) 设备设施维修养护管理。

写字楼的设备先进，智能化程度高，对维修养护和使用管理要求较高，所以，设备设施使用管理及维修养护是写字楼物业管理的一项重点内容。《全国城市物业管理优秀大厦标准及评分细则》关于大厦设备管理的要求远远多于和高于一般住宅小区的管理标准。为了保证设备能够良好地正常地运行，延长设备的使用年限，应制定严格的设备养护和维修制度，下工夫做好设备的日常养护、检修工作，不能坐等报修。此外，设备管理人员应实行24小时值班制度，以最短时间内处理突发运行故障。

6) 环境管理

(1) 保洁服务。

物业服务公司应实行标准化清扫保洁，制定完善的清洁细则，明确需要清洁的地方，所需清洁次数、时间，由专人负责检查、监督。设有垃圾箱、果皮箱、垃圾中转站等保洁设备。写字楼的清洁卫生服务项目包括写字楼公共区域、走廊及通道的清洁，供水、排水、泵房系统及其设备的清洁，公共照明设备的清洁服务，写字间内大清扫服务，清洗地毯服务，各类石材地面打蜡、抛光服务，汽车、摩托车、自行车的清洗以及其他清洁卫生服务项目。

(2) 绿化美化服务。

写字楼内外的绿化、美化管理也是写字楼物业管理的日常工作内容之一。绿化美化管理既是一年四季日常性的工作，又具有阶段性的特点，必须按照绿化的不同品种、不同习性、不同季节、不同生长期，适时确定不同的养护重点，安排不同的落实措施，保证无破坏、践踏及随意占用绿地现象。

7) 安全管理

(1) 秩序维护管理。

① 制订全面的保安工作计划，建立有效的保安制度，消除一切危及或影响业主与使用人生命财产和身心健康的外界因素。

② 根据大厦平面布局和总面积、幢数、出入口数量、公共设施数量、业主及客户人数，配齐保安固定岗和巡逻岗的位置与数量。

③ 确保保安巡逻的岗位和路线，做到定时定点定线巡逻与突击检查相结合，特别注意出入口、隐蔽处、仓库、停车场(库)等处。

④ 建立24小时固定值班、站岗和巡逻制度，做好交接班工作。

⑤ 完善闭路电视监控系统，在主要入口处、电梯内、贵重物品存放处及易发生事故的区域或重点部位安装闭路电视监视器，发现异常及时采取措施。

(2) 消防管理。

① 建立完善的消防管理组织。建立公司总经理、部门经理、班组长三级防火组织，并确立相应的防火责任人；组建以保安部人员为主的专职消防队伍和由物业服务公司其他部门工作人员、业主、客户组成的义务消防队伍。

② 根据《中华人民共和国消防条例》的规定，制定防火制度，明确防火责任人的职责，制定防火工作措施，从制度上预防火灾事故的发生。将防火责任分解到各业主、客户单元，由各业主、客户担负所属物业范围的防火责任。

③ 进行消防宣传。宣传的形式有消防轮训，利用标语或牌示进行宣传，发放消防须知(防火手册)。宣传的内容有消防工作的原则、消防法规和消防须知。定期组织消防演习。发动大家，及时消除火灾苗头和隐患。

④ 配备必要的消防设备设施，建立消防管理档案。

⑤ 定期组织及安排消防检查，根据查出的火险隐患发出消防整改通知书，限期整改。

⑥ 制定灭火方案及重点部位保卫方案,明确火灾紧急疏散程序。做好疏散的准备工作，人员疏散为主，转移危险品、抢救贵重财产在后。

(3) 车辆管理。

主要是做好停车场(库)各方面的管理工作，加强车辆进出与停车的引导服务和及时疏导来往车辆，使出入写字楼的车辆井然有序，保证车辆及行人的安全。

> **特别提示**
>
> ● 写字楼物业管理的优秀示范标准应是2005年5月25日原建设部发布的建住房物第008号文《全国物业管理示范大厦标准及评分细则》。

4．写字楼物业管理的目标

(1) 为业主及客户提供一个安全、舒适、快捷的工作环境。

物业服务公司通过提供优质的服务、创造并保持良好的环境，让业主及客户在大楼里工作、生活感到安全、舒服、方便，而且在大楼内往来、活动便捷，与国内外的信息联系快捷、畅通。

(2) 确保写字楼功能的正常发挥。

写字楼物业管理的主要任务就是保证写字楼内部的正常办公秩序，确保大厦内供电、供水、空调、电梯、供暖等设备设施处于正常运行状态，为楼内业主或客户提供安全、舒适、优雅、便利的生活和办公环境。

(3) 使物业保值增值。

物业管理工作做得好，通过对物业的精心养护和维修，不仅能使物业及其设备处于完好状态，能够正常运行，而且可以提高物业的档次和适应性，延长物业的使用年限，使物业保值增值，即使是在市场比较疲软的情况下，也能够容易地招徕客户，出租或出售这些房屋，获取更多的租金或利润，从而产生较高的经济效益。

(4) 应与《全国城市物业管理优秀大厦标准》要求相结合。

《全国城市物业管理优秀大厦标准》，要求对大厦的房屋建筑及其设备、市政公用设施、绿化、卫生、交通、和环境容貌等项目的维护、修缮和整治达到一定的标准。

> **知识链接**
>
> ## 写字楼租赁管理
>
> 一、写字楼的租户选择
>
> 物业经营管理企业或业主对于选择什么样的租户并长久与之保持友好关系也很重视。主要准则是潜在租户所经营业务的类型及其声誉、财务稳定性和长期盈利的能力、所需面积大小及其需要提供的特殊物业管理服务的内容。
>
> 二、写字楼租金的计算基础
>
> 租金常常以每平方米可出租面积为计算基础，物业的一些经营费用(如房产税、保险费用、公共面积和公共设施的维护与维修)可以包括在租金内，也可以根据事先的协议另收，租户的电费可以根据其用电量由供电部门直接收取或由物业经营管理企业代收代缴。物业经营管理企业在确定写字楼租金时，一般要认真考虑以下三个方面的因素。

1. 计算可出租或可使用面积

准确地量测面积非常重要,它关系到能否确保物业的租金收入和物业市场值的最大化。在量测写字楼面积时有三个概念非常重要,即建筑面积,可出租面积和单元内建筑面积。

2. 基础租金与市场租金

租金一般是指户租用每平方米可出租面积需按月或按年支付的金额。在写字楼市场比较理想的情况下,市场租金一般高于基础租金,物业经营管理企业还根据市场竞争状况来决定哪些经营费用可以计入租金,哪些经营费用可以单独收取。

三、写字楼的租约制定

标准租约中的许多条款只需要稍加讨论即可,但有些重要问题就需要进行认真的谈判中双方关注的其他问题还包括租金及其调整、所提供的服务及服务收费、公共设施如空调、电梯等使用费用的分担方式等。

应用案例 10-2

写字楼物业管理方案举例

一、项目概况

××大厦是由香港新中原国际投资有限公司全额出资,在京投建的智能化高档外销写字楼。物业硬件齐备,设施完善,大堂豪华气派,办公间布局灵活多样。总面积为 20 000 平方米,地上 10 层,地下 2 层。首层、二层可适合金融、证券等商家入驻,办公室面积由 100 平方米至整层 2 000 平方米。地下设有餐厅及车库。位置优越,位于东城区灯市东口,交通网络四通八达,多路公交车在此设站。毗邻王府井商业中心,附近高档物业林立,商业氛围浓厚,商机无限。建设单位为把这个项目建设经营好,在项目的立项阶段就选聘了一家具有丰富经验的物业服务企业。

二、物业管理方案要点

1. 管理方案策划阶段

本阶段分为大厦管理目标策划以及策划机构设置两个部分。根据该写字楼的建筑档次、特点、是否商住两用等实际情况,结合写字楼市场形势进行综合分析,确定对该大厦的管理档次,提出管理目标、管理标准、管理项目和管理方式。本阶段是确立对该大厦管理的总纲,为此建议请开发商共同参与,并综合相关专家的意见,确定管理方案。

在确定了管理标准和方式后,要根据需要对未来机构设置及管理人员编制进行策划,并确定主要管理人员。

2. 前期介入与准备

(1) 管理的前期准备

成功的前期准备可为后期物业管理的实际运作打下良好的基础,避免随意性,最大限度地规避管理风险,本方案的前期准备工作有:制定物业管理前期的成本预算;制定物业管理具体开展方案;编制物业管理所需的各种文件,包括《管理规约》、《用户手册》、《入住合同》、《租赁合同》、《装修指南》、《车场制度》、《消防预案》、《大厦管理规定》等。物业管理的前期准备阶段一般在物业竣工前半年开始,需要熟悉物业管理相关制度和相关文件的人员参与。

(2) 工程的前期介入。

工程前期介入的目的是从物业管理的角度对该写字楼的功能、使用、施工、设备提出意见和建议,为今后投入使用创造条件,最大化地节约资金,为物业管理打下基础。目前物业管理中常常出现这种情况,物业服务公司介入大厦管理时,大厦已经接近竣工,即使发现了设计上的问题,也没机会做太大的修改了。我们在该写字楼工程前期介入时就把工作重点放在熟悉大厦结构和发现大厦缺陷上,以期能够先行一步,对问题及早发现,为后来接管工作做好准备。现代写字楼的自动化程度很高,物业管理前期介入对参与人员的专业要求,要有丰富的经验和专业的知识,能够准确阅读图纸并发现问题。物业服务公司应注意积极储备这样的人才。

3. 管理启动与试运行阶段

物业管理的接管验收不同于开发商和施工单位的竣工验收,它要更详细一些。接管验收时,要软硬件一起抓。软件是指相关图纸资料,包括竣工图纸、用地和建楼批文、工程竣工验收合格证、设备买卖合同、设备说明书、用电许可证、消防合格证、电梯准运证等。交接时仔细清查,缺一不可,齐全的图纸资料将给今后的管理工作带来方便;硬件是指房屋及设备设施,硬件的接管要从严从细,对于各系统和设备,如供水、供电、消防、电梯、应急发电机等,均须试运行一段时间,由工程人员仔细观察运行情况,记录运行参数,严格检测是否符合技术规范要求,发现问题及时报相关方维修整改。房屋验收时要注意发现一些细小问题,如窗把手、门锁等是否损坏,对卫生间、窗台等要作防水检验,发现问题及时报开发商或施工单位,要求在客户入住前修好。这些问题若在接管后才发现,将难以及时解决,会影响物业服务公司的服务质量,甚至带来不必要的麻烦。

接管结束后,按照前期的策划方案正式开始物业管理服务,办理客户入住手续、建立物业的档案资料、客户资料、执行日常管理工作等,在试运行当中,要严格按照计划执行,及时发现问题,及时更改。同时要注意加强与业主之间沟通,宣传物业服务公司的管理方式和管理制度,并根据业主的意见反馈及时调整计划,使管理方案尽快成熟起来,更加符合实际需要。

4. 全面运作阶段管理启动

按照改进后的工作方案对写字楼进行正常管理,内容包括设备维护维修、环境绿化、安全管理、有偿服务等,这个阶段强调的是不断追求客户满意度和持续改进服务水平,以达到效益最大化。

课题 10.3 商业场所物业管理

10.3.1 商业场所物业概述

1. 商业场所物业的概念

商业场所是向消费者提供包罗万象的消费对象的场所,其中百业杂陈,不仅有多家零售商店、专业商店,还有各种服务业、娱乐场所、银行等,它是一种出租房产(摊位)供各类商人零售商品或提供服务获得营业收入的物业。

商业场所是为适应商品经济发展而兴建起来的一种新型商业化物业。现代化的商业场所是人们休闲娱乐、购物消费的理想地点。近年来,在现代城市建设中,市级商业建筑有向综合型变化的趋势,在布局上也有郊区化和地下化的趋势。如英国米尔顿·凯恩斯购物中心,占地12公顷,建筑面积达125万平方米,除保持传统商业街的特色外,还设有自助食堂、电影院、游乐场、美容院、游泳池和展览厅等活动场馆,是具有多种功能的综合性商业、服务、娱乐和社交中心。由于城市用地紧张,地价昂贵,一些国家还结合地下铁路和交通枢纽的建设,兴建地下商业建筑,形成地下商业街。

2. 商业场所物业的分类

1) 大型购物中心

大型购物中心也称社区级购物中心,是集购物、休闲、娱乐、教育文化、餐饮、会议、展示于一体的商业中心，代表着未来社区商业发展的趋势。其经营面积在几千至数万平方米，拥有商业、文化、娱乐、服务 4 项功能，并辅以绿地、停车场、公共设施，形成一个多功能的消费活动场所。

2) 大型综合超市

大型综合超市是标准食品超市与大众用品商店的综合体，衣、食用品齐全。一次购买，可以基本满足消费者的需求。按其经营面积可以分成大型综合超市($2\,500\sim5\,000\text{m}^2$)和超大型综合性超市($5\,000\sim10\,000\text{m}^2$)。超大型综合超市还需配备与面积相适应的停车场。

3) 大型仓储式商场

仓储式商场是采取储销一体、低价销售、提供有限服务的销售方式。营业面积在 $10\,000\text{m}^2$ 以上，设有较大规模的停车场。仓储式商场实际上是用零售的方式来完成批发的功能，降低了法人会员和个人的采购成本。仓储式商场采取的会员制基本上是以固定顾客为销售对象，这是区别于其他类型超市的最大特点。

4) 大型百货商场

大型百货商场是特色商品汇聚形成的大而全的零售经营场所，如妇女用品、儿童用品、鞋帽、钟表、家电产品、体育用品等。具有综合性强，商品经营分工细、品种、门类、花色、规格较多的特点。一般来说，这类商场面积大，通常在 $5\,000\sim10\,000\text{m}^2$，按若干商品部进行分类分层设置。

5) 便利店

便利店是采用超级市场的销售方式和管理技术，以食品、饮料和小商品为经营内容的小型商店，营业面积在 $80\sim100\text{m}^2$，具有消费的即时性、容量小和应急性的特点。

3. 商业场所物业的特点

1) 规模功能合理化要求较高

随着流通现代化、商业现代化的水平不断的提高，商业场所与人民群众生产生活关系日益密切，人们对商业场所建设合理化的要求也越来越高，即商业场所的布局、规模、功能、档次等诸多方面，都要求更加合理，更加适应经济的发展要求。所谓规划设计的合理，就是合经济规律之理，合经济发展之理，合提高效益之理。商业场所建设要根据周围及辐射地区人口、交通、购买力、消费结构、人口素质、文化背景等与商业发展有关的环境特点和商业场所状况，因地制宜地规划设计方案，规模宜大则大，宜小则小；功能宜多则多，宜少则少；档次宜高则高，宜低则低。这样，从实际情况出发，按照不同商业的服务门槛分级设置，形成一个商业建筑体系。

2) 规划布局要求特殊

商业场所的选址和规模应满足不同层次的需要，依据城市人口的数量、密集程度、顾客的多少，分散与集中兼备。在大城市定居和经常性的流动人口越多、越密集，居民消费水平越高，所需要的商业、服务业设施也就越多、越齐全，档次上的要求也越高。因此，高档商品店、高级餐馆等都要选在人口密集、流动量大的繁华地段，有的可以集中在一起建成商业街、食品街或购物中心等。日用小百货店、一般副食品商店或修理服务的设施，则可以分散在各居民区，以便就近服务。在大城市和旅游热点，还要有各种星级的高级宾馆和饭店，也要注意建设一些满足一般出差、旅游者需要的设备简单、花费较低的中低档旅馆和餐厅。同时，还要照顾到各地区、各民族生活习惯上的要求。总之，分散或集中要使每个企业都能拥有足够的消费者，满足商业、服务企业对经济利益的要求。

3) 建筑结构新颖独特

由于生活水平的不断提高，人们的购物习惯也在发生质的变化，希望在舒适、高雅、方便，布置富丽堂皇的气氛中无拘无束地购物，追求购物的享受和乐趣。为此，公共商业在设计方面务求新颖、奇特、别致，突出商业场所的个性及地区特色，给顾客留下深刻的印象。进出口处要有鲜明的标志，有些商业场所还配置有喷泉、瀑布、阳光走廊等，铺位组合大中小、高中低档应有尽有，均采用优质上等的装饰材料和设备，颜色搭配应协调，布局比例恰到好处，令人赏心悦目，流连忘返。

4) 设备全，商品多，客流量大

空间大、设备多、商铺众多、人车流量大、人员复杂、商铺繁多是商业场所的显著特征。现在我国一些大中城市建立的购物大厦，不仅水、电、卫生设备一应俱全，而且还设有高层电梯(升降式电梯)、自动扶梯(滚动式电梯)、货梯及大型中央空调等现代化设备，大厦更以典雅别致的造型，高标准的建筑质量和优质上等的装饰材料和设备相互衬托，再加上琳琅满目的高档商品，吸引来成千上万的顾客，从而获得年营业额数亿元或几十亿元。但是，也有一些商业场所只顾扩大营业面积，而商业场所里没有洗手间，滚动式电梯只上不下、走走停停，给消费者造成诸多不便，导致顾客日渐稀少，营业额欠佳。

此外，大面积停车场也是购物大厦必不可少的配套项目，地面停车位或地下停车场的设计必须令司机视野开阔，容易发现空位，停车方向和内部通道的设计也需要做到有限空间的合理利用。

10.3.2 商业场所物业管理重点

1. 商业场所物业管理的特点

1) 需要确保商业场所的安全性

由于进入商业场所的客流量大、人员复杂，商业场所内部商品繁多，因而给商业场所的安全防范工作带来很大的困难。物业服务企业应通过完善的技防和人防措施，最大限度地保证业主、客户和顾客的利益，在防盗的同时注意策略、方法得当，保证顾客安全、放心地购物消费。

由于商业场所内部人员流动大、商品众多，场所内部火灾的防范工作尤其重要。作为从事商业场所的物业服务企业，平时要做好对消防设备设施日常维护保养工作，同时要制定并完善紧急情况下的应急措施。通过各项管理制度的切实执行，保证商业场所内消防通道的畅通，一旦出现紧急情况便能及时将顾客疏散。

2) 需要确保设备设施的可靠性

商业场所的设备设施尤其是高层商业场所的设备设施，是开展正常经营活动所必需的保证。电梯的故障将会给顾客购物带来极大的不便；供电系统的故障会给商业场所带来巨大的混乱，同时造成不安全因素；空调系统的故障将会使顾客失去一个舒适的购物、休闲环境。因此，要对商业场所内各种设备设施进行精心的养护和及时的维修，以保证设备设施可靠地运行。

3) 需要确保顾客消费的便利性

由于商业场所来往人员多、车流量大，为了给前来休闲、购物的顾客提供一个便利的环境条件，在管理工程中要有专人负责来往车辆的疏导工作，以保证顾客的出行方便。现代大型商业场所停车是否便利，将会直接影响商业场所的经济效益。

保持各种标志的完整性，为前来消费的顾客提供一个明确的休闲、消费导向，使顾客感到极大地便利。因此，作为物业服务企业应该经常地对各种标志进行巡视检查，如有损坏应及时更新，如有变化应及时更换。

4) 需要确保环境的整洁性

商业场所人员复杂、流动量大、人员素质参差不齐，加上废弃的商品包装杂物会使得商业场所内的垃圾增多，环境卫生变差。因此，物业服务企业应有专人负责商业场所内的流动保洁，及时清理垃圾，保持场所内的清洁。另外，对户外的招牌广告、霓虹灯要及时进行清洁维护，保持商业场所外观的整洁，树立良好的外部形象。

2．商业场所物业管理的内容与要求

商业场所物业管理的优秀示范标准应该依据2000年5月25日原建设部发布的建筑房屋第008号文《全国物业管理示范大厦标准及评分细则》。商业场所物业管理的具体内容如下。

1) 秩序维护管理

大型商业场所面积大、商品繁多、客流量大、人员复杂，这些因素都容易导致发生安全问题。因此，商业场所的安保工作量较大、质量要求高。商业场所物业安全管理服务主要是为顾客提供安全、放心的购物环境，并确保商业场所的物品不被偷盗。商业场所秩序维护管理的主要工作有：

(1) 商业场所秩序维护管理实行24小时值班巡逻制度，在商业场所营业时间内，物业服务企业应安排便衣保安员在商业场所内巡逻。

(2) 在商业场所重要部位，如财务室、电梯内、收款台、商业场所各主要出入口等处安装闭路电视监控器、红外线报警器等报警监控装置，保安工作人员对商业场所进行全方位监控。

(3) 商业场所营业结束时，保安员应进行严格的清场，确保商业场所内务闲杂人员。

(4) 结合商业场所的实际情况，制定安全管理预案，在紧急情况下，能够启动、实施安全预案。

(5) 同当地公安部门建立工作联系，发现案情时，积极主动协助、配合公安部门的工作。

2) 消防管理

大型商业场所的客流量非常大，各种商品摆放较密集。而且物品种类多，这些都给商业场所的消防管理工作带来较大的困难。所以，商业场所的消防管理工作主要应从以下几个方面展开：

(1) 组建一支素质高、责任心强、专业技术过硬、经验丰富的消防队伍，在物业服务企业内部成立一支专业消防队，在商业场所租户群体中成立一支义务消防队。通过宣传、培训，使商业场所租户提高消防意识，增加消防知识，熟悉灭火器等消防器材的使用方法。

(2) 针对商业场所特点，完善各种消防标志配置，如避难指示图、各出入口指示、灭火器材的存放位置、标志等。同时，一定要保持标志的完整、清晰。

(3) 结合商业场所经营特点，制定商业场所消防预案，对物业服务企业全体人员及部分租户进行培训，在紧急情况下能有效组织灭火、疏散人员，保证客户人身安全。

(4) 定期或不定期地组织商业场所的消防实践演戏，以提高服务管理者和客户在紧急情况下的应变能力。

(5) 定时、定期对消防设备设施进行检查维护，确保消防设施能随时起用。

3) 车辆管理

大型商业场所的车辆来往频繁、停留时间短，停车是否方便、交通是否便利直接关系到商业场所的经济效益，所以，物业服务企业对来往车辆的疏导管理是商业场所物业管理工作的重要组成部分。商业管理场所车辆管理的主要内容有：

(1) 物业服务企业设有专人负责指挥维持交通，安排车辆停放，同时要有专人负责车辆看管，以防丢失。

(2) 商业场所车辆管理要分设火车、小车、木拖车、自行车专用停放场所。

(3) 物业服务企业要与交通管理部门建立工作联系，了解周边地区停车场情况，有助于本物业场所的车辆疏导工作和简单处理解决交通纠纷问题。

4) 环境管理

随着生活水平的提高，人们对商业场所环境的要求也越来越高。所以，搞好商业场所内外的绿化和美化也是物业管理的重要工作内容。

(1) 对商业场所进行流动性保洁，即保洁操作频繁进行，在雨雪天应及时采取防护措施。

(2) 专人负责随时、定时收集垃圾、杂物，并清运到垃圾存放点。

(3) 依据商业场所营业时间，定期、定时对商业场所地面进行打蜡、抛光等养护工作，并随时擦拭各种指示标志、招牌等。

(4) 定期清洁商业场所外墙面、广告牌等，确保商业场所的外观形象整洁美观。

(5) 制定适合商业场所的保洁服务质量标准，设立清洁检查机制，并有效落实和实施，确保质量标准有效完成。

5) 房屋及附属设备设施管理

大型商业场所的房屋及设备设施是商业场所经营活动所必需的，物业服务企业对商业场所房屋及设备设施的维修养护工作是否到位，直接关系到商业场所是否能够正常营业。商业场所房屋的管理及维修养护工作与写字楼等类型物业基本相同。商业场所的设备设施管理工作主要有以下几个方面。

(1) 结合商业场所的营业时间，指定设备设施日常性、阶段性维修养护计划，使设备设施维修养护工作按部就班地逐步实施，不影响商业场所的正常营业活动。

(2) 建立有效的巡视检查制度，对供电设备系统、给排水系统、消防系统、照明系统、霓虹灯广告等设备定时、定期查巡，及时发现和解决问题，确保设备设施正常运行。

(3) 对电梯、中央空调等重点设备作好对外委托性维修养护工作，以保证为客户提供顺畅的交通和适宜的温度。

(4) 对设备设施的保修工作应于第一时间及时处理，保持高效率，以使商业场所不至于因为设备故障而中断活动。

(5) 及时整改容易造成客户损伤的设备设施，如对柜台锋利的玻璃边、角边进行修整等，避免使消费者受到意外伤害。

6) 建立公共商业场所识别体系

企业识别系统是强化公共商业企业的形象的一种重要方式，它包括理念识别体系、视角识别体系和行为识别体系，三者互相促进，以产生良好的商业效果。

建立企业识别系统是改变企业形象、注入新鲜感、增强企业活力，从而吸引广大消费者注意，提高销售业绩的一种经营手段，其特点是通过对企业的一切可视事务，即形象中的有形部分进行统筹设计、控制、传播，使公共商业场所的识别特征一贯化、统一化、标准化和专业化。具体做法是综合围绕在企业四周的消费群体及关系群体，如股东群体、制造商群体、金融群体，以公共商业场所特有和专用的文字、团、字体组合成的基本标志作为顾客和公众识别自己的特征，并深入贯穿到公共商业场所形象的全部内容，如企业名称、商标、招牌、证章，以及企业简介、广告、员工服装、服饰、展厅等。建立识别系统是公共商业场所促销的一项有效战略，必须系统展开，长期坚持。

特别提示

- 商业场所物业管理的优秀示范标准应该依据2000年5月25日原建设部发布的建筑房屋物第008号文《全国物业管理示范大厦标准及评分细则》。

知识链接

商业场所物业租赁管理

一、零售商业物业租赁方案和租赁策略制定

制定租赁方案和租赁策略是零售商业物业策略与运行管理的核心内容，其目的是实现物业收益的最大化。

二、选择租户需要考虑的因素

在选择零售商业物业的租户时，物业服务企业要对许多因素进行权衡，除了消费者的自然习惯外，物业服务企业必须预计有哪些因素可以主动地吸引消费者的光顾。理想的租户要能提供货真价实的商品和服务，且与其他零售商业物业中的同类商家相比具有竞争力。

三、基础租金、百分比租金的概念及其相互关系

基础租金又称最低租金，常以每月每平方米为基础计算。基础租金是业主获取的、与租户经营业绩(营业额)不相关的一个最低收入。

百分比租金：当收取百分比租金时，业主分享了在零售商业物业内作为租户的零售商的部分经营成果。百分比租金通常以年总营业额为基础计算，但具体可以按月或季度支付。由于该类租金以零售商的营业额为基数，其数量可能在每个月之间有较大的波动，所以百分比租金常常作为基础租金的附加部分。

四、代收代缴费用的概念、组成及其与净租约的关系

像写字楼出租时一样，当使用毛租的形式出租零售商业物业时，所有的经营费用都应由业主从其所收取的租金中全额支付。然而，许多租户喜欢净租的形式，也就是说一些物业的经营费用由租户直

接支付。而业主提供的净租的形式,决定了业主要支付哪些费用、哪些费用是属于代收代缴费用、哪些费用是按租户所承租的面积占整个物业总可出租面积的比例来收取、哪些费用主要取决于租户对设备设施和能源使用的程度。

五、净租的形式

1. 租户仅按比例分摊与物业有关的税项。
2. 租户要按比例分摊与物业有关的税项和保险费。
3. 所有的经营费用包括与物业有关的税项、保险费、公共设施设备使用费、物业维护维修费用有、公用面积维护费、物业管理费等都由租户直接支付,而业主一般只负责建筑物结构部分的维修费用。

六、租金的调整

由于零售商业物业的租约期限很长(对于主要租户来说,通常是20~30年;次要租户的租期也达到3~10年),因此在租约中必须对租金调整做出明确规定,以便使租约有效地发挥作用。像写字楼物业的租约一样,租金调整可以基于消费者价格指数、零售物价指数或其他租赁双方商定的定期调整比率。租金调整条款一般仅对基本租金有效,经营过程中的费用可根据每年的实际情况确定。对于主要租户一般每5年调整一次,次要租户可每年调整一次。

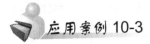

应用案例10-3

商业场所物业管理方案举例

一、项目概况

A商厦是一座豪华商厦,位于北京著名的商业区中央,占地3 389m^2,建筑面积20 700m^2(地下五层,地下一层),车库面积为4 610m^2(地下二层至地下四层)。该商厦的业主具有多样性,原址返迁居多。这其中既有政府商业单位,又有个体商户;既有具现代时尚的知名品牌专卖店,又有风韵独到的百年老字号,共近50家。该商厦的经营活动也具有复杂性,有返迁业主自己经营,有由业主招商的商户转租经营,有投资商直接招商的商户,也有物业服务企业协助招商的客户。开发建设单位为把这个项目建设经营好,在项目的竣工阶段就进行了招投标工作。

二、物业管理方案要点

1. 管理方案策划阶段

(1) 为赢得对该项目的物业管理权,B物业服务企业组织了精干的专业队伍,对商厦整体情况进行了多次实地考察,经过对开发建设工程人员和施工单位的走访,掌握了大量的技术资料,为有目的的投标创造了条件。

(2) 在经营策略上,根据该项目所处的地理位置和周边商业布局,为体现新商厦的特色,物业服务企业提出的整体管理设想是:高档一流、服到位务、管理透明。

(3) 经过实地测算,A物业服务企业合理地向开发建设单位上报了该商厦的管理费用报价。

2. 前期介入与准备

在管理体制上,为做好工作,该物业公司成立了"A商厦物业服务分公司"(以下简称"物业分公司")。物业分公司总经理作为物业服务企业外派项目分支机构负责人,按照垂直领导、总经理负责制的原则,带领分公司全体员工,全面负责A商厦物业管理工作,包括:建立合理的组织架构与人员编制,对输出外派项目的管理人员进行严格的挑选,对招聘的一般员工进行严格的培训,在考核合格后上岗;结合商厦实际制定全套的服务标准与管理制等一系列工作。

考虑到物业服务企业管理零售商业物业的实际困难,以及物业管理与商业管理之间的有效衔接,在机构设置上,除了一般性的服务部门外,特别设立了商场服务部。其主要职能是:衔接众多业主自营及委托经营事宜，检查租赁商户的各种手续是否齐全，办理商户员工进场手续及负责员工进场培训，组织礼仪小姐进行开店、闭店工作，落实商厦灯箱广告及店内海报的统一悬挂，接待购物投诉并协调解决。决定使用"商场服务部"这个名称，主要就是考虑到让今后租房和经营者清楚地认识到这个部门是针对商厦整体商业的综合协调部门，而并不是商业管理部门，以免事后产生不必要的误会。

3．管理启动与试运行阶段

通过努力，A物业服务企业最终得到了该物业的管理权。物业服务企业迅速组建了物业分公司并进驻现场。在筹备期间，该物业分公司积极参与商厦开业前的诸项筹备工作，通过对A商厦物业管理的定位、建筑设施硬件、物业内外部环境及商厦和车场设施设备等方面的进一步分析，并结合自身物业服务企业多年的管理经验制定了A商厦物业管理的整体设想和一整套物业管理规章制度。

为制定好A商厦商场部分的物业管理方案，物业服务企业在开发商前期调研的基础上，对商厦所在地区做了更为详细的市场调研。根据调研结果，物业分公司就A商厦一至四层商品布局提出了定位建议：一层以化妆品、工艺品、手表、茶文化为主；二层以女装系列为主；三层以男装系列为主；四层以体育休闲为主。

4．全面运作阶段管理启动

进行正常经营管理工作，内容包括安全保卫管理、消防管理、车辆管理、环境保洁与绿化管理、房屋及附属设施管理、建立公共商业场所识别体系等，这个阶段强调的是不断追求客户满意度和持续改进服务水平，以达到效益最大化。

课题 10.4 工业区物业管理

10.4.1 工业区物业概述

1．工业区物业概念

工业区是按照政府统一规划、建设达到一定规划、基础设施配套齐全、适合生产企业单位集中开展生产经营活动的区域。生产企业单位以工业区为生产基地，开展产品的开发研制、生产制造、加工及组装等经营活动。工业区主要由工业厂房和各种原材料库房、成品库房组成，此外，工业区内还有一定的办公楼宇、生活用房、服务设施以及配套的公共设施和相关场地，如变电站、污水处理站、停车场、道路、绿化带等。

2．工业区物业分类

工业区是工业项目集中的地方，根据工业项目对环境的不同影响可以分为无污染工业区、轻污染工业区、一般工业区和特殊工业区。

1) 无污染工业区

进入园区的工业项目对空气、水不产生污染，亦无气味，无噪声污染。

2) 轻污染工业区

进入园区的工业项目不使用大量有毒、有害物质，不产生废水、废渣，不产生噪声污染，无燃煤、燃油的锅炉等设施。

3) 一般工业区

进入园区的工业项目必须设置防治污染设施。

4) 特殊工业区

进入园区的工业项目因大量使用有毒的化学品，必须设置完善的防治污染设施。

根据生产企业所经营工业项目的类别，又可以将工业区分为高科技工业区、化工工业区、汽车工业区等。

3．工业区物业特点

1) 规划区域大

工业区一般由当地政府统一规划、统一建设，统一管理，规划占地面积较大，从几平方公里到几十平方公里不等，一般由若干幢厂房及配套用房组成。从使用功能上划分，工业区划分有生产区、仓储区、公用设施区、职工宿舍区、绿化带等区域。

2) 工业厂房建筑结构独特

工业厂房建设结构不同于住宅、写字楼和商厦等建筑，为了满足各类企业生产的需要，工业厂房通常采用框架结构、大开间的建筑形式，室内净空较高，采光和通分条件较好，房屋抗震、耐腐蚀能力和楼地面承载能力较强。

3) 基础设施配套要求高

企业正常生产和科研开发需要充足的水、电、气、通信等方面的供应，工业区一般建有高负荷的大型变电站和处理能力强的污水处理厂，邮电、通信设施齐全，实现光缆传输数字化，交换数控化，以满足区内企业的生产要求。

4) 环境易污染

工业区的生产企业在生产时一般都会不同程度地对环境产生污染，主要污染类型有：

① 空气污染。造成空气污染的因素有燃煤排放二氧化硫气体、机动车尾气、工厂内排放的化学烟雾和粉尘等。

② 水体污染。工业废水含有大量有毒、有害污染物，进入水体内造成水体污染。

③ 固体废弃物污染。人们在生产、生活中扔弃的固体物质。

④ 噪声污染。包括交通噪声、生产噪声和生活噪声等。

⑤ 电磁波污染。

5) 交通条件好

工业区是生产企业的生产基础，为了使产品生产出来之后能够迅速销往国内外各地，工业区一般远离交通拥堵的市区，而选择在距离机场、铁路、水路、公路交通主干道附近的交通便捷区域、区内的道路宽阔，与城市之间的主干道相连，可以通行大型机动车辆，方便运输。同时，工业区的自然条件一般比较好，土地资源丰富，气候条件有利于企业的生产。

6) 享受优惠政策

工业区一般都制定特殊的优惠政策吸引生产企业进入工业区，这些优惠政策贯穿企业从前期立项、审批、规划、建设到后期生产经营管理的每个环节，如有的工业区对入区企业实行行政费用减半收费，有的免收市政配套费、电力增容费等，有的实行企业所得税优惠政策等。

10.4.2 工业区物业管理重点

1．工业区物业管理的概念

工业区物业管理包括工业厂房与仓库等房屋建筑的管理，以及厂房、仓库以外工业区地界桩、建筑红线以内的给排水系统、围墙、道路、绿化带等共用设施及场地的管理。工业区的物业管理是一项难度较大的管理工作，如厂房储存易燃货物与材料，易造成火灾；笨重的机器和存量过多的货物，其重量往往超出楼面结构的负荷；机器开动时会造成震荡，损耗严重，且噪声污染严重；固定资产比重大，维修、养护费用高等。

2．工业区物业管理的特点

1）做到制度严格，保证实施

工业厂房由生产车间组成，是用来生产产品的建筑物，直接关系到产品的质量，仓库是用来储存和保管成品和原材料的建筑物，关系到产品的完损和安全，所以必须制定严格的管理制度，如各种厂房、库房的使用管理规定，产品和原材料的出厂、入库管理制度等。同时，需要建立严格的监督检查机制，保证各项规章制度的有效实施。

2）安全管理防范第一

由于生产产品的各种原因，工业区内的厂房和仓库经常会放有一些易燃易爆的材料，为了厂区和工人的安全必须做好危险品的管理工作，定期进行检查，以消除安全隐患。工业原材料的防盗和防偷窃工作也是工业区物业管理保卫工作的重要组成部分。一旦发生工业产品丢失或损坏，将会给企业带来很大的影响，使得生产无法顺利进行。因此，对各种成品、半成品、原材料在库房的存放要采取严格的管理措施，对人员、货物、产品、原材料进出厂房和仓库建立严格的检查制度，防患于未然。

3）保证道路畅通，绿化有序

工业区内的交通是否畅通，关系到原材料是否能够顺利到达生产岗位，以及生产出的产品能否及时地运出，因此，工业区内的货物存放和装卸必须在指定区域的范围内进行，不得妨碍工业区内的交通。

工业区内合理与良好的绿化，可以为工作、生活在工业区内的人们提供一个优美的环境，能够使人心情舒畅，减少工伤事故的发生。现代工业园区应结合生产过程的特点选择种植一些能够消除异味和吸收废气的绿色植物，力争将其建成"生态化"或"花园式"的工业园区。

4）重点设备必须维护到位

工业生产离不开水电的供应，工业区内的水电的正常供应是保证工业区内生产工作正常进行的前提，因此，物业服务企业要对水电供应设备进行有计划的检修保养，保证其性能完好。

电梯是工业厂房和仓库建筑物内的垂直运输工具，电梯发生故障将会使产品或原材料无法按时到达各个工位，妨碍生产的有序进行。各种管网为工业区的生产提供着能源，同时将生产带来的废水排到指定地点，所有这些设备设施应按时、按计划地进行养护，出现故障及时抢修，保证工业区生产的顺利进行。

3. 工业区物业管理的内容及要求

1) 制定工业区物业管理公约

由工业区管理委员会或工业区业主结合工业区具体情况以及物业管理服务要求，制定工业区的物业管理公约。该公约是工业区内所有业主、客户必须共同严格遵守的规章制度，其内容覆盖对物业服务企业、业主、客户对物业的使用、维修、养护要求。

2) 工业厂房和仓库共用部位的管理

物业服务企业负责工业厂房和仓库共用部位的维修、养护和管理。工业区内的通用厂房和仓库应根据工业区管理公约的规定使用，各生产企业在进行分割和安装机器设备时，不可对建筑的主体结构造成损害，其楼面堆放的荷载不允许超过设计允许的荷载。施工前应与管理者联系，并提供图纸，经有关部门会签后方可施工。通用厂房和仓库的公共区域应在工业区的管理公约中明确规定，任何企业不能以任何形式占用，确保发生特殊情况时货物和人员能够顺利疏散。

为确保厂房和仓库及附属建筑物群体协调美观，满足给排水及道路畅通、消防安全规程及生产人员安全要求，各企业不得在红线范围内的地基上或屋面、外墙、技术层搭建和安装设备，若要在外墙或屋顶设置企业标志和广告，应事先向管理者申请，经协调批准后方可实施。

3) 工业厂房和仓库内部的管理

工业厂房是产品生产基地，关系到产品质量；仓库是储存保管要地，关系到产品安全。工业厂房和仓库内部无论由使用企业自行管理，还是委托物业服务企业进行管理，各企业都应遵守以下几项管理规定。

(1) 厂房和仓库不准用作生活居住，除经公安部门批准同意设立的专用库房外，禁止在厂内堆放易燃、易爆、有腐蚀性的危险品和有害物品。

(2) 各企业、车间应按照楼层的承受负荷要求放置设备和货物，如有超载放置而引起楼层断裂、损坏，管理者有权要求有关企业修复到正常状态，由此造成的损失由责任企业负责。

4) 工业区设备设施的管理

(1) 工业区内各种地下管线的管理。

工业区的公共地下管线包括热力管线(蒸汽管线、热水管线)、自来水管线、燃气管线、雨水管线、生活污水管线、生产废水(废液)管线、电力管线等。物业服务企业应该配合相关市政部门，定期对这些公共管线进行检查、测试及维护，确保这些管线的正常使用。同时，在这些管线所经过的上方应设置明显的标志，以防止因重载车辆的碾压和施工对管线造成意外的损坏。

(2) 工业区内公共照明设施的管理。

工业区内照明设施的损坏，将会给工作在区内的人们造成不便，同时，由于黑暗也会给安全防范带来一定的困难，所以，物业服务企业应定时、定期地对区内的照明设施进行巡视检查和维修养护，发现损坏的照明设施及时地予以修复，保证区内照明设施的正常使用。

(3) 工业区内公共道路的管理。

工业区内的公共道路,是运送成品和原材料的通道,任何企业不应该随意占用,用以储存、堆放原材料和其他物品。同时,作为负责区内管理工作的物业服务企业,应定期对道路路面加以维护,保持路面平整及完好,以方便区内车辆的通行和各企业的正常使用。

(4) 工业区内各种公共标志的管理。

工业区内各种公共标志为进入区内的车辆和人员提供了导向的便利,同时也为人们提供了警示。维护这些标志的准确性和完好性是物业公司的工作之一。物业服务企业应经常、定期对这些标志进行检查、维护及核对,及时修复或换破损的标志或已作了内容调整的标志。

5) 工业区环境管理

(1) 工业区环境污染的防治。

为了防治工业区的环境污染,物业服务企业应要求工业区内所有企业遵守相关的环境污染防治的基本要求。

① 水污染的防治要求。

② 空气污染的防治要求。

③ 噪声污染的防治要求。

④ 固体废弃物污染的防治要求。

⑤ 电磁波污染的防治要求。

(2) 环境绿化和保洁。

工业区内的绿化能够净化空气、防尘、防噪声,起到改善工业区内部小气候的作用,并美化人们的工作、生活环境。为确保文明生产和绿化环境,无论购买或租赁厂房和仓库面积多少,均不得占用园林绿地。

工业区的环境卫生要注重"扫防结合",公共场所必须设置卫生桶、卫生箱等。由于工业区面积大、人员多,清扫保洁的任务十分繁重,物业服务企业要配齐清扫保洁人员,对物业管理区域的卫生实行全天保洁。

6) 安全管理

(1) 公共安全防范管理。

物业服务企业应根据工业区的规模和安全管理人员工作量的大小,配备相应的人员。采取重点防范与一般防范相区别的方式,对重点部门和相对集中的区域要实行 24 小时巡逻,对财务室、仓库等重点部位要安装报警装置和监控装置。

(2) 消防管理。

工业区内的消防管理工作,做到专职和兼职人员相结合,实行物业区域内所有单位一把手防火责任制,同物业服务企业签订责任状。物业服务企业要定期对防火工作进行检查,发现问题及时处理,确保消防保卫工作万无一失。

(3) 车辆管理。

物业服务企业要在物业管理区域内按照统一规划、统筹安排、方便使用、便于管理、确秩序维护全和有偿使用的原则,建立健全车辆管理制度,将机动车和非机动车分成若干个停车场,并设专人进行管理,确保车辆完好无损。依照国际惯例,物业服务企业应与车主签订车辆停放管理合同协议,明确双方责任,对工业区内的车辆统一管理,对外来车辆也应作相应规定。

> **特别提示**
>
> - 工业区物业管理的优秀示范标准应依据 2005 年 5 月 25 日原建设部建住房物第 008 号文《全国物业管理示范工业区标准及评分细则》。

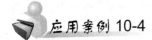

工业区物业管理方案举例

一、项目概况

某工业园区 2001 年 1 月经××市人民政府批准建立。位于城区东北部的平原地带,园区处于市五条经济带内,对外交通发达。园区总体规划面积 11 平方公里,总体规划了 4 个功能分区:(1) 电子加工及配套区;(2) 机械加工及配套区;(3) 服装加工及配套区;(4) 生活配套及物流仓储区。园区优越的投资环境和良好的发展氛围,吸引了来自全国各地的企业前来投资。截至 2006 年底,入园企业 28 家,其中 10 家投产,15 家在建,3 家筹建,还有意向企业多家正在商洽中。园区力争在 5 年内建成以 4 个功能分区为主的功能齐全、设施完备、信息渠道畅通、具备文化内涵和可持续发展的现代化高科技工业园区。该园区在项目的竣工阶段选聘了一家具有丰富经验的物业服务企业,并由其负责该项目物业管理。

二、物业管理方案要点

根据该工业园区的档次、特点等实际情况,结合市场形势进行综合分析,确定该工业园区的管理定位,并综合开发单位及相关专家的意见,确定管理方案。在确定了管理标准和方式后,要根据需要对未来机构设置及管理人员编制进行策划,并确定主要管理人员。

1. 接管前物业管理工作内容

(1) 具体的管理内容。

① 就园区的整体设计问题、工程问题的设备安装等提出建设性意见供园区领导参考。

② 物业服务公司人员定期参加有关园区竣工建设管理会议。

③ 确定物业服务公司办公地方,为与园区、客户联系提供方便。

④ 协助及处理园区各部分的交收程序,保障园区与客户的利益。

⑤ 编制公司架构,确定管理人员人数。

⑥ 编制各项工作程序时间表,以便监督并保证各项筹备工作和交接工作顺利完成。

⑦ 编制员工招聘时间表。

⑧ 拟订培训计划,组织安排好员工培训,保证提供专业化培训。

⑨ 采购所需的各种办公用具和工具。

⑩ 做好各种资料收集和存档工作。园区提供各种竣工验收图纸以及各类设备设施资料存档,以保障园区的各项设备、设施的维修保养顺利进行。根据实地情况,列出改善工程一览表,以便园区能根据存在的问题和物业后期管理要求,加以改进。

(2) 制订管理规约。

为规范客户与园区之间的权利与义务,也为明确、规范物业服务公司的责任、权利和义务,开业前需要制定出《园区管理规约》。

(3) 编制管理预算方案。

根据园区的实际情况,制定出详细的管理预算方案,供园区审批后执行。

2. 物业接管后的管理工作内容

(1) 物业服务公司对园区的各项工程进行接管验收,如消防、通讯、强电、土建等工程的验收以方便以后的维修、维护。

(2) 根据园区面积及选用的材料,详细拟定清洁方法和频度、清洁服务规格条文和有关工作细则。

(3) 鉴于绿化环境对园区形象的重要性,聘有经验的园艺师、菜农在园区的隔离带种植树木和蔬菜。

(4) 定期对园区内的公共设施设备进行巡视及维修养护工作并做好记录。

(5) 对园区内所管辖的范围进行安全保卫、消防管理、车辆管理工作。

(6) 建立完善的档案系统,逐步规范各项管理。

课题 10.5 其他类型物业的物业管理

10.5.1 休闲娱乐类物业管理重点(以会所为例)

1. 会所的概念

会所是指能给人们提供健康、娱乐、沟通交流的场所。它所提供的活动内容包括康体活动、娱乐活动、休闲活动、文艺活动、美容活动等,涉及广泛的知识领域,如体育、健美、卫生、心理、审美、时装等。因此,可以说,会所是现代物质文明和精神文明发展的产物,也是人们精神文化生活水平提高的必然要求。

现代会所的存在目的主要有两种:一是以完善服务项目为目的的会所,这类形式的会所不是以赢利为目的,而是为适应整个物业规划的需要而设立的,以便适应市场,保证整个项目的运营。这类形式的会所包括住宅小区所属会所和综合大厦所属会所;二是以赢利为目的的会所,即经济形式会所。这类会所可以与其他房地产配套设施并列存在,也可以独立存在,设立的目的偏向经济利益。

2. 会所物业管理的内容与要求

(1) 服务态度积极主动、文明礼貌。

管理人员、服务人员要主动热情、文明礼貌,包括衣冠整洁、语言规范、谈吐文雅、行为得体等。如能准确运用迎接、问候、告别语言,同时语调关切得体;对回头客和常客能称呼其姓名或职衔;服务动作要轻,手势要得体适度,而且不宜过多等。

(2) 服务设施设备完好。

良好完善的硬件设施是实现优秀服务的先决条件,每日营业前要对各种设施设备如空调、健身器材、休闲器材、娱乐器材、卫生器材等进行检修,使会所的设施设备始终处于完好状态,以保证会所的服务正常运营。

(3) 服务技能全面、专业。

工程人员具备过硬的设备维修技术,能迅速对设施设备进行调整,遇到故障能马上解决;财务人员具备丰富的财务管理知识,业务熟练,具有良好的职业操守和职责感;秩序维护人员具备过硬的治安消防本领，能应付突发事件；服务人员要积极主动、有礼貌、高效地为客人服务，达到职业化、专业化。

(4) 服务方式方便、灵活。

本着设身处地为客人着想，急客人之所急，想客人所未想，及时准确，方便优质的原则，努力为客人提供各种灵活的服务方式，尽可能为客人提供方便，满足需求。如，游泳客人休息时，服务人员主动上前询问需要什么服务，并尽力迅速帮助客人解决。

(5) 服务程序规范化。

服务程序也是衡量会所服务水平的重要标准之一，如设备操作程序、各项目服务程序、卫生程序等都要严格执行，不可随心所欲。如桑拿浴项目的服务程序如下：

① 热情、礼貌地向客人打招呼。
② 登记客人的姓名、时间和需要的服务项目(干、湿桑拿等)。
③ 对新客人说明桑拿浴的费用标准，并按标准收费。
④ 递送服务用品，对不熟悉的客人作必要的介绍。
⑤ 随时满足客人的服务要求。
⑥ 随时同后台人员保持联系，有情况及时同后台沟通。
⑦ 向客人致谢，欢迎客人再次光临。

(6) 服务收费合理。

各种款项的数额要根据市场、同行业的标准来制定，既符合政府规定的收费标准，又使业主能接受。开展特约或便民服务以满足用户需要为目的，做到"保底微利，以收定支"，不可乱收费或多收费。

(7) 服务制度健全。

制定并健全一整套规范、系统和科学的服务制度，以确保提供稳定、安全、优质的服务。如用人制度、清洁卫生制度、设施设备使用制度等，这些制度应清晰有序、易于操作。

(8) 服务高效便捷。

服务效率高节省了消费者的时间，等于为消费者带来了间接的利益，会所应尽量减少工作环节，简化工作程序。

(9) 服务配套齐全。

配套服务使服务更加完善，使顾客整个消费过程在健康、愉快、顺利中进行。会所应根据各项目的需要配备相应的服务。如网球室设专门陪练员或教练员；保龄球室设配套酒吧，供消费者休息。

(9) 安全设备完善，措施齐全。

会所在保证设施设备安全的前提下，应该根据各项目的特点制定相应的安全措施，防患于未然。如，游泳池"客人须知"中明确规定："饮酒过量者谢绝入内"；游泳池服务人员经过救生训练，池旁备有救生圈，配有两倍于池宽的长竿救钩；健身房配备氧气袋、医药箱及急救药品等。

(10) 增强服务理念，提升服务品位。

一个企业的服务理念决定其服务的形象。在当前市场经济不断发展、竞争日益激烈的形式下，会所必须更新自己的服务理念，改进技术，提高质量，提升自己的服务品位，才能适应市场，在竞争中立于不败之地。

10.5.2 教育类物业管理重点（以学校为例）

1. 学校物业管理的概念

学校物业管理是指包括学校房地产范围内全部教学、科研、生活房屋及其附属设备和公共设施，并对房屋及其设备以及相关的居住环境进行维修养护和管理，承担校园物业的秩序维护、防火、绿化养护、清扫保洁以及产权人和使用人日常生活必需的便民服务等。

2. 学校物业管理的内容与要求

1) 学生公寓的管理

学生公寓的管理内容包括学生公寓的安全管理、卫生管理、住宿管理，各种公用设施零星维修工作，学生公寓家具维修、采购及其管理，学生床单、被罩的接收、洗涤和发放等工作。学生是学生公寓的使用人，对学生公寓的管理也包含对使用人的要求。

(1) 安全管理。

① 制定公寓的管理安全工作目标、方案和措施。

② 组织安全教育、安全工作检查，及时发现和解决不安全问题，抓好各方面安全工作的落实。对学生进行、纪律教育。利用谈心、板报、表扬、服务等形式对学生进行思想教育。

③ 对学生公寓进出楼的来访人员验证登记，禁止无证来访者及推销商品者进入公寓，电脑、行李、包、箱、公寓家具等大件物品出入时要核实登记。

④ 充分发挥学生的主观能动性，由学生选举自己寝室的寝室长，配合物业服务企业全面负责本寝室的安全工作。抓好公寓各项安全制度的落实，及时发现和解决寝室存在的不安全问题。

⑤ 向学生明确提出安全要求、如不准在公寓内使用电炉子、电加热器等大功率电器；不准在公寓内乱拉、私拉电源线、电话线、电脑网线；不准在公寓内吸烟、点蜡烛、焚烧垃圾和废纸、信件等；不准乱动消防器材和设施；不准留宿外来人员；不准往窗外扔各种物品等。

(2) 卫生管理。

物业服务企业负责公寓楼外周边的卫生保洁和楼内大厅、走廊、卫生间、洗漱间、楼梯以及公共部分的暖气片、灭火器、门窗等处的卫生保洁。

(3) 住宿管理。

① 寝室成员办理住宿登记卡和床头卡，并将床头卡按要求挂在指定位置。

② 如果个别学生需要调整寝室，应按相关规定要求的程序进行调整。

③ 严禁私自留宿外来人员，如遇特殊情况需留宿，必须携有关主证件到公寓管理部门按规定办理手续。

④ 客人来访必须持身份证、学生证、工作证等有效证件办理登记手续。

⑤ 严禁在宿舍内养宠物。

2) 教学楼的管理

(1) 教学楼内外的卫生保洁。

① 按要求清洁教室、大厅、走廊、楼梯、电梯、厕所、道路等公用场所，做到无污迹、无水迹、无废弃物、无杂物、无积水、无积雪。

② 为屋顶、墙角除尘，做到墙面无灰尘、无蛛网。

③ 每天上课前，教室内必须擦清黑板槽、讲台，拖清讲台踏板，掏空课桌桌内垃圾。教鞭、黑板擦等教具要摆放整齐。

④ 定时收集、清运垃圾。

(2) 电梯管理。

① 电梯载员过多时，应及时疏导，分批搭乘，以免超载发生危险。

② 按要求清扫电梯内外部，做到内壁无灰尘、无蛛网，外部无手印。

③ 经常清除电梯门的轨道内积在的垃圾，保障电梯门开关顺畅安全。

④ 定期修检电梯设备，如发现电梯有震荡、不正常声音或有损坏时，应立即记录并通知维修人员进行维修。

⑤ 妥善保管电梯机房钥匙及电梯门钥匙，任何非操作人员不得私自使用。

(3) 设备的管理。

做好学校给排水、供电设施的安装、维修、管理与服务的相关工作，主要包括水电设施的改造、安装与维修，新建楼房水电安装，供水系统及设备维修管理，教学用电铃的安装与维修养护等工作。具体应做到：

① 熟悉学校各楼电力总闸、电路分线、保险丝、电表水泵、空调和消防设备所在位置，并熟悉紧急开关的操作程序。要备足各种配件，以备紧急情况发生时应急之用。

② 每天检查各楼层，注意电线等设备设施有否损坏，同时记录需修理的电灯、线路，并及时修理，保障电的正常供应。如发生停电，要立即抢修，确保及时供电。

③ 在各楼内要备有应急灯和手电筒，以备急用。

④ 每天检查门、窗、课桌、凳、灯、开关及厕所内设施的完好情况，发现问题及时修理。

3) 绿化环境的管理

(1) 协助学校做好绿化美化的总体规划和设计，或在实施校园绿化总体规划过程中，保留原来可观赏绿化、美化项目，适当开发新的绿化、美化项目工程，根据校园内天然地地形地貌，逐渐形成树木、花草兼观赏经济树木的阶梯式绿化美化格局。特别应做好花坛等绿地集中地段的绿化美化工作，做到绿化图案美观，密度合理，时间适宜，以美化校园环境。

(2) 及时完成绿化带内缺株树木的补栽和花草的更换，特别是要及时对老化树木进行修枝，保证学生的安全，枯死树木淘汰后，应及时补栽，确保整体协调。

10.5.3 医疗卫生类物业管理重点(以医院为例)

1. 医院物业管理的内容与要求

医院是为患者提供医疗服务和进行医学院教学和科研的特殊场所。医院内部大体上可分划为医院办公楼、门诊部、住院处、教学楼、礼堂、宿舍、配电室、机房、库房、锅炉房、停车场等。

医院在外来人员较多,对物业管理的要求较高,这里不仅需要清洁的卫生环境、优美的绿化环境、安全的治安环境、宁静的教学环境,而且供电、供水、空调、电梯、供暖等设备设施必须始终保持正常运行。医院物业管理的内容如下。

(1) 房屋及附属设备设施的维修养护与运行管理。

主要包括对房屋建设、中央空调系统、锅炉、高低压配电系统、备用发电机、消防报警系统、给排水系统、电梯、水泵系统、照明系统、污水处理系统、楼宇智能系统、通风系统、制冷设备、广播系统、停车场(车库)等的维修养护和运行管理。保证24小时的水、电、气、热供应,以及电梯、变配电、中央空调、锅炉房、氧气输送系统等的正常运转。电梯运行有专职驾驶员站立服务,层层报站,并做到微笑服务。

物业服务企业应做到根据医疗要求和设备运行规律做好维修养护计划,提高维修养护效率,保证设备设施的完好率,不得出现任何有损患者的安全事故。物业维修技术人员必须既有一定的理论水平,又有丰富的实践经验,在出现紧急情况时能采取有效的应对措施。

(2) 安全管理。

主要包括门禁制度、消防安全巡查、安全监控、机动车及非机动车辆管理、处理突发事件等,尤其要做好手术室、太平间、库房、药剂室、财务室、院长室等重要或特殊区域的安全区域的安全防范工作。秩序维护部门要加强对医护人员的安全保护,对于打架、斗殴或发生医疗纠纷的情况,要及时、慎重地进行处理。加强对医院入口的监控,有效开展防盗工作,防范治安刑事案件。

定期组织消防安全工作检查,彻底消除安全隐患。要配备专职的消防工作人员,成立义务消防队伍,不但要进行业务知识培训,还要举行消防演习。

(3) 病区被褥用品洗涤及供应管理。

主要包括病区脏被褥用品的收集、清点、分类放袋、分类处理等,传染性及被血、便、脓污染的衣物要密封;回收各类被褥、工作服,进行洗涤,病人衣服与医护人员工作服要分开,遵守衣物分类洗涤的原则,回收的脏被褥要及时消毒浸泡;干净被褥的分类、分科,各病区干净被褥的分送,按时下发到科室,并做好清点登记;每天做好破损物品的修补等记录。

(4) 环境管理。

医院的卫生保洁工作主要包括对医院各病区、各科室、手术室等部位的卫生清洁,对各类垃圾进行收集、清运。在垃圾处理时要区分有毒害类和无毒害类,定期消毒杀菌。医用垃圾的摧毁工作要统一管理,不能流失,以免造成大面积感染。

医院的保洁人员应具备较高的素质，要掌握基本的医疗医护知识，清楚遇到突发事件的处理程序，严格遵守医疗医护消毒隔离制度。保洁人员要勤快，随脏随扫，同时保持安静的就医环境。应对医院环境熟悉，服务态度要好，切记一问三不知。

有效开展对医院公共区域的绿化美化工作，定期对树木和绿地进行养护、灌溉、修剪，保证无破坏和随意占用绿地的现象。

(5) 护工服务。

护工服务是医院物业管理的特色，它是对医生和护士工作的延续和补充，是医护人员的得力助手。护工一般应具有专业知识和技能，在护士长和护士的指导下，8小时工作制3班运转或12小时工作制2班运转照顾病人的生活起居。

① 护工的工作内容主要包括：护送各病区不能行走病人、无陪伴病人的各种检查与治疗，为病人领外用药、输液和医用消耗品，打开水，协助行动不便的病人进行各种必要的活动；保持病房整洁，物品摆放整齐划一，保持床铺平整，床下无杂物、无便器；及时收集送检病人的化检标本并取回报告单，急检标本立即送检；递送各种治疗单划价、记账，特殊检查预约和出院病历结算等；接送病区手术病人，送检手术中、手术后的手术标本；点收医护人员工作服、患者的脏被服和病员服；清点收送给各科室的洗涤物品；送修病区小型医疗仪器。

② 专业陪护。专业陪护人员为病人提供专业化、亲情化服务，要认真做好病人的生活护理、心理护理、健康宣教、饮食指导、病情观察，治疗处置时要协助呼市再次做好查对病人用药过程中的反应，发现异常情况及时报告。专业陪护员必须是卫生学校或医疗专业毕业的专业人员，经考核合格后方可录用。

③ 导医、导诊。导医、导诊员要清楚科室设置、医院设施、医疗专业技术水平、特色专科，热情主动，有礼貌，有问必答，百问不厌，引导患者挂号、候诊、检查。

(6) 医院的其他服务项目。

① 开设商务中心。开展打印、复印工作；办理住院陪住证，办理电话卡、传真、火车票、飞机票等服务项目。

② 成立配送服务中心。服务内容包括病人接送、送取病人的常规化验、各种预约单、会诊单、出院单；保存、煎制、加热、送取各种药品等。配送中心实施24小时服务制度，可利用配送服务计算机软件系统，科学管理配送人员。通过对讲系统，保证运送工作准确、及时、安全、快捷。

③ 开办多功能的小型超市。出售生活必需品、新鲜水果、鲜花礼品、图书等物美价廉的商品，既可以丰富病人的生活，又可以有效控制因病人外出造成的交叉感染及意外伤害。

④ 开设对外餐厅。可以满足患者家属就餐、患者医疗康复、职工生活服务三方面的要求。除追求色、香、味之外，更要注重营养搭配、医疗辅助作用。可以开展职工餐、病人营养膳食的订餐送餐服务。

2. 医院物业管理的特点

1) 设备运行具有连续性

医院不同于写字楼或住宅小区，医院的部分设备需要 24 小时不间断的运行，几乎无法利用停水、停电的方式进行设备维修。

2) 保洁工作专业性强

医院每天都会有大量的医疗废弃物产生，这些废弃物携带有致病菌和有害物质，必须按照严格的规定进行分类处理和清运，从事医院保洁工作的人员必须执行严格的消毒、隔离和防护制度，防止出现交叉感染的情况。同时，保洁人员要具备一定的医疗常识，能够在工作中做好自身的防护。

3) 保卫工作具有特殊性

医院的特殊部位，如手术室、药房、化验室、太平间、库房、财务室等地方，应采取严密的警戒措施，重点加以防范，并建立处理突发事件的应急方案，一旦遇到突发事件，要能够确保病人的安全，同时要注意保护好医疗档案及各种试剂等。

10.5.4 餐饮类物业管理重点（以酒店为例）

1. 酒店物业的概念

酒店(hotel)也称饭店，是为宾客提供临时住宿和用餐的场所，现代酒店也提供许多配套的娱乐设施。旅游经济的迅速发展为我国酒店业带来了前所未有的发展机遇。酒店物业管理是酒店经营的组成部分，是实现酒店经营目标的基础工作。酒店的物业管理应不断强化质量管理，改善服务态度，提高服务质量，为酒店创造更多的"忠诚顾客"，提高企业的效益。

2. 酒店物业管理的内容与要求

1) 客人接待服务

酒店一般设有专门接待客人的前台或后台，当有客人前来，前台服务人员应主动接待，落实好客人的住宿、吃饭或娱乐等要求，对不属于自己职责范围内的事要报告领导解决。

酒店前台、商务中心或服务部还应为客人提供代订机票、船票、车票，会议安排，订餐，送餐，洗衣，购物等多种服务项目。

2) 酒店建筑及设备设施的维修养护管理

酒店建筑及设备设施管理的主要任务，是对酒店的建筑及设备、设施进行日常性养护与维修，适时做必要的改造、更新，从而使酒店的经营活动建立在最佳的基础上，使饭店获得最高的综合效益。酒店的建筑及设备设施管理，除了完成与写字楼等物业相同的管理任务外，特别应做好以下工作：

(1) 确保能源供给与控制能耗。不仅要保证热水、冷水、电、暖、气、空调等设备设施的正常运行，而且要有效地控制能源消耗，完善各项节能措施。

(2) 做好设施的改造和更新。酒店对设备性能要求较高，变化较快，有时设备尚未到淘汰年限，就需要提前更新、改造，物业服务企业应帮助酒店制订设备更行改造计划，并付诸实施。

(3) 做好设备备件管理，关键设备的易损件必须购置备品、备件，以便及时更换，缩短停机时间。

(4) 筹划楼宇的改建、扩建与新建。随着酒店市场的需求和发展，酒店楼宇改建、扩建、新建势在必行。工程设备部门应当积极主动地向酒店总经理室提出策划方案，并在总经理决策后予以贯彻实施。

(5) 做好建筑及其装饰的养护与维修。酒店建筑及其装饰是酒店的标志性形象，需注意养护，保持其特有的风貌与格调，切忌破损。

3) 酒店钥匙的管理

(1) 客房门钥匙由前厅总服务台负责管理，在客人办理住宿登记时，由酒店总服务台发给客人，退房时交回钥匙。客人住宿期间丢失钥匙，应填写配置调换登记表，经前厅经理同意、签字并送秩序维护部批准后，方能配置或调换。

(2) 因工作需要，酒店员工需临时借用钥匙，必须办理登记和审批手续，并按时交回。

(3) 严格控制"万能钥匙"的保存和使用。这种钥匙通常只有两把，一把由总经理亲自掌管，一把由秩序维护部门保管。"万能钥匙"非总经理批准不准用，使用情况也要记录在案。

(4) 重要库房、保险柜必须采取双人双锁或三人三锁制，钥匙由两人或三人分别掌管。开启重要库房和保险柜，必须由所有掌管钥匙的人同时到场才能开启。

(5) 客房和客房楼层的总钥匙，严禁带出店外。严禁无关人员进入客房。

(6) 秩序维护部门负责对酒店钥匙管理的检查和监督，积极配合各部门做好钥匙管理工作。

4) 酒店的保洁服务

(1) 客房的卫生保洁。

每天都要按规范清扫、擦洗房间，根据需要更换床单、被套、枕巾、拖鞋、浴巾、毛巾、牙具等，保持客房洁净优美。进客房事先按门铃(或敲门)，征得客人同意后，方可进入。

(2) 餐厅的卫生保洁。

由于饭店的客人流动频率很高，容易发生传染病，对卫生条件要求特别严。除了对食物、酒水的卫生标准要求较高外，必须做好餐厅的卫生工作，餐厅内保持空气清新，温度适中，窗明几净，一尘不染，餐具用后必须清洗消毒。

(3) 其他公共区域的卫生保洁。

除了客房和餐厅以外的其他公共区域，主要包括大堂、会议室、楼道、楼梯、电梯、公共卫生间、楼外广场、绿地、外墙里面、停车场(库)、娱乐场所等，这些部位的卫生保洁也是饭店为宾客服务的一项重要工作内容。每个酒店都应该设有负责卫生保洁工作的部门，根据酒店和物业服务企业的具体情况制定严格的卫生保洁规范要求、岗位职责、操作规程和达到标准，具体内容应尽可能细化，便于操作。

5) 酒店的安全管理

(1) 贯彻国家秩序维护工作的法规和方针政策。广泛开展安全。法制教育，旨在酒店全体员工中牢固树立"没有安全就没有效益"的观念，并积极采取切实措施，确保重点，保障安全。

(2) 加强内部治安管理，落实酒店业相关的治安管理法规，维护酒店内部公共场所和道路交通等各项治安秩序。

(3) 根据"预防为主，消防结合"的方针，加强酒店内部消防管理，建立并检查各部门防火安全制度，组织义务消防队，定期进行消防预习和消防检查，对一切火警苗子都要做到"三不放过"。即原因不明不放过，责任分不清不放过，整改措施不到位不放过。

(4) 负责追查酒店内部发生的破坏事故和破坏嫌疑事故，并配合协助有关部门，参与调查重大的治安灾害事故。协助公安机关查处酒店内部发生的治安案件和侦破各类刑事案件。

(5) 确保酒店要害部位、重点工程和重要活动的安全。

6) 酒店的消防管理

(1) 各种消防设施应由工程设备部负责，秩序维护部配合进行定期检查，发现故障及时维修，以保证其性能完好。

(2) 保安巡逻员每天必须对巡逻区域内灭火器材安放位置是否正确、铁箱是否牢固、喷嘴是否清洁、畅通等进行检查，发现问题应及时报告工程设备部修复或更换。

(3) 工程设备部会同安保部对消火栓箱门的开启、箱内水枪、谁带接口、供水阀门和排水阀门等，定期进行防水检查，发现问题及时纠正。

(4) 消防中心要定期检查消防报警，探测器(温感、烟感)等消防设施，发现问题应及时报告工程设备部进行维修。

(5) 消防设施周围严禁堆放杂物，消防通道应随时保持畅通。

(6) 消防中心定期检查灭火器材的重量和摆放位置，重量到一定程度的，应补充药剂并充气，对放置在强光或高温地方的，应马上移位。

(7) 每天都要检查安全门的完好状态，检查安全、消防通道是否畅通，如发现杂物或影响畅通的任何物件，即采取措施加以排除。

(8) 所有消防安全检查均应记录归档。

7) 酒店的绿化管理

(1) 做好酒店室外庭院、花坛、绿地、喷水池、屋顶花园、屋顶平台及其他所有室外康健娱乐场所等的绿化养护工作，及时修剪草木，定期去除杂草。

(2) 做好酒店室外公共区域、高级客房的绿色植物摆放、更换工作，以美化环境。

8) 饭店的其他服务项目

一般高档饭店，为了吸引宾客、增加收入，除为宾客提供食宿条件外，还备有许多文体娱乐设施，如健身房、游泳池、网球场、保龄球场、高尔夫球场、旱冰场、台球室、桑拿浴池、舞厅、卡拉 OK 厅、棋牌室、酒吧、茶园等，为宾客酒后饭余尽兴娱乐提供各种便利条件。所有这些娱乐项目，均应有经过培训的专门服务人员进行优质管理和服务。

单元小结

本单元主要区分不同用途的物业类型，针对其不同的特点有针对性的讲解了不同物业物业管理的重点，其中包括：以住宅小区为例的居住类、以写字楼为例的办公类、以商业场所为例的商业类、以工业区为例的工业类和其他几种常见物业的管理知识。同时对几种特殊类型的物业也分别进行了说明，它们分别是会所、学校、医院和酒店。

习 题

一、单项选择题

1. 下列不属于住宅小区物业的功能的是( )。
   A．居住功能 B．社会功能
   C．服务功能 D．物质功能

2. 物业已使用的年限比较长，建筑物在某些方面不能满足新的建筑条例或规范的要求，建筑物存在较明显的物理磨损和功能陈旧，但仍能满足低收入承租人的需求。因租金较低，尚可保持合理的出租率，这类写字楼属于( )写字楼。
   A．甲级 B．乙级
   C．丙级 D．丁级

3. 我国中型写字楼的建筑面积一般在( )。
   A．1 万平方米 B．1～3 万平方米
   C．3 万平方米以上 D．5 万平方米以上

4. 在写字楼的管理方式中，委托服务型与自主经营型物业管理的根本区别是物业服务公司的( )不同。
   A．管理职能 B．管理范围
   C．产权状况 D．经济效益

5. 各种特色商品汇聚形成的大而全的零售经营场所，如妇女用品、儿童用品、鞋帽、钟表、家电产品、体育用品等是指( )。
   A．大型购物中心 B．大型综合超市
   C．大型仓储式商场 D．大型百货商场

6. 商业场所在( )上要下足工夫，力求新颖独特，突出个性和特色，给顾客留下强烈的第一印象。
   A．投资方面 B．设计方面
   C．施工方面 D．管理方面

7. 进入园区的工业项目不使用大量有毒、有害物质，不产生废水、废渣，不产生噪声污染，无燃煤、燃油的锅炉等设施，指的是( )。
   A．无污染工业区 B．轻污染工业区

C. 一般工业区　　　　　　　　D. 特殊工业区

8. (　　)是指能给人们提供健康、娱乐、沟通交流的场所。
   A. 会所　　　B. 商场　　　C. 写字楼　　　D. 酒店

二、多选题

1. 下列属于住宅小区物业管理内容的是(　　)。
   A. 居住环境的管理　　　　　　　B. 便民综合经营服务
   C. 附属设备设施的维修养护管理　D. 公共识别体系的建立
   E. 房屋的维修养护管理

2. 下列属于写字楼前台服务项目的是(　　)。
   A. 钥匙分发服务　　　　　　　　B. 文件、名片等印刷服务
   C. 物品寄存服务　　　　　　　　D. 信件报刊收发、分拣、递送服务
   E. 问讯、引导和留言服务

3. 商业场所物业管理内容之一是建立企业识别系统,它包括(　　)。
   A. 理念识别体系　　　　　　　　B. 视觉识别体系
   C. 行为识别体系　　　　　　　　D. 语言识别体系
   E. 制度识别体系

4. 工业区的生产企业在生产时一般都会不同程度地对环境产生污染,主要污染类型有(　　)。
   A. 空气污染　　　　　　　　　　B. 水体污染
   C. 固体废弃物污染　　　　　　　D. 噪声污染
   E. 紫外线污染

5. 在医院护工服务内容里,下列属于护工服务内容的是(　　)。
   A. 为病人做应急医疗处理
   B. 接送病区手术病人,送检手术中、手术后的手术标本
   C. 点收医护人员工作服、患者的脏被服和病员服
   D. 清点收送给各科室的洗涤物品
   E. 送修病区小型医疗仪器。

三、情景题

张明是某项目物业服务公司的一名新员工,公司有多种类型的管理项目,但张明由于缺乏工作经验,不知道住宅小区物业、写字楼物业、商业物业和工业区物业到底有什么区别,请你告诉张明,上述四种类型的物业在特点上的具体区别。

四、案例分析题

张先生被某物业服务公司指派负责某写字楼物业的管理项目,按照惯例,张先生草拟了一份写字楼物业的物业管理方案,在方案中的物业管理内容部分,由于张先生没有管理写字楼物业的经验,所以他就照办了商业场所物业管理的内容,他认为都是经营性物业,应该没什么区别。那么,张先生的这种做法是否妥当,给出你的合理化建议。

综合实训

一、实训内容

对不同使用用途的物业的认识,熟悉不同用途物业管理的重点。

二、实训要求

到不同类型的物业现场,根据所学的理论知识,现场观察不同类型物业的特点,并且切身参与不同类型物业管理工作,体会其物业管理的不同。

三、具体要求

将同学分成若干小组,若时间有限,可以每组负责一种物业类型(住宅小区、写字楼、商业场所、工业区、会所、学校、医院、酒店),分别体验各种物业类型物业管理的重点,最后全班同学进行经验交流,加深理论与实践知识的理解。

模块 3 物业服务企业管理

单元 11 物业服务企业资金管理

教学目标

　　资金是企业运作的血液，本单元主要介绍物业服务企业的资金管理，具体包括物业服务费用管理、费用收缴、专项维修资金的管理以及企业的财务管理。教学目的是使学生通过本单元的学习能够意识到企业资金的重要性，进而树立合理使用资金的意识，并对物业管理过程中的收费难问题有理性的认识。

教学要求

能力目标	知识要点	权重
了解物业服务费收入的核算； 熟悉物业服务企业的营业收入组成； 掌握物业服务成本的构成； 掌握物业服务费用测算方法； 熟悉物业服务费用的追缴方法； 了解如何处理物业服务收费纠纷	物业服务费用管理	65%
了解专项维修资金的含义； 熟悉专项维修资金的交存与使用； 了解专项维修资金的监督管理	专项维修资金的管理	15%
了解物业服务企业财务管理原则； 熟悉物业服务企业资金来源渠道； 熟悉物业服务企业财务基础工作	物业服务企业财务管理	20%

引例

李先生在某高层住宅买了一套房屋，花去其半生积蓄。谁知入住后，李先生发现买房费用只是一个开始，还要交维修资金、管理费、装修保证金等。这些都交齐后，本以为可以安心居住了，谁知物业服务公司又发通知要缴纳这个费、那个费。李先生非常疑惑，到物业服务公司去询问费用的去向，要求物业服务公司提供物业费核算依据。物业服务公司财务人员回答："这是商业秘密，只可以向业主委员会公开，不是每位业主都可以了解的。"李先生非常气愤，先是向服务公司投诉该财务人员，又到政府主管部门投诉服务公司乱收费，还发动邻居拒交管理费。那么，物业服务成本或支出包括哪些方面？物业费又是如何核算的？这些问题将在本单元得到解决。

课题 11.1 物业服务费用管理

11.1.1 物业服务企业收入

物业服务企业的收入主要指物业服务企业的营业收入，是企业从事物业管理和其他经营活动所取得的各项收入，包括主营业务收入和其他业务收入。

1．主营业务收入

主营业务收入是指企业在从事物业管理活动中，为物业产权人及使用人提供维修、管理和服务所取得的收入，包括物业管理收入、物业经营收入和物业大修收入。

物业管理收入又称为物业服务费收入，是指企业向物业产权人及使用人收取的公共性服务费收入、公众代办性服务费收入和特约服务收入。物业经营收入是指企业经营业主委员会或者物业产权人、使用人提供的房屋建筑物和共用设施取得的收入，如房屋出租收入和经营停车场、自行车棚、各类球场等共用设施收入。物业大修收入是指企业接受业主委员会或者物业产权人、使用人的委托，对房屋共用部位、共用设施设备进行大修取得的收入。

2．其他业务收入

其他业务收入是指企业从事主营业务以外的其他业务活动所取得的收入，包括房屋中介代销手续费收入、材料物资销售收入、处理废旧物资、商业用房经营收入及无形资产转让收入等。

商业用房经营收入是指企业利用业主委员会或者物业产权人、使用人提供的商业用房，从事经营活动取得的收入，如开办娱乐中心、饭店、超市、美容中心等经营收入。

知识链接

与我国基本价格制度转换相适应，按照定价主体和形成途径不同，《价格法》规定我国实行市场调节价、政府指导价、政府定价 3 种定价形式，并明确说明在社会主义市场经济条件下，除关系到国计民生和社会公共利益的商品和服务实行政府定价或政府指导价，其他商品和服务价格实行市场调节价。

1．市场调节价

经营者自主定价，通过市场竞争形成的价格。市场调节价的定价主体是经营者，形成途径是通过市场竞争。企业自主定价，并非是可以任意定价、随意定价。企业自主定价是以市场形成价格为前提的，市场对价格最终的形成起了决定性作用。正是由于市场上商品供给者和商品需求者的影响导致价格的形成。从这个意义上讲，经营者是市场价格的接受者。

2. 政府指导价

这是一种具有双重定价主体的价格形式，由政府规定基准价及浮动幅度，引导经营者据此制定具体价格。基准价也叫中准价，是确定价格时作为计算中准价格的价格。政府通过制定基准价和浮动幅度，达到控制价格水平的目的，经营者可以在政府规定的基准价和浮动幅度范围内灵活地制定具体价格。政府指导价既体现了国家行政定价强制性的一面，又体现了经营者定价相对灵活性的一面。《价格法》所称政府指导价由于有基准价和浮动幅度控制，由此形成了一个价格区域，具体价格水平是有边界的、可控的。

3. 政府定价

其定价主体是政府，具体价格由政府价格主管部门或者有关部门按照定价权限和范围制定。政府定价具有强制性，属于行政定价性质。凡资源稀缺，与国民经济发展和人民生活关系重大的极少数商品价格、重要的公用事业价格、重要的公益性服务价格等政府在必要时实行政府定价。凡实行政府定价的商品价格和服务价格，不经价格主管部门批准，任何单位和个人都无权变动。

《物业服务收费管理办法》规定，物业服务收费应当区分不同物业的性质和特点，分别实行政府指导价和市场调节价。具体定价形式由省、自治区、直辖市人民政府价格主管部门会同房地产行政主管部门确定。

《物业服务收费管理办法》同时规定，业主与物业服务企业可以采取包干制或者酬金制等形式约定物业服务费用。

1. 包干制

包干制是指由业主向物业服务企业支付固定物业服务费用，盈余或者亏损均由物业服务企业享有或者承担的物业服务计费方式。物业服务费用的构成包括物业服务成本、法定税费和物业服务企业的利润，主要适用于普通住宅小区(包括经济适用住房)的物业服务费的测算。

2. 酬金制

酬金制是指在预收的物业服务资金中按约定比例或者约定数额提取酬金支付给物业服务企业，其余全部用于物业服务合同约定的支出，结余或者不足均由业主享有或者承担的物业服务计费方式。预收的物业服务资金包括物业服务支出和物业服务企业的酬金。

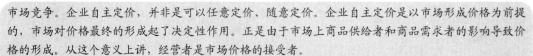

特别提示

- 物业服务企业应事先将服务内容和收费标准及时公布。企业应当在劳务已经提供，同时收讫价款或取得收取价款的凭证时确认为营业收入的实现。企业与业主委员会或者物业产权人、使用人双方签订付款合同或协议的，应当根据合同或者协议所规定的付款日期确认为营业收入的实现。

11.1.2 物业服务费的构成

物业服务费是指物业服务企业按照物业服务合同的约定，对房屋及配套的设施设相关场地进行维修、养护、管理，维护相关区域内的环境卫生和秩序，向业主收取的费用。

物业服务成本是物业服务费的核心部分。目前，确定物业服务收费的依据主要是2004年1月1日起施行的《物业服务收费管理办法》(发改价格【2003】1864号)。根据该管理办法的规定，物业服务成本或者物业服务支出构成一般包括以下9个部分。

(1) 管理服务人员的工资、社会保险和按规定提取的福利费等。

是指物业服务企业向所聘用的管理、服务人员按月发放的工资和按规定提取的福利费；具体有工资、津贴、福利基金、保险金、服装费以及其他补贴等，但不包括奖金。

(2) 物业共用部位、共用设施设备的日常运行、维护费用。

包括外墙、楼梯、电气系统、给排水系统及其他机械、设备装置和设施等的维修保养费、公共照明等需要开支的费用等。

(3) 物业管理区域清洁卫生费用。

是指物业管理区域内公共区域的清洁卫生费用，包括清洁用具、垃圾清理、水池清洁、消毒灭虫等费用，有时还有单项对外承包需要的费用，如化粪池清掏。

(4) 物业管理区域绿化养护费用。

是物业管理公共区域植花种草及其养护费用与开展此类工作所购买的工具器材以及绿化用水等费用。

(5) 物业管理区域秩序维护费用。

是指物业管理公共区域的秩序维护费，包括保安人员的工资、夜班津贴、福利支出，保安系统设备的日常维护费、耗用电费及保安用的工器具以及保安人员的人身保险费、保安用房的费用。

(6) 办公费用。

是指物业服务企业开展正常工作所需的有关费用，如交通费、通讯费、低值易耗办公用品费、节日装饰费、公共关系费及宣传广告费。

(7) 物业服务企业固定资产折旧。

是物业服务企业拥有的各类固定资产按其总额每月分摊提取的折旧费用。各类固定资产包括交通工具、通讯设备、办公设备、工程维修设备等。

(8) 物业共用部位、共用设施设备及公众责任保险费用。

为物业管理区域的物业及时购买保险是物业管理中不可忽视的问题。为了从经济上保障物业管理区域内水电、电梯等设施遭受灾害事故后能及时有必要的资金保证进行修复和对伤员进行经济补偿，物业服务企业必须对这些建筑物及设备设施投财产保险和相关责任保险。对于险种的选择是由所管物业的类型、性质来决定的，同时也要考虑业主的意愿和承受力。

(9) 经业主同意的其他费用。

与业主协商，经过他们同意可以包括在物业服务费中的内容各地及各类型物业会有所不同。

以上物业管理区域是指物业管理区域内的公共区域。

特别提示

- 物业共用部位、共用设施设备的大修、中修和更新、改造费用，应当通过专项维修资金予以列支，不得计入物业服务支出或者物业服务成本。

11.1.3 物业服务费用测算

根据《物业服务收费管理办法》的规定，如果实行物业服务费用包干制，物业服务费用的构成不仅包括物业服务成本，还应包括法定税费和物业服务企业的利润；如果实行物业服务费用酬金制,在收取的物业服务资金中不仅包括物业服务支出,还应包括物业服务企业的酬金。下面以居住性物业为例,说明其物业费的测算过程。

居住性物业服务费标准的测算,可以用下列公式表示:

$$X = \sum X_i \, (i=1, 2, 3, \cdots, 9)$$

式中 X——代表求得的物业服务费标准(元/月·平方米或元/年·平方米);

X_i——代表各分项收费标准(元/月·平方米或元/年·平方米);

$\sum$——表示对所有费用项目算术相加之和。

居住型物业的类型有多种,例如普通型、经济型、公寓、别墅等,各种类型的特点也不尽相同,具体测算一个特定物业项目的服务标准时,所列出的费用项目,应考虑物业的具体类型,在合理测算每项费用时既不漏项,也不重复测算,尽可能准确把握各项费用构成。

测算居住型物业服务费标准时,一般事先对以下各项费用分别进行测算,然后求和,最后得出所求物业服务费标准。下面各项费用测算中各项费用单位为元/月,可分摊费用的建筑面积之和单位为平方米。

(1) 物业管理服务人员的工资、社会保险和按规定提取的福利费 X_1

$$X_1 = \sum F_i / S \, (i=1,2,3,4) \, (\text{元}/\text{月} \cdot \text{平方米})$$

该项费用是用于物业服务企业的人员费用,包括基本工资,按规定提取的福利费、加班费和服装费,但是不包括管理、服务人员的奖金。奖金应根据企业经营管理的经济效益,从盈利中提取。

式中 F_1——基本工资(元/月),各类管理、服务人员的基本工资标准根据企业性质、参考当地平均工资水平确定;

F_2——按规定提取的福利费(元/月),包括福利基金、工会经费、教育经费、社会保险、住房公积金等;

F_3——加班费(元/月);

F_4——服装费(元/月);

S——表示可分摊费用的建筑面积之和。单位为平方米(m^2)。

(2) 物业共用部位、共用设施设备的日常运行、维护费用 X_2

$$X_2 = \sum F_i / S \, (i=1,2,3,4,5,6) \, (\text{元}/\text{月} \cdot \text{平方米})$$

式中 F_1——公共照明系统的电费和维修费:①电费=$(W_1 \times T_1 + W_2 \times T_2 \cdots + W_n \times T_n) \times 30 \times P_E$,$W_1$:表示每日开启时间为 T_1(小时)的照明电器总功率(千瓦·小时);T_1:表示每日开启时间(小时);30:每月测算的天数;P_E:表示电费单价(元/kW);②维修费:这是一个估算的经验值,一般按照当地的工资水平费用和使用的零配件进货的价格来测算;

F_2——给排水设施的费用,此项费用测算时又可分为:①给水泵的电机功率(可包括生活水泵、消防蓄水池泵),电费=$W \times 24 \times I \times 30 \times P_E$(元/月)。使用系数 I=平均每天开启时间/24;②消防泵的电机费(包括喷淋泵、消防栓泵),电费=$W \times 24 \times I \times 30 \times P_E$(元/月);③排污泵的电机功率(包括集水井排水泵、污水处理排水泵),电费=$W \times 24 \times I \times 30 \times P_E$(元/月);④维修费(元/月);

F_3——配供电系统设备维修费、检测费(元/月);

F_4——共用建筑、道路维修费(元/月);

F_5——电梯费用的核算:①电费=$n \times W \times 24 \times I \times 30 \times P_E$(元/月),其中 n 为电梯台数;W 为电梯功率;I 为电梯使用系数,由于不同类型物业的电梯使用时间和频率不同,会产生差异,一般可通过统计的方法进行估算。居住类物业大致在 0.4;②维修费(元/月),可分包给电梯专业的维修公司,也可自行维修(包括人工费、材料费);③年检费(元/月);④不可预见费按 5%计取(元/月);

F_6——不可预见费用(按上述费用总和的 5%~10%计),考虑不可预见费的原因是物价上涨、银行利率调整等因素,不可预见费应单独设账,严格控制其支出。

(3) 物业管理公共区域清洁卫生费用 X_3

$$X_3 = \sum F_i / S (i=1,2,3,4,5,6) (元/月 \cdot 平方米)$$

式中　F_1——人工费(元/月);

F_2——清洁机械、材料费按价值和使用年限折算出每月的值(元/月);

F_3——垃圾桶购置费(元/月);

F_4——化粪池清理费(元/月);

F_5——垃圾清运费(元/月);

F_6——水池(箱)清洁费(元/月)。

(4) 物业管理公共区域绿化养护费用 X_4

$$X_4 = \sum F_i / S (i=1,2,3,4,5) (元/月 \cdot 平方米)$$

式中　F_1——人工费(元/月);

F_2——绿化工具费(元/月);

F_3——化肥除草剂等材料费(元/月);

F_4——绿化用水费(元/月);

F_5——园林景观再造费(元/月)。

(5) 物业管理公共区域秩序维护费用 X_5

$$X_5 = \sum F_i / S (i=1,2,3,4,5) (元/月 \cdot 平方米)$$

式中　F_1——人工费(元/月);

F_2——保卫系统设备电费(元/月);

F_3——维修费(元/月);

F_4——日常保卫器材费(元/月),包括对讲机、多功能警棍、110 报警联网等;

F_5——保安用房及保安人员住房租金(元/月)。

(6) 物业服务企业办公费 X_6

$$X_6 = \sum F_i / S (i=1,2,3,4,5,6) (元/月 \cdot 平方米)$$

常用全年的费用预算来折算出每月费用,即全年费用除以 12 个月,车辆使用费不包括交通工具的购置费用。

式中　F_1——通信费用(元/月);

F_2——文具、办公用品费(元/月);

F_3——车辆使用费(元/月);

F_4——节日装饰费(元/月);

F_5——公共关系费及宣传广告费(元/月);

F_6——其他杂费(元/月)。

(7) 物业服务企业固定资产折旧费 X_7。

这里的固定资产主要是指直接服务于该项目的固定资产。该项费用指物业服务企业拥有各类固定资产按其总额每月分摊提取的折旧费用,包括交通工具、通信设备、办公设备、工程维修设备等。按实际拥有的上述各项固定资产总额除以平均折旧年限,再分摊到每月每平方米建筑面积,单位为元/月。

(8) 物业共用部位、共用设施设备及公众责任保险费用 X_8

$$X_8 = (投保总金额 \times 保险费率) / 保险受惠物业的总面积$$

物业服务企业必须对住宅物业区内水、电、电梯等设施设备投保财产保险、相关责任保险(如电梯责任保险)、公众责任险,保费按保险受惠物业总建筑面积分摊。

(9) 利润和管理酬金或管理酬金费用 X_9。

物业服务企业与业主可以采取包干制或者酬金制等形式约定物业服务费用。如上文所述,实行包干制的,物业服务费还应包括法定税费和物业服务企业的利润;实行酬金制的,预收的物业服务资金还应包括物业服务企业的酬金。

① 实行包干制

$$X_9 = \frac{利润 + 法定税费}{S \times 12}$$

物业管理行业利润率一般在 8%~15%,具体可由双方根据物业的档次和管理服务要求等因素协商确定。

利润=物业支出或成本各部分费用(元/月·平方米)×利润率×12

法定税费=营业税+城镇维护建设税+教育费附加

营业税须按营业额缴纳,税率为 5%;城镇维护建设税,按营业税税额的 7%计征;教育费附加,按营业税税额的 3%计征。三项税费合计占总营业额的 5.5%。

② 实行酬金制

$$X_9 = \frac{酬金}{S \times 12}$$

物业服务企业酬金应由双方在物业服务合同中约定比例或者数额,具体比例和数额根据物业的档次和管理服务要求等因素并参照行业利润水平和企业应交纳的法定税费确定。

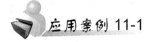

高层商品住宅电梯、水泵运行费理论价格测算

1. 假设条件

总建筑面积为 5 万 m^2,5 幢;

每幢电梯 2 台,水泵 8 台(其中生活泵 4 台,消防泵 2 台,污水泵 2 台);

电梯驾驶服务人员 4 人/幢,共 20 人,每天 24 小时运行。

2. 费用测算

(1) 驾驶服务人员工资

700 元/月×20 人×12 月=16.8 万元/年

(2) 电梯电费

$$1\ 500\ 元/月 \cdot 幢 \times 5 \times 12 = 9\ 万元/年$$

(3) 水泵电费

$$850\ 元/月 \cdot 幢 \times 5 \times 12 = 5.1\ 万元/年$$

总费用为 $16.8 + 9 + 5.1 = 30.9\ 万元/年$

3. 运行费理论价格

$$P = \frac{\sum_{i=1}^{11} F_i}{S \times 12}$$

式中　F_i——每年每项费用、利润、税费；
　　　S——小区建筑面积；
全年共 12 个月。

$$P = \frac{30.9\ 万元}{50\ 000\ 平方米 \times 12\ 月} = 0.515\ 元/平方米 \times 月$$

11.1.4 物业服务费的收缴管理

1. 物业服务费收缴的相关法规

(1) 根据《中华人民共和国价格法》和《物业管理条例》制定的《物业服务收费管理办法》，规范了物业服务收费行为，保障了业主和物业服务企业的合法权益。

(2) 国家提倡业主通过公开、公平、公正的市场竞争机制选择物业服务企业；鼓励物业服务企业开展正当的价格竞争，禁止价格欺诈，促进物业服务收费通过市场竞争形成。

(3) 实行物业服务费用酬金制的，由于其核算方法也称实报实销制加酬金制，因此预收的物业服务支出是属于代管性质的，物业服务费属于交纳的业主所有的，物业服务企业不得将其用于物业服务合同约定以外的支出。物业服务收费采取酬金制方式的，物业服务企业或者业主大会可以按照物业服务合同约定聘请专业机构对物业服务资金年度预决算和物业服务资金的收支情况进行审计。

(4) 物业服务企业在物业服务中应当遵守国家的价格法律法规，严格履行物业服务合同，为业主提供质价相符的服务。

(5) 纳入物业管理范围的已竣工但尚未出售，或者因开发建设单位原因未按时交给物业买受人的物业，物业服务费用或者物业服务资金由开发建设单位全额交纳。

(6) 物业管理区域内，供水、供电、供气、供热、通讯、有线电视等单位应当向最终用户收取有关费用。物业服务企业接受委托代收上述费用的，可向委托单位收取手续费，但不得向业主收取手续费等额外费用。

2. 追缴物业服务费

业主或使用人享受物业服务企业提供的物业服务，同时有缴纳物业服务费用的义务。逾期欠费业主将需要缴纳滞纳金。物业服务企业要向欠费业主或使用人及时追缴费用，并且有权对欠费期超过一定期限仍不交费的业主或使用人提起诉讼，索赔欠费。

一般来说，追缴欠费主要有以下几种不同的方法。

(1) 一般性追缴。当上月(或上年)费用拖欠后，物业服务企业在下一次收费时将向业主(使用人)发催款通知单，此单将上次费用以及本次费用一起通知业主(使用人)。如果第二次仍拖欠物业服务企业将在第三次再次发催款通知单，将前两次的费用和当次费用一并通知，并限期交清。

(2) 针对性追缴。物业服务企业对拖欠费用的业主(使用人)要针对不同情况，采取相应措施。对于费用大户，要亲自登门拜访(有时物业服务企业的总经理也要亲自去)进行劝导和解释，争取用户的理解和支持；对于一些"钉子户"，则应严格按照法律执行。

(3) 区别性追缴。业主(使用人)由于工作繁忙而耽误了交款，作为财务部门提醒业主(使用人)补交，同时应尽可能配合业主的时间，上门服务。如果业主拖欠费用是因为对物业服务不满意，则查找自身原因，尽快改正；如属于业主无理要求，则耐心解释；如沟通未果，业主或使用人仍然拒付，对此物业服务企业应根据管理制度以及相应的法律程序来解决。

《物业管理条例》中规定"违反物业服务合同约定，业主逾期不交纳物业服务费用的，业主委员会应当督促其限期交纳；逾期仍不交纳的，物业服务企业可以向人民法院起诉。"此时应当注意催款工作的书面记录是极其重要的，它是按照法律程序到法庭解决时的物证，通常程序如图11.1所示。

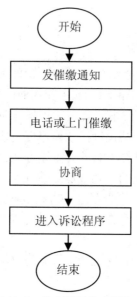

图 11.1 物业服务费追缴程序

物业服务人员在物业服务费用的追缴过程中，应加强与业主或使用人的沟通，善于把握时机，取得其信任和理解。

3．解决物业服务收费难的途径

由于目前业主和使用人对于物业服务费用的使用性质没有充分的了解，物业服务合同对业主的约束也不十分明显，加之法律法规的滞后，造成物业服务企业收费难。究其根源，由业主和使用人无故拖欠的原因，也有物业服务企业服务不到位的原因。要想解决收费难的问题，应通过如下途径。

(1) 加强立法。政府部门应尽快出台有关政策，规范物业服务企业的收费行为，加强市场的宏观调控，制定符合物业服务企业的收费标准，使收费透明化，合理化，遵循事物发展规律和原则，改变思路，充分发挥行政功能。

(2) 加强宣传。对于物业服务企业来说，应当把物业管理服务收费的基点落在"服务"层面上。物业服务企业是受业主的委托，是在为业主服务；确切的说是在用业主的钱，为业主服务。所以说物业服务企业的出发点和落脚点都应该是：一切为了业主，为了业主的一切，为了一切的业主。要让业主通过物业服务企业的各项服务，感受到生活起居的快捷、便利、舒适。

站在业主的角度来说，正确认识物业管理服务收费的基点应该落在"管理"层面上。业主缴纳相关的费用是为了得到物业服务企业的各项优质服务，而服务项目是要靠管理来实现。

(3) 提高服务质量，创新服务品牌品牌。作为一种无形资产，品牌的效用是任何广告所不能比拟的，物业管理品牌形象所形成的口碑效应不仅能给物业服务企业带来超额利润，而且有利于其经营规模的扩大。首先，物业服务企业的品牌，体现在物业管理上的硬指标，就是创建和获得国内物业管理最高荣誉奖"全国物业管理示范小区"、"安全文明小区"以及 ISO 9001 质量管理体系认证；其次，在软件建设方面，物业服务企业应该结合实际需要，积极探索，大胆实践，按照塑造品牌的高标准、严要求，以创建整洁、文明、高雅、安全、方便、舒适的人居环境为目标，通过严谨、高效的科学管理，倡导"随时随地、尽心尽力、物业管理无小事"的服务理念，为业主提供优质服务。

(4) 实施人性化管理。物业服务企业应对业主或使用人的基本信息做深入了解，把业主与使用人分为不同的类别，有针对性的采用不同的措施进行管理服务。

特别提示

- 这里的"有针对性"不是指对业主的物业服务水平和态度有所偏差，而是针对不同业主的具体情况加深了解，为业主排忧解难。

对于确实有困难的业主，物业服务企业应尽可能的帮助业主解决其现有的困难，使其充分理解物业服务企业，自觉缴费。

应用案例 11-2

【案情介绍】

某小区由动迁房和部分商品房组成。由于种种原因，有不少业户收入减少，有些家庭经济确实还非常困难，所以拖欠物业管理费的情况比较严重。开始物业管理处上门做了些思想沟通，但效果并不太理想。一些业主说："人都快养不活了，还要交什么管理费，真是开玩笑。"

【解决方法】

面对这些情况，物业管理处意识到一般化催缴不是良策，眉毛胡子一把抓结果只会竹篮子打水一场空。于是汇集调查研究得到的资料进行全面分析，针对不同情况进行分类。①家庭经济困难、家庭主要成员身体健康状况不好，收入受到影响，暂时无能力支付物业管理费或房租；②家庭经济困难，夫妇俩双双下岗，收入减少，拒付管理费；③家庭经济无困难，因与物业管理处有疙瘩，拒付管理费；四、无任何欠缴理由，拒付物业管理费。在分析了情况之后，管理处精心策划相对应的公关对策。①对第三种情况业户，物业管理处诚心诚意上门家访，主动解开疙瘩，取得业户谅解，改善彼此关系；②与居委会、街道等社区多方联系，将小区内下岗人员情况进行信息沟通，协调寻求早日再就业的帮助；③物业管理处定期把报刊登载的招工就业信息提供给第一、第二种情况的业户，还对一些业户进行招工应聘注意事项的辅导，帮助他们尽快再就业；④对一些一时确实无法解决经济困难的租户，帮助其按照有关政策申请减免租金；⑤对一小部分无理由而拒付的业户，上门家访，以交朋友的方式进行情感交流，相互之间坦率诚恳，晓之以理，动之以情；⑥对反复交流沟通仍然无理由而不付管理费的个别业户，物业管理处做好充分准备，发出律师函，督促其付费。对发出律师函仍置之不理的，最终通过法律途径解决。由于管理处掌握情况确凿，法律法规使用得当，收到了效果，也教育了"钉子户"。

由于物业管理处在对待业户拖欠管理费或房租问题既有精心策划，而且策划目标明确，在实施过程中又处处做业户的朋友，帮助排忧解难，因而不断得到小区里的业户理解和支持，有的业户家庭经济改善了，还十分感激管理处，因此，小区的物业管理费和房租的收缴率大大提高。从中可以领悟到，一个成功的公共关系策划，将是物业服务企业运行成功的有力支持。

11.1.5 物业服务费用收缴纠纷处理

1. 物业服务费收缴纠纷产生的原因

(1) 业主或使用人对物业服务不满意。业主或使用人对物业服务不满意主要包括以下情形：一是业主认为物业服务企业提供的服务不合格；二是业主感到物业管理对其约束太大；三是对收费标准、项目、方式等不满。虽然收费标准是由合同约定的，但是并不代表所有业主都对收费标准和项目满意。

(2) 建设单位遗留问题未能解决。建设单位遗留问题主要是指建设单位应当负责的房屋质量问题没有及时解决，而且在现实中还存在建设单位不履行承诺和擅自改变原有的规划设计问题。

(3) 其他外部因素。物业服务收费纠纷可能由于一些外部因素造成，这与物业服务不存在直接关系。例如邻里噪声干扰、饲养宠物造成的环境变化、市政施工造成的交通不便、停水断电、市政规划改变等问题。

(4) 业主自身因素。业主自身原因造成的物业服务费收缴纠纷情况很多。主要归为以下几种：一是业主或使用人由于下岗、失业、家庭变故、投资失败等原因导致失去支付能力；二是特权思想作怪，因为与房地产开发企业关系较好所以拒不支付物业服务费用；三是受到其他欠费人员的影响，认为不缴纳费用是理所当然。

(5) 法制不健全、行政管理薄弱。加强立法无疑是减少收费纠纷的有效途径，目前我国物业管理及相关方面的法制建设滞后于行业发展，同时行政监管薄弱，社会信用体系尚未建立、公民法制契约及社会责任意识淡薄，这些现状都成为物业服务费收缴困难的助推器。

应用案例11-3

【案情介绍】

某公司入驻某商城之后，虽然与物业服务企业签订了《物业服务合同》，但是对物业服务收费标准及项目并不满意，一直拖欠物业服务费用。一年后，已累计欠费达35万元之多。期间，管理处有关人员无数次上门催交未果。

【解析】

在物业管理实践中，业主无故拖欠物业服务费用是物业服务企业面临的一大难题。根据《物业管理条例》有关规定，业主缴纳物业服务费用是应尽的义务，《物业管理服务合同》及《管理规约》等对此都有明确表达。就本案例而言，业主委员会与物业服务企业签订的合同，对每一个业主有约束力。物业服务企业依约提供了物业服务后，业主负有按约缴纳物业服务费用的义务。即使是收费标准，业主委员会与物业服务企业在物业管理服务合同中也会有明确约定，根据此原则，该公司应按照约定缴纳物业服务费用。

对于拖欠物业服务费用的业主，物业服务企业应根据具体情况，区别对待，采取不同的对策。一般先应以反复地协商为主，再启动催缴程序，仍不见效可提请仲裁或向人民法院诉讼。

【解决方法】

为了解决这一问题，该商城管理处主要领导一方面主动与有关方面保持联系，帮助全面反映该公司的意见和要求，以取得其对管理处工作的信任和认可；一方面盯住平时难得一见的该公司老板，频频征求意见并反映管理处的经济困难，以求得携手维护物业正常运行的共识。

在赢得了该公司理解信任的基础上，管理处提出了适当减免滞纳金、分期付款等有利于促成该公司尽快缴清拖欠管理费的优惠条件。最后双方达成了一致，自约定之日起分10期，每月3万余元，随当月管理费一同缴交拖欠的费用。10个月后，该公司拖欠的管理费已全部缴清。

2．常见物业服务费收缴纠纷的处理

物业服务费收缴纠纷类型很多，是物业管理过程中的主要纠纷。下面针对比较常见的几类纠纷提出处理方法。

(1) 业主以收费标准未经政府主管部门批准为由拒交物业服务费的处理。

① 物业服务企业从事物业管理应当与业主签订物业服务合同，并按物业服务合同的约定标准向业主收取物业服务费。

② 物业服务企业与业主未签订物业服务合同，物业服务企业的收费标准经有关行政管理部门批准备案的，则以经有关行政管理部门批准备案的收费标准收取物业服务费。

③ 物业服务企业与业主无物业服务合同，收取物业服务费的标准未经有关行政管理部门批准备案，则按业主签署的管理规约或其他涉及物业管理的条款收取物业服务费。

④ 物业服务企业既不能提供物业管理合同或管理规约又不能提供业主签署的其他涉及物业服务费收取标准的文件，亦无有关政府主管部门批准的收费文件，则物业服务企业向法院提出的诉讼请求应以收费无依据予以驳回。

(2) 物业服务费用的减收处理。

有下列情形之一，业主请求少交物业服务费用或请求物业服务企业退还多交的物业服务费用的，应予支持：

① 物业服务企业提供的服务项目和质量与合同约定明显存在差距的。

② 物业服务企业擅自扩大收费范围、提高收费标准或重复收费的。

(3) 没有物业管理资质的物业服务企业进行物业管理的处理。

物业服务企业未取得物业管理资质证书而与各业主或业主委员会签订的《物业管理合同》无效，物业服务企业依照合同收取的物业服务费在扣除正当的物业服务费用后应当返还给业主或业主委员会。

(4) 未实际居住房屋物业服务费用的处理。

业主因自身原因未居住房屋并以此为由拒付或者请求减免物业服务费用的，不予支持。

(5) 形成事实物业服务关系的处理。

① 物业服务企业与业主委员会或者业主虽未签订书面的物业服务合同，但业主事实上已接受了物业服务，物业服务企业请求业主交纳相应的物业服务费用的，应予支持。

② 物业服务企业起诉前未取得物业管理资质证书，但对物业住宅区实际进行了物业管理服务，而业主已接受了物业服务，在起诉时物业服务企业取得物业管理资质证书的，视为物业管理服务关系成立。

(6) 拖欠物业服务费用滞纳金标准的确定。

① 业主拖欠物业服务费用，物业服务企业请求业主按照合同约定支付滞纳金的，应当支持。

② 约定的滞纳金数额过高，业主可依照《中华人民共和国合同法》第一百一十四条第二款规定请求调整，调整后的滞纳金可按所拖欠的物业管理服务费用总额参照中华人民银行规定金融机构计收逾期贷款利息的标准计算。

③ 未交纳物业管理服务费、住宅维修基金和物业委托管理合同约定的其他费用的，物业服务企业可要求有关业主限期交纳；逾期不交纳的，可按日加收应交纳费用万分之五的滞纳金。

④ 业主拖欠物业服务费用，双方在合同中对滞纳金没有约定，物业服务企业请求业主支付所拖欠的物业服务费用的银行同期贷款利息的，应当支持。

知识链接

诉讼程序的法律常识

1. 支付令(督促程序)

督促程序是一种迅速简便的保护债权人合法权益的非诉讼程序。因为拖欠的物业费用属于以金钱为内容的债务，内容单纯，关系明确，且履行期已到，物业服务企业作为债权人可以向有管辖权的基层人民法院申请支付令，请求人民法院判令债务人履行，可以比较迅速地实现自己的债权，比诉讼的审判程序要简便易行，可以节省时间和费用。

2. 简易程序

简易程序，是基层人民法院及其派出法庭审判简单民事案件和简单经济纠纷案件的诉讼程序，简便易行，诉讼程序有所简化，便于当事人进行诉讼。

因为物业费纠纷大多属于事实清楚、权利义务关系明确、争议不大的简单民事案件，所以可以适用《中华人民共和国民事诉讼法》中关于简易程序的规定，适用简易程序审理。

课题 11.2 住宅专项维修资金的管理

目前，针对商品住宅、售后公有住房等住宅类物业，为了最大限度的延长其使用寿命、保障业主和使用人的利益，我国建立了专项维修资金制度，并制定了《住宅专项维修资金管理办法》，进行住宅专项维修资金的交存、使用、管理和监督。住宅专项维修资金的管理是物业服务企业资金管理的重要组成部分。

11.2.1 专项维修资金的交存

住宅专项维修资金(以下简称"专项维修资金")，是指专项用于住宅共用部位、共用设施设备保修期满后的维修和更新、改造的资金。住宅共用部位，是指根据法律、法规和房屋买卖合同，由单幢住宅内业主或者单幢住宅内业主及与之结构相连的非住宅业主共有的部位，一般包括：住宅的基础、承重墙体、柱、梁、楼板、屋顶以及户外的墙面、门厅、楼梯间、走廊通道等。共用设施设备，是指根据法律、法规和房屋买卖合同，由住宅业主或者住宅业主及有关非住宅业主共有的附属设施设备，一般包括电梯、天线、照明、消防设施、绿地、道路、路灯、沟渠、池、井、非经营性车场车库、公益性文体设施和共用设施设备使用的房屋等。

业主交存的住宅专项维修资金属于业主所有，从公有住房售房款中提取的住宅专项维修资金属于公有住房售房单位所有。

住宅专项维修资金管理实行专户存储、专款专用、所有权人决策、政府监督的原则。

1．专项维修资金交存的类型与比例

1) 交存专项维修资金的房屋类型

根据《住宅专项维修资金管理办法》，按照规定缴存专项维修资金的物业类型有：

(1) 住宅，但一个业主所有且与其他物业不具有共用部位、共用设施设备的除外。

(2) 住宅小区内的非住宅或者住宅小区外与单幢住宅结构相连的非住宅。

(3) 上述物业属于出售公有住房的，售房单位应当按照规定缴存住宅专项维修资金。

2) 交存住宅专项维修资金的比例

(1) 商品住宅的业主、非住宅的业主按照所拥有物业的建筑面积缴存专项维修资金，每平方米建筑面积缴存首期住宅专项维修资金的数额为当地住宅建筑安装工程每平方米造价的5%～8%。各直辖市、市、县人民政府建设(房地产)主管部门可根据本地区的情况，合理确定、公布每平方米建筑面积缴存首期专项维修资金的数额，并适时调整。

(2) 出售公有住房的，按照下列规定交存住宅专项维修资金：

第一，业主按照所拥有物业的建筑面积交存住宅专项维修资金，每平方米建筑面积交存首期住宅专项维修资金的数额为当地房改成本价的2%。

第二，售房单位按照多层住宅不低于售房款的20%、高层住宅不低于售房款的30%，从售房款中一次性提取住宅专项维修资金。

2．专项维修资金的管理

1) 业主大会成立前的专项维修资金的管理

(1) 商品住宅业主、非住宅业主交存的住宅专项维修资金，由物业所在地直辖市、市、县人民政府建设(房地产)主管部门代管。

直辖市、市、县人民政府建设(房地产)主管部门应当委托所在地一家商业银行，作为本行政区域内住宅专项维修资金的专户管理银行，并在专户管理银行开立住宅专项维修资金专户。

开立住宅专项维修资金专户，应当以物业管理区域为单位设账，按房屋户门号设分户账；未划定物业管理区域的，以幢为单位设账，按房屋户门号设分户账。

(2) 已售公有住房住宅专项维修资金，由物业所在地直辖市、市、县人民政府财政部门或者建设(房地产)主管部门负责管理。

负责管理公有住房住宅专项维修资金的部门应当委托所在地一家商业银行，作为本行政区域内公有住房住宅专项维修资金的专户管理银行，并在专户管理银行开立公有住房住宅专项维修资金专户。

开立公有住房住宅专项维修资金专户，应当按照售房单位设账，按幢设分账。其中，业主交存的住宅专项维修资金，按房屋户门号设分帐户。

2) 业主大会成立后专项维修资金的管理

(1) 业主大会应当委托所在地一家商业银行作为本物业管理区域内住宅专项维修资金的专户管理银行,并在专户管理银行开立住宅专项维修资金专户。

开立住宅专项维修资金专户,应当以物业管理区域为单位设账,按房屋户门号设分户账。

(2) 业主委员会应当通知所在地直辖市、市、县人民政府建设(房地产)主管部门;涉及已售公有住房的,应当通知负责管理公有住房住宅专项维修资金的部门。

(3) 直辖市、市、县人民政府建设(房地产)主管部门或者负责管理公有住房住宅专项维修资金的部门应当在收到通知之日起 30 日内,通知专户管理银行将该物业管理区域内业主交存的住宅专项维修资金账面余额划转至业主大会开立的住宅专项维修资金账户,并将有关账目等移交业主委员会。

(5) 住宅专项维修资金划转后的账目管理单位,由业主大会决定。业主大会应当建立住宅专项维修资金管理制度。

业主大会开立的住宅专项维修资金账户,应当接受所在地直辖市、市、县人民政府建设(房地产)主管部门的监督。

(6) 业主分户账面住宅专项维修资金余额不足首期交存额 30%的,应当及时续交。 成立业主大会的,续交方案由业主大会决定。未成立业主大会的,续交的具体管理办法由直辖市、市、县人民政府建设(房地产)主管部门会同同级财政部门制定。

应用案例 11-4

【案情介绍】

某高层住宅小区建于 2002 年,商品房预售许可证是在 2002 年 10 月 1 日前核发的。按住房和城乡建设部、财政部的《住宅共用部位设备设施维修基金管理办法》的规定,该小区物业管理处要求用户依照规定,按购房款的 2%交纳物业管理维修资金,引起小区业主们的投诉。业主认为维修费应从管理费中出,为什么还要交钱?再说就是交钱也应由开发商出,管理处是在替开发商转嫁负担。基于收维修资金在业主中造成的反响过于强烈,管理处决定暂缓收维修资金。但小区内的电梯、消防设备已趋于老化,电梯困人现象时有发生,消防设备几近瘫痪,居民投诉不断。

【案例分析】

案例所述现象目前已不仅仅存在于这一个小区,而是几乎每个物业服务企业面临的共同问题。众所周知,物业维修资金是维持物业状况的重要保证,不仅原建设部于 1999 年 1 月 1 日起颁布了《住宅共用部位共用设施设备维修基金管理办法》,很多省市也都据此制定了物业维修资金的收取办法。但现在很多早期入住的业主不肯补交这笔费用;而新建物业的开发商也迟迟不肯交维修基金。其中的原因是多方面的,主要有几下几种。

一是业主把维修资金与物业服务费用混为一谈,认为自己既然已交了不少物业服务费用,维修费自然应从物业服务费用中出,为什么还要另外收费。其实,物业服务企业的物业服务费用支出只包括简单维修的小修项目,较大的维修则需从维修资金中列支,或由业主据实分摊。

二是物业维修资金管理有待规范。物业维修资金的管理一般有三种情况:第一种,是由当地房地产行政主管部门代管;第二种,是由业主委员会代管;第三种,是由物业服务企业代管。实际上这三种管理方式都有一定的弊端。政府主管部门代管虽防止了维修资金的挪用或乱花,但因对具体物业情况了解不全面,易产生审批慢而误事及难以达到经济、合理的使用目的等影响;业主委员会或物业服务企业自行代管,两者会因各自出发点不同和目的不同,引发一些事端,而影响到维修资金的正常审批和使用。

三是个别物业服务企业乱用维修基金。未把维修基金专款专用,有扩大使用范围现象。如有的物业服务企业把维修基金挪作投资、炒股或进行其他项目维修等；一些公司借机使用维修基金修缮本应从管理费中支出的维修项目。

【结论】

正如案例所述小区那样，维修资金催收难，已严重影响了物业管理的正常开展。一方面由于维修资金不能及时到位，影响了有些共用设施设备的维修和更新，给用户带来不便，引发了投诉；另一方面对那些按时足额缴纳了维修资金的开发商和业主也是不公平的，侵害了他们的权益。

11.2.2 专项维修资金的使用

1．住宅共用部位、共用设施设备的维修和更新、改造费用的分摊方法

(1) 商品住宅之间或者商品住宅与非住宅之间共用部位、共用设施设备的维修和更新、改造费用，由相关业主按照各自拥有物业建筑面积的比例分摊。

(2) 售后公有住房之间共用部位、共用设施设备的维修和更新、改造费用，由相关业主和公有住房售房单位按照所交存住宅专项维修资金的比例分摊；其中，应由业主承担的，再由相关业主按照各自拥有物业建筑面积的比例分摊。

(3) 售后公有住房与商品住宅或者非住宅之间共用部位、共用设施设备的维修和更新、改造费用，先按照建筑面积比例分摊到各相关物业。其中，售后公有住房应分摊的费用，再由相关业主和公有住房售房单位按照所交存住宅专项维修资金的比例分摊。

(4) 住宅共用部位、共用设施设备维修和更新、改造，涉及尚未售出的商品住宅、非住宅或者公有住房的，开发建设单位或者公有住房单位应当按照尚未售出商品住宅或者公有住房的建筑面积，分摊维修和更新、改造费用。

> **特别提示**
>
> • 住宅专项维修资金的使用，应当遵循方便快捷、公开透明、受益人和负担人相一致的原则。

2．住宅专项维修资金划转业主大会管理前的使用

住宅专项维修资金划转业主大会管理前，需要使用住宅专项维修资金的，按照以下程序办理。

(1) 物业服务企业根据维修和更新、改造项目提出使用建议；没有物业服务企业的，由相关业主提出使用建议。

(2) 住宅专项维修资金列支范围内专有部分占建筑物总面积三分之二以上且占总人数三分之二以上的业主讨论通过使用建议。

(3) 物业服务企业或者相关业主组织实施使用方案。

(4) 物业服务企业或者相关业主持有关材料，向所在地直辖市、市、县人民政府建设(房地产)主管部门申请列支；其中，动用公有住房住宅专项维修资金的，向负责管理公有住房住宅专项维修资金的部门申请列支。

(5) 直辖市、市、县人民政府建设(房地产)主管部门或者负责管理公有住房住宅专项维修资金的部门审核同意后，向专户管理银行发出划转住宅专项维修资金的通知。

(6) 专户管理银行将所需住宅专项维修资金划转至维修单位。

3. 住宅专项维修资金划转业主大会管理后的使用

住宅专项维修资金划转业主大会管理后，需要使用住宅专项维修资金的，按照以下程序办理。

(1) 物业服务企业提出使用方案，使用方案应当包括拟维修和更新、改造的项目、费用预算、列支范围、发生危及房屋安全等紧急情况以及其他需临时使用住宅专项维修资金的情况的处置办法等。

(2) 业主大会依法通过使用方案。

(3) 物业服务企业组织实施使用方案。

(4) 物业服务企业持有关材料向业主委员会提出列支住宅专项维修资金；其中，动用公有住房住宅专项维修资金的，向负责管理公有住房住宅专项维修资金的部门申请列支。

(5) 业主委员会依据使用方案审核同意，并报直辖市、市、县人民政府建设(房地产)主管部门备案；动用公有住房住宅专项维修资金的，经负责管理公有住房住宅专项维修资金的部门审核同意；直辖市、市、县人民政府建设(房地产)主管部门或者负责管理公有住房住宅专项维修资金的部门发现不符合有关法律、法规、规章和使用方案的，应当责令改正。

(6) 业主委员会、负责管理公有住房住宅专项维修资金的部门向专户管理银行发出划转住宅专项维修资金的通知。

(7) 专户管理银行将所需住宅专项维修资金划转至维修单位。

4. 使用中的监督管理

(1) 直辖市、市、县人民政府建设(房地产)主管部门，负责管理公有住房住宅专项维修资金的部门及业主委员会，应当每年至少一次与专户管理银行核对住宅专项维修资金账目，并向业主、公有住房售房单位公布下列情况。

① 住宅专项维修资金交存、使用、增值收益和结存的总额。

② 发生列支的项目、费用和分摊情况。

③ 业主、公有住房售房单位分户账中住宅专项维修资金交存、使用、增值收益和结存的金额。

④ 其他有关住宅专项维修资金使用和管理的情况。

业主、公有住房售房单位对公布的情况有异议的，可以要求复核。

(2) 专户管理银行应当每年至少一次向直辖市、市、县人民政府建设(房地产)主管部门、负责管理公有住房住宅专项维修资金的部门及业主委员会发送住宅专项维修资金对账单。

直辖市、市、县建设(房地产)主管部门，负责管理公有住房住宅专项维修资金的部门及业主委员会对资金账户变化情况有异议的，可以要求专户管理银行进行复核。

专户管理银行应当建立住宅专项维修资金查询制度，接受业主、公有住房售房单位对其分户账中住宅专项维修资金使用、增值收益和账面余额的查询。

(3) 住宅专项维修资金的管理和使用，应当依法接受审计部门的审计监督。

(4) 住宅专项维修资金的财务管理和会计核算应当执行财政部有关规定。财政部门应当加强对住宅专项维修资金收支财务管理和会计核算制度执行情况的监督。

(5) 住宅专项维修资金专用票据的购领、使用、保存、核销管理，应当按照财政部以及省、自治区、直辖市人民政府财政部门的有关规定执行，并接受财政部门的监督检查。

课题 11.3　物业服务企业财务管理

物业服务企业的财务管理是对物业服务企业组织财务活动、处理与各方面财务关系的一项经济管理工作。

11.3.1　物业服务企业财务管理的特点

物业服务企业的财务管理是物业服务企业的财务活动,是协调、处理各方面财务关系的一项经济管理工作,是企业管理活动的基础和中心。物业服务企业财务管理具有综合性强、覆盖面广、敏感性强三个特点。

1. 综合性强

随着物业管理经营过程的社会化程度和现代化水平的不断提高,现代的物业服务企业的财务管理,在管理手段上已经广泛实行财务预算,财务动态分析方法,加强预算控制,参与企业经营管理决策等;在管理方法上,采用会计电算化、普及计算机的应用和分析,实行数字化管理,从而使财务管理的综合性大为加强,财务管理已经逐渐成为现代物业企业管理的关键组成部分。

2. 覆盖面广

物业服务企业各个部门都要使用资金,没有资金作基础,任何部门的活动都不能进行;每项业务的开展都直接或间接地影响到企业资金的流入流出,从而影响整个企业的经济效益。由此可见,物业企业财务管理涉及的面相当广泛,企业经营活动的各个方面基本上都有财务管理的存在。这就要求作为物业服务企业的财务管理工作,要兼顾企业的各个部门、各个项目,必须从总体上合理地分配和运用资金,使企业经营各环节占用的资金比例关系协调。

3. 敏感性强

物业管理服务的性价比是弹性的,其所提供的产品定量容易定值难,因此,要真正做到质价相符、优质优价是不容易的。只有通过企业的不断自我完善和创新,通过企业间相互的竞争交流,最终才能降低物业管理成本、提升物业服务质量,才能使物业服务企业持续发展。这就要求企业财务管理人员应善于对企业内外部经济关系及时进行合理调节,以适应外部经济环境的变化,不断提高企业防范风险的能力,增加企业市场竞争能力。密切注视外界的变化,及时向企业管理者提供财务信息,反映经营状况的进展情况,促使企业管理者作出正确的决策,并对企业经营的全过程进行指导和控制。

11.3.2　物业服务企业财务管理的原则

物业服务企业财务管理的原则是物业服务企业财务管理工作必须遵循的准则,它是从企业理财实践中抽象出来的并在实践中证明是正确的行为规范,它反映着企业理财活动的内在要求。为确保企业财务管理目标的实现,物业服务企业财务管理必须遵循如下原则。

1. 实现企业价值最大化原则

现代企业经营应以实现企业价值最大化为目标，物业服务企业也不例外。企业财务管理的实质在于资金运动的经济效益。现代企业的财务管理，就是要对企业经济效益进行专业管理，从价值角度，遵循资金的运动规律，通过一系列方法，对企业资金运动进行科学的统筹安排，从严控制投入与产出、耗费与盈亏，努力使企业资产高效运行，以实现企业价值最大化或所有者权益最大化为目标。

2. 资金合理配置原则

物业服务企业的财务管理者必须按照资金运动规律，将企业资金配置到生产经营的各个环节上，形成一定的生产经营要素资金配置结构。资金合理配置，就是要通过对资金运动的组织和调节来保证各生产经营要素具有最优化的结构。企业资金配置合理，生产经营要素构成比例就适当，企业生产经营活动运行就顺畅，经济效益就高；反之，企业生产经营活动就不顺畅，经济效益就低。为使企业资金合理配置，企业财务管理者应该按照资金运动的特点，从资金来源方面，合理确定所有者权益资金与负债资金构成比例、长期负债资金和短期负债资金构成比例等等，使企业力所能及地承担财务风险，以充分利用财务杠杆的作用，增加企业盈利；从资金占用方面，企业资金表现为各种形态的资产，合理地确定各种形态资产构成比例，如固定资产和流动资产构成比例、对外投资和对内投资构成比例、长期投资与短期投资构成比例、货币性资金和非货币性资金构成比例等等，使企业的资金合理地配置在生产经营的各个阶段上，保证各种形态资金占用适度，实现企业资金的优化配置，以取得最大的经济效益。

3. 收益风险均衡原则

在市场经济条件下，财务活动不可避免地会遇到风险。财务风险是指获得预期财务成果的不确定性。企业要想取得收益，就不能回避风险，因为风险与获利机会并存。收益风险均衡，就是要求企业对每一项具体的财务活动都全面分析其收益大小和风险程度，按照风险和收益适当均衡的原则制订方案，采取行动，趋利避害，力争最大的收益。

4. 成本效益原则

物业服务企业财务管理的总目标是实现企业价值最大化，要达到此目标，就必须实行成本效益原则。所谓成本效益原则，就是对企业生产经营活动中的耗费与收益进行比较分析，以求用较少的耗费取得最大的收益。实行成本效益原则，企业财务管理人员要对各项财务决策进行成本效益分析时应遵循如下要求：任何投资决策方案，它的可实现收益必须大于其投入成本，方案才是可取的，否则即为得不偿失，方案不可取；有些决策方案在执行过程中可通过不断追加投入而使其可提供的收益愈来愈高，在这种情况下，就要考虑投入多少成本时，净收益达到最大化；当项目收益难以确定时，应考虑在达到既定目标的前提下，如何使投入的成本最小化。以最小的资金投入追求最大的产出效益是企业财务管理的最根本的原则，也是一个成功企业自始至终追求的理想目标。

> **特别提示**
>
> - 在现实中，企业财务管理的成效并不都能以某些数量指标加以量化。因此，确认利益最大化方面有操作上的困难，所以在运用"成本效益"原则评价财务管理绩效时，应把着重点放在成本的节约方面，尤其是在日常的企业内部财务管理上，特别要注意资金的运作成本。

5．财务收支积极平衡原则

物业服务企业的财务收支平衡是指企业资金收入和支出在一定期间内和一定时点上的协调平衡。在财务管理工作中，如果企业资金收不抵支，就会导致资金周转的中断或停滞；如果一定时期的收支总额可以平衡，但支出在前，收入在后，也会妨碍资金的顺利周转。企业要做到财务收支平衡，首先应做到增收节支。增收是指要增加那些可带来较高经济效益的营业收入；节支是节约费用开支，特别是那些应该压缩和可以压缩的费用。其次，是要积极运用短期投资和筹资来调剂资金的余缺，当资金发生短缺时，应及时采取办理短期借款、发行短期债券等方式融通资金；当资金收入比较宽裕时，可适当进行短期投资，以争取更多的收益。

11.3.3 物业服务企业资金筹措渠道

物业服务企业作为具有独立法人资格的经济实体，在其经营管理过程中，除了物业服务的收入外，必须要有其他资金的支持，而且，物业服务企业还应使其资金在循环中增值，从而使资金运行走上良性循环的轨道。资金筹措是指物业服务企业在开展物业管理和多种经营活动中，运用各种筹资形式，经济而有效地筹集资金的过程。物业服务企业资金筹措的方式主要有银行借款、发行股票、发行债券、留存利润、横向联合、吸引外资等。

1．银行借款

银行借款是物业服务企业向商业银行贷款取得资金的筹资方式。商业银行贷款是物业服务企业取得借款资金的主要形式。

2．发行股票

股票是物业服务股份公司为筹集资金而发行的有价证券，是持股人拥有公司股份和所有权的凭证。股票有优先股和普通股两种。股票只能转让，而不还本。

3．发行债券

公司债券是物业服务企业为筹集资金而发行的、并承诺在规定期限内还本付息的债务凭证。

4．留存利润

留存利润，又称为保留盈余，是物业服务企业可分配利润在分派后的余额。

5．横向联合

横向联合是指物业服务企业利用其他企业闲置或富余的人力、物力、财力、技术等资源，进行企业间的联营、入股、租赁、承包等资产重组，以达到融物或融资，实现资源最佳配置的目的。

6．吸引外资

外资是中外合资、中外合作物业服务企业的重要资金来源。

知识链接

物业服务企业如何提升自身财务管理水平

1. 资金筹措渠道的拓宽

从具体的融资方式来看，在未来一定时期内内部融资仍然是物业服务企业主要的融资方式，如何做好内部融资工作是解决物业服务企业融资问题的关键。物业服务企业要从提高自身经营管理水平出发，努力提高企业的盈利能力，只有保持良好的发展势头，原有的投资者才会增加投入的资本金，才能吸引新的投资者对企业进行投资。

在做好内部融资工作的同时，物业服务企业应该积极探索可能的外部融资渠道，建立良好的信誉。

2. 提高人员素质

人才建设始终应该放在企业发展中的首要位置，提高人员素质是提高企业管理水平的条件之一。企业财务管理工作不仅仅是企业财务部门的事情，而是关系到企业整体利益又取决于企业整体的一项管理活动。财务管理活动为企业经营管理筹集、分配所需资金，涉及企业经营的整个过程。

因此，要提高企业财务管理水平，为企业里财务管理活动营造一个好的融资环境需要所有员工的共同努力。企业要鼓励财务人员进行会计继续教育和学习，及时更新自己的知识和技能。

3. 积极开拓新的投资项目

物业服务企业要在做好服务社区工作的同时，努力探索新的经营途径，发现新的投资项目。物业服务企业要在立足自身服务项目的基础上拓展服务范围，通过与其他部门、单位的合作实现互利共赢。

物业服务企业可以利用自身服务社区的优势，创办自己的家政服务公司，从事房屋维修、管道维修、室内装饰、园林绿化等工作，通过增加服务项目来提高自己的收入等。

11.3.4 规范财务基础工作

现代物业服务企业的财务信息是物业服务企业进行经营决策、和国际物业管理接轨、并谋求更大发展的重要数据支持，是企业降低服务成本、获取经济效益的关键之一，也是国家规划物业管理产业发展与制定物业管理产业发展政策的重要依据。而真实、准确、先进、及时、完整的财务信息需要规范的、科学的财务管理基础工作做保障。

(1) 加强对原始记录的管理。

一是要统一规范各种原始记录的格式、内容和方法；二是要明确签署、传递、汇集、反馈、保管原始记录的要求；三是要建立各环节的责任制，确保原始记录的真实、完整、正确、及时，健全财务核算资料。

(2) 加强对定额的管理。

制定并严格执行企业内部的劳动定额、物质定额、费用定额、人员定额、工时定额及考核办法。

(3) 严格规定企业物资的购进、入库、领用、维修等各环节计量验收管理工作，堵塞漏洞，增收节支。

(4) 加强对财务预算的管理。

物业服务企业应当建立健全财务预算制度，明确财务预算编制程序及方法，做好财务预算执行情况的检查、考核工作。达到通过财务预算控制经营活动、确保各项经营目标顺利实现的目的。

(5) 加强对财产清查的管理。

定期做好财产清查工作，对加强财产管理、加速资金周转、提高经济效益、确保会计报表质量具有十分重要的意义。

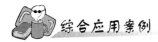
综合应用案例

商品住宅物业服务费理论价格测算

1. 假设条件

(1) 该商品住宅小区为 50 000m²。多层住宅，绿化覆盖率 10%，容积率 1.2，则绿地面积为 50 000/1.2×10%=4 200(m²)。

(2) 设物业管理处，主任 1 人，管理人员 4 人，管理服务人员 11 人(其中协保人员 6 人，即原企业下岗人员，不交四金人员)。

(3) 设该地区职工四金及福利费规定如下：养老金 22.5%，医疗保险金 12%，失业保险金 2%，住房公积金 7%，工会福利费 2%，职工福利费 14%。

(4) 该小区物业服务企业用房属公建配套，业主所有。

2. 物业服务费讨论价格测算

(1) 管理人员工资福利。

① 主任 1 人，1 500 元/月×1 人×12 月=1.8 万元/年

管理人员 4 人，800 元/月×4 人×12 月=3.84 万元/年

② 服务人员

保安人员 6 人(其中 4 人为协保人员)，600 元/月×6 人×12 月=4.32 万元/年

清扫人员 2 人(全为协保人员)，500 元/月×2 人×12 月=1.20 万元/年

绿化 1 人(钟点工)，600 元/月×1 人×12 月=0.72 万元/年

水电养护 2 人，1 000 元/月×2 人×12 月=2.4 万元/年

职工工资为 1.8+3.84+2.16+2.4=10.2 万元

福利费为 10.2×(22.5%+12%+2%+7%+2%+14%)=6.069 万元

职工人员费合计为 1.8+3.84+2.16+2.4+6.069=16.269 万元

外聘人员费用为 0.72×4+1.2+0.72=4.8 万元/年

16.269+4.8=21.069 万元/年

(2) 楼内设施日常运行维护费用。

楼内公灯照明费，共 250 只，每只 15W，每只月耗电约 5.4kW·h(度)，则 0.55 元×5.4×12×250=0.891 万元/年

水箱 5t/只，共 50 只，每年清洗两次，每次 94 元，计 94 元×50×2=0.94 万元/年

两项合计 0.891+0.94=1.831 万元/年

(3) 清洁卫生费。

按每人每月物质损耗补偿 150 元计，150 元/人×2 人×12=0.36 万元/年

(4) 绿化养护费。

按每年每平方米支出物质补偿 2 元计，2 元/m²×4 200m²=0.84 万元/年

(5) 秩序维护费。

按每人每年物耗补偿 500 元计，500 元×6=0.3 万元/年

(6) 办公费用。

按职工工资 25%计提，(1.8+3.84+2.16+2.4)×25%=2.55 万元

(7) 折旧费，物业管理共有设备 5 万元。

年折旧=5(1-6%)/25=0.188 万元

(8) 保险费。

按公建配套的设施设备价值的 0.01%计提，计 0.6 万元。

(9) 其他费。

按管理人员工资、办公费、折旧费的 1%计提，(10.2+2.55+0.188)×1%=0.129 38 万元

(10) 利润。

按管理人员工资、办公费、折旧费 15%计提，(10.2+2.55+0.188)×15%=1.940 7 万元/年

(11) 法定税费。

按利润 5%计提，1.940 7×5%=0.097 万元/年

$$总费用=前9项+利润+税费$$
$$=(21.069+1.831+0.36+0.84+0.3+2.55+0.188+0.6+0.129\,4)+1.940\,7+0.097$$
$$=27.867\,4+1.940\,7+0.097$$
$$=29.905\,1 \text{ 万元/年}$$

3. 则该小区物业收费的理论价格为

$$P = \frac{\sum_{i=1}^{11} F_i}{S \times 12}$$

式中 F_i——每年每项费用、利润、税费；

S——小区建筑面积；

全年共 12 个月。

$$P = \frac{29.905\,1 \text{万元}}{50\,000\text{m}^2 \times 12 \text{月}} = 0.50 \text{元}/\text{m}^2 \cdot \text{月}$$

单元小结

本单元主要介绍了物业服务企业资金管理的基本内容。物业服务企业在进行物业服务之前，必须清楚物业服务收入和物业费的构成。物业服务企业收缴物业服务费用之前必须对物业服务费用进行测算。住宅专项维修资金属于全体业主所有专项用于共用部位、共用设备设施维修养护，不得挪用。物业服务企业依据财务管理原则合理筹措资金，规范财务基础工作。

习 题

一、单项选择题

1. 根据《物业服务收费明码标价规定》要求，实行政府指导价的物业服务收费应当同时标明收费标准、浮动幅度和(   )。

　　A．收费标准的有效期　　　　　　　B．优惠幅度
　　C．实际收费标准　　　　　　　　　D．浮动次数

2. (   )又称为保留盈余，是物业服务企业可分配利润在分派后的余额。

　　A．留存利润　　　　　　　　　　　B．发行股票
　　C．发行债券　　　　　　　　　　　D．银行贷款

3. 物业服务企业提供的服务项目和质量与合同约定明显存在差距的，可以(   )。
   A. 遵照合同收费　　　　　　　　　B. 减收物业服务费
   C. 免除物业服务费　　　　　　　　D. 当事人协商解决
4. 管理服务人员的津贴属于(   )。
   A. 管理服务人员的工资　　　　　　B. 物业共用部位维护费用
   C. 物业管理区域清洁卫生费用　　　D. 物业管理区域绿化养护费用
5. 物业管理区域内，供水、供电、供气、供热、通信、有线电视等费用应当向(   )收取有关费用。
   A. 业主　　　B. 物业使用人　　　C. 物业服务企业　　　D. 最终用户

二、多项选择题

1. 如果物业服务企业向有管辖权的人民法院申请支付令，则在申请书中要写明(   )。
   A. 请求给付的金额　　　　　　　　B. 提出请求所根据的事实、证据
   C. 如对方提出异议，则要提起诉讼　D. 请求法院裁定终结督促程序
   E. 附带责任
2. 物业服务企业在提供服务的过程中应当保证专项维修资金专户存储、专款专用，不得侵吞或挪用，应当定期接受(   )的检查与监督。
   A. 工商管理部门　　B. 业主大会　　C. 物业建设单位　　D. 业主委员会
   E. 全体业主
3. 物业服务企业财务管理具有(   )的特点。
   A. 综合性强　　　B. 管理性强　　　C. 覆盖面广　　　D. 难度较大
   E. 敏感性强
4. 物业服务企业资金筹措的方式主要有(   )。
   A. 银行借款　　　B. 发行股票　　　C. 发行债券　　　D. 横向联合
   E. 外国政府投资
5. 物业服务企业的管理费用包括(   )。
   A. 固定资产折旧费　　　　　　　　B. 公司经费
   C. 工会经费　　　　　　　　　　　D. 职工教育经费
   E. 劳动保险费

三、情景题

某物业服务企业准备将物业服务收费测算标准公布给业主，小张负责这一事务。请你告诉小张，物业服务费的构成包括哪些部分，目前有哪几种收费形式。

四、案例分析题

案例1：2009年3月，某广告公司入住某小区的A1栋别墅，久佳物业服务公司是该小区的物业管理者。根据物业服务合同，2009年3月至7月，该广告公司发现有人进入公司窃取了价值1万元左右的财物，立即报了案。当久佳物业服务公司向该广告公司收取物业服务费等费用时，该广告公司以物业服务公司单方面违约，未能履行好安全管理职责为由，拒绝交纳物业服务费用和水电费，双方为此发生纠纷，物业服务公司以该广告公司拒付所欠费用为由诉至人民法院。

请问：(1) 该广告公司是否可以拒付所欠物业服务费和水电费？

(2) 久佳物业服务公司应当怎样处理广告公司拒交物业服务费的问题？

案例2：润新住宅小区实行业主用天然气卡买气消费方式。2009年2月16日上午，两名业主到物业服务公司购买天然气。因这两名业主长期不缴纳物业服务费，物业服务公司拒绝向这两名业主出售天然气，双方发生了争执。在争执中，业主损坏了物业服务公司的办公用品，物业服务公司最终也没有卖给业主天然气，而且要求业主赔偿损坏的物品。

请分析：(1) 物业服务公司的做法是否妥当？为什么？

(2) 物业服务公司应该怎样妥善解决上述问题？

综 合 实 训

一、实训内容

物业服务费收缴情况调查。

二、实训要求

将学生分成若干小组，分别到不同的物业现场，向物业的业主和服务企业了解项目的物业服务费收缴情况，最后每组分别拟写调查报告。

单元 12

物业服务企业人力资源管理

教学目标

本单元主要介绍物业服务企业的人力资源管理，具体包括物业管理人员的素质要求、人员选聘、业务培训和绩效考核。教学目的是使学生通过本单元的学习能够充分了解作为一名合格的物业管理人员应该具备哪些素质，企业应如何塑造高素质的管理人才。

教学要求

能力目标	知识要点	权重
了解物业管理人员应具备的个人素质； 熟悉物业管理人员应具备的专业技能； 掌握物业管理人员的职业道德	物业管理人员的素质要求	35%
了解物业管理行业人力资源现状； 熟悉物业管理关键岗位应具备的素质	物业管理人员的选聘	30%
了解物业管理人员培训方案的制定和实施； 熟悉物业管理人员培训的方式； 了解物业管理人员培训的误区	物业管理人员的业务培训	20%
了解物业管理人员绩效考核方案的制定； 熟悉物业管理人员绩效考核方案的实施； 熟悉物业管理人员绩效考核的方法	物业管理人员的绩效考核	15%

引例

某物业服务企业 2009 年聘用了一批物业管理专业的大学毕业生，企业在用人过程中发现这些学生虽然是物业管理专业的学生，但是缺乏一定的实践经验，在与业主接触的过程中也存在着缺乏耐心、态度较差、专业水平不高等实际问题。为此，企业感觉到，物业管理人员必须具备一定的素质和职业道德，不能仅看是否是物业管理专业的毕业生，在具备专业知识的同时还要在企业进行再教育，才能达到企业用人的目的，成为合格的物业管理人才。那么，物业管理人员的素质要求有哪些，应该如何选聘和培训物业管理人员呢？这些问题将在本单元得到解决。

课题 12.1　物业管理人员的素质要求

12.1.1　物业管理人员应具备的职业道德

1. 工作认真，尽职尽责

物业管理人员要有强烈的事业心和职业责任感，不擅权越位，不掺杂私心杂念，不渎职。在工作中，凡属于自己工作范围内的工作，做好了是自己应该做的分内之事，出现问题了，应该勇于承担责任，总结经验教训，再千方百计把它做好，真正为业主和使用人创造"安全、舒适、宁静、方便"的工作、生活、学习环境。

2. 兢兢业业，热情服务

物业管理人员在工作中一方面要谨慎、勤恳，认真负责，埋头苦干，任劳任怨；另一方面，由于物业管理对象的多样性，要求物业管理人员有很好的心理素质和适应能力，无论对哪种类型的人都要热情服务。任何时候，都不能把个人的情绪带到工作中，只有做到认真、细致、谨慎、勤恳地工作，才能得到领导和业主的满意。

3. 积极主动，讲求实效

物业管理的内容多、范围广、任务急、情况复杂，要把各方面的工作做好，单纯依靠领导安排是不行的，必须依靠全体物业管理人员的积极性、主动性。只要属于自己工作范围内的任务，不要等领导布置、别人提醒，要主动把它干好。要做到人找工作，不要让工作找人。干工作时，要讲求时效，牢记时间就是金钱的道理，凡是用户需要做的事，都是重要的事，要分秒必争，尽快干好，决不能拖拖拉拉、互相推诿。这一点，关系到自己所在企业的形象。

4. 实事求是，办事公道

物业管理必须坚持实事求是的工作作风，一切从实际情况出发，客观正确地对待和处理问题，各项工作要求准确无误。要根据企业现有的条件，实事求是地解决业主和使用人提出的问题。办事公道也是物业管理人员必须坚守的信条，要求物业管理人员在为业主和使用人服务时，不搞暗箱接待，不分生人熟人，都要主持公道，特别是能从业主的角度出发去解决问题，切实做到公平合理。

应用案例 12-1

【案情介绍】

由于上海所处的地理条件，居民的衣物很难在户内晾干，特别是在江南一带特有的"梅雨"季节期间，气候暖湿，户内的衣物容易生霉，因此一般上海人都有"晒霉"的习惯，相当部分的居民往往在户外朝阳的窗口处搭建类似"球门架"的晾衣架。抬头望去，建筑物外立面上一个个"球门架"上飘扬着各式各样的衣物，形成一道独特的风景，很不雅观。

【解析】

依据有关规定，创建物业管理达标创优的楼盘，外墙立面是不准人为破坏，包括业主不得擅自搭建晾衣架。对此，在具体管理时，不少物业服务公司为维护有关规定，不顾业户的生活需求，不准业主在墙外安装晾衣器具，或者强行拆除业主的晒衣架，这样导致业主与物业服务公司的纠纷，也出现了不少业主的投诉。虽然业主应该遵守有关规定，但是物业服务企业在处理此类事务时，也必须做到实事求是，办事公道，切实为业主考虑。

【解决方法】

对于这一对矛盾，当事人上海陆家嘴物业服务公司本着"100%业户第一"的服务宗旨，通过运用有效的公关手段，逐一与业户进行"推诚至腹"的沟通和交流，坚持"实事求是，办事公道"，取得了业主的理解和支持。在与业主交流的过程中，他们认为：居民晾晒衣物是生活的必需，不能强行制止；而加强管理，遵循法规也是物业服务企业的责任，必须两者兼顾。他们在小区光照充足的地方集中建造了统一漂亮的晒衣架，居民要晾晒衣被，只要通知管理处，他们立即派专人上门收取，待晒干后包装好送到居民家中。这一举措，通过一段时间的实践，受到了业主的高度赞扬，既满足了业主的生活需要，又解决了小区的环境问题。

5．遵守纪律，奉公守法

对于物业管理人员来讲，遵守纪律，奉公守法，是进行正常工作的基本条件和要求。遵守纪律就是要求物业管理人员能够按照企业的规章制度，按时出勤，上班时不做与本职工作无关的事，坚守岗位，集中精力把工作做好。奉公守法就是要求物业管理人员坚持原则，不利用职务之便牟取私利，不搞权钱交易。要以国家利益、企业利益和群众利益为重，自觉奉献，以自己的行动来抑制不正之风。

6．谦虚谨慎，文明礼貌

物业管理人员一方面应该虚心、不自满，特别是在自己取得一定成绩时，不可自命不凡，盛气凌人。只有始终保持谦虚谨慎，以平等的态度与他人共处，虚心听取他人意见，才能与同事搞好合作，有利于各项工作的开展；另一方面还要做到文明礼貌，这是物业管理人员待人接物时的行为准则。与别人谈话时要耐心，态度热情，尊重他人意见，不把自己的意志强加给别人。

7．刻苦学习，提高素质

我们所处的时代日新月异，新生事物不断涌现。特别是物业管理中出现的问题日趋复杂，这就要求物业管理人员不断提高自身素质，才能适应工作的需要，要提高自己的素质就必须学习。学习政治、文化知识，提高自己的修养；学习现代科学技术知识，开阔视野，不断接受新事物，研究新问题。

8. 钻研业务，掌握技能

随着物业管理内容的增多，范围的扩大，要求物业管理人员必须钻研业务，不仅要掌握原有的业务知识，还要学习现代化的管理知识、业务技能，了解和掌握建筑业和物业管理中的新知识、新工艺、新成果，结合我国实际情况，运用到物业管理工作中。每个管理人员不仅要会管理，还要掌握物业管理工作各项技能，掌握一些能大大提高工作效率的技术，如计算机技术、现代办公设备的使用技术等。

> **特别提示**
>
> - 物业服务企业的工作人员不仅要具备其他岗位服务人员的良好职业道德，还应该适应每个物业服务区域的不同特点和特殊要求，具备特殊素质。

12.1.2 物业管理人员应具备的专业知识和专业技能

物业管理在我国仍属新兴行业，涉及面广、专业性强，没有一定专业知识和专业技能的人是无法从事物业管理工作的。

1. 具备前沿物业管理专业知识

物业管理人员必须掌握和了解与房地产有关的理论和开发、经营、管理、估价等基本知识，特别是作为物业管理专门人才，还必须具备最新的物业管理专业知识，用成熟的理论指导实践。同时，由于物业管理服务涉及面广，还要求物业管理人员具备经济学、服务经济学、管理学、法学、社会学、心理学等多学科知识。

2. 具有物业管理专业技能

物业管理的涉及面非常广泛，其中包括房屋建筑管理、设备设施管理、环境管理、安全消防管理等等，作为一个管理者如果对这些方面的知识一概不知或知之不多，是无法从事这项工作的。为了能够进行科学管理和管理创新，首先必须具有这方面的专业技能，才能管理好物业管理区域的各项事务，创出新的管理经验、新的管理模式。

3. 掌握现代管理手段

所谓掌握现代管理手段，就是一定要学会使用计算机和其他现代设备。现代社会是信息社会，物业管理实现信息化、系统化、网络化势在必行。我们只有通过计算机才能更好地收集、整理、筛选、储存、提取各种信息，才能节省人力、节省资金，快捷有效地搞好管理服务工作。掌握现代管理手段才能实现信息化、系统化、网络化管理。

12.1.3 物业管理人员应具备的个人素质

物业管理人员不仅要有较高的社会主义觉悟、高尚的道德品质、较高的业务能力和专业技能，而且还必须具有良好的个人素质。

1. 要有良好的语言表达能力

物业管理人员不仅是单纯管理物业，而更主要的是要与人打交道。物业管理人员在与业主、内部管理人员及各个相关部门打交道的过程中，需要靠语言表达来准确地传递信息、交流思想，没有艺术的语言是难以完成各项工作任务的。

2．要以端庄的仪容仪表，树立良好的个人形象

物业管理人员应以端庄的仪容仪表、得体的表情姿态、奋发向上的精神面貌，树立良好的形象，给人们带来信任感，有利于顺利地开展各项工作。

3．要有宽阔的胸怀，良好的心理素质

物业管理人员在遇到一些比较复杂的情况时，能够表现得自信、自强，在遇到挫折时不动摇，要有很好的心理承受能力，这样才能创造出更好的工作业绩。

4．要有健康的体魄

物业管理的工作复杂，事情繁多，时间又不确定，要更好地为业主或使用人服务，没有强健的身体是无法保证正常工作的。

12.1.4 物业管理人员应该具备的从业资格

物业服务行业对从事物业管理的人员有较为严格的从业要求，即要求物业管理人员取得相应的职业资格和执业资格。

1．物业管理人员应该具备的职业资格

为适应劳动力市场对物业管理人员的需求，规范从业人员的职业行为，国家劳动和社会保障部下发了《关于物业管理人员职业资格全国统一鉴定试点工作的实施办法》(劳社鉴定[2002]3号)，对物业管理人员统一鉴定作了详细规定，决定全面展开物业管理人员国家职业资格统一鉴定工作。同时，《物业管理条例》第33条规定："从事物业管理的人员应当按照国家有关规定，取得职业资格证书。"第61条规定："违反本条例的规定，物业服务企业聘用未取得物业管理职业资格证书的人员从事物业管理活动的，由县级以上地方人民政府房地产行政主管部门责令停止违法行为，处5万元以上20万元以下的罚款；给业主造成损失的，依法承担赔偿责任。"因此，取得相应的职业资格，成为物业管理人员能否从业的重要标准。

1) 物业管理人员职业资格等级划分

物业管理职业资格共设五个等级，目前此资格分三个阶段，分别为：物业管理员(国家职业资格四级)、助理物业管理师(国家职业资格三级)、物业管理师(国家职业资格二级)。

2) 物业管理人员职业资格申报条件

物业管理员：①在本职业连续工作1年以上，经本职业正规培训达标准学时数，并取得毕(结)业证书者；②在本职业连续工作2年以上；③具有本专业和相关专业大专以上学历。具备以上三者之一条件的即可申报。

助理物业管理师：①取得本职业物业管理员职业资格证书后，连续从事本职业工作2年以上，经本职业正规培训达规定标准学时数，并取得毕(结)业证书者；②取得本职业物业管理员职业资格证书后，连续从事本职业工作3年以上；③具有本专业和相关专业本科以上学历。具备以上三者之一条件的即可申报。

对于物业管理师：①取得本职业助理物业管理师职业资格证书后，连续从事本职业工作4年以上，经本职业物业管理师正规培训达规定标准学时数，并取得毕(结)业证书者；②取得本职业助理物业管理师职业资格证书后，连续从事本职业工作5年以上；③具有大专学历，连续从事本职业工作8年以上，经本职业物业管理师正规培训达规定标准学时数，并取得毕(结)业证书者；④具有本科学历，连续从事本职业工作6年以上，经本职业物业管理师正规培训达规定标准学时数，并取得毕(结)业证书者。具备以上四者之一条件的即可申报。

2．物业管理人员应该具备的执业资格

物业管理人员的执业资格，是指物业管理师执业资格。物业管理师是指经全国统一考试，取得《中华人民共和国物业管理师资格证书》(以下简称"资格证书")，并依法注册取得《中华人民共和国物业管理师注册证》(以下简称"注册证")，从事物业管理工作的专业管理人员。

1) 物业管理师的报考条件

《物业管理师制度暂行规定》第9条规定："凡中华人民共和国公民，遵守国家法律、法规，恪守职业道德，并具备下列条件之一的，可以申请参加物业管理师资格考试：

(1) 取得经济学、管理科学与工程或土建类中专学历，工作满10年，其中从事物业管理工作满8年。

(2) 取得经济学、管理科学与工程或土建类大专学历，工作满6年，其中从事物业管理工作满4年。

(3) 取得经济学、管理科学与工程或土建类大学本科学历，工作满4年，其中从事物业管理工作满3年。

(4) 取得经济学、管理科学与工程或土建类双学士学位或研究生班毕业，工作满3年，其中从事物业管理工作满2年。

(5) 取得经济学、管理科学与工程或土建类硕士学位，从事物业管理工作满2年。

(6) 取得经济学、管理科学与工程或土建类博士学位，从事物业管理工作满1年。

(7) 取得其他专业相应学历、学位的，工作年限及从事物业管理工作年限均增加2年。"

物业管理师资格考试合格，由人事部、住房和城乡建设部委托省、自治区、直辖市人民政府人事行政部门，颁发人事部统一印制，人事部、住房和城乡建设部用印的《资格证书》。该证书在全国范围内有效。

2) 物业管理师的考试

物业管理师资格考试科目为《物业管理基本制度与政策》、《物业管理实务》、《物业管理综合能力》和《物业经营管理》。资格考试分4个半天进行。《物业管理基本制度与政策》、《物业经营管理》、《物业管理综合能力》3个科目的考试均为2.5小时，《物业管理实务》科目考试时间为3个小时。

3) 物业管理师的注册

取得《资格证书》的人员，经注册后方可以物业管理师的名义执业。关于注册的相关规定具体如下：

(1) 住房和城乡建设部为物业管理师资格注册审批机构。省、自治区、直辖市人民政府房地产主管部门为物业管理师资格注册审查机构。

(2) 取得《资格证书》并申请注册的人员，应当受聘于一个具有物业管理资质的企业，并通过聘用企业向本企业工商注册所在省的注册审查机构提出注册申请。

(3) 注册审查机构在收到申请人的注册申请材料后，对申请材料不齐全或者不符合法定形式的，应当当场或者在 5 个工作日内，一次告知申请人需要补正的全部内容，逾期不告知的，自收到申请材料之日起即为受理。对受理或者不予受理的注册申请，均应出具加盖注册审查机构专用印章和注明日期的书面凭证。

(4) 注册审查机构自受理注册申请之日起 20 个工作日内，按规定条件和程序完成申请材料的审查工作，并将注册申请人员材料和审查意见报注册审批机构审批。注册审批机构自受理注册申请人员材料之日起 20 个工作日内作出决定。在规定的期限内不能作出决定的，应当将延长期限的理由告知申请人。对作出批准决定的，应当自决定批准之日起 10 个工作日内，将批准决定送达注册申请人，并核发《注册证》。对作出不予批准决定的，应当书面说明理由，并告知申请人享有依法申请行政复议或者提起行政诉讼的权力。

(5) 物业管理师资格注册有效期为 3 年。《注册证》在有效期限内是物业管理师的执业凭证，由持证人保管和使用。

4) 物业管理师的执业

物业管理师依据《物业管理条例》和相关法律、法规及规章开展执业活动。关于物业管理师执业的相关规定如下。

(1) 物业管理项目负责人应当由物业管理师担任。物业管理师只能在一个具有物业管理资质的企业负责物业管理项目的管理工作。

(2) 物业管理师应当具备的执业能力：掌握物业管理、建筑工程、房地产开发与经营等专业知识；具有一定的经济学、管理学、社会学、心理学等相关学科的知识；能够熟练运用物业管理相关法律、法规和有关规定；具有丰富的物业管理实践经验。

(3) 物业管理师的执业范围：制定并组织实施物业管理方案；审定并监督执行物业管理财务预算；查验物业共用部位、共用设施设备和有关资料；负责房屋及配套设施设备和相关场地的维修、养护与管理；维护物业管理区域内环境卫生和秩序；法律、法规规定和《物业管理合同》约定的其他事项。

(4) 物业管理项目管理中的关键性文件，必须由物业管理师签字后实施，并承担相应法律责任。

(5) 物业管理师应当妥善处理物业管理活动中出现的问题，按照物业服务合同的约定，诚实守信，为业主提供质价相符的物业管理服务。

(6) 物业管理师应当接受继续教育，更新知识，不断提高业务水平。每年接受继续教育时间应当不少于 40 学时。

课题 12.2 物业管理人员的选聘

12.2.1 物业管理人员的主要来源

物业服务企业处于发展壮大阶段，物业管理人员来源渠道多而杂，人员素质也良莠不齐，就目前来看，物业管理人员的主要来源有以下几种。

(1) 各高校物业管理专业的毕业生。目前,开设物业管理专业的高校数量较小,但随着物业管理行业的进一步发展,就业形势的逐步好转,全国各地的高等院校适应形势将逐步开设物业管理专业或物业管理专业课程,很大程度上解决了物业管理专业人员短缺的问题。

(2) 房地产行业的从业者。物业管理行业是从房地产行业剥离出来并适应现代物业保值、增值需要产生的,所以,很多从事物业管理的人员是从房地产专业转型而来。这部分物业管理的从业者了解房地产专业知识,熟悉物业管理的流程和管理的相关知识,是数量较多的物业管理人员来源。

(3) 专门从事物业管理专业服务的人员。物业管理是一项很庞杂的工作,对于房屋建筑物及附属设施设备的维护必须由相关专业的人员来承担,例如,从事水暖作业的专业人员、从事保洁服务的专业人员、从事安全保卫服务的专业人员等。这部分人员一般情况下不是物业管理专业的人员,也不了解物业管理真正的运作程序,只是在服务链条上从事枝节的工作,学历层次也不是很高。

(4) 不具备任何专业知识的人员。由于物业管理起步晚,专业人才储备严重不足,因此很多物业服务企业的工作人员大多是不具备相关专业知识和管理经验的人员。这部分人员数量大、素质较差,严重影响了物业管理行业的发展。

特别提示

- 目前物业管理的从业人员数量大、素质较低,各种层次的人员都有,一部分是正规院校物业管理及相关专业的人员,而绝大部分是根本不具有任何专业素质的人员,也就是说,行业及社会教育培训系统应该尽快建立一整套培训机制。

知识链接

物业管理人力资源现状分析

虽然物业管理近几年的发展速度突飞猛进,但是我国的物业服务企业大部分还没有真正的融入市场经济。事实上,物业管理是一种以人力资源和智力投入为依托,加以一定情感作用,并因地制宜的选择和创立服务模式、经营理念及管理方法的行业。因此,物业服务企业的人力资源部就要造就一支高素质的、多结构层次的优秀团队,改变人们的传统看法,树立物业管理新形象,赋予物业管理更丰富的内容。

物业管理行业是一个新兴的行业,加之行业发展速度过快,宏观上没有足够的人才供给,只有少数的大专院校设有物业管理专业,导致整个物业管理行业人才大贫血,人才结构严重失调。可以说,人力资源建设是物业服务企业的当务之急。当前物业服务企业的人力资源特征表现如下:

(1) 全行业管理素质水平低下。几乎没有物业管理的专才,一般都是承袭传统物管的经验者,他们对实际操作可能更为擅长,但是他们缺少与经验相匹配的管理理论知识;还有掌握了先进的管理思想却没有足够经验来实践的理论者以及经验理论都欠缺的不合格者。

(2) 人力资源配置失衡,人才浪费严重。大多物业服务企业是"麻雀虽小,五脏俱全",人力、物力、财力浪费极大,使企业管理经营成本增加;相反,各类工程技术人员工作量极不饱和,复杂的现代化设施、设备出现的重大技术问题却仍需依赖专业公司。

(3) 后备人才培养不足。更多的物业服务企业没有人才发展战略,不重视对后备人才的培养,或者不知道怎样培养大批高素质、高品质的物业管理人才、经营管理人才、技术人才,更别说企业如何适应行业多元化良性发展和为企业市场竞争提供强有力的支持了。

12.2.2 物业服务企业建立人力资源保障体系的两大途径

对企业来说，建立和完善人力资源保障体系有两大途径，一是引进人才——输血，二是培养人才——造血。

(1) 企业必须主动增强造血机能，这是建立人力资源保障体系的根本。其原因如下：

① 供应短缺，没有足够的输血来源。输血的成本远比造血成本低，特别是中小企业，往往通过招聘或猎取那些跳槽的人才，来实现企业人力资源的优化，增强企业的竞争力。物业服务企业当然也希望能通过招聘来实现人力资源的合理配备，但现实是残酷的——因为没有人才可供猎取。

正如前文所述，社会教育系统对这一行业的跟进较慢且与实践严重脱节，导致关于这一职业的人才供求市场严重失衡。这也使我们企业不得不将目光投向自身——主动增强造血机能，包括内部培训、岗位成才、企业间人才交流等多种渠道。

② 引进的人才也需要企业持续的激励与培养。企业通过招聘引进的大中专毕业生，还不是企业需要的能够实际发挥能量的人才，他们只是有可能成为人才的人。这是企业造血机能需要影响的一个重要部分。

除此之外，即使未来社会的人才供给增加了，企业所引进的人才也需要企业不断激励与培养，让人才的素质与能力得到继续提升。当企业的整体氛围进入一个人才与企业发展良性互动的轨道，大多数员工都能自我完善不断进取，企业将真正拥有活力，拥有强大的竞争力。

(2) 企业不能仅仅依靠自身造血，更需要全社会的输血。

企业自行造血，优势在于培养人才的过程中能够与企业实践紧密结合，有的放矢，缺什么补什么，有些培训甚至不用脱岗就能完成。但也有不利之处，就是在培训员工之前，可能首先需要培训一批能够培训员工的人，同时要合理设置课程与培训流程，而这些工作恰恰是企业不擅长的。

所以，当行业或社会教育体系不能提供足够并适合的人才时，企业一方面增强自身的造血功能努力培养人才，另一方面还要主动与教育机构合作，寻找更低成本、更高效率的人才培养方式。

正如引例中所述，企业必须输血与造血并举才能选拔合格的人才，为物业管理服务。在寄希望于行业或社会教育体系的同时，我们还应该分析物业管理行业与其他行业间的重合点。对于那些通用型人才，就不必投入精力去开展专门的培训，比如会计、秩序维护员或者汽车司机。甚至有些高级管理人才也可以聘用其他行业的精英，比如经济师、工程师、人力资源总监等。有的物业服务企业承担的酒店管理项目，可以直接面向社会招聘大部分职位。

12.2.3 物业管理关键岗位人员应该具备的素质

物业服务企业关键性的岗位如项目决策人员、客服人员、营销拓展人员、工程服务人员等除应具备一般岗位的素质之外，还必须要具备一些特殊素质，这些特殊素质直接关系到关键岗位能否发挥其有效作用，提升物业管理水平，从业者能否不断学习、提高，成为高素质、高水准的物业管理人员。

1. 服务能力和品牌意识

1）服务能力

怎样才能够更好展现服务能力呢？要把握住一个核心，就是作为服务人员，应站在被服务者的立场上去体验感受。能否把握这个核心取决于以下两点。

(1) 良好的职业道德，即对企业忠诚。以项目经理来说，他们中很多人曾"纵横江湖"、阅历丰富，思想意识、做人处事都有自己的风格。倘若没有良好的职业精神，我行我素，以权谋私，就会导致项目管理的失败。可见，对企业忠诚以及恪守职业道德会直接影响项目管理品质和企业的发展。

(2) 岗位的吸引力。如果物业管理从业人员在一个岗位上能做到"如鱼得水"，能充分发挥其优势，并使综合能力有所提升，那么就可以说这个岗位是充满吸引力的。

2）品牌意识

品牌作为一种无形资产已深入人心，它是高质量产品持久升华的一种企业信誉，是品质的象征并能给企业带来超额利润。物业管理提供的服务是无形产品，但也具有品牌意识。第一部全国性的物业管理法规——《物业管理条例》正式颁布，把竞争机制引入物业管理市场，我国物业管理行业由此进入法制化、规范化发展的新时期。许多过去不重视品牌、忽视管理的单位，包括大型房地产开发企业，现在都加大了对物业管理的重视和投入。人们常说："好的物业管理，一能增加商品房的销售量，二能树立企业形象、增强物业管理的品牌意识，三能使所购商品保值、增值。"就物业服务企业就更应该认识到，实施品牌战略是企业可持续发展的根本。那么，如何去走好象征企业发展之根本的品牌之路，就落到了关键岗位人员的肩上，为此，不断增强品牌意识，进行品牌化管理将日益重要。

2. 市场拓展与营销服务

所谓物业管理市场化，就是物业服务企业要依据法律、法规，利用市场规律的运作而达到物业服务企业的经营目标。物业管理是市场经济的产物，随着我国对外改革开放与住房制度改革的不断深化、住房分配货币化的实施、产权制度的改革，给物业服务企业提供了强大的市场。物业管理必须直接面向市场，物业服务企业就更应通过市场化的手段来经营和管理，不断提升物业管理水平。

目前，大大小小的物业服务企业鳞次栉比，各个公司的拓展方式、公关技巧、营销服务等手段发挥可谓淋漓尽致，市场份额的拼争已达到一种前所未有的高涨局面。面对这样的局势，物业管理行业关键岗位人才如何获取市场信息，准确判断、开拓有效市场，并设计拓展、公关与营销服务专案，占领市场份额，推进企业的发展壮大，实为首中之重。由此，对于这种能力的培养和提升将成为物业管理人才培训之根本。

3. 沟通协调与创新规范化管理

物业服务企业在处理日常事务时要与方方面面的人打交道，包括员工、业主、政府行政主管部门等，所以看一个项目管理者是否具有良好的沟通协调能力，关键是看其是否具有亲和力和凝聚力，是否善于与方方面面的项目参与人员进行良好的沟通，是否能听明他人的表述，并能根据了解的情况做出正确的判断和选择。据不完全调查显示，在众多导致项目管理失败的因素中，80%并不是因为专业水平不高，而是一些非专业因素，最突出的是人与人之间的沟通和协调方面做得不好和不够。有些被业主解聘的物业服务企业，其实管理的并不差，就是沟通有问题，因为，物业管理不仅是一个服务的过程，更是一个感情交流的过程。物业服务企业应该增强与广大业主和使用者的感情交流，拓宽与客户的交流渠道，甚至可以推出联户联访制度，即物业服务企业副主管以上的管理人员可以代表公司和总经理定期走访所负责的业主，为公司创品牌、树形象、争效益。

另外，对于物业服务企业而言，管理也是要创新的。

物业管理市场需求变化万千，而且物业服务企业各个阶段的特点也各有差异，这就要求物业服务企业要以品牌的发展规划为导向，调整管理的方式和流程，其基本特征是规范化管理，规范化管理中始终贯穿的最大要点是秩序。管理工作中讲的秩序不仅仅是讲整整齐齐，而在于高效率的分工协作，在于按工作目标和工作标准规范人的工作行为，在于人在确定的工作位置上发挥应有的作用，并使其有效资源在高度的比例性和连续性中不断正常运转，从而使企业的工作保持在一种有规律、有节奏的发展中前行，这同样是物业管理行业关键岗位人员所必需的素质。

4．经营超前与危机意识

在物业服务企业的服务过程中，经常存在一些不确定的因素，危机事件时有发生，如由于物业服务企业服务质量问题造成客户关系管理危机；一些突发事件、法律纠纷事件导致企业出现品牌危机和诚信危机；由于安全保障不到位造成严重的人身伤害和财产损失；企业内部经营管理不善所引发的内部管理危机等等。这些危机事件的发生严重影响了物业服务企业树立良好的企业形象和企业品牌，严重制约了物业服务企业的可持续发展，同时也给物业服务企业和业主以及使用者带来了巨大的经济损失和精神损失。所以，无论是对于要求物业保值增值的业主和使用者，还是对于保本微利的物业服务企业来说，如何正确识别、防范、物业管理服务过程中存在的物业管理风险和危机，已经成为物业服务企业当前一个亟待解决的热点问题。

课题 12.3 物业管理人员的业务培训

12.3.1 物业管理人员培训方案的制定

1．确定适合本企业发展的职业素质

不同的物业服务企业具有不同的特点，必须要有针对性地制定人员培训方案。所以在制定切实可行的人员培训方案之前，必须调查了解企业的各项特征，调查的主要内容有以下几方面。

1）确定企业发展目标和发展状况

了解本企业的发展目标和战略部署，不仅要了解本企业当前所管理的物业的状况，同时还要了解本企业下一步的发展目标和战略部署是什么，未来的管理目标是什么，从哪里着手突破，未来的经营范围有无变化等。

任何一个企业都有不同的发展阶段，不同的发展阶段需要的员工培训内容是不同的。第一种情况，物业服务企业刚组建或重新接受委托物业，人员是新的、任务是新的，这时

就需要有针对性地进行岗前培训；第二种情况，物业服务企业工作已经走上正轨了，为了进一步提高工作质量，那么就要区别不同的对象采取不同的办法进行在职培训；第三种情况，物业服务企业准备向不同的方向扩大经营范围的时候，那么就要针对不同的需要进行不同的培训，如短期培训、学历培训、外出考察等。

2) 确定企业员工目前状况

了解目前企业员工的基本状况，如学历状况、心理状况、年龄状况、职位状况、经验状况、技能状况等。对员工进行基本的分类，按照从事的不同岗位和学历、年龄对员工进行划分，确定员工目前整体水平和心理特点，以便于安排课程。

3) 确定企业服务对象的实际需要

物业服务企业的核心是为业主和使用人服务，物业服务企业人员的素质应该能够适应业主和使用人的需要。所以，从这个角度来说，对本企业服务对象的状况，有必要进行深入的调查研究。这里主要是调查了解本企业服务对象是属于哪一部分人群，他们的思想情趣是什么，生活习惯是什么，对物业服务企业的要求是什么等等。根据本企业服务对象的状况决定自己的工作方针和策略，并进行相应的业务培训。

2. 制订全年培训计划

每年底物业服务企业的各个部门发动本部门员工讨论明年的部门培训项目，可以提出个人的培训愿望和需求。部门经理负责制订来年的部门全年培训计划，向公司申报。公司汇总各部门的培训计划，将具有全局性的需要公司组织的培训内容编制成全年的公司培训计划，形成相辅相成的部门和公司的两套培训计划。

部门的培训计划着重于本部门各岗位的岗位职责、员工操守、应知应会的技能学习培训，使员工能胜任本岗位的工作。公司的培训则着眼于公司整体素质的提高，对具有共性的普遍性的能力进行培训，或需公司出经费的培训。

3. 每期培训的目的、对象、内容、方式及经费预算

培训方案的具体制定，要包括培训目的、对象、内容、方式、经费来源及数额等具体内容。通常可以采用国际上一种"5W1H法"来加以说明。所谓"5W1H法"，即 Why(目的性、必要性)、What(目标)、Who(主体和客体)、Where(地点)、When(时间)、How(方式、方法)。

Why：为什么要培训，培训的目的是什么。

What：要说明培训什么，欲达到何种目标。通过培训，是要员工掌握一些基本技能，还是要达到较高的技能水平。

Who：确定哪些人员为培训对象，以及聘请什么人做培训教师。

Where：在什么地点培训，是在企业内部，还是在企业外部。

When：什么时间开始培训，需要多长时间，是短期、中期还是长期培训。

How：采取什么方式进行培训(How to)和提出培训的经费预算报告(How much)。

物业管理人员培训计划的制订与实施是一个非常复杂的过程，没有统一的模式可以套用。培训计划的制订与实施，关键是要符合实际工作的需要，能够满足各类人员的要求，根据培训的具体目标，灵活机动地安排具体计划和实施方案，使培训能够达到预期的目的。

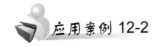
应用案例 12-2

某物业管理小区人员培训方案

为了保证管理服务质量，我公司一贯坚持"员工先培训后上岗"的原则。培训可以让新员工、在岗老员工了解工作要求，增强责任感，从而保证服务质量，提高劳动生产率，从而达到提高全体员工的精神面貌和物业形象的目的。

1. 培训目标

为了充分体现小区智能化、多功能的生活环境和××物业管理的形象，必须培养出一支踏实肯干、业务精通、具有良好服务意识和职业道德的物业管理队伍，确保××物业管理目标的顺利实现。

(1) 确立员工年度培训在150课时以上。
(2) 新员工培训率100%，培训合格率100%。
(3) 管理人员持证上岗率100%。
(4) 特殊工种人员持证上岗率100%。
(5) 员工年度培训率100%，培训合格率100%。
(6) 确立和完善工作、训练系统、网络。

2. 培训方式

(1) 自学。自学是提高学识和技术、增长知识才干的行之有效的方法，公司非常重视和鼓励员工利用业余时间参与自身岗位相关的专业培训班、大学自考班，在学习时间上给予照顾和安排。

(2) 自办培训班。举办物业管理及相关专业培训班，加强和提高员工专业素质和职业道德修养。

(3) 外派学习培训。安排外派专业培训，积极选派员工参加行业主管部门组织的各项专业技能培训。

(4) 理论研讨或专题讨论。针对物业管理工作中发生的疑难、典型案例及时聘请有关专家同管理层举行专题研讨会或专题讲座，总结探讨具有超前意识的管理途径或管理措施。

(5) 参观学习。管理处组织全体员工分期、分批参观同行业优秀项目，开阔视野，总结经验。

(6) 岗位轮训。通过岗位轮训，给员工提供晋升机会；通过人才横向、纵向交流，达到"专职、多能"的目的，从而提高综合素质和人才培养的功能。

3. 员工培训的类型

管理人员：侧重于服务意识、组织管理、领导艺术、经济知识、企业经营。

普通员工：侧重于服务、服从意识，工作技能和职业道德等。

新员工(试用期内)：公司将组织集中进行为期一个月的培训，包括军事训练和理论学习。军事训练侧重于队列、拳术训练，培养良好的形象；理论学习侧重于《公司概况》、《公司宗旨》、《管理模式》、《管理理念》、《员工手册》、《规章制度》、《专业知识》、《岗位职责》、《操作规程》等。

4. 培训的考核评估

培训前考核：了解员工的现状，确定员工培训的需求方向。

培训中考核：边培训、边考察，了解员工培训要求和标准执行情况。

培训后考核：分为实操和书面考评两种，反馈培训成效，把考评的结果作为考核员工综合培训成绩的主要依据，考核合格者方可上岗。

12.3.2 物业管理人员培训方案的实施

1. 在实施培训前，必须对培训的对象进行合理分类

物业服务企业员工构成基本可分为决策层、管理层和操作层。由于物业管理的服务特点，

其工作内容大致可分为保洁、绿化、秩序维护、工程设施维护，以及特约服务等几个部分，除了专业类培训的特别要求外，也要求员工，特别是管理层干部具有较高政策水平。因此，在对员工进行培训时既有相同要求，又有个性需求。培训最忌讳培训对象水平的参差不齐，因为培训内容的设计通常针对性很强，同样的培训内容因受众群体不同，效果往往有很大差距。

从这个层面上理解，可以将物业管理培训内容分为基础类、专业类和应用类三种。

(1) 基础类：主要是学习、了解和掌握物业管理相关法规和基本运作程序及方法，是日常工作的指导性知识和内容。

(2) 专业类：主要涉及具体工作所需的专业知识和专业技能。这部分内容有的可以通过物业服务企业的培训而达到目的，如保洁绿化人员的作业培训；但有的仅靠物业服务企业的培训是不够的，如工程技术类的专业知识和专业技能，还要由社会的基础教育及学历教育，以及职业技能教育提供，物业服务企业通过选择性招聘具有所需专业知识和专业技能的人才，并通过企业内部和外派的培训进行补充和充实。

(3) 应用类：主要是指做好物业管理具体工作必须用到的知识和技能，如面对客户所需要的礼仪常识和沟通技巧等。由于物业管理大多数岗位都有客户沟通和服务层面，因而对相应的规范和技巧都有要求。另外，这方面还应包括物业服务企业实施某些管理措施所开展的培训，如推行ISO9001质量保证体系或企业CI形象体系所进行的，旨在贯彻标准而进行的培训，还有旨在弘扬企业文化，进而加大企业内聚力和对外发散力的培训。

2．培训课程设计要有针对性

这不仅意味着培训人员要有的放矢，还必须根据公司的管理目标和方针，针对不同素质、不同层面、不同要求的员工，做出合理安排。如对于保洁绿化人员的培训，不必对物业机电设备状况有详细了解。由于面向管理和服务对象各有侧重，培训的要求和方向显然也不应相同。

3．参与培训的师资队伍要同时具备专业知识和工作热情

专业知识的丰富与否直接影响到培训内容。不少物业服务企业在选择培训的师资上都有要求。经常聘请一些有丰富理论和实践经验的行业专家，或是某领域的带头人给高级管理人员进行培训；对操作层的培训也是聘请专业工程师或有丰富经验的高级技工担当老师。工作热情对于培训教师也同样重要，意味着该教师是否热爱这份工作，能否将培训大纲的内容认真地传授给接受培训的员工，使之掌握并能在实际中灵活运用。

> **特别提示**
>
> ● 培训师资应具备的基本素质和能力包括：热爱培训工作、具有良好的职业素质和个人修养、具有有效的沟通能力、具备群体培训的组织能力。

4．物业服务企业要建立完善的评估制度

培训的效果要通过对教师和学生的测评得出。对教师评估有利于提高教学质量，而对学员的成绩评估则是为了有相对的制约，以保证学习效果。因为企业的培训往往是免费和不正规的，易流于形式，所以培训最终要有对学员完善的考试，和定期对老师教学质量的测评调查。对于企业来讲，培训的内容和效果还应与员工的升迁、任职相联系，增强员工参加培训的热情和动力，将员工素质的提高与企业的发展竞争力的提高有机联系起来。

12.3.3 物业管理人员培训的方式

根据培训内容以及培训对象的不同，可采用不同的培训方式。常用的培训方式包括讲授法、学徒法、小岛讨论法、角色扮演法、管理游戏法、观摩范例法。

1．讲授法

讲授法是最常用的一种教学方法，通常是让一位教员向学员直接传授某方面的知识。这种方法的优点是节约经费、教授对象多，可同时面对多名学员，一次教学可让很多学员同时受益。

2．学徒法

学徒法是最古老的教学方法，但至今为止仍然是企业培训新选拔人员最常用的一种方法。它的特点是由一名经验丰富的老师傅，负责帮带一名或几名新来的员工，通过传授、示范、练习、检查反馈等一系列过程提高新人的工作技能。学徒制较适合物业管理工作实践中保安、绿化、保洁、维修等技术性工种。

3．小岛讨论法

员工以5～7人为一组围在一个圆形桌前(也称"小岛")，对特定的话题或主题进行讨论。指导老师控制培训的时间和进程。每一位员工都可以自由地发表自己的意见，但是不允许反驳别人的意见。指导老师将每个人的意见都写在黑板上，同时鼓励员工说出更新或更古怪的想法。当大家将自己的想法全部讲完后，在指导老师的指导下，员工对每一种意见进行评价，最后选出大家都满意的答案。这种小岛讨论方式是引导员工自己解决管理问题的有效方法。

4．角色扮演法

角色扮演法是让培训对象假想自己是公司的某一角色，并以此角色的身份来解决问题。这种方法能让培训对象身临其境地分析问题和解决问题，对员工提高工作技能和改造工作习惯都很有帮助。例如：让员工扮演业主要求提供相应的服务，以提高员工的服务意识；让工作习惯不好的员工与上司角色转换以达到改变工作习惯的目的。

5．管理游戏法

这种方法寓教于游戏中，通过完成事先设计好的精妙游戏，让培训对象领悟到其中的管理思想。例如：组织员工对有争议的物业管理事件进行辩论，在辩论中提高认识。

6．观摩范例法

通过组织实地参观考察，运用电视机、录像机、幻灯机、投影机、收录机、放映机等设备来向学生呈现有关资料、信息，让员工学习经验、发现问题、改进工作。

12.3.4 物业管理人员培训的误区

1．培训需求鉴别上的误区

现在许多物业服务企业在培训设置或培训计划的安排上主观因素过多，大多是由企业负责培训的部门进行培训需求的鉴别,并制订培训计划,经讨论批准后实施,这种方法并不完善。由于物业管理涉及的专业工作种类较多,人员较复杂且层次参差不齐,集中化的培训需求鉴别很难反映实际的情况,也不能提高员工培训的总体效果。正确的鉴别方法应该是个人和基层领导提出培训需求,由培训管理部门进行增减、补充和汇总。

2. 培训形式和方法上的误区

以往许多物业服务企业在培训过程中,过分注重课堂教学及文件化程序,不能适应物业管理多工种的实际情况,也不能提高员工培训的兴趣和效果。应该根据实际情况因材施教,如对清洁工进行现场示范教学比发给操作文件更有效。

3. 培训与人才培养之间关系的误区

要培训专业素质较高的职业物业管理人才,仅靠课堂理论知识的学习是远远不够的,物业管理是实践性很强的学科,除了基础性的理论知识外,需要大量实践经验的积累和较高综合素质的支撑。因此要将培训和实践、专业知识的学习与综合素质的提高有机结合起来。

4. 培训效果考核误区

对培训成绩的考核和培训效果的评估也应根据实际情况进行,给受训人员以充分应用所学知识的实践机会,是培训工作的延续和检验。

物业服务企业的培训工作是一项系统工程,企业管理者必须以战略高度重视企业的培训工作,从而引导、推动企业的培训工作健康、有效地实施,真正使培训渗入企业管理的每一个过程。

课题 12.4 物业管理人员的绩效考核

12.4.1 制定物业管理人员绩效考核方案

物业服务企业员工绩效考核方案一般由人力资源部为主制定,同时需要各部门的配合。绩效考核方案一经制定,就作为一项制度保留下来,并根据企业发展情况进行不断的修订。

1. 确立考核目标

考核目标是依据企业发展目标而来的,首先需要确定企业的总体发展目标和年度、季度、月度工作目标,将企业的目标明确划分到各部门,再将各部门的工作目标分解到各个工作岗位,设定个人的工作目标和具体指标,只有这样才能保证企业目标的实现。

对于每个岗位、每位员工,都应依据年度目标列明季度、月、日工作目标。为了工作目标能够顺利实现,初步拟订员工工作目标后,部门主管应与员工就其工作目标进行沟通,根据员工的意见进行适当的调整。主管应与员工共同商讨,采用最佳工作方法,以确保员工工作目标的完成。

2. 明确考核目的

绩效考核的目的一般是为工作反馈、教育培训、人员任用、职务调整、报酬管理和表彰奖励等提供客观依据。因为考核目的不同，所以采用的考核方式也会有所不同。

3．设定考核时间

绩效考核关系员工的发展，因此必须保证其真实性和科学性。在执行时，可以是定期考核，如每日、周、旬、月度、季度、半年、年度考核，也可以是不定期考核。绩效考核的时间间隔应根据考核具体目的的不同而有所不同。如果考核的目的是为了上下级之间更好地沟通彼此的期望和想法，提高工作效率，则间隔期应适当短一些；如果考核的目的是为了人事调动或职位升迁，则应观察一个相对较长时期内的员工工作绩效。基层人员的考核周期一般可短一些，中高层人员的考核周期可长一些。

4．确定考核对象

每次考核、每个考核方案都应根据考核目的，明确具体的考核对象，如考核的是各部门主管，还是普通员工；考核对象还可以根据具体情况进行分类，如按年龄、部门、专业、培训内容等。

5．确定考核内容

根据考核的目的，绩效考核可以是员工工作的全面考核，也可以是局部考核。如果是全面考核，则应对员工工作中的每个重要方面都进行考核，而不是只作笼统评价。绩效考核只考核与工作绩效有关的方面，而不要注重其他方面。

绩效考核的内容一般包括以下3部分。

(1) 重要任务。本考核期内完成的重要工作。
(2) 岗位工作。岗位职责中描述的工作内容。
(3) 工作态度。指本职工作内的协作精神、积极态度等。

6．确定考核标准

一般来说，衡量员工工作绩效的总的标准有两条：第一，是否使工作成果最大化；第二，是否有助于提高组织效率。在每次制定绩效考核方案时，应根据各个岗位的工作目标，在岗位工作职责分析的基础上设计具体的绩效考核标准和考核指标体系，包括工作行为标准、工作成果标准和工作效率标准等。工作职责明确了该做的事情，绩效标准说明了必须达到的程度。

绩效考核标准是绩效考核的重点。对于物业服务企业来说，制定一套切实可行的绩效考核标准，不但关系考核结果的准确性，更关系到员工个人的发展，同时在企业定岗、定编、安排具体事务方面均有着重要的作用，标准不合适，绩效考核的结果也没有任何参考价值。

7．选择考核方法

绩效考核方法依据绩效考核目的而来，选择方法是关键是能否真实、准确反映考核效果。目前，绩效考核的方法很多，企业可根据考核目的、考核对象等因素选择适用的考核方法，并设计好所选考核方法需要的考核表格及其具体内容表述、等级划分等。良好而适用的考核方法应符合以下几个基本原则：

(1) 能够较好地体现企业目标和考核目的。

(2) 对员工的工作起到正面引导和激励作用。
(3) 能够比较客观地评价员工的工作绩效。
(4) 考核方法相对比较节约成本。
(5) 考核方法实用性强，易于执行。

8．确定考核人

考核人的确定是指具体由谁来进行考核。员工绩效考核的主要执行者应是熟悉员工工作的直接上级主管。直接上级相对来说最了解被考核者的实际工作表现，也最有可能反映真实情况。企业应选用待人公正、处事客观的主管人员来执行员工的绩效考核任务，并对考核人进行必要的培训，训练他们正确地使用绩效考核工具，以减少考核者个人偏见带来的考核误差。一些较高职位的考核，则应有更高级别的上级主持。

在实施考核的过程中，应注意吸纳部门内部同事、服务对象、合作团队来参与考核，也应考虑被考核者的自我评估，自我评估能够增强员工的参与意识，发挥改善工作绩效的主动性。

9．确定考核实施方案

科学的考核实施方案是保证整个绩效考核方案顺利实施并达到考核目的的基础，所以需要精心进行设计。考核实施方案包括考核实施操作程序、反馈要求等项内容。

10．考核方案的审批

根据企业发展规划和现阶段的发展目标所制定出来的绩效考核方案，须经上级领导审阅，审阅主要从目的、标准、执行人、方法等几个方面进行，关键是看方案的科学性、实用性，是否符合考核目标。

12.4.2 物业管理人员绩效考核方案的实施

1．认真研究考核方案

如前文所述，考核方案一旦制定，会有一定的延续性。因此在考核之前，必须熟悉了解考核方案的有关内容和考核的关键及重点，不违背考核方案的原则，做到考核的准确、科学。

2．与被考核人沟通

在实施绩效考核前，应先做好沟通工作，让被考核的员工了解考核的目的、内容、标准和操作程序，理解绩效考核体系的管理思想和行为导向。

3．了解被考核人工作状态

在考核之前，必须掌握被考核人的大量工作信息，因为这些信息会反映出被考核人的工作状态，以便于进行准确考核。一般需要通过查询员工工作日志、档案、文件、出勤情况、关键事件记录，考核期内的每周、月、季度、半年、年度考核资料，部门、个人工作总结或其他专题报告，掌握员工的实际工作情况。

> **特别提示**
>
> • 绩效记录对于员工绩效反馈、面谈、奖惩以及解雇有关人员都是非常重要的事实依据。在必要时，还需要员工在某些绩效记录上签字确认。

4. 依据绩效资料进行测评

制定相应的考核表，一般先由被考核员工自我测评，给出一定分数；然后由考核人员指定被考核员工的上级、同事、合作者、服务对象、熟悉了解情况的相关人员填写相关考核表格，必要时请专家、学者参与考核过程，给出指导意见。

5. 确定测评结果

当各相关人员完成绩效考核表之后，有考核人汇总、整理、综合处考核意见，一般来说，考核意见不能过于片面或一边倒，应认定主要考核意见和参考意见。将考核结果上报企业主管领导，由具有相应权限的领导或企业内部组织通过一定的程序进行审核。

6. 考核结果反馈

绩效考核的结论应当反馈给被考核员工，使其了解组织对自己工作的看法与评价，从而有利于员工发扬优点，改正缺点。一般应由直接主管以面谈的方式将考核结果告知员工，肯定员工的成绩和进步，并说明不足之处，提出今后努力方向的建议等。

> **特别提示**
>
> • 员工的年终考核结果汇总表应交人力资源部存档。人力资源部应对年终绩效考核结果做出分类统计分析。

7. 制订绩效改进计划

绩效考核的根本目的就是改进绩效。对于比较薄弱的环节，应鼓励员工努力提高专业知识和职业素养；对于做的不到位的工作，应让员工及时改进，更重要的是应指明员工今后工作努力的方向，自我培养和发展的要点以及相应的目标等。

> **特别提示**
>
> • 因为工作绩效是员工主观因素和企业客观因素的综合反映，所以绩效改进不仅要针对被考核的员工，还要将企业环境条件作出相应调整，如撤换不称职的主管、提高奖励额度、增加培训机会等。

应用案例 12-3

某物业服务企业员工绩效考核方案

为贯彻按劳分配原则，规范物业公司职工队伍的管理。建立以岗位绩效奖金制为主要形式的奖金激励制度，通过对职工履行岗位职责情况的评估，将其奖金分配结构与实际工作业绩紧密结合。调动职工的工作积极性、提高职工的自身素质,推动小区物业管理工作上一个新的台阶,特制定本方案。

一、绩效考核原则

1. 客观公正、实事求是,考核内容和考核方式公开透明。
2. 注重实际、合理量化、综合平衡的原则。
3. 谁管理谁考核,并体现权重的原则。

二、考核的基本内容

小区物业公司绩效考核,分为经理考核和职工考核。

(1) 经理考核内容:经理考核主要从敬业精神、领导能力、工作态度,工作业绩、遵规守纪、理论学习和综合素质等7个方面。

(2) 职工考核内容:职工考核主要从个人的敬业精神、工作态度,工作能力、遵规守纪、理论学习、团结协作和综合素质等7个方面。

三、考核时间及方法

1. 所有被考评者均采取自我述职报告、被考评者自我评分、民主测评打分和考核人综合评判打分的方法,在每月的第一周进行上月的绩效考核,并在两个工作日内完成。考核结果在当月内有效。

2. 考核测评打分方法。

(1) 物业公司经理测评打分。

各局属物业公司经理的考核人为主管局领导。测评打分由三个部分组成:

第一部分,被考评者自我评分。填写《经理绩效考核自我评分》,分敬业精神、领导能力、工作态度、工作业绩、遵规守纪、理论学习6个方面自我评分;

第二部分,民主测评初评打分。由本小区全体职工从敬业精神、领导能力、工作态度、工作业绩、遵规守纪、理论学习6个方面,分别给被考评者初评打分;

第三部分,考核人综合评判打分。由主管局领导给被考评者的综合素质评判打分。

最终成绩=自我评分×20%+民主测评分×30%+考核人综合打分×50%

(2) 职工测评打分。

各局属物业公司职工的考核人为各物业公司经理和主管局领导。测评打分由三个部分组成:

第一部分,被考评者自我评分。填写《职工绩效考核自我评分》,分敬业精神、工作态度,工作能力、遵规守纪、理论学习、团结协作6个方面自我评分。

第二部分,民主测评初评打分。由本小区全体职工从敬业精神、工作态度、工作能力、遵规守纪、理论学习、团结协作6个方面,分别给被考评者初评打分。

第三部分,考核人综合评判打分。由本小区物业公司经理和主管局领导给被考评者的综合素质评判打分。

最终成绩=自我评分×20%+民主测评分×30%+考核人综合打分÷2×50%

四、考核结果的应用。

局属各物业公司,分别实行全员(本局干部职工)年度基本奖金一次性承包制度。绩效考核成绩与奖金直接挂钩,作为被考核人下一个月奖金分配的决定因素。

1. 绩效考核成绩为A级者,上月奖金分配:

月奖金=[绩效考核最终成绩%+奖金加权(10%)]×基本奖金

2. 绩效考核成绩为B级者,上月奖金分配:

月奖金=[绩效考核最终成绩%+奖金加权(5%)]×基本奖金

3. 绩效考核成绩为C级者,上月奖金分配:

月奖金=[绩效考核最终成绩%+奖金加权(0%)]×基本奖金

4. 绩效考核成绩为D级者,上月不计发奖金。并待岗学习一个月,待岗期间也不计发奖金。

5. 全年度累计12个A者,年终奖励1 000元。

12.4.3 物业管理人员绩效考核的主要方法

绩效考核的核心，是搜集到与每一个员工的工作状态、工作行为、工作结果有关的信息，并将其转化为对员工工作的评价，据此为与员工管理或开发有关的活动提供信息支持。因此，绩效考核的方法，也就成为绩效考核的核心内容所在。进行绩效考核有很多种方法，这都是人们在多年的管理实践中积累并经过管理理论工作者升华、改进的结果。任何一种考核方法都具有其优点和缺点，有其特定的使用范围。

1．民意测验法

民意测验法就是请被考核者的同事、下级及有工作联系的人对被考核者从几个方面进行评价，从而得出对被考核者绩效考核结果。

2．共同确定法

这一方法得基本过程是：先由基层考评小组推荐，然后进行专业考核小组初评，再由评定分委员会评议投票，最后由评定总委员会审定。

3．配对比较法

就是将被考核者进行两两逐对比较，比较中认为绩效更好的得 1 分，绩效不如比较对象的得 0 分。在进行完所有比较后，将每个人的所得分加总就是这个人的相对绩效，根据这个得分来评价出被考核者的绩效优劣次序。

4．等差图表法

在实际操作中主要考虑两个因素：一是考核项目，即要从哪些方面对员工的绩效考核；二是评定分等，即对每个考核项目分成几个等级。在确定了这两者后，即可由考核者按照评定图表的要求对被考核者给出分数。

5．要素评定法(点因素法)

实际上是在等差图表法的基础上，经过两点改动而形成的。考虑到不同的考核项目具有不同的重要性。因而考虑加权的因素，将不同的因素赋予不同的重要性，这个重要性是通过他们各自的分值范围体现的。

6．欧德伟法

与所谓的关键事件法实际上是相同的。基本方法是每个人都以一定的分数为基本分，然后根据一系列加分和减分项目进行计算得出考核总分。一般由主管人员进行记录。

7．情景模拟法

情景模拟是为了适应当前很多管理和执行工作的发展而提出来的：工作越来越复杂，每一项任务的执行都需要多方面的素质和能力，而不同任务所需要的素质和能力又是不同的。这种方法适用于关键岗位、特殊岗位的员工。

8．关联矩阵法

与要素评定法有部分相同之处，但也有显著的不同——引进了权重，并且将考核相关数据都利用计算机系统进行处理,这样既保证了考核数据的迅速处理,也使在这方面减少了人为的因素,对各考核要素在总体评价中的作用进行了区别对待,因而更加科学和实用。

9. 强制选择法

该法要求考核者从许多陈述中选择与被考核者的特征最相近的陈述。企业要想使用这种方法,必须在绩效考核方面花大力气、严格坚持科学性,并且要求这种方法简单易懂。

某物业管理方案中人力资源管理方案设想

人力资源是物管企业最大的资本,因而,必须树立现代的人力"资本"观念,把人力资源作为企业的一种最重要的资本进行开发利用,扩大投资,让其为企业创造更多的价值。××物业将建立一套客观公正的价值评价体系和晋升考核机制,能量化的尽量加以量化,不能量化的则以适当的方式转化可量化的项目,在工作绩效的考核方面将注重绩效的改进,而在工作态度和能力方面侧重于长期表现,在考核过程中,以上级考核下级为主,辅以同级之间和下级对上级的评价来综合衡量,确保考核的公平、公正和公开。××物业已经具有以下三个方面的优势:一是具有对人才有吸引力的、符合企业实际的薪酬福利政策;二是重视与员工的沟通,加大了情感投资力度,充分尊重员工,对员工进行"人文关怀、情感服务",用温馨、和谐的企业内部人际关系氛围打动和感染员工,让员工感受到企业这个"大家庭"的温暖;三是进行职位激励,帮助员工进行职业生涯设计,给员工特别是中高层管理人员自我价值实现的机会。通过种种努力,××物业势必能引进人才、留住人才、用好人才、提升人才,使员工以公司为家,以目前的职业为终身职业,确保××物业管理质量,保证了××物业的可持续发展。

1. 激励机制

激励机制是激励活动要素在进行过程中相互联系、相互作用、相互制约及激励效果之间内在联系的综合机能,其作用旨在提高"内聚力"。

(1) 实施日常管理目标责任制,增强管理层的工作主动性,按"国优"标准制定各项管理指标,严格作好各项工作,明确奖罚。

(2) 实施奖金、破格晋级制度,调动全员工作热情。管理处员工实施奖惩制度,奖金标准与工作表现和业绩挂钩,并可根据具体情况,对先进给予破格晋升,以形成竞争激励机制,提高员工积极性。

(3) 依法管理,管教结合,融情于管。管理处依法与员工签订劳务合同,关心员工生活,帮助其解决家庭困难,使其无后顾之忧,保持良好的工作情绪,给业主提供优质服务。

2. 监督机制

监督机制是实现物业管理各项工作顺利开展的必要外在约束条件,防止或纠正工作中出现的偏差,保证小区管理机构及其工作人员依法办事。

(1) 管理者对机构内部工作人员进行监督。

(2) 业主对管理机构及工作人员进行广泛监督,形成多方面综合监督体系。

(3) 通过信息反馈等各种手段,实现监督管理的闭环机制,保证××物业管理监督机制的有效实现。

3. 自我约束机制

(1) 经济利益促动自我约束机制,充分利用经济措施去诱发管理对象、对利益敏感的动机,由这种动机去对行为作自我约束。

(2) 目标结构与责任相联系的促进机制,将管理目标层层分解到个人以后,由分层次的子目标之间相互联系而形成的促动机制。

(3) 权利链条相互制约机制，建立管理对象之间相互制约的权利链条，形成相关机构、相关员工相互制约的自我约束机制。

单元小结

本单元主要介绍了物业服务企业人力资源管理的基本内容。物业管理人员应具备爱岗敬业、诚实守信、遵纪守法等职业道德，还要具备现代物业管理专业知识和相关技能，还要有良好的身体素质，取得相关从业资格。物业管理人员来源广泛但是整体素质有待提高，解决物业管理人才短缺的办法是造血与输血。制定物业管理人员培训方案首先确定适合本企业发展的职业素质，拟订合理的培训计划和经费预算等，培训形式与方法多种多样，要注意培训工作应符合企业发展的整体需要。物业管理人员绩效考核是检验员工素质的有效方法之一，首先要制定合理的绩效考核方案，实施时要有步骤地进行，考核的方法有民意测验法、共同确定法、配对比较法、等差图表法、要素评定法(点因素法)和欧德伟法等。

习　题

一、单项选择题

1．要求物业管理人员在工作中一方面要谨慎、勤恳，认真负责，埋头苦干，任劳任怨；另一方面，由于物业管理对象的多样性，要求物业管理人员有很好的心理素质和适应能力是下列哪种职业道德(　　)。

A．工作认真，尽职尽责　　　　　　B．兢兢业业，热情服务
C．积极主动，讲求实效　　　　　　D．实事求是，办事公道

2．物业管理人员在遇到一些比较复杂的情况时，能够表现得自信、自强，在遇到挫折时不动摇，要有很好的心理承受能力是下列哪种个人素质(　　)。

A．良好的语言表达能力　　　　　　B．端庄的仪容仪表
C．宽阔的胸怀，良好的心理素质　　D．健康的体魄

3．请被考核者的同事、下级及有工作联系的人对被考核者从几个方面进行评价，从而得出对被考核者绩效考核结果的考核方法是(　　)。

A．共同确定法　　　　　　　　　　B．配对比较法
C．民意测验法　　　　　　　　　　D．等差图表法

4．要素评定法又称为(　　)。

A．点因素法　　　　　　　　　　　B．关联矩阵法
C．强制选择法　　　　　　　　　　D．欧德伟法

5．通过组织实地参观考察，运用电视机、录像机、幻灯机、投影机、收录机、放映机等设备来向学生呈现有关资料、信息，让员工学习经验、发现问题、改进工作的培训方式是(　　)。

A．讲授法　　　B．学徒法　　　C．小岛讨论法　　　D．观摩范例法

二、多项选择题

1. 物业管理人员应具备的专业知识和专业技能有(　　)。
   A. 较高学历　　　　　　　　　　B. 职业资格证书
   C. 现代物业管理专业知识　　　　D. 物业管理专业技能
   E. 现代管理手段

2. 物业管理人员的主要来源有(　　)。
   A. 各高校物业管理专业的毕业生
   B. 房地产行业的从业者
   C. 专门从事物业管理专业服务的人员
   D. 不具备任何专业知识的人员
   E. 行政管理人员

3. 物业管理关键岗位人员应该具备的素质包括(　　)。
   A. 服务能力和品牌意识　　　　　B. 沟通协调与创新规范化管理
   C. 经营超前与危机意识　　　　　D. 健康的体魄
   E. 市场拓展与营销服务

4. 物业管理人员培训的内容可以分为(　　)。
   A. 基础类　　　　　　　　　　　B. 专业类
   C. 应用类　　　　　　　　　　　D. 操作类
   E. 理论类

5. 物业管理人员培训的误区有(　　)。
   A. 培训需求鉴别上的误区　　　　B. 培训形式和方法上的误区
   C. 培训与人才培养之间关系的误区　D. 培训效果考核误区
   E. 培训信息不对称误区

三、情景题

1. 某物业服务公司为了更好地激励员工，准备选用一套新的员工绩效考核办法。如果你是该项工作负责人，可以选择哪些考核方法？

2. 某物业服务公司正在修改、调整员工绩效考核方案。如果你是该项工作的负责人，你应如何确立员工绩效考核目标？

四、案例分析题

2010年，宏达物业服务公司制定了新的物业管理人员培训及考核方案，关于人员培训问题，几个部门负责人僵持不下，有的认为培训可以利用业余时间进行，这样可以不耽误正常工作，有的部门负责人认为培训必须在企业外部进行全脱产学习，这样可以保证培训质量。关于考核问题争执就更大了，有的认为考核应该公开进行，有的则认为背靠背考核效果更好。如果由你来负责宏达公司的物业管理人员培训及考核方案的制定，你该如何处理几个负责人提出的问题？何种培训及考核方案才是最适合宏达公司的？

综 合 实 训

一、实训内容

某小区一位业主装修时，擅自在阳台顶棚焊接铁架，与楼宇其他阳台极不协调。管理处发现后，立即发出停工整改通知书。业主对此怨声载道，说管理处限制她的自由，铁架非搞不可。你发火我不发火。管理处有关人员三番五次地耐心给她讲解装修管理法规，说明保持楼宇外观统一的必要性，任硬顶也好、软扛也罢，在原则问题上决不退让，业主一看管理处的态度这么坚决，只好按照要求进行整改。

虽说违章装修的问题解决了，但这位业主的心中也留下了对管理处的成见，每次见面都板着个脸，主动搭话也爱理不理的。这样就会影响以后与业主的沟通，对此管理处应该怎么办？

二、实训要求

分组讨论上述案例的解决方法，有必要的话可以深入物业服务企业进行咨询，寻求最佳解决方案。

单元 13

公共礼仪、企业文化与企业形象塑造

教学目标

本单元主要介绍物业管理过程中的公共礼仪、企业文化和企业形象塑造。教学目的是使学生通过本单元的学习能够掌握物业管理过程中的公共礼仪、熟知企业文化的力量,深知企业形象对企业发展的重要作用。

教学要求

能力目标	知识要点	权重
了解物业管理人员的一般礼仪; 熟悉物业管理人员的日常交往礼仪; 掌握物业管理人员的语言礼仪	物业管理中的公共礼仪	35%
了解物业服务企业文化建设的重要性; 掌握物业服务企业文化塑造的手段	物业服务企业的企业文化塑造	25%
了解ISO 9000质量体系的实施; 熟悉质量管理体系文件的组成; 了解物业服务企业品牌的塑造	物业服务企业形象塑造	40%

公共礼仪、企业文化与企业形象塑造 单元 13

 引例

随着物业管理市场的逐步完善，物业服务企业之间的竞争也越来越激烈，如何在激烈的市场竞争中处于不败之地，拓展自身进一步发展的空间，是物业服务企业在现代市场竞争中必须要思考的问题。大量实践表明，企业的公共礼仪、企业文化和企业形象的成功塑造是成功的关键环节之一，那么，物业管理过程中的公共礼仪有哪些，如何进行企业文化建设和企业形象塑造呢？这些问题将在本单元得到解决。

课题 13.1 物业管理中的公共礼仪

13.1.1 物业管理人员的一般礼仪

1. 物业管理人员的仪表风度

物业管理人员其实在很大程度上是物业服务企业形象对外的代表，不仅对物业服务企业在公众心中的地位起着重要的作用，而且从物业管理人员本身就可以看出公司的素质。因此每位员工一言一行都要注意不仅代表个人，更代表物业服务企业。

> **特别提示**
>
> 仪容，通常是指人的外观、外貌。仪表，是人的综合外表，它包括人的形体、容貌、健康状况、姿态、举止、服饰、风度等方面，是人举止风度的外在体现。

1) 仪表形态

形态是一个人体态与表情的综合表现，是人精神气质的外在彰显。物业服务人员要想在公众面前表现得精神焕发、举止优雅、具有感召力和亲和力，就必须时时注意自己的体态、动作、表情。在人际交往的过程中，这些体态构成了一种无声的语言，向公众传达不同信息，我们必须学会使用这种语言。

(1) 立姿。中国古人有"站如松，坐如钟，卧如弓"的说法，形容人的各种体态，是很有道理的。站姿的基本要领是：男子在站立时，应端正、庄重，具有稳定感。一个人端立于前，从正面看去，以鼻为点向地面做垂直线，两侧的人体均衡对称。挺拔与稳定的站态，表现了男子特有的坚定沉着的性格与信心。女子站立讲究挺直、舒展，古人常以"亭亭玉立"来形容。其动人的立姿表现为：自然直立，挺胸收腹，腰直肩平，下巴微收，使头、颈、腰、腿保持在一条直线上，重心放在双脚中间脚弓前端位置。

(2) 坐姿。坐姿要体现端庄、大方、自然的特点。落座时要轻缓，不可猛地砸进沙发。落座后要注意上身挺直，不可半躺半卧地埋在沙发里。坐姿的基本要领：男子坐姿，要躯干正直，肩不头正，腰背贴椅，两腿自然弯曲，双脚并列地面，四肢摆放不宜开太大，以形成一种端正规矩、平稳舒适的坐姿，即所谓"坐如钟"。女子落座时要从容大方，即使很疲劳，也应颈直目平，两手重叠静放腿上。双腿自然弯曲并拢，如穿裙子，要注意把裙脚收好，从椅子起身时，收腹提气，靠腿部支撑站立起来，全身站稳后再迈步。

(3) 走姿。最能体现出一个人的精神面貌的姿态就是走姿。从一个人的走姿就可以了解他的欢乐或悲痛，热情而富有进取精神或失意而懒散，以及是否受人欢迎等。人在行走时要保持稳重、平衡的姿态，不要东张西望，左盼右顾。要求头部端正，腰部挺拔，步履稳健，步幅均匀，上身避免左右摇摆，前仰后合。走路时，男子要显出阳刚之美；女性要款款轻盈，显出阴柔之美。

(4) 手势。手势是人际交往过程中非常重要的一种表达思想、情感的方式，是一种独特的体态语言。在社会活动中，恰当的手势语言的使用，可以增加语言的说服力，甚至能表达语言无法表达的思想内涵。

2) 着装

因为要经常接待业主及其他客户，所以物业服务人员要注重衣着，上班时要身着统一制服，制服应挺直、舒展、干净，不得穿着脏乱的服装上岗。

(1) 着装。男性物业服务人员穿着衬衣时必须扎领带，不得穿高领内衣，纽扣要全部扣好，不得敞开外衣、卷起裤脚或衣袖。不得佩戴饰物，制服外不得有笔、纸张等物品，衣袋内不得装过大、过厚物品，钥匙、手机不要挂在皮带上面。女性物业服务人员着装应美观大方，切忌短、露、透，一般应以穿着职业套装为宜。

(2) 鞋袜。物业服务人员要做到鞋袜整齐，工作鞋干净光亮，鞋底不钉铁掌。男士上班时只准穿深色皮鞋(特殊工种除外)，袜子要穿素色，但不得穿白色袜子。女士袜口不能露在裙装外，穿肉色袜子，不能穿黑色袜子，应穿着黑色皮鞋。

(3) 工作牌。物业服务人员要佩戴物业服务企业统一制作的员工证。佩戴时，员工证须置于上衣左侧兜盖上方中央位置，员工证下沿与兜盖上线平齐。

特别提示

● 物业服务企业的工作人员因其工作岗位不同，具体的形象要求也是不同的。但是，总体的礼貌、仪表要求是一致的。

知识链接

物业服务人员头发与肢体要求

1. 头发

1) 发式

每周至少洗三次头，并及时梳理和整饰，整饰发式通常每半月一次，以保持适当的发长。另外，注意不要当众梳理头发，也不可乱扔断发与头屑等物，也不可以手代梳。

2) 发型

发型的选择应考虑工作场所、时间、年龄及个性、体貌特征等因素，基本要求是长短适当、风格庄重。

对男士而言，要求是前发不覆额，侧发不掩耳，后发不触领，不可长发披肩或梳起发辫，也不可剃光头；对女士而言，一般以简约、明快为宜，脸长者不宜头发过短，脸短者不宜头发过长；个高者可留长发，并可以梳理蓬松，个矮者宜剪短发，不可梳理成大发式；肤黑或黄者不宜留披肩发。

2. 肢体

1) 手臂的保养和装饰

勤洗手，确保无泥垢，避免生疮或破裂、红肿。不留长指甲，不可在指甲上涂抹浓重的指甲油。

2) 腿脚的清洁和美化

保持鞋袜无异味，注意鞋子的清洁；女士腿毛过重，要穿着色彩不鲜明的袜子，特别是在穿着裙子时。

2. 物业管理人员的表情修养

物业管理人员是提供服务的主体,因此注重表情修养是极为重要的。健康的表情是自然诚恳、和蔼可亲的,是一个人优雅风度的重要组成部分,构成表情的主要因素是目光和笑容。

1) 目光

目光是人在交往时,一种深情的、含蓄的无声语言,往往可以表达有声语言难以表达的意义和感觉"眼睛是心灵的窗户",它在很大程度上能如实地反映一个人的内心世界。物业管理人员良好的交际形象,目光应是坦然、亲切、和蔼、有神的。运用目光语应注意以下几点。

(1) 注视时间。自然有礼貌的做法是在交谈过程中与对方目光接触应该累计达到50%～70%,其余30%～50%时间,可注视对方脸部以外5～10米处。

(2) 注视区域。在洽谈、磋商和谈判等严肃场合,注视的位置在对方双眼与额头之间的区域,称公务凝视。在一般社交场合,注视的位置在对方唇心到双眼之间的三角区域,称社交凝视。

(3) 注视方式。无论那种凝视,都要注意不可将视线长时间固定在所要注视的位置上,因适当将视线从固定位置上移动片刻。与人说话时,目光要集中注视对方;听人说话时,要看着对方的眼睛;想中断与对方的谈话时,可有意识地将目光稍稍转向他处;谈判和辩论时,就不要轻易移开目光,直到逼对方目光转移为止;谈兴正浓时,切勿东张西望或看表,这是一种失礼的表现。

2) 微笑

微笑服务是一种高层次、高规格的礼貌服务。

(1) 微笑一定要发自内心。微笑既然是一种情绪语言的传递,就必须强调发自内心。只有发自内心的诚挚的微笑,才具有会心的魅力,才能感染对方,发挥情绪沟通的桥梁作用,制造良好的工作氛围,并有益于自身的身心健康。

(2) 微笑服务要始终如一。微笑服务应当贯穿在物业管理综合服务工作的全方位、全过程的各个环节中,只有这样,才能最终发挥微笑服务的作用。

(3) 微笑服务要做到"五个一样"。领导在与不在一个样,身份高与低一个样,生人与熟人一个样,心境好与坏一个样,领导与员工一个样。

(4) 微笑服务要持之以恒。微笑服务既然作为规范化服务的重要内容之一,表明它不会自发形成,而是需要进行多方努力,才能蔚然成风,持之以恒。

13.1.2 物业管理人员的日常交往礼仪

1. 物业管理人员与业主、客户交往时的称谓礼仪

称谓是指人们在日常交往应酬中,所采用的彼此间的称谓语。在物业服务公司的对内、对外公务活动过程中,选择正确、恰当的称谓,是对他人尊重、友好的表示。

1) 称谓方式

(1) 职务性称谓。以交往对象的职务相称,以示身份有别、敬意有加,这是一种最常用的称谓。以职务相称,一般有三种情况。

职称职务，如："董事长""经理""主任"等。

姓氏+职务，如："赵经理""李主任"等。

姓名+职务，如："王某某部长""李某某主任"等，主要用于特别正式的场合。

(2) 职称性称谓。对有职称者，尤其是具有高级、中级职称者，可以称姓氏加职称。如："冯教授"、"陈工程师"或简称"陈工"等。

(3) 行业性称谓。对于从事某些特定行业的人，可以称姓氏加职业。如："魏教师"、"张律师"、"韩会计"等。

(4) 性别性称谓。根据性别的不同，还可以称呼"小姐"、"女士"或"先生"。"小姐"是称未结婚的女性，"女士"是对女性的一种尊称。

(5) 姓名性称谓。在工作岗位上称呼姓名，一般限于同事、熟人之间。其具体方法有三种：直呼姓名；只呼其姓，不称其名，但要在它前面加上"老"、"大"、"小"等。如："小李"、"老王"等；只称其名，不呼其姓，通常限于是上级称呼下级、长辈称呼晚辈之时。在亲友、同事、邻里之间，也可以使用这种称呼。

2) 称谓的礼貌规定

称谓是否恰当，即反映了说话人的思想修养和文化修养，也影响到人际交往活动的效果。对于物管工作人员来说，在称呼的使用上，尤其是在对客户服务方面更应注意以下几个问题。

(1) 对领导、宾客和长辈不要直呼其名，可以在姓氏后面加合适的尊称或职务。

(2) 对客户或初次见面的客人，表示敬意应用"您"，而不是"你"。

(3) 在日常工作中，与业主交往，可分别称"同志"、"师傅"、"老师"、"先生"、"女士"、"小姐"等。在非正式场合，对同事可根据年龄来称呼，如："老陈"、"小李"等。

(4) 多人见面交往的场合，应遵循先上后下、先长后幼、先女后男、先疏后亲的顺序。

(5) 对一些特殊的人，如有生理残疾的人，要绝对避免使用带有刺激或蔑视的字眼。

(6) 在涉外场合，应注意相关礼仪，避免使用容易引起误会的一些称谓。如："爱人"这个称谓，在英语里"爱人"是"情人"的意思。

2. 物业管理人员与业主、客户交往时的介绍礼仪

介绍是一切社交活动的开始，是人际交往中与他人沟通，建立联系，增进了解的一种最基本、最常见的形式，通过自己主动沟通或者通过第三者从中沟通，从而使交往双方相互认识，建立联系，加强了解和促进友谊。

(1) 自我介绍。在必要的情况下，由自己担任介绍的主角，自己将自己介绍给其他人，使对方认识自己。

① 应酬式的自我介绍，应简单明了，只介绍一下姓名即可。

② 工作式的自我介绍，除介绍姓名外，还应介绍工作部门和具体工作。

③ 社交式的自我介绍，在介绍姓名、单位和工作的基础上，则需要进一步介绍兴趣、爱好、经历等，以便加深了解，促进交流和沟通。

④ 礼仪式的自我介绍，其内容包含姓名、单位、职务等项，介绍时应多加入一些谦辞、敬语。例如：尊敬的各位来宾，大家好！我叫杨鸣，是物业服务公司的总经理秘书。我代表本公司欢迎大家的到来，在参观过程中，有什么问题，我愿竭诚为您服务。

(2) 为他人介绍。又称第三者介绍，它是经第三者为彼此不相识的双方相互引见、介

绍的一种方式。为他人介绍时，首先，要了解双方是否有结识的意愿，应避免贸然介绍。其次，要讲究介绍的顺序，通常应遵循受尊重一方有优先了解对方原则。即：先把男士介绍给女士，先把职位低的人介绍给职位高的人，先把主人介绍给客人，先把非官方人士介绍给官方人士，先把晚辈介绍给长辈。

(3) 被人介绍。当你自己被介绍给他人时，你应该面对着对方，显示出想结识对方的诚意。等介绍完毕后，可以握手并说"你好！""幸会！"等客气话表示友好。

3．物业管理人员与业主、客户交往时的握手礼仪

握手是最为普遍的一种表达见面、告别、祝贺、安慰、鼓励等感情的礼节。标准的握手姿势是：距受礼者约一米处，双腿直立，上身稍前倾，自然伸出右手，手掌与地面垂直，四指并拢，拇指张开与对方相握 1～3 秒。握手时用力适度，上下稍许摇动两三下，双目注视对方，并配以微笑和问候语。行握手礼时最为重要的礼仪问题，是握手的双方应当由谁先伸出手来"发起"握手，根据礼仪规范，应遵守"尊者决定"的原则。具体而言，握手时双方伸手的先后次序应是上级在先，主人在先，女士在先，长辈在先，作为下级、客人、男士、晚辈应该先问好，待对方伸出手后，再伸手与之握手。

握手时的禁忌：一忌贸然出手；二忌用左手同他人握手；三忌戴手套和墨镜与他人握手；四忌交叉握手；五忌滥用双手握手；六忌握手时间过长；七忌出手慢慢腾腾；八忌握手时漫不经心；九忌握手后马上揩拭自己的手掌；十忌拒绝与他人握手。

4．物业管理人员与业主、客户交往时的电话礼仪

1) 打电话时的礼仪

打电话应注意时间选择，如打给公司或单位，最好避免中午和下班以后的时间；打到个人或业主的住所，应避免吃饭和休息的时间。通话时间一般以 3 分钟为宜，如果通话时间要占用 5 分钟以上的时间，就应先说明你要办的事，并问一下："你现在和我谈话方便吗？"，假如不便，就应与对方另约一个时间。通话时应注意说话的态度和语气的使用，措辞应有礼貌，体现友好、热情、尊重的特点，应多用"请"、"对不起"、"谢谢"、"您好"、"再见"之类的礼貌用语；结束通话时，应确定对方已挂上电话筒，才能放下电话。

2) 接听电话的礼仪

接听电话最基本的工作规范是：铃响三声，必有应答；礼貌接听，用语规范。对于客户投诉电话的接听和应答，一定要注意语气和情绪的控制，做到听清楚、问清楚、记清楚。

13.1.3 物业管理人员的语言礼仪

1．物业管理人员语言礼仪的基本要求

1) 态度热情真诚

人们用语言相互交谈，但语言并非是交谈的全部。能否打动别人，使交谈顺利进行，很多时候取决于交谈者的态度，其态度有时比交谈内容更为重要。怀有诚意是交谈的前提，诚意是打开对方心灵之窗的钥匙。推心置腹、以诚相见的态度会使人感到和谐、融洽。真诚的态度，应该是平易、稳重、热情和坦诚的态度，而不是傲慢、轻浮、冷淡和虚假的态度。

2) 用语文明规范

物业服务公司要与各行各业和各种层次的人员交往，礼貌用语的作用是不可忽视的。人们见面时要互致问候与寒暄，如"你好"，"早安"，"好久不见，近况如何"，"能够认识你真是太高兴了"等，尽管这些问候与寒暄用语的本身并不表示特定的含义，但它却是交往中不可缺少的。既能传递出表示尊重，以示亲切，给予友情的信息，同时又显示出自己懂礼貌、有教养、有风度，从而形成一种和谐、亲切、友善、热情、尊敬的良好"人际气候"。

3) 神态举止礼貌

言谈中，出于对他人的尊重，有必要对自己的神态举止加以约束，特别是要注意自己的眼神和手势。当与别人讲话时，不要东张西望，不要不看对方，也不要一边对另外的人讲话，更不要摆弄手指、修指甲、掏耳朵、伸懒腰、看电视、翻报纸、问时间、看手表和做其他与谈话无相关的事情，这样的行为举止会让对方产生被轻视、不受欢迎的感觉。因此，在言谈时，要克服漫不经心的不良习惯，排除干扰，神态专注、神情自然、聚精会神地同他人交谈。

4) 语句简练生动

物业管理公共关系传播口语中多选用结构较为简单，形式较为短小又灵活多样的句子。句式的简短，也是受面对面语言式传播的特性所限制的。说者这一方，由于时间限制也难于在瞬间组织结构复杂的句子，在借助特定情景、双方能够充分理解的前提下，省略某些成分，使句子简短是可行的也是必要的。从听者这一方着想，结构简单、形式短小的句子更易于把握、理解。句式的灵活多样是指句子构成上富有变化，并且句式丰富多样。

5) 讲究声调语速

交谈过程中，说话者的语速、音质和声调，也是传递信息的符号。同一句话，说时和缓或急促，柔声细语或高门大嗓，面带笑容或板着面孔，效果大相径庭，要根据对象、场合进行调整。但要追求自然，如果装腔作势，过分追求所谓的抑扬顿挫，也会给人华而不实在演戏的感觉。自然的音调也是美好动听的。

2. 物业管理人员的语言技巧

语言技巧，简单来说就是如何使你说的话更有说服力和感染力。对于一般人而言，言谈的要求只是将自己的信息正确地传至对方，使对方听懂、理解即可。而对于从事物业管理工作的人员来讲，由于职业的要求，其言谈不仅要使对方听懂、理解，而且还应使对方认清事实，统一认识，最终达成共识。

1) 接近的语言技巧

接近对方是人际关系发生、发展的起点，对物业管理人员而言，也是业务工作的开始。良好的开端，有利于增进双方的相互信任，促进彼此间的协作与沟通。如何自然而巧妙地接近对方，可按以下惯例去做。

(1) 问候寒暄暖人心。物业管理人员主动采用标准的问候："您好"、"认识您很高兴"、"幸会"等。在与业主初次见面时，若能选用适当的问候语及寒暄语，更易打破陌生局面，缩短距离，为双方进一步交往与协作做好铺垫。

(2) 常用敬语显风度。物业管理人员始终要牢记，人际感情能否沟通，关键取决于交际者的谈吐，取决于交际者用什么方式、什么感情交谈。使用敬语，是尊人尊己相统一的重要手段，是展示谈话人风度与魅力必不可少的基本要素之一。如：相见道好，烦劳道谢，托事道请，失礼致歉等。

(3) 投其所好选话题。话题应尽量符合交谈对方的年龄、职业、性格、心理等特点，注意根据对象选择不同的表达方式。

(4) 耐心倾听表关注。真正用心听他人谈话时，总会发现谈话中有自己不尽知的、有趣的或令人拍案叫绝的地方，如果能将听到的感想积极的表达出来，在谈话时加入"真是这样吗？"、"你说的是……"、"为什么"之类的话，定能使对方的谈话兴趣倍增，乐于与你交谈。

(5) 熟记姓名表尊重。对于初次交往的客户、业主或租户，要尽量记住他们的姓名，待再次相遇时，能准确地道出他们的姓名、乃至职员和职务，会使他们感到心中愉悦和受到尊重，接近也就显得更自然和融洽了。

2) 说服的语言技巧

说服是改变对方原有意见、见解、思想及态度的一种语言技巧。在物业管理工作中，出于公司和业主各自的利益，决定了双方在交谈中不可能处处都能达成共识，常常会就某一问题产生意见分歧。在这种情况下，说服业主改变原有主张，接受自己或公司的建议，除原则性的问题之外，缓解矛盾冲突和解决矛盾冲突可考虑采用下面的方法。

(1) 先肯定后否定，或在肯定的基础上局部地否定。对对方意见中合理的部分加以赞扬，不妥当的部分加以指明和纠正，这样的否定，要比一开口便直接否定容易让对方接受。不管是肯定还是否定，都必须要客观公平，有利于双方的利益，这样的说服才能易于对方心悦诚服。

(2) 以数据讲话，以事例服人。数据是说服过程中最有力的说服工具，听者更相信具体而且可以查证的东西，并由此产生对说话者的信赖。将双方的观点进行相互比较，通过对比证明对方思路有失偏颇，存在漏洞，同时阐明自己观点的正确，让对方在对比中权衡利弊，使其最后放弃自己的观点。

(3) 多从对方角度出发，在情理之外多些关切，打动对方。有时矛盾产生之后难以化解，这时就要多为对方考虑，能提出一个更符合对方利益的解决方案，这样就能说服对方放弃原来观点，达成共识。

 应用案例 13-1

【案情介绍】

一天晚上，某大厦一位到职刚两个月的大堂护卫员接到一位小姐的电话，小姐声称要给某家送预订的家私，但电话联系不上，求其用对讲查实这家是否有人。护卫员打通了对讲，业主得知是位小姐来电，便让回话说他不在。原来他和这位小姐有矛盾，一直避而不见，而小姐想通过护卫员查证他在不在家。如此这般，护卫员就更不敢有丝毫大意，用警惕的眼睛注视着每一位陌生的来访者，特别是女性。

凌晨两点多，一位小姐目不斜视地走到大堂门口拉门，护卫员立即起身询问："小姐您好，请问您到哪一楼？"小姐扭头用冷冷的目光盯了护卫员一会儿，命令道："给我开门！"护卫员再次发问，小姐有些愤怒了，高声道："我是业主，你，马上给我开门"护卫员又说："请小姐告诉我您的楼座好吗？"小姐拒绝回答，只是使劲摇晃门。

这时，小姐身后回来一位业主。大堂护卫员只好开门，决定先观察一下她到哪一楼，再进行核实(在确保安全的情况下，如此变通处理，总比僵持顶牛要好)。从电梯监视器里看到小姐到了某楼，便马上核对业主登记表，排队筛选，初步断定了座向。随后用对讲核对，小姐果然是这户的业主。护卫员连忙向她道歉，言明自己新来不久，请多关照，先消了她的火气，便于进一步交谈。接着，又向她解释这样做是为了确保大厦安全，不妥之处欢迎批评。

或许是护卫员的诚恳态度感动了她，小姐说起话来也和气多了："其实不该怪你，我已有几个月不在家了，你当然不认识，我今天心情不好，也请你不要往心里去。"一场不快就这样烟消云散了。

此后，这位小姐每次见到这位护卫员，都会友善地微笑点头。

【点评】

或许，人们可以用"不知者不怪"来原谅那些不知者，但不知者决不能用它来原谅自己。人家一旦真的怪罪下来，老老实实地做个自我批评好了。当然最好的办法还是尽快、尽量全面了解各方面的情况，提早变不知为知之。

课题 13.2　物业服务企业的企业文化塑造

13.2.1　物业服务企业文化塑造概述

1. 物业服务企业文化内涵

物业服务企业文化，实际就是一种以价值观为核心的对企业全体员工进行企业意识教育的微观文化体系。其核心是企业价值理念，作用对象则是企业全体员工。

企业文化是以人为中心的管理思想在信念、精神上的升华和凝结，目的就是要在企业中形成一种"以人为本"的价值观念和行为规范。一旦企业的价值观变成企业员工共有的价值理念，企业的内化控制无疑就会加强，员工也会以共有的价值观念为准则来自觉监督和调控生产、经营和日常活动，企业的内聚力、向心力和能动力，还有对外的发散力就会增强。如果企业的每个成员都工作在相互信任、相互沟通、平等向上的环境中，素质得到提高、智力和潜能得到激发，人力资源得到充分开发，将人力优势转化为智力优势和生产优势，很显然企业在竞争中将会获得全面优势。

2. 物业服务企业文化的重要性

(1) 物业服务企业生产的产品是服务。

物业管理行业从业人士有八字箴言叫做"物的管理、人的服务"，但最终的落脚点还是在服务上。作为服务行业，其有形价值较少，更多的则是无形价值，而品牌则是物业服务企业最为重要的无形价值，它的质量的管理和鉴定似乎很难有量化的标准。"物业服务"质量的好坏，取决于企业服务理念的提升，而服务理念、企业价值内涵都有赖于企业文化的树立，因此企业文化对物业服务企业有着十分重大的意义。

(2) 物业管理传递的是企业形象。

物业管理的工作是不断的和业主、使用人等各种对象进行沟通。很显然，在这个沟通的过程中，企业的形象似乎通过这些员工的言行举止、分析解决问题的能力、对突发事件的反应传递给了每一个受众，使他们在潜移默化中获得对企业的形象认知，并且很大程度上决定他们对这个物业服务企业的接受程度。所以每一个员工都是企业的形象大使，而这个观念完全需要企业文化对员工进行引导和熏陶，单纯的制度规范的约束是不能达到的。

(3) 物业服务企业竞争的是品牌。

品牌是企业的无形资产，也是企业赢得市场的利刃。因为物业管理是一新兴产业，目前还不够完善，它的社会地位也不高，加上物业管理的赢利微乎其微，因而很多物业服务企业都忽略了品牌的创立。事实上，随着物业管理市场的逐步建立和完善，物业服务企业间的竞争将越发激烈，竞争也必然从最初的价格竞争、产品竞争进而为品牌竞争。品牌的重点不仅仅是它的知名度，更重要的是品牌所蕴涵的文化内涵。在企业品牌的创建过程中，企业文化是不可缺少的利器。对物业服务企业而言，加强企业的文化建设就是使全体员工的价值观和企业的价值观一致，用无形资产创造有形效益，促进企业的经济效益以及社会、环境效益的提高，同时企业的对外形象、竞争力在文化建设过程中也会得到提升。

特别提示

- 文化对于企业发展的核心作用是凝聚力与竞争力的形成。任何成功企业，文化的成功也必然是其获得成功的一个必要条件。要赢得企业战略上的优势，占领文化制高点是最重要的手段之一。

3．物业服务企业的企业文化建设难点

(1) 物业管理行业急需的是人才。

目前令很多物业服务企业头疼的是人才难寻、人才难留。这个问题的解决不能只从经济激励着手，还需要企业文化所特有的感召力和凝聚力。在强调团队精神、公平竞争的企业文化背景下，人才更容易产生对企业的归宿感，更愿意将自身的远景和企业的发展结合起来。

(2) 物业管理行业自身的特殊性导致了企业文化建设的困难。

企业文化的建设要求在企业精神、价值观、品质观、企业目标等方面实现企业的统一性，这就和物业管理本身具有的复杂多样性产生了矛盾。

① 物业服务企业管理项目的复杂性。物业管理的项目由住宅小区、写字楼、工业区、医院、学校、商业、旅游业物业等不同类型，有本地的有外埠的，有高档物业也有普通物业。每一类型的项目要求不尽一致，管理的对象各有不同，地点分散四处，并且都必须考虑和本物业周边文化环境的协调。

② 物业服务企业员工的复杂性。由于管理内容多样，使公司的员工在专业、层次、年龄、学历和个人素养上有着很大的差异。这决定了员工对企业文化的理解和接受程度不尽相同。

③ 物业服务企业组织机构的复杂性。物业服务企业的职能部门偏多。随着管理面积的扩大，很多物业服务企业又不断设立管理部。一部分公司根据行业发展态势又增设了诸如客户服务部门、专业部门等部门。这些部门之间比较容易出现职能重复、权责不清的情况，这对于各部门间的关系协调配合和对企业文化的共同认知带来了影响。

(3) 物业服务企业文化必然考虑与其他文化的融合性。

① 与社区文化的关系。物业服务企业本身负有建设社区文化的管理目标。长期以来，在社区文化建设上，物业服务企业只偏重于小区文娱活动的组织和支持，满足于建立几个业余文艺团队，这些工作固然也是必需的，但却是浅层次的。社区文化建设的根本目标应该是通过各种载体将公司的服务理念渗透到业主和使用人的业余生活中去，引导他们形成

物业内的共同生活方式、共同价值观，形成小区的生活工作氛围。要达到这一点，确实是有非常多的工作要做。

② 与传统文化的关系。物业管理行业虽然是一个新兴的服务行业，但物业服务企业恰恰不能放弃对传统文化的吸收。因为物业管理的主要对象是住宅小区，更多的是对业主及其家庭的管理和服务。中国的传统文化以家庭为社会的基础，以家庭的和谐为基础进而维护整个社会秩序的平稳。因此物业服务企业的企业文化的服务品质则更多地体现为家庭美德、社会公德，这些都将是我们需要认真思考的问题。

4．物业服务企业在企业文化建设过程中应注意的若干问题

(1) 避免用强制的规章制度约束员工。

没有文化的军队是愚蠢的军队，而没有文化的物业服务企业必定是失败的企业。如果企业仅有十分系统和严明的各种规章制度，规定员工必须怎么做和不能怎么做，没有明确的文化理念和价值倡导，疏于对员工的教育与培训，可能会导致企业活力不足，死气沉沉，缺乏忧患意识。

(2) 避免过于强调企业的某种理念。

如果过于强调企业的某种理念，推广教育手段过急，可能会使企业员工盲从，而缺乏独立思考创新。创新是企业持续发展的必要手段，如果企业不思进取，故步自封，无异于逆水行舟，不进则退。

(3) 太注重文化而忽视了其他应有的内容。

企业文化如脱离实际，其倡导的文化理念超出企业范围，或认为企业文化可代替一切企业管理所有其他内容，可能会使企业忽视眼前的险恶环境和目前的工作内容，会流于"假大空"的陷阱，甚至可能和业主的价值观发生冲突，从而使企业的运作不正常，导致企业运作环境恶化。

13.2.2 物业服务企业的企业文化塑造的手段

物业服务企业文化要通过企业的长久发展才能确立，不可能一蹴而就。在塑造物业服务企业的企业文化过程中主要通过三方面的建设来实现。

1．传播途径建设

(1) 内部信息平台建设。

企业的领导核心和各职能部门、专业部门、管理部门之间，管理部门和业主或使用人之间的信息沟通除了一般的面对面方式之外，建立企业局域网非常必要，可以加快信息流通速度，迅速做出反映，以降低信息流通成本。另一个是我们以往比较忽视的途径就是企业内部的人际关系建设。

(2) 对外宣传管道建设。

近年来的发展经历告诉我们，物业管理行业的发展除了遇到法制环境的制约，媒体环境也是我们需要面对的问题。相对而言，目前部分媒体对于物业管理的负面报告偏多，某种程度上也影响了广大消费者对于物业管理的认识。当然，这里确有物业服务企业自身行为规范的问题，但也有与媒体的沟通和协作的问题。所以，必须加大对外形象宣传和正面报道的力度。

2. 社区文化建设

社区文化建设既是物业管理的管理目标之一，又是一个企业文化传递给业主的良好载体。文化活动易于接受、老少皆宜的特点可以帮助我们将企业文化在娱乐和休闲中更自然更广泛的传递给业主，达到一种润物细无声的效果。

3. 硬件载体的建设

除了上述的一些途径以外，我们也应该重视硬件的、直观具体的载体。比如说在小区里的环境小品，写字楼的雕塑等。这或许和以上的一些途径比起来，需要物业服务企业做一些追加投入，但是它所起到的效果是非常明显的。各大、中城市现代化建设牺牲建筑空间，设计建设了很多富有文化品位的小品、雕塑、绿化广场，极大提升了城市自身的品牌形象。

以上内容可以回答本单元引例提出的有关企业文化建设问题。

应用案例 13-2

上海陆家嘴物业服务公司企业文化建设经验

上海陆家嘴物业服务公司致力于优秀的企业文化建设，努力构筑符合社会发展需要的企业价值观，并将其作为不断进取的基本信念和行为准则。在多年的物业管理实践中，建立和形成了陆家嘴物业让您更满意的服务理念和以做业户好保姆为代表的企业价值观。这种企业价值观的核心就是发展企业、造福业户、回报社会，即通过提高自身管理素质，追求完美服务，不断超越广大业户日益增长的需求，真正做到业户第一。在追求企业自身经营绩效的同时，为社会进步承担起应尽的责任和义务。

公司在提升企业素质的同时，努力建设学习型的组织。在全体员工中倡导"学习为本"、"终身学习"、"创新学习"和"团队学习"的理念，使职工在知识的提升上真正做到与公司的发展同步。

企业在追求自身经营绩效的同时，也自觉履行社会责任，并教育全体员工尽好公民义务，以营造一个良好的公共环境。公司在关注服务质量的同时，也严格恪守商业道德、保护环境资源、维护员工和访客的安全健康。在资源许可的条件下，积极支持公益性事业，关心社区建设，开展社区服务等，承担起企业应尽的社会责任和员工应尽的公民义务。

公司为了自我加压，公开出版《物业管理运作实务》、《陆家嘴物业企业标准》、《陆家嘴物业服务案例》三本物业管理专业书籍。

为了进一步贴近业主、贴近业户、贴近生活、贴近社区，公司从 2000 年起创办了《陆家嘴物业》杂志，经过两年多的努《陆家嘴物业》杂志已经成为公司与业主、公司与社区沟通的平台。2003 年公司成立了艺术团，在所管理的小区进行巡回演出，受到诸多方面的充分肯定。

课题 13.3 物业服务企业形象塑造

13.3.1 物业服务企业形象塑造概述

1. 企业形象的概念和构成

企业形象(CI 即 Corporate Identity)，是社会公众通过视觉、听觉、触觉所感受到的一些形象，包括社会公众和内部员工对企业的整体印象和总体评价。

　　CI 由三大要素构成：即理念识别(MI)、行为识别(BI)和视觉识别(VI)。于是，CI 又可以称作 CIS(Corporate Identity System)，即"企业识别系统"，一般理解为塑造鲜明的企业形象而策划的识别系统，目的是为了区别于其他相似的企业而塑造出一个独特、新奇的企业形象，以促进公众对企业的偏好、认可和忠诚度。

　　(1) 企业理念识别。所谓理念是指企业经营的指导思想，它包括企业的经营哲学、精神信条、企业的理想、企业的价值观，企业的行为准则和企业的特性风格等等。理念识别是塑造企业形象的核心和最基础的东西。

　　(2) 企业行为识别。企业行为识别是一种动态的视觉识别，是指通过动态行为或活动来传播企业理念信息的系统。它包括企业内部的职工培训与教育、生活福利、工作环境、研究开发、环保与废弃物处理等；对外的市场调查、产品开发、公共关系、促销活动、服务态度、仪表仪容以及各种公益性的社会文化活动等。由此可知，企业行为识别也是企业的经营治理人员、产品的营销人员、公关人员以及服务人员将企业理念在行为上的体现。

　　(3) 企业视觉识别。视觉识别是指通过静态的视觉形象来传递企业信息的系统。它包括企业的名称、商标、象征图案、标语口号以及广告、办公用品、车辆、建筑物、产品包装、橱窗、店面设计等。

2．企业形象塑造的作用

　　企业形象塑造是指对企业的经营理念、价值观念、文化精神的塑造过程，籍此改造和形成企业内部的制度和结构，并通过对企业的视觉设计，将企业形象有目的地、有计划地传播给企业内外的广大公众，从而达到社会公众对企业的理解、支持和认同的目的。企业形象的塑造的作用包括以下几个方面。

　　(1) 影响企业的发展方向。如今许多企业都在向多元化、集团化、国际化的经营方向发展，企业运用形象战略，可以有效地将集团内部各个部门协调，沟通和合作，良好的企业形象是一种无形的资产，我们以此可以获得大量资金，得到合作伙伴和消费者的信赖，销售产品占领市场，从而很好地发展企业。

　　(2) 强化企业内部的凝聚力。企业形象塑造更重要的是企业员工对企业形象的塑造，员工的工作态度，工作作风和员工对企业的希望都会影响到企业形象的塑造，我们在行为识别中要加强员工行为对企业形象的影响，在企业经营理念和企业文化的引导下，增强员工的"主人翁"精神，强化员工对企业发展的重要性，使得企业员工把自己的思想、感情、行为与整个企业联系起来，为同一个目标而奋斗，从而企业也产生了强大的向心力和凝聚力，发挥出整体优势。

　　(3) 增强服务的竞争力，增强投资者对企业的信心。良好的企业形象代表着良好的企业信誉、保证着产品的质量、表现着员工的素质和企业股票的涨跌等。所以企业形象塑造的好坏直接关系到企业能否占领市场，吸引资金，短时间内成功推广新产品，稳定消费群，保持产品和服务的竞争力。

　　(4) 提高企业的公关效应，赢得消费者的好感。企业形象塑造中的行为识别就包含着企业员工的劳动和服务活动，即产品营销中公共关系、营业推广和人员推销是重要的手段，我们要运用高效可行的促销策略，在消费者面前塑造一个有良好信誉、保证质量、最优服务的企业形象，赢得消费者的信赖，从而不断扩大消费群体，占领市场，增加产品的销量。

3. 企业形象塑造的主要途径

一般来说，企业形象的塑造主要有以下几个途径。

(1) 诚信为本，塑造值得信赖的企业形象。

信誉是人类社会人们之间建立稳定关系的基础。企业要塑造让公众信任的形象，最为关键的就是诚信。一个具有诚信理念的物业服务企业才能吸引客户，占领市场；才能留住优秀人才，使之为企业的发展贡献力量；才能顺利开展公共关系，使人们熟悉和牢记企业形象。由于物业服务企业服务产品的特殊性和物业价值的大量性，在实际中对物业服务企业的诚信度要求就更高了，因此诚信为本成为企业形象塑造的重要手段。

(2) 建立一支专业的高素质从业队伍。

企业员工的专业程度是直接影响企业发展的重要因素，也是企业形象塑造过程中的重要组成部分，在具有很多特定性质的物业服务企业更是如此。企业员工水平高、素质高，不断提升服务水平和档次，才能在市场上树立良好的形象，占有更多的市场份额，提高核心竞争力。

(3) 重视服务质量。

质量是品牌的基石，所有具备发展潜力的企业最显著的特征就是质量过硬。服务质量的保证与提升是物业服务企业形象塑造的主要手段和途径。

在质量方面，企业永远应该走在市场需求的前面，走在消费者的前面。企业为了提高服务质量，应该建立一套完善的质量保证体系。参与物业服务企业服务质量认证，就是这方面工作的一部分。完善的质量保证体系会强化品牌形象，形成良好的品牌信誉。

(4) 重视品牌定位。

由于品牌定位是使物业服务企业品牌在社会公众心目中占有一个独特的、有价值的位置的行动，也就是勾勒品牌形象，因此可以想象品牌定位对品牌形象的影响有多大。品牌定位过高、定位过低、定位模糊或定位冲突都会危害品牌形象。

(5) 优化品牌设计。

对品牌名称、标志和包装进行设计是突出品牌个性、提高品牌认知度、体现品牌形式美的必由之路和有效途径，是塑造品牌形象必不可少的步骤。不仅要对品牌识别的各要素进行精心策划与设计，还要使各要素之间协调搭配，形成完整的品牌识别系统，产生最佳的设计效果。

物业服务企业的品牌定位与品牌设计是企业形象塑造的重要途径，也是企业形象塑造的核心内容。

(6) 重视社会公众，做好公关与广告。

公关与广告对企业形象而言，如鸟之两翼，车之两轮，其重要性不言而喻。企业形象最终要建立在社会公众的心目中，最终取决于企业自身的知名度、美誉度以及公众对企业的信任度、忠诚度。因而企业形象塑造的全部工作要面向公众，以公众为核心，高度重视公众的反应。

13.3.2 物业服务企业服务质量认证

1. ISO9000 系列国际标准

ISO 是国际标准化组织(International Organization for Standardization)的英文字母的缩

写。它成立于1946年，总部设在瑞士的日内瓦，是由各国标准化团体(ISO 成员团体)组成的世界性的联合会，也是联合国的一级咨询组织。中国也是该团体成员之一。制定国际标准的工作通常由 ISO 的技术委员会(ISO/TC 176)完成，各成员团体若对某种技术委员会确立的标准项目感兴趣，均有权参加该委员会的工作。

ISO9000 系列标准是国际标准化组织于 1987 年 3 月正式发布的，是 ISO 推荐给各国采用的质量管理和质量保证标准。各国在采用这套标准时都应转化为本国的标准，如德国转化为 DIN 标准，日本转化为 IIS 标准，欧洲各国既有转化为本国标准的，也有采用统一的欧洲标准，即为 EN 标准。

特别提示

- 在我国，这套标准被转化为 GB/T 19000—ISO9000：2000，表示它是完全等同采用 ISO9000：2000 标准的中国国家标准。

物业服务企业实施 ISO9000 标准一般经过以下几个步骤。

(1) 聘请顾问。实施 ISO9000 标准是一项专业性、理论性很强的工作。物业服务企业初步导入 ISO9000 质量体系应当聘请一位精通 ISO9000 质量体系、同时又有一定的物业管理知识经验的人士作为导入 ISO9000 质量体系的专业顾问。其作用是指导企业的导入工作，协助建立物业管理文件化的质量体系，指导质量体系在本企业有效运行、培训员工。

(2) 任命管理者代表。物业服务企业在实施 ISO9000 质量体系时，应当首先由企业总经理任命一位管理者代表，协助自己领导 ISO9000 质量体系的导入和维持改进工作。导入 ISO9000 质量体系领导的力量强弱至关重要，因此管理者代表一般由副总经理或总经理助理担任，其职责是：负责组织并协调质量体系的建立、实施、维持和改进；检查和报告质量体系的运行情况；协助总经理作好管理评审；主持质量体系文件的编制、实施。其主要权限是：处理与质量体系运行有关的问题；任命内部质量审核组长。

(3) 成立品质部。ISO9000 质量体系的导入和维持改进是一项长期的工作。为使质量体系在企业的运行得以有效维持，应当在实施 ISO9000 质量体系之初成立专门的 ISO9000 质量体系控制、实施部门即品质部(规模较小的物业服务企业也可以由办公室兼)，其主要作用是：在建立文件化质量体系阶段，负责编写本企业的质量体系文件；在运行阶段负责质量体系文件的发放、控制；运行质量的审核、控制、维持和改进；负责员工的培训和质量体系的对外联系工作及员工的绩效考评实施工作。

品质部的员工均由企业管理者代表从各部门的业务骨干中抽调组成。员工要求：具有较高专业理论水平和文化知识，熟悉本部门专业工作，思维敏捷，原则性强。一般按每职能部门抽调一至二名员工为宜。

(4) 抽调业务骨干送外培训。导入 ISO9000 质量体系，首先需要企业主要干部和从事 ISO9000 专业管理的员工熟练理解 ISO9000 质量体系的基本理论。企业开始实施 ISO9000 质量体系之初，应当组织企业主要干部和品质部员工接受 ISO9000 基本理论的培训，以更好地理解 ISO9000 质量体系在物业管理中的重要意义，更好地支持 ISO9000 的实施。品质部员工除应接受 ISO9000 基本理论的培训外，还应接受如何编写本企业的质量体系文件的培训。

(5) 建立文件化质量体系。文件化质量体系的建立主要是指企业 ISO9000 质量体系的文件的编制工作。

(6) 质量体系文件送交各部门审核。质量体系文件初步编制完成后,管理者代表应立即着手组织将文件送达至各实施主要负责人手中,对文件规定的内容展开全面、自由无限制的论证。论证的内容为:是否适宜,是否全面,是否正确。

品质部应将讨论结果加以汇编后报总经理和管理者代表,最后依据合理的审核意见对 ISO9000 质量体系作一次全面修改。

(7) 内审员培训。在质量体系文件编制完毕后,企业应及时送品质部员工和管理者代表、总经理和企业其他主要干部外出接受 ISO9000 内部质量审核员的培训,为质量体系的有效运行打好基础。品质部员工应当参加培训考试合格后获取国家技术监督局颁发的企业《注册内部质量审核员证书》。

企业总经理应当以文件的形式在质量体系试运行前正式任命品质部成员为物业服务企业内部质量审核员。

(8) 员工培训。在质量体系试运行之前,企业总经理应主持召开全体员工 ISO9000 贯标动员大会,先从思想上、意识上为 ISO9000 在企业的推行做好准备。

管理者代表在将 ISO9000 文件下发至各部门后,应立即组织企业员工全方位地执行质量体系文件的培训,培训应注意多层次、全方位的开展,直至员工基本都能理解和掌握文件的要求方可。

(9) 质量体系试运行。质量体系下发培训完成后,开始进入试运行阶段。试运行阶段时间一般在 2 个月左右,其目的一是为了检验质量体系文件的适宜性和有效性;二是为了让员工严格按文件执行养成良好的工作习惯,为质量体系在企业的正式推行打好基础。试运行的要求是:按文件要求作业,严禁随意操作;按文件要求记录,严禁弄虚作假;反映问题通过正常渠道向品质部反映,严禁诋毁文件。

为了保证质量体系的有效试运行,企业应当制定严厉的惩罚措施来确保执行的严肃性(此阶段也称作强制阶段)。

(10) 进行第一次内部质量审核。在质量体系试运行一段时间(1 个月左右)后,管理者代表应安排企业品质部对质量体系的运行质量进行第一次内部审核。审核的目的主要是:评价质量体系试运行的质量;评价文件化质量体系本身的质量;有针对性帮助员工解决推行质量体系时出现的问题;严肃纪律,确保推行的真实性和有效性。第一次内部质量审核应当邀请外部专家和顾问协助进行。

(11) 修改质量体系文件。在质量体系试运行完毕后,管理者代表应当组织品质部对企业的质量体系进行一次全面修改。修改的内容是:去掉不适宜的作业规程;增加遗漏的作业规程;修改不适宜、可操作性差、可评价性差的作业规程。经修改后的质量体系文件,应达到具有很强的操作性,和企业的运作实践相符合,完善周到、详细明了、严谨规范,具有很强的可检查、可评价性。

(12) 质量体系的运行与维持。总经理在文件化质量体系基本完善后,以正式通知的形式开始质量体系在企业的全面运行。质量体系实施运行的基本要求是:"做你所说"严格按文件工作,严禁随意作业、不按规程工作;"记你所做"严格依照工作的实际情况进行记录,严禁弄虚作假；不允许抵触 ISO9000 的推行。

品质部和各部门干部是 ISO9000 质量体系是否能得以有效推行的保障。品质部通过随时的抽检和定期的内审来纠正、预防推行中出现的问题；各级干部则通过随时随地的工作检查和批评教育、行政处罚保证质量体系的有效执行。

(13) 第二次内部质量审核。在质量体系运行 2 个月左右的时间时，管理者代表应开始着手安排第二次内部质量审核。内审的目的是：发现执行中出现的不合格；发现文件体系中的不合格；有针对性帮助员工解决推行中的各类问题。内审后审核组应召开内审会议，分析出现不合格的原因，进一步完善文件化质量体系，惩处主观上故意抵制质量体系推行的员工，提高员工的工作水准。第二次内审后，品质部应依据审核结果和员工合理建议进行修正、完善质量体系。

(14) 预审。预审是认证机构在正式审核之前对申请认证单位进行的一次预备审核。其目的是为了事先充分了解申请认证单位的质量体系实际情况以便做出是否进行正式审核的决定。

当质量体系实际有效平稳地运行了一段(至少 3 个月以上)后，物业服务企业可以向 ISO9000 质量认证机构提请认证并预约好认证前的预审核。认证预审由企业提前 2 个星期向认证机构报送企业质量体系的一级文件(质量手册)、二级文件(程序文件)、经认证机构审核通过后，双方约定好预审的时间。

预审时间由企业管理者代表安排接待，全体员工均应在预审时恪守职责、认真工作，以确保预审的顺利进行。预审完毕后，企业品质部应当依据认证机构审核员的审核意见，认真进一步修改质量体系文件，并监管执行。

(15) 现场认证。预审通过后，企业应根据认证机构正式现场认证的时间来积极迎接现场认证。为迎接认证机构的现场认证，应该整理好所有的原始记录；整理好所有的文件；按文件规定整理好所管理物业的硬件设施；以良好的精神风貌和工作状态迎接认证的准备工作。

企业总经理应亲自组织安排迎接认证的准备工作。企业在认证机构进行现场认证时应积极配合作好认证工作。

(16) 通过质量体系认证。如果现场认证获得通过，一般情况下经过认证机构对现场审核的批准后，企业将获得《ISO9000 质量体系认证证书》。认证的通过标志着企业推行的 ISO9000 质量体系是适宜的、有效的，对提高企业的声誉、规范管理、提高服务水准意义非凡。

(17) 复检、质量体系的维持与改进。认证机构在企业通过认证后，每隔一段时间(1 年左右)将对企业进行复审，以有效地维持质量体系的有效性。

企业品质部是企业维持质量体系的日常管理部门。品质部依据《内部质量审核管理标准作业规程》和《品质部日常抽检工作标准作业规程》来有效地维持 ISO9000 质量体系在企业的运行。

质量体系是一个持续改进的体系，品质部应当视物业管理工作的发展变化和工作实际不断地改进和完善物业管理的 ISO9000 质量体系。质量体系文件每年至少应修改一次。

公共礼仪、企业文化与企业形象塑造 单元 13

质量方针促发展

上海百联物业服务有限公司系百联集团旗下的一家专业物业服务企业。公司具有国家物业管理一级资质，并通过香港品质保证局 ISO9001:2000 版国际质量体系认证和 ISO14001:2004 版环境管理体系认证。公司获得"上海市机关后勤管理三优一满意达标优胜单位"、"上海市文明单位"，并成为全国第二届物业管理协会理事成员、上海市质量协会会员单位、上海市物业管理行业协会的常务理事单位。公司以"方方面面的安全、时时刻刻的温馨"为经营理念，以管理购物中心、超市、卖场、百货商厦、大型综合商场等商业物业为特色，延伸高档商务楼、公寓、住宅小区等物业管理，形成了物业类型齐全、信誉良好的综合经营规模。该公司确定的质量方针是：安全管理、温馨服务、技术创新、质量提升、追求顾客完全满意。

分析：该质量方针与企业的经营理念完全一致，既包括了对企业的自我要求，也包括了对业主的承诺。即前 16 字是企业的自我行为规范，强调的是安全第一，这与企业的主要管理类型——商业物业的特点密不可分；温馨服务，是服务行业必须做到的；技术创新，是企业发展不竭的动力。这些为的是一个目标——对内永不停止对质量提升的追求，而这是实现对业主和使用人的承诺——完全的满意的先决条件。

2．质量管理体系的文件层次

1) 质量手册

质量手册是证明或描述质量管理体系的主要文件。从"典型质量管理体系文件层次图"中，我们能清晰地看到，质量手册作为质量管理体系文件层次的 A，其内容决定了它是纲领性文件。

质量手册可以涉及一个企业的全部活动或部分活动。手册的标题和范围反映其应用领域。质量手册通常包括：

① 质量方针。
② 影响质量的管理、执行、验证或评审工作的人员职责权限和相互关系。
③ 包涵所有质量管理体系要素。
④ 关于手册评审、修改和控制的规定。

2) 程序文件

程序文件作为体系文件的层次 B，是描述实施质量管理体系要素所涉及的各个职能部门的活动，是质量手册的基础。程序是完成某项活动的先后次序；描述程序的文件称为程序文件，是质量手册的支持性文件。程序文件应包括以下内容。

(1) 对影响质量的活动作出规定。
(2) 应包含质量管理体系中采用的全部要素的要求和规定。
(3) 每一个程序文件应针对质量管理体系中的一个逻辑上独立的活动。
(4) 对每一个程序文件的要求都应能回答"5W1H"，即：做什么(What)、什么时间或时机去做(When)、什么地点要求什么场合做(Where)、由谁去做(Who)、为什么这么做(Why)、如何做(How)，包括如何确定保障条件等。

3) 工作规程文件

工作规程文件(详细作业指导书)属于质量管理体系文件的层次 C，其含义包括了除质量手册、质量管理体系程序文件外所有涉及质量管理体系的文件。

工作规程文件是质量手册和程序文件的引出文件，起进一步延伸和具体化的作用。作为详细的作业文件，用于细化具体作业过程和作业要求。工作规程文件的内容包括：

(1) 用于规定某一具体方法和要求的作业指导书。
(2) 用于规定某一具体管理活动的具体步骤、职责和要求的管理细则。
(3) 用于指导相对独立的标准操作规范。

这类工作文件的内容应该满足"4W1H"原则和"最好，最实际"的原则。

"4W1H"原则为：Where(即在哪里使用该作业指导书)；Who(什么样的人使用该作业指导书)；What(此项作业的名称是什么)；Why(此项作业的目的是干什么)；How(如何按步骤完成作业)。"最好，最实际"的原则为：最科学、最有效的方法；良好的可指导性和良好的综合效果。

4) 质量记录

质量记录是个特殊文件，与其他文件的区别在于：记录是对当时客观事实的陈述，不能进行修改。质量记录不仅要为记录者本人使用，而且要提供给别人(如管理者、住户、评定机构以及相关人员等)使用。

质量记录包括两类：

(1) 与质量管理体系有关的记录。如质量管理体系审核报告、质量成本报告、质量培训、考核记录等。
(2) 与特项服务有关的记录。如质量检验记录、不合格项目处置报告等。

13.3.3 物业服务企业品牌定位与设计

物业服务企业品牌是指物业服务企业在市场、社会公众及消费者心目中所表现出的个性特征。它是社会公众及消费者对企业形象的综合评价及印象，物业服务企业形象的塑造很大程度上是依赖于对品牌的塑造。

1. 物业服务企业品牌定位

物业服务企业品牌定位，目的是为自己的品牌在市场树立一个明确的、有别于竞争对手的品牌，满足消费者的某种切实的需要。

品牌定位应当服从企业的发展战略，在综合分析顾客需求、竞争性品牌的定位和企业自身资源条件的基础上，发挥优势、寻求差异，并且通过品牌传播在顾客心目中建立独特的品牌形象。"攻心为上，攻城为下"，品牌定位的核心问题是能否在消费者心目中占有一个独特的位置。但是，消费者的品牌识别、品牌区分必须建立在品牌个性的基础上。所以，差异化既是品牌定位的直接目的，也是实现品牌定位的基本途径。

物业服务企业作为服务性企业向顾客提供的是服务产品。服务具有无形性，与物质产品相比较，顾客在购买服务之前，一般不能看到、听到、嗅到、尝到或感觉到。服务还具有可变性、不可分割性和易逝性。因此，物业服务企业对其产品的定位难度更大，品牌传播的技巧性更强。

物业服务企业的品牌定位必须服从于企业的行业性质与特点，根据企业的行业定位和提供的服务的特点，将企业的品牌理念、品牌承诺提炼成精炼的文字语言，通过传播的手段向目标顾客传递企业的品牌定位，取得顾客的认同，进而影响顾客的购买行为并建立企业的品牌形象。

2. 物业服务企业品牌的设计

物业服务企业品牌的设计，首要的是对识别系统进行设计。

(1) 物业服务企业理念识别系统(MIS)的设计。物业管理属于服务行业，其企业理念的内容应包括：公司精神、企业本质和特征、经营宗旨与质量方针、经营理念和信条、企业文化、企业质量观、企业服务观、企业责任观、企业人才观、企业法制观、企业顾客中心观等企业基本形象。企业理念的内容通常都有具体明确的表现形式。例如：企业精神标语口号及主题用语；开展ISO9002质量保证体系认证；制定一套完善的员工规范，包括《员工手册》、《员工服务用语规范》、《岗位职责》、《操作要求》等；在企业内部适时地表彰能充分体现自己企业理念的先进个人(集体)；定期编印企业的刊物，设立宣传园地，设立意见(建议)箱等。

(2) 企业行为识别系统(BIS)的设计。企业行为识别系统包括对内行为和对外行为两个方面：第一，对内(企业员工)行为，它是企业对内活动的准则，涉及组织、管理、培训、福利、行为规范、奖罚机制、工作环境、研究开发等各个方面。第二，对外(社会与客户)行为，它是企业对外活动的准则。企业通过市场营销、产品开发、管理服务、意见征询、公关活动、文化活动、公益性服务等表达企业理念；建立专门的部门登记、管理、解决业主或使用人的投诉，并做好资料的分析和整理工作，从而取得顾客与大众的认识与满意，树立企业良好的公众形象。

(3) 物业服务企业视觉识别系统(VIS)的设计。物业服务企业VIS设计的主要内容包括以下方面：①办公用品。公函信封、公函信纸、便笺、手提袋、包装纸、介绍信、贺卡、明信片、贴纸、公文夹、专用资料袋等。②证件系统。名片、工作证、会员卡、徽章、臂章、出入证等。③广告媒体用品。报纸等各类新闻媒体广告、招牌、气球广告等。④交通工具。企业的客车、工程车、货车等。⑤制服饰品。管理者与普通员工的制服、衬衫、领带等。⑥室内布置。灯光、指示牌、顶棚、橱窗、盆景、休息椅等。⑦办公室装饰与布置。办公设备、标志牌、考勤卡、公司门厅接待、公告栏、清洁用品、办公桌上用品等。⑧建筑环境。停车场、厕所、路面、栏杆、建筑外观等。⑨企业指示符号。企业名称招牌、企业内部公共标志、大门与入口指示标志、建筑物外观标志、物业管理小区标志、管理处告示牌等。⑩广告及展示应用系列。报纸广告样式、日历、海报、户外广告、霓虹灯、展示灯箱、模型、广告宣传单、企业宣传册等。

3. 物业服务企业品牌的宣传

策划一个好的物业服务企业品牌，还需要进行适时宣传，让广大消费者了解、认识、接受，并选择这个物业服务企业品牌及与这个品牌相关的服务。

在物业服务企业品牌的具体宣传中，通常需要注意突出以下几方面的内容。

(1) 突出本品牌物业服务企业的雄厚管理实力。

物业服务企业的雄厚管理实力主要体现在物业服务企业的技术力量、专业装备水平、注册资金以及管理人员的职称、从业年数与专业管理水平等方面。品牌物业服务企业的雄厚管理实力能够给人一种理性上的认同与信任,为客户在思想上、行动上接受物业项目、接受品牌物业服务企业打下坚实的基础,提供现实可能性。

(2) 突出品牌物业服务企业的骄人管理业绩。

品牌物业服务企业的管理业绩主要体现在管理项目的多少(建筑面积、种类)、管理效果的好坏(取得先进称号的情况等)、社会反映(业主和使用人的反映、媒体报道的情况、政府方面的意见、同行的评价等)等方面。品牌物业服务企业的骄人管理业绩能够给人一种感性上的认可与憧憬,让消费者愿意接受和选择该物业服务企业。

(3) 突出品牌物业服务企业的人情味。

消费者往往喜欢那种愿意为自己着想、尊重自己而又不巴结自己的朋友式的物业服务企业。品牌物业服务企业的人情味让人感到亲切,让人觉得自然,缩短了客户与物业服务企业的距离,从而使客户愿意接受和选择该品牌物业服务企业及其提供的服务。

综合应用案例

中国××物业服务企业文化建设手段与形象策划

中国××物业服务企业的文化定位分为下几方面。

一、学习型的企业与文化性的企业

"学习型企业"是××公司永远走在别人前面的不朽法宝。只有不断学习,才能不断创新,只有不断创新的企业,才是优秀的企业;只有不断学习的人,才是优秀的人才。所以学习是一个企业的永恒之本。"文化型企业"将缔造优秀的企业文化,优秀的企业文化是企业永远不衰的灵魂,企业文化就是企业精神,企业精神就是企业灵魂,而这个灵魂如果是永远不衰,永远常青的,企业就永远存在。

二、中国××物业服务企业的目标定位

中国××物业服务企业的目标=中国最优秀的资产管理公司

把最先进的国际资产管理的专业知识、管理理念、服务技能与发展智慧带给中国同行,奉献给广大客户(业主)。

中国××物业服务企业=资产经营+物业管理

三、中国××物业服务企业的市场定位

专业化的资产经营、专业化的资产管理、专业化的资产测量与评估。

四、中国××物业的投资模式

中国××物业服务企业将全新引进美国等先进发达国家的 General Management System——G 管理模式(G 管理模式=人+制度+创新)来运行中国××物业服务企业。G 管理模式的核心思想:人(M)+制度(S)+创新(I)。人本管理使企业能够存在,制度管理使企业能够发展壮大,创新管理使企业持久不衰。

中国××物业服务企业是一家股份制企业,由法人股东和自然人股东共同出资组成。

企业综合能力系数(E):为企业利用现有资产创造新价值或利润的能力,是企业资产效益的综合度量指标。

G 管理模式的三大法宝:尊重人性+换位思考+利益共享。

1. 尊重人性

人性是管理的出发点,将管理活动纳入到更深刻的认识范畴,这无疑使管理顺应人心、深得人心,得人心则得天下。

2. 换位思考

管理是不断愈合组织裂痕的人类活动。换位思考就是要求管理行为人(管理者或被管理者)能够站在对方的角度考虑问题，从而更好地理解管理矛盾，有效地回避因信息不充分造成的管理定位风险，只有这样，才能使企业管理有一个良好的氛围和行之有效的管理方法。

3. 利益共享

一个企业如果不建立一个属于全体股东和企业成员的利益共享平台，这个企业就不会有长远的空间。利益共享平台可以由以下几方面组成。

财富分享：员工工资、奖金、股东分红，获得企业创造的财富。

福利分享：为员工办理医疗、养老保险；提供通讯补贴、交通补贴、伙食补贴，使员工获得企业创造的财富。

荣誉分享：企业品牌形象的提升，使员工具有荣誉感，使员工获得企业创造的无形财富。

精神分享：企业坚韧自强，战胜自我，不断超越自我，以及亲情服务的理念，使员工获得企业极大的精神财富。

知识分享：员工从企业不断学习培训和企业运作的成功经验中获得企业创造的知识财富。

成功分享：员工从企业迅速发展中分享到给每个人提供的发展空间和提升的机会。

五、×××物业的经营理念

为人类营造一个安全、舒适、文明、便捷、温馨的生活和办公环境。

1. ×××物业的终极目标

让客户满意，通过专业服务、尊重客户、满足客户、服务社会、造福人类。

2. ×××物业的价值观

坚持公司与客户利益同步发展，公司与员工共存共荣。

3. ×××物业的责任观

对客户、对员工、对社会，心存责任，信守道德。

4. ×××物业的人才观

尊重人才，关心人才，培养人才，以人为本，有事业心、有能力、有责任感、有敬业精神的员工是×××物业最宝贵的财富。

5. ×××物业的行为观

坚持实事求是的行为准则"说你所做，做你所说，写你所做"。

6. ×××物业的服务观

给您无微不至的关怀！提供尽心尽责的服务！全程跟踪，亲情服务！

单元小结

本单元主要介绍了物业服务企业公共礼仪、企业文化与企业形象塑造的基本内容。物业服务企业的人员必须符合一定的基本形象要求，包括一般礼仪、与客户交往礼仪、语言礼仪等。企业文化对物业服务企业来说非常重要，因为其生产的产品是服务，传递的是企业形象，竞争的是品牌。ISO9000标准的实施需经过聘请顾问、任命管理者代表、成立品质部、建立文件化质量体系、审核、员工培训、通过认证、维持与改进等阶段；质量管理体系的文件包括质量手册、程序文件、工作规程文件、质量记录等。物业服务企业品牌设计主要是三个系统的设计：理念识别系统(MIS)、行为识别系统(BIS)、视觉识别系统(VIS)。

习 题

一、单项选择题

1. 下列各项中不属于物业服务企业人员礼仪形象要求的是( )。
   A. 与客户保持 0.5 米的距离　　　　B. "请"字当头,"谢"字随口
   C. 讲普通话,语调亲切　　　　　　D. 不与客户争吵,客户优先

2. 物业管理服务规范用语中属于称呼用语的是( )。
   A. 请原谅　　　　　　　　　　　　B. 先生
   C. 让您久等了　　　　　　　　　　D. 很高兴为您服务

3. 物业服务人员日常工作中的错误做法是( )。
   A. 当客户对面走过时应点头致意　　B. 用清楚简明的语句回答客户
   C. 提供服务时对客户过分亲热　　　D. 与客户讲话时应始终面带自然微笑

4. ( )是一种以价值观为核心的对企业全体员工进行企业意识教育的微观文化体系。
   A. 物业服务企业品牌　　　　　　　B. 物业服务企业文化
   C. 物业服务企业礼仪　　　　　　　D. 物业服务企业公共关系

5. 物业服务企业实施 ISO9000 标准时,进行第一次内部质量审核是在质量体系试运行( )后。
   A. 1 个月左右　　　　　　　　　　B. 2 个月左右
   C. 3 个月左右　　　　　　　　　　D. 4 个月左右

6. 工作规程文件是( )的引出文件,起进一步延伸和具体化的作用。
   A. 质量手册和程序文件　　　　　　B. 质量手册和质量计划
   C. 质量手册和质量记录　　　　　　D. 质量计划和质量记录

二、多项选择题

1. 物业服务人员基本形象要求中仪表形态要求包括( )。
   A. 立姿　　　B. 坐姿　　　C. 走姿　　　D. 微笑
   E. 卧姿

2. 物业服务企业文化的重要性体现在( )。
   A. 物业服务企业生产的产品是服务　　B. 物业管理传递的是企业形象
   C. 物业服务企业不生产实物　　　　　D. 物业服务企业竞争的是品牌
   E. 物业管理行业存在不公平竞争

3. 物业服务企业的企业文化塑造的手段包括( )。
   A. 信息平台建设　　　　　　　　　B. 社区文化建设
   C. 传播途径建设　　　　　　　　　D. 广告传播媒介建设
   E. 硬件载体的建设

4. 质量文件包括的层次有( )。
   A. 质量手册　　　　　　　　　　　B. 程序文件

  C．工作规程文件   D．质量记录
  E．质量体系说明
 5．质量维修记录包括( )。
  A．与质量管理文件有关的记录   B．与日常管理有关的记录
  C．与客户相关的记录   D．与质量管理体系有关的记录
  E．与特项服务有关的记录

三、情景题

  1．某物业服务企业准备制作员工形象手册，管理处小张负责起草形象手册的相关内容，请你告诉小张，物业服务企业的工作人员应该具备哪些形象要求？

  2．物业管理处即将进行企业品牌策划，虽然已经有很多成功策划的例子，但是不同的企业定位是不同的，所以需要你来给物业管理处提交一份品牌策划方案，要求以一级资质、优秀物业管理小区的要求来创建品牌。

四、案例分析题

  1．深圳市首届物业管理周开幕式，在深圳市福田区益田村露天广场举行。深圳市物业管理行业10万从业人员的代表，在开幕式上做了诚信服务的庄严承诺。据了解，由深圳市国土资源和房产管理局主办的深圳首届物业管理周，深圳全市有900多个社区、10万物业管理从业人员参与其中；将举行300多场文艺演出，播放200多场露天电影。

  活动期间，深圳市各社区还将举办物业管理政策法规宣传和普及推广、文艺演出活动、文化艺术节，举行小区开放日及便民活动、物业管理大家谈、物业管理高峰论坛、物业管理之夜晚会等系列活动。

  请问：(1) 物业管理周的举办体现了物业服务企业建设的哪个方面？
     (2) 如果你是本次活动的策划人，你认为还需要在哪些方面加以补充？

综 合 实 训

一、实训内容

  1．站姿训练

  (1) 学生应身穿职业服、半高跟鞋在一间空教室里排队站立。按照站姿的基本要求练习。老师不断提醒动作要领，并逐个纠正。学生进行自我调整，尽量用心去感觉动作要领。训练时可放些优雅、欢快的音乐，调整学生的心境，使微笑自然。

  (2) 贴墙站立。要求学生后脚跟、小腿、臀、双肩、后脑勺都紧贴墙。这种训练是让学生感受到身体上下处于一个平面。

  (3) 背对背站立。要求两人一组，背对背站立，双人的小腿、臀部、双肩、后脑勺都贴紧。两人的小腿之间夹一张小纸片，不能让其掉下。每次训练20分钟左右。

  (4) 站姿训练可结合微笑进行，强调微笑的准确、自然、始终如一，可配上悠扬、欢乐的音乐以调整学生的心境。

2. 坐姿的训练

(1) 练习入座起立。入座时,教师说"请坐",学生说"谢谢",女生双手掠一下裙子,按规范动作坐下。起立时,速度适中,既轻又稳。

(2) 练习坐姿。按规范的坐姿坐下,放上音乐。练习在高低不同的椅子、沙发,不同交谈气氛下的各种坐姿。训练时,重点强调上身挺直,双膝不能分开,用一张小纸片夹在双膝间,从始至终不能掉下来。

二、实训要求

学生统一着职业装,根据站姿、坐姿的基本要领进行站姿、坐姿的训练,每次练习时间为 20 分钟,同时教师可以通过多媒体向学生示范,强调动作要点。

单元 14 常用文书的拟写与档案管理

教学目标

本单元主要介绍物业管理过程中常用文书的拟写方法和档案管理的内容,具体包括岗位计划、总结、通知、通告、简讯、启事和专业论文的拟写,客户档案、物业管理档案、和物业管理档案的具体管理工作。教学目的是使学生通过本单元的学习,能够对专业文书的拟写技巧有个全面的把握,同时认清档案管理的具体工作职责。

教学要求

能力目标	知识要点	权重
了解物业管理常用文书的写作要求; 掌握物业管理专业论文的撰写	物业管理中常用文书的拟写	45%
了解物业管理档案的概念、特点; 熟悉物业管理档案资料的分类; 掌握物业管理电子档案的管理	物业管理档案管理	55%

引例

九佳物业服务公司最近接到新的物业管理任务，某住宅小区的物业管理。在进行物业接管验收之前，需要掌握大量的有关物业的资料。虽然在竞标时所编写的物业管理方案中已经写明了物业档案管理的有关内容，但是具体实施起来却很困难。比如工程技术文件、业主及租户资料、物业主体相关资料、财务资料、设备及维护记录、物业服务人员的相关资料等，分类、收集、整理等都很耗费人力物力。虽然如此，物业档案管理仍然是非常重要的工作，对物业服务企业来说，是其提供优质服务的重要环节。同时，物业服务过程中的文书，如通知、计划、总结等也要作为档案的一部分归类、整理，而这些常用文书的写作也是物业服务过程中非常重要的工作。

那么，物业管理常用文书如何拟写？物业管理档案由哪些类别组成？本单元将给出答案。

课题 14.1 物业管理常用文书的拟写

物业管理常用文书是物业服务过程中常见的应用文体，主要包括：岗位工作计划、岗位工作总结、常见公告以及专业论文。在物业服务过程中常需物业管理人员进行这些文书的拟写，因此，掌握常用文书拟写的方法是物业管理人员的必备技能。

14.1.1 岗位工作计划的拟写

物业管理岗位工作计划是指根据物业服务企业的发展计划结合本岗位和物业管理客观实际情况，预先对某一时期的工作，用书面文字形式作出的打算和安排。人们常说的设想、规划、安排、打算等实际上都是计划。在物业服务过程中，为完成某项任务或在采取某项行动前事先拟定目标、要求及其相应的方法、措施、步骤、时限等形式的文字材料就是计划。

1. 岗位工作计划的内容

岗位工作计划属于普通计划，在写法上比较灵活，自由，一般由标题、正文、署名、日期组成。

(1) 标题。标题用稍大字体写于第一行正中，一般包括单位名称、适用期限、计划内容等，如"××物业服务公司××部门××岗位××年工作计划"。有时工作计划可不冠在标题上，而写在正文之下、日期之上。若是供讨论用的初稿、草稿，要在标题下注明。以文件形式发出的物业管理岗位工作计划，还应写上文件编号。

(2) 正文。这是物业管理岗位工作计划的主体部分。文字形式的物业管理岗位工作计划一般先写计划的前言，后写计划的主要内容。前言一般包括形势概述、制订计划的目的、重要依据和指导思想、单位的基本情况、要达到的总目标等，要求言简意赅。表格式的物业管理岗位工作计划则不必写前言。计划的主要内容一般包括要达到的各项具体目标、指标、要求、措施、步骤、方法、完成时间等。有的还要附表、附图和必要的解释说明。这部分应该写的具体、明确和周密。

(3) 署名。若标题上已冠有制订计划单位的名称，则只需在正文右下方加盖单位公章就行了。若标题未冠以单位名称，那么正文右下方就要署名单位全称，并加盖公章。岗位工作计划只需署岗位名称即可。

(4) 日期。在署名下方写明制订计划的详细日期，即×年×月×日。

2．拟写岗位工作计划的要求

岗位工作计划是对下一步工作的整体安排，要求有明确的预见性。要写好物业管理岗位工作计划，一般要遵循以下要求。

(1) 要掌握物业管理岗位计划的客观依据。物业管理岗位计划的客观依据是指党和国家的方针、政策、法律、法规、本系统、本单位、本地区的实际情况，以及决策层的目标意图。掌握了这些内容，便为制订一份好的物业管理岗位计划奠定了基础。

(2) 计划要切实可行。计划的内容要具体、科学，指标高低要适度，若内容太笼统抽象，那么就不具备可操作性，不能付诸实施。若计划的指标太高，经过努力还达不到，就会挫伤计划执行者的积极性。若计划指标定得太低，很轻松就能做到，这就会失去计划的意义，而且不利于企业自身的发展和进步。因此，只有内容具体科学，指标高低适度，才是切实可行的好计划。

(3) 要保持计划的连续性和严肃性。每次计划都是上次计划的延续和下次计划的基础，做到瞻前顾后。计划已经批准，就应该坚决贯彻执行，不允许轻易改变，以保持其严肃性。

(4) 要留有余地，应用起来灵活，可以根据客观情况进行修补。物业管理岗位工作计划是对下一步工作的预计，难免与客观事物的发展有不完全吻合的地方，因此要留有余地。在执行中，一旦发现与现实相反，应灵活变通，调整和纠正计划，切忌死搬硬套。

 应用案例 14-1

××物业服务企业物业管理员 2011 年工作计划

2011 年是×××物业调整、改造的一年；四、五层招商可持续发展的一年；实现成为×××股份有限公司一个新的经济增长点打基础的一年。为此，我们要以"观念创新、强化服务、爱岗敬业、真抓实干"为宗旨全面完成总公司制定的各项任务和经济指标。

1．年总经济指标：245 万元。

(1) ×××物业摊位租赁费(含物业费)56 万元、广告费 23 万元。

(2) ××大厦物业费 46 万元、采暖费 44 万元、电费 55 万元，其他收入 21 万元。

2．××年度×××公司的主要工作

(1) 加强团队建设、提高主人翁意识、树立企业文化。

(2) 加强治安综合管理，大力清查易燃易爆品。加大对占用消防通道的管理力度，完善商家装修及改建的审批制度，加强对施工过程消防监护。

(3) 用制度规范行为，不断提高保安服务质量。

(4) 在公司开展节能降耗的大讨论，提倡节约能耗。发动所有员工献计献策，对于在节能降耗方面有突出贡献的将报请集团给予奖励。

(5) 做好×××物业摊位租金的及时全额收取工作。

(6) 全力做好商场四、五层招商工作。

3．计划实施步骤与方法

(1) 将计划各项工作落实，各部门进行统筹。

(2) 按照总计划制订分级计划。
(3) 具体执行中进行有效监督。
(4) 及时纠正计划偏差，并进行计划的补充完善。
4. 计划执行保证措施(略)

××××年是×××物业服务企业成立后的第一年，也是重要的一年。我们有决心、有信心在总公司的领导下，在全体员工的共同努力下，开拓创新、求真务实、精诚团结、奋力拼搏，全面超额完成经济指标和工作任务。

××物业服务企业办公室

2010年12月3日

14.1.2 岗位工作总结的拟写

总结是一种立足现实、回顾过去、展望未来的文体，是对过去一定时期内的实践活动或某一方面工作进行回顾、分析、评价后所写的一种事务文书。能否写总结也是衡量、评价一名物业管理员能力的标准之一。总结作为人们认识客观事物、掌握客观事物规律的一种手段，是寻找工作规律、提高工作成绩的有效方法。

1. 工作总结的基本内容

总结一般由标题、正文和落款三部分组成。总结的标题一般由单位、时限、文种组成。正文的开头部分可以简介要总结内容的背景，包括时间、地点、基本情况等，既可以概述所取得的成绩，说明其主要原因，也可以概述主要内容的要点，有利于后面分条展开叙述。

2. 工作总结的写作结构

正文的主体部分一般可以采取两种结构方式。一种是纵式结构，即介绍基本情况、说明指导思想、叙述具体成绩、概括成功经验、指出存在问题和今后努力的方向等，这是常见的总结方式。另一种是横式结构，即把成绩、经验、教训、问题、措施等因素综合起来，按照内容的不同性质分成几个问题来写，结尾时作归纳总结。

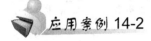
应用案例14-2

××物业服务企业××物业管理处2010年工作总结

在公司总体发展规划的引导及公司统一管理下，××物业管理处稳步走过了2010年，其间，管理处有目标、有计划地开展管理工作，不断理清工作思路，总结工作方法，顺利完成了小区评优的工作，也使广大业主与物业服务企业之间的关系更加融洽。我管理处在2010年重点做的几项工作是：

(1) 认真核对上半年的财务账簿，理清财务关系，严格财务制度，做好每一笔账，确保了年度收支平衡和盈利目标的实现。

(2) 认真录入和编排打印涉及管理处的资料文档和有关会议记录，根据工作需要，制作表格文档，草拟报表等。

(3) 对档案进行系统化、规范化的分类管理，妥善解决了接管前期档案混乱的问题。

(4) 从夏季种植到冬季保暖，完善了小区绿化的日常维护以及验收交接的工作。

当然，回顾过往，我们的工作还存在诸多不足之处：

(1) 对物业管理服务费的协议内容了解不够，特别是对以往的一些收费情况了解还不够及时。

(2) 食堂伙食开销较大,宏观上把握容易,微观上控制困难。
(3) 绿化工作形势严峻,在小区绿化管理上还要下更大的功夫。

展望未来,我们必须做好本职工作,要在以下方面改进:
(1) 积极搞好与业主之间的协调,进一步理顺关系。
(2) 加强业务知识的学习提高,创新工作方法,提高工作效益。
(3) 管好财、理好账,控制好经常项目开支。
(4) 想方设法管理好食堂,处理好成本与伙食的关系。
(5) 抓好小区绿化维护工作。

××物业管理处
2010 年 12 月 30 日

14.1.3 物业管理常见公告的拟写

在提供物业服务的过程中,经常会发布一些重要事项,往往会用到物业管理常见公告。主要包括通知、简讯、通告、启事等。

1. 通知的写作方法

通知的写作形式多样、方法灵活,一般由标题、正文、落款、日期组成。不同类型的通知使用不同的写作方法。

(1) 印发、批转、转发性通知的写法。标题由发文机关、被印发、批转、转发的公文标题和文种组成,也可省去发文机关名称。正文须把握三点:对印发、批转、转发的文件提出意见,表明态度,如"同意"、"原则同意"、"要认真贯彻执行"、"望遵照执行"、"参照执行"等;写明所印发、批转、转发文件的目的和意义;提出希望和要求。最后写明发文日期。

(2) 批示性通知的写法。标题由发文机关、事由和文种组成,也可省去发文机关名称。正文由缘由、内容包括要求等部分组成。缘由要简洁明了,说理充分。内容要具体明确、条理清楚、详略得当,充分体现指示性通知的政策性、权威性、原则性。要求要切实可行,便于受文单位具体操作。

(3) 知照性通知的写法。这种通知使用广泛,体式多样,主要是根据通知的内容,交代清楚知照事项。

(4) 事务性通知的写法。通常由发文缘由、具体任务、执行要求等组成。会议通知也属事务性通知的一种,但写法又与一般事务性通知有所不同。会议通知的内容一般应写明召开会议的原因、目的、名称,通知对象,会议的时间、地点,需准备的材料等。

(5) 任免、聘用通知的写法。一般只写决定任免、聘用的机关、依据,以及任免、聘用人员的具体职务即可。

2. 通告的写作方法

通告由标题、正文、发文机关和日期等部分组成。
(1) 标题。由发文机关、事由、文种构成。根据具体情况,也可使用发文机关加文种、事由加文种或只写"通告"二字。
(2) 正文。由发布缘由和通告事项两部分组成。缘由为发布通告的原因和根据,事项为须知和遵守的内容。用"特通告如下"转承连接。通告事项是面对大众的，应简洁明了，叙述清楚，通俗易懂，便于掌握。结尾部分可提出要求、希望，并用"特此通告"作结。有时也可不写，形式比较灵活。

(3) 署名和日期。正文后签署发布通告的机关名称和日期，一般署在右下角。

3. 简讯的写作方法

简讯是一种新闻体裁。简讯的格式大致为：

(1) 标题概括简讯的主要内容。

(2) 导语。导语是简讯开头的一段话，要求用极简明的话概括简讯的最基本内容。

(3) 主体。主体是简讯的主要部分，要求具体清楚，内容翔实，层次分明。

(4) 结尾是对简讯内容的小结。有些简讯可无结尾。

简讯在写作时需要在标题中简述事件内容，然后在正文中详细论述事件本身，并加以必要的评论，这里的评论应该客观，不能带有主观色彩。此外，简讯一般比较简短。

4. 启事的写作方法

启事是需要向公众说明某事或希望公众协助办理某事时使用的一种事务文书。启事通常由标题、正文、落款三部分组成。

(1) 标题。启事的种类有很多，根据启事的不同类别，启事的标题也多种多样。主要包括：①用文种作标题；②用内容作标题；③内容和"启事"组成标题；④启事者和内容组成标题；⑤启事者、内容和"启事"组成标题等。

(2) 正文。启事的正文有多种写法，主要有：①一段式写法。启事内容简单的通常一段成文，说明告知事项即可；②分段式写法。启事内容稍为复杂的通常分几个段落成文，将需说明的事项层层递进；③标题式写法，直接将告知事项写为标题，清晰、明确；④条款式写法，将事项整理成不同条款，以分列条款的方式表达出来，醒目，便于理解。

(3) 结尾。启事的落款一般包括联系地址、电话、联系人姓名或者签署启事者姓名、时间等。

启事在写作上总体要求内容简明、用语礼貌。

14.1.4 物业管理专业论文的撰写

1. 撰写专业论文的准备工作

1) 确定选题

选题就是确定专业论文题目。论文题目是一篇论文的总标题，也称篇名或文题，应该使读者能从中了解到该论文所要研究的核心内容和主要观点，选题一定要准确、简洁、鲜明、有前瞻性，既不能过于空泛和一般化，也不宜过于繁琐，使人得不出鲜明的印象。

> **特别提示**
>
> - 专业论文选题可以侧重理论研究，也可以侧重实践研究，但均应做到理论联系实际，特别应注意结合自己的工作实际。

2) 进行理论研究

选题确定之后，就某些论文中涉及的理论问题进行学习和探讨，形成个人的观点，或将原有理论延伸、发展。

3) 进行资料收集

资料、数据等是论文撰写不可或缺的一部分。信息资料是形成论点的基础，也是证明论点的论据。在确定题目和进行了一定的理论研究之后，就要围绕论题来收集相关资料，进行调查研究。可以采用记笔记、做卡片、剪贴报刊、输入电脑等多种方法收集撰写论文所需的各方面资料。收集资料时，应注明资料来源，来自书刊的要写明作者、书名或文章及刊名、出版时间或期号、版次、章节、页码；来自文件的要注明文件名称、发文单位、发文字号、发文日期等；来自互联网的要注明作者、文章名、网址、日期等。

收集资料的具体途径如下：

(1) 查阅中外文图书、专业报刊、统计数据、研究报告、图片资料等，或通过计算机网络进行文献查询，了解国内外有关该方面课题研究的最新动态，从而使自己在他人研究的基础上继续进行研究和探索。

(2) 利用政府有关主管部门公开发布的有关政策、法规、背景和全局概况，收集有关文献和数据。

(3) 进行实地调研，制作调研表，与被调研人座谈，了解相关资料背景，整理调研结果，得出相关研究结论。

2. 撰写专业论文的格式要求

专业论文的撰写是考验物业服务人员素质的一项非常重要的手段。一般来说，从事物业服务较高层次的人员都应具备撰写专业论文的能力，并且在物业管理领域不断探索、不断进行深入的理论研究，拓展自己的思维，使物业管理业向纵深发展。

专业论文一般的组成部分包括：封面、摘要、关键词、目录、正文、参考文献、致谢和其他附件。其框架体系和格式要求如下。

1) 封面

封面包括题目(在封面上半部分，书写居中)、单位名称、作者、写作年月。

2) 摘要和关键词

摘要应概括说明全文的主要内容，包括目的、方法、结果和结论 4 个方面，应重点写出具体的研究结果，特别是创新之处。关键词是从论文的题名、层次标题、摘要、和正文中选出来的，能反映论文主题概念的词和词组。

3) 目录

目录是论文各级标题序号及内容的列示，一般列出两级或三级标题即可。按照国家人文社会科学论文撰写规范要求，标题形式如下：

一级标题采用一、　二、　三、　……

二级标题采用(一)(二)(三)……

三级标题采用1.　　2.　　3.　……

4) 正文

正文是作者总的写作意图或基本观点的体现，它对论文的发表及其价值起着决定性作用。要求观点要正确、论点要明确、论据要充分、选材要新颖；论述要有条理，有较好的逻辑性、可读性和规范性；表达要以读者在最短的时间里得到最多的信息量为原则；量、单位、名次术语的使用要统一、规范。

5) 注释和参考文献

注释是对论文中需要解释的词句加以说明，或是对论文中引用的词句注明来源出处。注释可以采用尾注或脚注的方式。参考文献著录原则是：①只著录最必要、最新的文献；②只著录公开发表的文献；③采用标准化的著录格式；④参考文献的数量不宜太少。

6) 致谢

致谢是向为论文撰写提供较大帮助的单位或人员表示感谢。

7) 附件

与论文有关的、不宜放在正文中的资料，可以作为论文附件。

3．撰写专业论文的具体步骤

1) 对所搜集的资料进行整理和分析

针对论文选题，将所搜集来的资料数据进行分类、整理，对于过时的信息资料进行合理删除，并对信息资料所呈现出的特点进行分析、形成初步观点。

2) 确定正文写作结构

根据资料显示的结论选正文写作结构，选择写作结构的规则是：能充分反映作者观点、全面展现论点和论据、避免重复累赘、脉络清晰、结构严谨。

3) 确定论点和论据

利用收集到的各种资料和个人对选题的理解，形成个人正确、独到、有一定深度的见解作为论点，并准备、组织论据支持论点，进行论证构思。

4) 编写论文提纲

提纲就是论文的纲要，编写论文提纲就是写出专业论文的总体结构框架，安排好内容的总体顺序。提纲一般由导论、正论、结论三部分构成，导论提出问题，正论分几层进行分析论证，最后归结起来得出结论。论文提纲层次要清楚，可设二级至三级标题。提纲应有反复修改的过程。

应用案例 14-3

关于××市住宅小区物业管理的研究(论文提纲)

随着我市住房商品化、社会化进程的加快，推行住宅小区物业管理已刻不容缓。本文就住宅小区全面推行物业管理问题谈几点认识和建议。

1. 导论部分

市政府发出关于进一步深化住房制度改革加快住房建设的通知，要求稳步推进住房商品化、社会化，逐步建立适应社会主义市场经济体制和我市市情的住房新制度；加快住房建设，更好地解决全市居民的住房问题；大力发展住宅业，使其尽快成为××市新的经济增长点。

2. 正文部分

(1) 物业管理及其发展的条件。

物业管理是指专业的物业公司运用先进和科学管理方法，依靠有关专业技术，依据法律契约，以建筑物、不动产管理为中心，以向房屋产权所有人或使用人提供安全、舒适的生活环境为目的的经营性综合服务。从物业管理的要求来看,首先必须解决其行业内部和社会环境之间的一系列问题,即其存在和发展必须具备一定的外部、内部条件。

① 重视居住质量和房屋的保值、增值作用。
② 人大、政府立法,确立法律、法规。
③ 房屋管理体制的改革。
④ 搞好房地产行业内部协调。
⑤ 处理好物业公司与其他方面的关系。
(2) 市区住宅小区物业管理现状及发展中的制约因素。
① 管理体制不顺,组织协调不力。
② 宣传引导不够,居民观念陈旧。
③ 小区界限不清,启动资金费缺位。
(3) 推进住宅小区物业管理工作的对策建议。
① 加大组织领导力度理顺管理体制。
② 加大宣传力度,进一步提高对物业管理工作的认识水平。
③ 加快立法,为开展和推行物业管理提供法律保障。
④ 搞好小区综合治理改造,为全面推行物业管理创造条件。
⑤ 加强管理,不断提高物业服务企业的整体素质。

3. 结论部分

推进住宅小区物业管理符合社会发展趋势,有利于提高城市管理水平,有利于政府职能的转换,有利于方便人民群众生活,有利于创造良好的居民生活环境,有利于减轻财政负担,有利于住宅小区以业养业、形成造血功能、解决管理经费,有利于各类房屋的保值和增值,提高物业的有效价值。

5) 起草论文初稿

提纲经过修改,初步定稿后,即可按照提纲撰写论文初稿,就是用具体材料、科学的论述和连贯成篇的书面语言,按照提纲拟定的结构顺序去展开提纲上的要点。

特别提示

- 论文中的论点要明确,要具有科学性、客观性、创新性以及现实意义和理论意义,论据要充分、确凿,论证过程要清晰,合乎逻辑。

6) 修改论文

论文初稿形成之后,必须要进行认真细致的修改与审核。修改论文的重点应放在论点的再斟酌、论证的检查、结构的调整、文字的推敲等方面。

7) 定稿和装帧

论文定稿是在确定论文成稿后。经过检查、反复论证、文字推敲、理论分析之后,确定论文的主体内容无误、观点鲜明、文字流畅之后就可以定稿了。将定稿后的论文装帧。

课题 14.2 物业档案管理

14.2.1 物业档案概述

物业档案是指关于物业项目所有的包括过去和现在的一切活动中所形成的,具有参考价值，应当归档保存的各种文字、图表、声像等不同形式的历史记录。

1．物业档案的特点

(1) 物业档案的形成领域较为局限。

物业管理的管理对象是物业，服务对象是物业的业主和使用者，而且业主与物业又有着紧密的联系，因此，在物业管理区域内的物业管理活动就形成了物业管理的档案资料。

(2) 物业档案的动态性。

由于物业档案具有动态性，因此必须建立动态管理机制。凡是管理程序的各个环节，都要进行及时性、经常性、完备性的动态记录。

(3) 物业档案的基础性。

物业档案是进行物业服务的基础和依据。档案管理工作则是物业服务工作的基础性工作。

① 物业档案是物业现代化管理的基础。现代化管理需要以电脑为中心进行信息处理。信息是一种无形的资源。物业档案资料管理是信息处理的基础性工作，它多数表现为人工方式的前处理，前处理工作做好了，电脑化的信息处理工作才有基础。

② 物业档案是物业管理水平的标志。物业档案资料是整个物业管理活动的原始记录，具有真实性、可靠性，是物业管理活动过程的反映。物业管理员的管理意识、文化素质、自身水平、工作作风等都会在物业档案资料中反映出来。因此，它是物业服务企业的一项基础性工作，其管理的水平成为衡量物业管理水平的标志。

特别提示

● 物业档案管理是一项专业性较强的工作，由于保密性要求高、归类整理比较复杂，一般应由专门人员进行收集、管理。

2．物业档案的内容

物业档案分为业主档案和物业项目档案两大类。

1) 业主档案

业主档案是指与物业管理辖区内业主和使用人有直接关联的，或由业主和使用人在工作、生活中形成的对物业管理工作具有保存价值的文字、图表、声像等历史记录。

业主档案的形成者包括：业主和使用人、前来探访业主和使用人的外来人员、业主大会或业主委员会与物业服务企业相关的文件资料。

针对业主需要收集的文件材料包括：

① 业主详细资料登记表。

② 产权登记及权属变更材料。

③ 物业(包括房屋、车库)购置合同及身份证复印件。

④ 与物业服务企业签订的物业管理服务合同、业主公约等。

⑤ 家庭主要成员登记表。

⑥ 入住手续全套资料。

⑦ 房屋装修全套资料。

⑧ 交纳各种交费凭证。

⑨ 房屋维修资料。
⑩ 与业主有关的其他材料。

针对使用人需要收集的文件材料包括：

① 使用人详细资料登记表
② 业主与使用人签订的租赁合同的复印件。
③ 物业服务企业与使用人签订的合同、公共契约等。
④ 家庭主要成员登记表；
⑤ 交接手续全套资料。
⑥ 房屋装修全套资料。
⑦ 使用人交纳各种费用的凭证。
⑧ 房屋维修资料。
⑨ 与使用人有关的其他材料。

2) 物业项目档案

物业项目档案是指物业项目在形成与使用过程中所留下的对物业服务企业在该物业项目管理活动中具有查考和保存价值的各种文字、图表、声像等历史记录。

(1) 产权与工程技术资料。主要包括：住宅区规划图纸、项目批文、用地批文；建筑许可证、投资许可证、开发许可证；拆迁安置资料；红线图、竣工总平面图；地质勘察报告、开工竣工报告、图样会审报告、工程设计变更通知；工程合同、工程预决算；竣工图；单位建筑、结构及隐蔽工程竣工图，消防、燃气等工程及地下管网竣工图，房屋消防、燃气竣工验收证明书，水电、消防等设备的检验合格证书及设备技术资料；主要材料质量保证书，新材料、配件的鉴定合格证书；砂浆、混凝土块试压报告；绿化工程竣工图；住宅区各类房屋清单、出售房屋的产权范围或成本按算清单；住宅区未完工的房屋公用设施设备及公共场地的竣工日期；其他工程技术资料。

(2) 装修档案。主要包括：二次装修登记表，装修责任书；施工企业资质证明、装修人员登记表；室内装修设计平面图；装修竣工图。

(3) 维修资料。主要包括：维修申请记录、回访记录；维修派工单；公共设施巡检记录。

(4) 治安交通管理资料。主要包括：日常巡视记录，交接班记录、值班记录、巡逻路线；日常抽检记录、查岗记录、闭路电视监控系统录像带；搬入/出记录、突发事件处理记录；车辆管理记录、车辆详细资料。

(5) 设备设施管理资料(包括消防)。主要有：公用设备设施维修保养记录；机电设备运行、巡视记录；设备承包方案；公用设备设施台账及更新记录。

(6) 绿化清洁资料。主要包括：清洁班检记录；清洁周检记录；绿化工作记录；病虫害检查记录。

(7) 社区文化资料。主要包括：社区文化活动计划及实施情况记录；社区文化活动图片及录像记录；传媒报道资料；文化活动场所、设施台账及使用记录。

(8) 业主反馈资料。主要有：服务质量回访记录；业主意见调查、统计记录；业主投诉及处理记录。

(9) 员工管理资料。主要有：员工个人资料，聘用记录；员工业务考核及奖惩记录；

员工培训计划、培训档案、考核记录；员工薪金变动及内务管理记录。

(10) 行政文件资料。主要包括：管理处值班及检查记录；财物记录；内部管理规章制度、通知、通报等文件。

> **特别提示**
>
> 引例中提到的物业档案的分类如上文所述。按照相应类别收集整理资料，能够比较完善地掌握物业档案。

> **知识链接**
>
> ### 标准化的图、档、卡、册、表
>
> 1. 图
>
> 根据物业管理工作要求按标准绘制的各类图纸。包括房屋分幢平面图、房屋分户平面图、房屋分层分间平面图、产业概况示意图及房屋竣工图、建筑物体内线路图、管道走向图、阴井下水道位置图等。
>
> 2. 档
>
> 在物业管理各类活动中形成的各类文字材料，是物业档案资料的主要成分。包括房屋接管、变更、注销通知单和回报单，物业管理接管验收记录，管理合同副本，房屋产权证副本，配屋单，租赁凭证副本，租金测算计算表，分户过户报告，买卖过户通知单，增搭建处理记录，业主和用户来访记录以及各类统计资料表格等。
>
> 3. 卡
>
> 根据物业管理工作要求制定的目录卡、设备保养卡、维修记录卡等。卡的特点是内容浓缩、检索方便。
>
> 4. 册
>
> 为了提高工作效率而建立的设备手册、使用手册、业户缴费手册等。
>
> 5. 表
>
> 根据物业管理工作要求设立的各类表格。包括房屋验收质量登记表、楼宇入住(入伙)进度表、住户情况登记表、房屋装修申请表、住户缴租(费)情况表。

14.2.2 物业档案管理的程序

1. 档案资料的收集

收集就是将与物业项目相关的各种资料集中在一起，它是物业档案管理工作的起点，是实现物业档案集中、统一管理的基本途径。收集的关键是完整，即凡是具有保存价值的文件材料都必须收集，并确保所有图样、文件材料的齐全、完整、准确、翔实。

2. 档案资料的整理

物业档案资料整理工作，就是将处于零乱状态和需要进一步条理化的档案，进行基本的分类、组合、排列和编目，使之系统化。

物业档案整理工作的要求就是归档的要求。归档要求可概括为：凡收集齐全、完整、应当归档的文件材料，必须经过系统地整理，按照文件材料的形成规律和它们之间的历史联系进行分类、立卷，使案卷能准确反映物业的基本面貌。要求做到：分类科学，组卷合理、排列有序，保管期限准确，装订整齐、牢固，案卷封面、脊背、卷内目录和备考表(异动记录)填制准确，字迹工整，图样清晰，载体和装具质地优良，便于保管和利用。

1) 物业档案立卷类别

常见的有：

(1) 修缮档案。以房屋单元为立卷单位，将在一段时期内同一单元的修缮材料组成一卷，如将属公共设施或重大项目维修产生的档案归入基建档案类。

(2) 物业房产档案。以小区或管理处为立卷单位。

(3) 设备、仪器档案。以一种或一套设备、仪器为立卷单位。设备、仪器档案按依据性材料→设备、仪器开箱验收→设备、仪器安装调试→设备、仪器运行维修→随机图样排列。随机图样也可单独立卷。

(4) 基建档案。以一个项目或一项工程为立卷单位。基建档案按依据性材料→基础性材料→工程设计(含初步设计、技术设计、施工设计)→工程施工→工程竣工验收排列。

(5) 行政管理档案按年度——问题——保管期限进行立卷，即将同一年度形成的同一问题且同一保管期限的文件材料组成一卷。卷内的文件材料按问题、时间或重要程度排列。

(6) 声像档案。声像档案包括照片、录音带、录像带、计算机磁盘、缩微胶片等特殊载体档案。

其他还有经营管理档案、党群工作档案、人员档案和会计档案等。

2) 立卷工作的内容

包括：卷内文件材料的排列与编号、卷内目录的编制、备考表的填制、案卷封面的填列、案卷装订。

(1) 卷内文件材料的排列。物业管理档案可以以物业产权人为宗立卷，也可以按文件材料的重要程度排列，主要文件在前，次要文件在后；正件在前，附件在后；引件在前，定稿在后；结论性文件材料在前，依据性材料在后。两种排列方法各有优点：前者能清楚地了解产权的来龙去脉，便于物业的租赁、交易和收费等经营管理活动的进行；后者则开门见山，重点突出。在实际工作中往往是两种方法相互交叉、结合使用。如修缮档案案卷内文件材料的排列即按结论性材料在前、依据性材料在后；文字材料在前、图样在后的原则进行。

物业文件中附有照片的，必须进行系统的整理。每张衬纸只粘贴 2 张照片，不得将几张或几十张照片成摞地订在一张衬纸上；每张衬纸右侧贴照片，左侧(靠装订线一侧)留出 4~6 厘米空白，供填写文字说明之用；每张照片都要编号，即编流水号；每张照片都必须有文字说明。文字说明的内容包括照片内容(如待大修的房屋正面、侧面照片或裂痕处照片等)、拍摄时间、拍摄地点、拍摄者。拍摄者的姓名要写全，应加职务或技术职称。文字说明应做到概括、准确、项目齐全、书写规范。没有文字说明的不能称之为物业管理档案。

(2) 卷内文件材料的编号。就是按照卷内文件材料的排列顺序，用打号机依次编页号。凡有文字或图表的页面均应编号。页号位置为正面编在右上角，背面编在左上角。

编号时应注意，页号一律使用阿拉伯数字，从"1"编起，有效数字前不得出现一个或几个"0"。无文字、图表的页面和卷内目录不得编页号。要使用碳素墨水编页号。如出现倒号，将页号划掉，重新打号；漏号，采用分号式，将漏编的页与前页或者后页共用一个页号，如有一页漏号，其前页为 7 号，其后页为 8 号，可与前页共用一个号，即前页为"7-1"，该页为"7-2";重号将重号改为分号式,如前后两页均为9号,则分别改为"9-1"和"9-2";错号,将错号划掉,打上正确的页号;一个页面有两个或两个以上页号,将正确的页号留下,其余页号划掉。

另外编号前要去掉文件材料上的大头针、回形针、订书钉等;字迹已扩散的要复印,原件需保留,按原件在前、复印件在后的顺序排列;破损的页面要进行裱糊;文件材料用纸小于标准用纸的要进行裱糊、取齐,大于标准用纸的要进行折叠、取齐。

(3) 卷内目录的编制。

① 文件卷、仲裁卷卷内目录的填制,可以沿用文书档案卷内目录。内容有:

序号,即卷内文件材料的编号,依照文件材料的排列顺序填写。

文号,即文件字号。须照实填写、填全,不得省略。

责任者,即文件形成机关或个人,据实填写。

题名,即文件材料的名称。要照实抄录。没有题名的,应补拟题名,外加方括号。

日期,指归档日期,一般标在发文机关名称的下方。

② 登记卷卷内目录。主要内容有:

序号,即卷内文件材料的顺序号。

证件名称,即文件材料的名称。

页号,即从"1"开始,按大流水编号,双面有文字或图表的,双面都应编号。

归档日期;归档人盖章和备注。

③ 卷内目录其他内容的填写方法。

分目号:要求与总目上的分目号一致。

丘号、权号、登记户名、权利种类这四项要与总目一致;坐落按物业登记申请书填写。

文件编号:按文件材料右上角分目编号章内编号填写。

文件名称:用物业管理业务部门的专用名称。

件数:按实际件数填写,如两份证明,则件数为2。

页数:卷内文件材料页数的总和。需要注意,页数不同于张数,如果一张产权文件材料背面有文字或图表,那么,它实际上是2页,而不是2张。

附注:一般不填写,如遇文件材料取出,则需在此栏目注明移到何处。

卷内目录填制时应注意,所有数字都应采用阿拉伯数字;日期必须填写公元纪年,不得省略;各栏目的内容,盖章或书写均可;盖章,须使用红色印泥,不得使用红色墨水;书写,须使用碳素笔,以利永久保存;卷内目录用双面纸的均应填写,但不编页号;卷内目录应放在全卷文件材料首页之前;如发生变更,新旧卷合二为一,新卷文件材料接续填写。

(4) 备考表的填制。备考表一般包括以下内容:本卷需要说明的情况、立卷人、检查人、立卷时间。需要说明的情况为卷内文件材料、照片若有破损、丢失或被水淹、虫蛀、鼠咬,文件材料用圆珠笔书写、字迹褪变等;立卷人即整理该卷的责任者;检查人即档案负责人;立卷时间即完成该卷全部整理工作的日期。

(5) 案卷封面的填制。内容有:

① 案卷题名,题名由责任者、内容(问题)和名称三部分组成,要求简明扼要,能确切反映卷内文件材料的主要内容,字数以不超过50字为宜。

② 卷号，位于封面左上角，一般采用六位或七位数编号法，即区号+图幅编号+产别代号+单元、层次及户号。

③ 原产权人和现产权人及原使用人和现使用人，据实填写。

(6) 案卷装订应注意：

① 物业文件材料分类、组卷、排列、裱糊、折叠、编号等进行完毕，并符合规定要求，即可进行案卷装订。

② 卷内文件材料要排列得当、取齐，靠装订线一侧要留出 2～2.5cm 的空白，装订线内不得有文字或者图表。

③ 案卷薄厚要适宜，一般案卷厚度以 1～1.5cm 为宜。案卷大薄，应加垫条。垫条应放在最末一页文件的后面，垫条数量最多不应超过 3 个，不得用空白纸充当垫条。

④ 装订采用三孔一线的方法(袋装的案卷除外)，使用黑卷线，卷绳结头打在案卷背面，结头不裸露在外。

⑤ 案卷装订，要做到整齐，牢固，美观，无脱页、倒页现象。

⑥ 对于特别珍贵的文件、图片，可使用合适的卷夹、档案袋、盒装封，有利于文件材料的保管，也便于提供利用。

另外，短期保存的案卷，一般也可不装订。不装订的案卷，每件文件右上角要加盖件号章，每件文件应用细线装订，以防丢页。

3．档案资料的更新

物业档案建立以后，由于业主的产权交易、使用人的更换、物业的改建等因素，都会造成物业档案内容的变化。因此，为保证物业管理工作的正常进行，物业服务企业必须做好物业现状变更文件材料的及时归档工作，使物业档案保持完整、准确、系统，做到物业档案与产权档案一致。

物业档案更新时，凡涉及物业现状情况变更的，如结构、式样、层次、建筑面积等，包括翻建、改建、扩建、部分拆除等，必须依据设计、施工图样，并根据物业测绘人员实地查勘后填写更改通知；凡涉及产权情况变更的，像产别、产权人姓名和单位名称、他项权利设定等，必须依据房地产转移变更登记案件或有法律效力的文件；凡涉及物业委托管理人变更的，要依据委托管理合同等。

4．档案资料的保管

物业档案保管的首要条件是设立具备相当容量和一定条件的库房。档案库房应以利于档案的安全保护为根本前提，要坚固耐用，能满足抗震、保温、隔热、防潮、防虫、防霉、防尘、防光、防火、防盗、防鼠等要求。档案装具也要符合一定保存条件，放置时设置检索功能，定期检查。

5．档案资料的使用

建立物业档案的目的就是要使档案更好地发挥作用，满足查询者的需要。为充分地利用物业管理档案，应做好以下工作。

(1) 建立完善的检索体系。物业档案管理部门应重视编制物业档案案卷目录、分类目录、专题目录、底图目录、人名索引、文号索引、物业卡片等各类检索，使档案查找迅速、准确。检索工作的编制要与物业管理工作保持一致。

(2) 熟悉所藏档案的情况。物业档案管理人员应精通档案业务，熟悉各类档案的存放情况，以提高档案查准率和查全率，更好地为借阅者服务，满足物业管理服务的需要。

(3) 利用方式多样化。利用各种方式提供全方位的服务，提高借阅率。

(4) 做好利用效果记录工作。物业档案利用效果要填写翔实、准确、及时。每年都要编写出档案利用年度分析报告，主要是分析、总结本年度档案利用的人次、卷次、内容、利用方式方法和效果，以及存在的问题和拟采用的改进措施等，以充分发挥物业档案的作用。

综合应用案例

某物业服务企业文书、档案管理规定(节选)

一、物业服务公司文书、档案管理规定

1. 各岗位物业管理人员必须按时完成各时期工作计划及总结，将日常文书归档、汇总。

2. 公司各物业项目的档案资料规定由物业服务公司主管(包括代理主管)负责监督保管，由文员专职文件存档、注记工作。

3. 有关物业服务公司验收档案、图册、业主及住户资料、管理制度、合约及附属设备设施及保养制度、财务报告、员工人事资料等档案，要求集中存档，文件柜要求上锁，未经主管许可，他人不得动用。

4. 物业服务公司档案资料必须按公司规定要求存档，做到图有袋、文有夹，报告类文件编目录索引，档案类文件有存档文件清单及编号目录。

5. 物业服务公司档案目录及存档文件清单每季度上报公司备案。

6. 物业服务公司档案在历任主管调职、离职时应向公司或接任者办理移交手续、经确认后方可离任。

7. 物业服务公司档案需经常使用部分应复印备份，原件存放在档案中不得随意使用。

8. 因工作需要借阅、复印专管部分档案资料的，需经主管书面确认，如有违反的作泄密处理。

9. 公司将定期巡查上述规定所提及要求落实情况，对不符要求的保管责任人将作适当处分。

10. 物业服务公司档案资料因保管不当而导致遗失、泄密的，对物业服务公司有重大影响及损害物业服务公司利益的，公司将视情节轻重追究当事人责任，并保留追究其法律责任的权利。

二、物业服务公司管理保密规定

1. 在工作范围获得的有关公司、物业服务公司内部资料，业主、用户单元和物业管理处员工个人资料及其内所载有的通信地址、联系电话、购/租合约及金额、特别条款、物业服务公司及公司内部情况、业主及用户个人情况等均属工作保密范围。

2. 业主、用户及员工资料统一存放在办公室文件柜中，由专人负责注记及存档等工作，由物业服务公司主管每周审核，其他工作人员未经许可禁止查阅。

3. 物业服务公司物业管理处文件柜备用钥匙由主管保管，主管及秘书因需告假时，经指定的授权人士，方可代为执行以上事务。

4. 因工作所需而放置于办公室、监控中心、大堂接待处的业主及业户联系电话、员工个人联系电话、地址等，必须隐藏放置，不得张贴于显眼处，不得外泄。

5. 公司制定的各类物业服务公司规章制度及工作指引，由物业管理处统一保管，高级管理员以上级别人员可借阅(须办理借阅手续)，每次限时一周。实行借阅目的为指引员工培训，严禁任何形式的抄袭及复印。

6. 发布的各类通知通告，应限定时效，过时收回。

7. 员工应具有维护他人隐私权利的法律意识，主动为公司及业主保守秘密，对于任何人士不正常的打探行为，应坚决拒绝并向公司报告。

8. 员工因执行保密规定不当，致使公司、业主、业户或管理员工利益受不良侵害的，公司将按员工守则有关规定从重处罚，并由当事人个人承担导致的全部法律责任。

单元小结

本单元主要介绍了物业服务企业常用文书的拟写与物业档案管理的基本内容。物业管理常用文书包括计划、总结、常见公告(包括通知、简讯、通告、启事等)等。物业管理专业论文需要进行选题、理论研究、资料收集等准备工作，具体写作步骤是：资料整理、确定正文结构、形成论点论据、起草初稿、修改、定稿。物业档案内容包括业主档案和物业项目档案；物业档案管理的程序是收集、整理、更新、保管、使用。

习　题

一、单项选择题

1. 物业管理活动中形成的各类文字材料是(　　)，是物业管理档案资料的主要组成部分。

　　A．档　　　　　B．卡　　　　　C．册　　　　　D．单

2. (　　)是一种立足现实、回顾过去、展望未来的文体，是对过去一定时期内的实践活动或某一方面工作进行回顾、分析、评价后所写的一种事务文书。

　　A．通知　　　　B．计划　　　　C．总结　　　　D．公告

3. 由标题、导语、主体、结尾构成的文体是(　　)。

　　A．通知　　　　B．通告　　　　C．简讯　　　　D．启事

4. 为了建立物业管理档案，应尽可能收集完整的物业资料，应把从(　　)到工程竣工的全部工程技术资料收集到。

　　A．立项　　　　B．审批　　　　C．规划　　　　D．动工

5. 对档案资料的使用的论述，不正确的是(　　)。

　　A．建立完善的检索体系　　　　B．利用方式多样化
　　C．熟悉所藏档案的情况　　　　D．尽可能采取全面公开的形式

6. 物业服务企业员工管理资料应该归入(　　)。

　　A．管理效益档案　　　　　　　B．基础管理档案
　　C．安全管理档案　　　　　　　D．精神文明建设档案

二、多项选择题

1. 物业档案的特点有( )。
   A. 形成领域较为局限　　　　　　　B. 档案的灵活性
   C. 档案的动态性　　　　　　　　　D. 档案的基础性
   E. 档案的科学性

2. 衡量物业管理专业论文水平高低的因素有( )。
   A. 选题是否恰当　　　　　　　　　B. 结构是否合理
   C. 论点是否鲜明　　　　　　　　　D. 写作是否规范
   E. 字数是否达到要求

3. 物业管理员岗位工作计划一般包括( )几个部分。
   A. 标题　　　B. 目录　　　C. 正文　　　D. 前言
   E. 落款

4. 工作总结正文的写作结构一般包括( )。
   A. 分体式结构　　B. 总和型结构　　C. 纵式结构　　D. 横式结构
   E. 简明结构

5. 撰写专业论文的准备工作包括( )。
   A. 选题　　　B. 理论准备　　　C. 写作提纲　　　D. 收集资料
   E. 写作正文

三、情景题

1. 思达物业服务公司最近要进行暖气试水工作，因为采暖期即将到来，暖气试水是保证供暖设备正常运转的先决条件。小王负责通知业主暖气试水时间、试水注意事项等。请你帮助小王拟写一份暖气试水通知，将暖气试水注意事项告知业主。

2. 物业管理处王经理到物业管理办公室查阅物业相关资料，资料管理员小李告知这些档案资料不能够随意查阅，需要经过主管领导的签字才可以查阅。管理处王经理觉得日常图纸资料的查阅是为了更好地进行物业管理，不应该有诸多的限制。如果你是小李，请你给王经理解释一下物业档案管理的相关方法和手段。

四、案例分析题

案例1：某小区刚经过物业管理接管验收，相关资料正在收集中。物业管理处相关人员需要收集大量的物业资料，并在业主入住时登记业主个人资料，从办公室到工程部、财务部、客服部，各级各类资料都要统一整理、分类备案，是一件非常烦琐的事情。

请问：(1) 物业管理档案按照不同的性质应该如何立卷？
(2) 业主资料应该包含哪些内容？

案例2：今年的物业管理工作非常烦琐，物业管理处负责全年工作计划的制订。工作计划的类别有很多，比如，管理处工作计划、财务处工作计划、客服部工作计划、工程部工作计划、保洁部工作计划、保安部工作计划等，每一个部门的工作计划都不同，都需要有一个统筹。

请问：(1) 物业管理岗位工作计划的内容是什么？写作要求有哪些？

(2) 请列出物业管理处月工作计划的要点。

综 合 实 训

一、实训内容

物业管理行业已经成为改善民生、构建和谐社会的重要一环，如今，这一行业的发展遇到了人才瓶颈。影响首先来自大环境，我国经济社会高速发展带来各行各业对人才的巨大需求，人才匮乏是社会普遍面临的问题。同时，它也有行业自身的特点和具体的问题，表现在物业管理行业尤为严重。物业管理行业起步晚但发展快，许多企业的人才供给始终不能满足其快速发展的需要。这不仅使企业的竞争力下降，也使全行业的竞争力普遍下降。

住房和城乡建设部总经济师、中国物业管理协会会长谢家瑾指出："物业管理服务是新兴的行业，人才储备基础薄弱，从业人员队伍建设远远滞后于行业的发展，尤其突出表现在称职的职业经理人匮缺，现有部分管理人员与承担的任务不相适应，职工队伍的专业技能培训也跟不上行业发展"。

建立物业管理行业人力资源保障体系，刻不容缓。

人力资源之于企业，犹如血液之于生命般宝贵。企业要保持生命力和竞争力，必须获得强大、优秀的人力资源。这在物业管理行业，已经成为共识。

(1) 知识经济时代，企业的竞争实质就是人才的竞争。

工业经济时代，资本是企业的竞争力。而在知识经济时代或者说信息经济时代，知识是企业的竞争力，而知识是由人才掌握的。

工业设备、设施的硬件成本日趋低廉且同质化，大家所使用的生产设备或者所提供的产品越来越雷同，所不同的是科技含量、文化含量或服务质量。后者决定着价值大小，而这也是由人才通过知识、素质等因素控制的。

(2) 物业管理行业将迎来知识管理阶段，物业管理团队应实现精英化。

未来的物业管理行业应该以知识密集型为主流。按照专业化分工的趋势，未来的物业服务企业将细分化为三种类型，一是劳动密集型，比如保洁公司；二是技能密集型，比如设备维护公司；三是知识密集型，比如物业管理师事务所或者物业管理顾问公司。毋庸置疑，第三种类型将主导物业管理行业的发展。而作为行业有机组成部分的前两种类型，也将提高从业人员的服务质量与科技含量，形成追求知识管理的趋势。

知识管理阶段的物业服务企业，人才必将成为第一竞争力。行业的发展将体现为规模的不断扩张与从业人数增长速度放缓，物业管理团队要实现专业化、知识化、精英化。

(3) 中国经济社会的发展对物业管理从业人员的素质要求越来越高。

企业界许多人在抱怨业主的素质低、收费难和社会对行业要求苛刻，但这事实上也是一种鞭策或激励。或者说，市场在用它无形的手推动物业管理行业变革，那些不能实现专业化、知识化和精英化的物业服务企业将被市场挡在门外。现在，这个过程正在进行中，很多企业已经感觉到疼痛，有些小企业甚至退出了行业舞台。归根结底，这是好事，也是大势。

从业人员的素质，决定了他们提供的服务质量和他们所创造的价值，也决定了他们自己和企业的命运。这就是关于人力资源是物业服务企业第一竞争力的命题。

二、实训要求

根据上述案例所述，收集相关资料，写一篇关于物业管理人力资源管理的论文。要求结合目前实际情况，按照论文写作要求完成。

模块 4 物业服务市场开拓

单元 15

物业服务合同与服务方案

教学目标

本单元主要介绍物业服务合同及服务方案的相关知识,具体包括服务合同的概念、性质、内容和出现争议时的解决办法以及如何拟订物业服务方案。目的是使学生能够意识到合同的重要性并合理使用,掌握物业服务方案拟写的特点。

教学要求

能力目标	知识要点	权重
了解物业服务合同的概念; 了解法律责任的承担和争议的解决式方式; 熟悉物业服务合同的基本内容; 掌握物业服务合同的基本形式	物业服务合同	55%
了解物业服务方案制定程序; 熟悉物业服务方案文本的编写; 掌握物业再开发利用方案的制定	物业服务方案	45%

物业服务合同与服务方案 单元 15

引例

华侨城的项目定位

深圳市的华侨城地产项目波托菲诺被公认为华南地区最具规模和旅游文化特色的高档住宅区。整个项目总占地面积达 88 万平方米，总建筑面积 108 万平方米，整个区域规划以意大利 PORTOFINO 为蓝本，结合华侨城的旅游文化、自然山水资源而精心构筑。

住在华侨城的居民由两部分组成，一是原有当地住户，二是外来移民。外来移民在数量上远远超过当地住户，加之华侨城地块开发相对较晚，所以原有的居住习惯特性不明显。外来移民的整体素质较高，80%以上有大专及以上学历，收入相对较高且很稳定。受华侨城整体规划影响，该区域居民对环境、生态、居住氛围要求很高。

华侨城区域配套独具特色，该区域拥有世界之窗、锦绣中华、民族文化村、欢乐谷等一大批旅游景区，形成了丰富的旅游景区配套；还有一座高科技园的科技配套支持。超市、医院、邮局、学校等配套设施相对集中且非常完善。

接管该项目的华侨城物业针对这一特殊的区域性特征，开创了"景区式物业管理"模式。即以营造波托菲诺小镇生活格调为努力目标，以波托菲诺社区的生态环境、高品位的社区文化、开放的社区形态、便利的沟通方式等 4 个基本要素为管理主体，以业主、游客为服务主体，导入景区管理理念，实行"物业管理+景区管理"模式，体现"社区处处是景点，员工人人是导游"景区式物业管理思想。通过他们的不懈努力，不断满足业主、游客持续增长的多样化需求，给业主以"财富人生的尊贵，悠闲和畅意的体会"，给游客以"观景赏景尽兴的享受"，达到了组织、引导、培育高尚高雅的社区文化氛围的目的。

以上对物业的定位和策划是物业服务方案的重要内容。物业服务合同中的重要内容就是物业服务方案。那么，物业服务合同的主要内容有哪些？物业服务方案又应该如何制定？

课题 15.1 物业服务合同

15.1.1 物业服务合同概述

1. 物业服务合同的分类

物业服务合同是物业服务企业提供物业管理服务时，与有关委托方签署的合同。物业服务合同包括前期物业服务合同和物业服务合同两种，两者之间存在着时间上的先后顺序，是相互衔接的。

(1) 前期物业服务合同。前期物业服务合同，是指在前期物业管理阶段，由建设单位和物业服务企业签订的，物业服务企业对所委托的物业区域实施全面管理服务的书面协议。《物业管理条例》第 21 条规定"在业主、业主大会选聘物业服务企业之前，建设单位选聘物业服务企业的，应当签订书面的前期物业服务合同。"

(2) 物业服务合同。物业服务合同，是业主委员会代表全体业主与业主大会选聘的物业服务企业订立的书面协议。它是确立业主和物业服务企业在物业管理活动中的权利和义务的法律依据。

> **特别提示**
>
> ● 物业管理专项事务委托合同是关于物业服务过程中专项服务委托专门公司(机构)提供服务的协议，虽然不属于物业服务合同的类别，但是在物业服务过程中也较为常见。

2．物业服务合同的作用

在计划经济时代，不动产的管理依靠行政手段。在市场经济时代，不动产的管理则主要依靠合同约定，也就是说，市场经济条件下的物业管理改变了原来的行政管理模式，遵循意思自治和契约自由的原则，物业管理建立在一系列的合同网络基础上：业主召开业主大会，缔结管理规约和业主委员会章程，选举业主委员会；业主委员会选聘并与物业服务企业签订物业服务合同；物业服务企业又进一步与其他专业机构签订承包服务合同。

在上述物业管理涉及的各类合同中，物业服务合同发挥着关键的作用。其中，前期物业服务合同和物业服务合同是物业服务企业对物业经营管理权产生的原因，是物业服务企业对物业实施管理的依据标准，起到连接物业服务企业和业主的关键作用。对于物业服务企业而言，物业服务合同订立的好坏，直接决定了物业服务企业能否有效防范法律风险，做到"防患于未然"，决定了物业服务企业能否顺利开展物业管理服务活动，从而最终决定物业服务企业的生存和发展。

3．物业服务合同签订的要点

物业管理工作自身的特点决定了物业服务合同签订时，除可遵循签订一般合同时的注意事项外，还要注意以下四个要点。

1) "宜细不宜粗"的原则

为确保合同双方的权益，明确各目的责任、权利、义务，减少日后的纠纷，业主和物业服务企业在对合同进行谈判洽商时，要遵循"宜细不宜粗"的原则，即对合同的具体条款要进行细致的充分协商，取得一致，不仅要从宏观上把握，更要从微观上给予明确。一般物业服务合同中对委托的管理服务应包括5个层次的约定：委托项目、各委托项目的具体内容、服务质量与标准、管理和服务费用采集、对物业服务企业的奖惩约定条款。

上述5个层次是物业服务合同不可少的内容。为防止合同过长，可采用附件的形式。在《前期物业服务合同(示范文本)》中，包括《物业构成细目》、《物业管理服务质量目标》《物业共用部位明细》、《物业共用设施设备明细》四个附件。此外，双方还可就具体问题增加附件。

2) 不应有无偿、无限期的承诺

除委托方对物业服务企业可无偿提供管理用房外，在物业服务合同中，不应有无偿、无期限的承诺。如对住用人无偿提供班车服务等。这是因为：①物业管理从本质上讲是市场经济条件下的有偿服务，无偿提供服务是福利制的产物；②无偿提供服务导致住用人之间享受到的服务不一致；③无偿提供服务在实践上也是行不通的；④物业管理的委托是有期限的，无期限的承诺从理论上讲是不通的，在实践上也是难以做到的。

3) 实事求是，留有余地

物业服务合同双方一旦签订，物业服务企业就要认真、严格地履行，凡做不到位的地方物业服务企业都应承担相应的责任。因此，在合同谈判中，既要实事求是，更要留有余地。主要包括以下内容：①物业服务企业要量力而行；②对分期建设项目、分期建成使用时物业管理的承诺注意实施时间限制。

4）明确界定违约责任与处理方式

在物业管理的实践过程中，不可避免地会产生各种各样的问题、矛盾与纠纷。这些问题、矛盾与纠纷既可能发生在物业服务企业与业主之间，也可能发生在业主相互之间；既有违法的问题，但更多的属于违规、违约以及是非道德和认识水平的范畴。最然，对于不同性质、不同层面的问题、矛盾与纠纷要通过不同的途径，采取不同的处理方式来解决。

4. 物业服务合同的变更与解除

物业服务合同的变更，是指双方当事人就合同的内容达成补充和修改的协议。根据前文的分析，业主委员会只是物业服务合同形式上的当事人，它只能在业主大会的授权范围内就合同的非实质内容部分与物业服务企业达成变更协议，合同重要条款的变更则必须通过业主大会形成决议或者取得业主大会的特别授权，否则对全体业主不发生变更的效力。

物业服务企业和业主委员会(代表全体业主意愿)协商一致，可以解除物业服务合同。双方可以在物业服务合同中约定一方解除物业服务合同的条件。解除合同条件成熟时，解除权人可以解除合同。《合同法》第94条规定，有下列情形之一的，当事人可以解除合同。

(1) 因不可抗力致使不能实现合同目的。

(2) 在履行期限届满之前，当事人一方明确表示或者以自己的行为表明不履行主要债务。

(3) 当事人一方迟延履行主要债务，经催告后在合理期限内仍未履行。

(4) 当事人一方迟延履行债务或者有其他违约行为致使不能实现合同目的。

(5) 法律规定的其他情形。

在物业管理实践中，如果业主委员会违反规定，不履行自己的义务致使物业服务企业无法完成规定的管理目标时，物业服务企业有权要求解除合同；如果物业服务企业提供的服务质量低下，不能达到约定的管理目标，业主委员会也有权解除合同。

物业服务合同解除后，尚未履行的，终止履行；已经履行的，根据履行情况，当事人可以要求恢复原状、采取补救措施或要求赔偿损失。

15.1.2 前期物业服务合同

前期物业管理常常包括通常情况下的管理所不具有的一些内容，比如管理遗留扫尾工程、空置房出租或看管等，因此具有一定特殊性。现实生活中，物业管理纠纷很大程度集中在前期物业管理阶段，如建设单位遗留的房屋质量问题、小区配套设施不齐全问题等。前期物业服务合同对今后物业管理的规范化实施起着尤为重要的作用。如果不签订前期物业服务合同，将不利于物业管理的实施，也无法保证购房人在购买房屋直至业主委员会成立并选聘确定新的物业服务企业过程中的权利和义务，易引起各种纠纷。

1. 前期物业服务合同的内容

为了规范前期物业服务合同的内容，原建设部2004年9月6日制定并公布了《前期物业服务合同(示范文本)》，作为建设单位与物业服务企业签订前期物业服务合同的重要指导。根据示范文本，前期物业服务合同包括以下内容。

(1) 物业的基本情况。

(2) 物业服务企业提供服务的具体内容和应达到的质量标准。

(3) 物业服务费用。

(4) 物业的经营与管理及其收益分配。

(5) 物业的承接验收。

(6) 资料的移交。

(7) 前期管理物业的保修责任。

(8) 物业的使用和维护。

(9) 专项维修资金的缴存、管理、使用、续筹等方面的约定。

(10) 违约责任。

2．前期物业服务合同的特征

(1) 前期物业服务合同由建设单位和物业服务企业签订。

由于在前期物业管理阶段，业主大会尚未成立，还不能形成统一意志来选聘物业服务企业，只能由建设单位选聘物业服务企业；而且，此时建设单位拥有物业，是物业的第一业主。建设单位在选聘物业服务企业时，应充分考虑和维护未来业主的合法权益，代表未来的广大业主认真考察比较各物业服务企业，并对其有所要求与约束。

(2) 前期物业服务合同具有过渡性。

前期物业服务合同的期限，存在于业主、业主大会选聘物业服务企业之前的过渡时间内。物业的销售、入住是陆续的过程，业主召开首次业主大会时间的不确定性决定了业主大会选聘物业服务企业时间的不确定性，因此，前期物业服务的期限通常也是不确定的。但是，一旦业主大会成立并选聘了物业服务企业，前期物业管理服务即告结束，前期物业服务合同也相应终止。《物业管理条例》第26条规定："前期物业服务合同可以约定期限；但是，期限未满、业主委员会与物业服务企业签订的物业服务合同生效的，前期物业服务合同终止。"

(3) 前期物业服务合同是要式合同。

由于前期物业服务合同涉及广大业主的利益，《物业管理条例》要求前期物业服务合同以书面方式签订。为了保护当事人的合法权益，国家和地方有关部门编写《前期物业服务合同(示范文本)》作为参考。

> **知识链接**
>
> 要式合同，是指法律要求必须具备一定形式的合同，需要在相关机构进行备案。

3．物业买卖合同与前期物业服务合同的关系

在实践中，一些地方为了让购房人了解前期物业服务合同的内容，规定将前期物业服务合同作为物业买卖合同的附件，这种做法虽然一定程度上可以保证购房人对前期物业服务合同内容的知情权，但显然，将前期物业服务合同作为物业买卖合同的附件，其合同效力是受到置疑的。根据《合同法》第121条规定的合同相对性原理，即只有合同当事人才有权向

对方提出履行的要求，或者向对方承担义务，其他任何第三人不向对方承担任何义务。

为了减少和避免争议，《物业管理条例》第 25 条规定："建设单位与物业买受人签订的买卖合同应当包含前期物业服务合同约定的内容。"该条规定将前期物业服务合同的内容直接作为物业买卖合同一部分而不是附件，更能够充分保证前期物业服务合同的法律效力，更有利于保障物业买受人的合法权益。

应用案例 15-1

【案情介绍】

黄先生与黄太太利用多年积蓄在市内购买了一套全新 160 平方米四室二厅的套房，在签订购房合同时，眼明心细的黄先生发现合同附件五中有这样的内容："卖方已将《临时管理规约》、《前期物业服务合同》范本展示给买方，买方已知悉并接受《临时管理规约》和《前期物业服务合同》的全部条款及内容"，于是问售楼代表怎么回事。售楼小姐满口保证说只是一个临时物业管理协议，每平方米收 2.8 元管理费，黄先生听了，也没要求详细看两个文件就签了合同。

入住半年后，黄先生收到物业公司通知，要他去补签物业管理协议，并缴纳半年管理费，签物业协议时，黄先生发现管理费高达 4.8 元/平方米，于是提出异议。物业公司答称管理费是按物业公司资质水平申报相关部门批复的，并强调业主在签订购房合同时就已签订过接受此合同的条款，现在只是补签。黄先生感到受骗了，投诉到市消协。

【案例解析】

《物业管理条例》第 25 条规定："建设单位与物业买受人签订的买卖合同应当包含前期物业服务合同约定的内容。"该条规定将前期物业服务合同的内容直接作为物业买卖合同一部分而不是附件，也就是说，前期物业服务合同与临时管理规约应作为买卖合同的一部分对合同双方当事人进行约束。本案中房地产开发企业的做法明显违背了《物业管理条例》的相关条款，应该予以纠正。

15.1.3 物业服务合同

业主委员会成立后，对原物业服务企业实施的前期物业管理要进行全面、认真、详细的评议，听取广大业主的意见，决定是续聘还是另行选聘其他的物业服务企业，并与确定的物业服务企业(原有的或另行选聘的)签订物业服务合同。其签订日期一般应在业主委员会成立 3 个月内，最迟不应迟于 6 个月。

1．物业服务合同的主要内容

1) 物业管理事项

物业管理事项，是指物业服务企业为业主提供的服务的具体内容，主要包括以下一些事项：①物业共用部位的维护与管理；②物业共用设施设备及其运行的维护和管理；③环境卫生、绿化管理服务；④物业管理区域内公共秩序、消防、交通等协助管理事项的服务；⑤物业装饰装修管理服务；⑥专项维修资金的代管服务；⑦物业档案资料的管理。

2) 物业服务质量

物业服务质量是对物业服务企业提供的服务在质量上的具体要求。

物业服务质量条款对于物业服务合同而言的非常重要。实际上，服务质量是很难定量衡量的，为了避免不必要的纷争，物业服务合同当事人应当就物业服务质量作全面、具体的约定。在约定明确的前提下，当事人可以对合同标的有一个客观的评价标准。当事人可以参照服务标准来约定服务质量,根据服务质量来约定相应的服务费用。

3) 物业服务费用

物业服务费用是业主为获取物业服务企业提供的服务而支付的代价。支付物业服务费用是业主的主要义务。为了合同的顺利履行,当事人需在合同中明确约定物业服务费用的收费项目、收费标准、收费办法等内容。收费项目,主要是针对物业服务企业提供的服务项目而言的,例如,公共设施、设备日常运行、维修及保养费、绿化管理费、清洁卫生费、保安费等。

4) 双方的权利义务

物业服务合同属于双务合同的范畴,当事人互享权利,互负义务。双方的权利义务是相对而言的,一方的权利就是另一方的义务。双方当事人的权利义务界定得越明晰,合同的履行就越简单,发生纠纷的几率也会小很多。

5) 住宅专项维修资金的交存、管理和使用

住宅专项维修资金对于保证物业共用部位和共用设施设备的维修养护,对于物业的保值增值,具有十分重要的意义。对于专项维修资金的交存、管理和使用,国家有明确的规定。当物业保修期满后,物业的维修养护的责任由保修单位转移到物业产权人身上。从产权上来讲,专项维修资金属于物业管理区域内的业主所有,为了发挥维修资金的作用,需要当事人在国家规定的基础上,对专项维修资金的管理和使用规则、程序等作出具体约定。

6) 物业管理用房

物业管理用房是建设单位为物业服务企业进行物业管理提供的场所,其产权属于全体业主。对于物业管理用房的配置、用途、产权归属等,当事人需要在合同中就相关内容予以细化。

7) 合同期限

合同的期限,是指合同的有效期限。也就是物业服务合同存续时间。物业服务合同的期限条款应当尽量明确、具体。

8) 违约责任

违约责任是指物业服务合同当事人一方或者双方不履行合同或者不适当履行合同,依照法律的规定或者按照当事人的约定应当承担的法律责任。违约责任是促使当事人履行合同义务,使守约人免受或者少受损失的法律措施,也是保证物业服务合同履行的主要条款,对当事人的利益关系重大,物业服务合同对此应当予以明确。

> **特别提示**
>
> - 此外,物业服务合同一般还应载明双方当事人的基本情况、物业管理区域的范围、合同终止和解除的约定、解决合同争议的方法以及当事人约定的其他事项等内容。

2. 物业服务合同的特征

物业服务合同除具有一般民事合同的法律特征外,其自身还具有以下特征。

(1) 物业服务合同的当事人双方是特定的。

物业服务合同的当事人是比较固定的。在前期物业服务合同里,主要是物业的建设单位与物业服务企业;在物业服务合同里,合同主体是业主或业主大会与物业服务企业。

(2) 物业服务合同的目的是为业主及业主团体处理物业管理事务。

这一特征包含三层意思：一是物业服务合同法律关系的客体是服务的行为，是一种典型的提供服务的合同。二是物业服务合同具有人身信赖特征的合同。因为基于彼此的信任，所以物业服务企业才接受业主的委托为其处理物业管理事务。三是物业管理服务的对象是物业管理事务。

(3) 物业服务合同是复合性合同。

所谓复合性合同，又叫混合合同，指具有两个以上的典型合同要素的合同。典型合同是我国合同法规定的有名合同。对于物业服务合同，我国现行合同法中未单设这种类型合同，因此，物业服务合同为非典型合同。物业服务合同中包括承揽合同、租赁合同、保管合同、运输合同等合同的要素，可以说，物业服务合同是由数个单一合同组成的。

(4) 物业服务合同是有偿合同。

一般而言，物业服务企业是专业化的营业性企业，其受托提供物业管理服务，不可能是无偿的；同时，物业管理事务虽然是综合性的，但其主要事务或工作重心还是落在物业保值增值这一财产性或经济事务方面，业主及业主委员会把物业经营管理的事务托交物业服务企业具有民商事关系的特征。因此，物业服务合同应属于民商事合同，当然应以有偿为原则。

(5) 物业服务合同的订立是以物业所有权与管理权的分离为基础的。

物业所有权与管理权的分离，虽然会导致产权人在某些方面对物业服务企业的服从，但这并不意味着权利主体和管理服务者位置的颠倒，而正是反映了产权人通过授权管理对自己行为的一种约束。物业所有权的协调、物业共用部分的使用以及物业综合价值的提升本来就离不开产权人之间的尊重和自我约束，这正体现了物业服务企业保护业主财产和产权人尊重专业化管理的良好精神，也正是这种精神，成为物业服务合同得以缔结并正常履行的重要前提。

> **特别提示**
>
> - 业主作为物业的所有者享有管理权是肯定的，但是为了更好的发挥物业的功能、使物业不断增值、实现效用最大化，必然要委托专门的物业服务企业对物业实施管理，这就产生了所有权与管理权的分离。

(6) 物业服务合同受到较多的政府干预。

市场经济中物业管理活动一般通过当事人自愿平等签订物业服务合同来进行。但物业管理涉及百姓日常生活、城市正常秩序，因此物业管理往往受到相关行政机关，如公安、消防、环境、卫生机关，基于行政权的介入。所以，对物业服务合同的签订、履行等过程受到国家较多干预。

3. **前期物业服务合同与物业服务合同的差异**

1) 合同主体不同

前期物业服务合同双方当事人为建设单位和其选聘的物业服务企业；物业服务合同双方当事人为业主委员会(代表所有业主)和其选聘的物业服务企业。

2) 合同订立时间不同

前期物业服务合同订立时间是在业主委员会成立之前，物业服务合同订立时间一般应在业主委员会成立后3个月内，最迟不应迟于6个月。

3) 合同有效期限不同

前期物业服务合同的合同有效期限自签订之日起，到业主委员会成立后与其选聘的物业服务企业签订物业服务合同时止；物业服务合同的有效期限由双方协议商定。

4. 物业管理专项事务委托合同

在实践中，物业服务企业承接一个物业管理项目后，往往将根据管理区域的规模、服务项目的多少和自身服务能力的情况，将保安、绿化、保洁等服务委托给其他专业服务公司承担。物业服务企业作为委托人与接受委托的专项服务企业之间签订委托服务合同，但是专项服务企业与业主之间并不存在合同关系。因此，这些专项服务的委托合同虽然与物业管理活动相关，但都不能称之为物业服务合同。《物业管理条例》第40条规定："物业服务企业可以将管理区域内专项服务委托给专项服务企业，但不得将全部物业管理一并委托给他人"，第62条规定："物业服务企业将一个物业管理区域内的全部物业管理一并委托给他人的，由县级以上地方人民政府房地产行政主管部门责令限期改正，处委托合同价款30%以上50%以下的罚款；情节严重的，由颁发资质证书的部门吊销资质证书。委托所得收益，用于物业管理区域内物业共用部位、共用设施设备的维修、养护，剩余部分按照业主大会的决定使用；给业主造成损失的，依法承担赔偿责任。"

应用案例 15-2

【案情介绍】

某小区业主委员会在对小区物业服务企业的财务收支状况进行审核时，发现该物业服务企业把维修费、保安费以及绿化保洁费划拨给其他专业服务公司，并不像业主原来想象的这些专业服务人员都属于小区物业服务企业。部分业主认为，如果这些人员不属于物业服务企业，那他们进行服务时，业主们怎么能放心呢？那么物业服务企业能否自行决定选择专业服务公司？

【案例分析】

物业服务企业是依据物业服务合同对受托的物业实施管理的，在管理的过程中，物业服务企业可以行使一定的权利。这些权利中就包括了"选聘专营公司或聘用专人承担清洁、保安、绿化等专项服务业务。"由此可见，物业服务企业是有权自主选择专业服务公司来承担专项管理服务工作的。

【思考】

物业服务企业虽然有权将保洁、绿化等某些专项服务业务转包给专业公司，但是否应征求业主委员会的意见，取得同意呢？物业服务企业现在的做法是否得当？如果是你，将怎样处理？

15.1.4 物业服务合同的常见纠纷和解决方式

1. 物业服务合同常见纠纷

在物业管理不断发展的过程中，因物业服务合同而产生的纠纷和矛盾不断出现。常见的物业服务合同纠纷有几下几种情况。

1) 因选聘物业服务企业引发的纠纷

物业服务企业是在接受委托方(前期为建设单位,后期为业主或业主委员会)委托的前提下对相关物业进行专业化管理的。物业服务企业的选聘应当遵循市场经济的公开、公平竞争原则,根据有关法律法规和物业服务合同依法进行。而现实中常常存在物业服务企业通过不正当竞争取得相关物业区域物业管理业务的现象。不按照合法选聘程序选择物业服务企业的状况,一方面使业主难以得到全方位的优质服务;另一方面又使得一些在管理服务方面具有优势的物业服务企业不能发挥他们的优势。而且加上物业服务合同具体条款订立的不严密、不明确,使得业主委员会在解聘原物业服务企业时困难重重,甚而诉诸法院。

2) 因建设单位遗留问题产生的纠纷

新建房屋在接管验收时,可能忽略某些问题,加之一些施工质量问题隐蔽性较大,造成接管后物业出现重大问题,物业服务合同如果忽视这当面的内容以及对相应责任的认定,不仅给业主造成损失,也给物业服务企业的物业管理造成障碍。

3) 因在物业服务合同中约定物业服务企业的处罚权而导致的纠纷

处罚是发生在行政管理机关行使行政管理职权过程中而依法对违法的行政相对人作出的一种行政管理行为,也就是说,处罚权只能由行政机关依法享有。在我国,拥有行政处罚权的机关有三类:行政机关、法律法规授权的组织和有关机关委托的组织。而物业服务企业是企业,不是行政机关,当然无处罚权,所以,在物业服务合同中约定物业服务企业的处罚权是没有法律依据的,是无效的。

4) 因物业服务合同中存在不平等条款而产生的纠纷

合同中双方的权利和义务是对等的。而在现实生活中,由物业服务企业单方起草拟订的合同条款往往有不平等的现象:如对业主设定某些履约限制,而对自身义务履行缺乏约束;规定业主缴纳某些费用,却没有指出费用收取依据和免责条款等。这些不平等条款订立之初就可能侵犯某些业主的权益,最终导致矛盾与纠纷。

5) 因物业管理收费问题而导致的纠纷

目前我国物业管理的收费依据物业性质不同而有不同的标准,一些物业服务企业存在因收费不足而无法维持的状况。如果物业服务企业为了维持企业的正常运作,要随意提高物业服务费,就容易导致纠纷的产生。而存在多种产权性质的同一物业区域内,服务标准是统一的,但具体收费、住宅维修资金、电梯费用分摊不同,也会带来一系列问题和纠纷。

2. 减少物业服务合同常见纠纷的对策

1) 全面推行物业管理早期介入

物业服务企业早期介入时,可能并没有与建设单位签订物业服务合同,而是以咨询顾问的角色提出意见和建议。物业管理早期介入主要是针对前期物业服务企业而言的,但是这一举措有利于前期物业服务企业顺利开展物业管理活动,避免不必要的纠纷和麻烦。

2) 依法参与选聘物业服务企业的活动

由业主委员会通过公开方式对物业管理实行全方位的招标将成为市场发展的主流。推行物业管理招投标机制,彻底改变谁开发、谁管理的垄断经营局面。物业管理招标投标就是通过招标投标的形式选聘物业服务企业,让市场机制在物业管理领域发挥其应有的作用。

3) 具体约定物业服务的内容和服务质量

物业管理纠纷具有易发性和涉众性特点,在物业管理服务的提供和交易过程中,由于服务产品的生产过程和流通、消费过程相互交融,服务直接面对消费者,服务者的服务态度以及消费者个人情绪感受的不同等原因,很容易产生对服务质量的好坏、满意与否的争执。又由于物业管理所执行的事务大多是涉及业主团体公共利益甚至社会公共利益,一旦发生问题,往往引起业主们集体争执甚至集体诉讼,有的纠纷还有公共媒体介入,将会严重影响物业服务企业的声誉和形象。所以,在签订物业服务合同时,物业服务企业应当尽可能明确物业服务的内容和服务质量,做到约定既具体详细、具有可操作性,又具灵活性即内容明确而留有余地。

4) 公平合理地规定、明确双方的权利和义务

物业服务企业应本着权利和义务对等的原则,明确双方的权利和义务。除了《条例》规定的物业服务企业拥有的权利外,其他一些权利,也应当在服务合同中作出具体规定,当然这种约定要有法有据,不能违反法律法规的强制性规定、不违反国家利益或社会公共利益。有些权利,如改变物业管理区域内按照规划建设的公共建筑和共用设施用途的权利,必须要有业主委员会依法明确授权,并办理相关手续,《物业管理条例》第 50 条第 2 款对此作了明文规定:"业主依法确需改变公共建筑和共用设施用途的,应当在依法办理有关手续后告知物业服务企业;物业服务企业确需改变公共建筑和共用设施用途的,应当提请业主大会讨论决定同意后,由业主依法办理有关手续",否则,物业服务企业将被房地产行政主管部门责令限期改正,给予警告,罚款,并对业主承担违约责任。

5) 明确双方的违约责任

要在服务合同中明确业主违约应当承担的违约责任,当然,违约责任的规定也应当符合签订合同的基本原则和签订物业管理服务合同的特有原则。而且约定的违约责任要具有实用性和可操作性,不要约定成一些大而空的内容。特别是涉及合同解除的条款,更应当具体、明确,以避免因约定不明而导致业主擅自解除合同的情况,从而避免不必要的诉讼和纠纷。

6) 物业服务收费应公开化

最为敏感的物业服务收费标准问题,物业服务企业应当遵循合理、公开以及费用与服务水平相适应的原则,区别不同物业的性质和特点,按照国务院价格主管部门会同国务院建设行政主管部门制定的物业服务收费办法,在物业服务合同中约定,同时又能够根据物业管理市场的发展趋势,在合同中为以后服务收费的上调留有充足的余地,以及明确解决收费问题的方式和机制,以避免因约定模糊而导致不必要的纠纷产生。

 应用案例 15-3

【案情介绍】

某物业服务公司接受××财富中心开发商香江兴利房地产开发有限公司委托,于 2008 年开始对该楼盘进行物业管理。刘×系该楼盘业主,自 2008 年 4 月 18 日起即享受该物业服务公司提供的物业服务。但对于 2008 年 5 月 1 日至 2010 年 2 月 2 日期间的物业费,刘×却以其房屋专有部分存在质量问题为由拒付。物业公司认为,刘×既然签署了物业管理规约承诺书,即负有缴纳物业服务费的义务。现其拒绝缴纳,已经严重侵害到物业公司及其他业主的合法权益,故诉至法院,要求刘×支付拖欠的物业服务费 52 364.62 元及滞纳金 9451.1 元,并承担本案的诉讼费用。

【解析】

《物业管理条例》明确规定,物业服务合同双方当事人应当按照合同约定履行相应义务。业主作为物业服务的享有者应该缴纳相应服务费用。《物业管理条例》第 67 条规定:"违反物业服务合同约定,业主

逾期不交纳物业服务费用的，业主委员会应当督促其限期交纳；逾期仍不交纳的，物业服务企业可以向人民法院起诉。"

【解决方法】

物业服务公司要求刘×支付拖欠物业服务费，有事实和法律依据，法院予以支持。但考虑到该物业公司未能及时主张自己权益，迟至 2010 年 12 月 12 日方提起诉讼，此前并无证据证明其向刘×追索过。故物业公司现向刘×索要 2008 年 12 月 12 之前的物业服务费，已超过两年诉讼时效。综上，该物业公司索要 2008 年 12 月 12 日至 2010 年 2 月 2 日期间的物业服务费，符合法律规定，法院予以支持；其索要 2008 年 5 月 1 日至 2008 年 12 月 11 日期间的物业管理费，超过诉讼时效，法院不予支持。

课题 15.2 物业服务方案

物业服务方案是针对某物业服务区域的物业管理模式、管理设想、服务内容与标准、费用与效益等的全面策划。物业服务方案是物业服务企业承接物业服务区域后进行物业管理的主要参照和依据。

15.2.1 物业服务方案制定的程序

1．成立工作小组

物业服务企业根据物业项目的特点组建工作小组，如果物业服务企业是在进行项目投标时编写物业服务方案，则编写任务可由投标工作小组承担。如果另行接受委托，编写物业服务方案，则需要组建制定物业服务方案的工作小组。该工作小组一般由物业服务企业主管领导牵头，成员包括管理、财务、工程、保安、保洁和行政等部门的有关人员。必要时也可以聘请企业外部的高水平物业管理专家担任顾问，对方案制定给出建设性意见。

2．培训工作人员

物业服务企业需要对参与方案制定的工作人员进行必要的业务培训。培训内容主要有：物业项目的情况介绍，制定方案的要求、内容、方法和程序等。

3．调查了解物业及其相关情况

了解物业及其相关情况主要包括下列内容。

(1) 物业项目的情况：项目位置、项目性质、项目特色、项目产权情况、项目规模、项目建设情况、配套设施设备、周围交通状况、环境状况、建设单位背景等。

(2) 业主及使用人的服务需求：业主和使用人的学历水平、经济收入、社会地位、支付能力、对物业管理的要求、特殊服务需求等。

(3) 同类型物业管理状况：了解本地区同类物业的管理状况、收费标准、服务内容、服务水平等。

特别提示

● 调查资料是物业服务方案制定的重要依据,因此在进行数据资料的调查时应有专人负责,做到真实、全面。

4. 整理、研究分析调查资料

将调查搜集到的资料进行统计、分析、归类、整理,写出简要的调查报告。在分析的过程中,要注意对委托项目的具体内涵予以明确,如委托项目的范围包括"房屋建筑共用部位的维修、养护和管理";"共用设施设备的维修、养护、运行和管理";"环境卫生"等。物业管理委托最主要的是公共性服务项目,应逐项给予明确;同时哪些项目允许物业服务企业分包,对分包的原则要求和限制条件,也应给予明确。

知识链接

调查资料整理的标准

调查资料整理的标准是什么?

简单地说就5个字:"真""准""整""统""简""新"。

"真"指调查数据资料必须真实,不能弄虚作假,主观杜撰。对收集到的调查数据资料要根据实践经验和常识进行辨别,看其是否真实可靠地反映了调查对象的客观情况。一旦发现有疑问,就要再次根据事实进行核实,排除其中的虚假成分,保证调查数据资料的真实性。如果整理出来的调查数据资料不真实,那么,比没有调查数据资料还更危险。因为没有调查数据资料,顶多做不出结论,而资料不真实,就会做出错误的结论,这比作不出结论更有害。因此,"真"是整理资料时应遵循的首要标准。

"准"指调查数据资料必须准确,不能模棱两可,含混不清,更不能自相矛盾。同时,对搜集来的各种统计图表应重新计算复核。对利用历史资料更要注意审查文献的可靠性程度。

"整"指调查数据资料必须完整,不能残缺不全,更不能以偏概全。检查调查数据资料是否按照调查提纲或统计表格的要求收集齐全或填报清楚,应该查询的问题和事项是否都已经查询无漏。如果调查数据资料残缺不全,就会降低甚至失去研究的价值。

"统"指调查数据资料必须统一。主要指调查指标解释、计量单位、计算公式的统一。检查各项调查资料是否按规定要求收集的,是否能够说明问题,对所研究的问题是否起应有的作用。在较大规模的调查中,对于需要相互比较的材料更要审查其所涉及的事实是不是具有可比性。如果调查数据资料没有统一标准,就无法进行比较研究。

"简"指调查数据资料必须简明,不能庞杂无序。经过整理所得的调查数据资料,要尽可能简单、明确,并使之系统化、条理化,以集中的方式反映调查对象总的情况。如果整理后的调查数据资料仍然臃肿、庞杂,使人难以形成完整的概念,那么,就会给以后研究工作增加许多困难。

5. 初步确定物业服务方案要点

初步确定的物业服务方案要点,即物业服务方案主要包括的内容。

(1) 根据物业资料及设施设备技术参数等,确定物业服务人员配置。

(2) 根据本物业具体情况及招标文件的主要要求确定管理档次、服务项目、管理模式、管理目标、主要措施等。

(3) 根据提供的具体服务内容与标准测算物业服务成本。

(4) 在物业服务成本的基础上测算物业服务费用。

6．进行可行性评价

从技术、经济等方面对初步物业服务方案要点的可行性进行评价，并适当对方案作出调整，以达到效用最大化。可行性评价是针对物业服务方案所提出的条款能否顺利执行的评述，主要集中在费用投入、经济效益、所遇到的突发情况及其风险等内容。

7．草拟方案文本

根据对方案要点做出的评价起草正式方案文本。

8．审核、修改

方案编写小组写出具体的物业服务方案文本后，需向专家顾问、本企业其他相关物业管理人员咨询意见，进行讨论修改；经修改后的文本送领导审阅，提出修改意见后再行修改。

9．定稿、装帧

方案审核通过以后，对一些文字再进行校对，之后便可以定稿并进行装帧。

15.2.2 物业服务方案的基本内容

不同类型物业项目的管理方案侧重点有所不同，方案编写体例也没有统一的规定。总体来说，物业服务方案文本主要包括以下内容。

1．项目管理的整体设想与策划

包括物业项目概况和特点、客户服务需求分析、服务指导思想、物业管理档次、管理服务的总体范围、服务质量标准、管理服务措施等内容。物业管理档次的确定是制定物业服务方案的基础，管理档次不同决定了管理与服务的项目、标准及费用的不同。

2．物业管理服务模式

包括管理服务运作模式、工作流程、机构组织架构、信息反馈处理机制等。

3．管理服务人力资源的管理

包括管理服务人员的配备、培训和管理计划与措施。

4．内部管理制度建设

主要包括各项物业服务企业内部的管理制度。例如：环境卫生管理制度、绿化管理制度、治安管理制度、消防管理制度、车辆管理制度、公共设施管理制度等。

5．档案管理的相关内容

对所接管的物业资料的收集、保管与使用；对业主、使用人相关资料的搜集、整理、保管、更新。

6．物业管理服务的具体内容和质量标准

包括业主入住接待、业主投诉处理、物业共用部位和共用设施设备的维修养护、安全保卫、车辆停放及交通管理、消防管理、环境保洁与绿化美化管理、特约服务等方面的具体管理和服务内容、服务形式、服务方法、物资装备、服务特色、服务承诺和质量标准等。

7．物业管理财务收支测算

物业管理的服务标准和收费标准是物业服务方案的核心内容之一，物业管理财务收支测算包括物业管理服务费用的构成和收支测算、专项维修资金的筹集和使用计划等。物业管理服务费用的测算包括服务总价和各分项服务单价，需要列明各项物业服务费用测算明细表。

8．社区活动与管理

因为物业管理往往与社区生活密不可分，所以在物业服务方案中应包括对社区活动的设想与管理的内容，这是构建和谐社区的必然要求。

15.2.3 物业服务再开发利用方案的制定

物业的再开发利用是指对已建成并投入使用的房屋建筑、配套设施和场地等进行改造和局部增建，以提高物业使用价值的活动。在这里，物业的再开发利用特指对物业管理区域内物业共用部位和共用设施设备的再开发利用。在物业管理区域内，物业共用部位和共用设施设备的再开发利用应由业主或业主大会做出决定，可以由物业服务企业来实施。

再开发利用方案视具体情况不同有多种类型，主要根据物业的具体情况来确定。一般有：绿地景观的再开发、停车场的改扩建、综合经营服务场所的再开发利用、其他场所的装修改造、公共设施设备的改造使用等。不管是何种类型的再开发利用方案，大致都包括以下内容。

1．再开发利用项目的现状分析

主要分析物业管理区域内的基本建设条件、规划设计条件、现有可开发利用的场所面积、使用情况、存在的问题与制约因素等。

2．再开发利用项目开发的原则与目标

包括再开发利用项目开发建设的必要性、目的、原则、依据、建设期限和预期目标等。其中原则是开发利用过程中所应遵循的准则，目标是开发建设之后达到的使用条件和所能获得的经济利益。

3．再开发利用项目开发的可行性分析

分析对项目进行再开发利用的可行性，在分析物业管理区域人口数量、消费水平和服务需求、现有项目以及周边地区同类服务供给情况的基础上，从经济上、政策上和技术上对项目再开发利用进行可行性分析。

4. 再开发利用项目开发的内容与方式的规划

首先，根据物业管理区域的实际情况和客户需要，规划设计出拟增加的再开发利用项目，然后，规划安排拟增加项目所需要的场所。可以对原有配套公共性服务建筑和场地稍加装修装饰即进行利用，也可以根据业主或业主大会的意见改造、改建原有建筑和场地。

如果没有现成的建筑和场地可以利用，则可以考虑向开发商或业主租赁必要的场所，并按照拟增加再开发利用项目的需要对该场所进行装修、改造。在条件允许的情况下，也可以重新选址以丰富原有再开发利用项目。

5. 再开发利用项目再开发具体方案的设计

主要包括拟再开发项目的位置、规模、平面布局、建筑风格、改造方案、装修方案以及给水排水、采暖通风、电气、消防、绿化等配套设施设备的布置。

6. 再开发利用项目的投资估算

根据建设规划，估算再开发利用项目的投资规模，包括总投资的估算、建设资金的估算、资金来源与运用、借款还本付息的估算等。

7. 再开发利用项目的环境影响评价

预测和评估再开发利用项目可能给物业管理区域带来的正面和负面环境影响。

8. 再开发利用项目的效益分析

在分析再开发利用项目效益的基础上，根据再开发利用项目的租售形式或经营形式，分析和预测其可能产生的经济效益、社会效益和环境效益。如果是利用产权归业主所有的公共区域进行项目再开发，那么其租售收入中除应缴税费外，物业服务企业可以获得其中一部分作为管理服务费，其余主要应归业主和投资者所有。

9. 再开发利用项目的规划设计图

至少应包括物业管理区域内再开发利用项目的现状分析图、扩建增建规划总图以及配套设施规划图。

某住宅小区物业服务方案提纲

一、项目概况及分析
(一) 项目概况
1. 物业坐落的位置、占地面积、总建筑面积
2. 物业的性质、类型、使用功能
3. 主要设施设备情况及物业管理用房情况
(二) 项目分析
1. 项目周边环境及设备设施对项目管理的利与弊

2. 项目房屋主体、设施设备的遗留问题及改进方法

二、管理处主要绩效目标

简要介绍管理处发展的前景、使命和年度需达到的绩效指标

三、管理的方式、方法

(一) 内部管理机构设置

(二) 运作机制

(三) 工作流程

(四) 信息反馈渠道

(五) 管理工作的控制方式

(六) 管理规章制度

四、管理处的人力资源配置

(一) 管理处组织架构

1. 管理处组织构架图

2. 管理处各部门设置管理制度及管理理念

(二) 人力资源编制计划

1. 总计划

2. 各部门、岗位的人员编制与专业素质要求

(三) 管理处职员的主要职责分工

(四) 管理处职员培训计划

1. 人员培训内容、计划、方式和目标

2. 明确人员录用与考核制度

五、客户群体和需求分析

(一) 客户群体特征分析

(二) 群体定位及服务需求特征

(三) 物业管理的重点难点

六、物业管理服务内容

(一) 开发设计建设期间的服务

(二) 物业竣工验收前的服务

(三) 用户入住及装修期间的服务

(四) 管理运作服务

七、档案资料的建立与管理

(一) 档案资料的收集、分类

(二) 档案保管、储存和利用

八、工作计划

(一) 筹备期工作计划

(二) 交接期工作计划

(三) 正常运行期工作计划

九、必须具备的物质装备计划及费用测算

(一) 费用测算的内容

(二) 费用测算的构成

(三) 费用测算的依据

十、便民服务

(一) 有偿服务项目

（二）无偿服务项目

（三）代办服务项目

（四）特约服务项目

单元小结

本单元主要介绍了物业服务合同与物业服务方案的基本内容。物业服务合同是业主委员会代表全体业主与业主大会选聘的物业服务企业订立的书面协议；物业服务合同的基本内容有：物业管理事项、服务质量、服务费用、双方的权利义务、专项维修资金的管理和使用等；前期物业服务合同与物业服务合同在订立时间、双方当事人、合同期限等方面存在差异。物业服务方案是物业管理区域物业管理目标总的体现，它包括：项目管理的整体设想与策划、物业管理服务模式、管理服务人力资源的管理、管理制度建设、档案管理、物业管理服务的具体内容和质量标准、物业管理财务收支测算、社区活动与管理等内容。

习　题

一、单项选择题

1. 在《物业服务合同》中，业主最根本的权利是(　　)。
   A．监督业主委员会的工作
   B．对物业共用部位、共用设备设施使用情况的知情权
   C．享有物业服务企业提供的服务
   D．监督物业服务合同的执行

2. 物业服务合同的签订要点不包括(　　)。
   A．"宜细不宜粗"　　　　　　　　B．不应有无偿无限期的承诺
   C．实事求是留有余地　　　　　　D．"宜粗不宜细"

3. 物业服务方案的内容一般不包括(　　)。
   A．物业服务方案的形成过程　　　B．管理制度建设
   C．项目管理的整体设想与策划　　D．服务人员的管理

4. 物业服务合同中物业管理用房的约定不包括(　　)。
   A．物业管理用房的配置　　　　　B．物业管理用房的用途
   C．物业管理用房的产权归属　　　D．物业管理用房的经营权

5. 下列各项中不属于再开发利用方案的内容的是(　　)。
   A．现有再开发利用项目分析　　　B．再开发内容与方式的规划
   C．再开发的可行性分析　　　　　D．布局与规划设计

二、多项选择题

1. 物业服务合同的种类有(　　)。
   A．前期物业服务合同　　　　　　B．固定总价合同
   C．物业服务合同　　　　　　　　D．协议价格合同

E. 物业管理专项事务委托合同
2. 物业环境卫生、绿化管理服务主要包括( )。
　　A. 屋顶、天台等部位的定时清扫　　B. 内墙壁的除尘
　　C. 公共门窗的擦洗　　D. 园地、路面的清扫
　　E. 业主户内卫生清扫
3. 有下列情形之一的，当事人可以解除物业服务合同( )。
　　A. 因不可抗力致使不能实现合同目的
　　B. 在履行期限届满之前，当事人一方明确表示或者以自己的行为表明不履行主要债务
　　C. 当事人一方迟延履行主要债务，经催告后在合理期限内仍未履行
　　D. 当事人一方迟延履行债务或者有其他违约行为致使不能实现合同目的
　　E. 当事人一方要求解除的
4. 物业服务专项服务分包一般基于如下考虑( )。
　　A. 物业主管部门要求　　B. 技术上的需要
　　C. 经济上的目的　　D. 业主委员会的要求
　　E. 物业发展要求
5. 物业服务方案制定时，调查分析物业项目情况一般包括( )。
　　A. 项目位置　　B. 项目性质、特色及权属状况
　　C. 项目规模　　D. 项目业主业绩
　　E. 项目建筑情况

三、情景题

1. 很多物业服务企业和业主对物业服务合同不够重视，原因是对它的重要性认识不够，请你说明物业服务合同到底有什么用处。
2. 某物业服务公司成立工作组拟写 A 物业项目的物业服务方案，请你说明物业服务方案包括的主要内容都有什么。

四、案例分析题

案例1：阳光颖达国际商城建筑面积约 10 万平方米，外墙是铝合金板和玻璃幕，内墙面和地面是米色大理石，附属设备包括 16 部电梯、2 部自动扶梯、消防中控系统、磁卡门禁设备、中央制冷供暖系统、配电系统、综合布线系统等，综合配套设施包括地下停车场、休闲健身区、餐饮部等。目前，该商城已经竣工，并通过招投标方式选聘了金运物业服务公司提供物业管理服务。
　　请你替金运物业服务公司编写一份切实可行的物业管理方案。
　　说明：写出方案内容框架体系即可。
　　案例2：兴海物业服务公司负责管理的科兴小区是已经投入使用 10 年的住宅区，建筑面积 50 万平方米，以高层建筑为主。目前，该小区的停车位严重不足，根据实际需要，应该进行规模较大的停车场扩建增建工程，停车场扩建增建的提案获得了科兴小区全体业主的同意，停车场扩建增建的用地也得到了主管部门的批准。科兴小区停车场扩建增建工程规模很大，兴

海物业服务公司准备采用招投标方式委托有相应资质的专业规划设计单位进行规划设计。

请写出：科兴小区停车场扩建增建方案的主要内容。

综 合 实 训

一、实训内容

物业服务方案的拟订。

二、实训要求

将学生分成若干小组，每组负责拟订物业服务方案中的一个部分。

三、具体要求

以学校附近的一处物业为目标物业，要求学生对现场进行参观了解，拟订的物业服务方案要有针对性和可操作性。

单元 16

物业管理招投标

教学目标

市场经济讲求优胜劣汰,物业管理也不例外,本单元主要介绍物业管理进入市场的手段既物业管理招投标的相关知识,具体包括物业管理招标的实施和投标的实施以及围绕着两个相互关联的经济行为的相关知识。目的是使学生通过本单元的学习能够意识到市场的作用,进而能够有能力组织实施物业管理招标和投标的具体工作。

教学要求

能力目标	知识要点	权重
了解物业管理招投标的概念、原则,理解其存在的意义; 熟悉招投标过程中的法律责任	物业管理招投标的概念、意义、原则、法律责任	20%
了解物业管理招标的方式,熟悉招标的程序; 能够编写招标文件	物业管理招标	40%
熟悉物业管投标的程序; 能够编写高质量的物业管理投标书	物业管理投标	40%

引例

1999年11月8日，由北京天鸿集团公司开发建设的全国最大的经济适用房项目——北京回龙观文化居住区(一期)物业管理招投标活动在北京举行。北京天鸿集团公司房地产管理经营公司和深圳长城物业服务有限公司在招标中胜出。北京面向名全国招标物业服务公司，在全国是第一次。

此次招标改变了过去"重建设轻管理"、"谁建谁管"的旧模式，将"开发建设"与"物业管理"分开，不仅避免了过去"建管"不分造成的责任不清、互相推诿给居民造成的困难和麻烦，同时也规范了市场的竞争行为，推进了物业管理市场化的进程。

相对于北京的这次成功的物业管理招投标行为，我国大部分城市物业管理市场还存在着严重的问题，"建管不分"、"重建轻管"等问题普遍存在，更有甚者有些城市的物业管理为迎合国家和地方管理部门的号召，在物业管理招投标方面可谓"明修栈道，暗度陈仓"，根本没有实现物业管理招投标的目的。

针对上述种种现象，究其原因，不外乎以下几种：其一是没有认识到物业管理招投标的意义；其二是不知道应如何进行物业管理招投标。

那么，物业管理招投标到底有什么意义？物业管理招标文件怎么编写？物业管理招标的程序是怎样的？物业管理投标文件如何编写？物业服务企业应如何进行投标？这些问题将在本单元得到解答。

课题 16.1　物业管理招投标概述

16.1.1　物业管理招投标的基本概念

招投标是在国内外经济活动中常用的一种竞争性的交易方式。1999年8月30日全国人大常委会第九届十一次会议通过的我国第一部《招标投标法》，确立了强制性的招投标制度。

物业管理的招标，是指物业所有权人或其法定代表(开发商或业主委员会)，在为其物业选择管理者时，通过制订符合其管理服务要求和标准的招标文件向社会公开，由多家物业服务企业竞投，从中选择最佳对象，并与之订立物业服务合同的过程。其中的物业所有权人或其法定代表(开发商或业主委员会)既为招标人。

物业管理的投标，是指符合招标文件要求的物业服务企业，根据招标文件中确定的各项管理服务要求与标准，根据国家有关法律、法规与本企业的实力，编制投标文件，参与投标的活动。其中响应物业管理招标，参与投标竞争的物业服务企业既为投标人。物业管理招标投标实质上是物业管理权的一种交易形式。

1994年初，深圳莲花北村举行了物业管理权内部招投标，深圳万厦居业有限公司中标，对莲花北村提供全面的物业管理服务，并以优质服务、规范管理和丰富多彩的社区文化赢得业主、政府和社会的广泛好评，开创了我国物业管理招投标的先河。1996年以来，深圳又率先尝试由政府行业主管部门组织，公开招聘鹿丹村、桃源村和梅林一村等住宅小区的物业服务单位，推动了深圳物业管理市场的迅猛发展。1999年5月，全国第三次物业管理工作会议在深圳召开，工作报告中强调各地要"在调查研究的基础上，制定物业招投标规则，努力创造公开、公平、公正的市场环境，精心组织招投标工作。"会议精神得到全国各地行业主管部门的积极响应，物业管理招投标活动在一些经济比较发达、物业管理起步比较早的城市广泛开展起来，并在实践中积累了很多宝贵经验。

2003年9月1日正式实施的国家《物业管理条例》第24条明确规定：国家提倡建设单位按照房地产开发与物业管理相分离的原则，通过招投标的方式选聘具有相应资质的物业服务企业。

> **特别提示**
>
> 由于物业管理存在前期物业管理和成熟期物业管理两个招标阶段，所以对于具体实施招标的招标人在不同时期也会有所不同，前期物业管理阶段，招标人为建设单位或开发商，而成熟期物业管理阶段，招标人则是经业主大会授权的业主委员会。

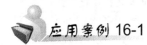

天津嘉海花园物业管理项目招标揭晓

2000年3月，天津市首次物业管理招投标活动，经过公开、公平的激烈竞争，金厦物业服务公司一举中标，成为嘉海花园一期的管家。这标志着天津市物业管理工作向着公平竞争的市场化发展方向迈出了历史性的一步。

当时，天津市已有物业服务企业359家，物业管理面积2 653万平方米，其中住宅小区2 326万平方米，占全市存量住宅面积的31.26%，已成为与群众生活密切相关的行业。但由于物业管理行业市场化程度低，缺乏竞争机制，使得一些物业服务企业管理水平低，行为不够规范，服务水平不高。为进一步规范物业管理市场行为，推进物业管理市场化进程，嘉海花园开发商举办了这次物业管理招投标活动。

嘉海花园工程坐落在河北区海河东路，是天津市16个大片危陋房改造项目之一，占地24.69公顷。一期工程占地8.5公顷，建筑面积26.6万平方米，规划建设酒店、购物中心、高档商住楼及餐饮娱乐配套设施，由嘉海建设发展有限公司和豪为建设发展有限公司共同投资开发。物业管理投标公告发布后，全市先后有二十余家物业服务公司报名。经过初审和复审，确定了8家物业服务公司参加最后竞标。整个活动在河北区公证处的监督下进行。

【点评】

物业管理项目实行公开招投标，是物业管理市场竞争的必然趋势。

16.1.2 物业管理招投标的意义

随着物业管理行业的发展，物业管理市场的规模和秩序也正日益扩张和完善，物业管理市场的竞争机制已基本形成。以招投标方式选择物业服务企业，促进了公开、公平、公正的市场竞争机制的形成，一方面突出了业主的主导地位，保障了业主权益，降低了物业管理费用；另一方面也促进了物业管理服务质量的提高，具体表现为以下三点。

(1) 推动物业管理向市场化、专业化、社会化方向发展。

提高物业管理水平，促进物业管理行业发展的根本出路在于营造充满活力的市场和公平、公开的竞争环境，变"谁开发、谁管理"和单位管理终身制为市场选择的聘用制。作为开发商或业主，面对社会上水平参差不齐的物业服务企业，有效的选择手段就是实行物业管理招标。通过这种市场化的公开、公平、竞争的物业管理招投标方式，开发商或业主可以找到较为理想的物业服务企业，同时，通过物业管理招投标，也可以反映物业服务企业的服务和价格在市场上被接受的程度，保证了公平竞争和等价交换的开展。

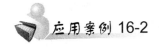

应用案例 16-2

深圳市府物业找"管家"

深圳市对政府办公大楼管理公开招标,从而迈出了市府物业管理专业化、社会化、科学化的第一步。

主持招投标的深圳市机关事务管理局局长说:"以后,市政府办的物业将全部采取公开招标的方式让专业公司进行管理。此次向社会招投标活动是机关事务管理局为节省财政开支、深化机关后勤改革及进一步提高办公楼物业管理服务水平的一次实践和尝试。"

(2) 形成物业服务企业的有序竞争,优胜劣汰机制。

现在,国内物业服务企业遍地开花,其中大多规模小、专业水平低,这对于物业管理整体水平的提高极为不利。因此,只有通过物业管理招投标,形成有序竞争来优胜劣汰,把市场机会留给管理服务水平高、实力强的企业,才有利于促进物业服务企业向专业化、规模化方向发展,降低管理服务成本,从而使物业产权人受益。另外,物业管理招投标,能够刺激物业服务企业重视对业主服务需求的满足,强化内部管理,重视成本控制,从而提高自身的综合竞争能力,培育出一批有规模、有品牌效应、专业化、社会化程度高的名牌企业。

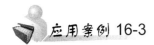

应用案例 16-3

青岛通过招投标形成物业管理市场竞争机制

1996 年是青岛市物业管理快速发展的第三年,正式登记注册的物业服务企业达到 180 多家,初步形成了一个新兴的行业。物业管理的手段和内容逐渐为人们特别是住宅小区的居民所认识、熟知和接受,在一些地方人们急切地要求实行物业管理,这为日后顺利进行招聘工作提供了良好的群众基础。同时,物业管理也遇到了种种困难和隐忧,表现在造血机能不足,缺乏制约和竞争,形成新的"大锅饭"的问题。物业管理市场一方面出现分散化,另一方面又有不少具备一定实力和管理水平的企业亟须扩大管理规模而又苦于找不到合适的对象,难以形成良性发展的局面。正是在这种情况下,青岛市适时推出物业管理市场的竞争机制。

青岛市北区广饶路小区是一个旧城改造小区,基本建成后,经过区政府和市、区物业管理部门共同研究,决定借此时机进行一次招标选聘物业管理单位的试点,并立即开展了各项准备工作:一是成立招标工作领导小组及办公室,组建了住宅小区管委会,确定了评分人员范围。二是编制标书,制定了招标书的项目和要求,明确了招标对象和招标内容。三是制定评分项目、内容及标准,规定了公开答辩的程序和计分方法。确定方案后,市、区物业办召集了多家公司开会,通报了招标工作计划,有近 10 家企业报名投标。经过认真对比筛选,最后确定由市北区旧城物业管理中心和安居房地产物业管理中心等两家实力较雄厚、又有 2 年以上管理经验和良好业绩的单位参加投标竞争。旧城物业管理中心最终以微弱优势取得了该小区的管理权。

由于是山东省和该市第一次举行这样的招标,因而引起了社会各界的广泛关注,一时间在全市物业管理领域产生了较大的反响。

(3) 业主行使决策权,切实维护业主自身的权益。

业主直接参与是物业管理成功不可缺少的条件,作为产权人的业主拥有对自己物业重大管理事务的决策权。通过公开、公平、竞争的物业管理招投标方式，为产权人选择管理者提供了较大的空间。对物业管理方案和目标、物业管理费用等可以"货比三家"，能按自身意愿选择到符合自己管理服务要求和标准的物业服务企业，切实行使了自己的权利，维护了自身利益，同时也为支持和配合物业服务企业的工作创造了一个良好的开端。

16.1.3 物业管理招投标的原则

物业管理招标的目的是招标方要在一场竞争性投标中，找到符合自己理想的物业服务企业。因此，作为招标人的开发商或业主要吸引尽可能多的物业服务企业投标，并从竞争性投标中得益。物业管理招投标应当遵循"公开、公平、公正和诚实信用"的原则。

(1) 公开原则。公开原则是指招标过程中的各项程序都要公开发布，特别是面向整个物业管理行业公开招标的物业管理项目，更应对外公布操作程序、标书要求等，使有关各方都能了解，从而便于行业监督和社会监督，增加透明度，保护招投标双方的合法、正当权益。

(2) 公平原则。公平原则，是指要使所有物业服务企业在相同的条件下参加投标，招标方在招标文件中向所有物业服务企业提供的资料、提出的投标条件和投标书编制要求都是一致。

(3) 公正原则。公正原则，是指投标评定的准则，即衡量所有投标书的尺度应当是一致的，这就是评定准则。投标人不能以不合理条件限制和排斥潜在投标人。

(4) 诚实守信。这是招投标中的基本原则，双方都要诚实守信。招投标中不得弄虚作假或采用不正当的竞争手段，招标人提供的招标信息，投标人的响应和承诺，均应真实可信，体现诚意。

16.1.4 物业管理招投标过程中的法律责任

《招标投标法》对招标投标过程中的法律责任，作了明确规定。这些规定同样也适用于物业管理招投标。

1. 对招标人的处罚

《招标投标法》第 49 条、第 51 条、第 52 条、第 55 条、第 57 条、第 59 条等有如下规定。

(1) 应该进行招标的项目而不招标的，以任何方式规避招标的，责令限期改正，可以处项目合同金额千分之五以上千分之十以下的罚款；对全部或者部分使用国有资金的项目，可以暂停项目执行或者暂停资金拨付；对单位直接负责的主管人员和其他直接责任人员依法给予处分。

(2) 招标人以不合理的条件限制或者排斥潜在投标人的，对潜在投标人实行歧视待遇的，强制要求投标人组成联合体共同投标的，或者限制投标人之间竞争的，责令改正，可以处一万元以上五万元以下的罚款。

(3) 依法应进行招标的项目的招标人向他人透露已获取招标文件的潜在投标人的名称、数量或者可能影响公平竞争的有关招标投标的其他情况的，给予警告，可以并处一万元以上十万元以下的罚款；对单位直接负责的主管人员和其他直接责任人员依法给予处分；构成犯罪的，依法追究刑事责任。影响中标结果的，中标无效。

(4) 依法应进行招标的项目，招标人违反规定，与投标人就投标价格、投标方案等实质性内容进行谈判的，给予警告，对单位直接负责的主管人员和其他直接责任人员依法给予处分。

(5) 招标人在评标委员会依法推荐的中标候选人以外确定中标人的，依法应进行招标的项目在所有投标被评标委员会否决后自行确定中标人的，中标无效。责令改正，可以处中标项目金额千分之五以上千分之十以下的罚款；对单位直接负责的主管人员和其他直接责任人。

(6) 招标人与中标人不按照招标文件和中标人的投标文件订立合同的，或者招标人、中标人订立背离合同实质性内容的协议的，责令改正；可以处中标项目金额千分之五以上千分之十以下的罚款。

2. 对招标代理机构的处罚

《招标投标法》第50条规定招标代理机构违反本法规定，泄露应当保密的与招标投标活动有关的情况和资料的，或者与招标人、投标人串通损害国家利益、社会公共利益或者他人合法权益的，处五万元以上二十五万元以下的罚款，对单位直接负责的主管人员和其他直接责任人员处单位罚款数额百分之五以上百分之十以下的罚款；有违法所得的，并处没收违法所得；情节严重的，暂停直至取消招标代理资格；构成犯罪的，依法追究刑事责任。给他人造成损失的，依法承担赔偿责任。影响中标结果的，中标无效。

3. 对评标委员会的处罚

《招标投标法》第56条规定评标委员会成员收受投标人的财物或者其他好处的，评标委员会成员或者参加评标的有关工作人员向他人透露对投标文件的评审和比较、中标候选人的推荐以及与评标有关的其他情况的，给予警告，没收收受的财物，可以并处三千元以上五万元以下的罚款，对有所列违法行为的评标委员会成员取消担任评标委员会成员的资格，不得再参加任何依法必须进行招标的项目的评标；构成犯罪的，依法追究刑事责任。

4. 对投标人的处罚

《招标投标法》第53条、第54条、第58条、第60条有如下规定。

(1) 投标人相互串通投标或者与招标人串通投标的，投标人以向招标人或者评标委员会成员行贿的手段谋取中标的，中标无效，处中标项目金额千分之五以上千分之十以下的罚款，对单位直接负责的主管人员和其他直接责任人员处单位罚款数额百分之五以上百分之十以下的罚款；有违法所得的，并处没收违法所得；情节严重的，取消其一年至二年内参加依法必须进行招标的项目的投标资格并予以公告，直至由工商行政管理机关吊销营业执照；构成犯罪的，依法追究刑事责任。给他人造成损失的，依法承担赔偿责任。

(2) 投标人以他人名义投标或者以其他方式弄虚作假，骗取中标的，中标无效，给招标人造成损失的，依法承担赔偿责任；构成犯罪的，依法追究刑事责任。

依法应进行招标的项目的投标人有上述所列行为尚未构成犯罪的，处中标项目金额千分之五以上千分之十以下的罚款，对单位直接负责的主管人员和其他直接责任人员处单位罚款数额百分之五以上百分之十以下的罚款；有违法所得的，并处没收违法所得；情节严重的，取消其一年至三年内参加依法必须进行招标的项目的投标资格并予以公告，直至由工商行政管理机关吊销营业执照。

(3) 中标人将中标项目转让给他人的，转让无效，处转让金额千分之五以上千分之十以下的罚款；有违法所得的，并处没收违法所得；可以责令停业整顿；情节严重的，由工商行政管理机关吊销营业执照。

(4) 中标人不履行与招标人订立的合同的，履约保证金不予退还，给招标人造成的损失超过履约保证金数额的，还应当对超过部分予以赔偿；没有提交履约保证金的，应当对招标人的损失承担赔偿责任。

中标人不按照与招标人订立的合同履行义务，情节严重的，取消其二至五年内参加依法必须进行招标的项目的投标资格并予以公告，直至由工商行政管理机关吊销营业执照。因不可抗力不能履行合同的，不适用上述两款规定。

5. 对相关单位的处罚

《招标投标法》第62条、第63条、第64条有如下规定。

(1) 任何单位违反招标投标法规定，限制或者排斥本地区、本系统以外的法人或者其他组织参加投标的，为招标人指定招标代理机构的，强制招标人委托招标代理机构办理招标事宜的，或者以其他方式干涉招标投标活动的，责令改正；对单位直接负责的主管人员和其他直接责任人员依法给予警告、记过、记大过的处分，情节较重的，依法给予降级、撤职、开除的处分。个人利用职权进行前款违法行为的，依照前款规定追究责任。

(2) 对招标投标活动依法负有行政监督职责的国家机关工作人员徇私舞弊、滥用职权或者玩忽职守，构成犯罪的，依法追究刑事责任；不构成犯罪的，依法给予行政处分。

(3) 依法必须进行招标的项目违反招标投标法规定，中标无效的，应当依照招标投标法规定的中标条件从其余投标人中重新确定中标人或者重新进行招标。

课题 16.2 物业管理招标

物业管理招标按照其内容可以划分三种类型：单纯物业管理招标、物业管理与经营总招标和单项服务招标，本单元提到的招标是指第一种类型即单纯物业管理招标。

16.2.1 物业管理招标的方式及组织机构

1. 物业管理招标的方式

物业管理招标可分为"公开招标"和"邀请招标"两种方式。

1) 公开招标

即由招标单位在报刊、广播、电视等公共媒介上发布招标广告，并同时在"中国住宅与房地产信息网"或"中国物业管理协会网"或项目所在城市物业管理行政主管部门指定网站发布招标公告,具体发布网站由招标人根据公开招标范围确定。招标公告应当载明招标人的名称、地址、联系方式,招标项目的基本情况、招标投标活动时间安排、投标申请人的条件以及投标资格预审办法等事项。

公开招标是国际上最常见的招标方式,其优点是最大限度地体现了招标的公平、公正、合理的原则。

2) 邀请招标

招标人采取邀请招标方式的,应当向 3 个以上具备承担招标项目管理服务能力、信誉良好、具有相应资格的物业服务企业发出投标邀请书,投标邀请书应当包含前款招标公告规定的事项及获取招标文件的方法。招标人与投标人有股权、隶属或其他利害关系的,不能作为邀请的投标人。

> **特别提示**
>
> - 《物业管理条例》第 24 条 国家提倡建设单位按照房地产开发与物业管理相分离的原则,通过招投标的方式选聘具有相应资质的物业服务企业。
> - 住宅物业的建设单位,应当通过招投标的方式选聘具有相应资质的物业服务企业;投标人少于 3 个或者住宅规模较小的,经物业所在地的区、县人民政府房地产行政主管部门批准,可以采用协议方式选聘具有相应资质的物业服务企业。

2. 招标机构的设立

通常,物业管理招标机构的主要职责是:编制招标章程和招标文件,组织投标、开标、评标和定标,组织与中标者签订合同。招标机构的设立有两种途径:一是招标人自行组织成立招标机构,二是招标人委托招标代理机构招标。

1) 自行设立招标机构

根据物业管理项目招标主体的不同,分为开发商自行招标和业主自行招标。

开发商自行招标是指开发商通过在其所在单位的董事会下设专门招标委员会或小组的方式进行招标。

小业主是指相对于大业主(即开发商)而言的房屋产权人。由于通常情况下小业主数量都很大,且没有严格的组织,因此,往往是由业主委员会代表小业主组织招标。

2) 委托招标代理机构招标

招标代理机构是专门从事招标代理业务的社会中介组织。招标代理机构与其他非常设招标机构的区别之一是招标代理机构中的技术部门,其主要工作人员都采用合同制定编,而不是像非常设的招标机构那样采用临时外聘制度。招标代理机构与编制招标文件和评标所需的各种技术、经济专家建立长期的合同关系,从而形成专业能力强大的专家库。专家库的规模和质量往往成为评定招标代理机构等级的重要依据。然而,需要指出的是,尽管招标代理机构全权代理招标人的招标工作,但是招标代理机构并非是招标活动的最高权力机构。招标代理机构在评标后,向招标人提交评标报告和中标候选人名单,由招标人自行进行最终裁标,招标代理机构无权强制要求招标人接受中标推荐。完成代理招标工作后,招标代理机构向委托招标人收取一定的服务费或佣金。

> **特别提示**
> - 《招标投标法》规定招标人可自行组建招标工作小组,也可委托咨询服务机构代理招标事宜。招标人具有编制招标文件和组织评标能力的,可以自行办理招标事宜。
> - 物业管理招标人组建的招标工作小组,应当具有能够编制招标文件、对投标人进行资格评审和组织评标的能力,并按下列规定组建。
> - 招标人是物业建设单位或相关物业产权人的,其法人代表(负责人)或其代理人参加招标工作小组。
> - 与招标物业相适应的经济、技术或管理类专业人员占招标工作小组成员总数的50%以上。
> - 自行编制招标文件,具备对投标人进行资格评审和组织评标的能力。

16.2.2 物业管理招标的工作程序

1．选择招标方式

物业管理招标可以选择公开招标和邀请招标两种方式中的一种。公开招标方式,一般适合较大规模收益性物业的招标。关系到国家安全和机密的项目,不适合公开招标。邀请招标方式,一般适合小规模非收益性物业的招标和有特殊技术要求的物业项目的招标。招标方式一经确定,中途不得变更。

2．编制招标文件

选择招标方式后,应根据物业管理项目的特点和需要着手编制招标文件。物业管理招标文件应包括以下内容。

(1) 招标人及招标项目简介,包括招标人名称、地址、联系方式、项目基本情况、物业管理用房的配备情况等。

(2) 物业管理服务内容及要求,包括服务内容,服务标准等。

(3) 对投标人及投标书的要求,包括投标人的资格、投标书的格式、主要内容等。

(4) 评标标准和评标方法。

(5) 招标活动方案,包括招标组织机构、开标时间及地点等。

(6) 物业服务合同的签订说明。

(7) 其他事项的说明及法律法规规定的其他内容。

如果需要对已发出的招标文件进行必要的澄清或者修改,应在招标文件要求提交投标文件截止时间至少15日前,以书面形式通知所有招标文件收受人。该澄清或者修改的内容为招标文件的组成部分。

如果招标人需要制定标底,即预先测算出一个较为合理的物业管理服务基本价格,在编制完招标文件之后,就应该以一个比较先进的物业管理方案为基础,研究确定标底。制定标底是招标的一项重要准备工作,标底的主要作用是作为招标人审核投标人报价、评标和确定中标人的重要依据。

3．进行招标行政备案

原建设部的《前期物业管理招投标管理暂行办法》规定,招标人应当在发布招标公告或者发出投标邀请书的10日前,提交以下材料报物业项目所在地的县级以上地方人民政府房地产行政主管部门备案。

(1) 与物业管理有关的物业项目开发建设的政府批件。
(2) 招标公告或者招标邀请书。
(3) 招标文件。
(4) 法律、法规规定的其他材料。

业主或业主大会招标的，一般应到县级以上地方人民政府房地产行政主管部门备案。提交的材料除上注的(2)、(3)、(4)以外，还应包括物业产权证明或业主大会决议等招标人资格证明。

4．发出招标信息

招标人采用公开招标方式的，应当发布招标公告。依法必须进行招标的项目，招标公告应当通过国家指定的报刊、网络或者其他媒介发布。招标公告应当载明招标人的名称和地址、招标项目的性质、数量、实施地点和时间以及获取招标文件的方法等事项。

招标人采用邀请招标方式的，应当向三个以上具备承担招标项目的能力、资信良好的特定的法人或者其他组织发出投标邀请书。

投标邀请书应当载明招标投标法规定的事项。

5．提供招标文件

招标人可以向投标人免费提供或出售招标文件。

6．对拟投标者进行资格预审

若采用公开招标的方式，招标人可以根据招标文件的规定，对投标申请人进行资格预审。资格预审是招标实施过程中的一个重要步骤，特别是大型的项目，资格预审更是必不可少。实行投标资格预审的物业管理项目，招标人应当在招标公告或者投标邀请书中载明资格预审的条件和获取资格预审文件的办法。资格预审文件一般应当包括资格预审申请书格式、申请人须知，以及需要投标申请人提供的企业资格文件、业绩、技术装备、财务状况和拟派出的项目负责人与主要管理人员的简历、业绩等证明材料。经资格预审后，公开招标的招标人应当向资格预审合格的投标申请人发出资格预审合格通知书，告知获取招标文件的时间、地点和方法，并同时向资格不合格的投标申请人告知资格预审结果。

1) 资格预审的作用

资格预审是对所有投标人的一项"粗筛"，也可以说是投标者的第一轮竞争，资格预审可以起到以下作用。首先，资格预审可以减少招标人的费用。因为投标人数量过多，招标人的管理费用和评标费用就会大大提高，通过资格预审淘汰一部分竞争者则可以减少这笔费用。其次，资格预审还可以保证实现招标目的，选择到最合格的投标人，此投标人不仅报价最低或较低，而且他的报价是以其技术能力、财务状况及经验为基础的，防止了一些素质较低的投标商以价格进行恶性竞争。此外，资格预审能吸引实力雄厚的物业服务公司前来投标，招标人还可以通过资格预审了解投标人对该项目的投标兴趣大小。

> **知识链接**
>
> 资格预审在现实的执行过程中按预审的时间阶段不同又可分为两种：若招标物业预计投标公司的数目众多，可预先对各投标公司进行资格预审，剔除资信较差的公司，重点选择 6~10 家申请者参与

投标，这就是所谓早期预审；若投标公司数量较少，则可待投标机构已递送标书且开标之后进行资格预审，这也就是所谓后期预审。无论资格预审在何时进行，其审核程序和要求投标公司递交的文件都大致相同。

2）资格预审的程序

(1) 发出资格预审通告或资格预审邀请书。发布资格预审通告通常有两种做法，一种是在前述的招标公告中写明将进行资格预审，并通告领取或购买资格预审文件的地点和时间；另一种做法是在报纸上另行刊登资格预审通告。资格预审通告的主要内容包括：招标项目简介、项目资金来源、参加预审的资格、获取资格预审文件的时间、地点以及接受资格预审申请的时间和地点。按照惯例，从刊登资格预审通告的日期到申请截止期应不得少于45天。

(2) 出售资格预审文件。资格预审文件应提供招标人及招标项目的全部信息，并且其内容应比资格预审通告更为详细，如对若干物业服务企业组成联合体投标的要求等。此外，资格预审文件中还可规定申请资格预审的基本合格条件，或对外资物业服务企业单独或联合投标的一些规定，以及申请投标资格预审的一些基本要求，例如，从事该行业至少已达若干年以上，承担过类似的物业管理项目等。最后，招标人还应在资格预审文件中规定资格预审申请表和资料递交的份数、时间和地点及文件所使用的语言等。

(3) 评审。资格预审申请书的开启不必公开进行，开启后由招标机构组织专家进行评审。如有必要，还可召开资格预审准备会议，以便申请人取得有关项目情况的第一手资料。

3）资格预审的内容

资格预审的重点在于投标人的经验、过去完成类似项目的情况；人员及设备能力；投标人的财务状况，包括过去几年的承包合同收入和可投入本项目的启动资金等。具体包括以下内容。

(1) 申请人的基本情况：公司名称、地址、电话和传真、公司等级、注册资本、关系企业等，以及与本合同有关的主要负责人、项目授权代表；公司组织机构情况，专业人员及管理人员的人数；公司历年承包合同的类型、金额及主要所在地区等。

(2) 申请人的财务状况：公司资产负债表、损益表等财务报表、银行过去5年的资信证明以及对未来2年财务情况的预测。

(3) 经验和过去的表现：过去5年内申请人完成的类似项目的基本情况，如这些项目和业主的名称、项目工作量、合同金额、服务期限等。

特别提示

- 投标人应当具有相应的物业服务企业资质。
- 根据原建设部2004年3月颁布的《物业服务企业资质管理办法》规定："一级资质物业服务企业可以承接各种物业管理项目；二级资质物业服务企业可以承接30万平方米以下的住宅项目，和8万平方米以下的非住宅项目的物业管理业务；三级资质物业服务企业可以承接20万平方米以下的住宅项目和5万平方米以下的非住宅项目的物业管理业务。"

对于上述在预审中申请人必须提交的重要内容应当在资格预审文件中予以明列，或制成表格，要求申请人按要求填写。

4) 资格预审的评审方法

招标单位可以根据自己的要求来决定资格预审的评审方法。目前国际上广泛采用的是"定项评分法",同时采用比较简便的百分制计分。"定项评分法"就是对申请人提交的资料进行分类,并按一定标准制分,最后确定一个取得投标资格的最低分数线,达到或超过最低分数线的申请人被视为合格,可以参加投标;未能达到最低分数线的申请人则被视为不合格,不能参加投标。

7. 组织现场考察

在投标申请人领取招标文件后,招标人根据物业管理项目的具体情况,可以组织投标申请人到物业项目现场进行实地踏勘,并对项目进行必要的介绍,包括提供隐蔽工程图纸等详细资料。

8. 召开标前会议

投标资格预审确定合格申请人后,应尽快通知合格申请人,要求他们及时前来购买招标文件。紧接着,按照国际惯例,招标机构通常在投标人购买招标文件后安排一次投标人会议,即标前会议。

召开标前会议的目的是澄清投标人提出的各类问题。《投标人须知》中一般要注明标前会议的日期,如有日期变更,招标人应立即通知已购买招标文件的投标人。招标机构也可要求投标人在规定日期内将问题用书面形式寄给招标人,以便招标人汇集研究,给予统一的解答,在这种情况下就无须召开标前会议。

标前会议通常是在招标人所在地(同时又为招标项目所在地更好)召开,因为在标前会议期间,招标人往往会组织投标人到现场考察,如果标前会议在招标项目所在地召开就较为方便。当标前会议形成的书面文件与原招标文件有不一致之处时,应以会议文件为准。我国《招标投标法》规定,招标人应在提交投标文件截止时间至少15日前,将已澄清和修改部分以书面形式通知所有招标文件收受人。因此,凡已收到书面文件的投标人,不得以未参加标前会议为由对招标文件提出异议,或要求修改标书和报价。最后,招标人应在标前会议上宣布开标日期。另外,参加会议的费用应由各投标人自理。

特别提示

- 标前会议的记录和各种问题的统一解释或答复,应被视为招标文件的组成部分,均应整理成书面文件分发给参加标前会议和缺席的投标人,这是应特别注意的事。

9. 收存标书

招标人或招标机构收到物业服务企业封送的投标书后,经过审查认为各项手续均符合规定时,即可签收,向投标人出具标明签收人和签收时间的凭证,妥善保存投标书。在预定开标时间前,任何单位和个人均不得开启投标文件。

10. 开标

开标应当在招标文件确定的提交投标文件截止时间的同一时间进行;开标地点应当为招标文件中预先确定的地点。开标由招标人主持,邀请所有投标人参加。

由投标人或者其推选的代表检查投标文件的密封情况，也可以由招标人委托的公证机构检查并公证。经确认无误后，由工作人员当众拆封，宣布投标人名称、投标价格和投标文件的其他主要内容。

招标人在招标文件要求提交投标文件的截止日期前，收到的所有投标文件，开标时应当众予以拆封。

开标过程应当记录，并存档备查。

11．评标和定标

评标工作应按照如下标准进行。

(1) 标价合情合理。物业管理招投标所讲的标价合理是指投标单位编制的物业管理费用的标价接近标底价格。物业管理的标底不同于其他招投标项目的标底，其他招投标项目的标底相对比较固定和客观，物业管理的标底则由管理物业的档次和服务项目的水平决定，管理费用支出的弹性很大，高档管理与普通管理的价格差距很大(可以是几倍)，而标低价格就是业主所能接受的价格，要求所提供服务的水平与这个价格相适应。

(2) 管理先进。物业管理，强调的就是"管理"水平，评标时，除了遵循"标价合理、低价中标"的原则，还要考虑投标企业的资本、管理服务人员及技术力量等方面的因素。价格确定是提高管理水平的基础，但管理方法的选择、各种技术力量的拥有程度，对于降低费用开支、提高工作效率及经济效益具有重要的作用，因此，管理方法、措施也是评标的重要依据。

(3) 质量水准。合理的标价，科学的管理方法，投标企业是否有良好的职业道德、敬业精神和奉献精神等等，是保证质量的基本条件。质量包括两个方面：一是技术质量，是对房屋和设备设施的保养、检修水平；二是服务质量，物业管理是以"人"为本，物业服务公司员工是否能做到热情、耐心、周到，做到以"情"服人。

(4) 企业信誉。信誉，是一个企业的无形资产，物业管理评标原则就是以投标企业以往信守合同、遵守国家法律、法令的情况，技术质量和服务质量的综合体现作为依据的。评标是否科学、公正，也是对招标单位即业主委员会的自治管理水平高低的一次检验，如果在评标过程出现营私舞弊或违法行为，对招标单位的形象也是一次损害。物业管理市场是双向选择的，如果真的出现上述情况，就会影响物业小区吸引优秀的物业服务公司参加投标竞争，得不到良好的管理。

评标方法的科学性对于实施平等的竞争、公正合理地选择中标者是很重要的，评标涉及的因素很多，应在分门别类、分清主次的基础上，结合物业的特点确定科学的评标方法。

1) 低价评标法

这种方法的前提是在严格地通过了资格预审和其他评标内容都符合要求的前提下适宜采用的。具体做法是将招标者按报价高低依次排队，取其报价接近标底而略低于标底的投标者三至四个，再结合投标文件中有的具体实施措施，综合比较，择优定标。

2) 打分法

具体做法是由评标小组将事先准备的评标内容进行分类，并确定其评分标准，然后由每位评标小组成员无记名打分，打分的依据是以招投标文件规定的管理目标对照各投标单位的标书和报价，最后统计投标者的得分，得分最高者为中标单位。

评标由招标人依法组建的评标委员会负责。

评标委员会由招标人代表和物业管理方面的专家组成，成员为5人以上单数，其中招标人代表以外的物业管理方面的专家不得少于成员总数的三分之二。评标委员会的专家成员，应当由招标人从评标专家名册中采取随机抽取的方式确定。与招标人、投标人有利害关系的评标专家不得进入相关项目的评标委员会。

评标委员会成员应当认真、公正、诚实、廉洁地履行职责，客观公正地进行评标，遵守评标工作纪律，对投标文件进行独立评审，提出评审意见，不受任何单位或者个人的干预。评标委员会成员与招投标双方有利害关系的应当主动回避，不得与任何投标人或者与招标结果有利害关系的人进行私下接触，不得收受投标人及其他利害关系人的财物或者其他好处。

在评标过程中召开现场答辩会的，应当事先在招标文件中说明，并注明所占的评分比重。召开现场答辩会时，投标人拟订的项目经理应当参加答辩，并持有物业管理职业资格证书。

投标文件评定过程在保密的情况下进行，评标委员会成员应当遵守下列规定：客观、公正地履行职责，遵守职业道德，对所提出的评审意见，承担个人责任；不得外出、不准会客、不准使用任何通讯工具与外界联系；独立评审投标文件，不准互相串联、议论有关投标文件的内容；严格按照招标文件确定的评标标准和方法，对投标文件进行评审，并将评审结果签字确认。

经评审，所有投标文件均不符合招标文件要求的，评标委员会可以否决所有投标。依法进行招标的物业管理项目，所有投标被否决的，招标人应当重新招标。

评标委员会完成评标后，应当向招标人提出书面评标报告。评标报告应当如实记载以下内容：评标的基本情况和有关数据表；评标委员会成员名单；开标记录；符合要求的投标人一览表；废标情况说明；评标标准、评标方法或者评标因素一览表；评分一览表；经评审的投标人排序；推荐的中标候选人名单和签订合同前要处理的事宜；澄清、说明、补充事项纪要。

评标委员会应当按照招标文件规定的评标方法和评标标准，依序推荐不超过3名中标候选人。招标人参考评标委员会推荐的中标候选人确定中标人的，应当在招标文件规定的定标办法中予以明确。招标人授权评标委员会直接确定中标人的，应当按照评标委员会的排序确定中标人。招标人不从中标候选人中确定中标人的，应当重新招标，并对中标候选人予以补偿。招标人为业主大会的，业主委员会应当将中标结果在物业管理区域内明显位置向业主公告，公告期不少于3日。

12. 发出中标通知

招标人应当在评标委员会出具评审结果之日起30日内确定中标人。

招标人应当向中标人发出中标通知书，同时将中标结果通知所有未中标的投标人，并应当返还其投标书。

中标通知书对招标人和中标人均具有法律效力。中标通知书发出后，招标人改变中标结果的，或者中标人放弃中标项目的，应当依法承担法律责任。

13．进行定标行政备案

物业管理的招标人应当自确定中标之日起 15 日内，向物业项目所在地的县级以上地方人民政府原招标行政备案机关备案。备案资料应当包括开标评标过程、确定中标人的方式及理由、评标委员会的评标报告、中标人的投标文件等资料。委托代理招标的，还应当附招标代理委托合同。

14．与中标单位签订物业服务合同

《招标投标法》规定："招标人和中标人应当自中标通知书发出之日起 30 日内，按照招标文件和中标人的投标文件订立书面合同"。合同的签订，实际上就是招标人向中标人授予承包合同，是整个招标投标活动的最后一个程序。在招标与投标中，合同的格式、条款、内容等都已在招标文件中作了明确规定，一般不作更改，然而按照国际惯例，在正式签订合同之前，中标人和招标人(开发商或业主)通常还要先就合同的具体细节进行谈判磋商，最后才签订新形成的正式合同，即《前期物业服务合同》或《物业服务合同》。

招标人和中标人不得再订立背离合同实质性内容的其他协议。

招标人无正当理由不与中标人签订合同，给中标人造成损失的，招标人应当给予补偿。

应用案例 16-4

甲物业服务公司近日接到上海某发展公司的招标邀请，参加了由该发展商举办的大型住宅区物业管理招投标活动。一个月后，该发展商向甲公司发出了中标通知书，通知甲公司中标。甲公司按照约定前往上海与该发展商签订物业服务合同。到达上海后，甲公司发现该发展商同时向三家物业服务公司发出了中标通知书，甲公司要求依照投标书的内容签订物业服务合同，但该发展商表示，需要就物业服务合同的主要条款与三家物业服务公司再进行协商，并根据协商的结果确定与哪家物业服务公司签订正式合同。

【解析】以上案例主要围绕着中标通知书的法律效力而言，从法律上来讲，如果招标人给物业服务公司发出了中标通知书就可以视为有效的承诺，合同成立。此案中发展商不了解或由于其他原因忽略了这一法律程序，因而他的做法必然会引来不必要的麻烦。

首先，发展商和本案例中的物业服务公司之间已经形成了合同关系。我国《合同法》明确规定，合同当事人意思表示一致，合同即成立，并对合同当事人具有法律效力。

其次，根据我国《招标投标法》的规定，为了保证招投标活动的公平、公正，招标人和中标人不得协商签订背离合同实质内容的条款。

第三，本案例中发展商与三家中标物业服务公司协商合同条款的问题，类似于协议招标，但之前发展商却发出了中标通知书，这与协议招标又不符。

综上，该发展商的做法无论从哪个角度来分析都是不合法的，带有严重的操作错误。

16.2.3　物业管理招标文件的编写

不同类型的项目其招标文件的内容也繁简各异，然而按照国际惯例，招标文件的内容大致可概括为三大部分。第一部分，投标人为投标所需了解并遵循的规定，具体包

括投标邀请书、投标人须知、技术规范及要求；第二部分，(投标人) 物业服务企业必须按规定填报的投标书格式，这些格式将组成附件作为招标文件的一部分；第三部分，中标的物业服务企业应签订的合同的条件(包括一般条件和特殊条件)及应办理的文件格式。

三大部分的内容具体可归纳为组成招标文件的六要素：①投标邀请书；②技术规范及要求；③投标人须知；④合同一般条件；⑤合同特殊条件；⑥附件(附表、附图、附文等)。

1．投标邀请书

投标邀请书与招标公告的目的大致相同，其目的是提供必要的信息，从而使潜在投标人获悉物业管理项目招标信息后，决定是否参加投标。其主要内容包括：业主名称、项目名称、地点、范围、技术规范及要求的简述、招标文件的售价、投标文件的投报地点、投标截止时间、开标时间、地点等。投标邀请书可以归入招标文件中，也可以单独寄发。如采用邀请招标方式招标，投标邀请书往往作为投标通知书而单独寄发给潜在投标人，因而不属于招标文件的一部分；但如果采取公开招标方式招标，往往是先发布招标公告和资格预审通告，之后发出的投标邀请书是指招标人向预审合格的潜在投标人发出的正式投标邀请，应作为招标文件的一部分。

2．技术规范及要求

这一部分主要是说明业主或开发商对物业管理项目的具体要求，包括服务所应达到的标准等。例如，对于某酒店项目，招标人要求该物业的清洁卫生标准应达到五星级，这些要求就应在"技术规范及要求"部分写明。对于若干子项目的不同服务标准和要求，可以编列一张"技术规范一览表"，将其加以综合。

另外，在技术规范部分，应出具对物业情况进行详细说明的物业说明书以及物业的设计施工图纸。物业说明书和图纸应在附件部分中作详细说明。

3．投标人须知

投标人须知的目的是为整个招标投标的过程制定规则，是招标文件的重要组成部分，其内容包括：①总则说明；②招标文件说明；③投标书的编写；④投标书的递交；⑤开标和评标；⑥授予合同。以下分别予以具体说明。

(1) 总则说明。总则说明主要对招标文件的适用范围、常用名称的释义、合格的投标人和投标费用进行说明。

(2) 招标文件说明。招标文件说明主要是对招标文件的构成、招标文件的澄清、招标文件的修改进行说明。

(3) 投标书的编写。投标人须知中应详细列出对投标书编写的具体要求。这些要求包括：①投标所用的语言文字及计量单位；②投标文件的组成；③投标文件格式；④投标报价；⑤投标货币；⑥投标有效期；⑦投标保证金；⑧投标文件的份数及签署。如果由于采取邀请招标方式招标，而没有进行投标资格预审，则在招标文件的投标人须知中还应要求投标人按预定格式和要求递交投标人资格的证明文件。招标文件对投标书编写要求的说明通常有两种，一是文字说明，应归入投标人须知部分；另一种是在招标文件中列出投标文件的一定格式，要求投标人只要按格式要求填入内容。这些格式通常包括：投标书格式、授权书格式、开标一览表、投标价格表、项目简要说明一览表及投标人资格证明书格式等。这些格式统一归入"附件"部分。

（4）投标文件的递交。投标文件递交的内容主要是对投标文件的密封和标记、递交投标文件的截止时间、迟交的投标文件、投标文件的修改和撤销的说明。

（5）开标和评标。开标和评标是招标文件体现公平、公正、合理的招标原则的关键，包括以下内容：

① 对开标规则的说明。

② 组建评标委员会的要求。

③ 对投标文件响应性的确定。即审查投标文件是否符合招标文件的所有条款、条件和规定且没有重大偏离和保留。

④ 投标文件的澄清。即写明投标人在必要时有权澄清其投标文件内容。

⑤ 对投标文件的评估和比较(说明评估和比较时所考虑的因素)。

⑥ 评标原则及方法。

⑦ 评标过程保密。

（6）授予合同。授予合同的内容通常包括：

① 定标准则。说明定标的准则，包括"业主不约束自己接受最低标价"的申明等。

② 资格最终审查。即说明招标人会对最低报价的投标人进行履行合同能力的审查。

③ 接受和拒绝任何或所有投标的权力。

④ 中标通知。

⑤ 授予合同时变更数量的权力。即申明招标人在授予合同时有权对招标项目的规模予以增减。

⑥ 合同协议书的签署。说明合同签订的时间、地点以及合同协议书的格式(详见附件)。

⑦ 履约保证金。

4．合同一般条款

合同的一般条款不是合同的主要内容，通常包括以下条款和内容。

(1) 定义。即对合同中的关键名称进行释义。

(2) 适用范围。即写明本合同的适用范围。

(3) 技术规格和标准。该条款的内容一般与招标文件的第二部分"技术规范及要求"的内容相一致。

(4) 合同期限。一般可参照委托管理的期限。

(5) 价格。即物业管理费的计取，一般应与中标人的投标报价表相一致。

(6) 索赔。索赔条款主要说明在投标人(合同的乙方)发生违约行为时，招标人(合同的甲方)有权按照索赔条款规定提出索赔。其具体内容包括索赔的方案和索赔的程序。

(7) 不可抗力。不可抗力条款是指在发生预料不到的人力无法抗拒事件的情况下，合同一方难以或者不可能履行合同时，对由此引致的法律后果所作的规定。不可抗力条款一般包括三个部分：不可抗力的内容；遭受不可抗力事件的一方向另一方提出报告和证明文件；遭受不可抗力事件一方的责任范围。

(8) 履约保证金。该条款主要是规定中标人在签订合同后，为保证合同履行而需提交的履约保证金的比例，以及提供履约保证金的形式。

(9) 争议的解决。该条款主要的内容是预先规定合同双方在合同履行过程中发生争议时的解决途径和方法。如在该条款中规定以仲裁作为解决争议的途径等。

(10) 合同终止。该条款的主要内容是说明合同的期限和合同终止的条件(如，物业服务企业违约情节严重；业主破产；物业被征用等)。

(11) 合同修改。该条款应申明对于合同的未尽事项，需进行修改、补充和完善的，甲乙双方必须就所修改的内容签订书面的合同修改书，作为合同的补充协议。

(12) 适用法律。即写明合同适用的法律。

(13) 主导语言与计量单位。

(14) 合同文件及资料的使用。条款中应写明合同文件及资料的使用范围及事宜，如对保密的规定等。

(15) 合同份数。

(16) 合同生效。

5．合同特殊条款

合同的特殊条款是为了适应具体项目的特殊情况和特殊要求作出的特殊规定，例如，对执行合同过程中更改合同要求而发生偏离合同的情况作出某些特殊规定。此外合同特殊条款还可以是对合同一般条款未包括的某些特殊情况的补充，如关于延迟开工而赔偿的具体规定，以及有关税务的具体规定等。

在合同执行中，如果一般条款和特殊条款不一致而产生矛盾时，应以特殊条款为准。

6．附件

附件是对招标文件主体部分文字说明的补充，包括附表、附文和附图。

1) 附表

① 投标书格式；

② 授权书格式；

③ 开标一览表；

④ 项目简要说明一览表；

⑤ 投标人资格的证明文件格式；

⑥ 投标保函格式；

⑦ 协议书格式；

⑧ 履约保证金格式(通常为银行保函)。

2) 附文

物业说明书。

3) 附图

物业的设计和施工图纸。

课题 16.3　物业管理投标

16.3.1　物业管理投标的工作程序

1．成立投标工作小组

物业服务企业获得招标信息，若按照企业的拓展计划，确定了投标意向，就应该成立相应的投标工作小组。该小组一般由公司总经理或副总经理或有关部门经理及市场开发部、财务部、工程部和管理部等部门的有关人员组成。投标工作小组成员的专业构成力量搭配情况应根据投标项目的性质而定。其中，市场开发部的人员专门从事物业管理业务的市场开拓，应是物业管理投标工作的核心成员，主要负责确定目标，选择物业，进行投标整体策划，参加市场竞争；财务部是企业的经济管理部门，财务部人员在投标工作中负责项目的财务评价；工程部人员主要负责房屋及附属设备设施的管理和维修养护方案的制订以及拟投标项目工程技术方面的分析工作。

2．获取并解读招标文件

投标工作小组应迅速准备齐全企业经营资质的有关资料和证件，按照招标人的规定送交预审，以获取招标文件。取得招标文件之后，如何解读成为关系到投标成败的重要环节。

首先，招标文件可能会由于篇幅较长而出现前后文不一致、某些内容不清晰的情况。这些错误虽是由于招标业主的原因，但若投标企业在投标前不加重视，甚至不能发现，将可能影响投标标价的制定，以至影响投标的成功，甚至还可能影响中标后合同的履行。因此，投标企业在这一阶段，应本着仔细谨慎的原则，阅读并尽可能找出错误，再按其不同性质与重要性，将这些错误与遗漏划分为"招标前由业主明确答复"和"计入索赔项目"两类。

其次，从事国际投标的公司还应注意招标文件的翻译。不同的翻译可能会导致招标文件内容面目全非，而由精通外语的计价员直接阅读招标文件则是解决这一问题的理想办法。

此外，招标公司还应注意要对招标文件中的各项规定，如开标时间、定标时间、投标保证书等，尤其是图纸、设计说明书和管理服务标准、要求和范围予以足够重视，作出仔细研究。

3．考察现场

通常，开发商或业主委员会将根据需要组织参与投标的物业服务企业统一参观现场，并向他们做出相关的必要介绍，其目的在于帮助投标企业充分了解物业情况，以合理计算标价。在考察过程中，投标人还将就投标企业代表所提出的有关投标的各种疑问做出口头回答，但这种口头答疑并不具备法律效力。只有在投标者以书面形式提出问题并由招标人做出书面答复时，才能产生法律约束力。

根据惯例，投标人应对现场条件考察结果自行负责，开发商将认为投标者已掌握了现场情况，明确了现场物业与投标报价有关的外在风险条件。投标人不得在接管后对物业外在的质量问题提出异议，申明条件不利而要求索赔(当然，其内在且不能从外部发现的质量问题除外)。因此，投标企业对这一步骤不得掉以轻心，必须就以下几方面进行细致了解。

(1) 若物业管理在物业竣工前期介入，则应现场查看工程土建构造，内外安装的合理性，尤其是消防安全设备、自动化设备、安全监控设备、电力交通通讯设备等，必要时做好日后养护、维护要点记录，图纸更改要点记录，交与开发商商议。

(2) 若物业已经竣工，则物业服务企业应按以下标准视察项目。

① 工程项目施工是否符合合同规定与设计图纸要求。

② 技术经检验达到国家规定的质量标准，能满足使用要求。

③ 竣工工程达到窗明、地净、水通、电亮及采暖通风设备运转正常。

④ 设备调试、试运转达到设计要求。

⑤ 确保外在质量无重大问题。

⑥ 周围公用设施分布情况。

(3) 主要业主情况，包括收入层次、主要服务要求与所需特殊服务等。这些情况可由投标公司自行安排人员与时间进行调查。

(4) 当地的气候、地质、地理条件。这些条件与接管后的服务密切相关，例如，上海的气候四季分明，昼夜温差较大，春夏之交还有黄梅季节，因此这里的物业注重朝向、通风与绿化，相应其物业管理也更应注意加强环境维护与季节更替时的服务；再如素有"山城"之称的重庆，其特点在于春秋两季不分明，湿度大，夏季气候闷热，且由于地势起伏大，交通甚为不便，因此这里的物业管理则应突出交通便利服务与夏季的防暑工作。由此可见，这些地理与气候的差异必然导致具体服务内容的差异，只有当物业服务公司了解这些差异时，其服务才会有的放矢，事半功倍。

4．参加标前会议

在获取招标文件和考察物业现场以后，应派人参加招标人安排的投标答疑会，以澄清表述中不清楚的事项，做好投标准备。有时也可能先参加标前会议，后进行现场考察。

5．进行投标可行性分析

一项物业管理投标从购买招标文件到送出投标书，涉及大量的人力物力支出，一旦投标失败，其所有的前期投入都将付之东流，损失甚为可观。这必然要求物业服务投标公司在确定是否进行竞标时务必小心谨慎，在提出投标申请前做出必要的可行性研究，不可贸然行事。

1) 招标物业条件分析

(1) 物业性质。了解区分招标物业的性质非常重要，因为不同性质的物业所要求的服务内容不同，所需的技术力量不同，物业服务公司的相对优劣势也差异明显。

(2) 特殊服务要求。有些物业可能会由于其特殊的地理环境和某些特殊功用，需要一些特殊服务。这些特殊服务很可能成为某些投标公司的优势，甚至可能导致竞标过程中的"黑马"出现，物业服务公司必须认真对待，在分析中趋利避害。他们可考虑这些特殊服务的支出费用及自身的技术力量或可寻找的分包伙伴，从而形成优化的投标方案；反之，则应放弃竞标。

(3) 物业招标背景。这是对招标文件的留意。有时招标文件会由于招标者的利益趋向而呈现出某种明显偏向，这对于其他投标公司而言是极为不利的。因此在阅读标书时，物业服务公司应特别注意招标公告中一些特殊要求，这有利于物业服务公司做出优劣势判断。

(4) 物业开发商状况。这一层面的分析包括开发商的技术力量、信誉度等。因为物业的质量取决于开发商的设计、施工质量，而有些质量问题只有在物业服务公司接管后才会出现，这必然会增大物业服务公司的维护费用和与开发商交涉的其他支出，甚至还有可能会影响物业服务公司的信誉。因此，物业服务公司通过对开发商以往所承建物业质量的调查，以及有关物业服务公司与之合作的情况，分析判断招标物业开发商的可靠性，并尽量选择信誉较好、易于协调的开发商所开发的物业，尽可能在物业开发的前期介入，这样既可保证物业质量，也便于其日后管理。

2) 本公司投标条件分析

(1) 以往类似的物业管理经验。已接管物业往往可使公司具有优于其他物业服务公司的管理或合作经验，这在竞标中极易引起开发商注意。而且从成本角度考虑，以往的类似管理也可在现成的管理人员、设备或固定的业务联系方面节约许多开支。故投标者应针对招标物业的情况，分析本公司以往类似经验，确定公司的竞争优势。

(2) 人力资源优势。公司是否在以往接管物业中培训人员，是否具有熟练和经验丰富的管理人员，是否与其他在该物业管理方面有丰富经验的专业服务公司有密切合作关系。

(3) 技术优势。即能否利用高新技术提供高品质服务或特殊服务，如智能大厦等先进的信息管理技术，绿色工程以及高科技防盗安全设施等。

(4) 财务管理优势。公司在财务分析方面是否有完善的核算制度和先进的分析方法，是否拥有优秀的财务管理人才资源，是否能多渠道筹集资金，并合理开支。

劣势分析。这主要体现在竞争者的优势上，详见下面的分析。

3) 竞争者分析

(1) 潜在竞争者。有时在竞标中可能会出现某些刚具有物业管理资质的物业服务公司参与竞标的情况。他们可能几乎没有类似成熟的管理经验，但在某一方面(如特殊技术、服务等)却具有绝对或垄断优势。由于他们进入物业管理行业不久，许多情况尚未能为人所知，他们虽然默默无闻，容易被人所忽略，却很有可能成为竞标中的"黑马"，这样的竞争对手不仅隐蔽而且威胁巨大。对于这些陌生的竞争者，投标公司不可掉以轻心，必须认真对待。这实际上又从另一方面强调了物业服务公司全面搜集资料工作的重要性。

(2) 同类物业服务公司的规模及其现接管物业的数量与质量。通常大规模的物业服务公司就意味着成熟的经验、先进的技术和优秀的品质，就是在以其规模向人们展示其雄厚的实力，尤其在我国现阶段大多数物业服务公司还属于房地产开发企业，专业性服务公司尚不成气候的情况下，规模大小在很大程度上将影响招标者的选择判断。此外，公司现有的正在接管的物业数量、所提供服务的质量则可从另一方面更为真实地反映出其实力大小。

(3) 当地竞争者的地域优势。物业管理提供的是服务，其质量的判定在很大程度上取决于业主的满足程度。当地的物业服务公司可以利用其对当地文化、风俗的熟悉提供令业主满足的服务。较之异地进入的物业服务公司，他们一来可减少进入障碍，二来可利用以往业务所形成的与当地专业性服务公司的密切往来，分包物业管理，从而具有成本优势，同时他们还可能由于与当地有关部门的特殊联系而具有某些关系优势。

(4) 经营方式差异。现有物业服务公司的组织形式有两种：一是实体性，内部分为两个层次，即管理层和作业层，管理层由有经营头脑的人组成，作业层由与服务内容相关的操作人员组成；二是纯由管理人员组成，无作业层，他们通常不带工人队伍，而是通过合同形式与社会上各类专业服务企业形成松散的联合，以合同方式将物业管理内容发包给相关的服务企业。这两种不同组织形式决定了他们不同的经营方式，前者通常具有较强的统一协调性，但管理成本较高；后者则相对灵活，管理成本低，但需要有优秀的专业性服务公司与之配合，因而他们的投标积极性与报价也相应呈现差异。投标公司可针对招标物业所在地具体情况对其区别对待，权宜从事。

4) 风险分析

在国内从事物业管理投标，通常可能面临的风险有：

(1) 通货膨胀风险。主要是指由于通货膨胀引起的设备、人工等价格上升，导致其中标后实际运行成本费用大大超过预算，甚至出现亏损。

(2) 中国经营风险。即物业服务公司由于自身管理不善，或缺乏对当地文化的了解，不能提供高质量服务，导致亏损甚至遭业主辞退。

(3) 自然条件。如水灾、地震等自然灾害发生而又不能构成合同规定的"不可抗力"条款时，物业服务公司将承担的部分损失。

(4) 其他风险。如分包公司不能履行合同规定义务，而使物业服务公司遭受经济乃至信誉损失等。

此外，当物业服务公司从事国际投标时，还可能面临政治风险。

这些因素都可能导致物业服务公司即使竞标成功也会发生亏损，但这也绝非不可避免。物业服务公司必须在决定投标之前认真考虑这些风险因素，并从自身条件出发，制订出最佳方案规避风险，将其可能发生的概率或造成的损失尽量减少到最小。

6. 编制投标文件

在经过分析，得出此次投标可行的结论以后，应按照招标文件的要求编写投标文件，投标文件应当对招标文件提出的实质性要求和条件作出响应。

投标文件应当包括以下内容：投标函；投标报价；物业服务方案；招标文件要求提供的其他资料。在招标文件要求提交投标文件的截止时间前，可以补充、修改或者撤回已提交的投标文件，并书面通知招标人。补充、修改的内容为投标文件的组成部分。

由于投标者一旦中标就必须履行受标的义务，为防止投标单位违约给招标单位带来经济上的损失，在投递物业管理投标书时，招标单位通常要求投标单位出具一定金额和期限的保证文件，以确保在投标单位中标后不能履约时，招标单位可通过出具保函的银行，用保证金额的全部或部分为投标单位赔偿经济损失。投标保函通常由投标单位开户银行或其主管部门出具。投标保函所承担的主要担保责任有：①投标人在投标有效期内不得撤回标书及投标保函；②投标人被通知中标后必须按通知书规定的时间前往物业所在地签约；③在签约后的一定时间内，投标人必须提供履约保函或履约保证金。

如果投标人违反上述任何一条规定，招标人就有权没收投标保函，并向银行索赔其担保金额。若投标人没有中标或没有任何违约行为，招标人就应在通知投标无效或未中标或投标单位履约之后，及时将投标保函退还给投标人，并相应解除银行的担保责任。

通常办理投标保函应经过以下程序：

① 向银行提交标书中的有关资料，包括投标人须知，保函条款、格式及法律条款等

② 填写《要求开具保函申请书》及其他申请所要求填写的表格，按银行提供的格式一式三份。

③ 提交详细材料，说明物业管理服务量及预定合同期限。

投标保函的主要内容包括：担保人、被担保人、受益人、担保事由、担保金额、担保货币、担保责任、索偿条件等。保函的有效期限通常在投标人须知中有规定，超过保函规定的有效期限，或在有效期内招标人因故宣布本次招标作废，投标保函自动失效。有效期满后，投标人应将投标保函退还银行注销。除办理投标保函外，投标方还可以保证金的形式提供违约担保。此时，投标方保证金将作为投标文件的组成部分之一。投标方应将保证金于投标截止之日前交至招标机构指定处。投标保证金可以银行支票或现金形式提交，保证金额依据招标文件的规定确定。未按规定提交投标保证金的投标，将被视为无效投标。中标的投标方的保证金，在中标方签订合同并履约后5日内予以退还；未中标的投标方的保证金，在定标后5日内予以退还，均不用支付利息。

7. 封送标书

投标文件全部编制好以后，投标人就可派专人或通过邮寄将标书投送给招标人。封送标书的一般惯例是，投标人应将所有投标文件按照招标文件的要求，准备正本和副本(通常正本1份，副本2份)。标书的正本及每一份副本应分别包装，而且都必须用内外两层封套分别包装与密封，密封后打上"正本"或"副本"的印记(一旦正本和副本有差异，以正本为准)，两层封套上均应按投标邀请书的规定写明投递地址及收件人，并注明投标文件的编号、物业名称、"在某日某时(指开标日期)之前不要启封"等。内层封套是用于原封退还投标文件的，因此应写明投标人的地址和名称，若是外层信封上未按上述规定密封及做标记，则招标方的工作人员等对于把投标文件放错地方或过早启封概不负责。由于上述原因被过早启封的标书，招标人将予拒绝并退还投标人。所有投标文件都必须按招标人在投标邀请书中规定的投标截止时间之前送至招标人。投标文件从投标截止之时起，有效期为30天。招标人将拒绝在投标截止时间后收到的投标文件。

8. 现场答辩

投标现场是展示投标企业自身实力，从众多投标人中脱颖而出的关键环节。因此，答辩人员的现场感染力和现场把握能力，决定了招投标双方是否产生共鸣、达成合作意向。一般来说，评委质询包括：投标文件中所涉及的法律问题；投标文件中所涉及的技术问题；投标文件中某些数据的来源；投标文件中某些概念的解释。因此，在答辩中，答辩人员应对投标书的内容做到了如指掌，对投标书中涉及的相关法律、行政法规、地方政策、行业

标准等都有明确的认知,对标书中所包含的作业常识、技术性指标、测算依据等有一个清醒的思路。应该说,在规范的招标活动中,项目经理候选人作为答辩人员的最佳人选,在答辩中所起的作用是非凡的,因为竞标成功后,业主最直接、最多接触的管理者就将是面对的答辩人,所以,招标方对项目经理的专业知识考察,管理水平摸底非常注重,而对项目经理的认可主要靠的就是在投标现场的答辩过程。

9. 签订物业服务合同

由于在合同签订前双方还将就具体问题进行谈判,中标公司应在准备期间对自己的优劣势、技术资源条件以及业主状况进行充分分析,并尽量熟悉合同条款,以便在谈判过程中把握主动,避免在合同签订过程中利益受损。同时,物业服务公司还应着手组建物业管理专案小组,制定工作规划,以便合同签订后及时进驻物业。

物业服务合同自签订之日起生效,业主与物业服务公司均应依照合同规定行使权利、履行义务。

10. 资料整理与归档

无论投标公司是否中标,在竞标结束后都应将投标过程中的一些重要文件进行分类归档保存,以备查核。这样一来可为中标公司在合同履行中解决争议提供原始依据,二来也可为竞标失利的公司分析失败原因提供资料。通常这些文档资料主要包括:①招标文件;②招标文件附件及图纸;③对招标文件进行澄清和修改的会议记录和书面文件;④投标文件及标书;⑤同招标方的来往信件;⑥其他重要文件资料。

16.3.2 物业管理投标书的编写

1. 物业管理投标书编写注意事项

物业管理投标书作为评标的基本依据,必须具备统一的编写基础,以便于评标工作的顺利进行。因此,投标公司必须对投标书的基本要素有所了解。物业管理投标书的基本要素主要包括如下几方面。

1) 计量单位

计量单位是投标书中必不可少的衡量标准之一。因此,统一计量单位是避免在定标和履约中出现混乱的有力手段。投标书中必须使用国家统一规定的行业标准计量单位,不允许混合使用不同的度量制。

2) 货币

国内物业管理投标书规定使用的货币应为"人民币",而国际投标中所使用货币则应按招标文件的规定执行。

3) 标准规范

编制投标书应使用国家统一颁布的行业标准与规范,如果某些业主由于特定需要要求提供特殊服务,也应按照国家正式批准的统一的服务行业标准规范,严格准确地行事。

若采用国外的服务标准与规范,应将所使用的标准规范译成中文,并在投标书中说明。

4) 表述方式

投标书的文字与图纸是投标者借以表达其意图的语言,它必须要能准确表达投标公司的投标方案，因此，简洁、明确、文法通畅、条理清楚是投标书文字必须满足的基本要求。编制投标书时，切忌拐弯抹角、废话连篇、用词模棱两可，应尽量做到言简意赅，措辞准确达意，最大限度地减少招标单位的误解和可能出现的争议。

图纸、表格较之于文字在表达上更为直接，简单明了，但这同样要求其编写做到前后一致、风格统一、符合招标文件的要求。最好能以索引查阅方式将图纸表格装订成册，并和标书中的文字表述保持一致。

5) 理论技巧

投标书的编写不仅应做到投标目标明确、方案可行，编写人员还应熟练掌握与投标书内容相关的法律、技术和财务知识，并以服务为出发点，综合运用心理学、运筹学、统计学等方面的理论和技巧。

6) 资料真实性

投标文件应对招标文件的要求作出实质响应，其内容应符合招标文件的所有条款、条件和规定，且无重大偏离与保留。投标人应按招标文件的要求提供投标文件，并保证所提供全部资料的真实性，以使其投标文件对应招标文件的要求。否则，其投标将被拒绝。

为了能够编制写出一份优质的投标书，编写人员在投标书编写中还应注意以下问题。

(1) 确保填写无遗漏，无空缺。投标文件中的每个空白都需填写，如有空缺，则被认为放弃意见；重要数据未填写，可能被作为废标处理。因此投标公司在填写时务必小心谨慎。

(2) 不得任意修改填写内容。投标方所递交的全部文件均应由投标方法人代表或委托代理人签字；若填写中有错误而不得不修改，则应由投标方负责人在修改处签字。

(3) 填写方式规范。投标书最好用打字方式填写，或者用墨水笔工整填写；除投标方对错处作必要修改外，投标文件中不允许出现加行、涂抹或改写痕迹。

(4) 不得改变标书格式。若投标公司认为原有标书格式不能表达投标意图，可另附补充说明，但不得任意修改原标书格式。

(5) 计算数字必须准确无误。投标公司必须对单价、合计数、分步合计、总标价及其大写数字进行仔细核对。

(6) 报价合理。投标人应对招标项目提出合理的报价。高于市场的报价难以被接受，低于成本报价将被作为废标，或者即使中标也无利可图。因唱标一般只唱正本投标文件中的"开标一览表"，所以投标人应严格按照招标文件的要求填写"开标一览表"、"投标价格表"等。

(7) 包装整洁美观。投标文件应保证字迹清楚、文本整洁，纸张统一，装帧美观大方。

(8) 报价方式规范。凡是以电报、电话、传真等形式进行的投标，招标方概不接受。

(9) 严守秘密，公平竞争。投标人应严格执行各项规定，不得行贿、徇私舞弊；不得泄漏自己的标价或串通其他投标人哄抬标价；不得隐瞒事实真相；不得做出损害他人利益的行为。否则，该投标人将被取消投标或承包资格，甚至受到经济和法律的制裁。

2. 物业管理投标书的编写内容

物业管理投标书是对投标公司前述准备工作的总结，是投标公司的投标意图、报价策略与目标的集中体现，其编制质量的优劣将直接影响投标竞争的成败。因此，投标公司除了应以合理报价、先进技术和优质服务为其竞标成功打好基础外，还应学会如何包装自己的投标文件，如何在标书的编制、装订、密封等方面给评委留下良好的印象，以争取关键性评分。

由于不同物业具有不同性质，不同招标项目具有不同要求，其投标书的内容要求也相应呈现出差异。投标公司在实践中可根据具体情况自行发挥。

投标书的编写队伍，应由本企业中水平较高、经验丰富、具备较好文字表达能力的经营部、管理部、工程部、安全管理部和环境管理部等多个专业部门的人员组成。

投标书主要应包括以下内容。

1) 投标函

投标致函实际上就是投标者的正式报价信，其主要内容有：①表明投标者完全愿意按招标文件中的规定承担物业管理服务任务，并写明自己的总报价金额；②表明投标者接受该物业整个合同委托管理期限；③表明本投标如被接受，投标者愿意按招标文件规定金额提供履约保证金；④说明投标报价的有效期；⑤表明本投标书连同招标者的书面接受通知均具有法律约束力；⑥表明对招标者接受其他投标的理解。

2) 投标报价一览表

管理费用是投标书中最重要的内容之一，投标书一定要提出合理的、有依据的投标报价。投标报价一览表一般不仅列明投标总价和各分项服务价格总表，还要列明各项物业管理服务费用测算的明细表。

3) 投标物业服务企业简介

为了让招标人和评标委员对投标物业服务企业产生深刻的印象，投标书中应用一定的篇幅，简要介绍本投标企业的情况，主要包括本企业的光荣历史、规模实力、取得的荣誉、优势、特点、企业文化、管理和服务的理念，以前管理过或正在管理的物业名称、地址、类型、数量，与标的物业相似的物业管理经验和成果，主要负责人的专业管理经历和经验。

4) 物业管理项目部设置

投标物业服务企业应根据投标物业的规模、功能和布局、招标人的要求以及物业服务企业的管理模式，确定合理的项目管理运作机构和人员配置。未来的物业管理项目部内部管理机构的设置可以用框架图的形式表示。在投标书中，应该说明你设置的各个职能部门的职责，以及拟派出的项目负责人与主要技术人员的简历、业绩和拟用于完成招标项目的设备等。

5) 物业管理方案要点

主要指出此次投标物业的特点和日后管理上的特点、难点，可列举说明，还要分析租用户对此类物业及管理上的期望、要求等。以下分别对不同性质物业管理中的重点、难点做出分析：

首先，对于住宅小区而言，舒适便捷是业主最起码的要求，高档次的优质服务则是其更高的享受追求，因此其物业管理应当突出的是：

① 环境管理。要求物业管理能维护规划建设的严肃性，定期进行检查维修，禁止乱凿

洞、乱开门窗的破坏性行为，禁止个别业主随意改动房屋结构或乱搭建行为，保证业主的居住安全。

② 卫生绿化管理。定时对小区公共场所进行清扫保洁，及时清运垃圾，并对卫生用具进行清洁消毒；加强小区绿化养护，派专人管理绿化带、花草树木，禁止人为破坏行为。

③ 安全管理。成立安全管理部，负责小区内的安全管理。

④ 市政设施管理。即市政道路、下水管道、窨井与消防等公共设施的管理、维修、保养等工作。

⑤ 便利服务。为特殊住户提供各种专业有偿服务和特需服务。

其次，高层住宅相对于普通住宅小区而言，其特点是建筑规模大、机电设备多、住户集中，居住人员的素质也相应较高。因此，这类物业管理的重点应放在以下几项。

① 机电设备管理。这是大楼的核心部分，如发电机、中央空调、供水、消防、通信系统等，一旦哪一部分发生问题，必将严重影响住户生活和工作。因此物业管理部门必须备有一支技术熟练的专业人员，做好管理人员的培训，健全各项管理制度，保证能及时排除故障。

② 安全管理。须设保安班，24小时值班守卫，建立来访人员登记制度，公共场所安装闭路电视监视系统，保证大楼每个角落都能处在保安人员控制中。

③ 卫生清洁管理。坚持早上清扫楼梯、走廊通道、电梯间等，收倒各楼层垃圾，清洗卫生用具，保持大楼清洁卫生。

④ 保养维护。主要是对公用设施、公共场所进行定期检查、维修。

再次，写字楼作为办公场所，要求环境应保持宁静、清洁、安全，其物业管理重点应放在以下方面。

① 安全保卫工作。保证防盗及安全设施运作良好，坚持出入登记制度，24小时值班守卫。

② 电梯、中央空调、水电设施维护。保证工作时间上述设备正常工作，不允许出错。

③ 清洁卫生服务。这同高层住宅相类似，但要求更高，应当天天擦洗门窗，清扫走廊，做到无杂物、无灰尘，同时保证上班时间的开水供应。

最后，在商业大厦管理中，公司形象、居民购物方便程度是考虑的首要因素，其管理重点在于以下几项。

① 安全保卫工作。通常大型商业中心客流量较大，容易发生安全问题，故应保证24小时专人值班巡逻，以及便衣保安人员场内巡逻。

② 消防工作。管理维护消防设施，制定严格的消防制度。

③ 清洁卫生工作。有专职人员负责场内巡回保洁、垃圾清扫，随时保持商场环境卫生。

④ 空调或供热设备管理。设立专职操作及维护人员，保证设备正常运转。

以上是针对各类型物业列举其物业管理中普遍的重点和难点，但在具体编写投标书时，投标公司应针对物业具体性质与业主情况，就最突出的问题作详细分析。

6）投标书附件

投标物业服务企业可以根据需要以附件的形式将企业标准化操作手册、内部管理制度、服务技术支持体系、服务质量保障体系、资质证明材料、联合体共同投标协议等资料作为附件附于投标书中。

如果招标文件中规定了投标书的格式、在编写标书时，不得改变投标书的格式，原有格式不能表现投标意图的，可另附补充说明。

南京3 000"高知"户聘"管家"

【案情介绍】

在百家湖花园首次面向全国招聘"管家"之后，江苏省南京市龙江小区10幢高教公寓的16所高校的3 000户高级知识分子家庭为花明白钱，也通过招标的方式寻找"管家"。江苏爱涛置业、星汉物业、南大物业、东海物业、养园物业等12家物业公司第一次打起了"价格战"。

为解决南京高校教师住房困难的全国重点工程——南京龙江小区10幢高校公寓于2000年4月底交付使用，占地约30万平方米，由南北两个区域组成。龙江高校公寓委托管理期限为3年。特别引人注目的是龙江高校公寓业主管理委员会在此次招标中明确提出，物业管理收费标价占招标总分的一半，标书占30分，答辩和企业信誉分别占10分。

根据1999年12月8日出台的《江苏省普通住宅区物业管理公共服务费等级收费暂行办法》，住宅区物业管理公共性收费指导价即便是最高的5级，每月每平方米也就是0.5元。在上限已经很明确的情况下，南京的物业服务公司面临的就是拿出最有竞争力的价格来。招标书发出后，南京的很多物业服务公司第一次仔细测算起自己的成本来。江苏爱涛置业的总经理梁苏拉说，南京的物业管理市场才刚刚启动，老百姓对物业管理收费一向颇有意见，这次明确将收费标准作为硬杠杆，显然增加了物业服务公司的压力，比如爱涛置业要想在招标中获胜，就要拿出更具竞争力的价格来，降低一个收费等级，提高一个服务档次，势必要求各家公司物业管理人员一人多专、一人多岗，以降低企业经营成本。从长远来看，这对南京的物业管理行业无疑将起到积极的作用。

【解析】

1999年12月5日，南京百家湖花园住宅区就物业管理单位进行了招投标。2000年3月20日，南京龙江高教公寓又以招标的方式面向社会选聘"管家"。最终，两家物业服务公司取得了龙江高教公寓南北两大片区的管理权。南京市的这两次招投标活动推动了江苏，特别是南京市物业管理市场化的进程。

1. 百花湖花园住宅区招标概况(略)
2. 龙江高教公寓招标概况(略)

【点评】

(1) 物业管理市场化进程需要政府积极引导，规范行为。从整体上来看，江苏省目前物业管理发展还很不平衡，基本上处于单位垄断、开发商垄断、行业垄断的状况，未形成统一的物业管理有形市场和无形市场，不利于生产要素的合理流动。物业管理的招投标活动，迫切需要政府从适应市场经济发展的角度，积极培育和完善市场，包括建立物业管理招投标中介服务机构，在物业管理培训中增设招投标课程，有步骤地进行业主委员会主任培训等。同时，建立健全物业管理市场化的法律法规体系，制定规范统一的"游戏规则"，营造良好的市场交易环境。

(2) 增强业主自治能力，发挥开发商、业主委员会的作用。百家湖花园物业管理属前期物业管理招标活动，而龙江高教公寓则是以业主委员会为招标主体，并具体操作招标活动。业主委员会作为物业管理市场的主体地位得以明确，作用得以发挥，为业主委员会成为高教公寓的决策中心奠定了良好的基础。

另一方面，随着住房制度改革的深入，购房者对房屋的增值及附加值要求越来越高。商品房已从过去简单的区位、面积、户型向环境和服务延伸。开发商开始重视自己产品的物业管理，通过市场竞争来改变"自建自管"状况，找到了提升产品的新卖点。

(3) 物业服务企业参与市场竞争的意识强烈。两次招投标活动，均引来数十家企业积极参与，踊跃投标，共同表现了对物业管理市场化的信心和决心。龙江高教公寓是全国有着特殊意义的住宅区，工程建设伊始，国务院领导就非常关注，省政府明确提出要将其建成"一流的建筑，一流的居住人群，一流的居住环境，一流的物业管理"的住宅区。高教公寓具有规模大，即将入住率高，业主素质高的特点。众多企业希望通过市场竞争，使自身经营上规模，达到提升企业服务水准和品牌的目的。同时，通过参与竞争，企业也看到了自身的差距，认识到今天的参与是为了以后走向市场打下基础。"以人为本"、"以业主为本"，为业主提供全方位的便利条件，提供因地制宜的特色服务，以其他收益弥补公共服务费的不足，是中标企业共同的想法。

(4) 需要引起重视和改进的问题：

① 工程建设与物业管理脱节的现象依然存在。两个物业标的，均不同程度存在设施不足问题。如高教公寓自行车停放车位严重不足(设计每户1.8辆)，地下进出口太小，无汽车泊位，缺少物业管理用房，垃圾中转困难等问题，给物业管理带来先天不足的遗憾。

② 物业管理属服务性行业，其招投标不同于工程、设备招投标。评标应侧重企业的信誉、业绩和标书中的方案质量、答辩的应变能力等，而将公共服务费报价单列作为评分类别，其权重不宜超过20%。

③ 物业管理采取招投标的市场化运作，其公共服务费价格应由市场调节形成，政府不宜定价或过多限制。

单元小结

本单元围绕物业管理招投标经济行为展开，重点讲述了物业管理招投标的概述，其中包括基本概念、意义、原则和法律责任；物业管理招标，中其中包括招标的程序，招标文件的编写；物业管理投标，其中包括投标的程序和投标文件的编写。其中重点内容为招投标文件的编写。

习　题

一、单项选择题

1. 下列不属于实施物业管理招投标意义的是(　　)。
   A. 推动物业管理向市场化、专业化、社会化方向发展
   B. 形成物业服务企业的有序竞争，优胜劣汰机制
   C. 为了执行政府的规定，通过年检
   D. 业主行使决策权，切实维护业主自身的权益

2. 招标人采取邀请招标方式的，应当向(　　)具备承担招标项目管理服务能力、信誉良好、具有相应资格的物业服务企业发出投标邀请书。
   A. 2个以上　　　B. 3个以上　　　C. 5个以上　　　D. 10个以上

3. 下列不属于公开招标缺点的是(　　)。
   A. 工作量大　　　B. 招标时间长　　　C. 费用高　　　D. 涉及的投标方多

4. 下列不属于商业大厦管理重点的是(　　)。
   A. 市政配套设施　　　B. 消防工作

  C．清洁卫生工作   D．空调或供热设备管理
5．下列不属于投标人须知应包含的内容的是(　　)。
  A．总则说明   B．招标文件说明
  C．招标书的编写   D．投标书的递交

二、多项选择题

1．下列可作为物业管理招标的招标人的是(　　)。
  A．业主委员会   B．房地产开发商
  C．招标代理机构   D．物业服务企业
  E．业主
2．下列属于物业管理招标原则的有(　　)。
  A．合法   B．公开   C．公平   D．公正
  E．诚实守信
3．中标人将中标项目转让给他人的，转让无效，同时(　　)。
  A．处转让金额千分之五以上千分之十以下的罚款
  B．有违法所得的，并处没收违法所得
  C．可以责令停业整顿
  D．给业主造成损失的，应依法赔偿
  E．情节严重的，由工商行政管理机关吊销营业执照
4．下列属于资格预审的内容的有(　　)。
  A．申请人的基本情况   B．申请单位领导的个人信用
  C．申请人的财务状况   D．对未来的设想
  E．经验和过去的表现
5．在现场答辩过程中，评委质询一般包括(　　)。
  A．投标文件中所涉及的法律问题   B．投标文件中所涉及的技术问题
  C．投标文件中某些数据的来源   D．投标文件中某些概念的解释
  E．投标单位的财务状况

三、情景题

  1．张力是某房地产开发公司的员工，最近领导交由他一个任务，因为该公司刚开发完成的住宅小区项目进入了前期物业管理阶段，领导指派他负责完成招标文件的编写。张力一时不知该如何入手。请你告诉张力，应如何编写招标文件。
  2．甲物业服务公司刚获得一份招标信息，在正式拟写投标文件前需进行投标可行性分析，请你告诉公司的相关工作人员，投标可行性分析的重点分析内容。

四、案例分析题

  物业服务公司是否一定要通过公开招标的方式进行选择？
  王先生是一家物业服务公司的经理，最近为这样一件事烦恼，有人认为该物业服务公司没有通过公开招投标的方式进行选择，而是由开发商邀请进来的，不是业主选定的，因此对物业服务公司的合法性持怀疑态度，甚至提出重新招标选择，否则不要物业服务公司

管理。那么，物业服务公司是够一定要由业主通过公开招标的方式来选择呢？

综 合 实 训

一、实训内容

模拟物业管理投标。

二、实训要求

以现实中的某物业项目为招标项目，发布招标信息。将班级全体同学分成若干的投标小组，分别代表不同的物业服务公司进行投标。要求模拟投标的全过程，特别是投标文件的编写和评标的过程。

参 考 文 献

[1] 劳动和社会保障部. 物业管理基础[M]. 北京：中国广播电视大学出版社，2004.
[2] 劳动和社会保障部. 物业管理员[M]. 北京：中国广播电视大学出版社，2004.
[3] 劳动和社会保障部. 助理物业管理师[M]. 北京：中国广播电视大学出版社，2004.
[4] 劳动和社会保障部. 物业管理师[M]. 北京：中国广播电视大学出版社，2004.
[5] 中国物业管理协会. 物业管理基本制度与政策[M]. 北京：中国建筑工业出版社，2010.
[6] 中国物业管理协会. 物业管理实务[M]. 北京：中国建筑工业出版社，2010.
[7] 中国物业管理协会. 物业经营管理[M]. 北京：中国建筑工业出版社，2010.
[8] 中国物业管理协会. 物业管理综合能力[M]. 北京：中国建筑工业出版社，2010.
[9] 潘茵. 物业管理基础[M]. 北京：机械工业出版社，2007.
[10] 戴玉林，王媚莎. 物业管理实务[M]. 北京：化学工业出版社，2008.
[11] 滕永健，黄志洁. 物业管理实务[M]. 北京：中国建筑工业出版社，2006.
[12] 鲁捷. 物业管理案例分析与技巧训练[M]. 北京：电子工业出版社，2007.
[13] 王青兰. 物业管理理论与实务[M]. 北京：高等教育出版社，2006.
[14] 王艳青. 物业管理理论与实务[M]. 北京：化学工业出版社，2007.
[15] 王怡红. 物业管理实务[M]. 北京：北京大学出版社，2010.
[16] 王怡红，闫玉梅. 新编物业管理法规教程[M]. 济南：山东科学技术出版社，2008.
[17] 张明媚. 物业管理服务与经营[M]. 北京：电子工业出版社，2006.
[18] 陈海英. 物业管理概论[M]. 北京：中国建筑工业出版社，2006.
[19] 胡运金. 物业管理概论[M]. 武汉：华中科技大学出版社，2006.
[20] 凌明雁，王怡红. 物业管理概论[M]. 北京：北京大学出版社，2010.
[21] 刘嘉. 物业环境与安全管理[M]. 北京：中国建筑工业出版社，2009.
[22] 韩朝，陈凯. 物业服务企业创新管理[M]. 北京：清华大学出版社，2009.
[23] 蔡小峰. 物业营销[M]. 北京：中国人民大学出版社，2008.
[24] 王跃国. 物业管理法规[M]. 北京：机械工业出版社，2009.
[25] 丁芸，谭善勇. 物业管理案例精选与解析[M]. 北京：机械工业出版社，2003.
[26] 中国法制出版社. 物业纠纷实用法律手册[M]. 北京：中国法制出版社，2007.
[27] 莫子剑. 物业人员岗位培训手册[M]. 北京：人民邮电出版社，2009.
[28] 丁颜彬. 新编物业经理工作实用宝典[M]. 哈尔滨：黑龙江电子音像出版社，2006.
[29] 俞红蕾. 物业管理应用文写作[M]. 北京：中国人民大学出版社，2009.
[30] 法律出版社法规中心. 物业管理条例案例解读本[M]. 北京：法律出版社，2009.

北京大学出版社高职高专土建系列规划教材

序号	书名	书号	编著者	定价	出版时间	印次	配套情况	
基础课程									
1	工程建设法律与制度	978-7-301-14158-8	唐茂华	26.00	2011.7	5	ppt/pdf	
2	建设工程法规	978-7-301-16731-1	高玉兰	30.00	2011.7	6	ppt/pdf/答案	★
3	建筑工程法规实务	978-7-301-19321-1	杨陈慧等	43.00	2011.8	1	ppt/pdf	★
4	建筑法规	978-7-301-19371-6	董伟等	39.00	2011.8	1	ppt/pdf	★
5	AutoCAD 建筑制图教程	978-7-301-14468-8	郭慧	32.00	2011.8	9	ppt/pdf/素材	★
6	建筑工程专业英语	978-7-301-15376-5	吴承霞	20.00	2011.6	4	ppt/pdf	★
7	建筑工程制图与识图	978-7-301-15443-4	白丽红	25.00	2011.8	5	ppt/pdf/答案	★
8	建筑制图习题集	978-7-301-15404-5	白丽红	25.00	2011.7	4	pdf	
9	建筑制图	978-7-301-15405-2	高丽荣	21.00	2011.7	3	ppt/pdf	
10	建筑制图习题集	978-7-301-15586-8	高丽荣	21.00	2011.7	3	pdf	
11	建筑工程制图	978-7-301-12337-9	肖明和	36.00	2011.7	6	ppt/pdf/答案	
12	建筑制图与识图	978-7-301-18806-4	曹雪梅等	24.00	2011.9	2	ppt/pdf	★
13	建筑制图与识图习题册	978-7-301-18652-7	曹雪梅等	30.00	2011.9	2	pdf	★
14	建筑工程应用文写作	978-7-301-18962-7	赵立等	40.00	2011.6	1	ppt/pdf	★
15	AutoCAD 建筑绘图教程	978-7-301-19234-4	唐英敏等	41.00	2011.7	1	ppt/pdf	★
施工类									
16	建筑工程测量	978-7-301-13578-5	王金玲等	26.00	2011.8	3	Pdf	
17	建筑施工技术	978-7-301-12336-2	朱永祥等	38.00	2011.8	6	ppt/pdf	★
18	建筑施工技术		董伟等		2011.9	1	ppt/pdf	★
19	建筑材料	978-7-301-13576-1	林祖宏	28.00	2011.8	7	ppt/pdf	★
20	建筑构造与识图	978-7-301-14465-7	郑贵超等	45.00	2011.8	7	ppt/pdf	★
21	建筑设备识图与施工工艺	978-7-301-19377-8	周业梅	38.00	2011.8	1	ppt/pdf	
22	建设工程监理概论	978-7-301-14283-7	徐锡权等	32.00	2011.8	5	ppt/pdf/答案	
23	地基与基础	978-7-301-14471-8	肖明和	39.00	2011.8	6	ppt/pdf	★
24	建筑施工技术实训	978-7-301-14477-0	周晓龙	21.00	2011.8	4	pdf	★
25	建筑工程施工技术	978-7-301-14464-0	钟汉华等	35.00	2011.8	5	ppt/pdf	★
26	建筑力学	978-7-301-13584-6	石立安	35.00	2011.1	4	ppt/pdf	★
27	建设工程监理	978-7-301-15017-7	斯庆	26.00	2011.7	3	ppt/pdf/答案	★
28	PKPM 软件的应用	978-7-301-15215-7	王娜	27.00	2010.8	2	pdf	★
29	建筑工程测量	978-7-301-15542-4	张敬伟	30.00	2011.7	6	ppt/pdf/答案	★
30	建筑工程测量实验与实习指导	978-7-301-15548-6	张敬伟	20.00	2011.7	5	pdf/答案	
31	土木工程实用力学	978-7-301-15598-1	马景善	30.00	2011.6	2	ppt/pdf	★
32	建筑工程质量事故分析	978-7-301-16905-6	郑文新	25.00	2011.1	2	ppt/pdf	
33	建筑设备基础知识与识图	978-7-301-16716-8	靳慧征	34.00	2011.7	2	ppt/pdf	
34	建筑工程测量	978-7-301-16727-4	赵景利	30.00	2011.8	4	ppt/pdf/答案	
35	土木工程力学	978-7-301-16864-6	吴明军	38.00	2010.4	1	ppt/pdf	
36	建筑结构	978-7-301-17086-1	徐锡权	62.00	2011.8	2	ppt/pdf/答案	
37	建筑施工技术	978-7-301-16726-7	叶雯等	44.00	2011.7	2	ppt/pdf/素材	★
38	建筑材料与检测	978-7-301-16728-1	梅杨等	26.00	2011.8	4	pdf	★
39	建筑材料检测试验指导	978-7-301-16729-8	王美芬等	18.00	2011.1	2	pdf	
40	建设工程监理概论	978-7-301-15518-9	曾庆军等	24.00	2011.6	3	pdf	
41	地基与基础	978-7-301-16130-2	孙平平等	26.00	2010.10	1	pdf	
42	建筑工程施工组织设计	978-7-301-18512-4	李源清	26.00	2011.2	1	ppt/pdf	★
43	建筑工程施工组织实训	978-7-301-18961-0	李源清	40.00	2011.6	1	ppt/pdf	★
44	建筑结构	978-7-301-19171-2	唐春平等	41.00	2011.7	1	ppt/pdf	
45	工程建设监理案例分析教程	978-7-301-18984-9	刘志麟等	38.00	2011.7	1	ppt/pdf	
46	建筑材料与检测	978-7-301-19261-0	王辉	35.00	2011.8	1	ppt/pdf	★
47	建筑工程测量实训	978-7-301-19329-7	杨凤华	27.00	2011.8	1	pdf	

序号	书名	书号	编著者	定价	出版时间	印次	配套情况	
工程管理类								
47	建筑工程项目管理	978-7-301-12335-5	范红岩等	30.00	2011.6	6	ppt/pdf	★
48	建设工程招投标与合同管理	978-7-301-13581-5	宋春岩等	30.00	2011.6	9	ppt/pdf/答案/试题/教案	★
49	工程造价控制	978-7-301-14466-4	靳 庆	26.00	2011.8	6	ppt/pdf	★
50	建筑施工组织与管理	978-7-301-15359-8	翟丽旻等	32.00	2011.1	5	ppt/pdf	★
51	建筑工程计量与计价	978-7-301-15406-9	肖明和等	39.00	2011.7	5	ppt/pdf	★
52	建筑工程经济	978-7-301-15449-6	杨庆丰等	24.00	2011.8	7	ppt/pdf	★
53	建筑工程计量与计价实训	978-7-301-15516-5	肖明和等	20.00	2011.7	4	pdf	
54	工程项目招投标与合同管理	978-7-301-15549-3	李洪军等	30.00	2011.8	4	ppt	
55	建筑工程造价管理	978-7-301-15517-2	李茂英等	24.00	2011.6	3	pdf	★
56	建筑力学与结构	978-7-301-15658-2	吴承霞	40.00	2011.8	6	ppt/pdf	★
57	安装工程计量与计价	978-7-301-15652-0	冯 钢等	38.00	2011.2	4	ppt/pdf	★
58	施工企业会计	978-7-301-15614-8	辛艳红等	26.00	2011.7	3	ppt/pdf	
59	工程项目招投标与合同管理	978-7-301-16732-8	杨庆丰	28.00	2011.7	3	ppt	
60	建设工程项目管理	978-7-301-16730-4	王 辉	32.00	2011.6	2	ppt/pdf	★
61	建筑工程质量与安全管理	978-7-301-16070-1	周连起	35.00	2011.1	2	pdf	
62	建筑工程计量与计价——透过案例学造价	978-7-301-16071-8	张 强	50.00	2011.8	2	ppt/pdf	★
63	工程招投标与合同管理实务	978-7-301-19035-7	杨甲奇等	48.00	2011.8	1	pdf	
64	工程招投标与合同管理实务	978-7-301-19290-0	郑文新等	43.00	2011.8	1	pdf	
65	建设工程项目管理	978-7-301-19335-8	冯松山等	38.00	2011.8	1	pdf	
66	安装工程计量与计价实训	978-7-301-19336-5	景巧玲等		2011.8	1	pdf	
67	建筑工程清单编制	978-7-301-19387-7	叶晓容	24.00	2011.8	1	ppt/pdf	★
建筑装饰类								
68	中外建筑史	978-7-301-15606-3	袁新华	30.00	2011.5	5	ppt/pdf	★
69	建筑装饰材料	978-7-301-15136-5	高军林	25.00	2011.7	2	ppt/pdf	
70	建筑装饰施工技术	978-7-301-15439-7	王 军等	30.00	2011.7	3	ppt/pdf	★
71	设计构成	978-7-301-15504-2	戴碧锋	30.00	2009.7	1	pdf	
72	建筑素描表现与创意	978-7-301-15541-7	于修国	25.00	2011.1	2	pdf	★
73	室内设计基础	978-7-301-15613-1	李书青	32.00	2011.1	2	pdf	
74	建筑装饰构造	978-7-301-15687-2	赵志文等	27.00	2011.1	2	ppt/pdf	
75	基础色彩	978-7-301-16072-5	张 军	42.00	2010.3	1	pdf	
76	建筑与装饰装修工程工程量清单	978-7-301-17331-2	翟丽旻等	25.00	2011.5	2	pdf	
77	3ds max 室内设计表现方法	978-7-301-17762-4	徐海军	32.00	2010.9	1	pdf	
78	装饰材料与施工	978-7-301-15677-3	宋志春等	30.00	2010.8	2	ppt/pdf	★
79	3ds Max 9.0 室内设计案例教程	978-7-301-14676-7	伍福军等	32.00	2010.5	2	ppt/pdf	★
80	Photoshop 效果图后期制作	978-7-301-16073-2	脱忠伟等	52.00	2011.1	1	素材/pdf	★
81	建筑表现技法	978-7-301-19216-0	张 峰	32.00	2011.7	1	ppt/pdf	★
82	建筑室内空间历程	978-7-301-19338-9	张伟孝	53.00	2011.8	1	pdf	
房地产类								
83	房地产开发与经营	978-7-301-14467-1	张建中等	30.00	2011.1	3	ppt/pdf	★
84	房地产估价	978-7-301-15817-3	黄 晔等	30.00	2011.8	3	ppt/pdf	
85	房地产估价理论与实务	978-7-301-19327-3	褚菁晶	35.00	2011.8	1	ppt/pdf	
86	物业管理理论与实务	978-7-301-19354-9	裴艳慧	52.00	2011.9	1	pdf	
市政路桥类								
87	市政工程计量与计价	978-7-301-14915-7	王云江	38.00	2010.8	2	pdf	★
88	市政桥梁工程	978-7-301-16688-8	刘 江等	42.00	2010.7	1	ppt/pdf	★
89	路基路面工程	978-7-301-19299-3	偶昌宝等	34.00	2011.8	1	ppt/pdf/素材	★

请登录 www.pup6.cn 免费下载本系列教材的电子书(PDF 版)、电子课件和相关教学资源。
欢迎免费索取样书,并欢迎到北京大学出版社来出版您的大作,可在 www.pup6.cn 在线申请样书和进行选题登记,也可下载相关表格填写后发到我们的邮箱,我们将及时与您取得联系并做好全方位的服务。
联系方式:010-62750667、yangxinglu@126.com、linzhangbo@126.com,欢迎来电来信咨询。